U0934091

宁德市
档案史料
丛书

编纂委员会

闽东抗日战争档案史料

第五辑 军民合作

宁德市档案馆 福鼎市档案馆 厦门大学马克思主义学院 编

主 编 郑 伟 李小平 林劲松 张 侃

执行主编 陈劲松 董兴艳 叶召法 陈承纯

厦门大学出版社 XIAMEN UNIVERSITY PRESS
国家一级出版社
全国百佳图书出版单位

图书在版编目(CIP)数据

闽东抗日战争档案史料.第五辑/宁德市档案馆,福鼎市档案馆,厦门大学马克思主义学院编.—厦门:厦门大学出版社,2019.11
(宁德市档案史料丛书)
ISBN 978-7-5615-7614-4

Ⅰ.①闽… Ⅱ.①宁…②福…③厦… Ⅲ.①抗日战争—历史档案—福建 Ⅳ.①K265.06

中国版本图书馆 CIP 数据核字(2019)第 251805 号

出 版 人 郑文礼
责任编辑 韩轲轲
封面设计 李夏凌
技术编辑 朱 楷

出版发行 厦门大学出版社
社　　址 厦门市软件园二期望海路 39 号
邮政编码 361008
总　　机 0592-2181111 0592-2181406(传真)
营销中心 0592-2184458 0592-2181365
网　　址 http://www.xmupress.com
邮　　箱 xmup@xmupress.com
印　　刷 厦门集大印刷厂

开本 787 mm×1 092 mm 1/16
印张 35.75
插页 4
字数 789 千字
版次 2019 年 11 月第 1 版
印次 2019 年 11 月第 1 次印刷
定价 180.00 元

本书如有印装质量问题请直接寄承印厂调换

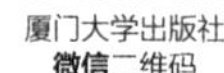
厦门大学出版社
微信二维码

厦门大学出版社
微博二维码

前　言

1931年的"九一八"事变后,中国人民经过十四年艰苦卓绝的浴血奋战,最终赢得了抗日战争的胜利,这是中国近代以来抗击帝国主义入侵的第一次完全胜利,也是为世界人民反击法西斯主义暴政和争取和平所做出的重大贡献。抗日战争中,中国人始终洋溢着自信、自立、自强的民族精神;而抗日战争的胜利,也开启了古老中国凤凰涅槃、浴火重生的新征程;如今,鲜血写就的抗日战争历史,其精神已凝结为中华民族走向伟大复兴的核心价值。

历史是一个民族的灵魂,不是任人打扮的婢女。维护历史的尊严,就是维护人类良知,就是要留下正义、善良与仁慈,将邪恶、血腥和残暴钉在历史的耻辱柱上;坚守真实的共同记忆,就是坚守理性火炬而照亮自我,念念不忘,必有回响,才可穿越丛林,走向未来。

20世纪像一列轰轰烈烈的火车,正渐渐地驶离我们的视野。但它依旧是未曾合上的书,与现实生活仍有千丝万缕的联系。习近平总书记在中共中央政治局第二十五次集体学习时强调,坚持正确的历史观,就是"让历史说话,用史实发言"。[①] 史料是一切历史阐述的基础,前辈学者早就指出:"只有掌握了更丰富的史料,才能使中国的历史,在史料的总和中,显出它的大势;在史料的分析中,显出它的细节;在史料的升华中,显出它的发展法则。"[②]有人比喻,历史解释犹如果肉,历史事实犹如果核,严肃、负责的历史解释都必须建立在"事实的硬核"之上。[③] 缺乏基本史实的支撑,任何历史描述和历史解释只能是没有生命的空壳。

一直以来,日本极右翼分子不顾历史事实,美化战争,甚至走向否认历史、推卸战争责任的极端。清代龚自珍说:"欲知大道,必先为史。灭人之国,必先去其史。"因此,如何遏制解构、歪曲、篡改历史的行为,已成为社会各界必须面对的问题。在纪念世界反法西斯战争胜利和中国人民抗日战争胜利70周年之际,习近平总书记高屋建瓴地指出:"抗战研究要深入,就要更多通过档案、资料、事实、当事人证词等各种人证、物证来说话。"[④]此论

---

① 习近平:《让历史说话,用史实发言》,《人民日报》2015年8月1日。

② 翦伯赞:《略论中国文献学上的史料》,翦伯赞:《史料与史学》,北京大学出版社1985年版,第17页。

③ [英]爱德华·霍列特·卡尔:《历史是什么?》,商务印书馆1981年版,第4页。

④ 习近平:《让历史说话,用史实发言》,《人民日报》2015年8月1日。

切中要害。敬畏历史，尊重事实，才能守住记忆。

1937年“八一三”事变后，日本除在华北各地进一步扩大侵略和进攻上海外，还加紧在沿海地区的侵略活动。8月25日，日本海军宣布对中国海岸实行封锁，企图占领福建，变其为侵略华南地区乃至东南亚地区的基地。宁德俗称闽东，南靠福州市，北邻浙江省温州市，东临东海，西接建阳，现辖宁德、福鼎、霞浦、福安、寿宁、周宁、古田、屏南、柘荣9县（市）。宁德人民素有光荣的革命传统，为了抗击日本帝国主义的野蛮侵略，开展了多种形式的民众抗日运动，实行全民抗战。

闽东抗日战争档案史料丰富，为了使整理、编辑工作细致有序地展开，本辑以“军民合作”为主题进行相关档案的汇编。1941年11月，第二十五集团军总司令部军民合作站总指导处成立，12月军民合作站福鼎县指导处建立，县长与县党部书记长分别兼任处长、副处长，初设桐山、琳江、管浮和秀岭四站。此后，随着省处的两度改组，1942年6月改称为“第三战区司令长官司令部福建省福鼎县军民合作站指导处”，1943年4月再改称为“第三战区福建省福鼎县军民合作站指导分处”。福鼎县军民合作机构组建后，县指导处及各乡镇军民合作站共同承担了办理部队副食马干供应，组织民夫办理军运，设置茶水站等劳军设施，发动劳军、慰问征属，组训各种任务队等任务。各级军民合作机构的建立，对军事作战及民众动员均起到积极作用。

闽东抗日战争档案现在被保存在宁德市各级档案馆中，它们既是“闽东之光”的历史见证，也是宁德人民的精神财富和文化遗产。为了充分发挥档案“存凭、留史、资政、育人”的作用，宁德市各级档案馆与厦门大学马克思主义学院合作，编辑出版《闽东抗日战争档案史料》，谨以为志。铭记历史，用史实发言；开创未来，中华民族走在复兴路上。

编辑说明

“宁德市档案史料丛书”汇编宁德市、县(市、区)各级档案馆的珍贵馆藏档案。这些民国档案历经辗转,接收时大部分已被虫蛀或破损。从1986年开始,档案馆逐卷进行整理、托裱、编制卷内目录和案卷目录、更换案卷皮、重新编制全宗号和案卷号。目前已有案卷目录、全引目录和人物卡片三种检索工具。

本辑《军民合作》所用档案资料以福鼎市档案馆藏民国档案资料辑成,为了便于利用,采取了两种方式处理。

一、分类排列,给每份档案定名并确定时间。本辑共分为三个部分:第一部分为军民合作机构的建立,第二部分为军民合作站中心工作,第三部分为军民合作站党团工作。按时间归类排列。

二、保留每份档案的馆藏档号,以维护档案的原有属性和归档系统。

本辑所收录的福鼎市档案馆藏民国档案的档号为:G133-003-0119、G133-003-0120、G133-003-0121、G133-003-0122、G133-003-0123、G137-001-0001、G137-001-0002、G137-001-0003、G137-001-0004、G137-001-0005、G137-001-0006、G137-001-0007、G137-001-0008、G137-001-0009、G137-001-0010。

影印出版闽东抗战档案史料,既保持了文献内容的原汁原味,又可呈现史料原貌,亦为抗战史研究提供了颇具特色、细致翔实的历史文献。

为便于阅读,将部分较大页面分为a、b面排版,并尽可能保留原档案所载信息。只是,档案文稿底色、印鉴颜色等因黑白印刷之故,无法保留原色。

由于经验及水平限制,我们在编辑与考订上难免存在缺漏。本书的错误和缺点必定不少,诚恳地希望读者提出批评和指正。

目 录

一、军民合作机构的建立

二、军民合作站中心工作

三、军民合作站党团工作

军民合作机构的建立

(一)福鼎县军民合作机构的建立

1.第二十五集团军总司令部军民合作站福鼎县指导处的建立

第二十五集團軍總司令部軍民合作站總指導處代電 福鼎字第〇〇一號

福鼎縣政府勛鑒查本處自遵令於上月暫日組織成立以來內部事務業已大致就緒茲遵照第三戰區長官司令部頒發各集團軍總司令部軍民合作站總指導處組織辦法第四條：「凡總指導處所轄各縣(市)據軍事上之需要得設立縣(市)軍民合作站指導處」及縣指導處組織辦法第三條：「縣(市)指導處秉承總指導處之指示及駐軍政部之指導分別於軍事交通地點成立軍民合作站」之各項規定亟應從速依次組設各級軍民合作機構除分別呈請省府及第二十五集團軍總司令部轉令遵照外特檢同第三戰區長官司令部頒發各集團軍總司令部軍民合作機構組織辦法一份電請查照尅日組織……

第二十五集团军总司令部军民合作站总指导处关于转发第三战区长官司令部颁发各集团军总司令部军民合作机构组织办法，并将组织军民合作机构情形具报的代电(1941 年 11 月 6 日)a 面　G137-001-0009

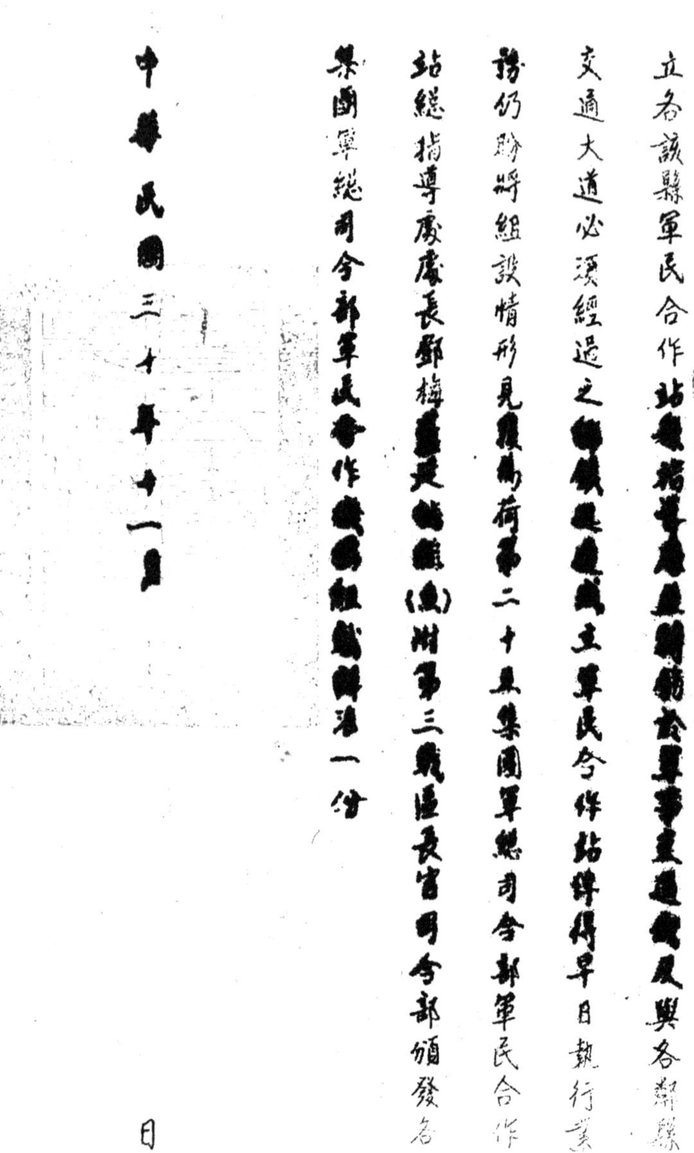
立各該縣軍民合作站總指導處並將關於軍事交通及與各鄰縣
交通大道必須經過之鄉鎮建立軍民合作站俾得早日執行業
務仍盼將組設情形見復為荷第二十五集團軍總司令部軍民合作
站總指導處處長鄧梅羹叩魚（印）附第三戰區長官司令部頒發各
集團軍總司令部軍民合作機構組織辦法一份
中華民國三十年十一月　日

第二十五集团军总司令部军民合作站总指导处关于转发第三战区长官司令部颁发各集团军总司令部军民合作机构组织办法，并将组织军民合作机构情形具报的代电（1941年11月6日）b面　G137-001-0009

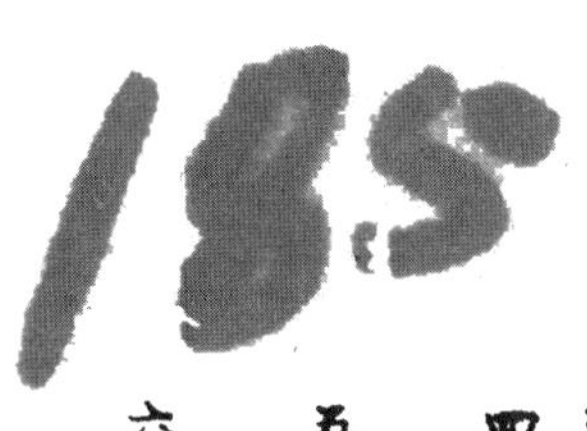

各集團軍總司令部軍民合作機構組織辦法

第三戰區各集團軍總司令部軍民合作站總指導處組織辦法

一、為統一本戰區各級軍民合作機構之指揮，加強軍民合作業務之進行起見，特於本戰區各集團軍總司令部之下成立軍民合作站總指導處（以下簡稱總指導處）。

二、總指導處以各集團軍總司令部（以下簡稱總司令部）所轄防地之各縣（市）為指揮區域。

三、總指導處得視轄地之大小，分甲乙兩級編制。（以下簡稱甲級總指導處、乙級總指導處）。

四、總指導處所轄各縣（市），按軍事上需要得設立縣（市）軍民合作站指導處，其組織辦法另訂之。

五、總指導處受第三戰區司令長官司令部（以下簡稱長官司令部）之指揮，及第三戰區司令長官司令部政治部（以下簡稱戰區政治部）之指導，與總司令部之監督。

六、總指導處設處長一人，由長官司令部委派，副處長二人，由各省黨部及省政府各派一人兼充，由總司令部報請長官司令部加委，下設秘書一人，及組織、督導、宣傳、總務四組，甲級總指導處每組設組長一人、組員一人，乙級總指導處每組設組長組員各一人，甲乙兩級總指導處均設司書

附件：第三战区各集团军总司令部军民合作站总指导处组织办法

(1941年11月6日)a面　G137-001-0009

五人，督導組組長由各省黨部（或戰區政治部）派兼，宣慰組組長由各省三民主義青年團支團部派兼，總務組組長由秘書兼任，組織組組長由處長遴選，呈[illegible]總司令部報請長官司令部委派，各組組員司書由處長遴選報請總司令部委任，並報長官司令部備案，其編制另訂之。

七、各組掌理業務如左：

1、組織組　掌理縣指導處及各站之各種組織、人事之調動、獎懲、登記等事項。

2、督導組　掌理縣指導處及各站工作之指示與督導，及工作成績之考核等事項。

3、宣慰組　掌理傷病官兵之宣傳及發動民眾慰勞抗戰將士等事宜。

4、總務組　掌理文件之收發、繕寫、印信之保管與經費之收支，及不屬於其他各組之事項。

八、甲級總指導處設視察員二人，乙級總指導處設視察員一人，由總司令部遴選報請長官司令部委派，受處長之指揮，出發各縣站視察並督導。

九、總指導處經費由長官司令部電請中央政部按月撥發，其概算另訂之。

十、總指導處為便利對外行文起見，由總司令部按次將級刊發關防[illegible]。

十一、本辦法由第三戰區司令長官司令部核准施行，並呈報軍事委員會備案。

附件：第三战区各集团军总司令部军民合作站总指导处组织办法

（1941年11月6日）b面　G137-001-0009

第三戰區各集團軍總司令部各縣(市)軍民合作站指導處組織辦法

一、本辦法依據第三戰區各集團軍總司令部軍民合作站總指導處(以下簡稱總指導處)組織辦法第四條訂定之。

二、凡各集團軍總司令部(以下簡稱總司令部)所轄防地之縣(市)，按軍事上之需要得設立軍民合作站指導處，定名為××縣(市)軍民合作站指導處(以下簡稱縣(市)指導處)。

三、縣(市)指導處秉承總指導處之指示，與駐軍政治部之指導，分別於軍事交通地點成立軍民合作站，並指揮其工作，其組織辦法另訂之。

四、縣(市)指導處須與縣動員委員會密取工作上之聯繫。

五、縣(市)指導處設處長一人，由縣(市)長兼充，副處長二人，一由縣(市)黨部書記長兼充，一由縣(市)指導處處長遴選資深幹練人員專任，均由總指導處報請第三戰區司令長官司令部加委，下設組織、督導、宣慰、總務四組，各組設組長、組員各一人，就縣(市)政府、縣(市)黨部、青年團等機關職員中調用之，另備司書一人，其編制另訂之。

六、各組掌理業務如左：

人組織組　掌理所屬各站之各種組織及人事之調動與登記等事項。

附件：第三战区各集团军总司令部各县(市)军民合作站指导处组织办法

(1941年11月6日)a面　G137-001-0009

3

2、督導組 掌理所屬各站工作之指示、督導及工作成績之考核等事項。

3.宣慰組 掌理傷病官兵之宣傳及發動民衆慰勞抗敵將士等事項。

4、總務組 掌理文件之收發、繕寫、印信之保管、經費之收支，及不屬於其他各組之事項。

七、各縣(市)指導處經費規定每月為二百元，由省政府(行署)統籌辦理，在各縣抗戰臨時費項下作正開支。

八、各縣(市)指導處每月經費開支，除專任副處長一人月支生活費六十元，司書一人月支四十元，公役一名月支十五元外，餘悉作辦公及事業費用。

九、各縣(市)指導處為便利對外行文起見，由總指導處按上校級刊發關防一顆應用。

十、本辦法由第三戰區司令長官司令部核准施行，並呈報軍事委員會備案。

附件：第三战区各集团军总司令部各县(市)军民合作站指导处组织办法

(1941年11月6日)b面 G137-001-0009

187

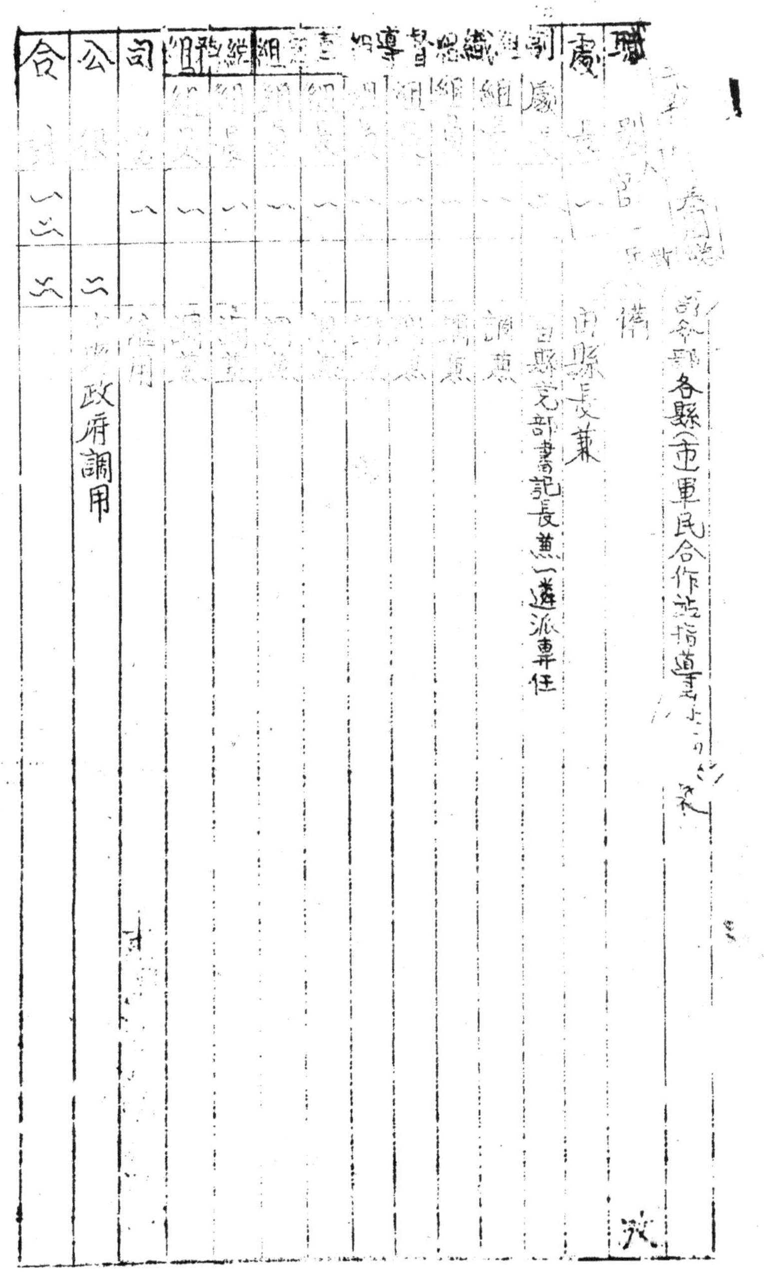

第三戰區各集團軍總司令部各縣(市)軍民合作站指導處編制表

職別	官佐	[illegible]	備考
處長	一		由縣長兼
副處長	一		由縣黨部書記長兼(一遴派專任)
[illegible]組 組長	一		調兼
組員	一		調兼
[illegible]組 組長	一		調兼
組員	一		調兼
[illegible]組 組長	一		調兼
組員	一		調兼
[illegible]組 組長	一		調兼
組員	一		調兼
司書	一		調用
公役		二	由縣政府調用
合計	一一	二	

附件:第三战区各集团军总司令部各县(市)军民合作站指导处编制表

(1941年11月6日)　G137-001-0009

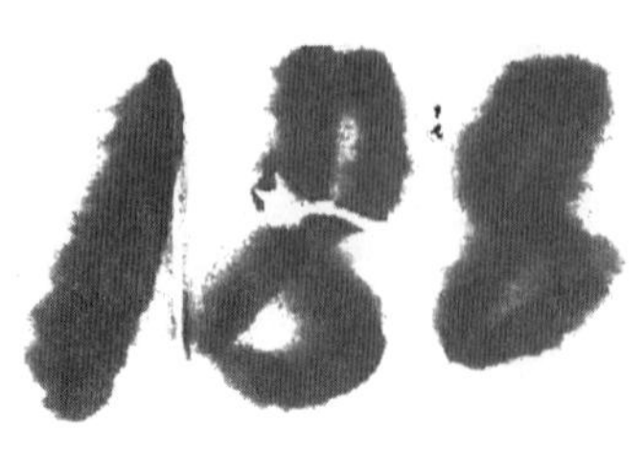

第三戰區各集團軍總司令部各縣(市)軍民合作站組織辦法

一、本辦法依據第三戰區各集團軍總司令部各縣(市)軍民合作站指導處組織辦法第二條,及參照第九戰區司令長官司令部政治部各縣軍民合作站設立辦法訂定之。

二、各縣(市)應設軍民合作站數目,暫不規定,以配合軍事需要為原則,由各集團軍總司令部軍民合作站總指導處會同各集團軍總司令部參謀處,按各縣(市)主要交通地點分別籌設。稱×縣(市)××區鄉鎮軍民合作站(以下簡稱合作站)。

三、合作站設總幹事一人,由區鄉鎮長兼充,下設徵調、護慰、偵察、宣訓四組,每組設幹事一人,由各該區(鄉)黨(分)部負責人員、區鄉中心小學校長、鄉鎮保甲長或當地公正士紳及熱心民眾充任之,另設事務員一人,辦理會計及文書事宜。

前項除事務員得酌給生活費外,均為無給職。

四、合作站各組之業務如左:

1、徵調組:掌理徵雇民伕,徵發軍用物品及協助軍人[illegible]。

2、護慰組:掌理傷病官兵救護運送,[illegible]之招待,[illegible]軍人之詢問,與發動民眾慰勞抗敵將士及傷病官兵。

附件:第三战区各集团军总司令部各县(市)军民合作站组织办法

(1941 年 11 月 6 日)a 面　G137-001-0009

3、偵察組　掌理軍風紀之糾察，逃兵之防止，軍民糾紛之調解，嚮導之派遣與敵偽及奸党之偵察防制。

4、宣訓組　掌理宣傳之設計，發動地方青年協助組訓各保壯丁隊，担架隊，運輸隊，偵察隊及各種宣傳事宜。

五、各縣(市)黨政機關，駐軍政工人員青年團或國民兵團及縣(市)宣傳隊隊員，應參加各合作站協助其工作。

六、各合作站每月應填造工作報告表三份，層報第三戰區司令長官司令部交由第三戰區政治部考核（表式另製頒發）

七、各合作站每月開支暫定為一百五十元，以三分之一為事務員生活費及辦公費之最高額，以三分之二為其他各項事業費之最低額，由縣(市)政府暫在抗戰臨時費內籌撥并列入下年度縣(市)地方預算，必要時得請由駐軍及政治部津貼之。

八、各合作站如必要時對外行文，可借用區署或鄉(鎮)公所印信不另刊發。

九、本辦法由第三戰區司令長官司令部核准施行，並呈報軍事委員會備案。

附件：第三战区各集团军总司令部各县（市）军民合作站组织办法

（1941 年 11 月 6 日）b 面　G137-001-0009

139

縣(市)軍民合作站工作綱要

一、溝通政軍民意見，發揮共同力量，加強軍民合作，達成抗戰使命。

二、促使軍人自覺自動之紀律，愛護民衆，進而成為民衆的武力。

三、激發民衆抗戰情緒，使能全民動員幫助軍隊，協助抗戰。

乙、工作要領

丙、實施項目

四、徵調組：

1.人民伕之徵派管理與訓練；

2.過境軍人之零星僱伕輸送；

3.軍事機關民伕之代僱；

4.軍用物品之徵發；

5.協助軍人採買日用物品；

6.平準物價；

五、護慰組：

1.過境傷病官兵之簡易救護與運送；

2.招待過境軍人之茶水，必要時可設備稀飯；

3.調查各部隊機關宿息地點，以便指導迷途軍人之詢問；

4.發動民衆慰勞抗敵將士及傷病官兵；

5.發動各醫院駐地附近各保婦女組織縫洗隊，為傷病官兵義務縫洗；

6.商同駐軍及政工人員每季發動[illegible]

附件：第三战区各集团军总司令部各县(市)军民合作站工作纲要

(1941年11月6日)a面 G137-001-0009

六、偵察組：

1.糾察軍風紀及防止逃兵；

2.軍民糾紛之調解；

3.嚮導之派遣；

4.偵察並防制敵偽及奸宄份子之活動；

5.嚴密情報網之組織，使奸宄無法潛入；

6.秘密訓練特工人員，授以偵探技能實施偵察工作。

七、宣訓組：

1.圖書之設備管理；

2.向民衆宣傳抗戰之意義，與軍民合作之重要性。

3.發動地方青年，協助組訓各保壯丁隊、担架隊、運輸隊、偵察隊並講解軍民公約；

4.會同鄉保長召集國民月會；

5.指導民衆努力生產；

6.會同駐軍政工人員舉行軍民聯歡大會。

丁、注意事項

八、對無軍事机関正式証件及無符號臂章之軍人得拒絕任何請求。

九、如有民伕逃避或抗不應徵情事得商請當地最高行政机関予以罰工處分。

十、各縣（市）軍民合作站直隸于縣（市）指導處並受縣動員委員會及駐軍政工人員之指導。

戊、附則

三戰區司令長官司令部核准施行，並呈報軍事委員會備案。

附件：第三战区各集团军总司令部各县（市）军民合作站工作纲要
（1941年11月6日）b面　G137-001-0009

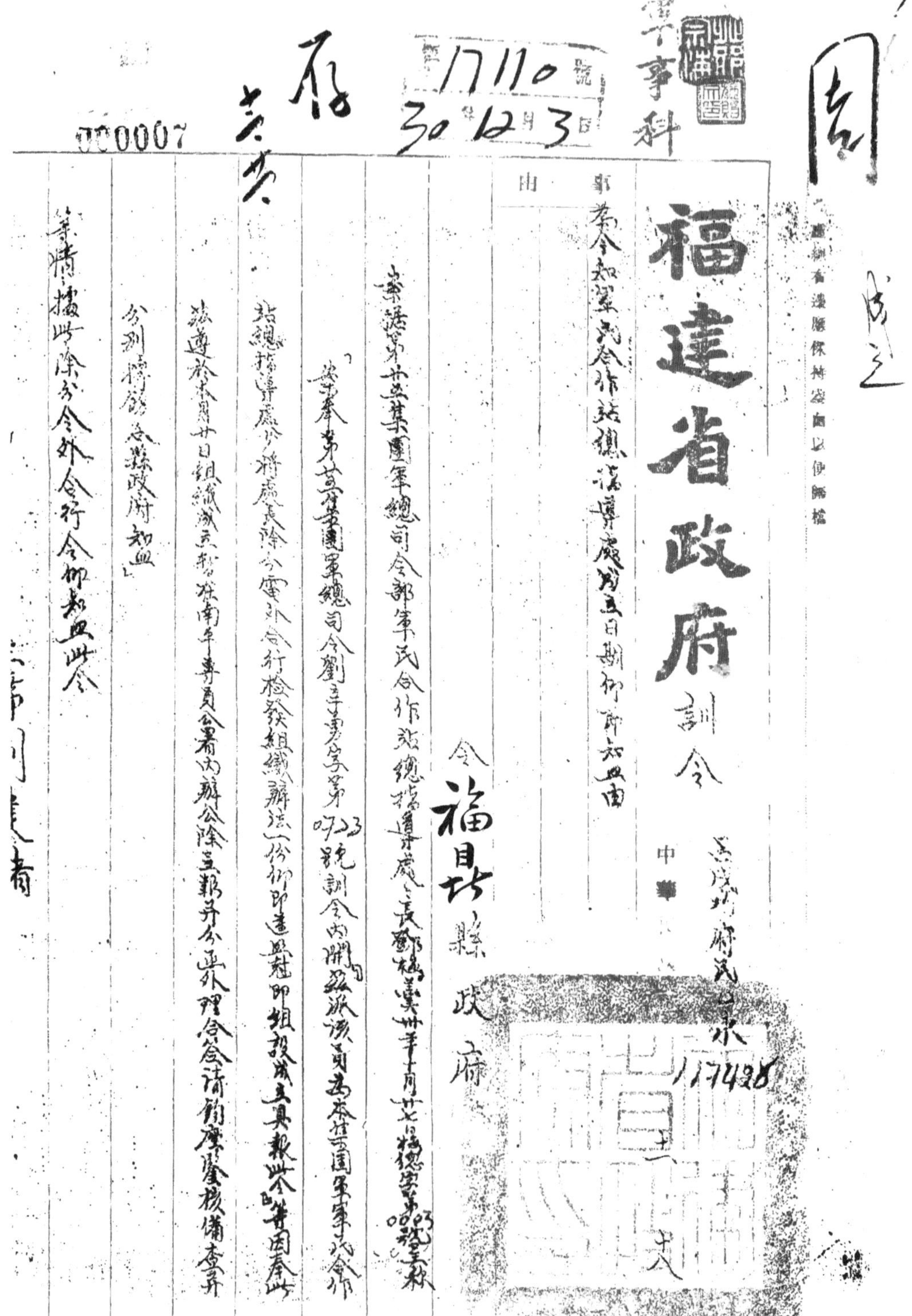

福建省政府关于令知第二十五集团军总司令部军民合作站总指导处成立日期的训令

（1941年11月18日）　G133-003-0119

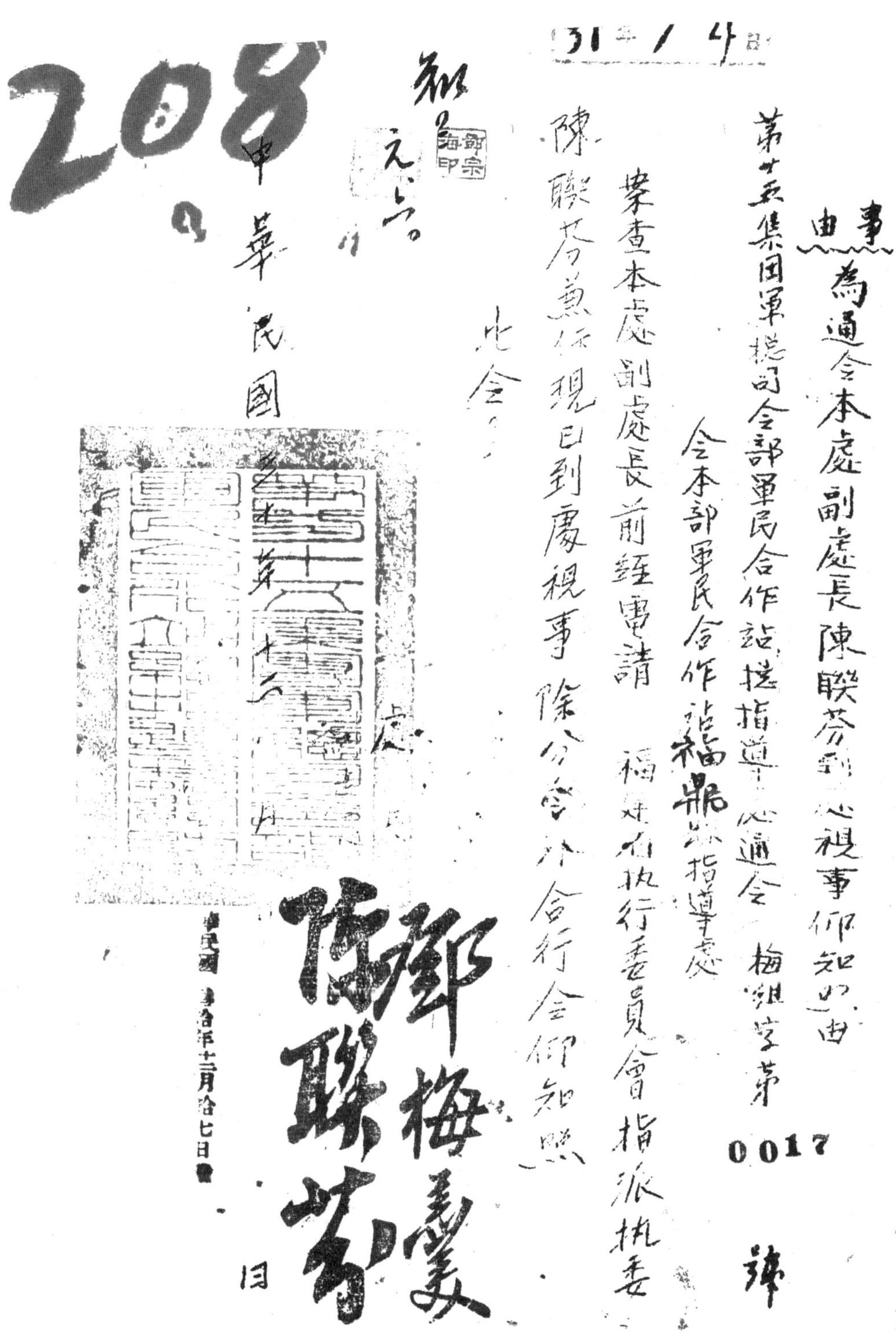

事由：為通令本處副處長陳聯芬到處視事仰知照由

第廿五集團軍總司令部軍民合作站總指導處通令 梅組字第　號

令本部軍民合作站福鼎縣指導處

案查本處副處長前經電請 福建省執行委員會指派執委陳聯芬兼任現已到處視事 除分令外合行令仰知照

此令

處長 鄭梅羹
副處長 陳聯芬

中華民國貳拾玖年拾貳月拾七日

第二十五集团军总司令部军民合作站总指导处关于本处副处长陈联芬到处视事的通令

（1940 年 12 月 17 日） G137-001-0009

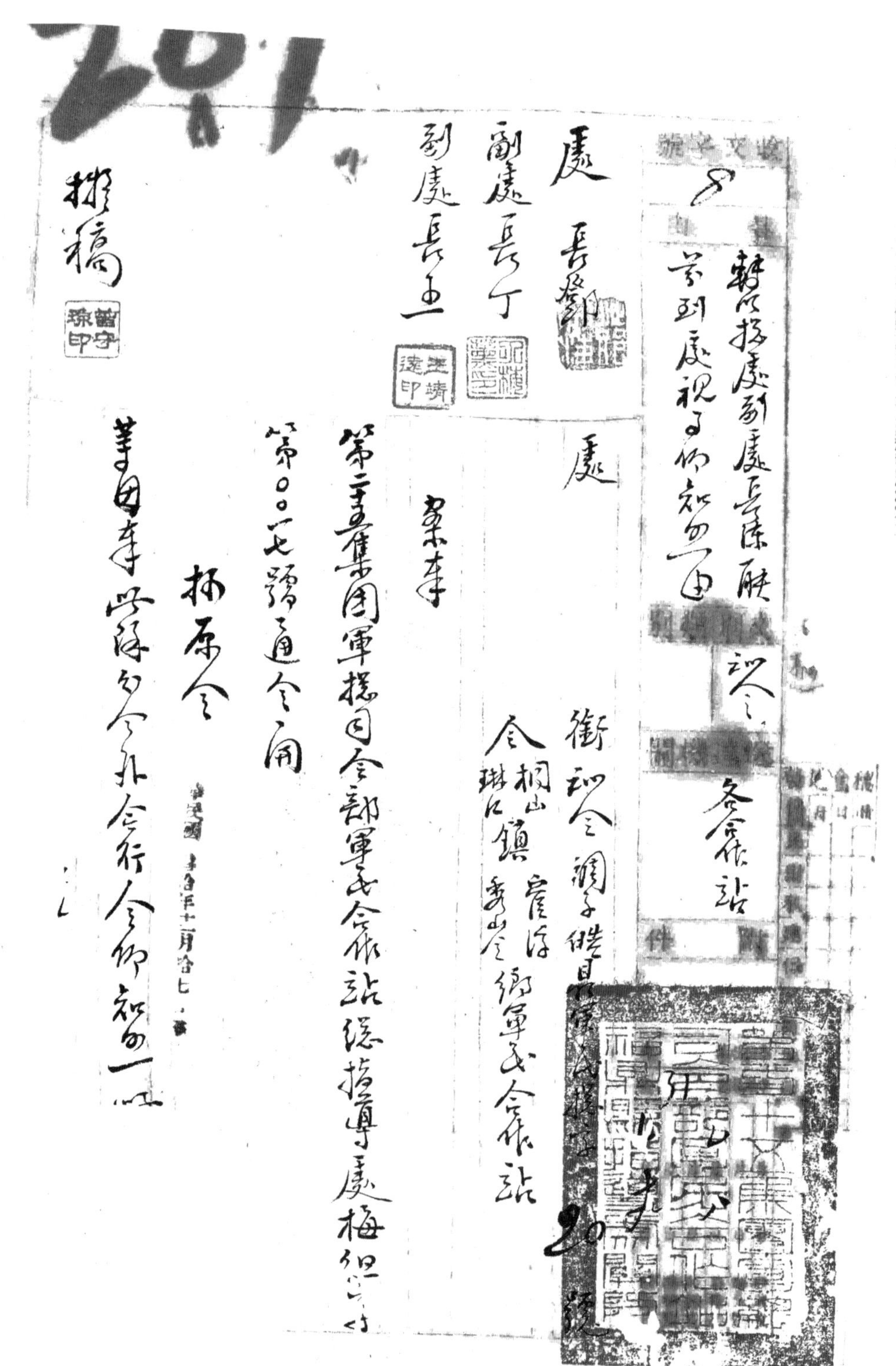

第二十五集团军总司令部军民合作站福鼎县指导处关于转知省处副处长陈联芬到处视事的训令

（1942 年 1 月 19 日）　G137-001-0009

閱

第二十五集團軍總司令部快郵代電　梅組字第〇〇〇四號

福鼎縣政府勛鑒：案據本部軍民合作站總指導處處長鄧梅羹呈稱：查本處自遵令於上月哿日成立以來，內部事務，業已大致就緒。茲遵照第三戰區各集團軍總司令部軍民合作站總指導處組織辦法第四條：「凡總指導處所轄各縣(市)按軍事上之需要，得設立縣(市)軍民合作站指導處。」及縣指導處組織辦法第三條：「縣(市)指導處秉承總指導處之指示及駐軍政治部之指導分別於軍事交通地點，成立軍民合作站」之各項規定，依次從速組設各級軍民合作機構。除另由本處檢送第三戰區長官司令部頒發各集團

第二十五集团军总司令部关于各县依法从速组设各级军民合作机构，一并向本部军民合作站总指导处具报的快邮代电(1941年11月7日)a面　G133-003-0119

軍總司令部軍民合作机構組織辦法電請各縣查照辦理外，理合

簽請鈞座鑒核，轉飭各縣遵照等情；據此，查軍民合作正為抗

戰軍事所必需，其各級机構在指導執行業務，尤為重要。除分

電外，合行電仰遵照辦理組設各該縣軍民合作站縣指導處，並

轉飭於軍事交通線及各該縣交通大道軍隊必須經過之鄉鎮，迅

即成立軍民合作站，一併向本部軍民合作站總指導處具報，轉

呈備查為要。劉建緒亥虞合（虞）印

中華民國三十年十一月　日

中華民國叁拾年十一月廿日　發一

第二十五集团军总司令部关于各县依法从速组设各级军民合作机构，一并向本部军民合作站总指导处具报的快邮代电（1941年11月7日）b面　G133-003-0119

由

電催迅將各級軍民合作機構趕速組成報處以憑轉報而利抗建由

福鼎

第二十五集團軍總司令部軍民合作站總指導處代電 梅組字第0006號

縣政府勛鑒查軍民合作機構組織辦法業經本處以延梅組魚代電頒發并請查照尅日依法組織成立俾便及早執行業務藉供戰時需要以利抗建在案乃唯日已久遵限組成具報者固多但有少數縣處尚未如期組報茲再電催仰即查照前電希將各級組織情形詳細具報如尚未着手迅盼電到一週內趕速依法組成以憑轉報勿再延誤為要延第二十五集團軍總司令部軍民合作站總指導處處長鄧梅羹副處長陳聯芬亥東組印

中華民國卅年十二月初一日

第二十五集团军总司令部军民合作站总指导处关于再催迅将各级军民合作机构赶速组成报处以凭转报而利抗建的代电(1941 年 12 月 1 日) G133-003-0119

000008

第18155號　30年12月21日

福建省政府训令

事由：据军民合作站总指导处呈遵照规定组设成立各级军民合作机构请转饬建阳等县赶速组设俾便指导等情令

民国三十年　月　日发

令福鼎县长

案据第二十五集团军总司令部军民合作站总指导处梅组字第〇〇号呈称：

「查本处自遵令于上月廿日组织成立以来，内部事务业已大致就绪，兹遵照第三战区长官司令部颁发各集团军总司令部军民合作站总指导处组织办法第四条『凡总指导处所辖各县(市)据军事上之需要得设立县(市)军民合作站指导处』及县指导处组织办法第三条『县(市)指导处秉承总指导处之指示及驻军政治部之指导，分别于军事交通地点成立军民合作站』之各项规定，兹应依次组设成立各级军民合作机构。除另由本处印发第三战区长官司令部颁发各集团军总司令部军民合作机构组织办法，电请各县查照办理外，理合呈请钧座鉴核转饬建阳、建瓯、南平、古田、闽侯、连江、罗源、宁德、福安、霞浦、福鼎、屏南、政和、长乐、福清、莆田、惠安、晋江、南安、同安、龙溪、海澄、漳浦、云霄、诏安、东山、平和、南靖、长泰

福建省政府关于据军民合作站总指导处呈遵照规定组设成立各级军民合作机构，请转饬建阳等县赶速组设俾便指导等情的训令(1941年12月6日)a面　G133-003-0119

華安龍岩連城永安三元沙縣尤溪大田德化永春安溪仙遊永泰閩清等四十三縣遵照趕速組設，俾便早日指導執行軍民合作業務，爲公便。

等情。據此，除分令建陽建甌南平古田閩侯連江羅源寧德福安霞浦福鼎屏南政和長樂福清莆田惠安晉江南安同安龍溪海澄漳浦雲霄詔安東山平和南靖長泰華安龍岩連城永安三元沙縣尤溪大田德化永春安溪仙遊永泰閩清等各縣外，合行令仰該縣政府遵照組設成立，以利軍民合作事業爲要。此令。

主席 劉建緒

福建省政府关于据军民合作站总指导处呈遵照规定组设成立各级军民合作机构，请转饬建阳等县赶速组设俾便指导等情的训令(1941 年 12 月 6 日)b 面　G133-003-0119

事由：據軍民合作站總指導處電請催促各縣趕將軍民合作機構組成以利進行等情令仰趕速成立具報由

福建省政府訓令

吕亥有府民乙永133411

民國三十年十二月廿五日發

令福鼎縣政府

案據第二十五集團軍總司令部軍民合作站總指導處三十年十二月真日梅組字第十號代電稱："查本省各縣軍民合作機構前於十一月九日以梅組字第〇〇二號呈請鈞座通飭趕日組設在案。現各該縣遵限呈報者固有，而迄未舉辦者仍多，另有少數尚藉口未奉鈞座明令組設，尚在觀望。當此國際風雲益趨嚴重之際，此項組織更屬刻不容緩。理合電呈鈞座，懇准予通令電催建陽、建甌、古田、南平、閩侯、連江、羅源、寧德、福安、霞浦、福鼎、屏南、政和、長樂、福清、莆田、惠安、晉江、南安、同安、龍溪、海澄、漳浦、雲霄、詔安、東山、平和、南靖、長泰、華安、龍岩、連城、永安、三元、沙縣、尤溪、大田、德化、永春、安溪、仙遊、永泰、閩清等四十三縣從速組織成立，以重功令，而利進行。"等情。據此，查本省各縣應組設各級軍民合作機構，前曾以吕亥魚府民乙永一二五二四三號令飭遵辦在案。茲據前情，除分令外，合行令仰該縣政府遵照趕速成立具報。此令。

[illegible]建绪

福建省政府关于据军民合作站总指导处电请，催促各县赶将军民合作机构组成以利进行，令赶速成立具报的训令（1941年12月25日）　G133-003-0119

213

第九号 30年1月5日

第二十五集團軍總司令部軍民合作站總指導處代電

福鼎縣指導處查各縣軍民合作機構組織成立之後應將處站及組人員分別填具簡歷呈報本處分別轉請核委以專責成茲製發工作人員簡歷表式樣一份電仰遵照辦理並具報備核為要總處長鄧○○副處長陳驥芬亥佳組附工作人員簡歷表式樣一份

表式

全衔處站工作人員簡歷表

職別	姓名	年齡	籍貫	學歷	經歷	原機關職務	備考

中華民國三十年十二月 日

中華民國叁拾年十二月貳拾日

第二十五集团军总司令部军民合作站总指导处关于制发工作人员简历表式样，仰遵办具报的代电

（1941 年 12 月 9 日） G137-001-0009

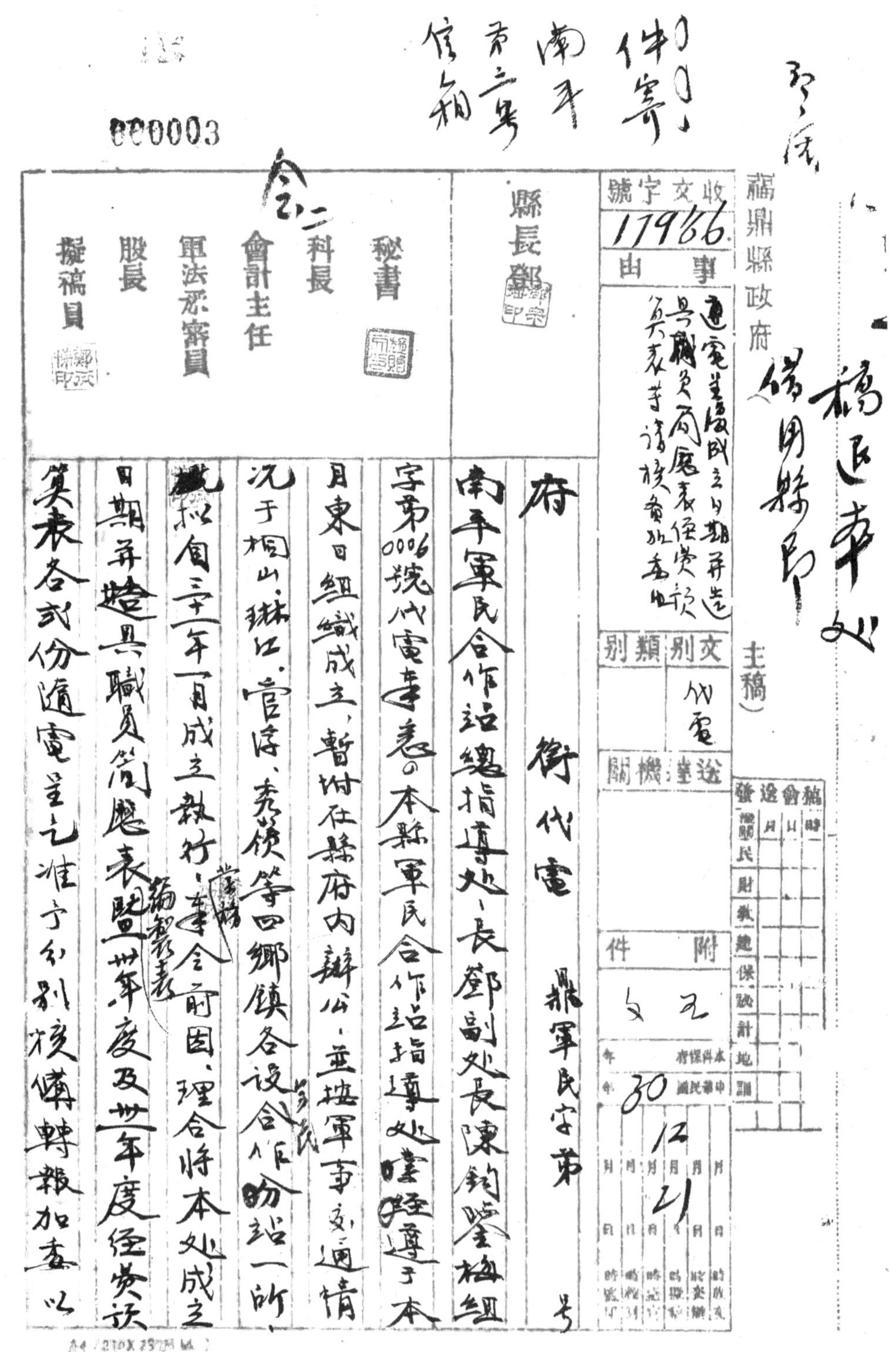
福鼎縣政府

收文字號 17966

縣長鄭 秘書 科長 會計主任 軍法承審員 股長 擬稿員

由事：遵電呈復成立日期并造具職員簡歷表經費預算表等請核備加委由

文別：代電

府銜代電 鼎軍民字第 号

南平軍民合作站總指導處長鄭副處長陳鈞鑒：梅組字第0006號代電奉悉，本縣軍民合作站指導處遵經遵于本月東日組織成立，暫附在縣府内辦公，並按軍事交通情况于桐山、琳江、官洋、秦嶼等四鄉鎮各設合作分站一所，業擬自三十一年一月成立執行，奉令前因，理合將本處成立日期并造具職員簡歷表暨卅年度及卅一年度經費預算表各式份隨電呈乞准予分别核備轉報加委，以

福鼎县政府关于本县军民合作站指导处成立日期并造具职员简历表、经费预算表等请核备加委的代电

（1941 年 12 月 21 日） G133-003-0119

專職責實為公便福鼎縣長兼處長鄭宗恩叩鼎軍民協站職

簡歷表經費預算表各式各十六份

福鼎县政府关于本县军民合作站指导处成立日期并造具职员简历表、经费预算表等请核备加委的代电

（1941年12月21日） G133-003-0119

000009

2

小额代电

電報成立日期請察查由

府

衔代電　鼎軍民字第2號

南平軍民合作站總指導處處長鄧副處長陳鈞鑒：梅組字第〇〇〇六號代電奉悉。本縣軍民合作站指導處遵於本月東日組織成立，暫附縣政府辦公，並按軍事交通情況於桐山、琳江、管浮、秀嶺等四鄉鎮各設軍民合作站一所，均自三十一年一月成立執行業務。奉電前因，除將編製表暨經費預算表等另案報核外，合將組織處成立日期電請察查。福鼎縣縣長

第二十五集团军总司令部军民合作站福鼎县指导处关于成立日期及桐山、琳江、管浮和秀岭四乡镇设站的代电（1941年12月30日）　G133-003-0119

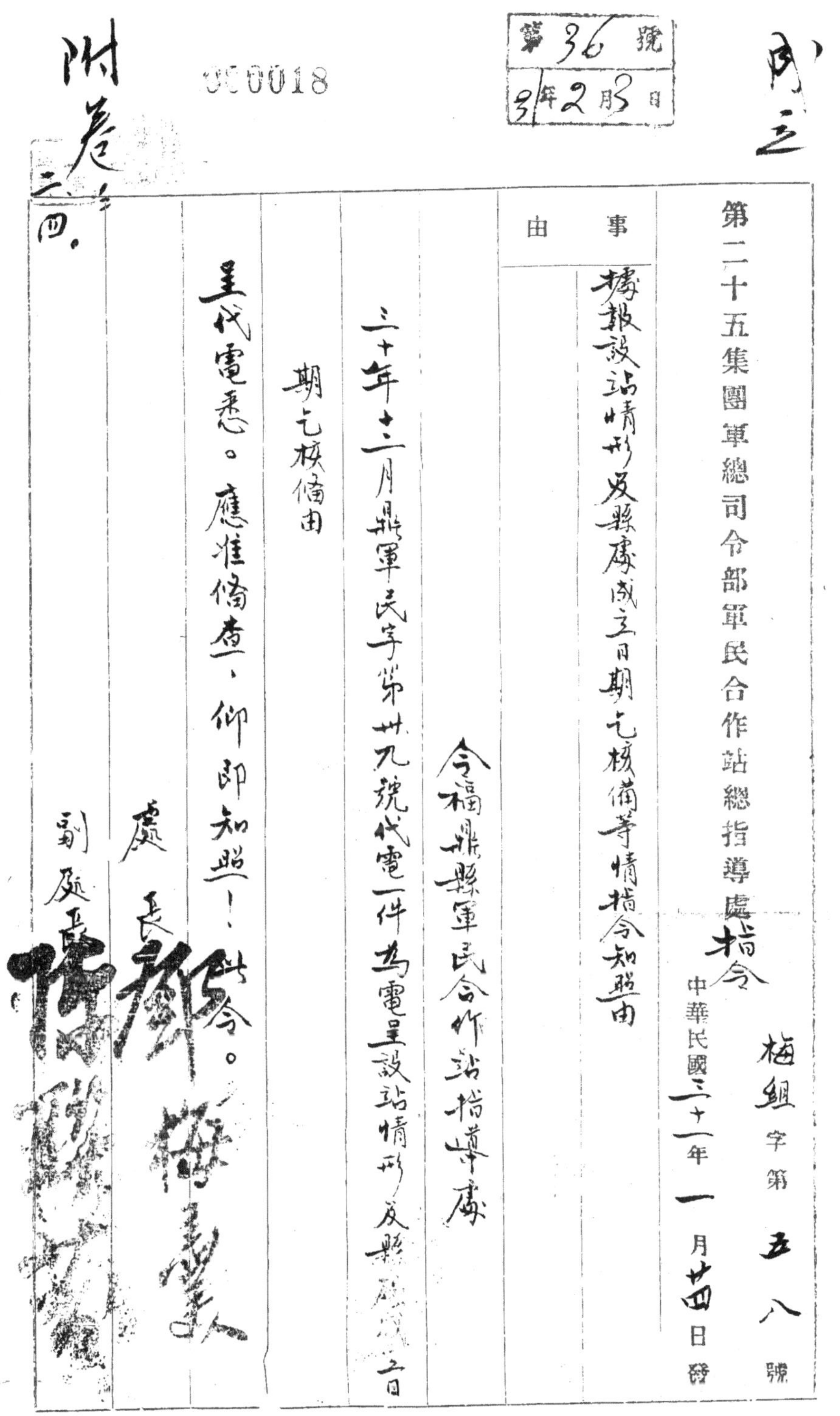

附卷二四。
000018
第36號 31年2月3日
民三

第二十五集團軍總司令部軍民合作站總指導處指令

梅組字第五八號

中華民國三十一年一月廿四日發

事由：據報設站情形及縣處成立日期乞核備等情指令知照由

令福鼎縣軍民合作站指導處

三十年十二月鼎軍民字第卅九號代電一件為電呈設站情形及縣處成立日期乞核備由

呈代電悉。應准備查，仰即知照！此令。

處長 鄭

副處長 陳

第二十五集团军总司令部军民合作站总指导处关于设站情形及县处成立日期的呈文收悉，准予备查的指令（1942年1月24日） G133-003-0119

第二十五集团军总司令部军民合作站总指导处代电　梅组字第　号

福鼎县指导处长查各县（市）军民合作机构之组设业经本处于本年十一月五日以梅组字第〇〇一号电饬办理在案现各该县指导处曾已次第组织完成而各乡镇军民合作站尚有未报组设者仰电到一週内迅速依法组成并绘具分佈图报处备查为要

第二十五集团军总司令部军民合作站总指导处处长邓梅义副处长陈联芬亥马梅组印

中华民国三十年十二月

0044

第二十五集团军总司令部军民合作站总指导处关于依法组织各乡镇军民合作站并绘具分布图报处的代电（1941 年 12 月 21 日）　G137-001-0009

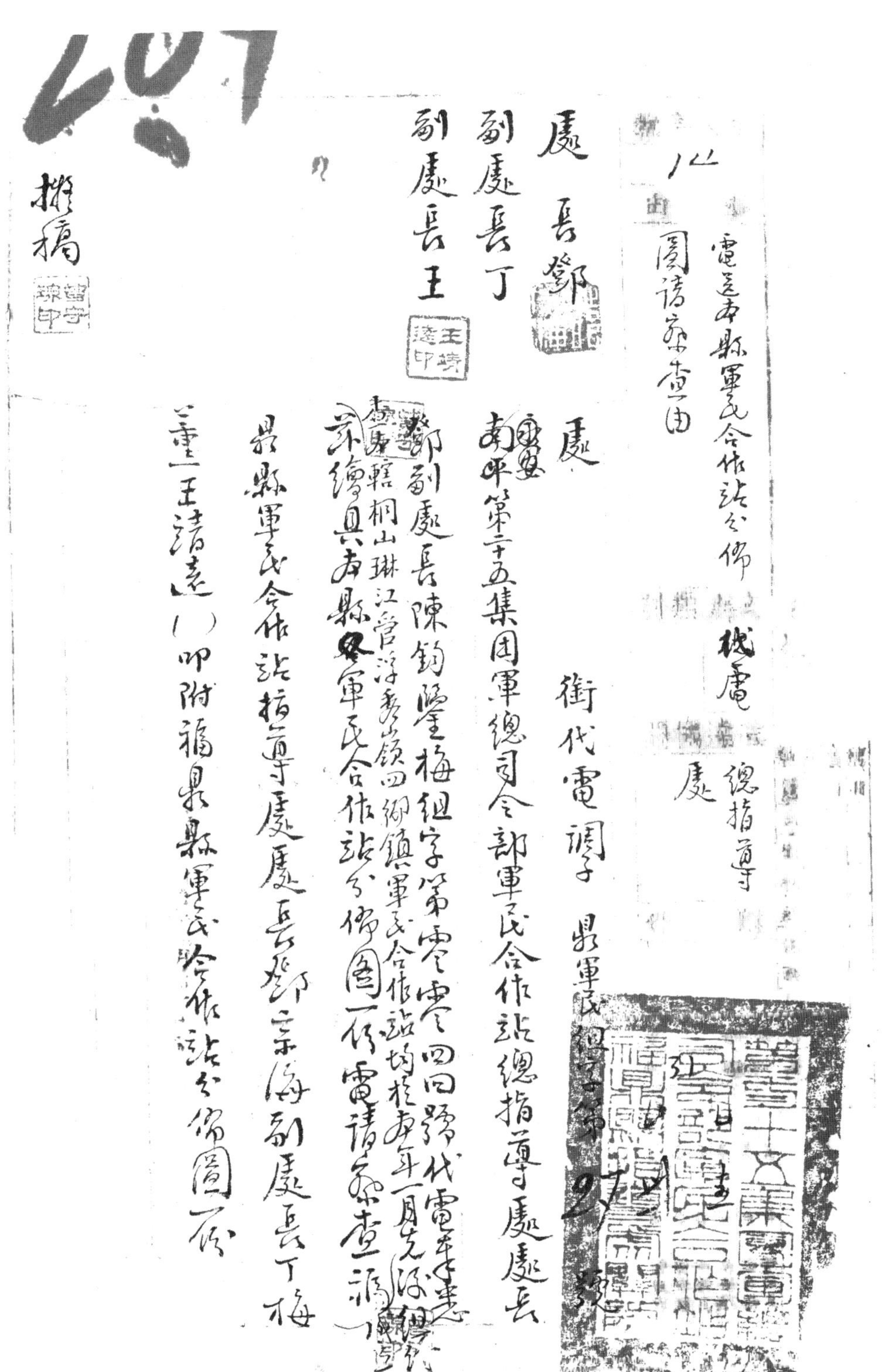

第二十五集团军总司令部军民合作站福鼎县指导处关于报送福鼎县军民合作站分布图的代电

（1942年1月31日） G137-001-0009

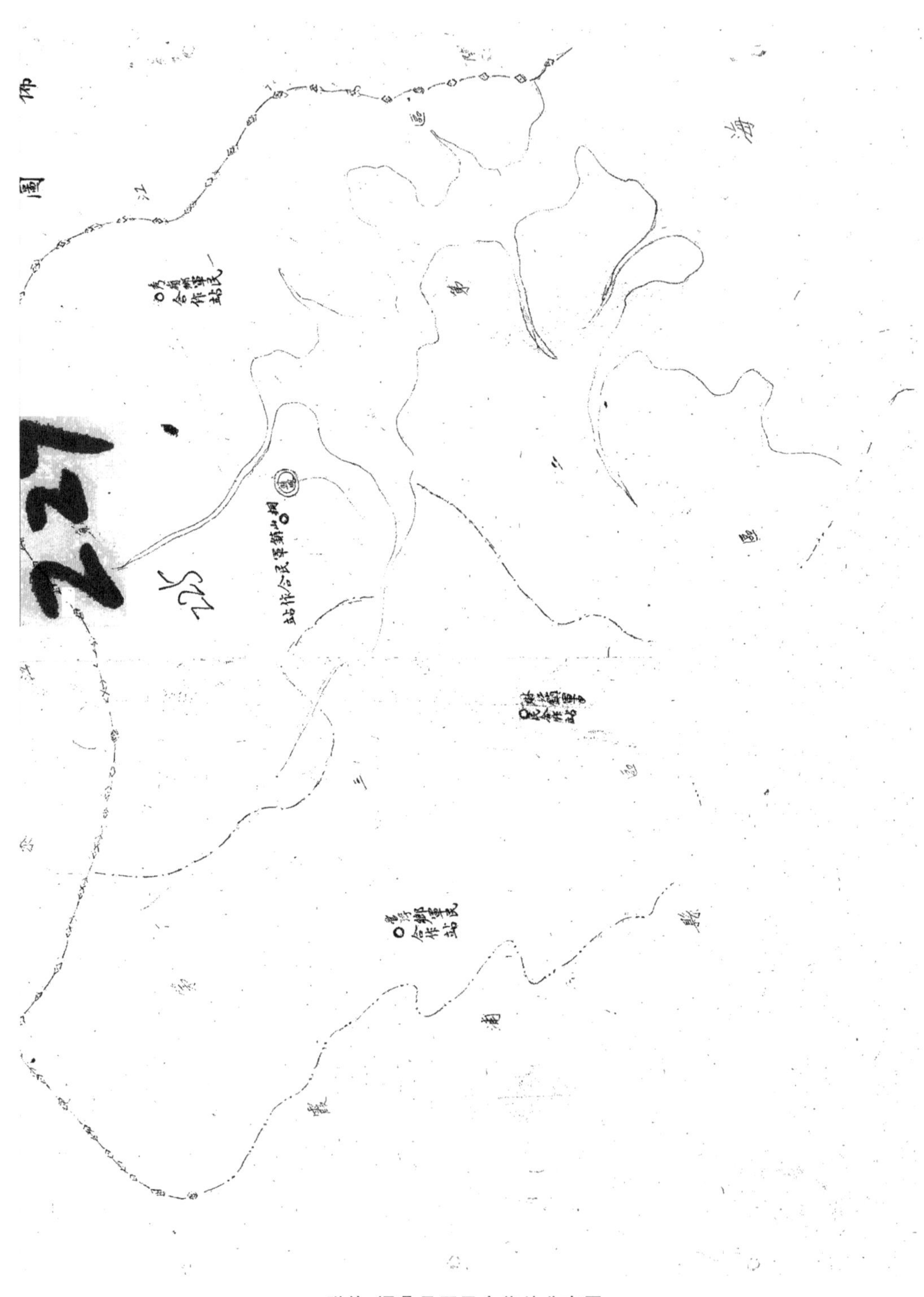

附件：福鼎县军民合作站分布图

（1942 年 1 月 31 日）　G137-001-0009

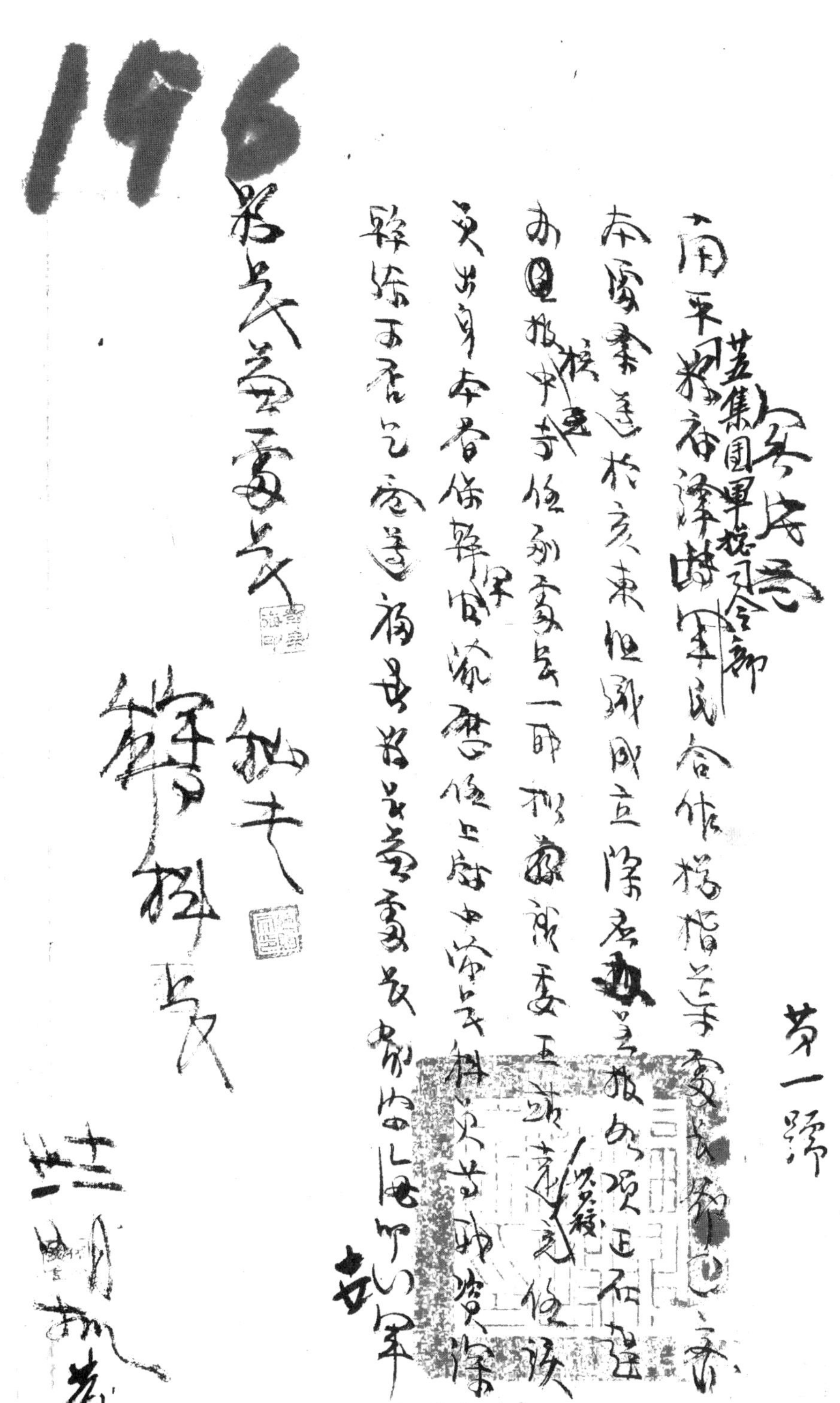

第二十五集团军总司令部军民合作站福鼎县指导处关于拟委王靖远以少校充任本处专任副处长的电呈

（1941 年 12 月 31 日） G137-001-0009

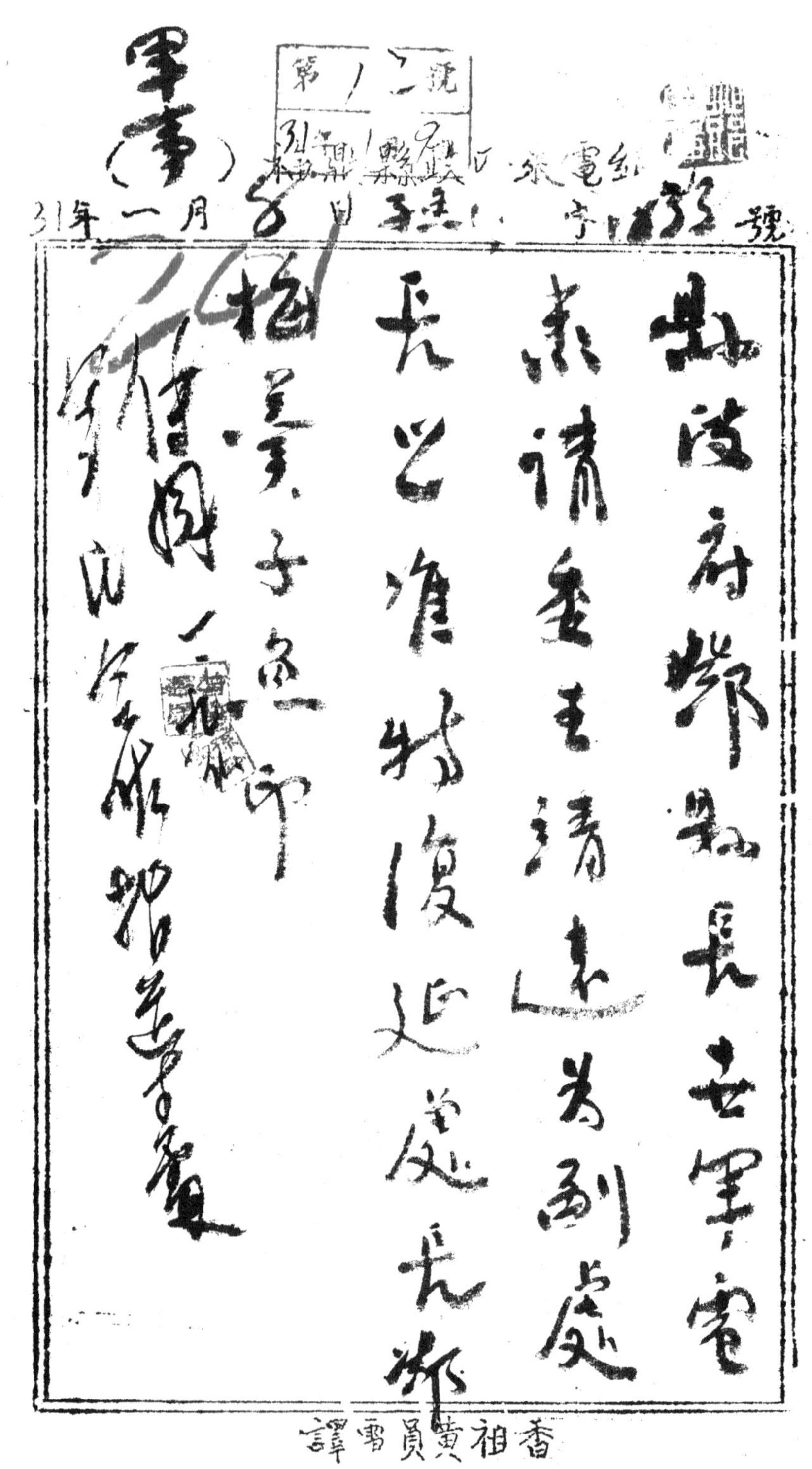

號

譯電員黃祖香

第二十五集团军总司令部军民合作站福鼎县指导处译第二十五集团军总司令部军民合作站总指导处关于准委王靖远为专任副处长的电文(1942年1月8日) G137-001-0009

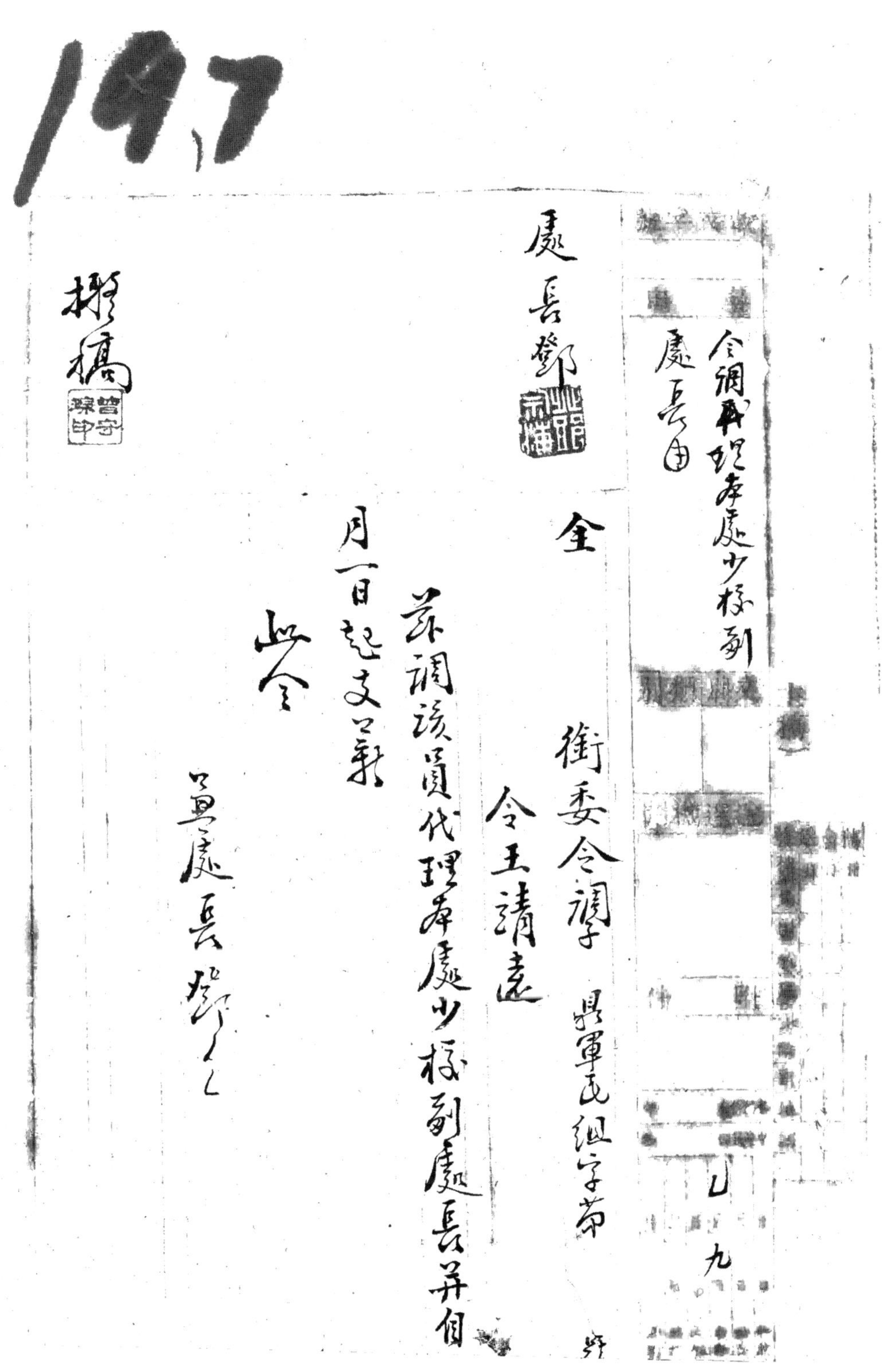

令调代理本处少校副
处长由

处长邓

衔委令调字 县军民组字第 号

全

令王靖远

兹调该员代理本处少校副处长并自

月一日起支口薪

此令

处长 邓

拟稿

第二十五集团军总司令部军民合作站福鼎县指导处关于调王靖远代理本处少校副处长的委任令

（1942 年 1 月 9 日） G137-001-0009

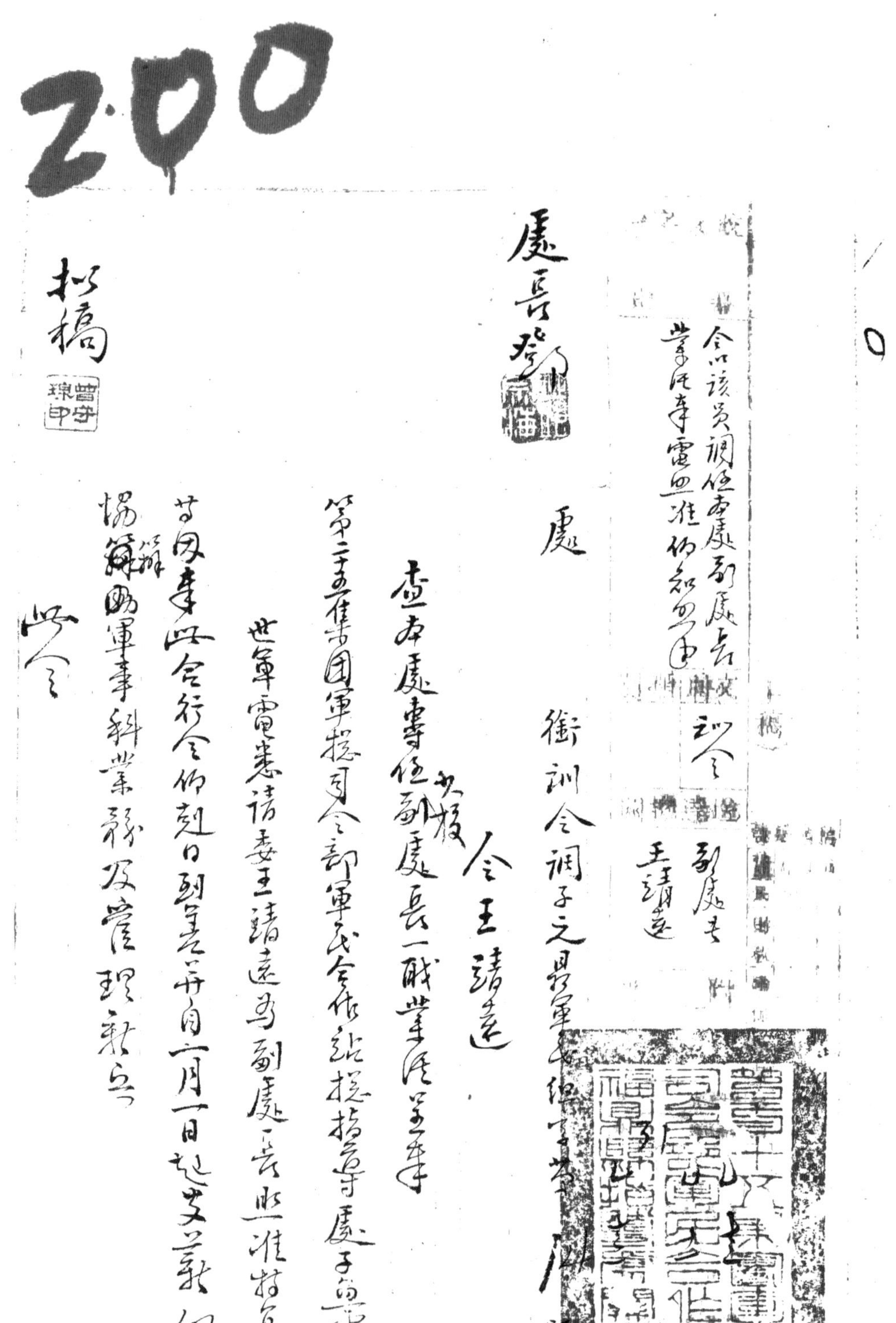

令知該員調任本處副處長業經呈奉電照准仰知照由

訓令

副處長 王靖遠

處 銜 訓令調字之[illegible]號

令王靖遠

查本處專任副處長一職業經呈奉

第二十五集團軍總司令部軍民合作站[illegible]指導處[illegible]電

世軍電悉請委王靖遠為副處長照准[illegible]

等因奉此合行令仰該員自一月一日起[illegible]

協辦[illegible]軍事科業務[illegible]

此令

處長

擬稿

第二十五集团军总司令部军民合作站福鼎县指导处关于王靖远调任本处副处长，业经奉电照准的训令

（1942 年 1 月 13 日） G137-001-0009

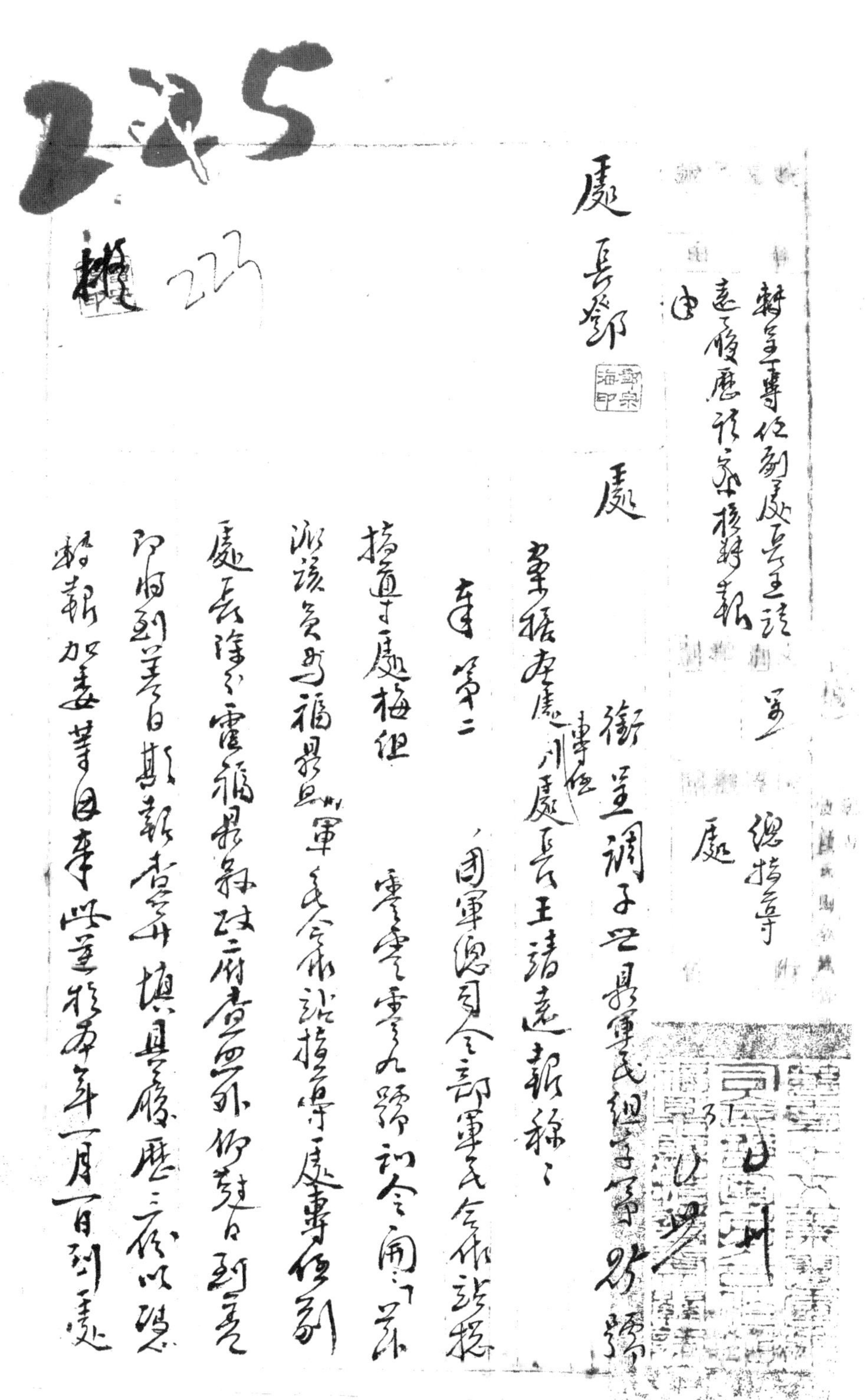

事由：轉呈專任副處長王靖遠履歷請察核轉報由

呈 總指導處

銜呈調字世縣軍民組字第 號

案據本處專任副處長王靖遠報稱：

「奉 第二十五集團軍總司令部軍民合作站指導處梅組零零九號訓令開：

派該員為福鼎縣軍民合作站指導處專任副處長，除令霞福鼎縣政府查照外，仰即遵照到差，並將到差日期報查並填具履歷三份以憑轉報加委等因。奉此，遵於本年一月一日到處

第二十五集团军总司令部军民合作站福鼎县指导处关于转专任副处长王靖远履历的呈文

（1942 年 1 月 31 日） G137-001-0009

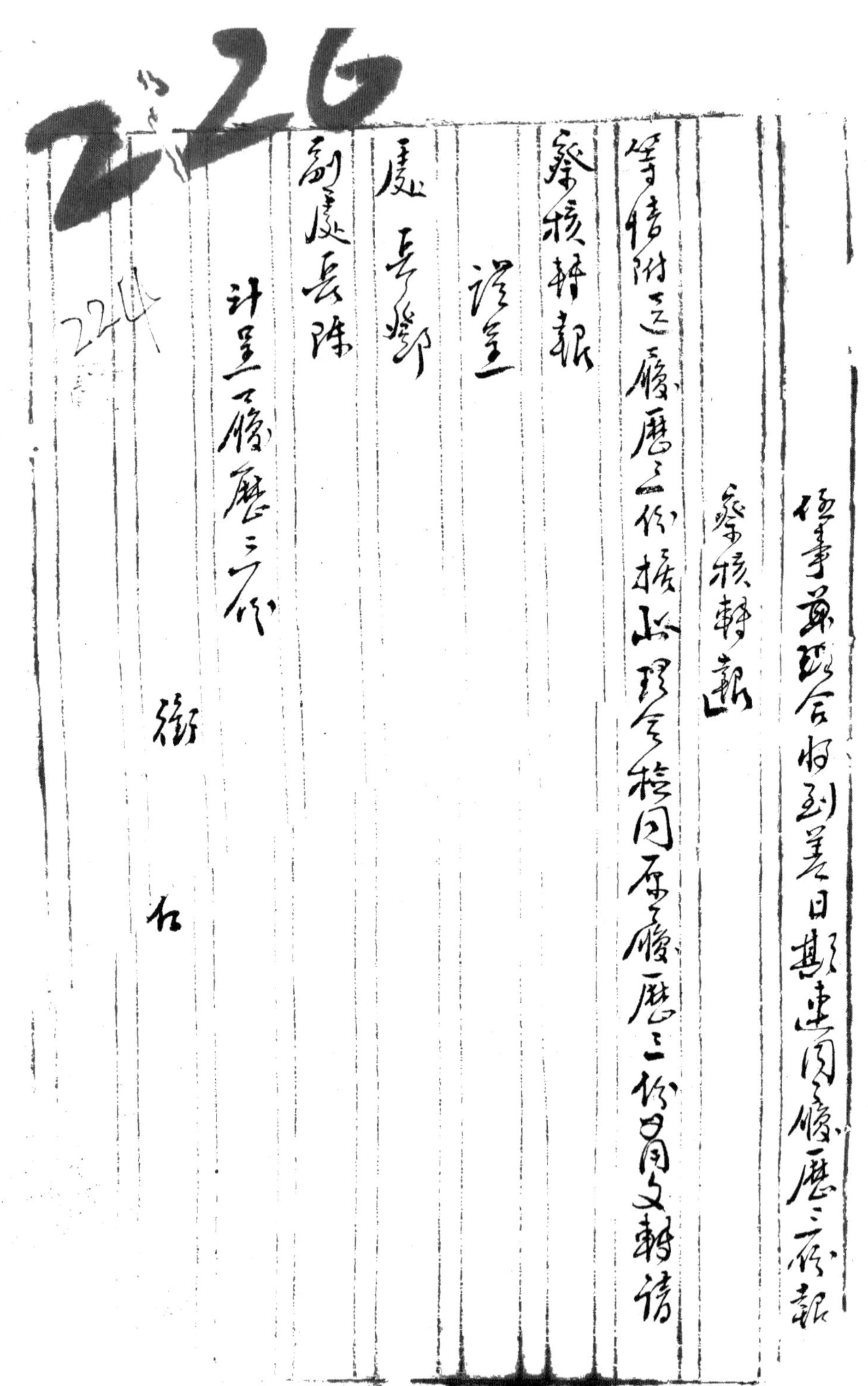

第二十五集团军总司令部军民合作站福鼎县指导处关于转专任副处长王靖远履历的呈文

（1942 年 1 月 31 日）　G137-001-0009

電請轉飭補註專任副處長王靖遠履歷未予通過

處長鄭

衔代電 調丑微 鼎縣軍民組字第 號

南平第二十五集團軍總司令部軍民合作站指導處處長鄭副處長陳鈞鑒：本年一月三十日本處調字世鼎軍民組字第二十五號呈文呈送專任副處長王靖遠履歷該員相片因當地無相材料缺乏無從拍攝致未粘附但原履歷粘貼相片欄未經填註責成一再催該員陳請補註等情前來理合電請察核准轉飭主管人員代為補註轉報藉免缺延並乞示遵 福鼎縣軍民合作站指導處處長鄭○○ 丑微印

第二十五集团军总司令部军民合作站福鼎县指导处关于请转饬主管人员代为补注专任副处长王靖远履历的代电（1942 年 2 月 5 日） G137-001-0009

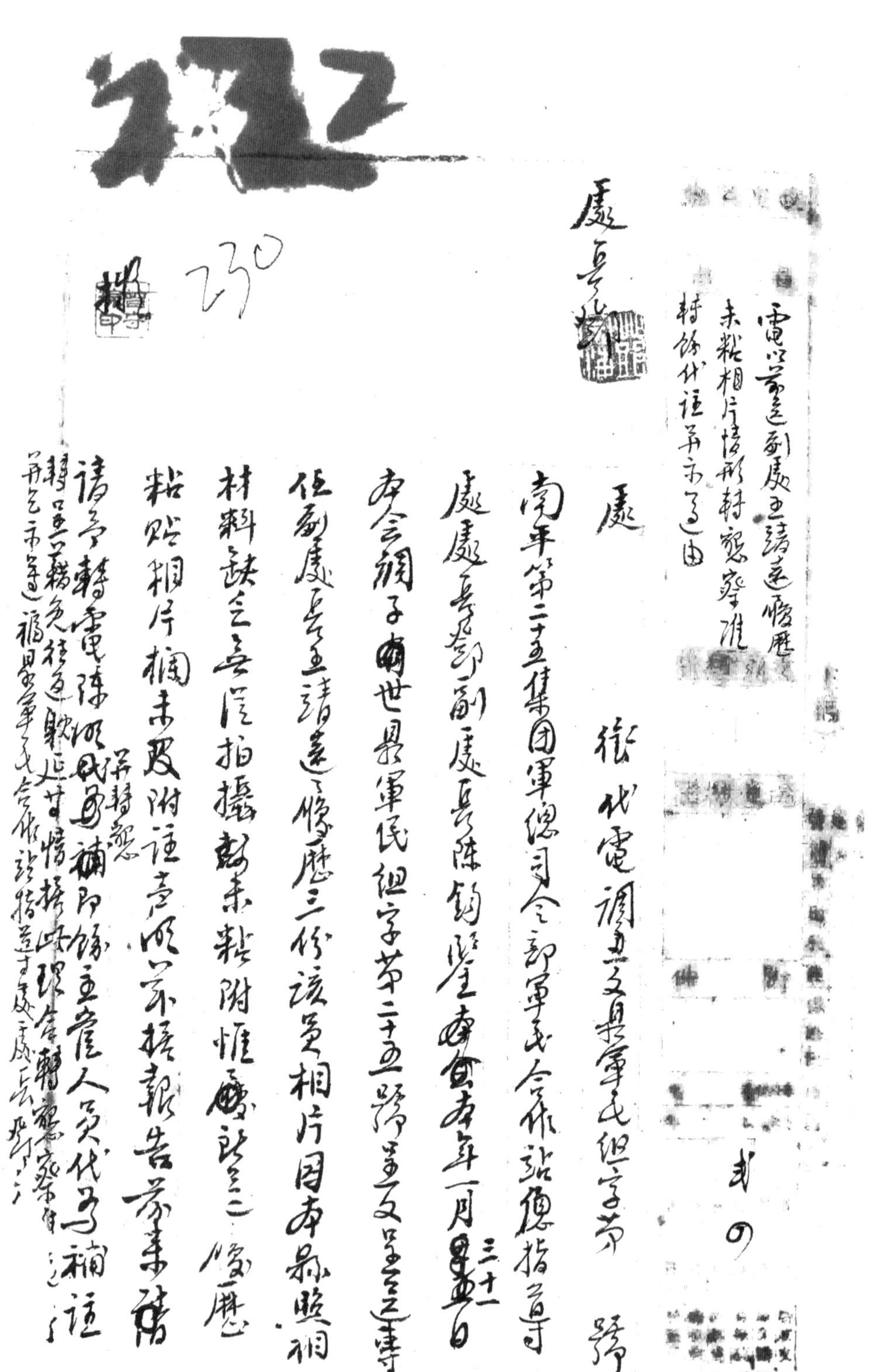

第二十五集团军总司令部军民合作站福鼎县指导处关于前送副处长王靖远履历未粘贴照片情形恳察准转饬补注的代电(1942 年 2 月 12 日) G137-001-0009

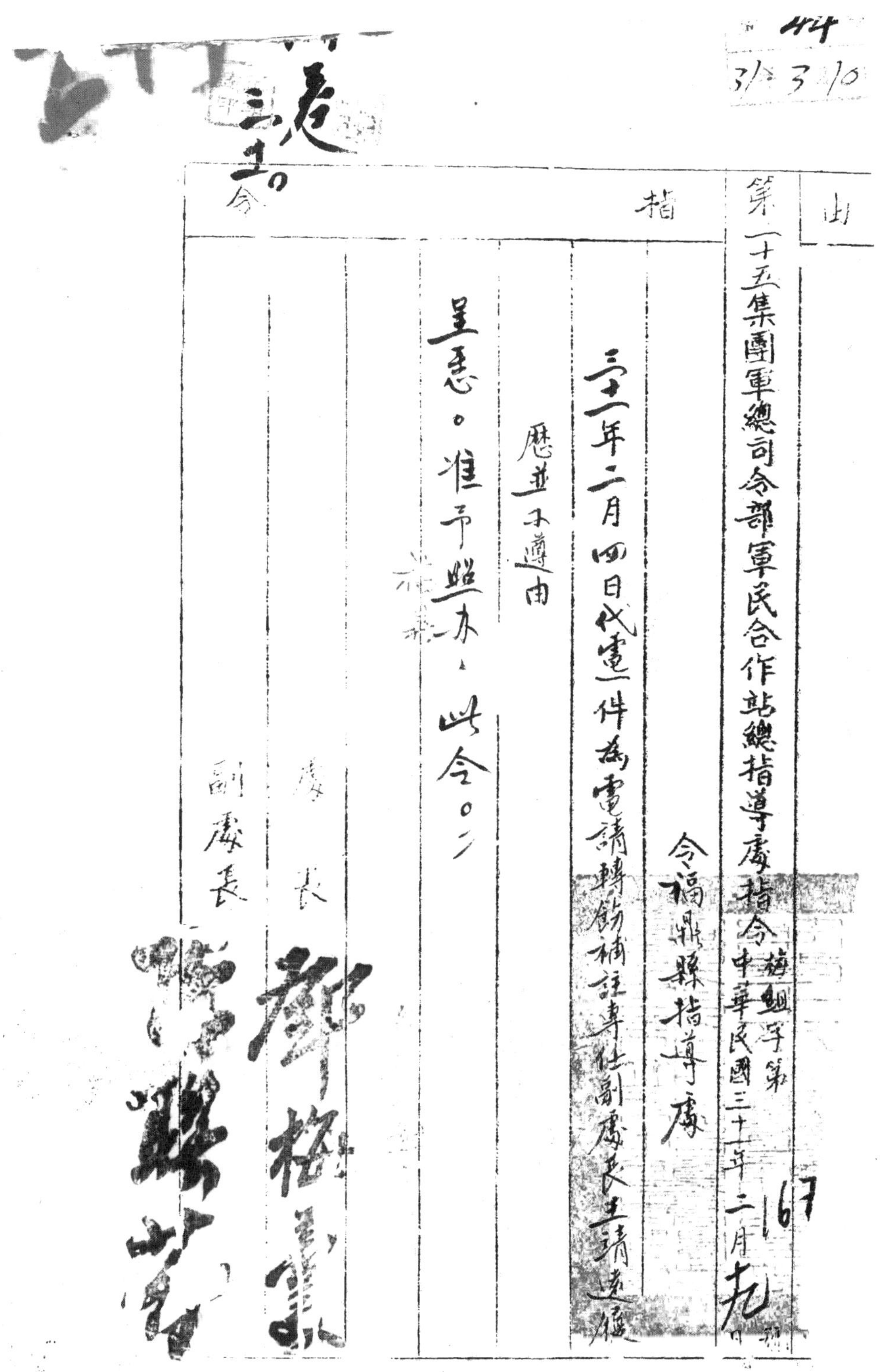
第二十五集团军总司令部军民合作站总指导处指令 梅组字第 号
中华民国三十一年二月十九日
令福鼎县指导处
三十一年二月四日代电一件为电请转饬补注专任副处长王靖远履历并不遵由
呈悉。准予照办。此令。
处长 郑
副处长

第二十五集团军总司令部军民合作站总指导处关于准予补注专任副处长王靖远履历表的指令

（1942年2月19日） G137-001-0010

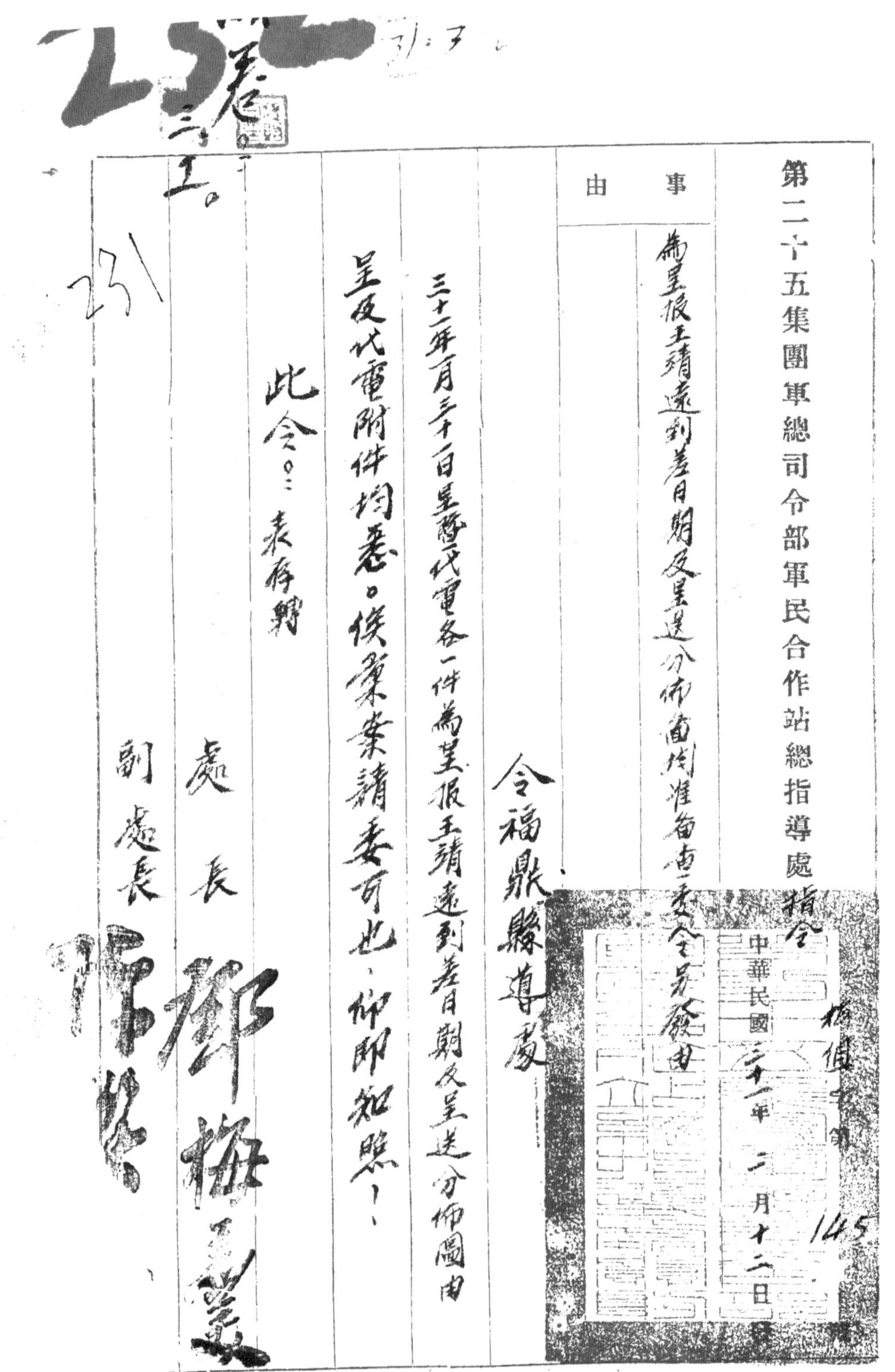

第二十五集團軍總司令部軍民合作站總指導處指令

事由　為呈報王靖遠到差日期及呈送分佈圖均准備查委令另發由

令福鼎縣導處

三十一年一月三十日呈暨代電各一件為呈報王靖遠到差日期及呈送分佈圖由

呈及代電附件均悉。候彙案請委可也，仰即知照！

此令。

處長　鄧

副處長

中華民國三十一年二月十二日

第二十五集团军总司令部军民合作站总指导处关于王靖远到差日期及乡镇军民合作站分布图均准备查，委令另发的指令（1942 年 2 月 12 日）　G137-001-0009

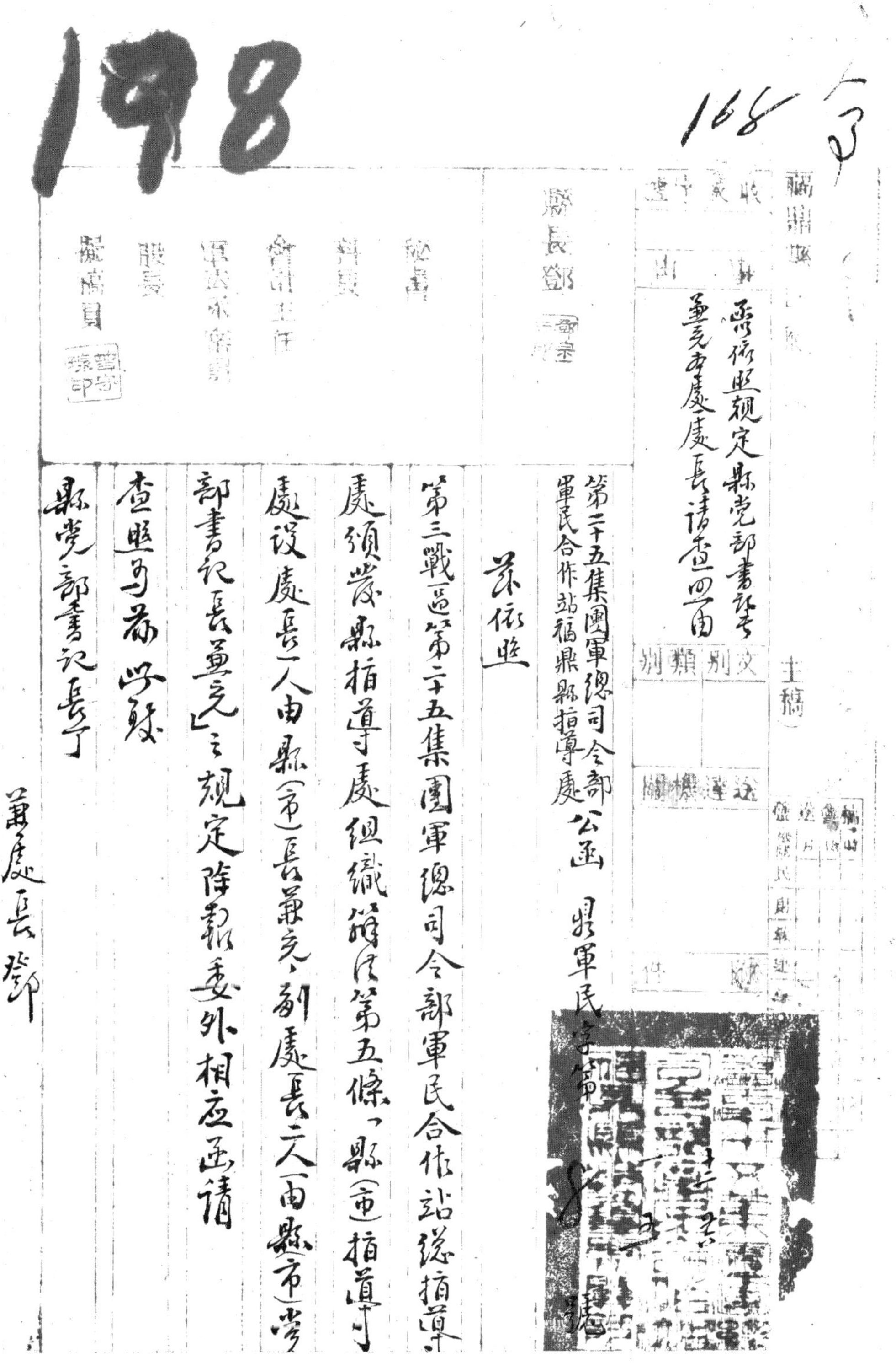

第二十五集团军总司令部军民合作站福鼎县指导处关于依照规定县党部书记长兼充本处副处长的公函(1942 年 1 月 5 日)　G137-001-0009

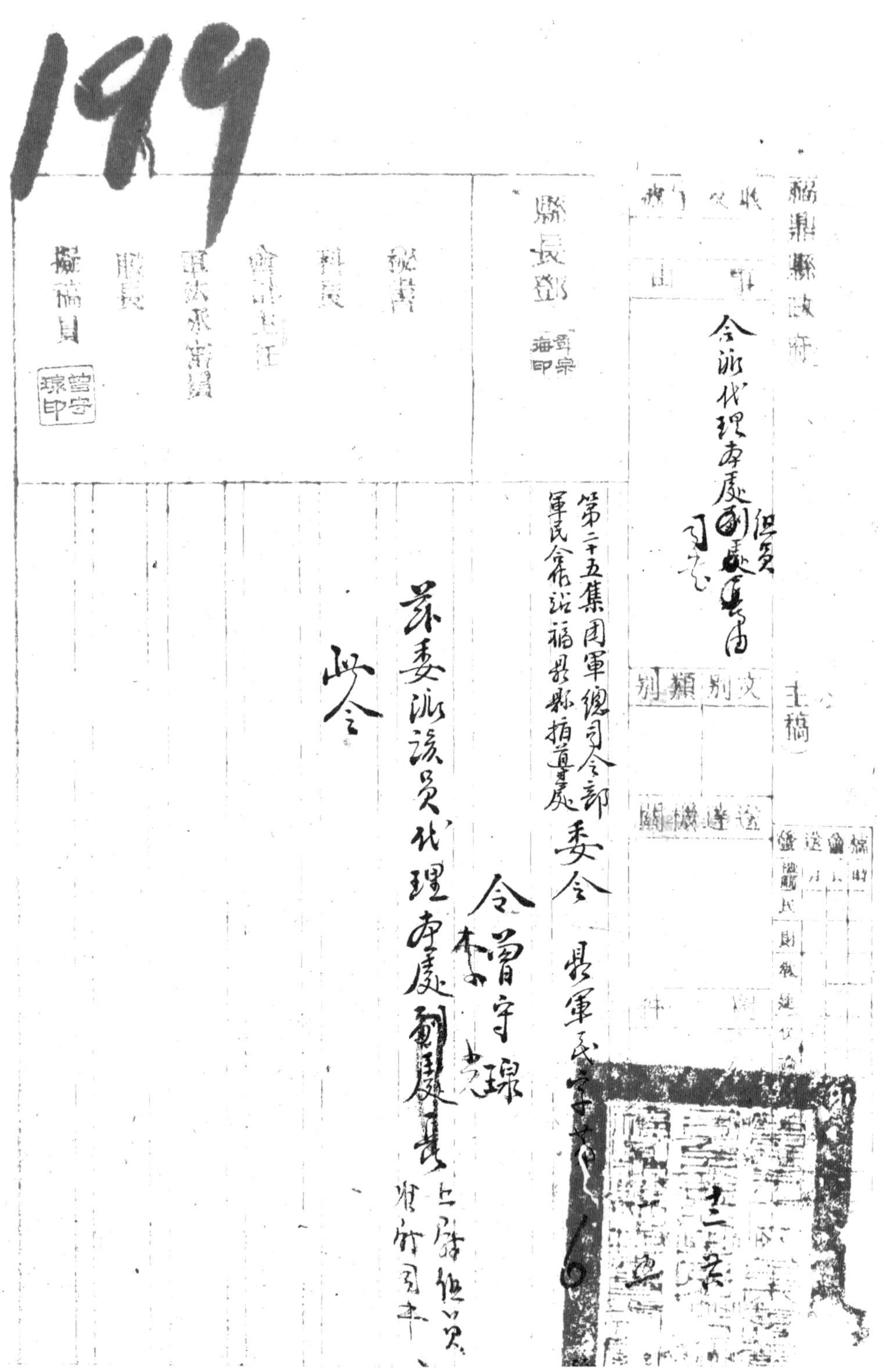

第二十五集团军总司令部军民合作站福鼎县指导处关于派曾守璟代理本处上尉组织员、李光代理本处准尉司书的委任令(1942年1月5日)　G137-001-0009

260

函调各组组长组员由

處長鄭
副處長丁
副處長

處
銜公函　調軍民組字第　號

案奉

第二十五集團軍軍民合作站總指導處電飭組設縣軍民合作站指導處等因遵於三十年十二月一日正式組織成立呈報在案茲遵照組織辦法第五六兩條規定分設指導組織宣慰總務四組并調執事為本處各組組長員除呈報并分函外相應函請查照剋日到處辦公共策進行為荷

第二十五集团军总司令部军民合作站福鼎县指导处关于调员任军民合作站指导处各组组长、组员的公函(1942 年 1 月 7 日)　G137-001-0009

211

此致

縣政府金科長可榮（組訓組長） 縣政府胡科員信庸（組訓組員）

警察局　局長（督導組長） 動員會林幹事文丙（督導組員）

縣黨部繆幹事懷珍（宣慰組長） 縣黨部趙幹事澤富（宣慰組員）

縣政府康科長捷成（總務組長） 縣政府李書記原雲（總務組員）

兼處長鄭〻〻

副處長丁〻〻

第二十五集团军总司令部军民合作站福鼎县指导处关于调员任军民合作站指导处各组组长、组员的公函（1942 年 1 月 7 日）　G137-001-0009

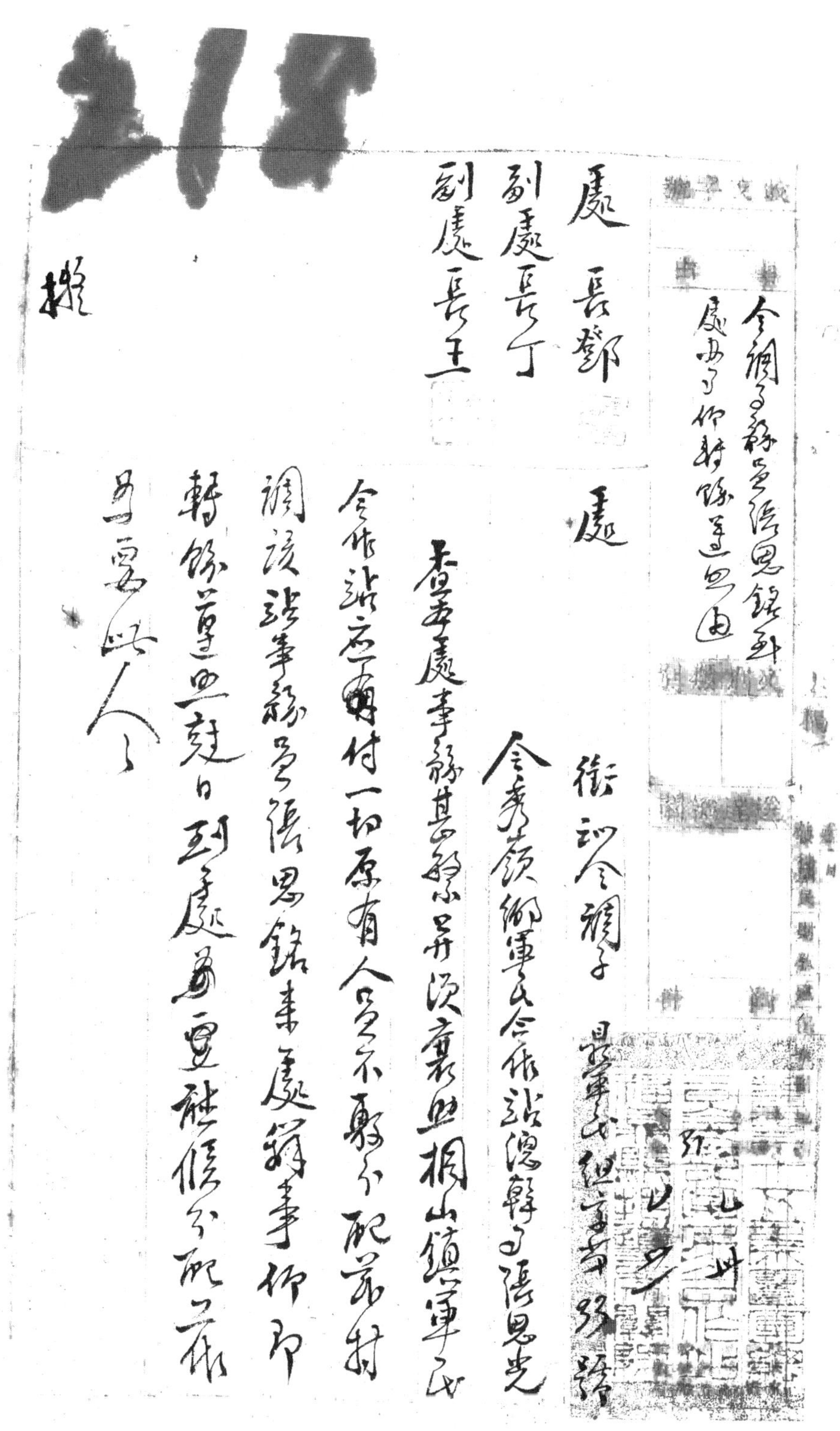

令调乡事务员张思铭到处办事仰转饬遵照由

衔 训令 调字 第 号

令秀岭乡军民合作站总干事张恩光

查本处事务甚繁亟须襄助桐山镇军民合作站应即移付一切原有人员不敷分配兹特调该站事务员张思铭来处办事仰即转饬遵照克日到处为要此令

处长郑
副处长丁
副处长王

第二十五集团军总司令部军民合作站福鼎县指导处关于调秀岭乡军民合作站事务员张思铭到指导处办事的训令(1942 年 1 月 31 日)　G137-001-0009

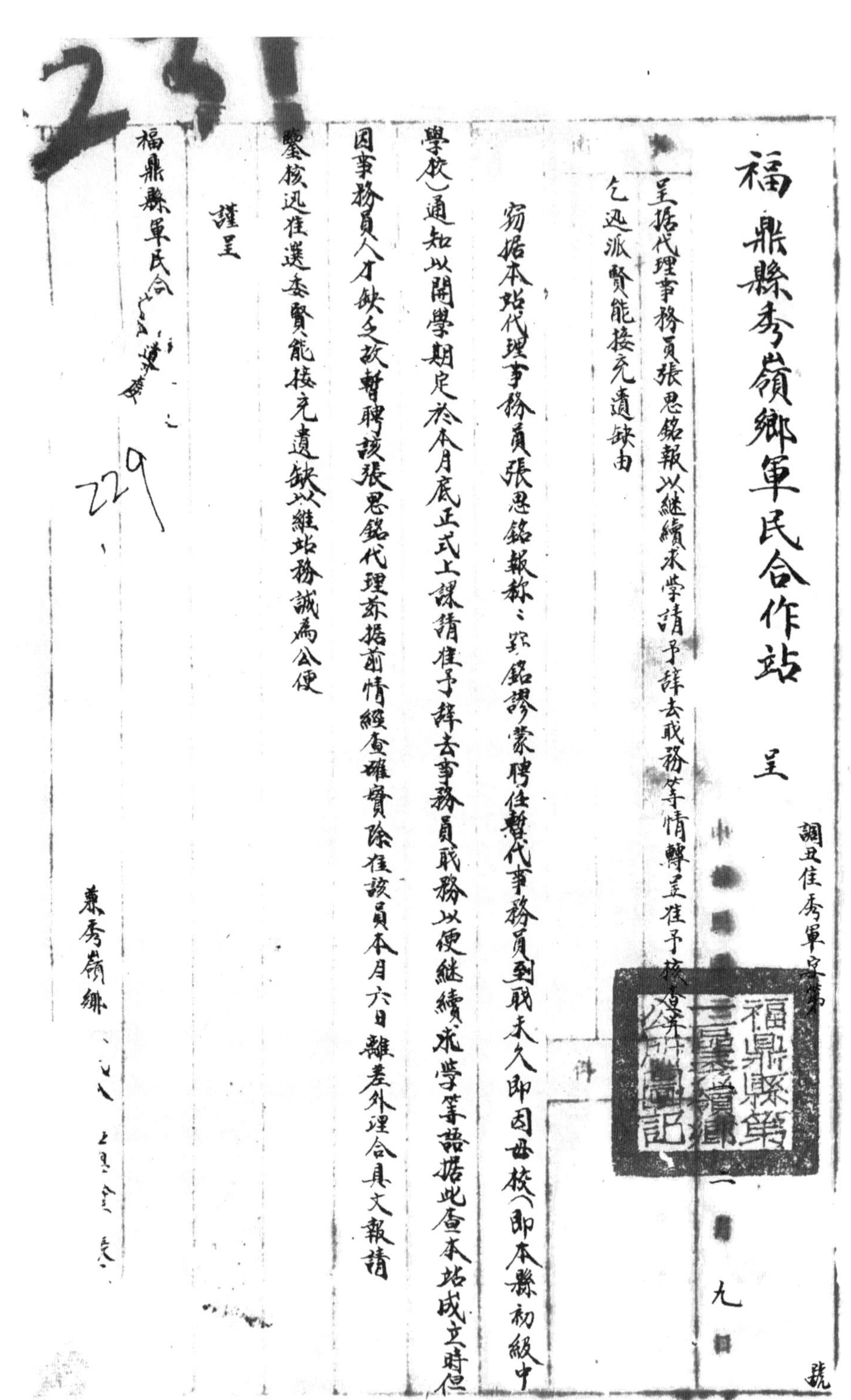

福鼎縣秀嶺鄉軍民合作站 呈 調丑佳秀軍字第一九號

呈据代理事務員張思銘報以繼續求學請予辭去職務等情轉呈准予核查并乞迅派賢能接充遺缺由

竊据本站代理事務員張思銘報稱：思銘謬蒙聘任暫代事務員到職未久即因母校（即本縣初級中學校）通知以開學期定於本月底正式上課請准予辭去事務員職務以便繼續求學等語据此查本站成立時但因事務員人才缺乏故暫聘該張思銘代理亦据前情經查確實除准該員本月六日離差外理合具文報請

鑒核迅准選委賢能接充遺缺以維站務誠為公便

謹呈

福鼎縣軍民合[illegible]

兼秀嶺鄉[illegible]

福鼎縣第三區秀嶺鄉公所圖記

福鼎县秀岭乡军民合作站关于据代理事务员张思铭报以继续求学请予辞去职务并乞迅派贤能接充遗缺的呈文(1942 年 2 月 9 日) G137-001-0009

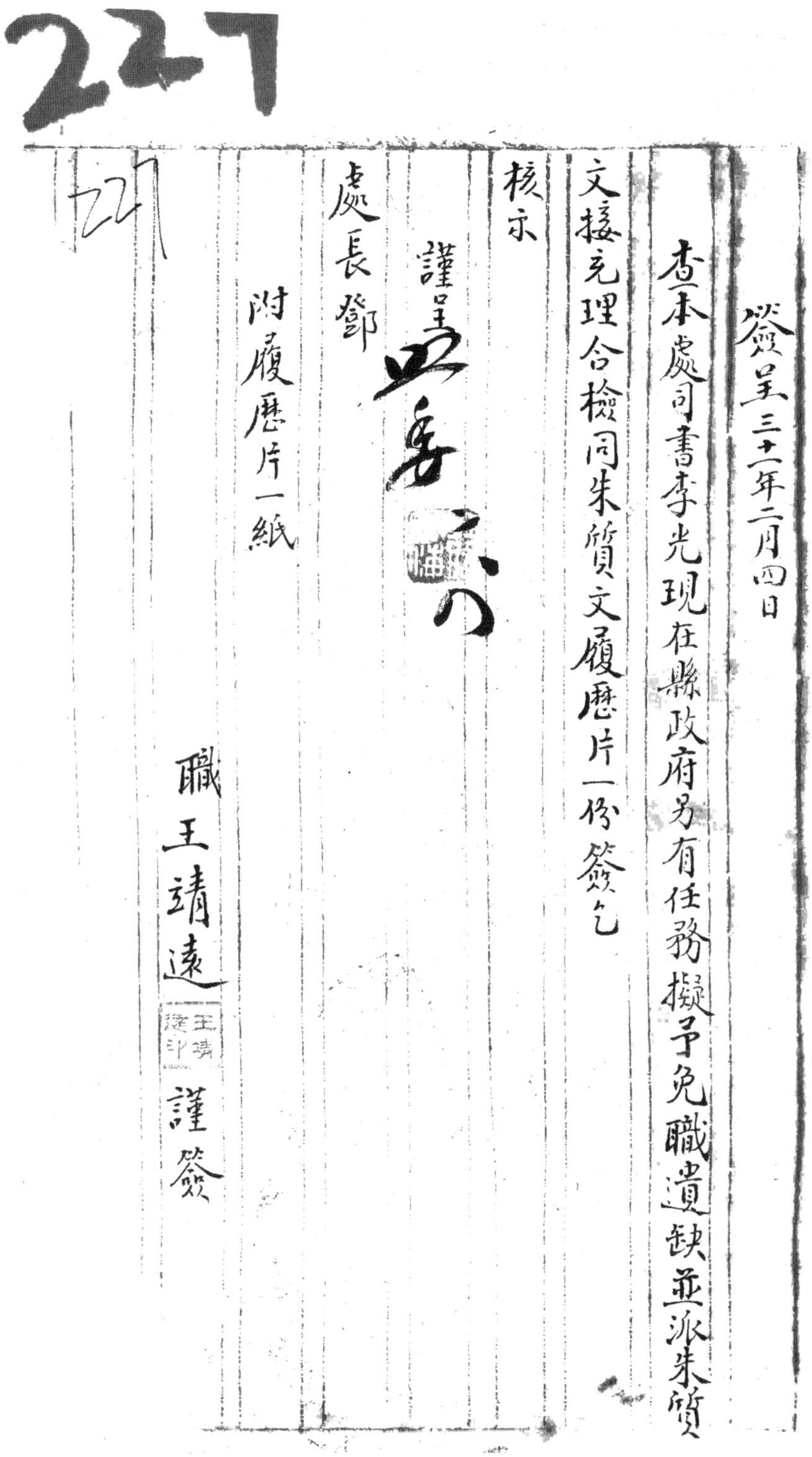

227

签呈 三十一年二月四日

查本处司书李光现在县政府另有任务，拟予免职，遗缺并派朱质文接充，理合检同朱质文履历片一份，签乞

核示

谨呈

处长邓

附履历片一纸

职 王靖远 谨签

第二十五集团军总司令部军民合作站福鼎县指导处副处长王靖远关于本处司书李光另有任务，拟予免职，遗缺派朱质文接充的签呈（1942年2月4日） G137-001-0009

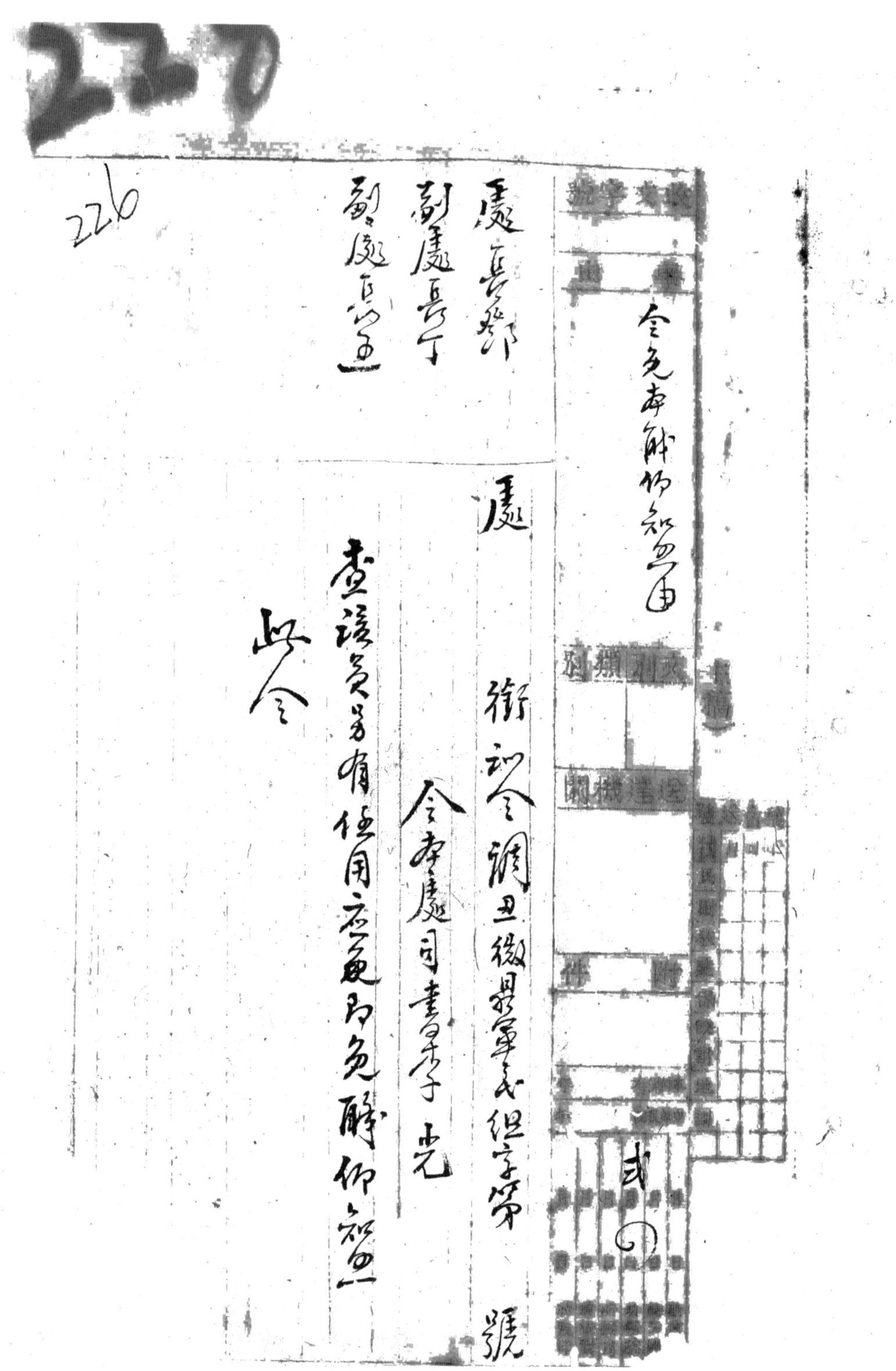

第二十五集团军总司令部军民合作站福鼎县指导处关于本处司书李光另有任用，应即免职的训令
（1942 年 2 月 5 日） G137-001-0009

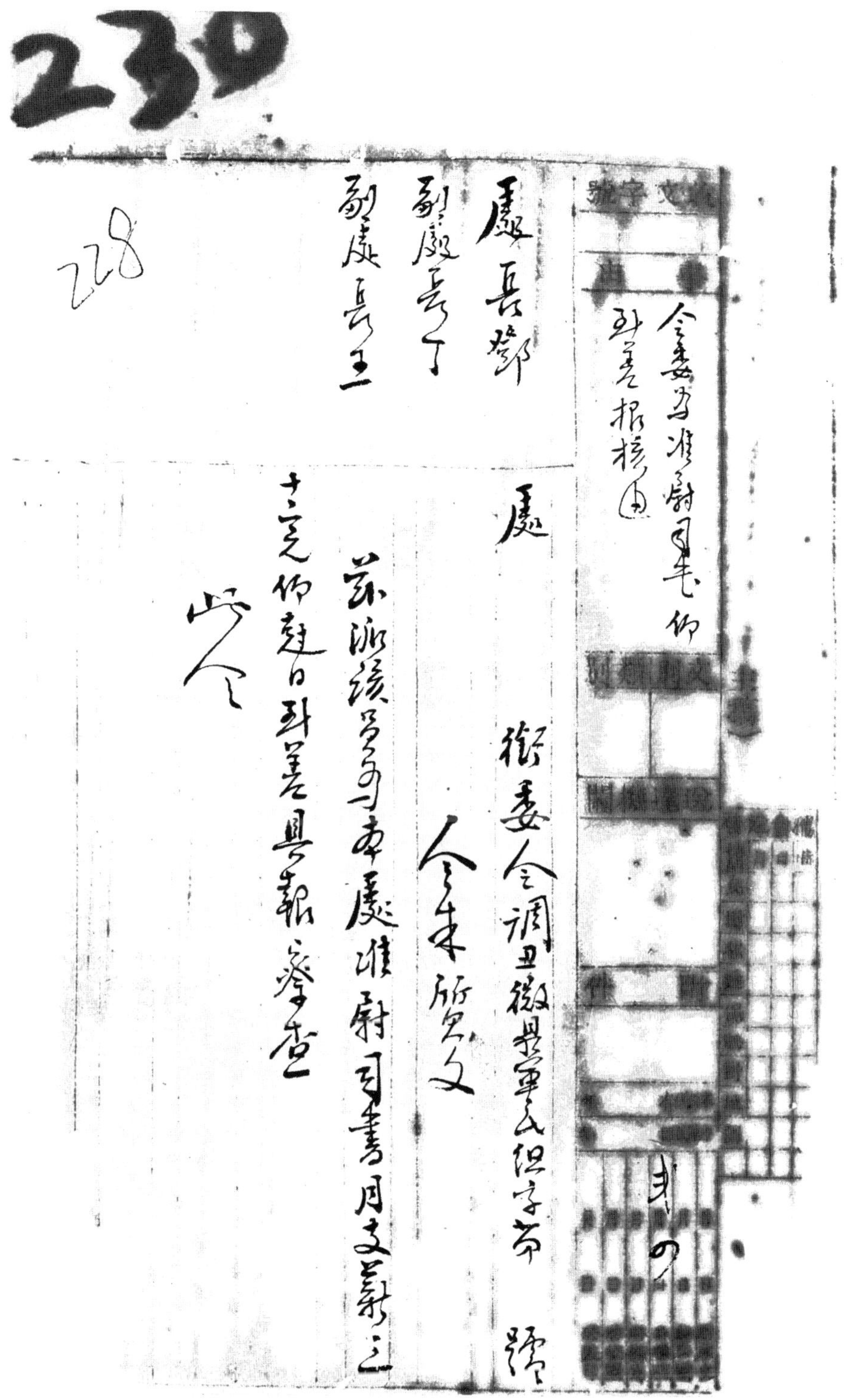

第二十五集团军总司令部军民合作站福鼎县指导处关于委任朱质文为本处少尉司书，克日到差的委任令(1942 年 2 月 5 日)　G137-001-0009

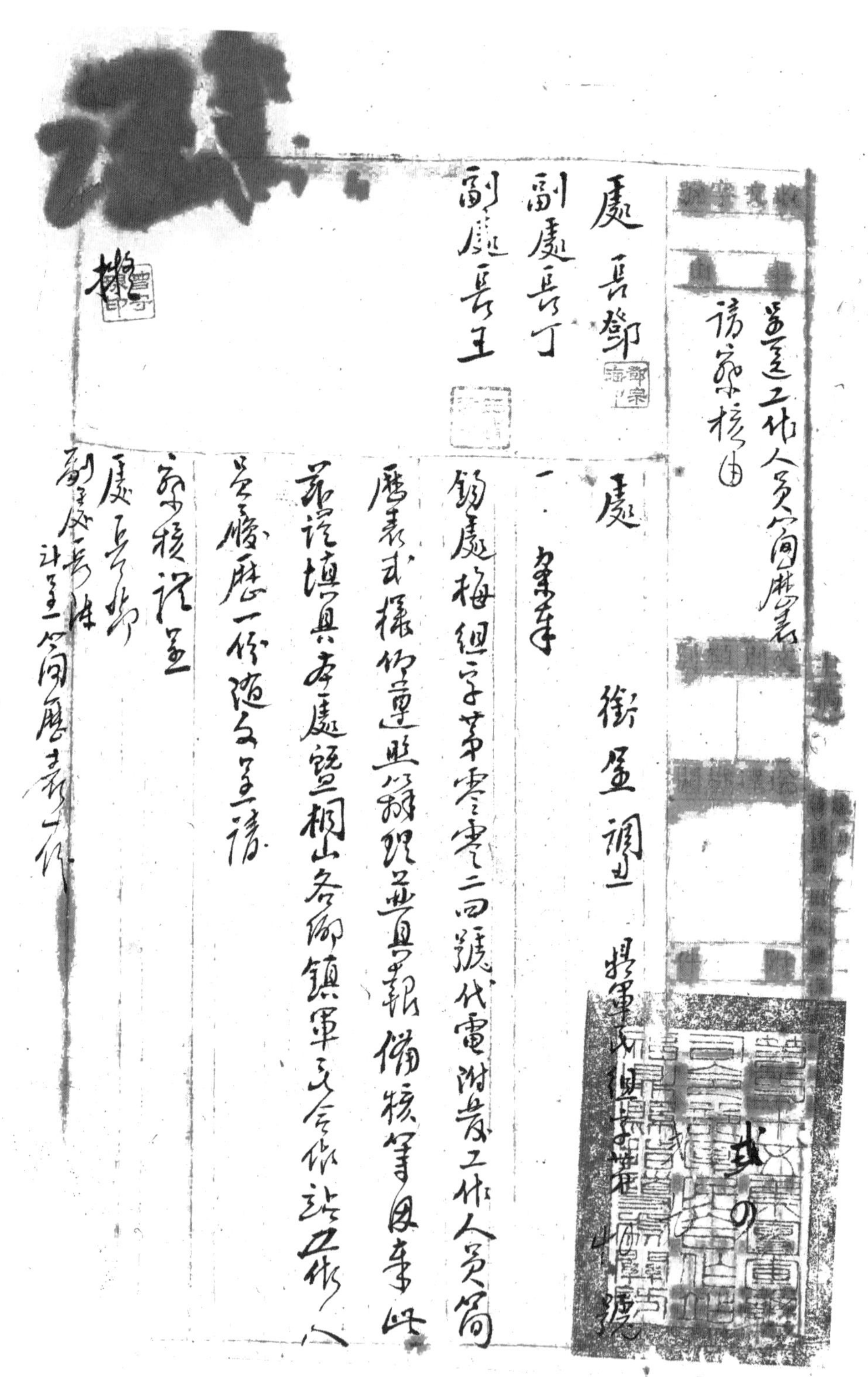

呈送工作人员简历表请察核由

处长邓

副处长丁

副处长王

处衔呈调 县军民组字第 号

一、案奉

钧处梅组字第零零二四号代电附发工作人员简历表式样仰遵照办理并具报备核等因奉此兹经填具本处暨桐山各乡镇军民合作站工作人员履历一份随文呈请

察核谨呈

处长邓

副处长陈

计呈简历表一份

第二十五集团军总司令部军民合作站福鼎县指导处关于报送本处站工作人员简历表的呈文

（1942 年 2 月 9 日） G137-001-0009

300

福鼎縣軍民合作站指導處工作人員簡歷表

職別	姓名	年齡	籍貫	學歷	經歷	原机關職務	備
兼處長	鄭崇海	三九	貴州貴陽	國立北京法政專门學校政治經濟科畢業	曾任安徽淮泗道尹公署秘書、江北[illegible]秘書、江西[illegible]	福鼎縣縣長	
兼副處長	丁梅薰	三六	福鼎	福建省立第三中學畢業、福建省黨務工作人員訓練班畢業	曾任永泰、周安等縣黨務指導員、福鼎縣黨務特派員及指導員[illegible]	福鼎縣黨部書記	
專任副處長	王[illegible]遜	三二	山東[illegible]縣	山東省立[illegible]縣第九中學畢業	曾歷充福鼎縣政府軍事科上尉科員		
組織組長	金可榮	三六	霞浦	私立福建法政專门學校畢業	曾充福建省黨部[illegible]、[illegible]縣政府[illegible]	福鼎縣政府第一科科長	
督導組長	汪子祥					福鼎縣警察局局長	兼調福鼎縣[illegible]
宣慰組長	繆懷玲	三九	福鼎	福建省立[illegible]師範學校本科畢業、福建省黨務工作人員訓練班畢業	曾任霞浦縣黨務[illegible]特派員等職	福鼎縣黨部秘書	
總務組長	康捷成	三一	福建詔安	福建省保安干部訓練所[illegible]畢業	曾任福建省保安[illegible]	福鼎縣政府第二科科員	
組織組組員	胡信廣	三七	同德	福建私立三山中學畢業、[illegible]縣政人員訓練所	曾任平和縣政府科員	福鼎縣政府科員	
督導組組員	林文丙	三一	連江	[illegible]	[illegible]記、秘書、[illegible]	福鼎縣[illegible]委員	
宣慰組組員	施澤宣	三六	福鼎	福建省立[illegible]畢業、福建省縣政人員訓練所畢業	曾任福鼎縣政府保甲指導員、[illegible]第三區署指導員	福鼎縣黨部幹事	

附件：福鼎县军民合作站指导处工作人员简历表

（1942年2月9日） G137-001-0010

总务组组员	李庆云					
专任组组员	曾守禄	四一	福鼎	福建省立第三中学旧制毕业	曾充福鼎县政府第三区署区员	福鼎县政府军事科书记
司书	李光	四六	福鼎	县立高小毕业	曾任福鼎县县商会常务理事	
桐山镇合作指导主事	卓梅峰	三三	福鼎	福建省立第三中学旧制毕业	在教育界服务十三年	桐山镇镇长
征调〃干事	卜雨勋	三六	福鼎	福鼎县县政干部所毕业	在保甲界服务五年	桐山镇副镇长
护卫组干事	林瑞清	三九	福鼎	私塾肄业七年		福鼎县府挑会干事
侦察组干事	林时端	三八	福鼎	福建省立第三中学旧制毕业	在教育界服务十三年	县党部书记长
宣训组组长	曾世清	四五	福鼎	闽海道立师范讲习所毕业	在教育界服务廿年	桐山镇中心校校长
事务员	张道卿	三二	福鼎	在小学五年级肄业	曾充省保二团机枪中队分队副	
琳江镇合作站指导干事	张钟灵	三八	福鼎	福建省立第三中学毕业	曾任福鼎县第五区区助理员	琳江镇镇长
征调组干事	陈松梅	四一	福鼎	玉琳区国民小学毕业	曾任琳区〃公会干事	琳江镇琳西保保长
护卫组干事	陈玉蟾	二五	福鼎	霞浦初师毕业	曾充玉琳小学教员	琳江镇中心校校长

附件：福鼎县军民合作站指导处工作人员简历表

（1942年2月9日） G137-001-0010

职别	姓名	年龄	籍贯	学历	经历	现职
侦察组干事	林仁	三三	福鼎			琳江乡农会干事
宣训组干事	吴家煊	二三	福鼎	桐城中心校毕业	曾任巽城小学教员	琳江中心校教员
事务员	陈鸣鹤	三五	福鼎	霞浦简师毕业	曾任实业指导员	
管阳合作站指导干事	陈从伟	三三	福鼎	高小毕业	曾任联保主任	管阳乡乡长
征调组干事	吴尚玉	二五	福鼎	高小毕业	曾任联保书记员	管阳乡公所户籍员
护运组干事	张文山	四七	福鼎	高小毕业	曾任联保主任	管阳乡兵役协会干事
侦察组干事	张鸿霄	四二	福鼎	高小毕业	曾任联保书记员	管阳乡公所副乡长
宣训组干事	沈锡勇	三九	福鼎	初中毕业	曾任高小教员	管阳乡中心校校长
事务员	张益民	二三	福鼎	县社训所毕业	曾任城区干事，秘书三年	
秀岔乡合作站指导干事	张恩光	三四	福鼎	省政干训班毕业	历充南溪、佳阳乡长	秀岔乡乡长

附件：福鼎县军民合作站指导处工作人员简历表

（1942 年 2 月 9 日） G137-001-0010

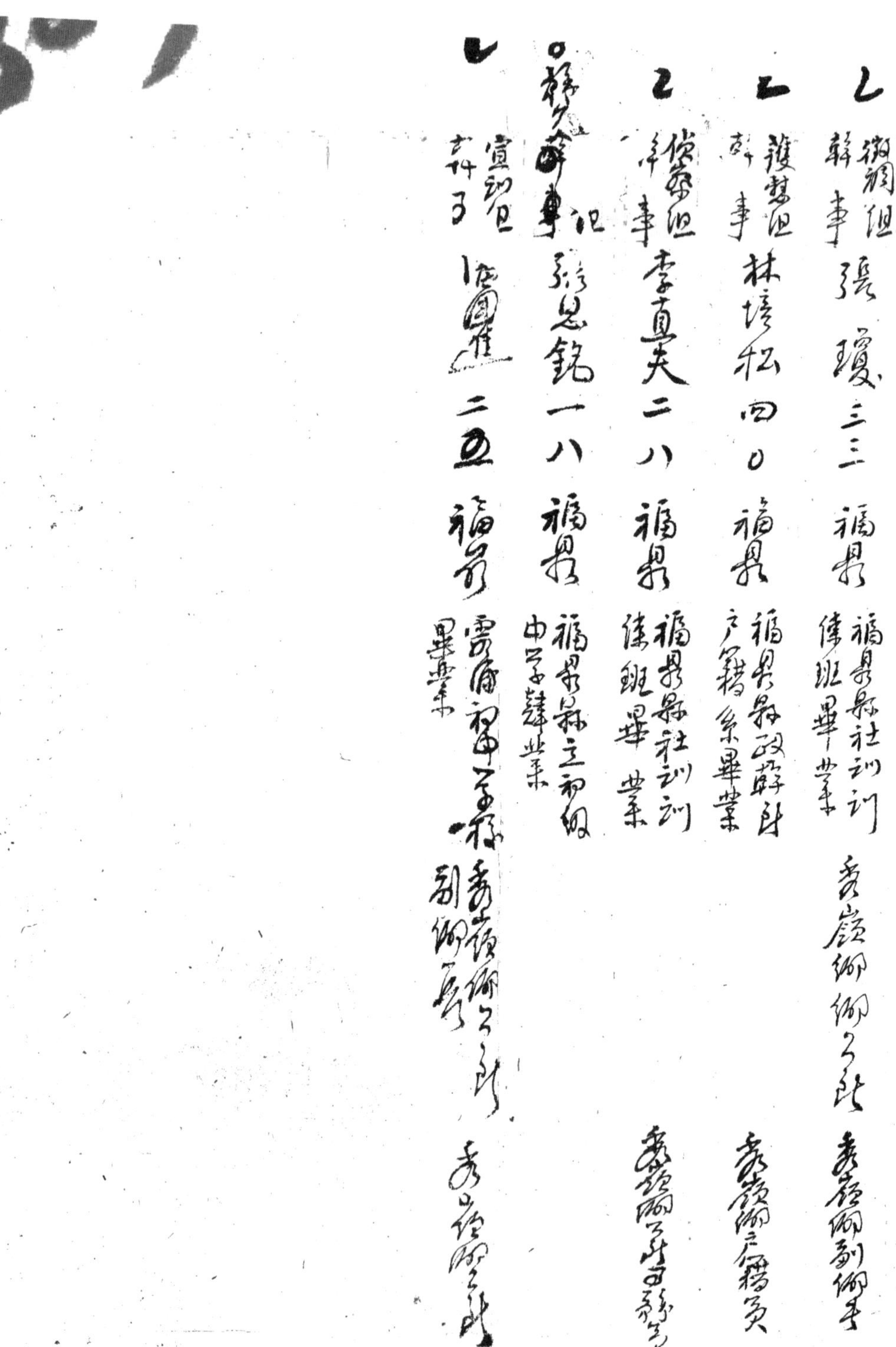

附件：福鼎县军民合作站指导处工作人员简历表

（1942年2月9日）　G137-001-0010

周

筹組已立依式刊用具報 十 廿八

第二十五集團軍總司令部軍民合作站總指導處代電 梅總字第〇〇二八號

福鼎縣政府勛鑒查本省各縣依據第三戰區長官部頒發各集團軍總司令部軍民合作機構組織辦法應依次從速組織成立軍民合作機構一案業經電請查照辦理在卷茲查奉頒各集團軍總司令部各縣軍民合作站指導處組織辦法第九條之規定本處應由總指導處按上級頒發各縣指導處關防一顆應用惟本處與各縣相距遼遠寄遞困難茲為辦事便利起見特檢同縣指導處關防式樣一份電請查照自行刊刻木質關防并希將啟用日期及印模二份送處備查為荷第二十五集團軍總司令部軍民合作站總指導處處長鄧梅羹延

第二十五集团军总司令部军民合作站总指导处关于颁发县指导处关防样式，请查照刊刻并将启用日期及印模送处备查的代电(1941 年 11 月 18 日)a 面　G133-003-0119

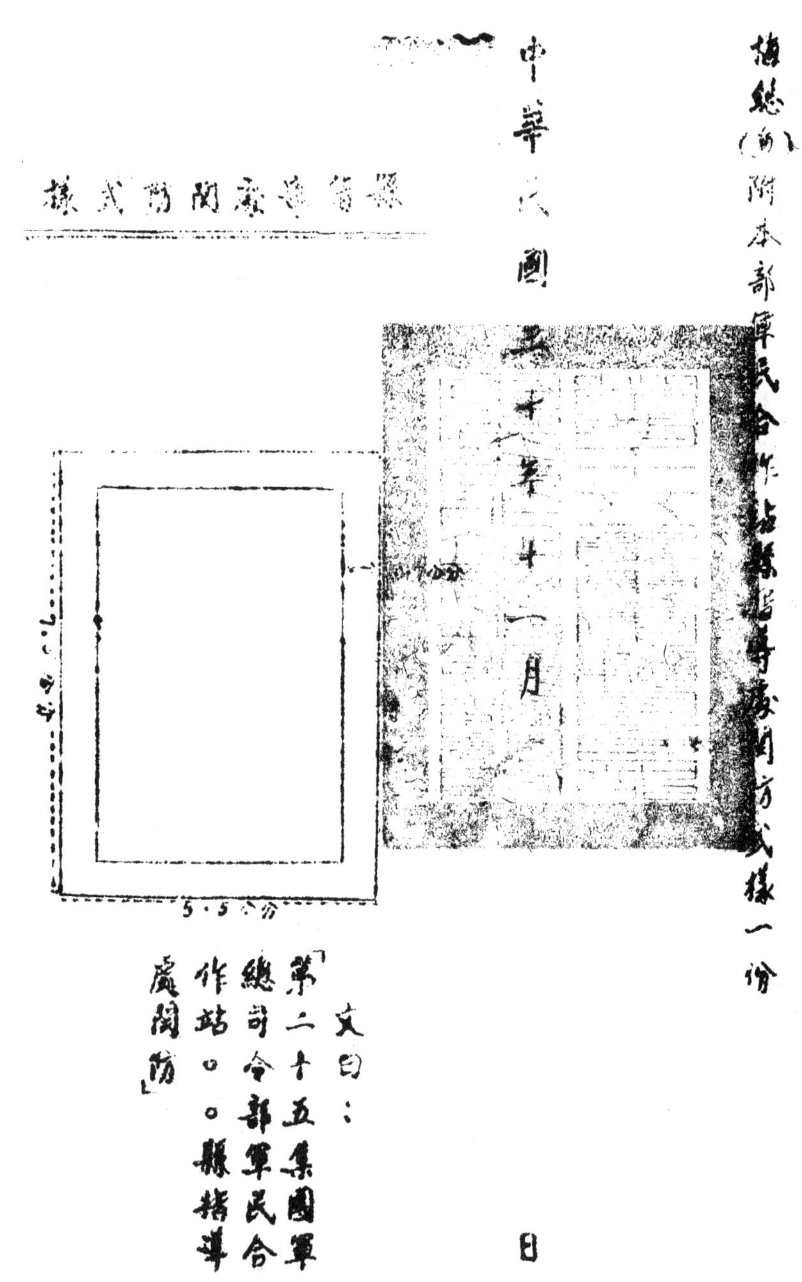

第二十五集团军总司令部军民合作站总指导处关于颁发县指导处关防样式，请查照刊刻并将启用日期及印模送处备查的代电（1941年11月18日）b面 G133-003-0119

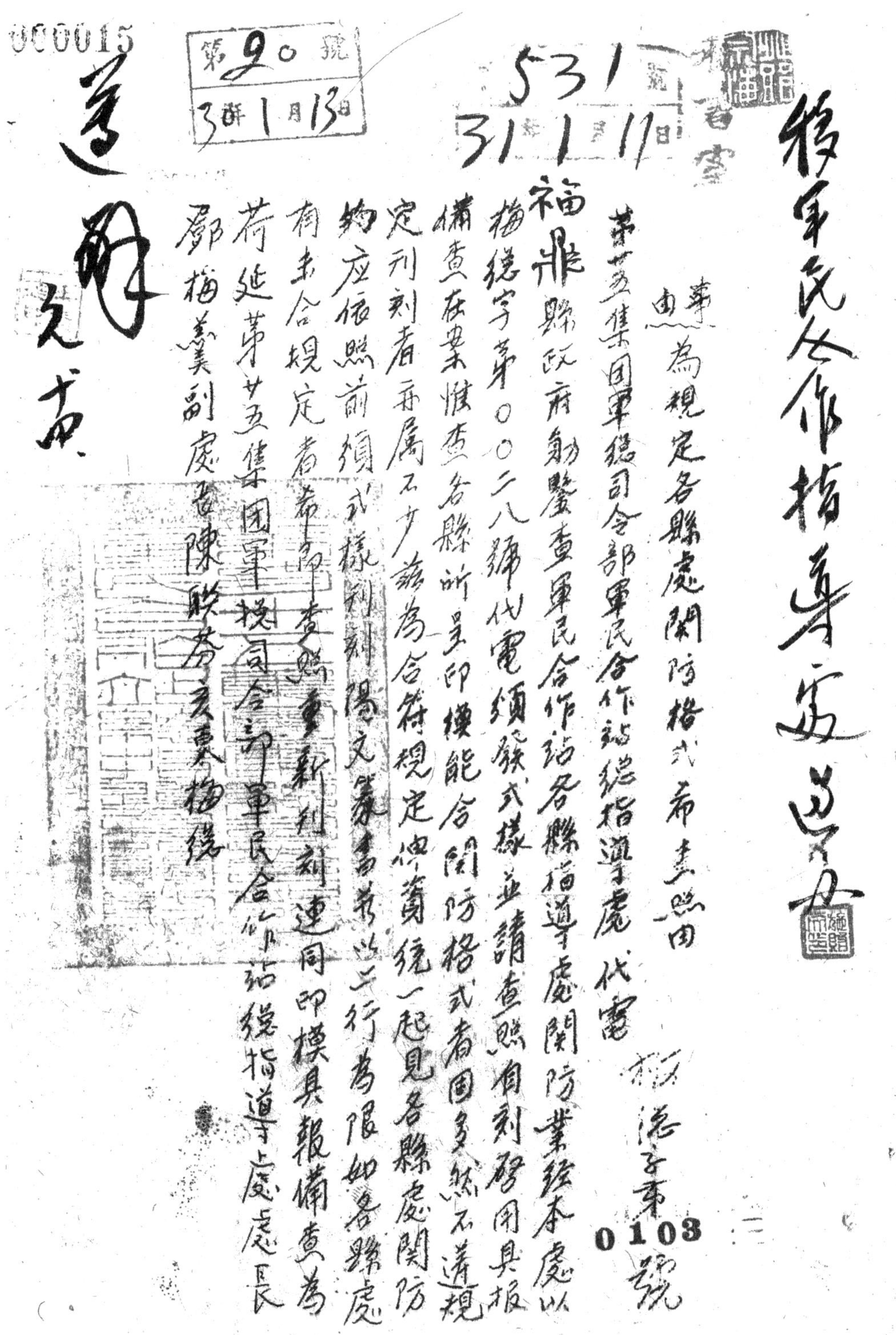

总军民合作指导处遵办

第廿五集團軍總司令部軍民合作站總指導處代電

梅總字第 0103 號

事由：為規定各縣處關防格式希查照由

福鼎縣政府鈞鑒：查軍民合作站各縣指導處關防業經本處以梅總字第〇〇二八號代電頒發式樣，並請查照自刻啟用具報備查在案。惟查各縣所呈印模能合關防格式者固多，然不遵規定刊刻者亦屬不少。茲為合符規定俾資統一起見，各縣處關防均應依照前頒式樣刊刻陽文篆書，並以二行為限。如各縣處有未合規定者，希即查照重新刊刻，連同印模具報備查為荷。

第廿五集團軍總司令部軍民合作站總指導處處長鄧梅羹、副處長陳聯芬。亥東。梅總

第20號 31年1月13日

531 31 1 11

000015

第二十五集团军总司令部军民合作站总指导处关于规定各县处关防格式希查照的代电

（1941 年 12 月 1 日） G133-003-0119

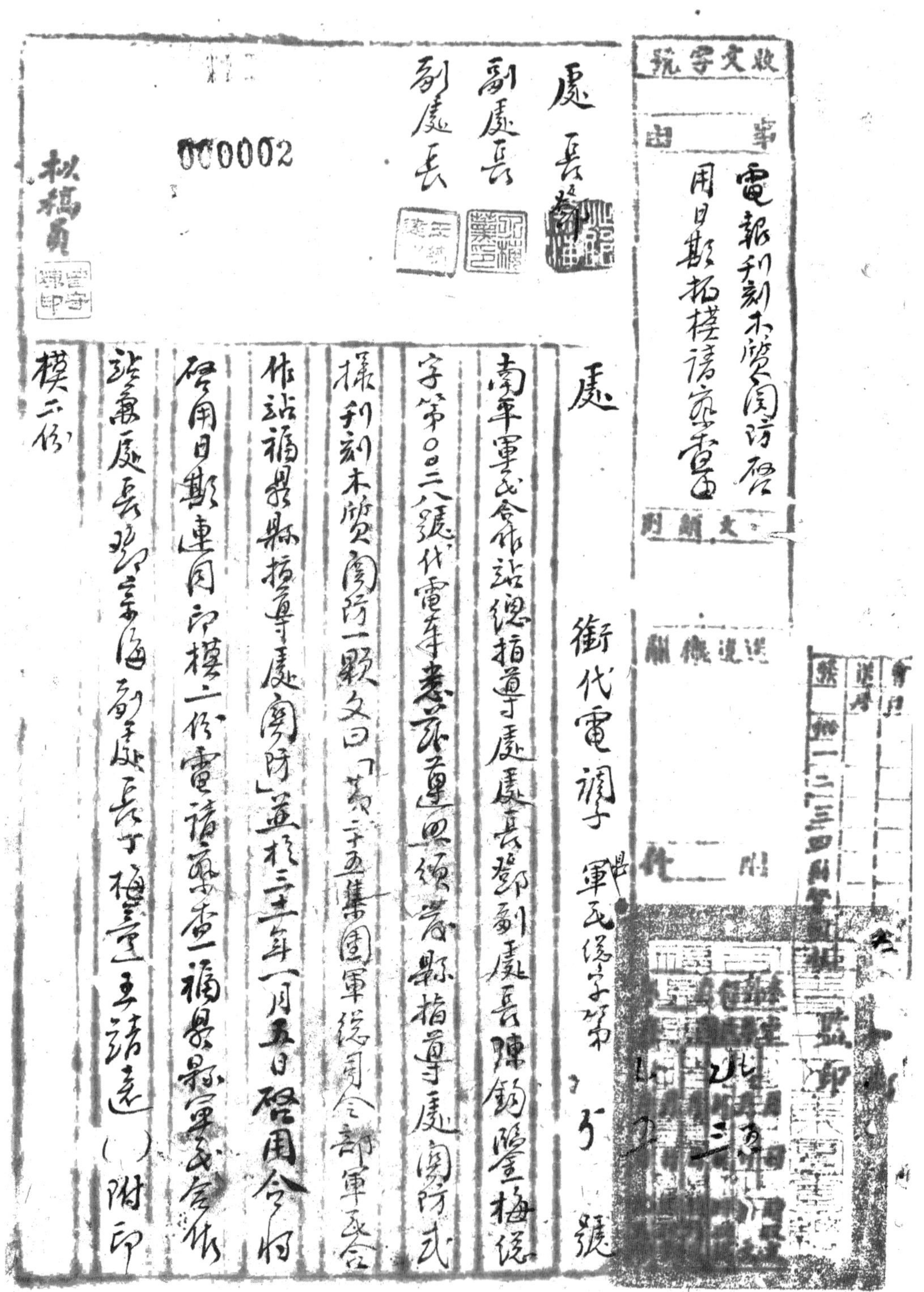

第二十五集团军总司令部军民合作站福鼎县指导处关于报刊刻木质关防启用日期及拓模请察查的代电

（1942 年 1 月 5 日）　G133-003-0119

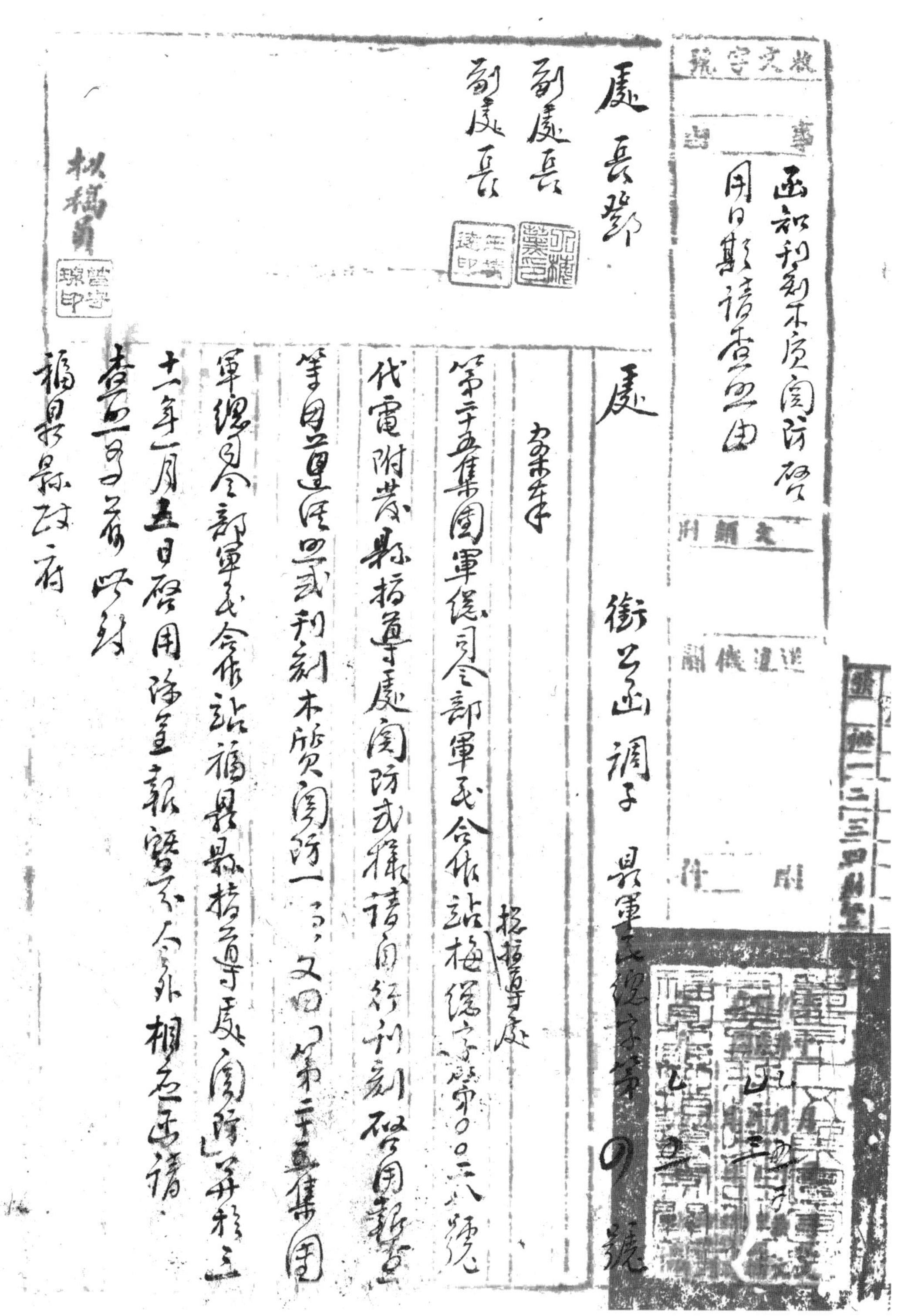

第二十五集团军总司令部军民合作站福鼎县指导处关于本处刊刻木质关防并启用日期请查照的公函

（1942 年 1 月 5 日） G133-003-0119

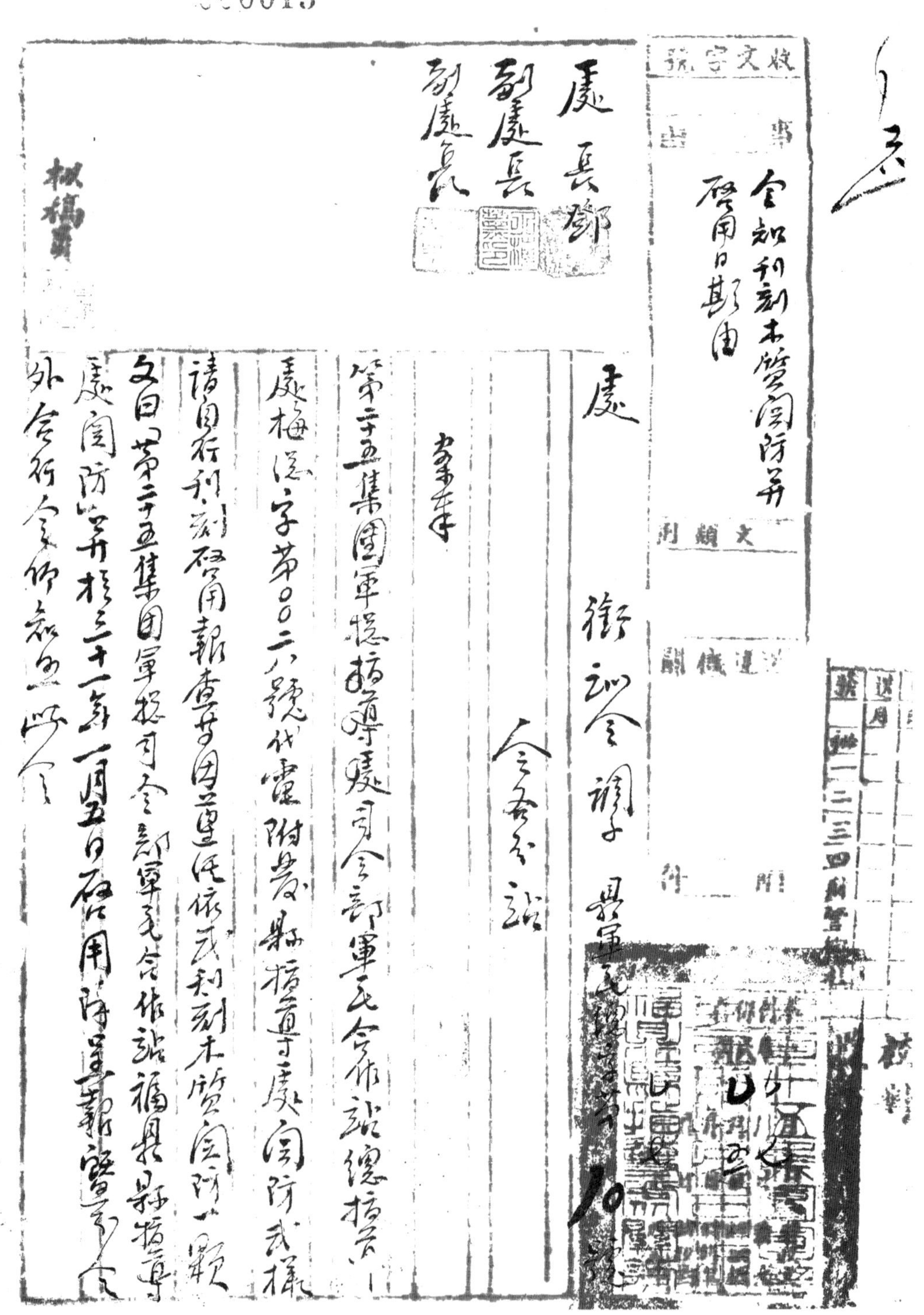

000013

事由：令知刊刻木质关防并启用日期由

處長 鄧
副處長
副處長

處
衔 训令 福字

令各分站

案奉
第二十五集团军总指导处司令部军民合作站总指导
處梅总字第〇〇二八号代电附发县指导处关防式样
请自行刊刻启用报查等因遵依式刊刻木质关防一颗
文曰第二十五集团军总司令部军民合作站福鼎县指导
處关防并于三十一年一月五日启用除呈报总指导处
外合行令仰知照　此令

第二十五集团军总司令部军民合作站福鼎县指导处关于令知刊刻木质关防并启用日期的训令

（1942 年 1 月 7 日）　G133-003-0119

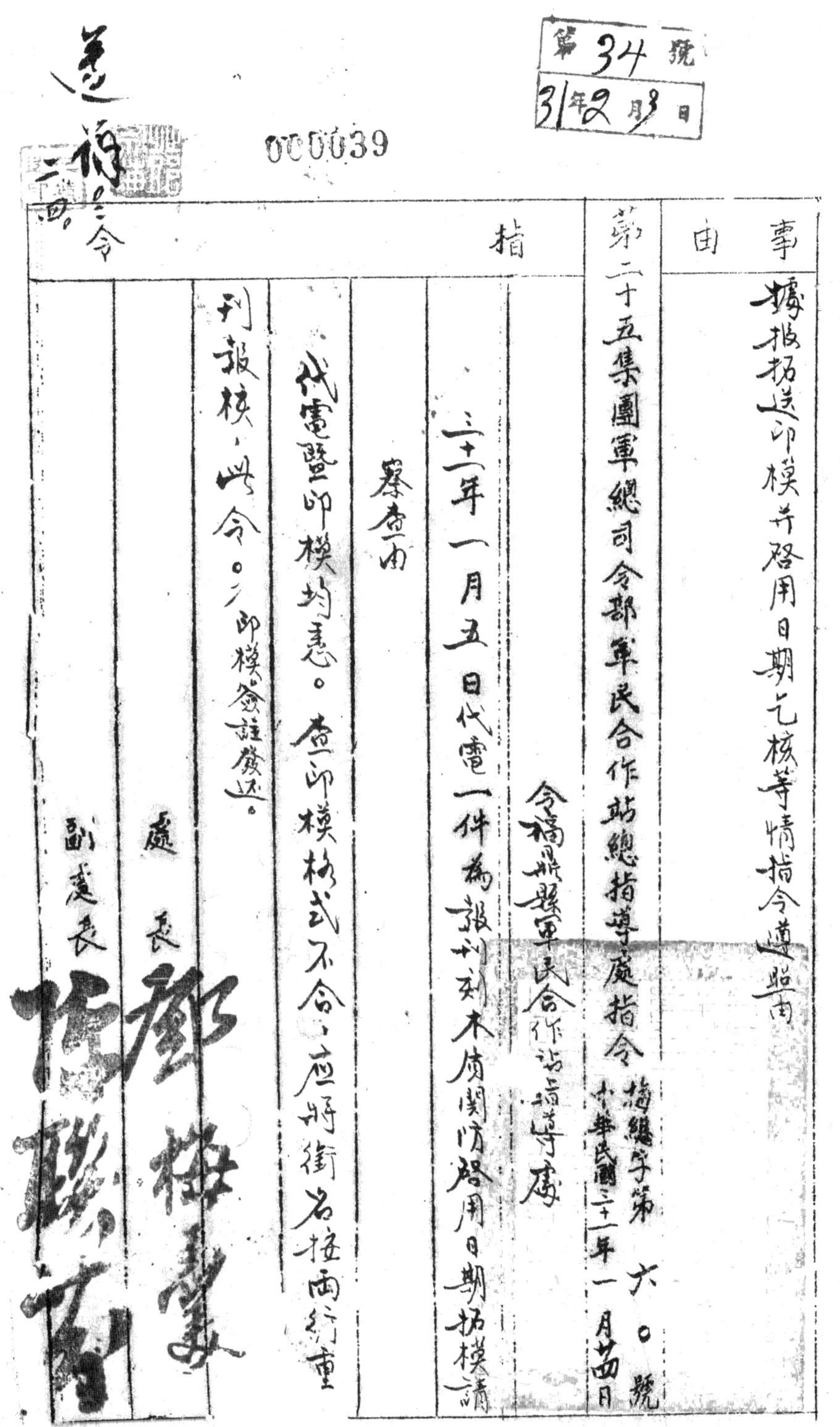

第34號 31年2月3日

000039

事由：據報拓送印模并啓用日期乞核等情指令遵照由

第二十五集團軍總司令部軍民合作站總指導處指令　指總字第六〇號　中華民國三十一年一月廿四日

令[illegible]縣軍民合作站指導處

三十一年一月五日代電一件，為報刊刻木質關防啓用日期拓模請察查由。

代電暨印模均悉。查印模格式不合，應將銜名接兩行重刊報核，此令。印模簽註發還。

處長 [illegible]

副處長 [illegible]

第二十五集团军总司令部军民合作站总指导处关于据报关防拓送印模并启用日期等情的指令

（1942 年 1 月 24 日）　G133-003-0119

0C0037

阅之

收文字號

事由
呈報重刻關防啓用日期拓模請察查由

文別類別

送達機關

處長
副處長
副處長

處

案奉
鈞處梅總字第六○號指令本處呈報刊刻木質關防啓用日期拓模請察查由內開：

抄原令

等因奉此遵經重刊木質關防一顆並於本年二月一日啓用除將舊刻關防截燬外理合拓具印模二

隨文呈請

銜呈閩寅

第二十五集团军总司令部军民合作站福鼎县指导处关于报送重刻关防启用日期拓模请察查的呈文

(1942年3月8日) G133-003-0119

察查

谨呈

处长郑

副处长陈

计呈印模二份

衔处长郑

副处长何

王

第二十五集团军总司令部军民合作站福鼎县指导处关于报送重刻关防启用日期拓模请察查的呈文

（1942年3月8日） G133-003-0119

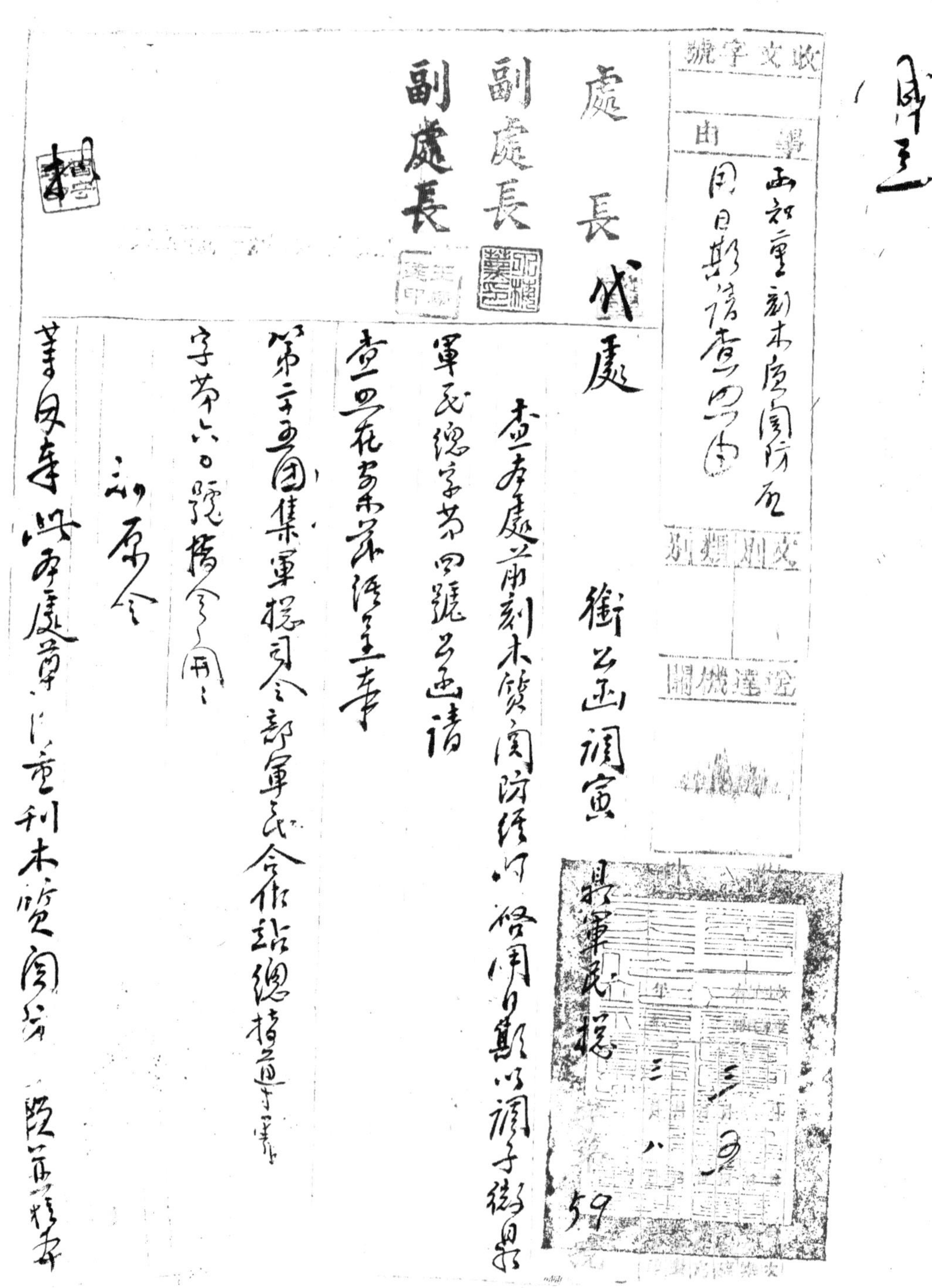

000040

收文字號

事由：函知重刻木質關防啟用日期請查照由

處長　副處長　副處長

處

衔公函稿　寅

查本處前刻木質關防經以啟用日期以洞字衔縣軍民總字第四號函請

查照在案茲經呈奉

第二十五集團軍總司令部軍民合作站總指導處

字第六〇號指令開：

"如原令"

等因，奉此，本處業已重刊木質關防

第二十五集团军总司令部军民合作站福鼎县指导处关于重刻木质关防应用日期的公函

（1942 年 3 月 8 日）　G133-003-0119

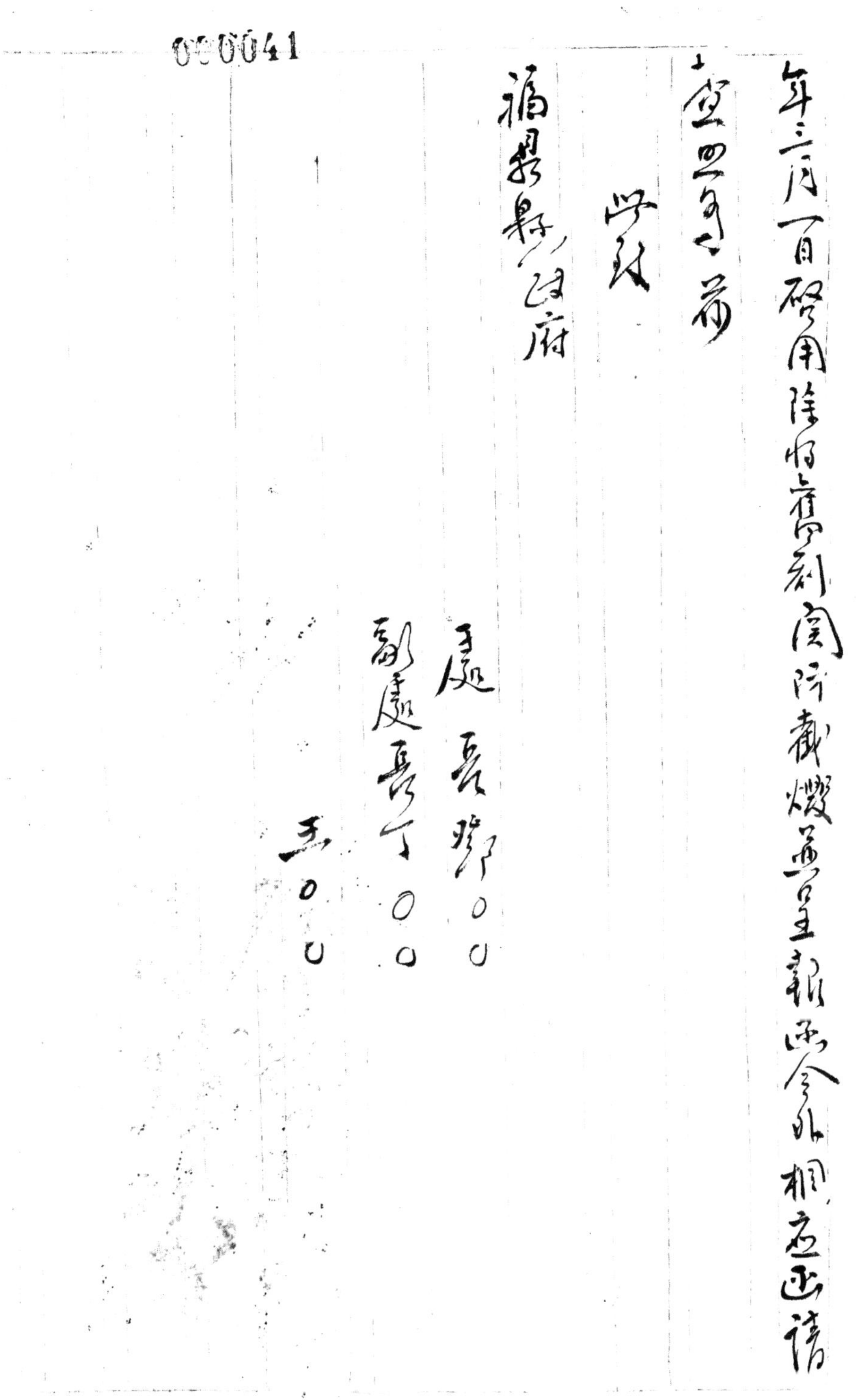

第二十五集团军总司令部军民合作站福鼎县指导处关于重刻木质关防应用日期的公函

（1942 年 3 月 8 日） G133-003-0119

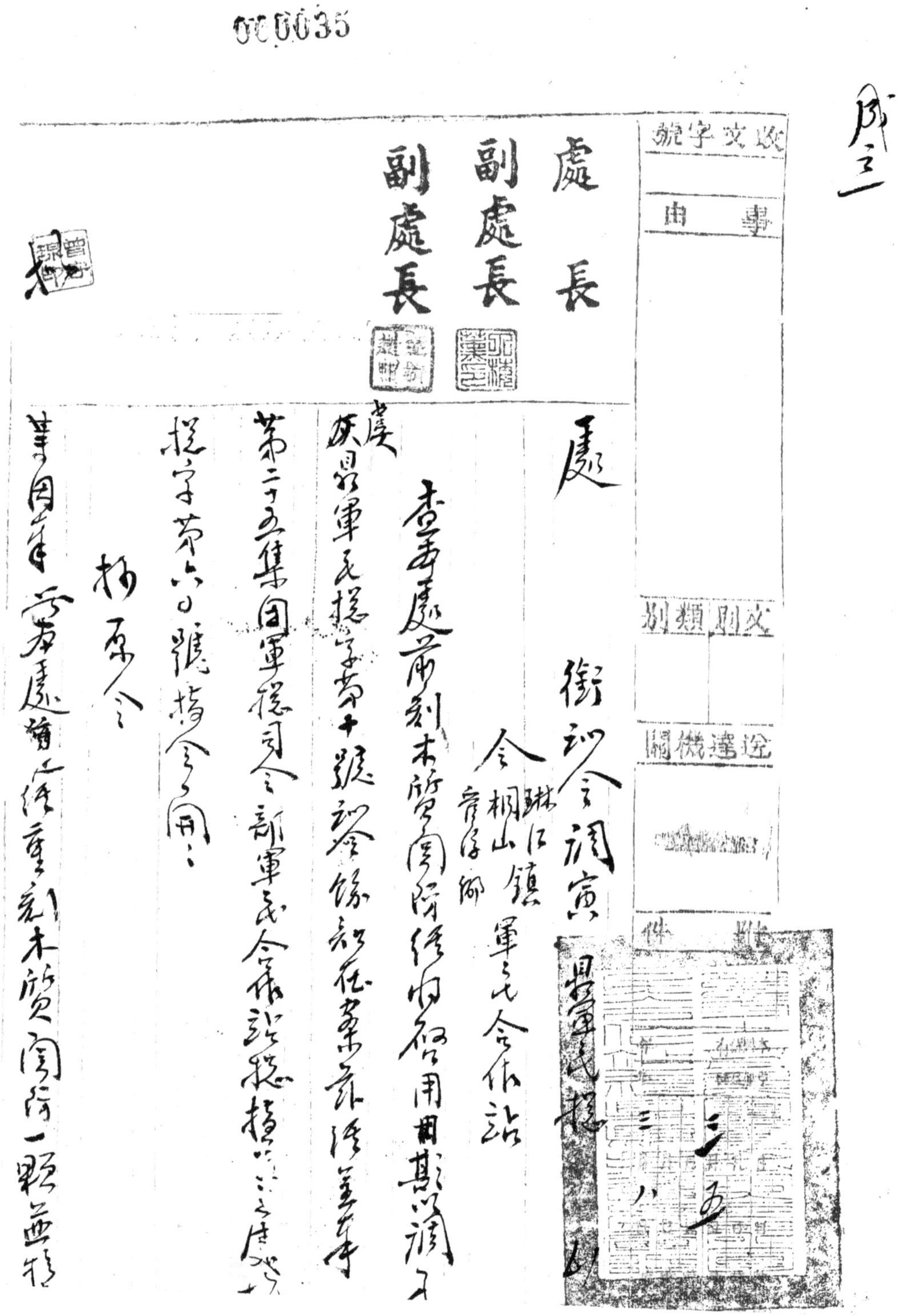

000035

處長

副處長

副處長

收文字號

事由

文別　類別

送達機關

附件

第二十五集团军总司令部军民合作站福鼎县指导处关于重刻关防启用日期、拓模给琳江镇、桐山镇和管浮乡军民合作站的训令(1942年3月8日)　G133-003-0119

年三月一日啟用除將舊刻同時截繳並呈報外合行令仰

知照

此令

處長鄭○○

副處長○○

王○○

第二十五集团军总司令部军民合作站福鼎县指导处关于重刻关防启用日期、拓模给琳江镇、桐山镇和管浮乡军民合作站的训令(1942年3月8日)　G133-003-0119

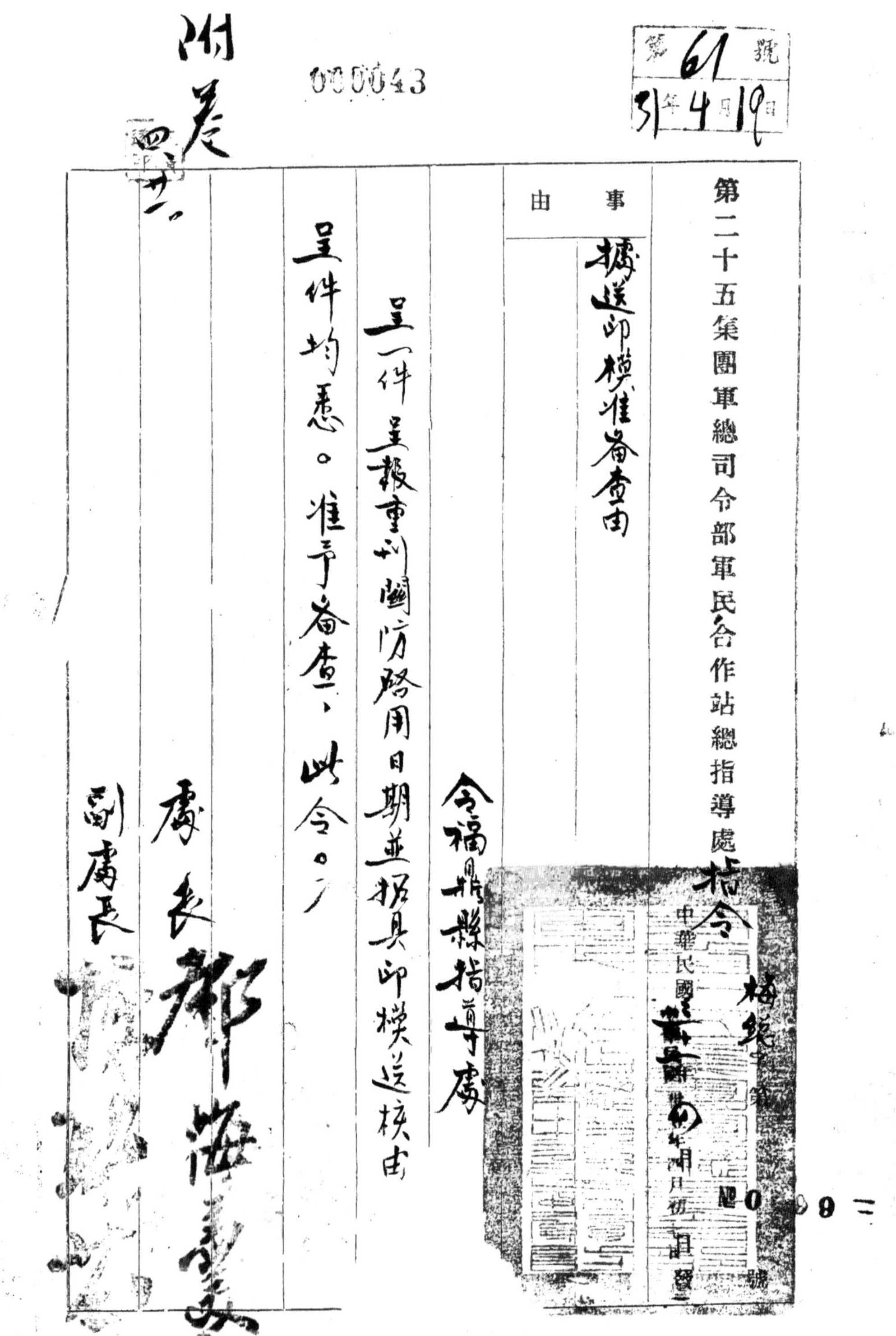

第二十五集团军总司令部军民合作站总指导处关于福鼎县军民合作站指导处重刻印模准予备查的指令(1942 年 4 月 7 日)　G133-003-0119

第二十五集團軍總司令部軍民合作站總指導處代電　梅組字第0036號
福鼎縣指導處鑒本處為就各縣(市)指導處及各軍民合作站工作人員
出入便利並易於識別起見特製定三十一年度上期職員襟章及公役臂
章式樣各一份隨電頒發仰即遵照自行製用為要延第二十五集團軍總司
令部軍民合作站總指導處處長鄧梅叢副處長陳瑛芬即亥篠梅組總

第二十五集团军总司令部军民合作站总指导处关于颁发三十一年度上期职员襟章及公役臂章式样,仰遵照自行制用的代电(1941 年 12 月 17 日)a 面　G137-001-0009

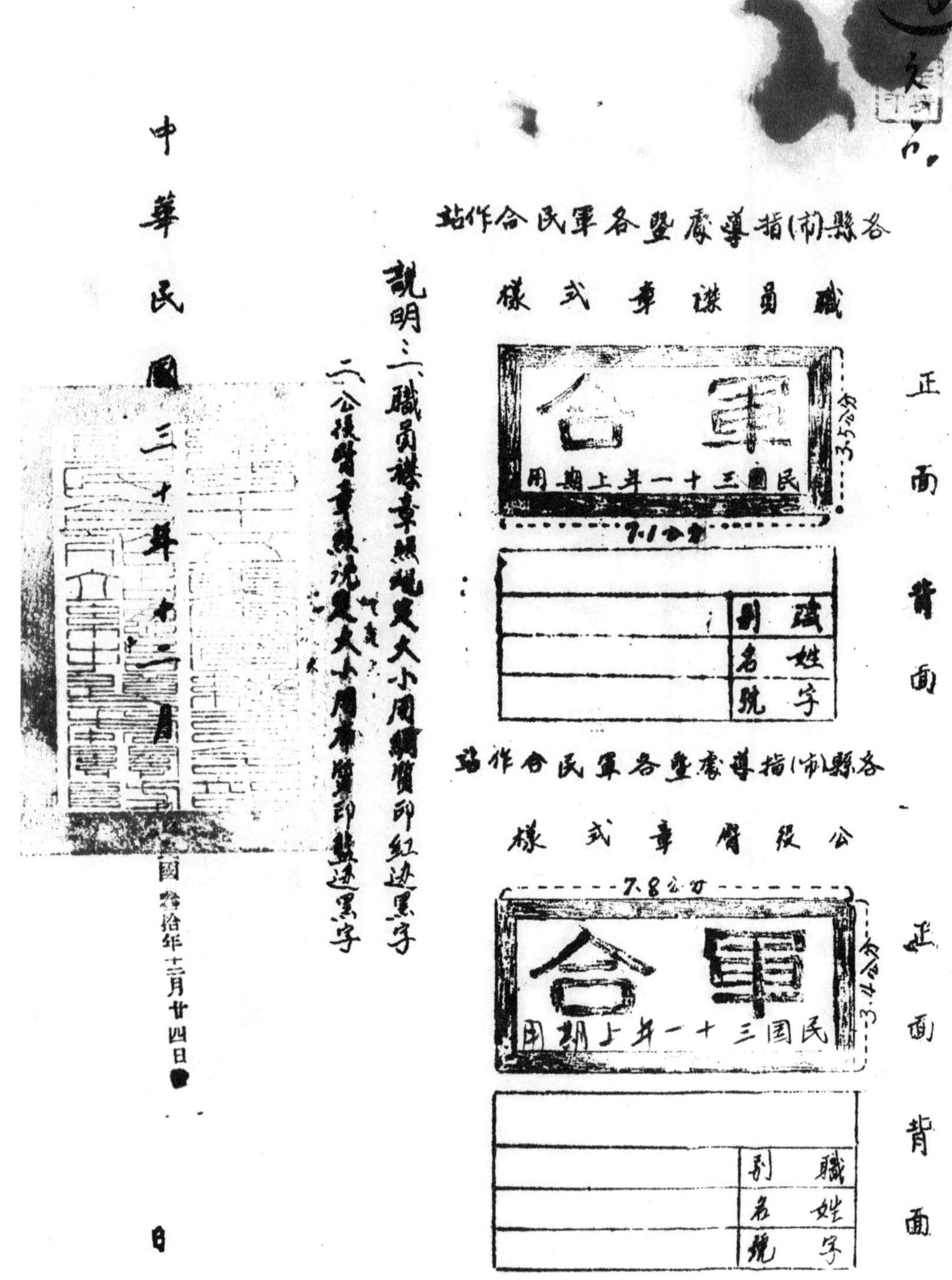

各縣(市)指導處暨各軍民合作站

職員襟章式樣

正面

軍 合

民國三十一年上期用

7.1公分

3.5公分

背面

	職別
	姓名
	字號

各縣(市)指導處暨各軍民合作站

公役臂章式樣

7.8公分

正面

軍 合

民國三十一年上期用

3.4公分

背面

	職別
	姓名
	字號

說明:一、職員襟章照規定大小用膠質印紅邊黑字

二、公役臂章照規定大小用木質印藍邊黑字

中華民國三十年十二月 日

民國叁拾年十二月廿四日

第二十五集团军总司令部军民合作站总指导处关于颁发三十一年度上期职员襟章及公役臂章式样,仰遵照自行制用的代电(1941 年 12 月 17 日)b 面 G137-001-0009

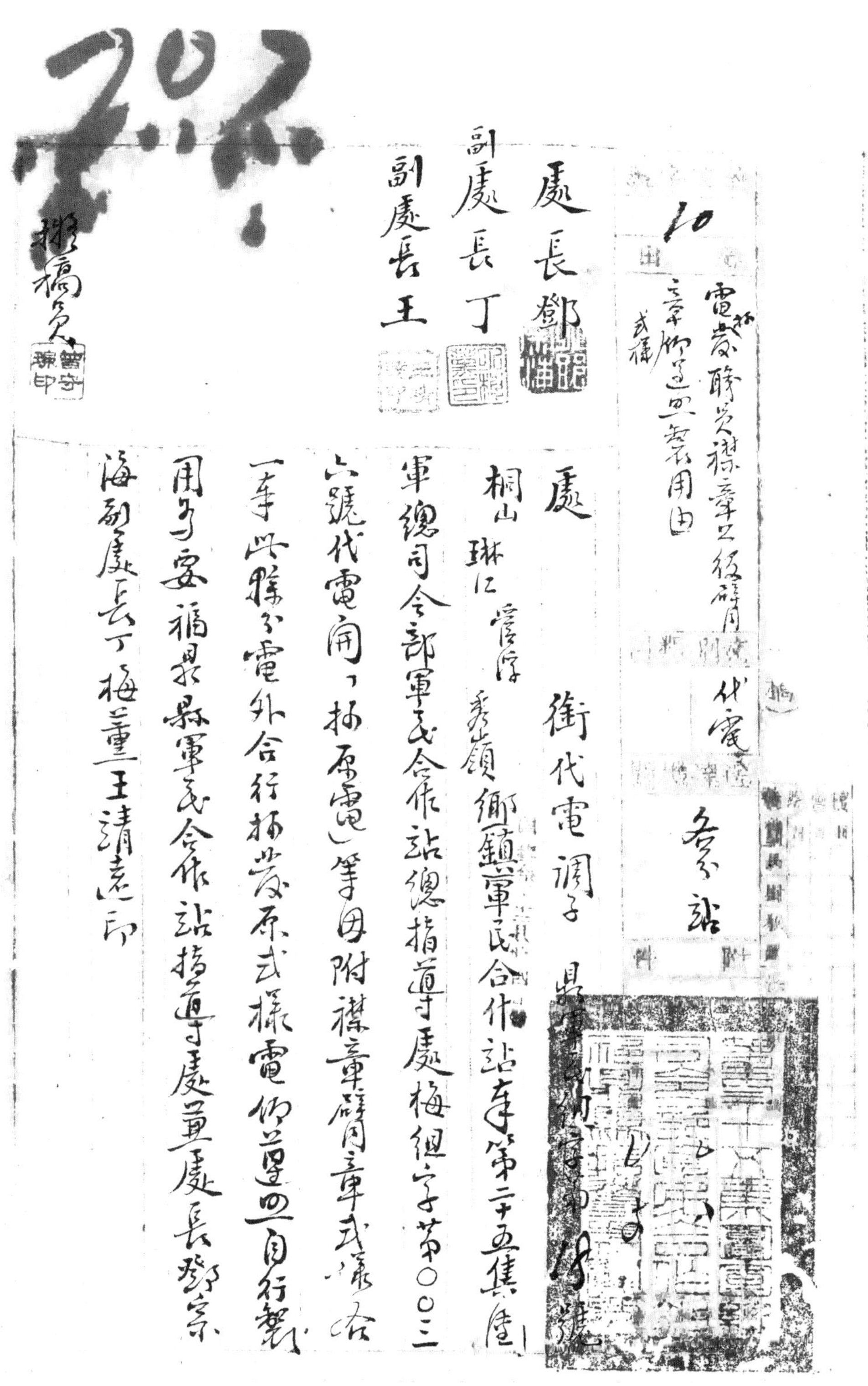

第二十五集团军总司令部军民合作站福鼎县指导处关于抄发三十一年度上期职员襟章及公役臂章式样并制用的代电(1942年1月14日)　G137-001-0009

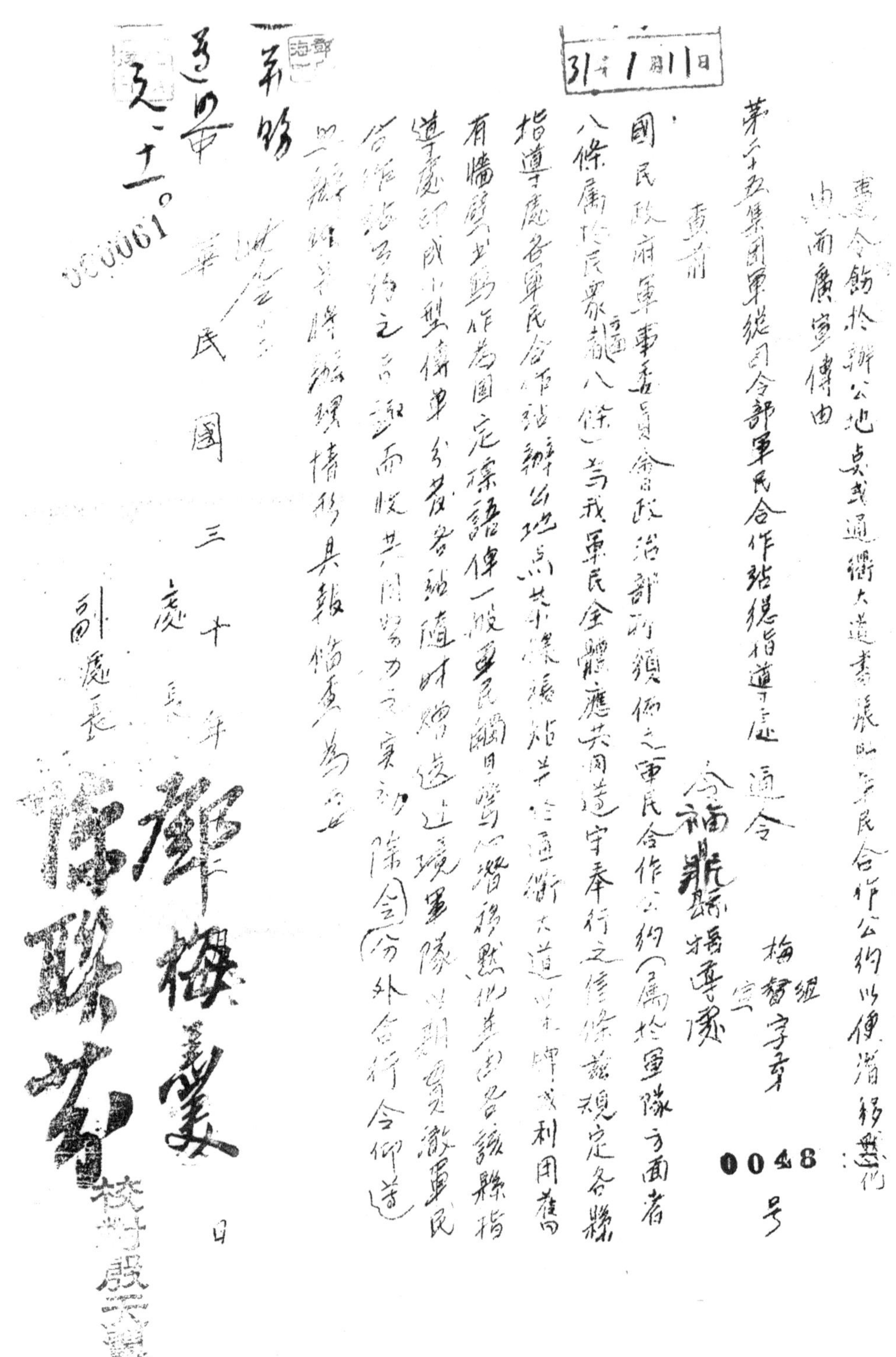

第二十五集团军总司令部军民合作站总指导处关于在办公地点或通衢大道张贴军民合作公约，以便潜移默化而广宣传的通令（1941 年 12 月） G133-003-0120

軍民合作公約

甲 軍隊方面：

(一) 非得民衆同意不得擅入民家。

(二) 與民衆接洽任何事件須佩帶符號臂章，服裝整齊。

(三) 與民衆接洽任何事件態度須和平。

(四) 凡屬公事須按照當地政府法定手續，不得擅自向民衆要挾或勒索。

(五) 軍隊公事不得已借用民物，須得民衆同意，如有損壞須照價賠償，出發時應原物歸還。

(六) 購買物品須用法幣現行交易，不得藉故賒欠。

附件：军民合作公约（1941 年 12 月） G133-003-0120

（七）军队雇用民伕车马须照价给与伕车马费。

（八）不得擅自寄存军用品。

乙、民众方面：

一、军队到时不得逃避。

二、对军队不得高抬物价。

三、军队借用物品须尽量借予，不得故意想不借。

四、对政府军官士兵不与接谈任何事项。

五、与军队接谈时态度须和平。

六、军队过境要送茶水。

七、非经部队长官许可不得寄存军用物资。

八、两安居民要协助军队当地事，代为购买物品，其价钱不得贵卖收价。

附件：军民合作公约（1941年12月）　G133-003-0120

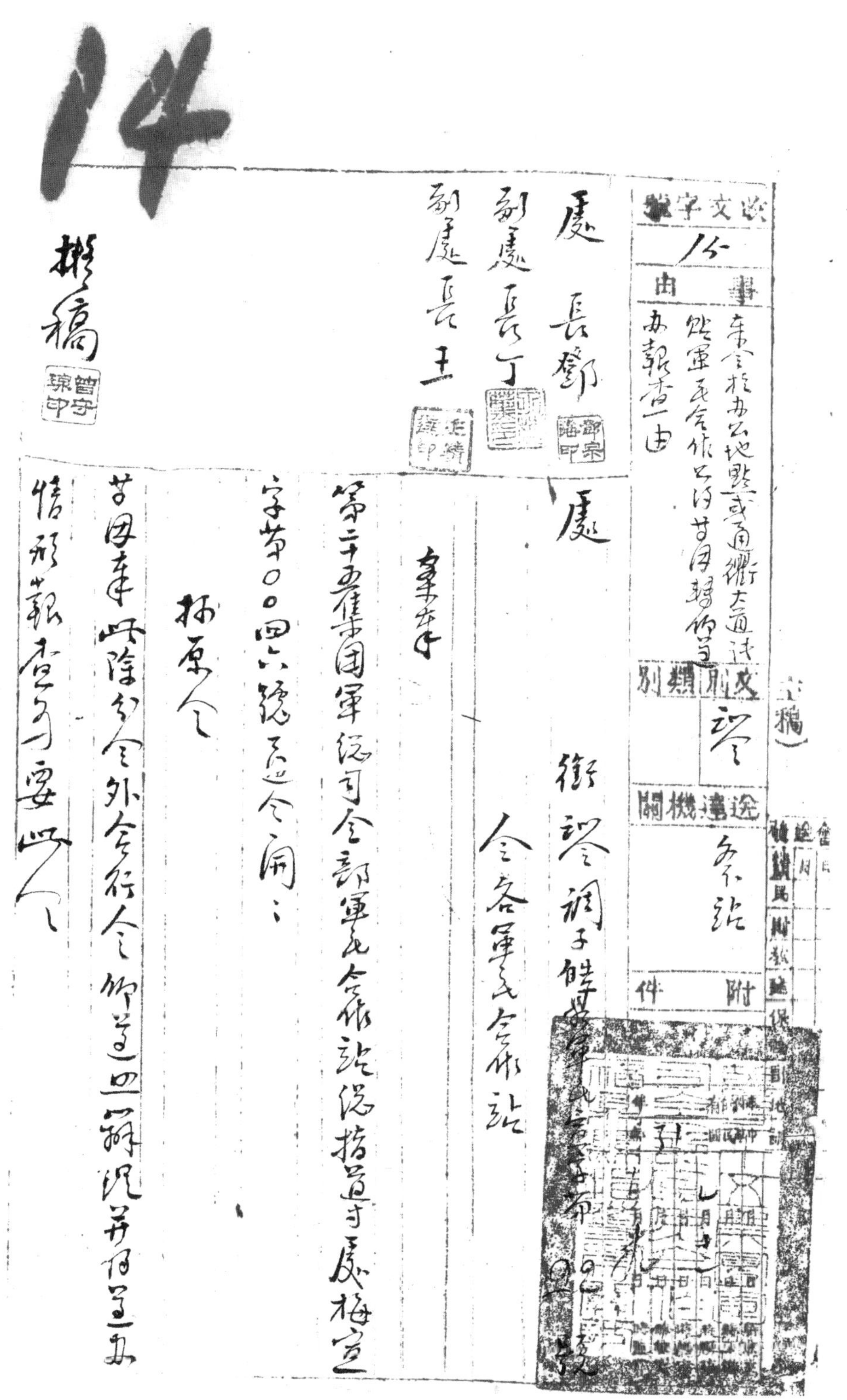

第二十五集团军总司令部军民合作站福鼎县指导处关于奉令于办公地点或通衢大道张贴军民合作公约,仰遵办报查的训令(1942 年 1 月 19 日)　G137-001-0008

2.福鼎县乡镇军民合作站的建立与变动

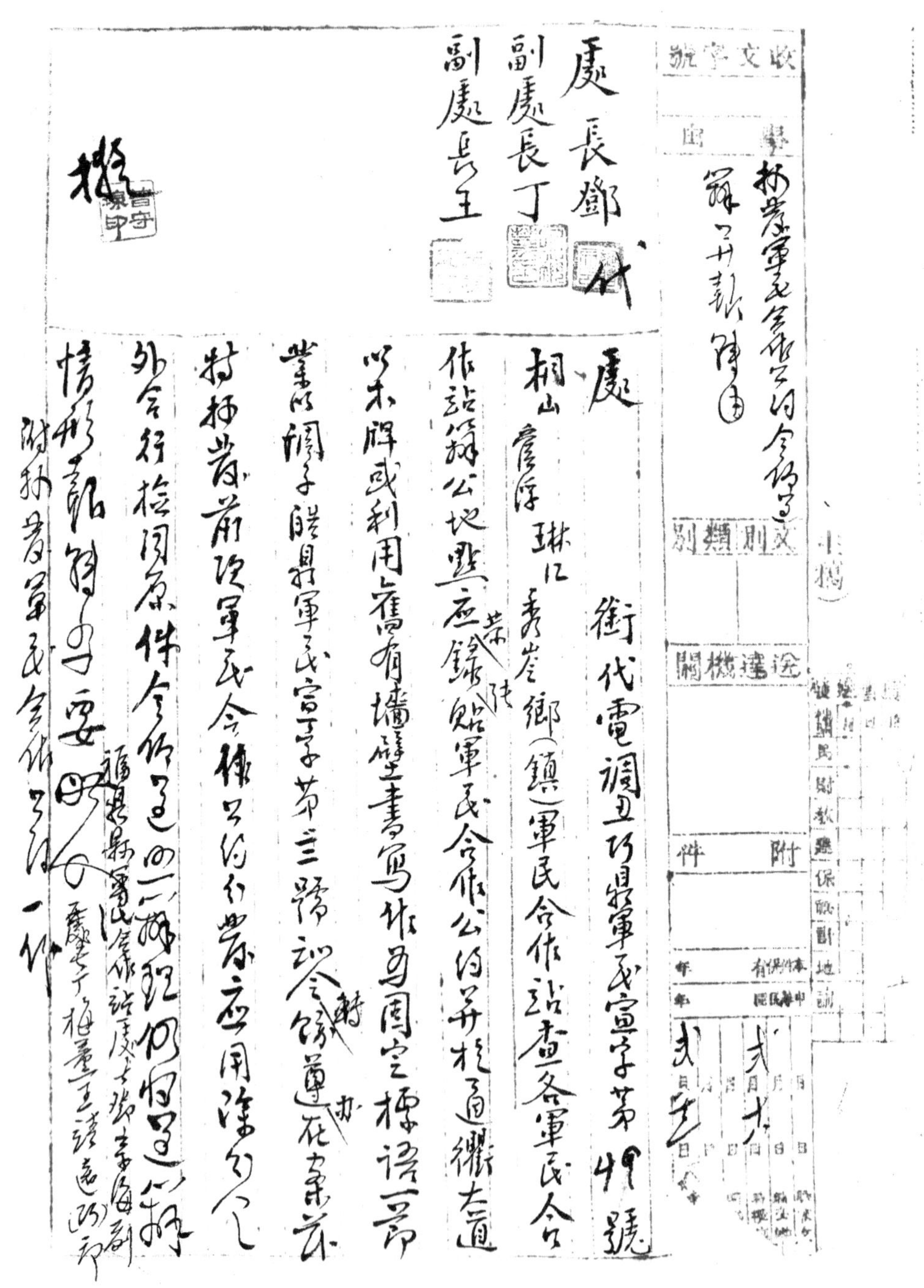

第二十五集团军总司令部军民合作站福鼎县指导处关于抄发军民合作公约仰遵办具报的代电

（1942 年 2 月 18 日） G133-003-0119

第二十五集团军总司令部军民合作站福鼎县指导处关于颁发合作站组织办法等，各站限期组织成立并报查的代电（1941年12月27日） G133-003-0119

组织完成执行业务，除分令外，合行抄发第三战区各集团军总司令部各县（市）军民合作站组织办法暨合作站工作纲要各一份，仰遵照办理，俱将遵办情形报查为要。兼处长邓〇〇（印）附抄第三战区各集团军总司令部各县（市）军民合作站组织办法、合作站工作纲要各一份

副处长丁〇〇

第二十五集团军总司令部军民合作站福鼎县指导处关于颁发合作站组织办法等，各站限期组织成立并报查的代电（1941 年 12 月 27 日） G133-003-0119

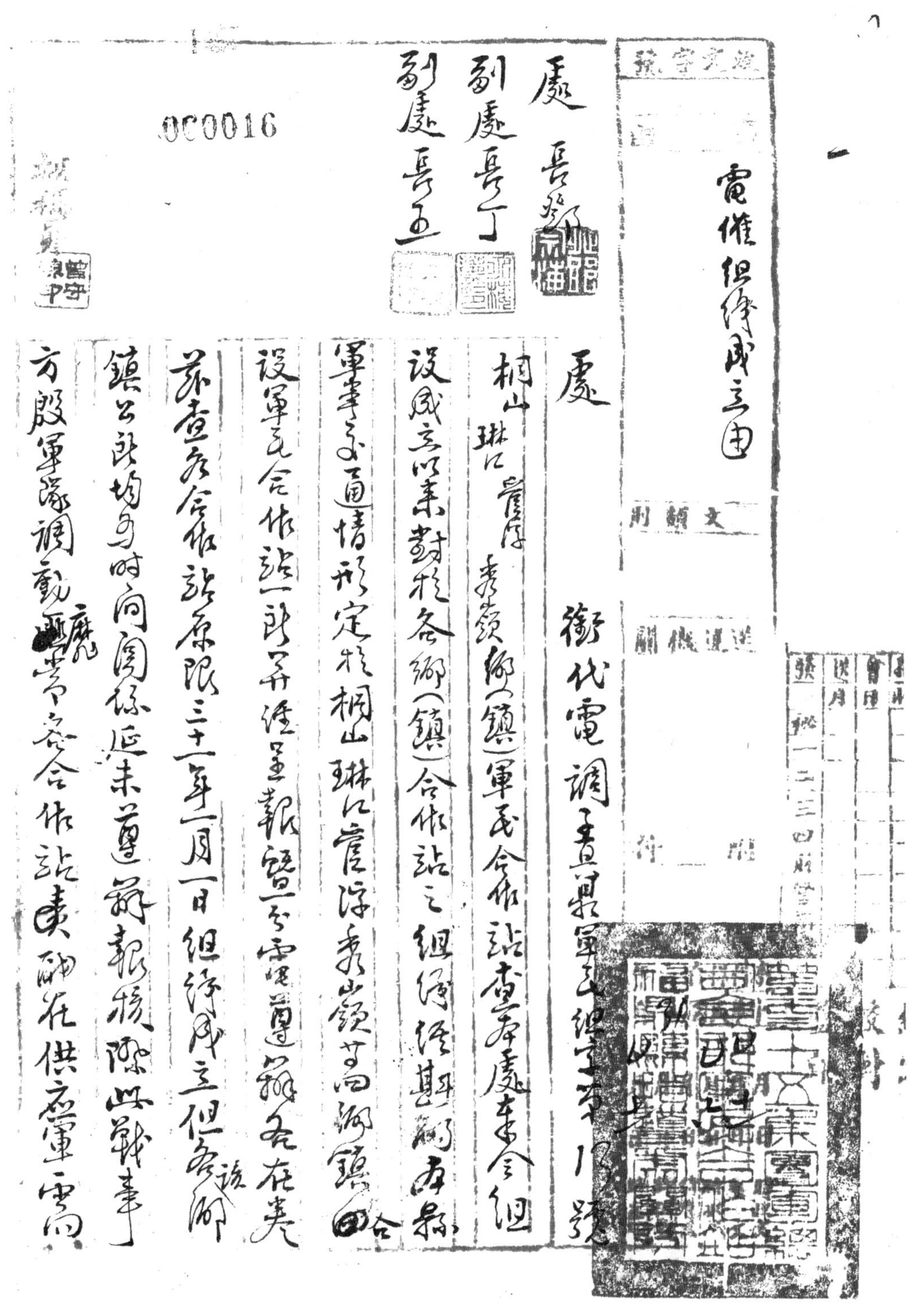

第二十五集团军总司令部军民合作站福鼎县指导处关于令催各站组织成立并将组织情形报核的代电

（1942 年 1 月 11 日） G133-003-0119

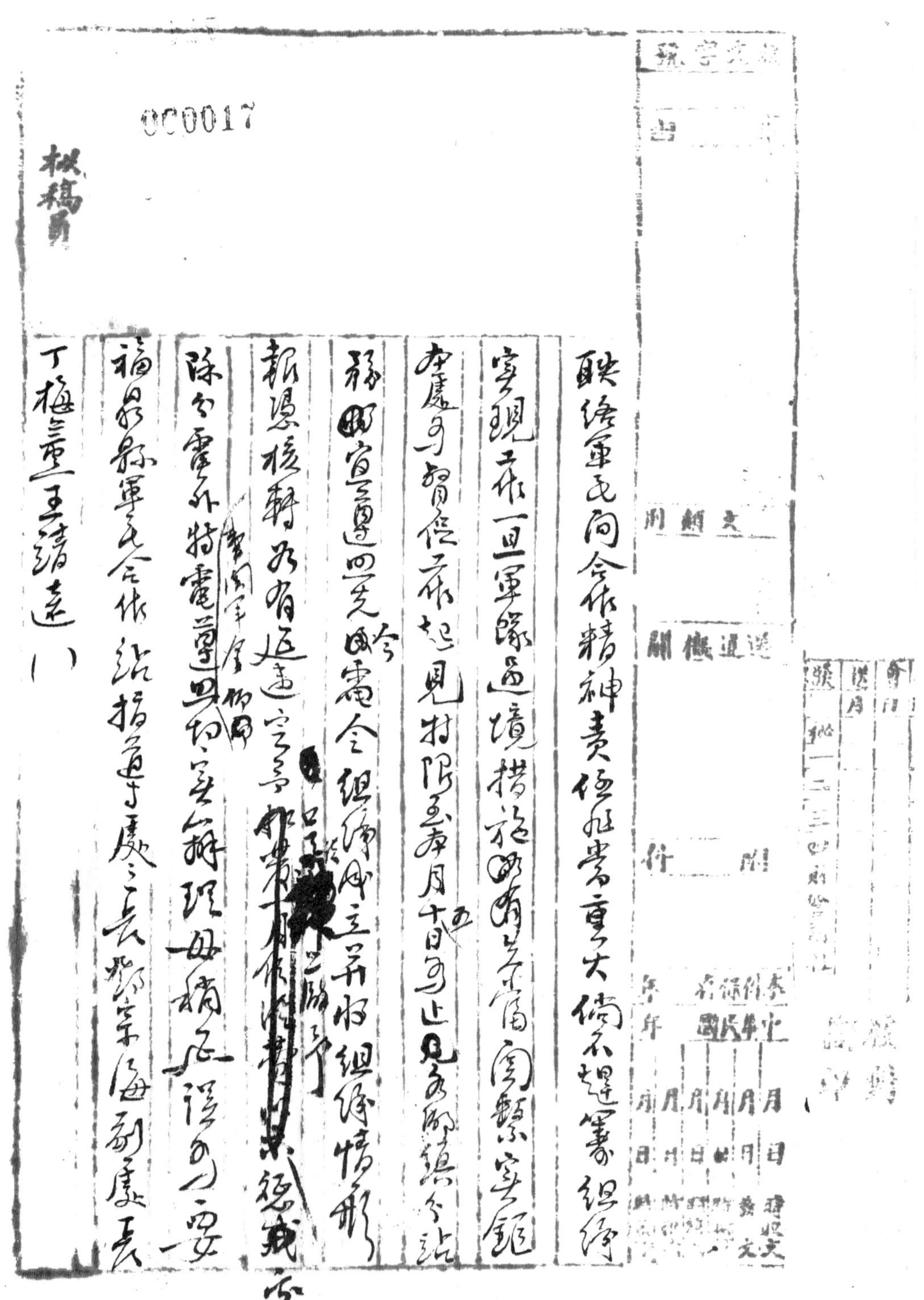

第二十五集团军总司令部军民合作站福鼎县指导处关于令催各站组织成立并将组织情形报核的代电

（1942年1月11日） G133-003-0119

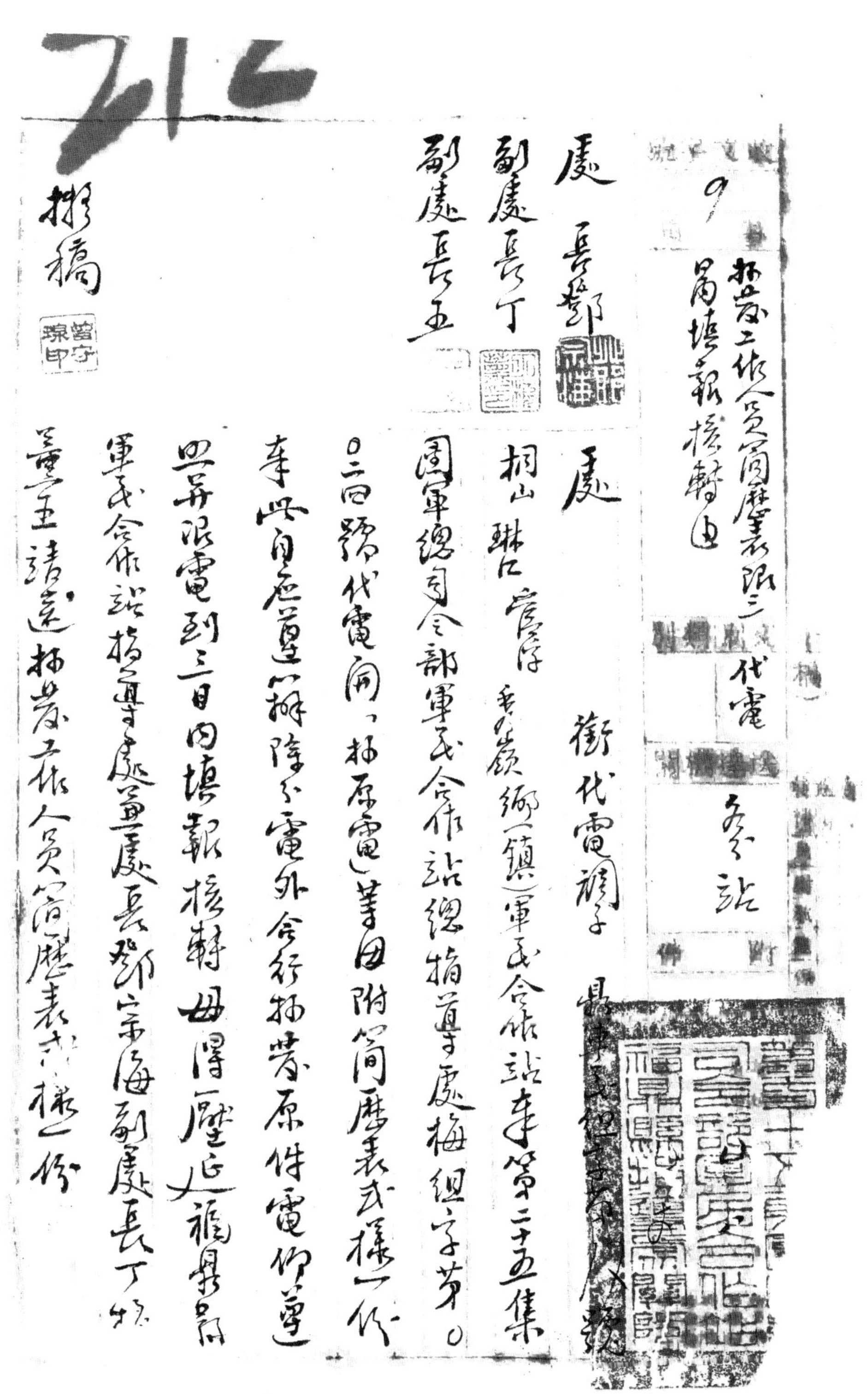

第二十五集团军总司令部军民合作站福鼎县指导处关于抄发工作人员简历表式样，限三日内填报核转的代电(1942 年 1 月 14 日)　G137-001-0009

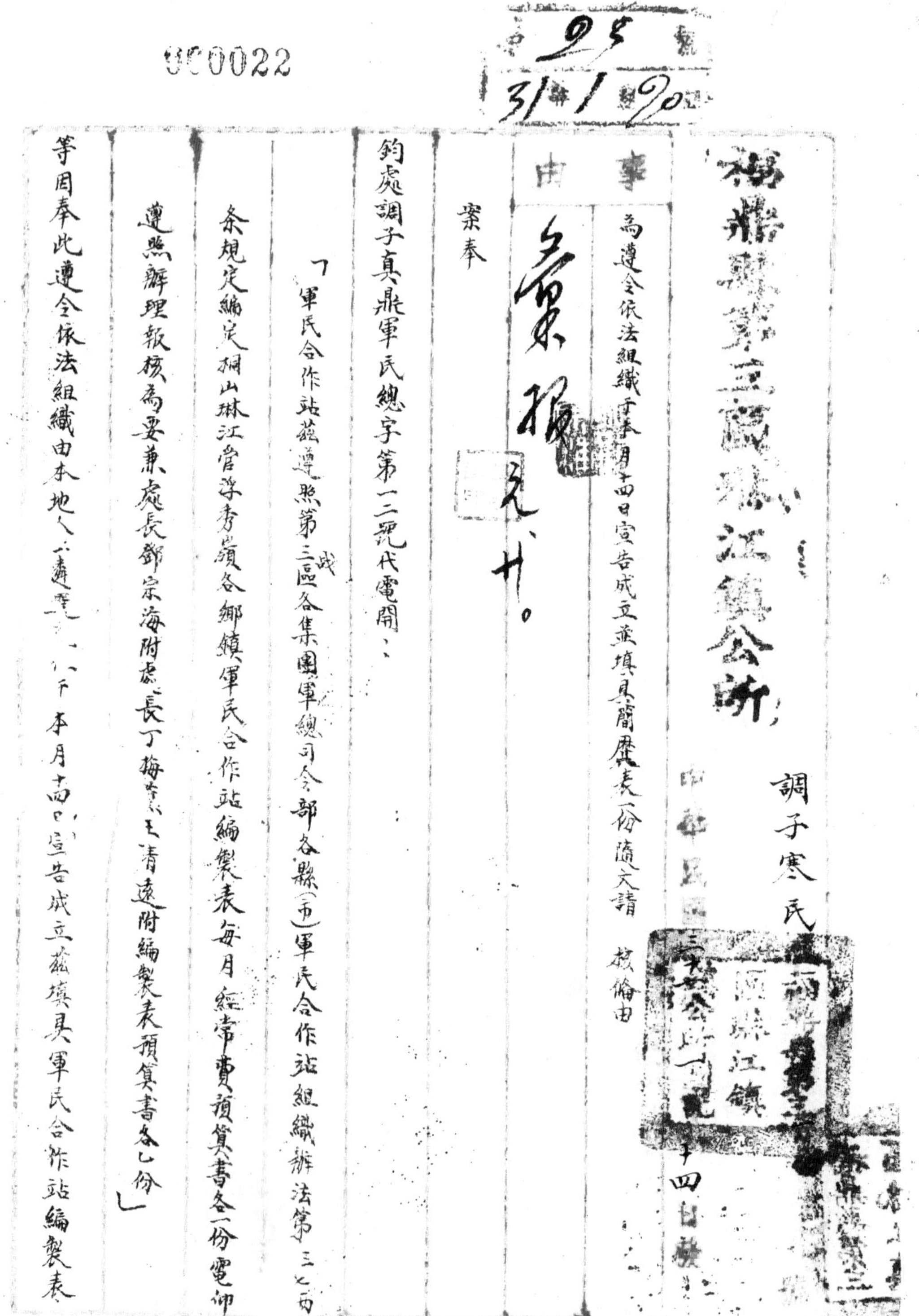
福鼎县第三区琳江镇公所为遵令依法组织于本月十四日宣告成立并填具简历表一份随文请核备由

调子寒民

鈞處調子真鼎軍民總字第一二號代電開：「軍民合作站茲遵照第三戰區各集團軍總司令部各縣（市）軍民合作站組織辦法第三七兩条規定編定桐山琳江管洋秦嶼各鄉鎮軍民合作站編製表每月經常費預算書各一份電仰遵照辦理報核為要兼處長鄧宗海副處長丁梅齋王清遠附編製表預算書各一份」等因奉此遵令依法組織由本地人士...本月十四日宣告成立並填具軍民合作站編製表

福鼎县第三区琳江镇公所关于遵令依法组织琳江镇军民合作站的日期并填具简历表的呈文
（1942年1月14日） G133-003-0119

一份随文呈请

察核备查

谨呈

兼处长邓

附呈工作人员简历表一份

福鼎县琳江镇军民合作站总干事张钟灵

福鼎县第三区琳江镇公所关于遵令依法组织琳江镇军民合作站的日期并填具简历表的呈文

（1942年1月14日） G133-003-0119

福鼎縣第三區琳江鎮軍民合作站工作人員簡歷表

職別	姓名	年齡	籍貫	學歷	經歷	原机關職務	備攷
總幹事	張鍾靈	三八	福鼎	福建省立第三中學畢業	前第五區助理員	琳江鎮鎮長	
徵調組幹事	陳松栖	四一	仝上	白琳嚼經小學畢業	曾任農會幹事	琳江鎮琳西保保長	
護慰組幹事	陳玉蟾	二五	仝上	霞浦初中畢業	曾充玉琳校教員	琳江鎮中心校校長	
偵察組幹事	林仁	三三	仝上			琳江鄉農會幹事	
宣訓組幹事	吳家煊	二三	仝上	桐城中心校畢業	曾任巽城校教員	琳江鎮中心校教員	
事務員	陳鳴鶴	三五	仝上	霞浦自強小學畢業	曾任實業勸導員		

民國三十一年一月十四日　琳江鎮鎮長　張鍾靈

福鼎县第三区琳江镇军民合作站工作人员简历表(琳江镇镇长张钟灵制)
（1942 年 1 月 14 日）　G133-003-0119

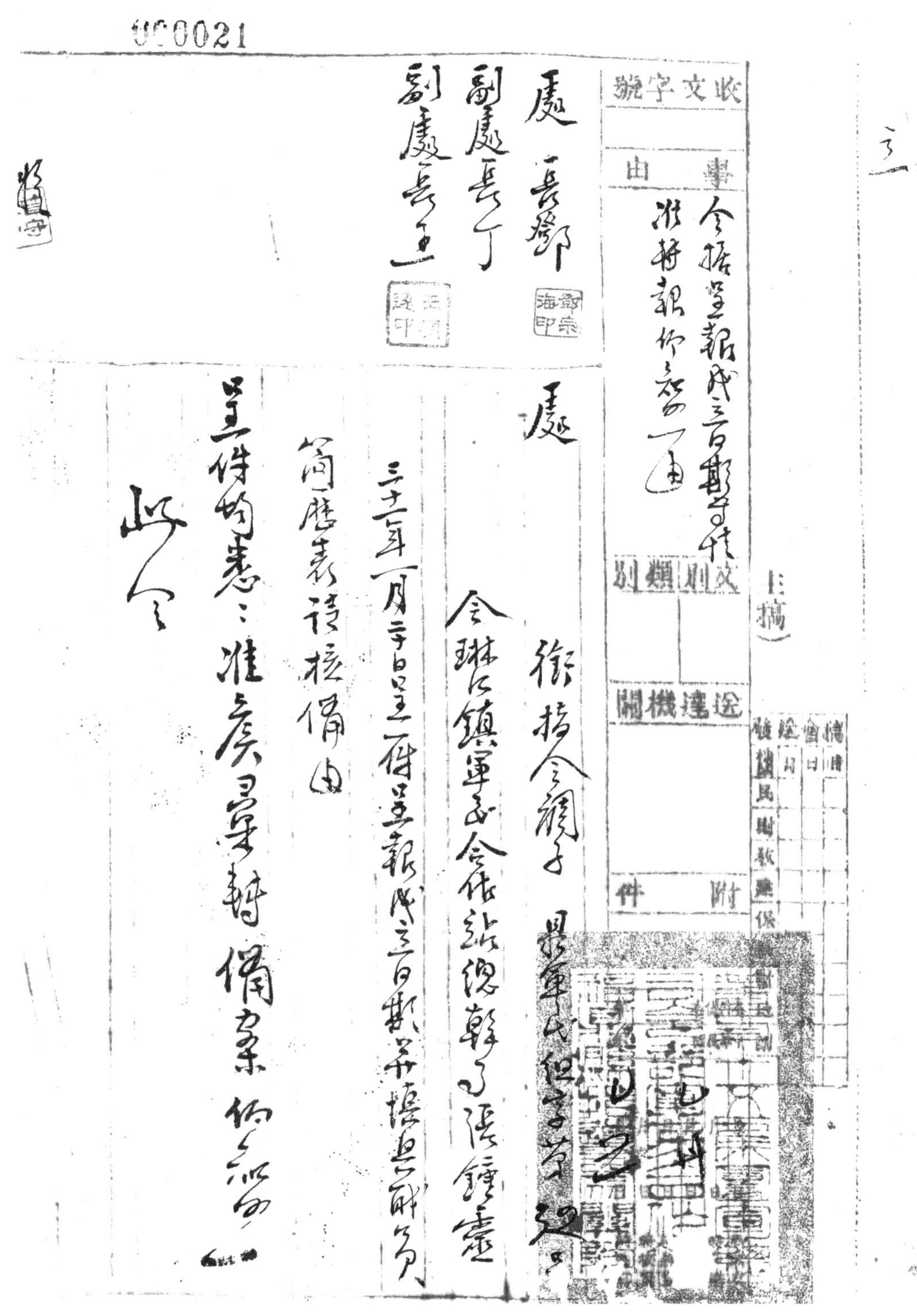

第二十五集团军总司令部军民合作站福鼎县指导处关于琳江镇军民合作站成立日期等情形的呈件收悉，准予转报的训令(1942 年 1 月 31 日)　G133-003-0119

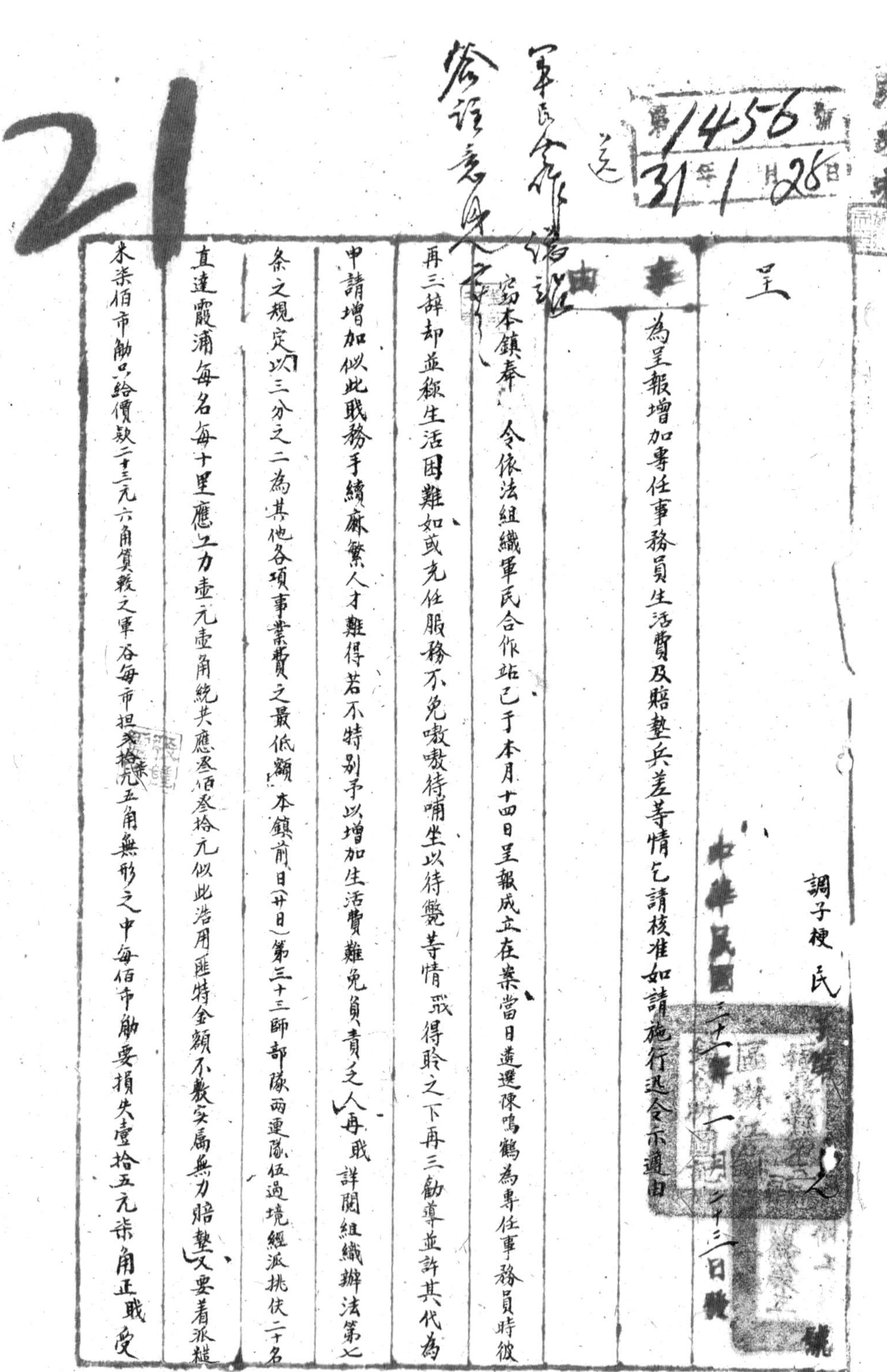

福鼎县第三区琳江镇军民合作站关于增加专任事务员生活费及赔垫兵差等情请核准的呈文

（1942 年 1 月 23 日）　G137-001-0008

威力脅迫之下不得不應其自然莫奈伊何該已付糙米柒佰市觔合秋谷壹拾市担請由田賦征實項下迅令撥抵至于所損失軍米款目究屬何項撥支職未明瞭本鎮兵差特甚如額開支深恐短少過多綜上各節理合報請

察核准予如請施行迅 令示遵

謹呈

兼處長鄧

琳江鎮軍民合作站兼總幹事張鍾靈

一、事务员生活津贴已呈请核示。二、过境部队所用挑夫照草拟办法定每日行军华里除伙食由[illegible]用部队供给外每名日给工资[illegible]元五角及遣回川资六角。

三、关于粮饭部份参照所拟办理。

三、十二。

福鼎县第三区琳江镇军民合作站关于增加专任事务员生活费及赔垫兵差等情请核准的呈文

（1942 年 1 月 23 日） G137-001-0008

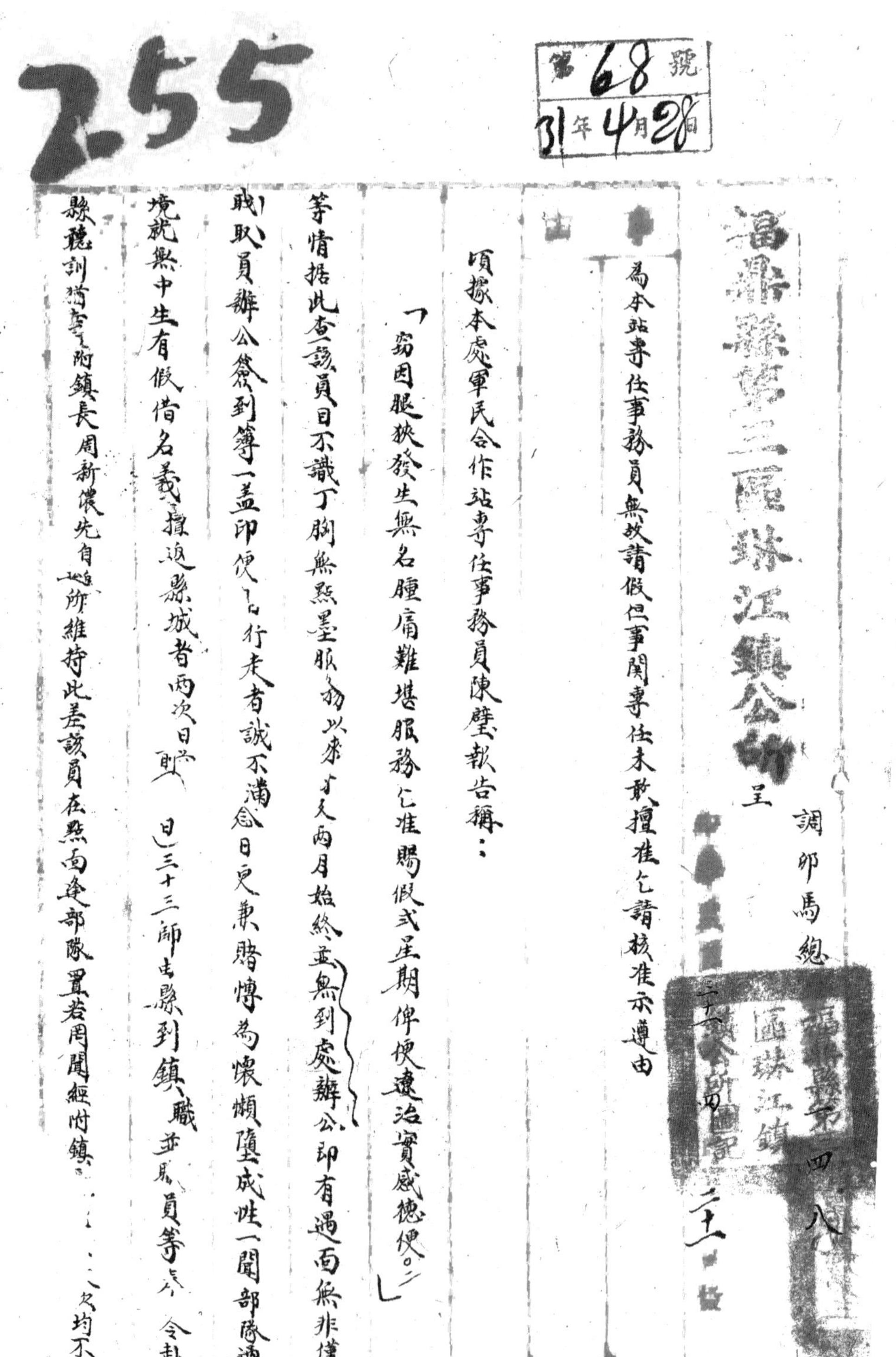
255

第68號
31年4月28日

福鼎縣第三區琳江鎮公所　呈　調卯馬總

為本站專任事務員無故請假但事關專任未敢擅准乞請核准示遵由

頃據本處軍民合作站專任事務員陳璧報告稱：

「竊因腿狹發生無名腫痛難堪服務乞准賜假弍星期俾便速治實感德便」

等情據此查該員目不識丁胸無點墨服務以來才及兩月始終並無到處辦公即有過面無非僅

職員辦公簽到簿一蓋印便已行走者誠不滿念日更兼賭博為懷懶墮成性一聞部隊過

境就無中生有假借名義擅返縣城者兩次日前　日已三十三師由縣到鎮職並及員等　令赴

縣聽訓猶幸附鎮長周新懷先自過所維持此差該員在點面逢部隊置若罔聞經附鎮　　　之均不

福鼎县琳江镇军民合作站关于本站专任事务员陈璧无故请假，但事关专任，未敢擅准，请核示的呈文

（1942年4月21日）　G137-001-0010

256

了理似此尸位素餐毫無責任之心則站務紛亂較之以前誠不可以道里計耶茲据前情案關專任未便擅准理合報請

察核示遵。

謹呈

縣長鄧

福鼎縣琳江鎮鎮長張鍾靈

該事務員陳璧擅離垂無时該鎮長以专负職責遂缺着即另選賢员接充仍將遵辦情形报核。

四廿九

福鼎县琳江镇军民合作站关于本站专任事务员陈璧无故请假，但事关专任，未敢擅准，请核示的呈文

（1942年4月21日） G137-001-0010

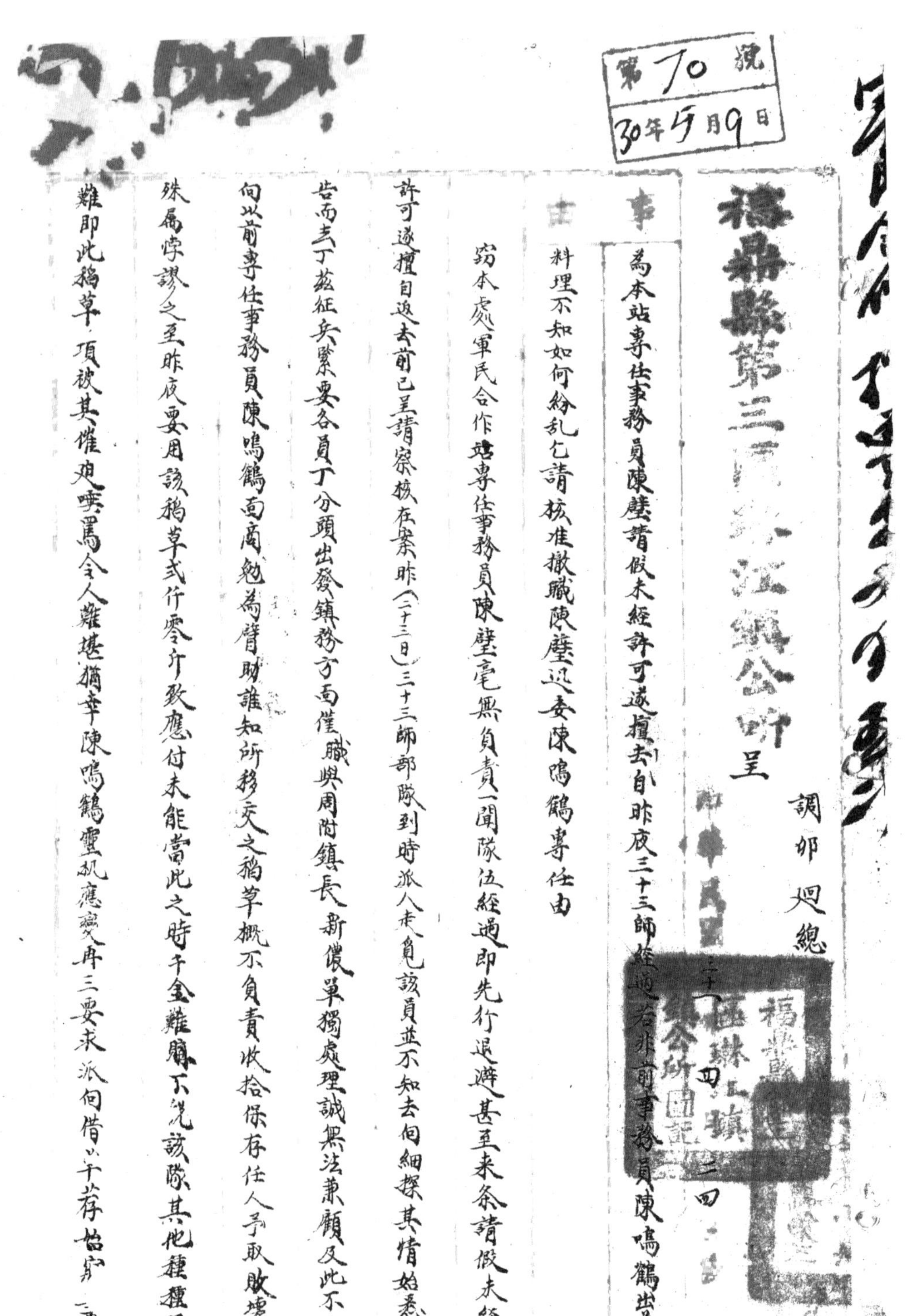

第70號
30年5月9日

福鼎縣第三區琳江鎮公所 呈

事由：為本站專任事務員陳璧請假未經許可遂擅去自昨夜三十三師經過若非前事務員陳鳴鶴出為料理不知如何紛亂乞請核准撤職陳璧迅委陳鳴鶴專任由

調卯 廻總

三十一 四 二四

竊本處軍民合作站專任事務員陳璧毫無負責一聞隊伍經過即先行退避甚至未來請假未經許可遂擅自返去前已呈請察核在案昨（二十三日）三十三師部隊到時派人走覓該員並不知去向細探其情始悉告而去丁茲征兵緊要各員丁分頭出發鎮務方面僅職與周附鎮長新儂單獨處理誠無法兼顧及此不已向以前專任事務員陳鳴鶴面商勉為臂助誰知所移交之稻草概不負責收拾保存任人爭取敗壞殊屬荒謬之至昨夜要用該稻草貳仟零斤致應付未能當此之時千金難購不況該隊其他種種刁難即此稻草一項被其催迫嘆罵令人難堪猶幸陳鳴鶴靈机應變再三要求派向借以千苻始允一事

福鼎县琳江镇军民合作站关于本站专任事务员陈璧请假未经许可遂擅去，请核准撤职，并迅委前事务员陈鸣鹤为专任的呈文（1942 年 4 月 24 日） G137-001-0010

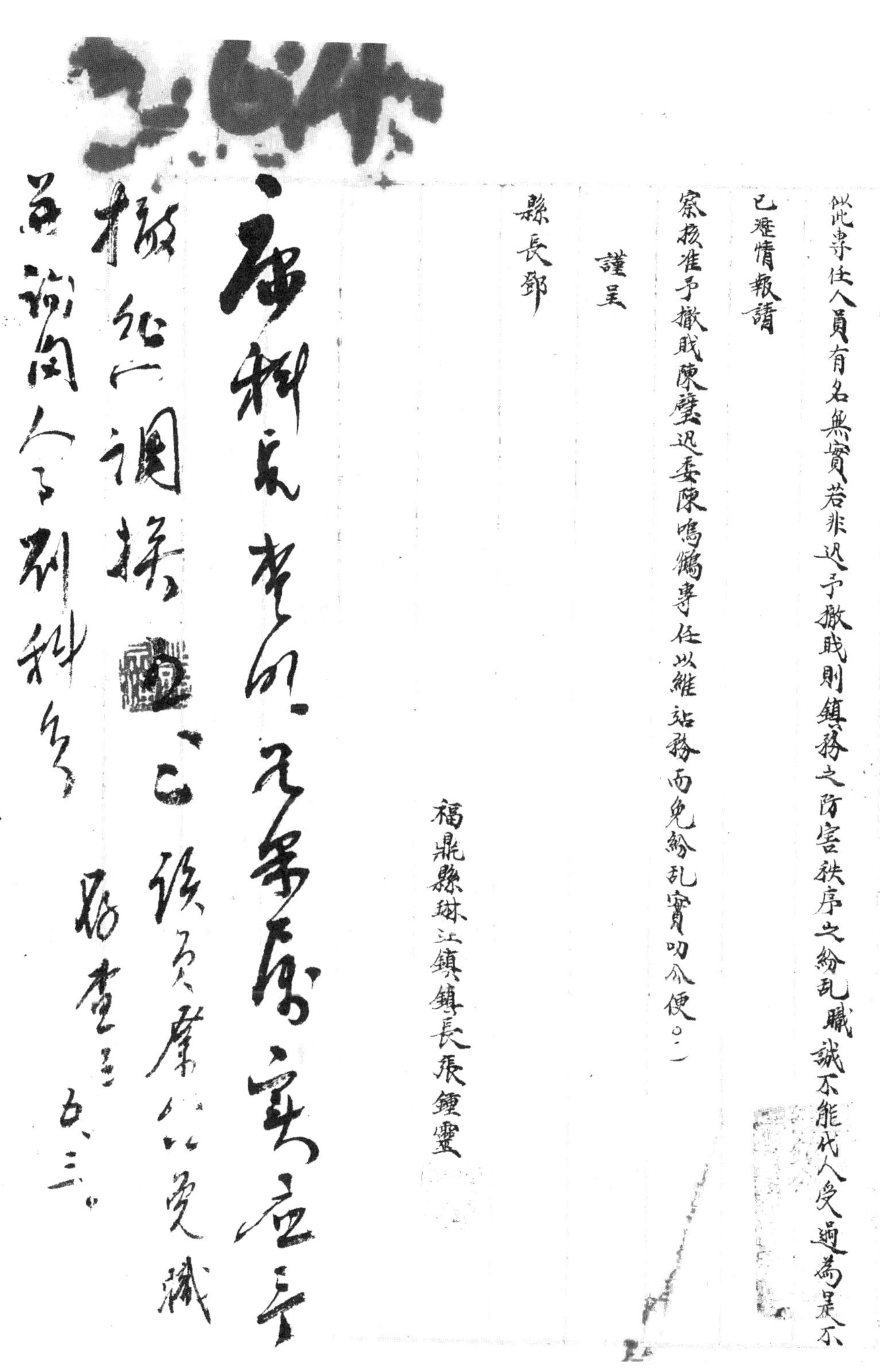

似此专任人员有名无实若非迅予撤职则镇务之防害秩序之紛乱职誠不能代人受過爲是不

已瀝情報請

察核准予撤职陳璧迅委陳鳴鶴專任以維站務而免紛乱實叨公便〇二

謹呈

縣長鄧

福鼎縣琳江镇鎮長張鍾靈

福鼎县琳江镇军民合作站关于本站专任事务员陈璧请假未经许可遂擅去，请核准撤职，并迅委前事务员陈鸣鹤为专任的呈文（1942 年 4 月 24 日） G137-001-0010

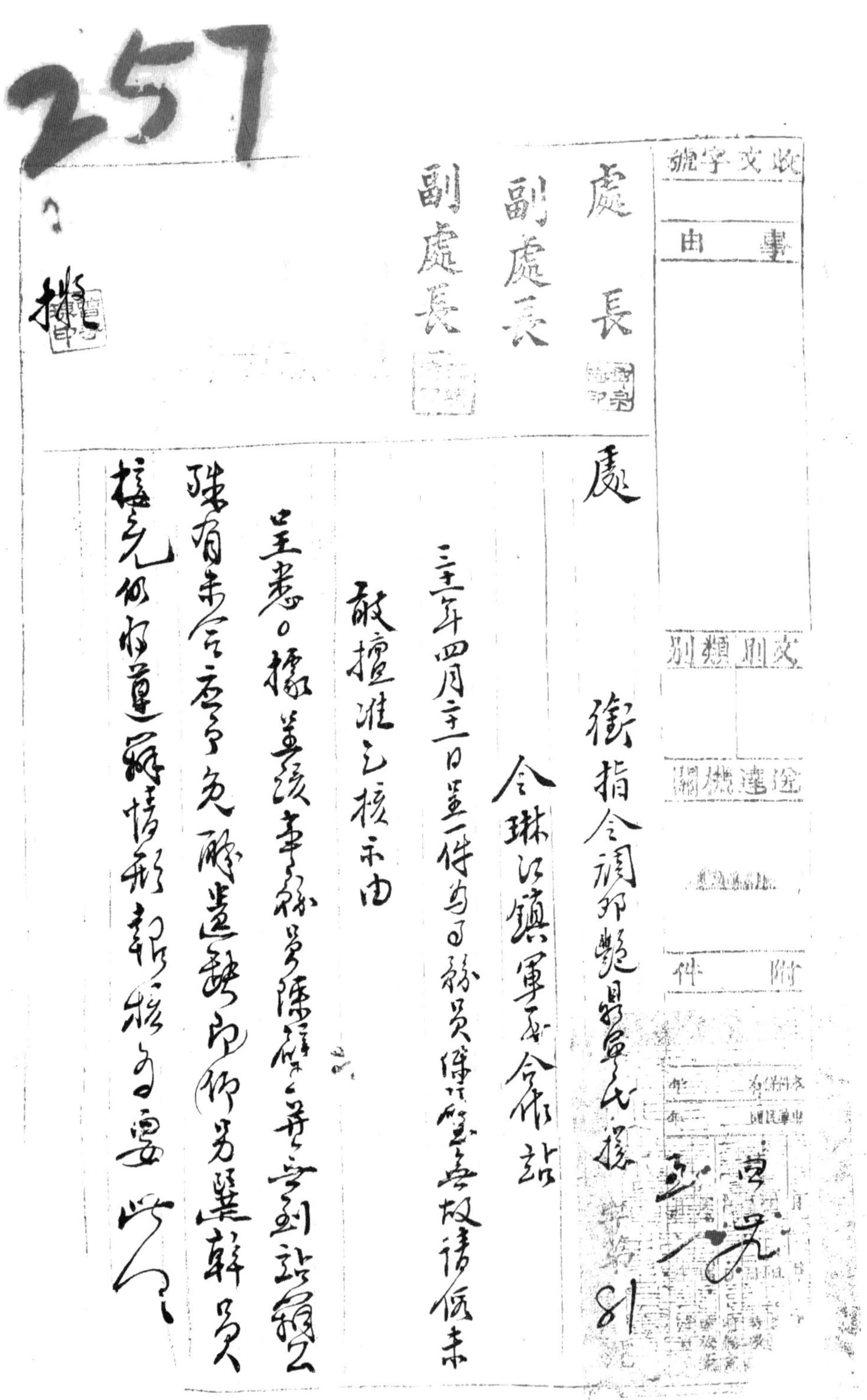

收文字號

事由

文別類別

送達機關

附件

處長

副處長

副處長

處

銜指令福鼎縣指導處擬

令琳江鎮軍民合作站

三十一年四月二十一日呈一件為司務員陳璧無故請假未

敢擅准已核示由

呈悉。據呈該站事務員陳璧無故擅離職守，

殊有未合，應予免職，遺缺即仰另選幹員

接充，仰將遵辦情形報核為要。此令。

第二十五集团军总司令部军民合作站福鼎县指导处关于给予陈璧免职，遗缺另选干员接充，并将遵办情形报核的指令(1942 年 5 月 1 日)　G137-001-0010

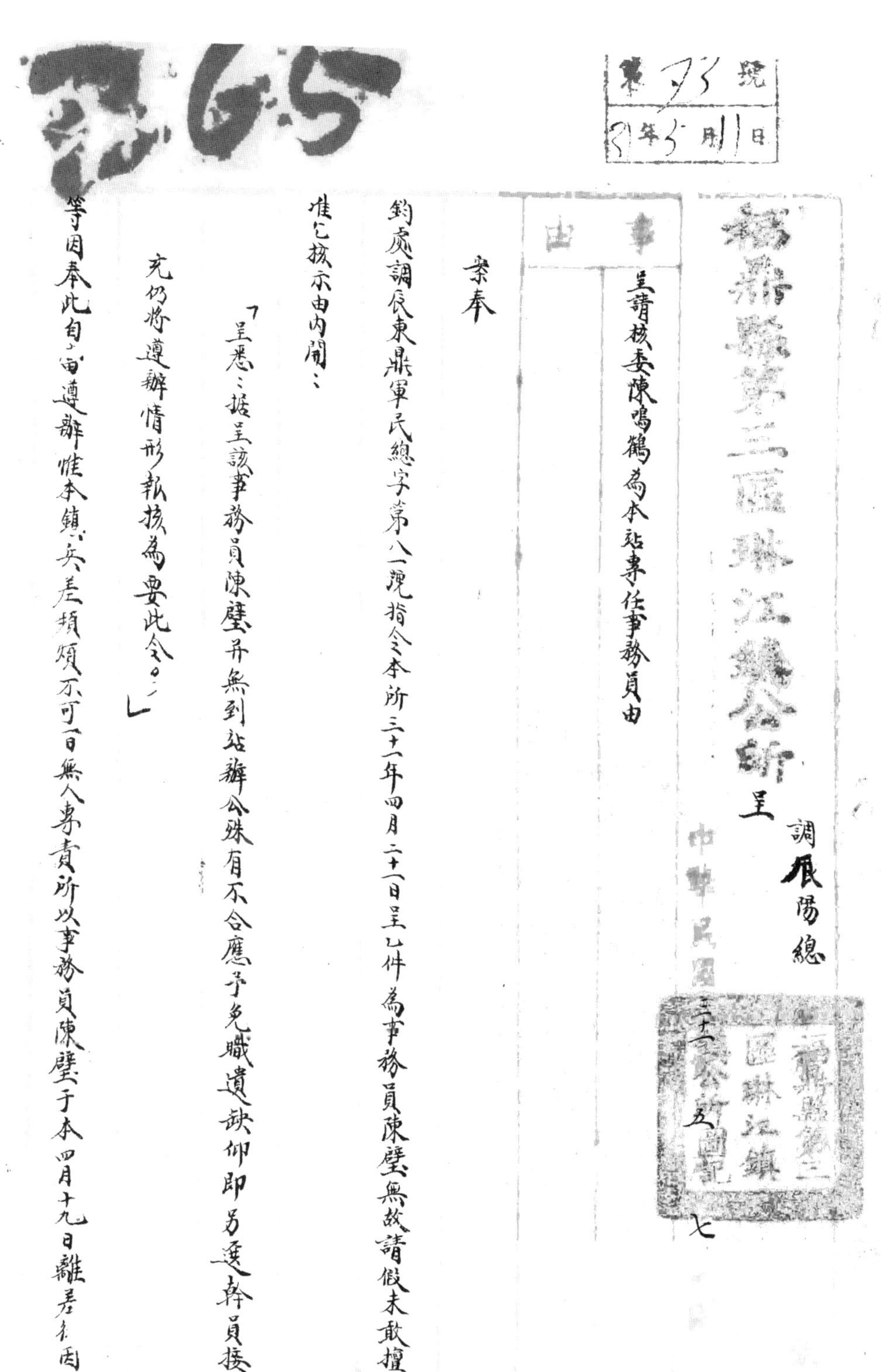

福鼎县琳江镇军民合作站关于请核委陈鸣鹤为本站专任事务员的呈文

（1942 年 5 月 7 日） G137-001-0010

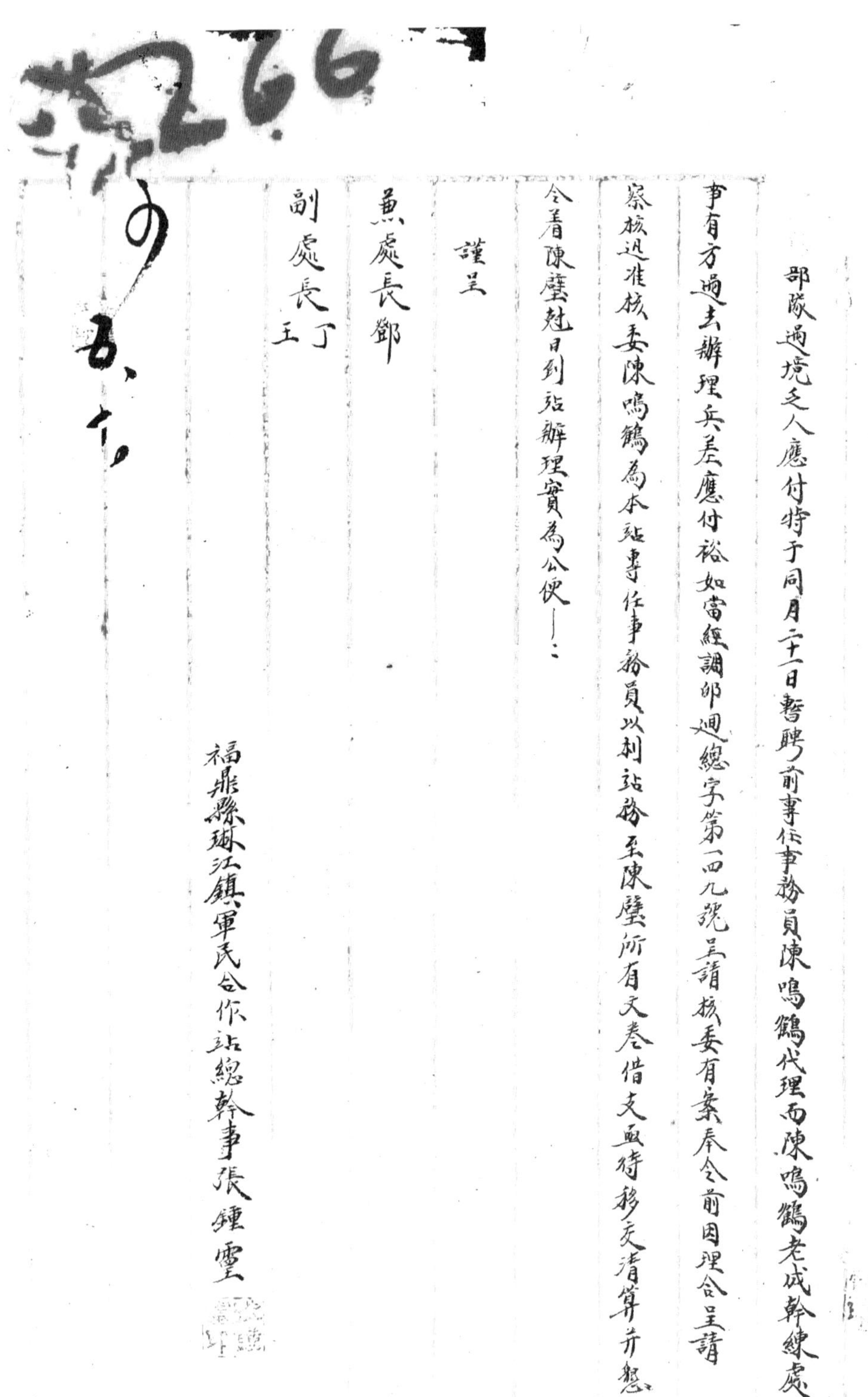
部隊過境乏人應付特于同月二十日暫聘前事任事務員陳鳴鶴代理而陳鳴鶴老成幹練處事有方過去辦理兵差應付裕如當經調卯廻總字第一四九號呈請核委有案奉令前因理合呈請察核迅准核委陳鳴鶴為本站專任事務員以利站務至陳壐所有文卷借支亟待移交清算并懇令着陳壐尅日到站辦理實為公便!

謹呈

兼處長鄧
副處長丁、王

福鼎縣琳江鎮軍民合作站總幹事張鍾雲

福鼎县琳江镇军民合作站关于请核委陈鸣鹤为本站专任事务员的呈文

(1942年5月7日) G137-001-0010

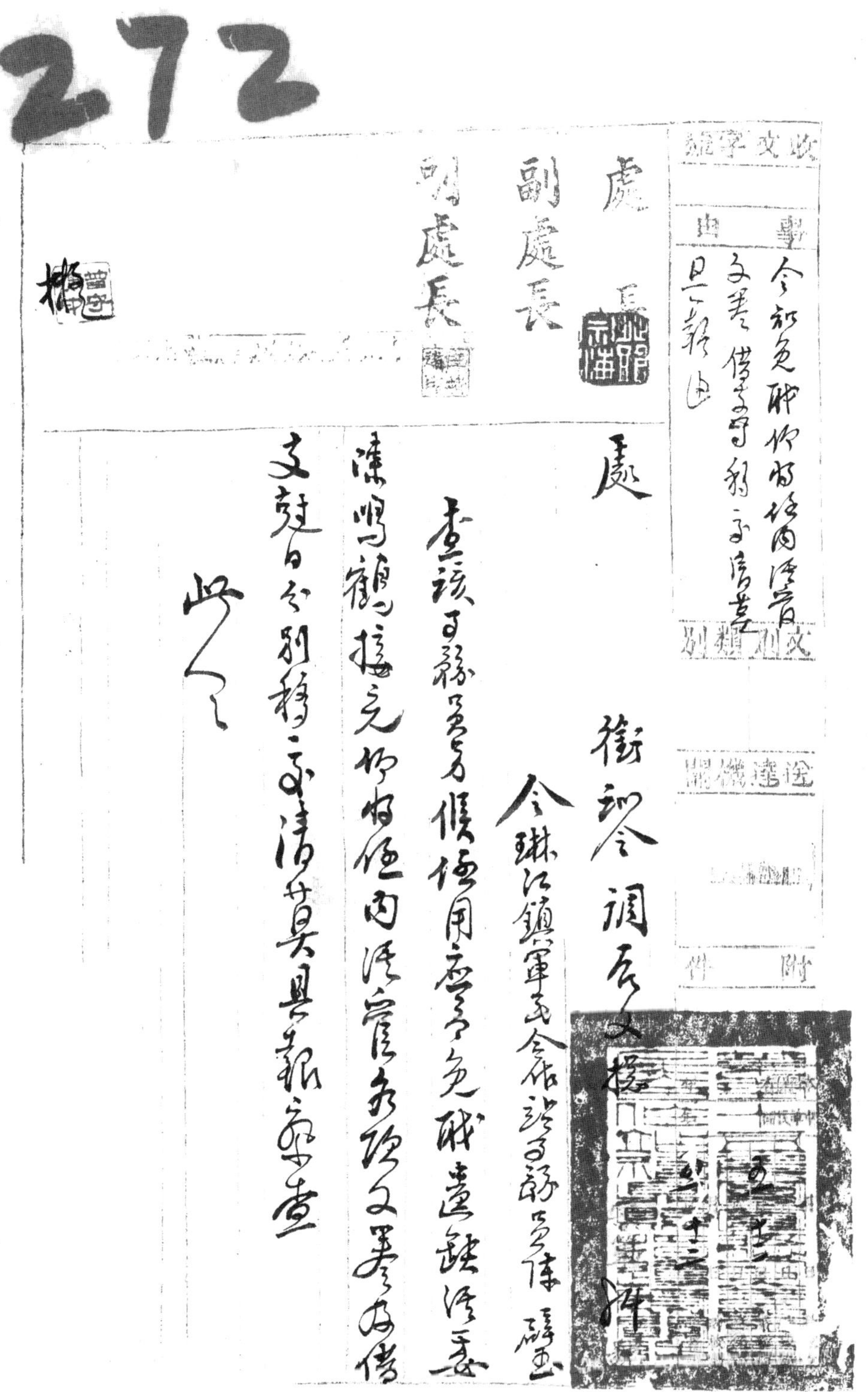

第二十五集团军总司令部军民合作站福鼎县指导处关于将陈璧免职，其任内经管文卷、借支等移交具报的训令（1942年5月13日） G137-001-0010

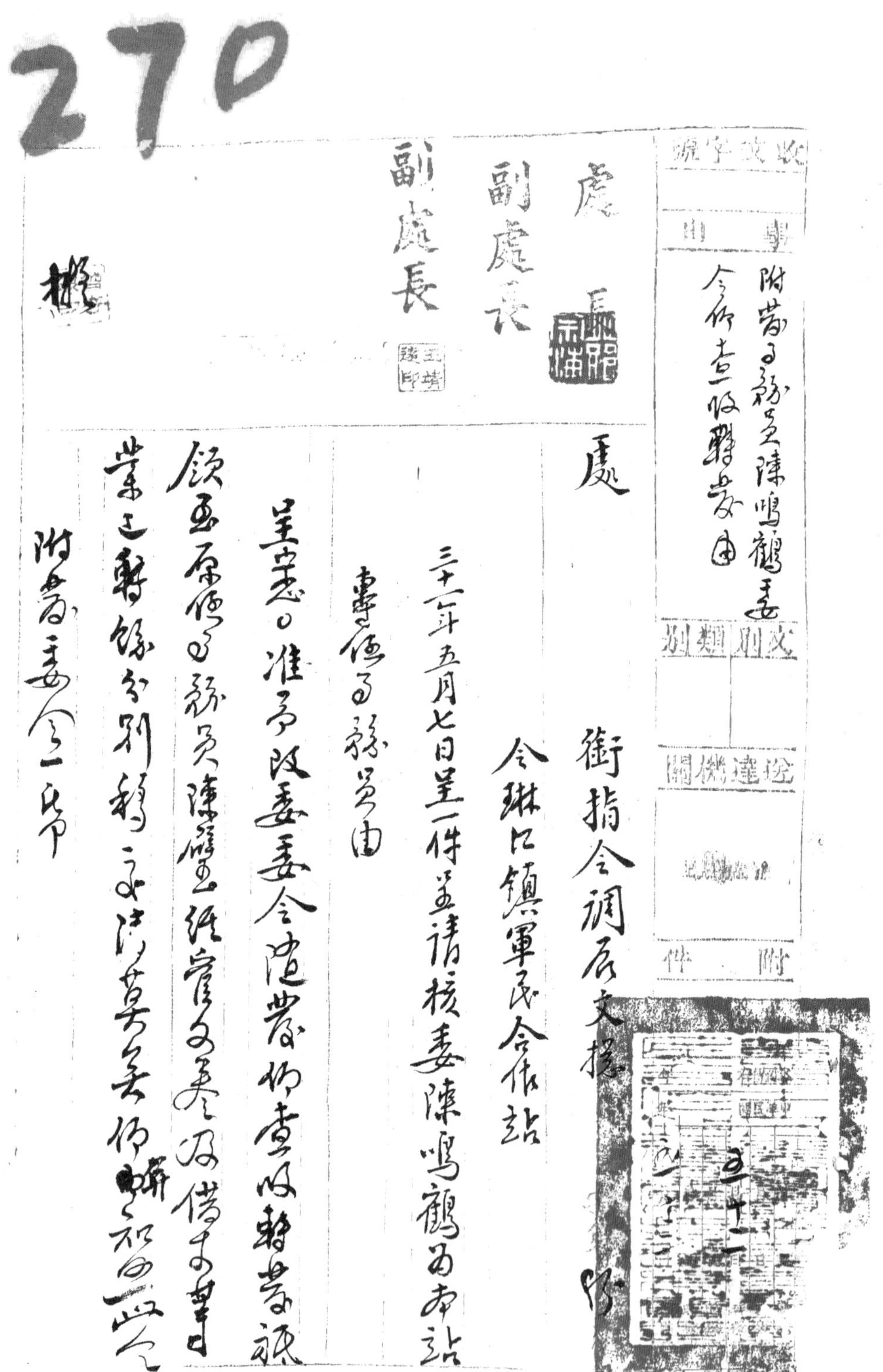

第二十五集团军总司令部军民合作站福鼎县指导处关于准予改委陈鸣鹤为事务员并附发委令的指令

（1942年5月13日） G137-001-0010

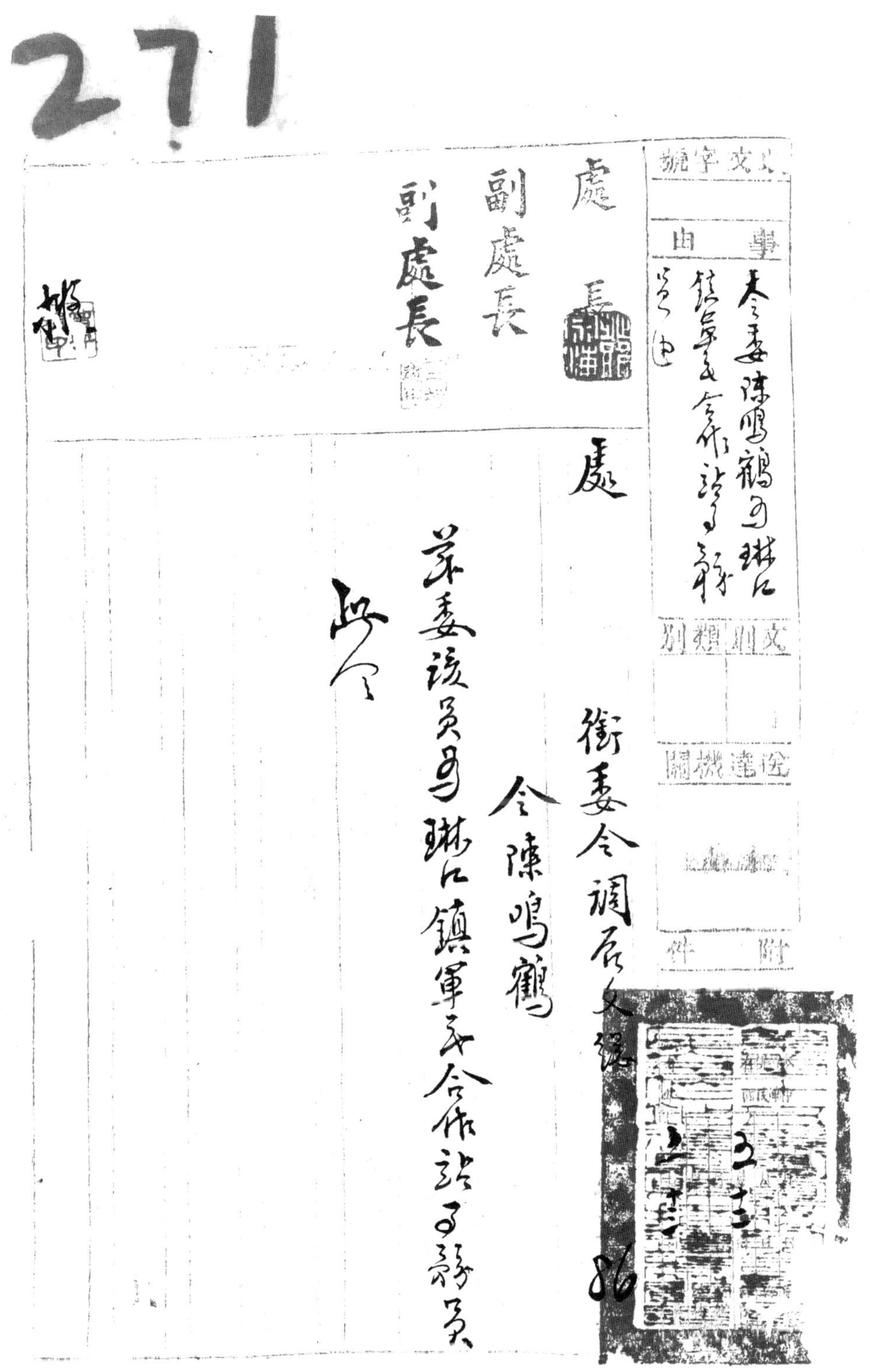

第二十五集团军总司令部军民合作站福鼎县指导处关于陈鸣鹤为琳江镇军民合作站事务员的委任令

(1942年5月13日) G137-001-0010

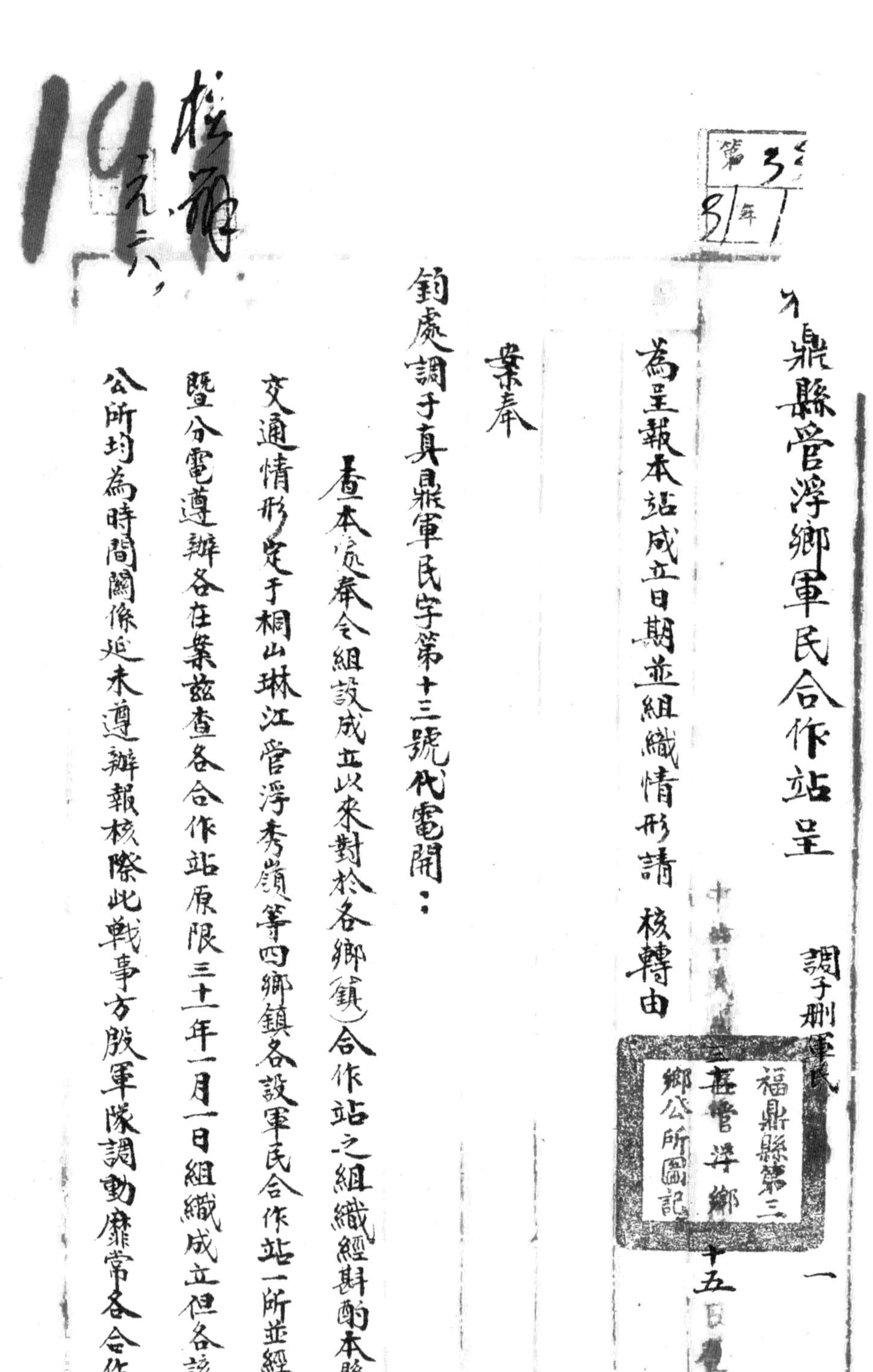

福鼎縣管浮鄉軍民合作站呈　調子删軍民　一

為呈報本站成立日期並組織情形請　核轉由

福鼎縣第三區管浮鄉公所圖記

中華民國三十一年一月十五日

案奉

鈞處調子真鼎軍民字第十三號代電開：

查本處奉令組設成立以來對於各鄉（鎮）合作站之組織經斟酌本縣軍事交通情形定于桐山琳江管浮秀嶺等四鄉鎮各設軍民合作站一所並經呈報暨分電遵辦各在案茲查各合作站原限三十一年一月一日組織成立但各該鄉鎮公所均為時間關係延未遵辦報核際此戰事方殷軍隊調動靡常各合作站職

福鼎县管浮乡军民合作站关于本站成立日期并组织情形的呈文

（1942 年 1 月 15 日）　G137-001-0009

192

在供應軍需聯絡軍民間合作精神責任非常重大倘不趕籌組織實現工作一旦軍隊過境措施失當關係實鉅本處為督促工作起見特限至本月十五日為止各鄉鎮合站務宜遵照先令電令組織成立並將組織情形報憑核轉如有延違定予呈請嚴予懲處除分電外特電遵照事關軍令仰切實辦理毋稍延誤為要

等因奉此遵於本十五日依法成立並經聘定吳尚玉為征調組幹事張文山為護慰組幹事張煥霄為偵察組幹事沈錫庚為宣訓組幹事張益民為專任事務員奉令前因理合將成立日期並組織情形連同人員簡歷表二份備文報請

核轉加委以專責成

謹呈

兼處長鄧

福鼎县管浮乡军民合作站关于本站成立日期并组织情形的呈文

（1942年1月15日） G137-001-0009

193

占處長 丁 王

附呈：人員簡歷表二份

福鼎縣管浮鄉軍民合作站兼總幹事施從偉

施從偉印

福鼎县管浮乡军民合作站关于本站成立日期并组织情形的呈文

（1942 年 1 月 15 日） G137-001-0009

194

福鼎縣管浮鄉軍民合作站工作人員簡歷表

職别	姓名	年齡	學歷	經歷	原機關職務	備考
總幹事	施從偉	三三	高小畢業	曾任聯保主任	鄉長	
征調組幹事	吳尚玉	二五	高小畢業	曾任事務員	本所户籍員	
護慰組幹事	張文山	四七	高小畢業	曾任聯保主任	兵役會幹事	
偵察組幹事	張焕霄	四二	高小畢業	曾任事務員	副鄉長	
宣訓組幹事	沈錫庚	三九	初中畢業	曾任高級教員	中心校校長	
事務員	張益民	二三	社訓隊畢業	曾任鄉公所事務員二年		

附件：福鼎县管浮乡军民合作站工作人员简历表（1942年1月15日） G137-001-0009

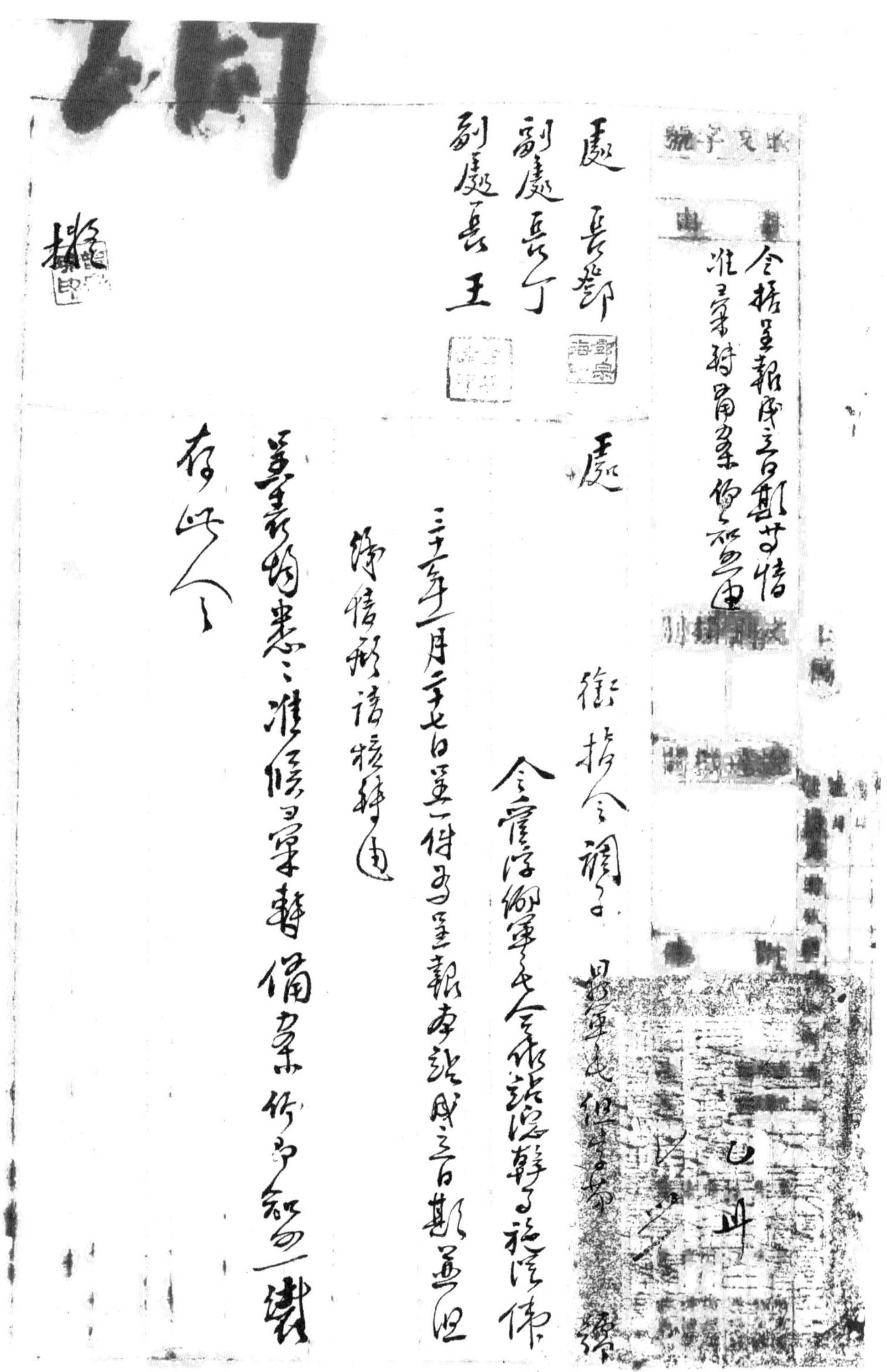

第二十五集团军总司令部军民合作站福鼎县指导处关于管浮乡军民合作站成立日期等情准予汇转的指令(1942 年 1 月 31 日) G137-001-0009

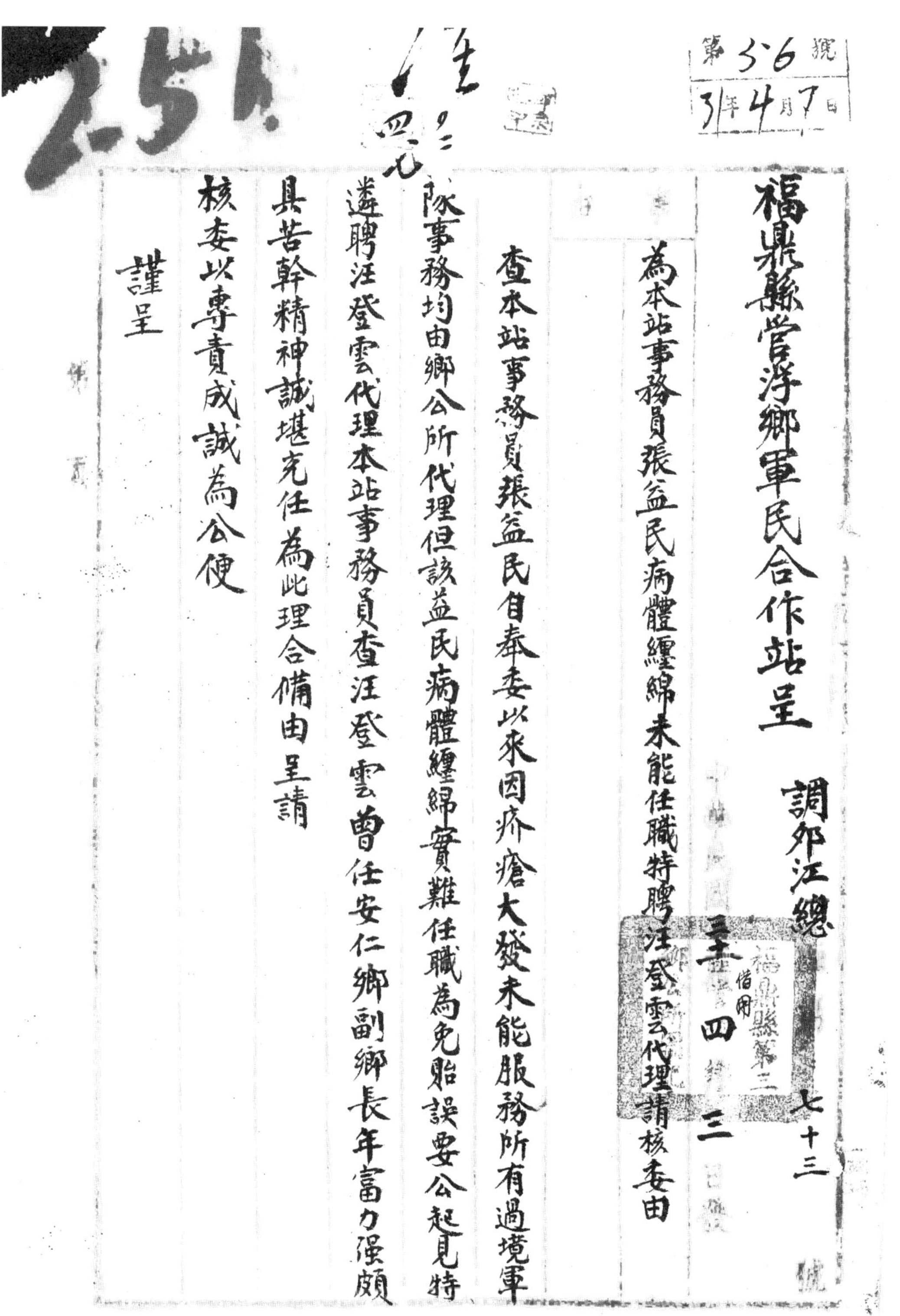
福鼎縣管浮鄉軍民合作站呈
為本站事務員張益民病體纏綿未能任職特聘汪登雲代理請核委由
查本站事務員張益民自奉委以來因疥瘡大發未能服務所有過境軍隊事務均由鄉公所代理但該益民病體纏綿實難任職為免貽誤要公起見特遴聘汪登雲代理本站事務員查汪登雲曾任安仁鄉副鄉長年富力强頗具苦幹精神誠堪充任為此理合備由呈請
核委以專責成誠為公便
謹呈

福鼎县管浮乡军民合作站关于本站事务员张益民因病未能任职，特聘汪登云代理，请核委的呈文

（1942 年 4 月 3 日） G137-001-0010

处長鄧
副處長王
丁
福鼎縣管浮鄉軍民合作站總幹事施從偉

福鼎县管浮乡军民合作站关于本站事务员张益民因病未能任职，特聘汪登云代理，请核委的呈文

（1942年4月3日） G137-001-0010

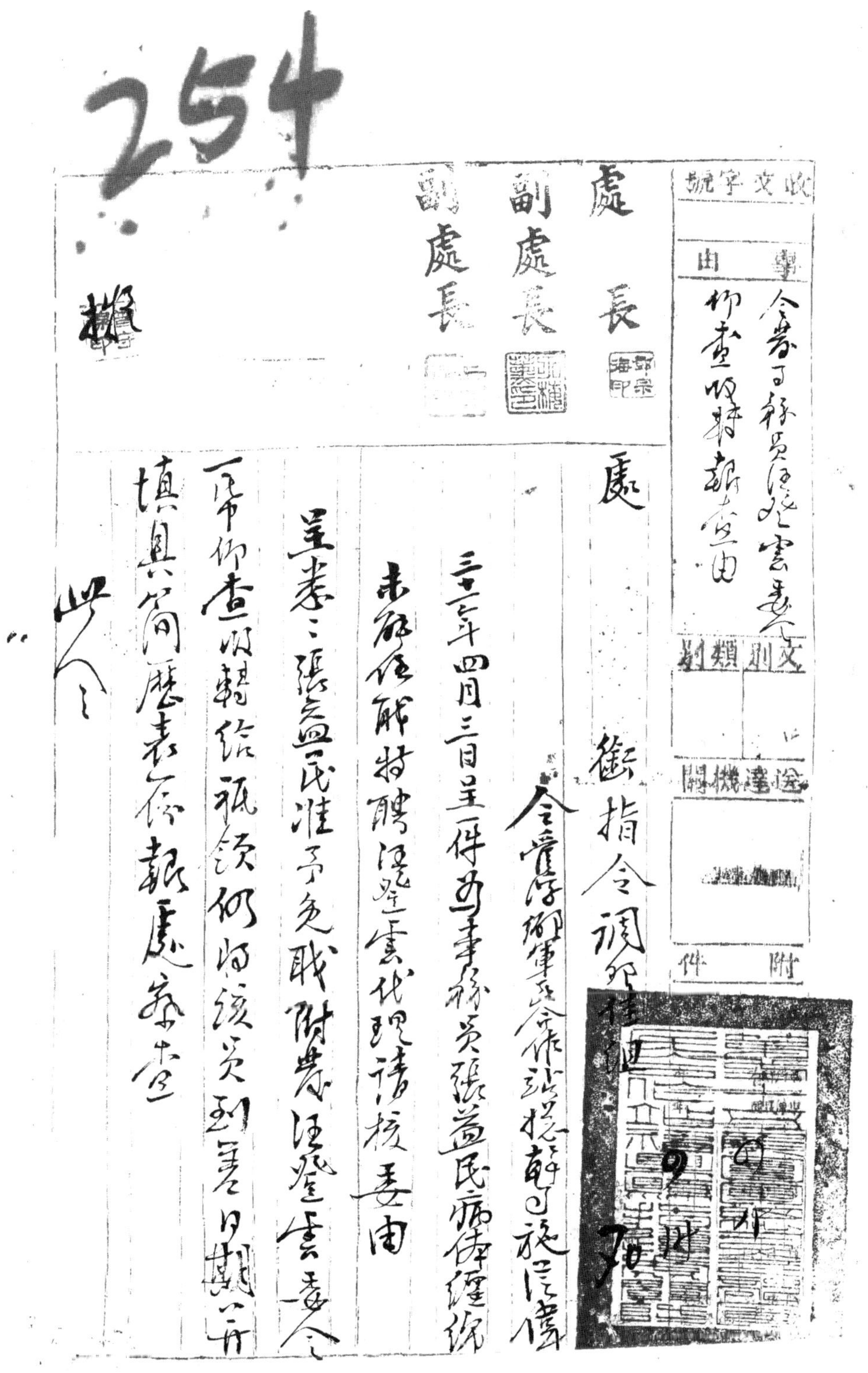

第二十五集团军总司令部军民合作站福鼎县指导处关于事务员汪登云委任令仰查收转报的指令

（1942 年 4 月 14 日） G137-001-0010

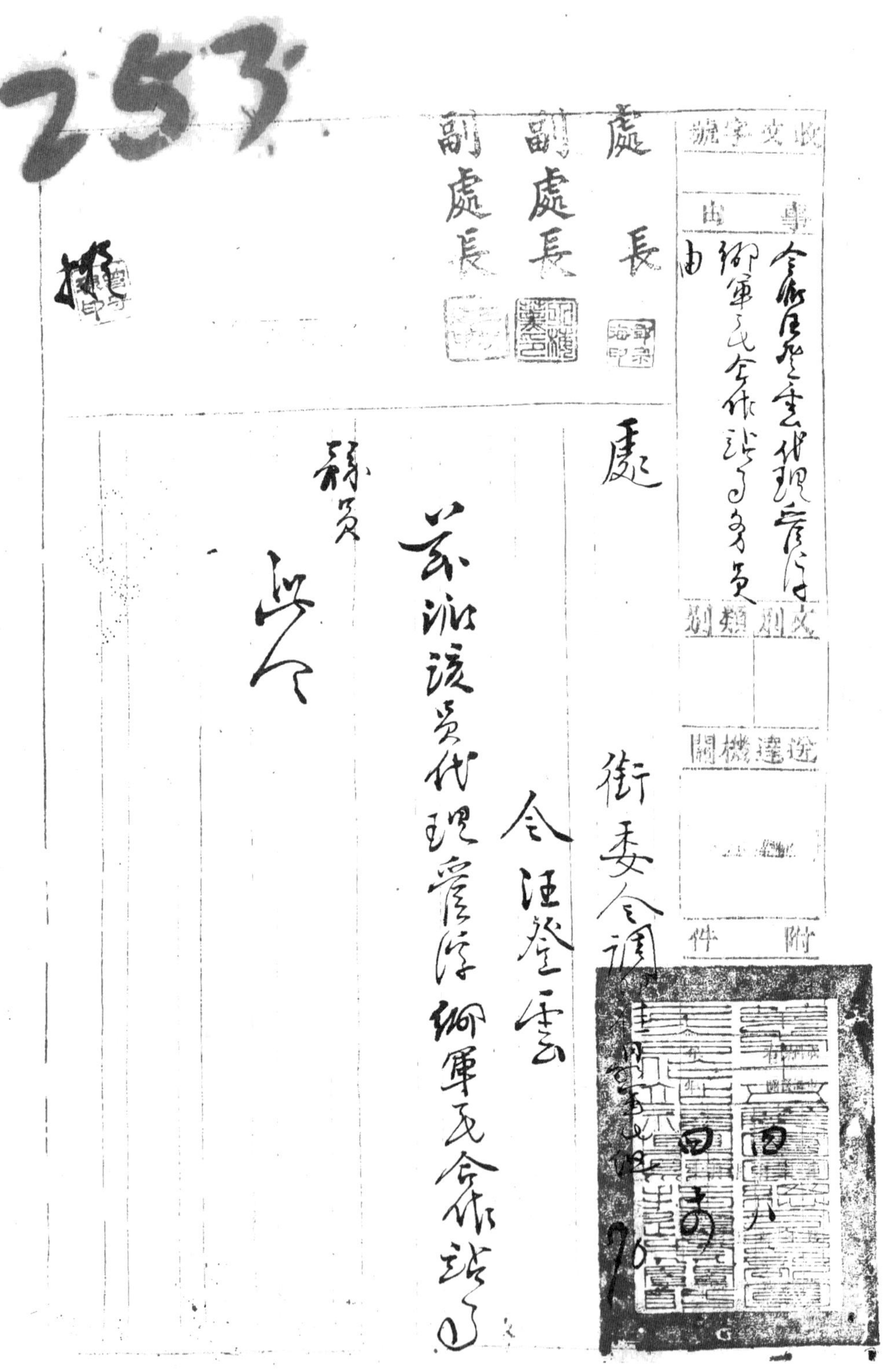

第二十五集团军总司令部军民合作站福鼎县指导处关于派汪登云代理管浮乡军民合作站事务员的委任令(1942 年 4 月 14 日) G137-001-0010

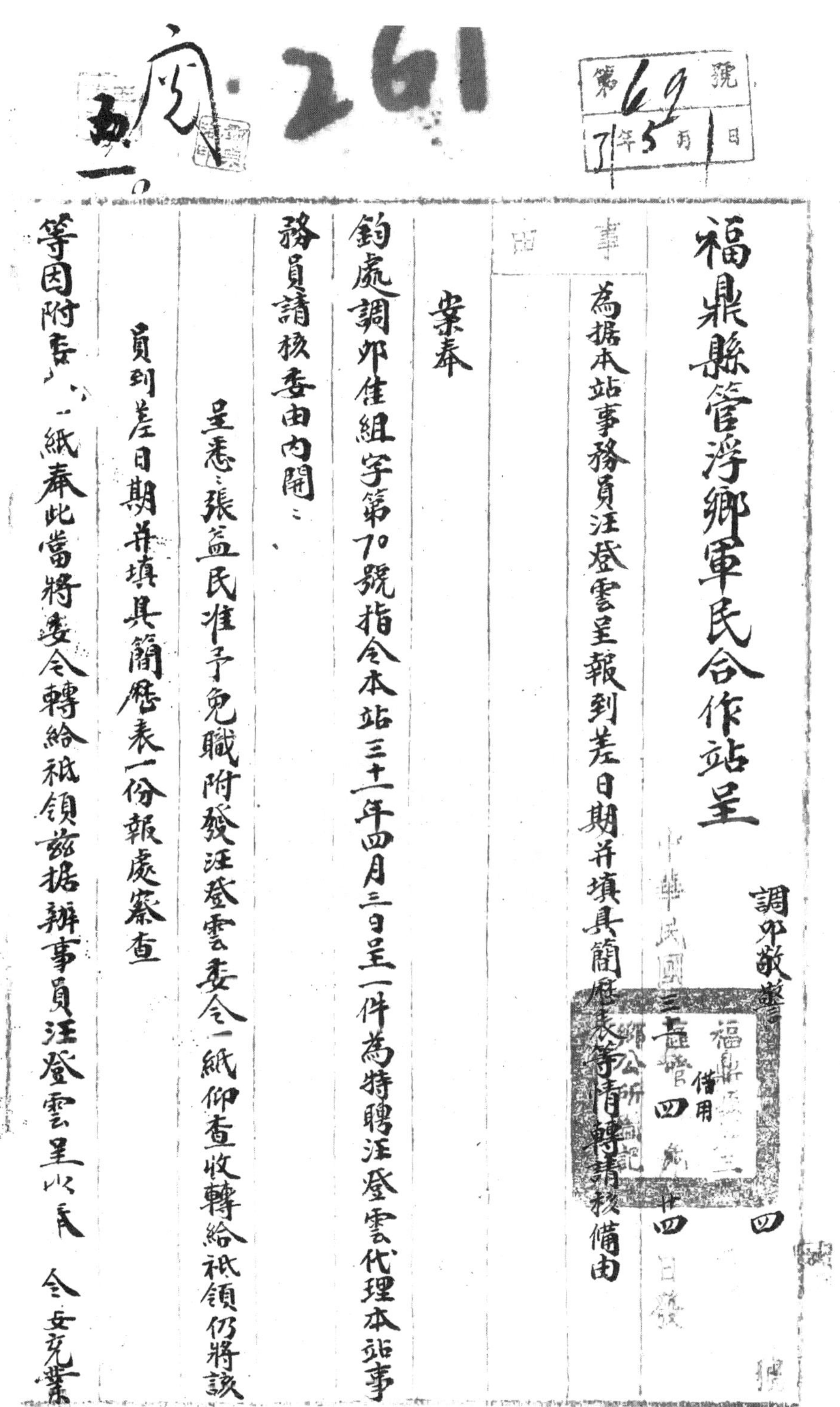
261

第62號 31年5月1日

福鼎縣管浮鄉軍民合作站呈

事由 為据本站事務員汪登雲呈報到差日期并填具簡歷表等情轉請核備由

調卯敬鑒

中華民國三十一年四月廿四日發

案奉
鈞處調卯佳組字第70號指令本站三十一年四月三日呈一件為特聘汪登雲代理本站事務員請核委由內開：
呈悉。張益民准予免職，附發汪登雲委令一紙，仰查收轉給祇領，仍將該員到差日期并填具簡歷表一份報處察查
等因，附委令一紙。奉此，當將委令轉給祇領。茲据辦事員汪登雲呈以民 令安充業

福鼎县管浮乡军民合作站关于本站事务员汪登云到差日期及简历等情请核备的呈文

（1942年4月24日） G137-001-0010

于本月十五日到差服务当即填具简历表请核转等情据此理合据情连同原简历表备文报请

核备

谨呈

处长邓

副处长丁 王

管浮乡军民合作站总干事施从伟

事务员简历表

姓名	年龄	资历	备
汪登云	三十九	县立高等小学毕业 曾任安仁乡副乡长	

福鼎县管浮乡军民合作站关于本站事务员汪登云到差日期及简历等情请核备的呈文

（1942年4月24日） G137-001-0010

呈

案奉

鈞處鼎軍冬保字第410號代電略以奉令于軍事交通線交通大道必須經過之鄉鎮迅速成立軍民合作站俾得早日執行業務除分電外合行抄發第三戰區各集團軍總司令部各縣（市）軍民合作站組織辦法暨合作站工作綱要各一份特電遵辦仍將遵辦理情形報查為要等因附件奉此自應遵辦茲依據軍民合作站辦法第二條經於本（一）月四日成立福鼎縣桐山鎮軍民合作站其站內各編制人員經已依據原辦法第三條規定分別派聘負從執行業務茲奉前因理合造具本站組織編制名冊一份

福鼎县桐山镇军民合作站关于本站一月四日成立并造送组织编制名册的呈文

（1942 年 1 月 17 日） G137-001-0009

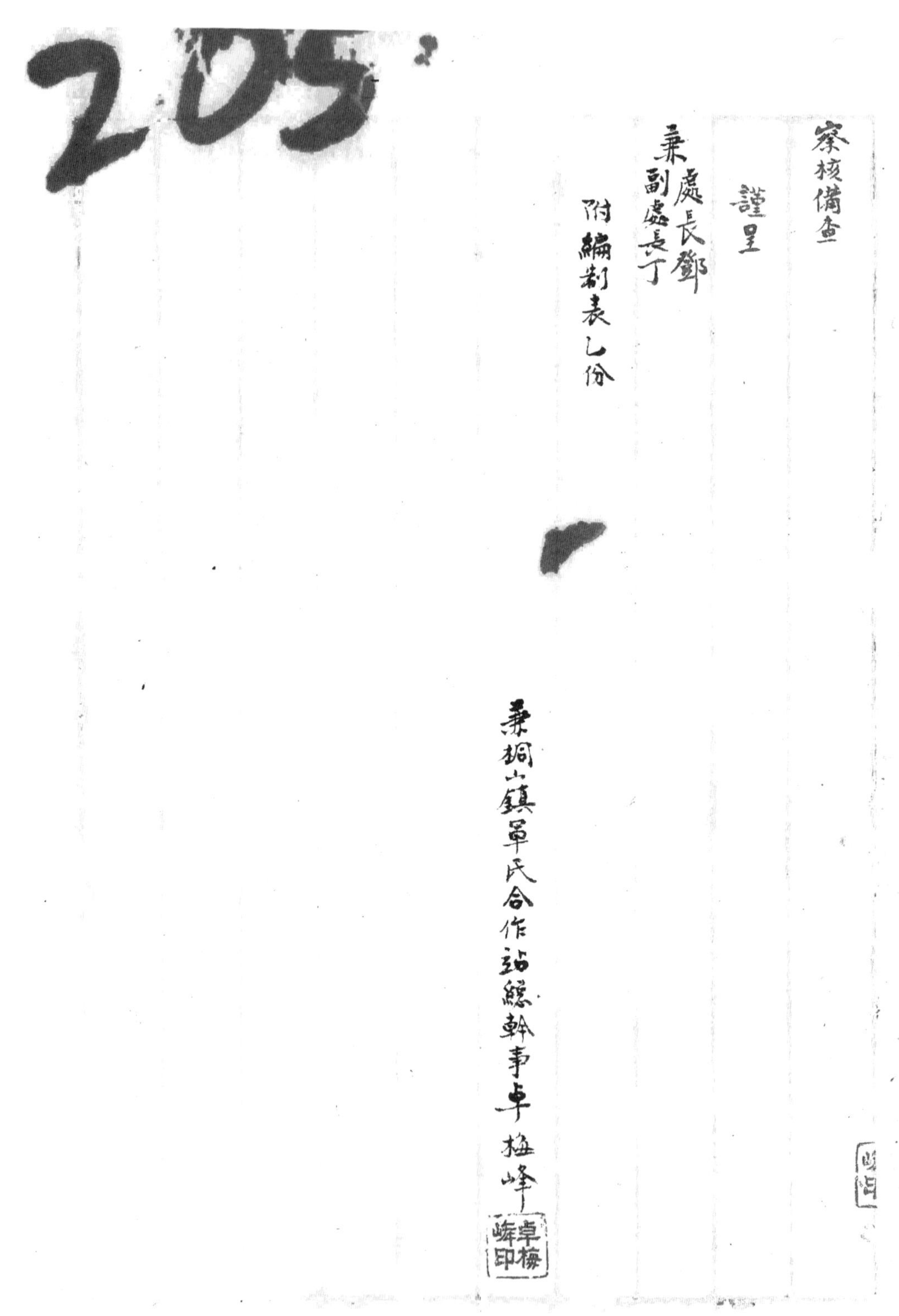

察核备查
谨呈
兼处长郑
副处长丁
附编制表乙份

兼桐山镇军民合作站总干事卓梅峰

福鼎县桐山镇军民合作站关于本站一月四日成立并造送组织编制名册的呈文

（1942年1月17日） G137-001-0009

200

福鼎縣桐山鎮軍民合作站編制人員姓名册 民國三十一年一月十六日

職別	姓名	年齡	籍貫	備考
總幹事	卓梅峰	三三	福鼎	
征調組幹事	卓尚敷	三六	〃	
護慰組幹事	林瑞清	三九	〃	
偵察組幹事	林時端	三八	〃	
宣訓組幹事	曾潤谷	四五	〃	
事務員	張遵鄉	三二	〃	

附件:福鼎县桐山镇军民合作站编制人员姓名册(1942 年 1 月 16 日) G137-001-0009

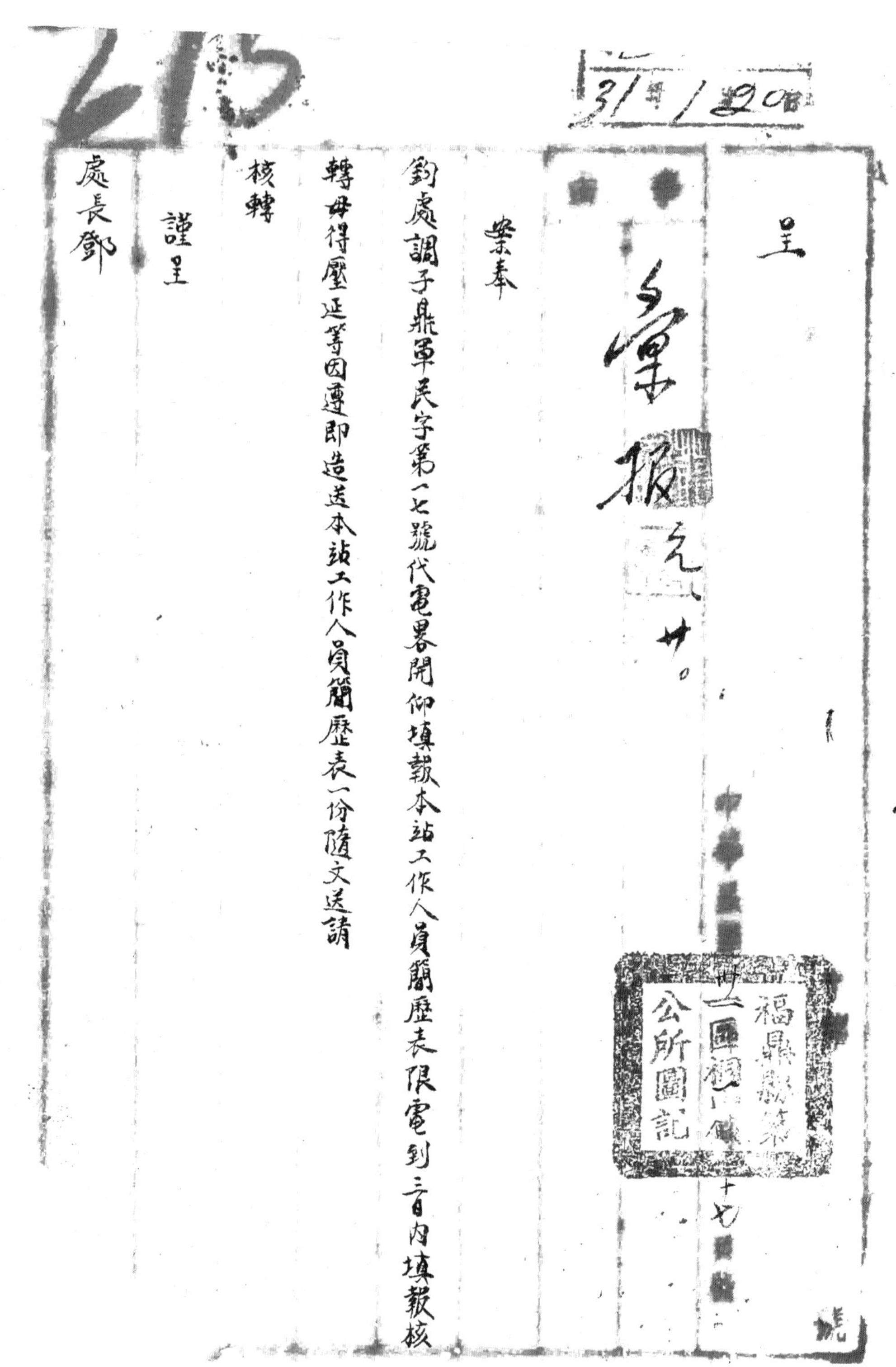
呈
案奉
劉處調子鼎軍民字第一七號代電畧開仰填報本站工作人員簡歷表限電到三日内填報核
轉毋得壓延等因遵即造送本站工作人員簡歷表一份隨文送請
核轉
謹呈
處長鄧

福鼎县桐山镇军民合作站关于报送本站工作人员简历表的呈文

（1942 年 1 月 17 日）　G137-001-0009

附呈本站工作人员简历表乙份

桐山镇军民合作站总干事卓梅峰

福鼎县桐山镇军民合作站关于报送本站工作人员简历表的呈文

（1942年1月17日） G137-001-0009

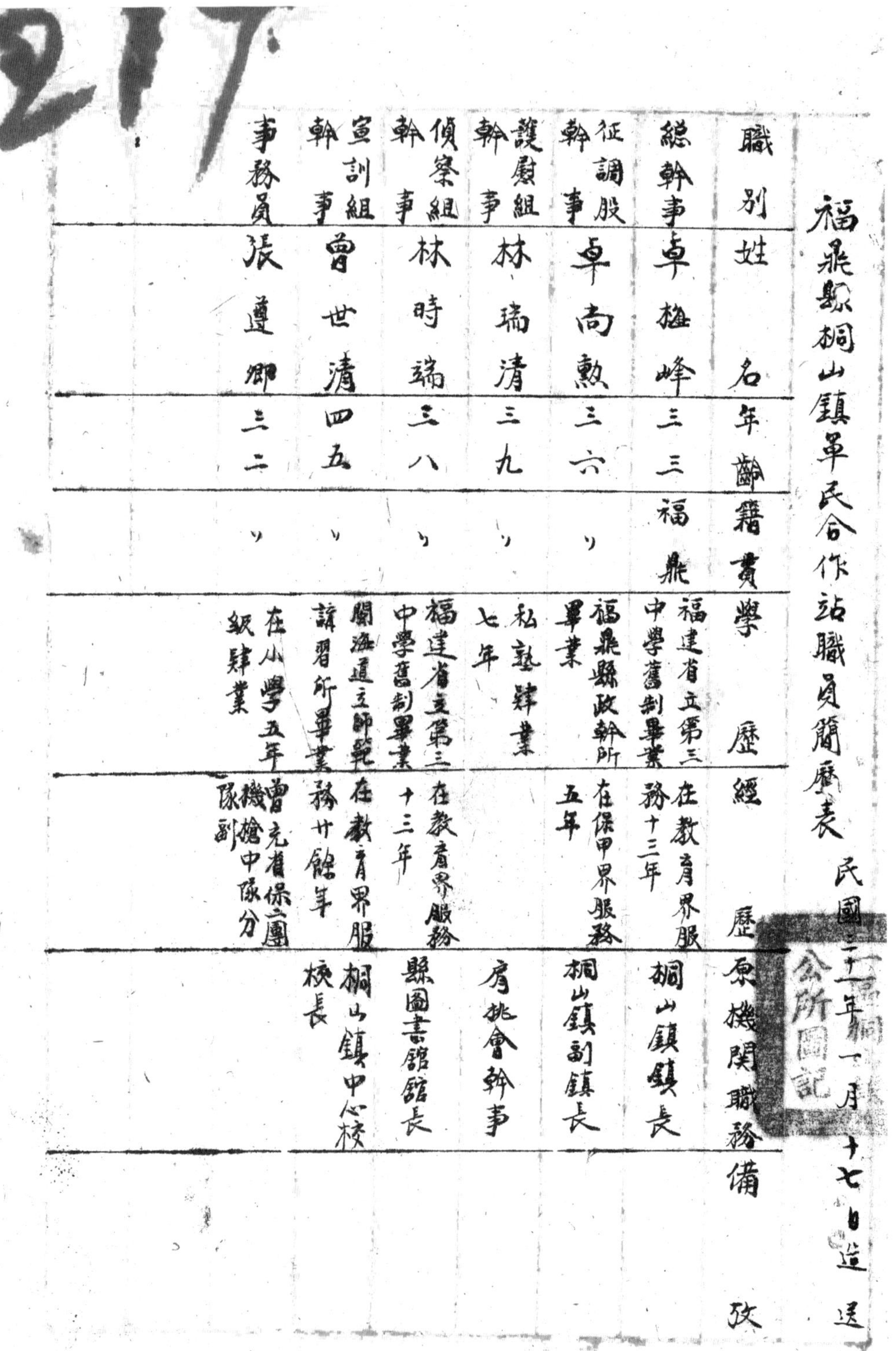

217

福鼎縣桐山鎮軍民合作站職員簡歷表

民國三十一年一月十七日造送

職別	姓名	年齡	籍貫	學歷	經歷	原機關職務	備攷
總幹事	卓梅峰	三三	福鼎	福建省立第三中學舊制畢業	在教育界服務十三年	桐山鎮鎮長	
征調股幹事	卓尚勳	三六	〃	福鼎縣政幹所畢業	在保甲界服務五年	桐山鎮副鎮長	
護慰組幹事	林瑞清	三九	〃	私塾肄業七年		肩挑會幹事	
偵察組幹事	林時端	三八	〃	福建省立第三中學舊制畢業	在教育界服務十三年	縣圖書館館長	
宣訓組幹事	曾世清	四五	〃	閩海道立師範講習所畢業	在教育界服務廿餘年	桐山鎮中心校校長	
事務員	張遵卿	三二	〃	在小學五年級肄業	曾充省保安團機槍中隊分隊副		

桐山鎮公所圖記

附件：福鼎县桐山镇军民合作站工作人员简历表（1942年1月17日）　G137-001-0009

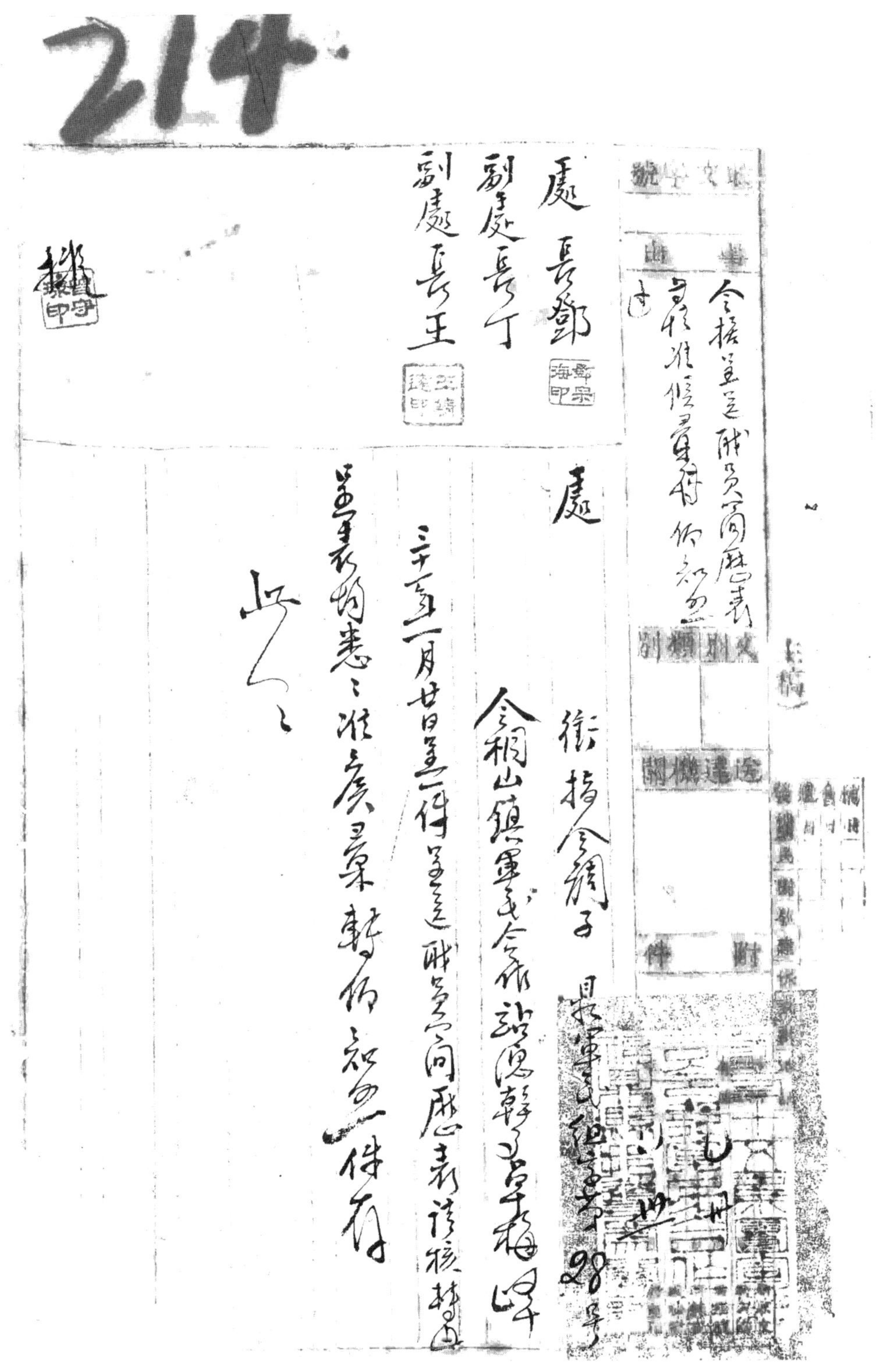

第二十五集团军总司令部军民合作站福鼎县指导处关于桐山镇军民合作站职员简历表等均悉准候转的指令(1942 年 1 月 31 日)　G137-001-0009

签呈 三十一年一月二十日

(一)查秀嶺鄉軍民合作站距縣祇有十里距離浙界亦不甚遠凡閩浙軍隊往來非自桐山直開平陽即自平陽逕達桐山罕有在該鄉宿營暫駐者故就本縣交通情況而言秀嶺鄉雖為軍隊經過地點然按之實際似無設立軍民合作站之必要至桐山鎮軍民合作站位居全縣中心軍隊來往既繁兵差應付不易若非設法變通充實組織恐難收軍民合作之效茲擬將秀嶺鄉軍民合作站暫移桐山鎮設一秀嶺鄉軍民合作站辦事處另派站事務員一人調處常駐協助桐山站辦事其每月經費亦暫移本處經管參酌情形加強桐山鎮站實項設備庶公帑不至虛糜事寔可收宏效是否有當簽懇

第二十五集团军总司令部军民合作站福鼎县指导处副处长王靖远关于秀岭乡军民合作站暂移桐山镇，在秀岭设办事处，并军民合作站人员请准依照县政人员战时生活津贴办法发给津贴费的签呈

（1942 年 1 月 20 日） G133-003-0119

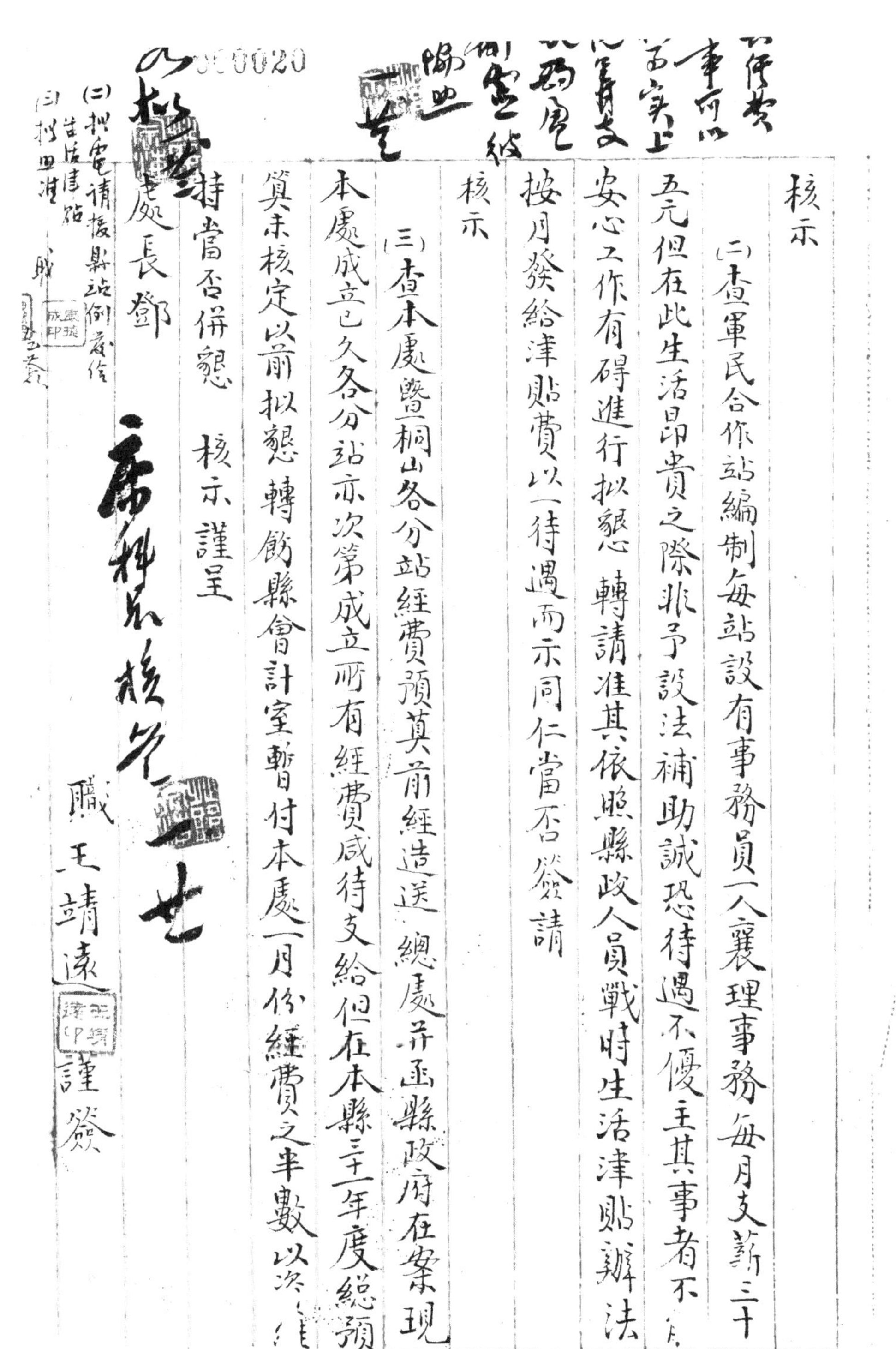

000020

核示

(二)查軍民合作站編制每站設有事務員一人襄理事務每月支薪三十五元但在此生活昂貴之際非予設法補助誠恐待遇不優主其事者不能安心工作有碍進行拟懇轉請准其依照縣政人員戰時生活津貼辦法按月發給津貼費以一待遇而示同仁當否簽請

核示

(三)查本處暨桐山各分站經費預算前經造送總處并函縣政府在案現本處成立已久各分站亦次第成立所有經費咸待支給但在本縣三十一年度總預算未核定以前拟懇轉飭縣會計室暫付本處一月份經費之半數以資維持當否併懇

核示謹呈

處長鄧

職王靖遠謹簽

第二十五集团军总司令部军民合作站福鼎县指导处副处长王靖远关于秀岭乡军民合作站暂移桐山镇，在秀岭设办事处，并军民合作站人员请准依照县政人员战时生活津贴办法发给津贴费的签呈

（1942 年 1 月 20 日） G133-003-0119

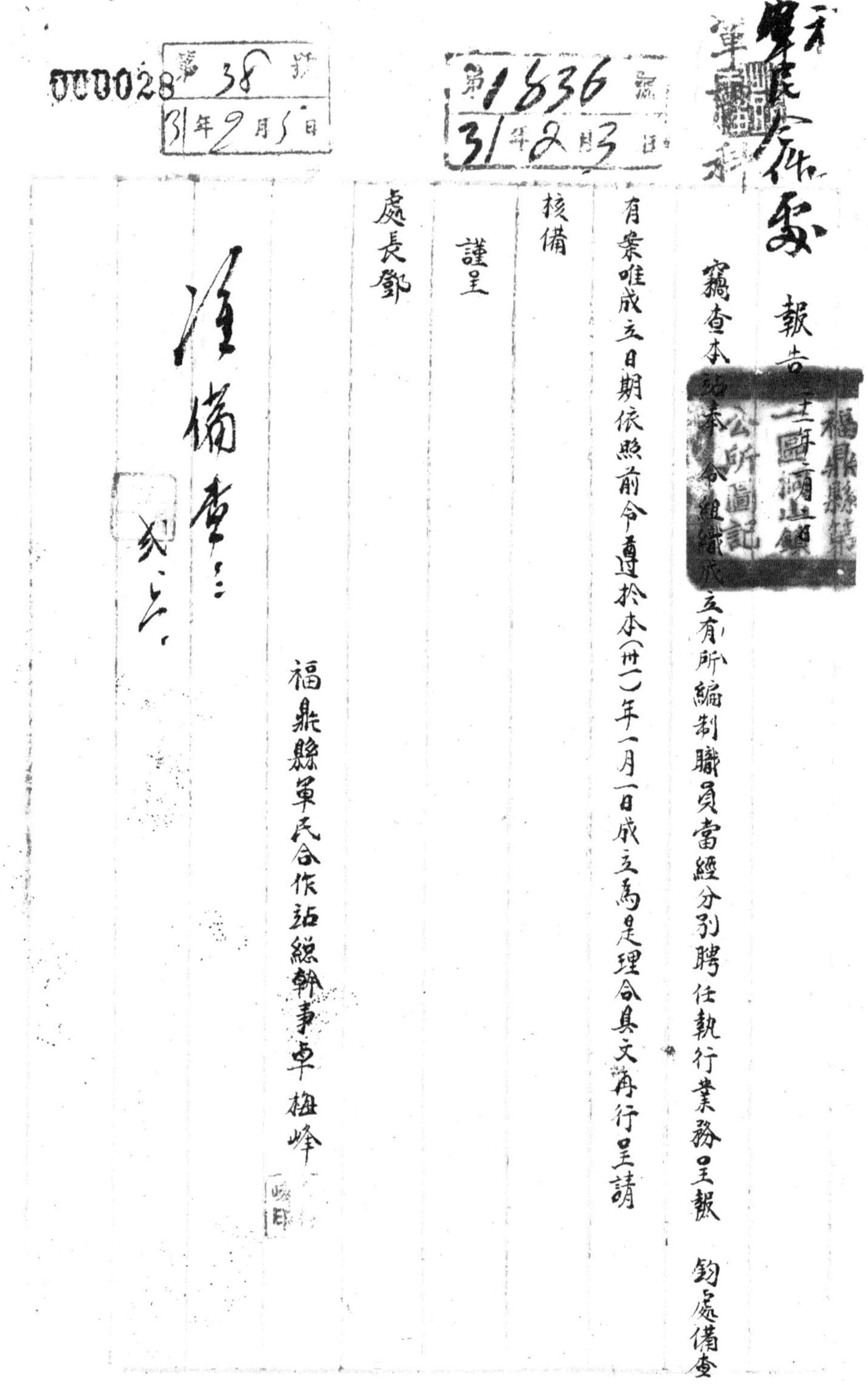

000028
第38號
31年2月5日

第1836號
31年2月3日

軍民合作站

報告　三十一年

竊查本站奉令組織成立，有所編制職員，當經分別聘任執行業務，呈報鈞處備查有案。唯成立日期，依照前令，遵於本（卅一）年一月一日成立，為是理合具文，再行呈請核備。

謹呈

處長鄧

福鼎縣軍民合作站總幹事卓梅峰

准備查

福鼎县第一区桐山镇公所关于军民合作站成立日期的报告

（1942年2月2日）　G133-003-0119

第二十五集团军总司令部军民合作站福鼎县指导处关于桐山镇补报军民合作站成立日期的报告收悉，准予备查的指令(1942 年 2 月 7 日)　G133-003-0119

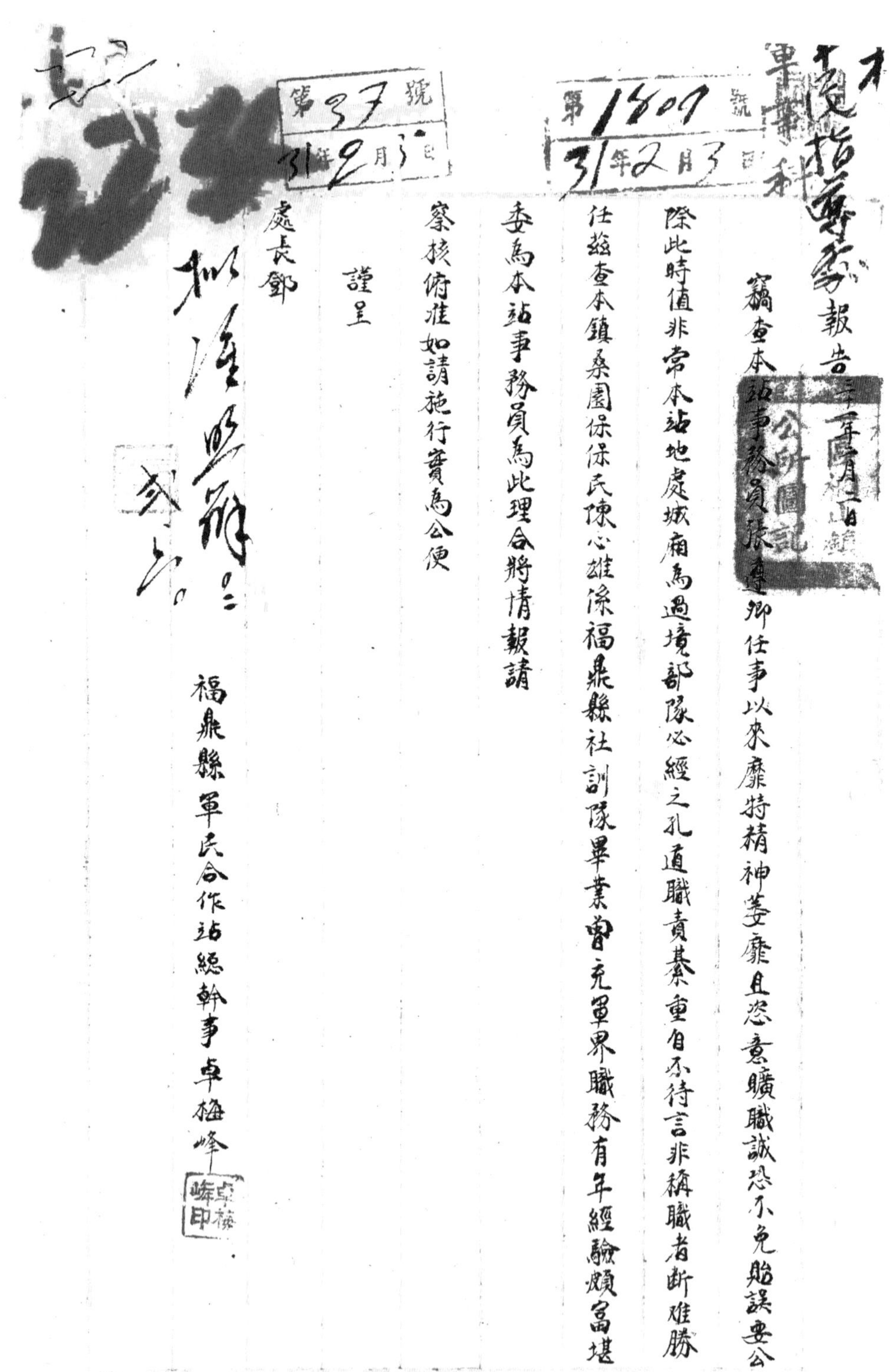

第1807號
31年2月3日

第37號
31年2月5日

報告　三十一年二月二日

竊查本站事務員張遵卿任事以來靡特精神萎靡且恣意曠職誠恐不免貽誤要公除此時值非常本站地處城廂為過境部隊必經之孔道職責綦重自不待言非稱職者斷難勝任茲查本鎮桑園保保民陳心雄係福鼎縣社訓隊畢業曾充軍界職務有年經驗頗富堪委為本站事務員為此理合將情報請

察核俯准如請施行實為公便

謹呈

處長鄧

福鼎縣軍民合作站總幹事卓梅峰

擬准照辦

福鼎县桐山镇军民合作站关于本站事务员张遵卿恣意旷职，拟委陈心雄接任的呈文

（1942年2月2日）　G137-001-0009

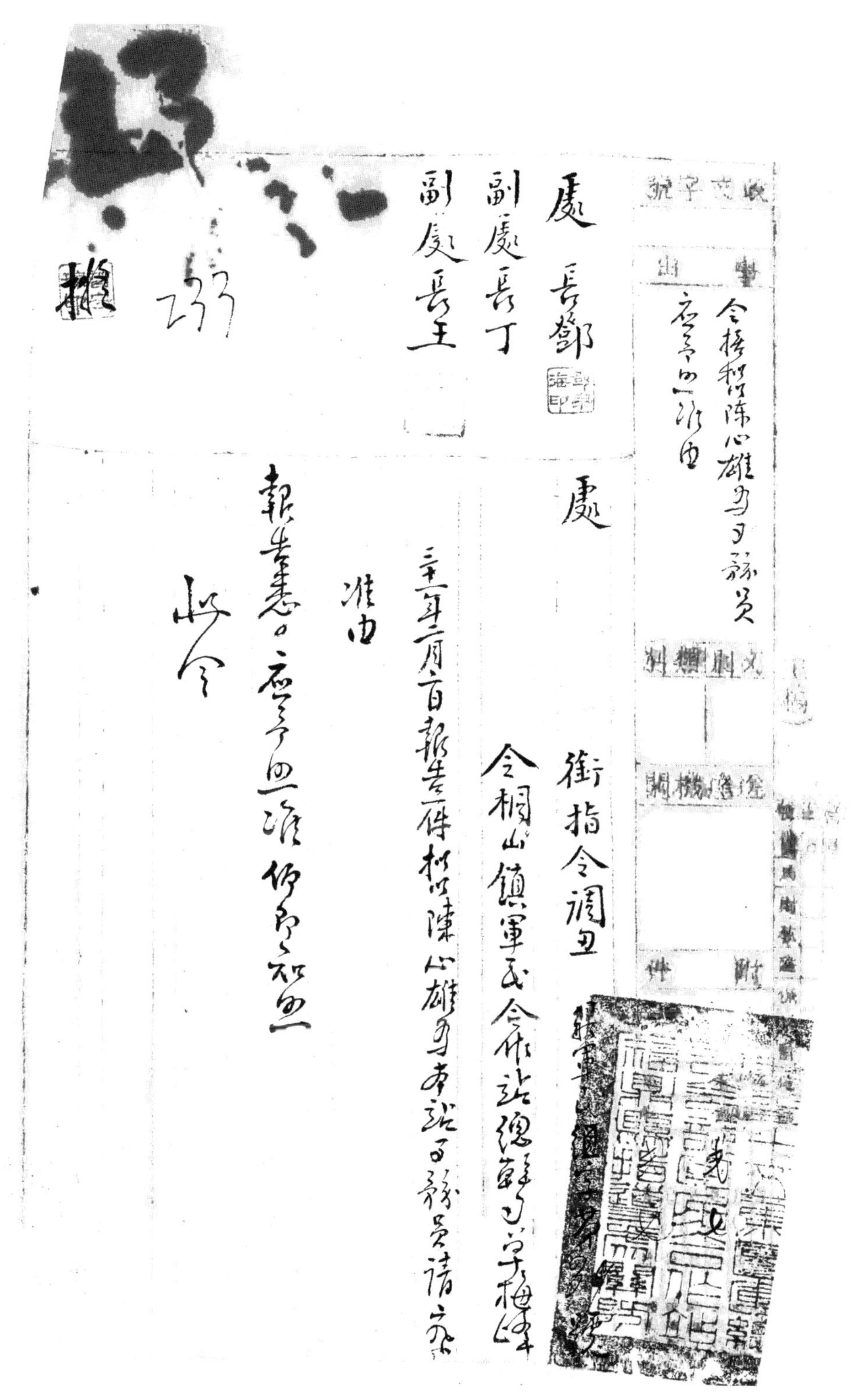

第二十五集团军总司令部军民合作站福鼎县指导处关于准委陈心雄为桐山镇军民合作站事务员的指令(1942 年 2 月 7 日)　G137-001-0009

查鄉鎮公所之設原為地方推行自治事業之机關每因員力有限辦理時感困
難若再加以負責兵差則不特應付無術而且有顧此失彼之虞延本所承辦要政件形繁瑣
各員對本身工作覺未能盡職無以上副我 鈞長期望之殷殊為負疚最近一週來本所
中建築校舍及溪嵩橋礀開拓城郊暗渠並征工灌收征購糧食供應軍隊飲米並第二期征兵急
待提撥加以奉令下保整編戶口舉行壯丁總複查在在需人負責伏思我所員僅六人種
種應付極形棘手又何堪兼辦紛至沓來之兵差例如本八日之一天先以卅三師強派稻草弍
仟斤稍遲供應即將所丁恣意鞭打拳足交加繼以師管區補充團派棉被舖板飯碗木
椅再行派夫十二名抬扛病兵又加警局派夫挑運該師行李接踵而至辦理靡特困難易
分至各項需費不貲籌給莫無所出均借貸而來勉為應付箇中艱難自不待言且
致本所務之推行順利其可得乎倘長此以往誠恐影響工作貽誤堪虞為特再行具

福鼎县第一区桐山镇公所关于请将桐山镇军民合作站划并县军民合作指导处办理的签呈
(1942年4月15日)a面　G137-001-0008

情報請

鈞長察核俯念辦事維艱准將桐山鎮軍民合作站劃併縣軍民合作指導處辦理

以妥工作而利鎮務推行不勝企禱

謹呈

科長

縣長鄧

[illegible]

戳

卓梅峰

福鼎县第一区桐山镇公所关于请将桐山镇军民合作站划并县军民合作指导处办理的签呈

(1942 年 4 月 15 日)b 面　G137-001-0008

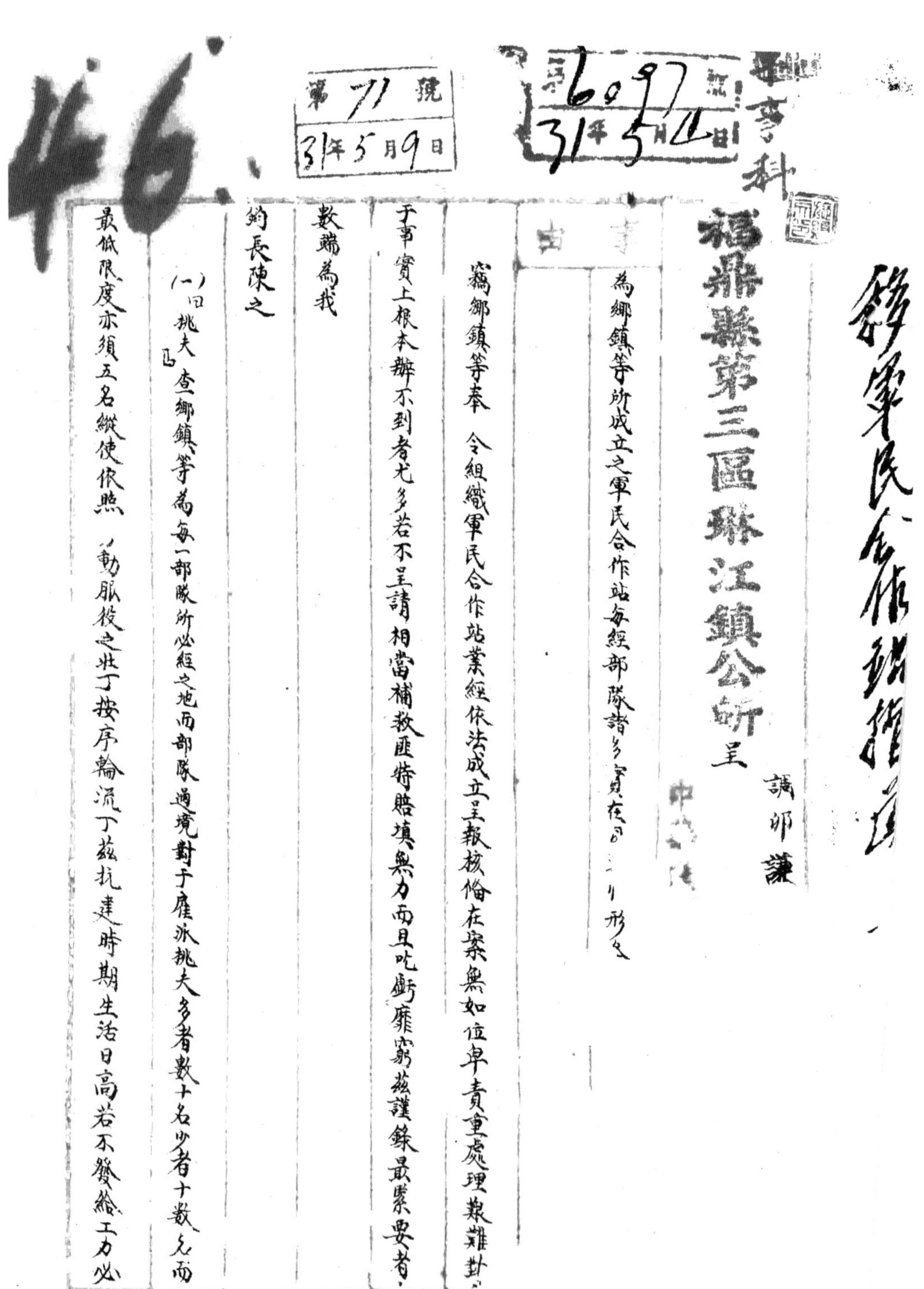
第71號
31年5月9日
6097
31年5月14日

福鼎縣第三區琳江鎮公所呈

為鄉鎮等所成立之軍民合作站每經部隊諸多實在困難情形文

竊鄉鎮等奉令組織軍民合作站業經依法成立呈報核備在案無如位卑責重處理艱難對於事實上根本辦不到者尤多若不呈請相當補救匪特賠墳無力而且吃虧靡窮茲謹錄最緊要者數端為我鈞長陳之

（一）曰挑夫　查鄉鎮等為每一部隊所必經之地而部隊過境對于雇派挑夫多者數十名少者十數名而最低限度亦須五名縱使依照勤服役之壯丁按序輪流丁茲抗建時期生活日高若不發給工力必

福鼎县琳江镇等关于乡镇军民合作站办理兵差困难情形请迅为设法补救的呈文

（1942年4月29日）　G137-001-0008

須津貼伙食費（每十華里僅法幣壹元弍角）更兼一路虐待若痛難堪即使撥予派多未踴躍樂從承受者無多經付者賠填無力拿則秩序紊亂債則工資無着此應呈請補

（二）軍米　查軍米之虧損以琳江管浮兩鄉鎮為特鉅雖經　層峯明令[illegible]所過部隊多是強要欲待不與必受武力的壓迫若依条照付又報銷無從則此項虧損將由何處歸墊應請設法補救者二也

（三）運站　查琳江挑夫只可到龍亭一站管浮挑夫到拓洋為一站方為適當而經過部隊不由分說琳江之夫以到龍亭之後迫挑霞浦管浮之夫以到拓洋後迫挑庫溪或福安等處一則耗費無着一則成信有失將來號召不靈應請設法補救者三也

（四）供應　查部隊過境其他供應姑無論對于寒季稻草一項為必須之用品而稻草又為肥料中之要素倘值秋收尚可設法稍過其時即無可□手若要先期籌備而不給予相當代價則農民受害誠匪淺鮮此應呈請補救者四也

福鼎县琳江镇等关于乡镇军民合作站办理兵差困难情形请迅为设法补救的呈文

（1942年4月29日） G137-001-0008

阅
五、七、

（五）站務　查軍民合作站之成立專為過境軍隊而設若徒附設鄉鎮公所一經部隊到地勢必妨害鄉鎮本身工作，方諸未設站以前無甚裨益，最好對于該站應擴充組織，寬籌經費，俾過境時能獨立應付，以免鄉鎮長兼籌並顧，此應呈請補救者五也。

綜上各端，確係鄉鎮長等經遇之實在困難情形，理合報請

察核，准予迅為設法補救，實叨公便。

謹呈

縣長鄧

福鼎縣琳江鎮鎮長張鍾靈

桐山鎮鎮長卓梅峯

管浮鄉鄉長施從偉

福鼎县琳江镇等关于乡镇军民合作站办理兵差困难情形请迅为设法补救的呈文

（1942年4月29日） G137-001-0008

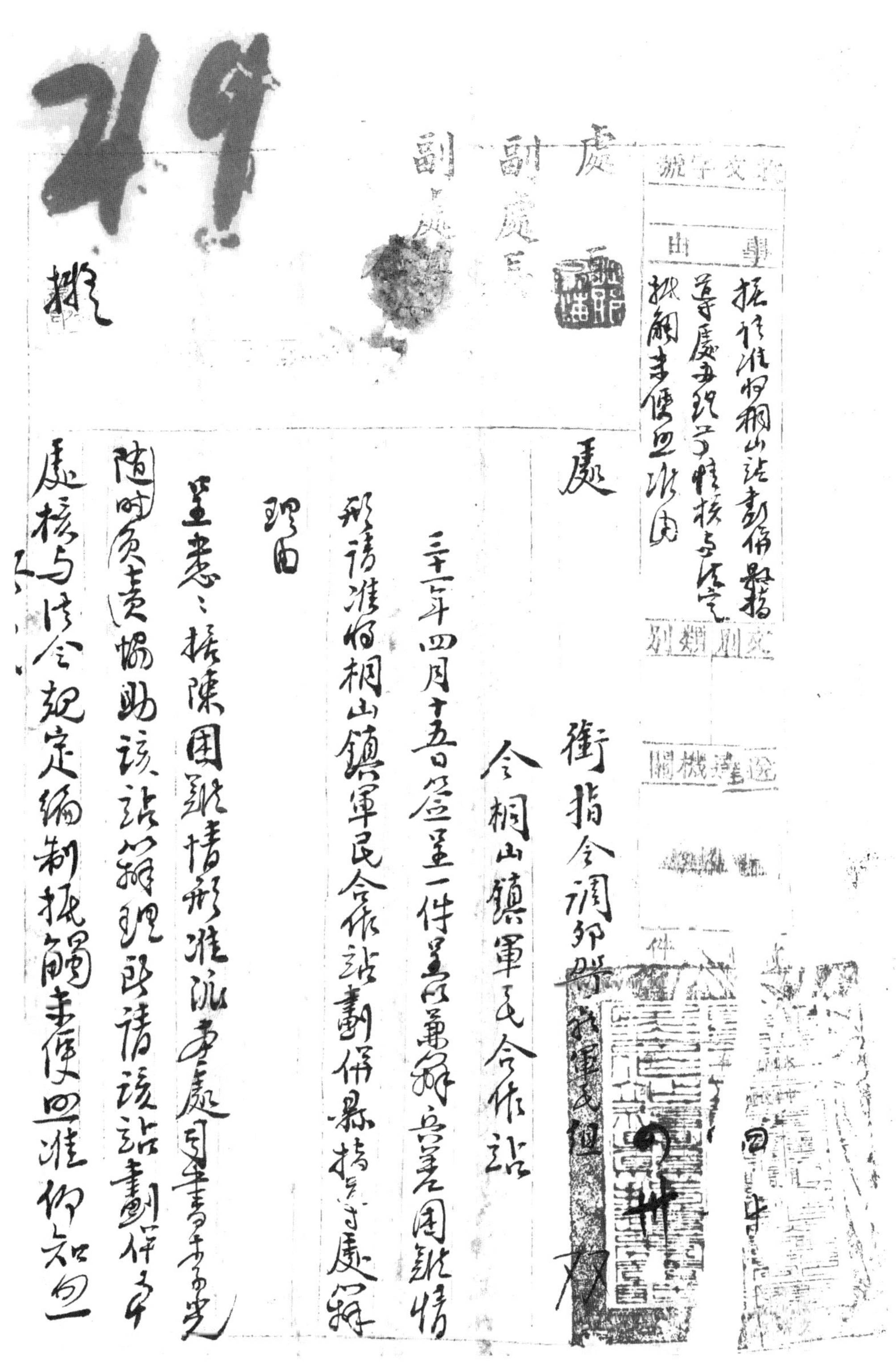

第二十五集团军总司令部军民合作站福鼎县指导处关于所请将桐山镇军民合作站划并县军民合作指导处办理等情核与法令抵触，未便照准的指令(1942 年 4 月 30 日)　G137-001-0008

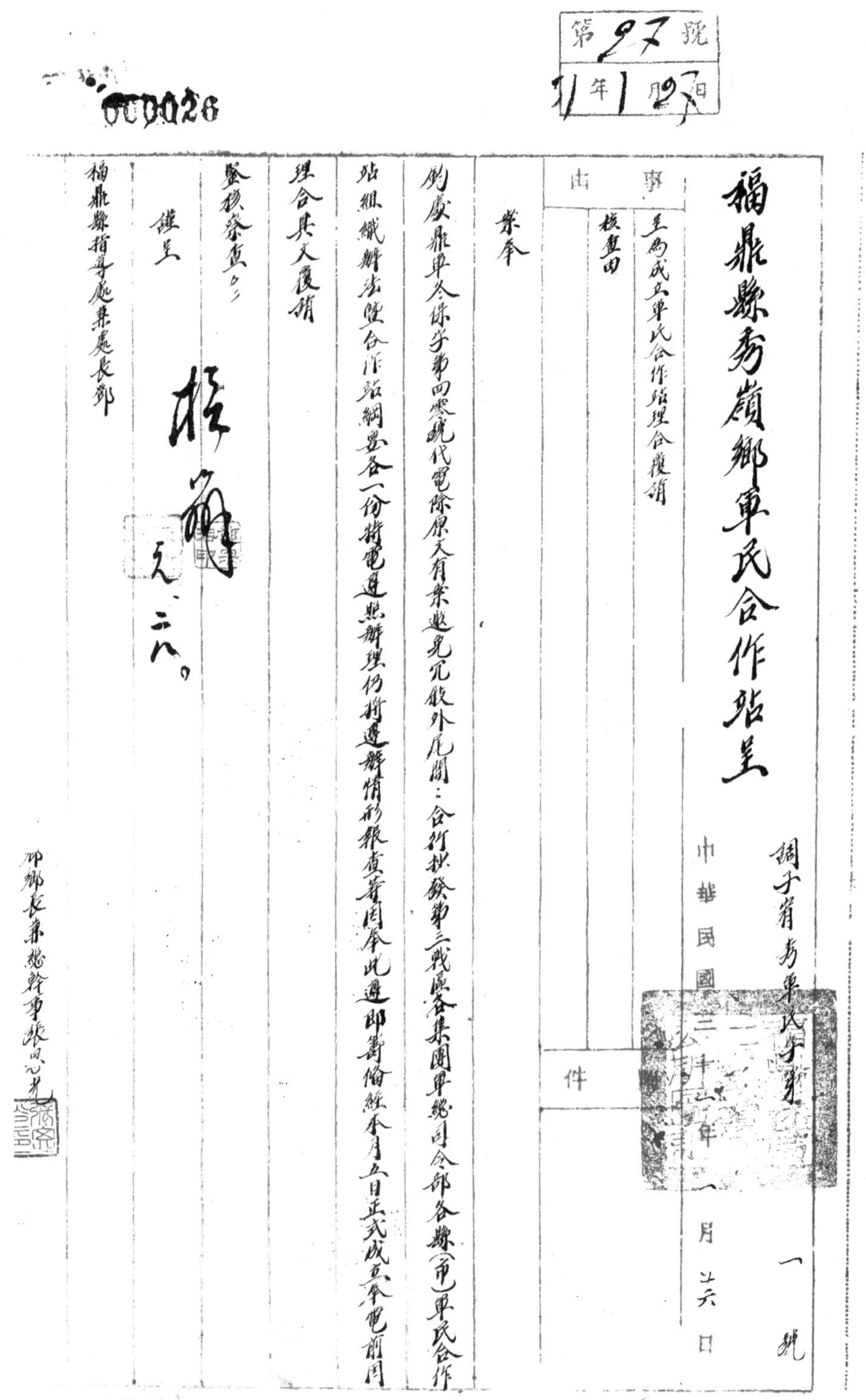

第27號
31年1月27日

0000026

福鼎縣秀嶺鄉軍民合作站呈

調子肖秀軍民字第 一 號

中華民國三十一年一月二六日

事由：呈為成立軍民合作站理合覆請 核查由

件

案奉

鈞處鼎軍合俠字第四零號代電除原文有案邀免冗叙外尾開：「合行抄發第三戰區各集團軍總司令部各縣(市)軍民合作站組織辦法暨合作站綱要各一份，仰電遵照辦理，仍將遵辦情形報查為要」因奉此，遵即籌備，經本月五日正式成立，奉電前因，理合具文覆請

鑒核備查。

謹呈

福鼎縣指導處某處長鄧

卯鄉長兼總幹事張同心

元、二八。

福鼎县秀岭乡军民合作站关于军民合作站成立日期的呈文

（1942 年 1 月 26 日） G133-003-0119

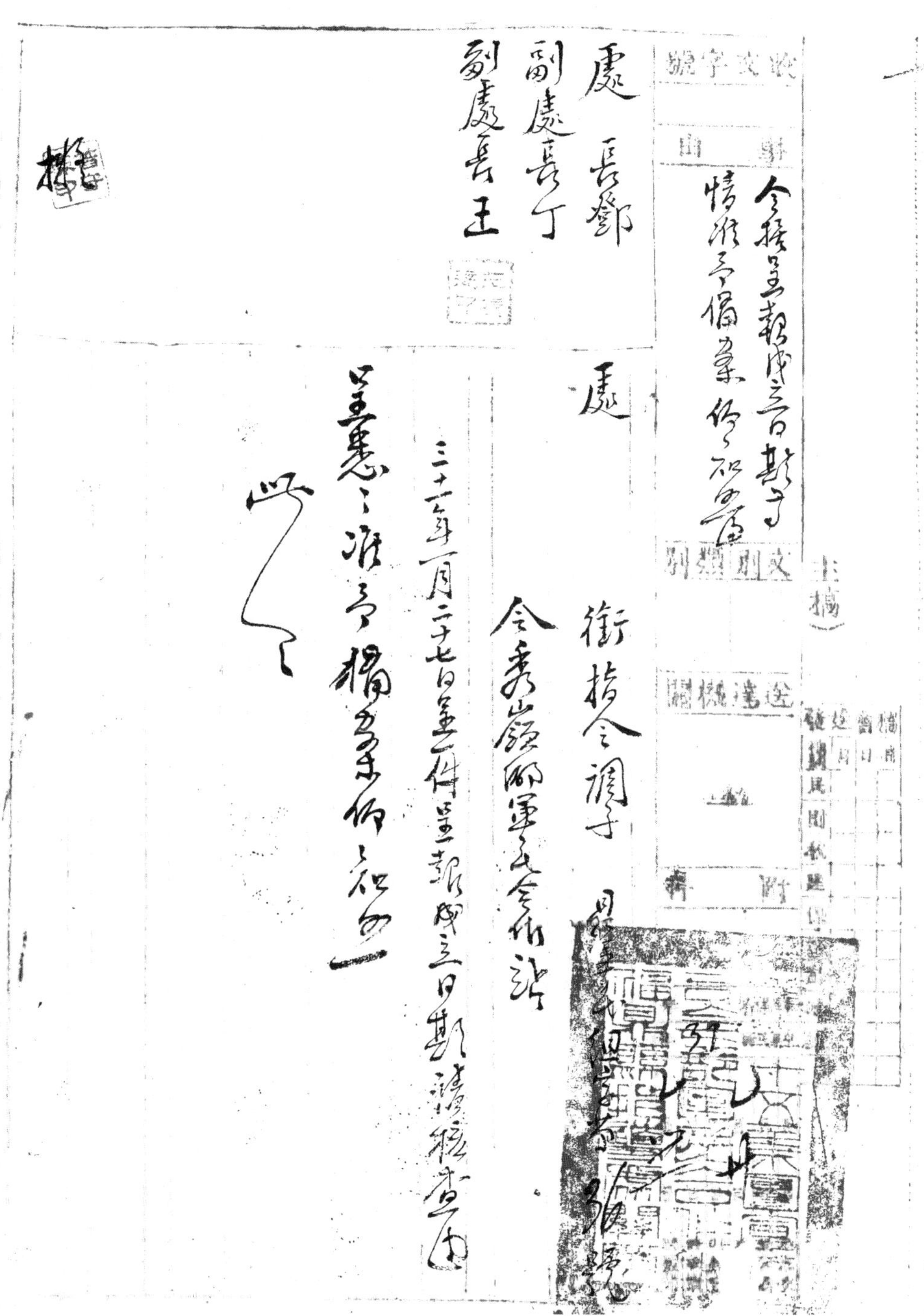

第二十五集团军总司令部军民合作站福鼎县指导处关于秀岭乡军民合作站成立日期等情形的呈件收悉，准予备案的指令(1942 年 1 月 31 日)　G133-003-0119

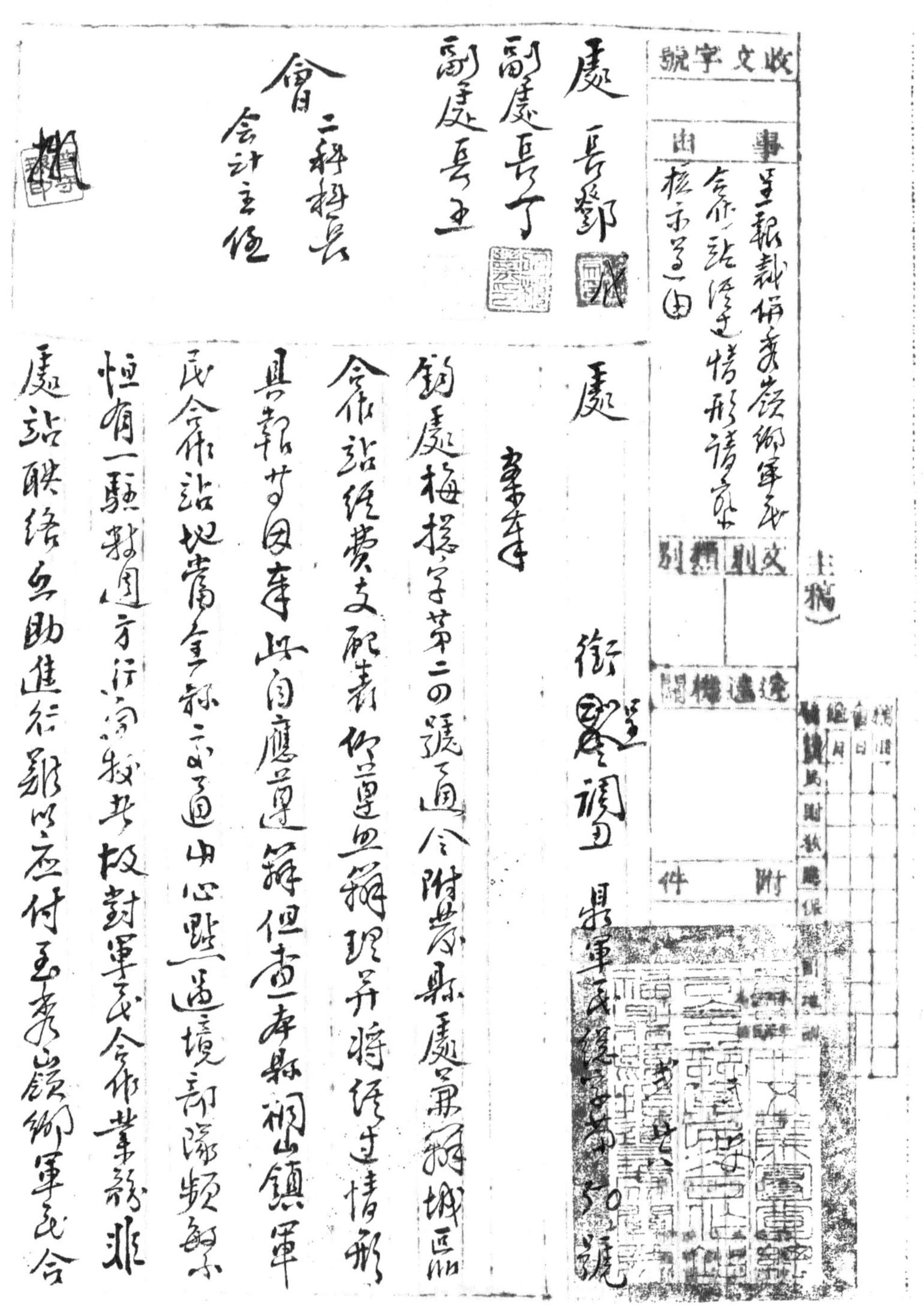

第二十五集团军总司令部军民合作站福鼎县指导处关于裁并秀岭乡军民合作站经过情形的呈文

（1942 年 2 月 26 日） G133-003-0119

作站距县祗有十里，距离浙界亦不甚远，凡由闽浙军队往来非自桐山直开平阳，即自平阳径达桐山，罕有在该乡宿营驻扎，故就本县交通情况而言，秀岭乡虽为军队经过地点，然业务较简，似予裁併，节省参酌实际情形，并呈准备案。钧令赶见，经将该秀岭乡军民合作站合併本处，月领经费亦全归本处支配开支，其桐山镇军民合作站则仍予保留，以转收容，致本会前自食自给除外，令桐山、秀岭两站暂行办理，并函福鼎县县政府按月照发经费外，今将经过情形备文呈请鉴核，察核备查示遵！谨呈

处长 赵

副处长 陈

第二十五集团军总司令部军民合作站福鼎县指导处关于裁并秀岭乡军民合作站经过情形的呈文

（1942年2月26日） G133-003-0119

收文字號

事由：函送本處經費支配表并秀嶺鄉軍民合作站裁撤情形請查照由

文別　類別

主稿

擬辦

附件

處長鄭成

副處長丁

副處長王

會　第二科科長　會計主任

批

衛總函福五　縣軍民總站字第　號

處　案奉

第二十五集團軍總司令部軍民合作站總指導處

梅總字第二四五號通令開：

抄原令

等因附發經費支配表一份，奉此。除將秀嶺鄉軍

民合作站自本年二月廿六日起裁併本處月額經費

歸本處支配兩支經費一千五佰元外，相應檢同原

第二十五集团军总司令部军民合作站福鼎县指导处关于本处经费支配表及秀岭乡军民合作站裁撤情形的公函（1942 年 2 月 26 日）　G133-003-0119

经费支配表一份函请

查照按月照发为荷

此致

福鼎县政府

附经费支配表一份

处长郑○○

副处长丁○○

王建？

第二十五集团军总司令部军民合作站福鼎县指导处关于本处经费支配表及秀岭乡军民合作站裁撤情形的公函(1942年2月26日)　G133-003-0119

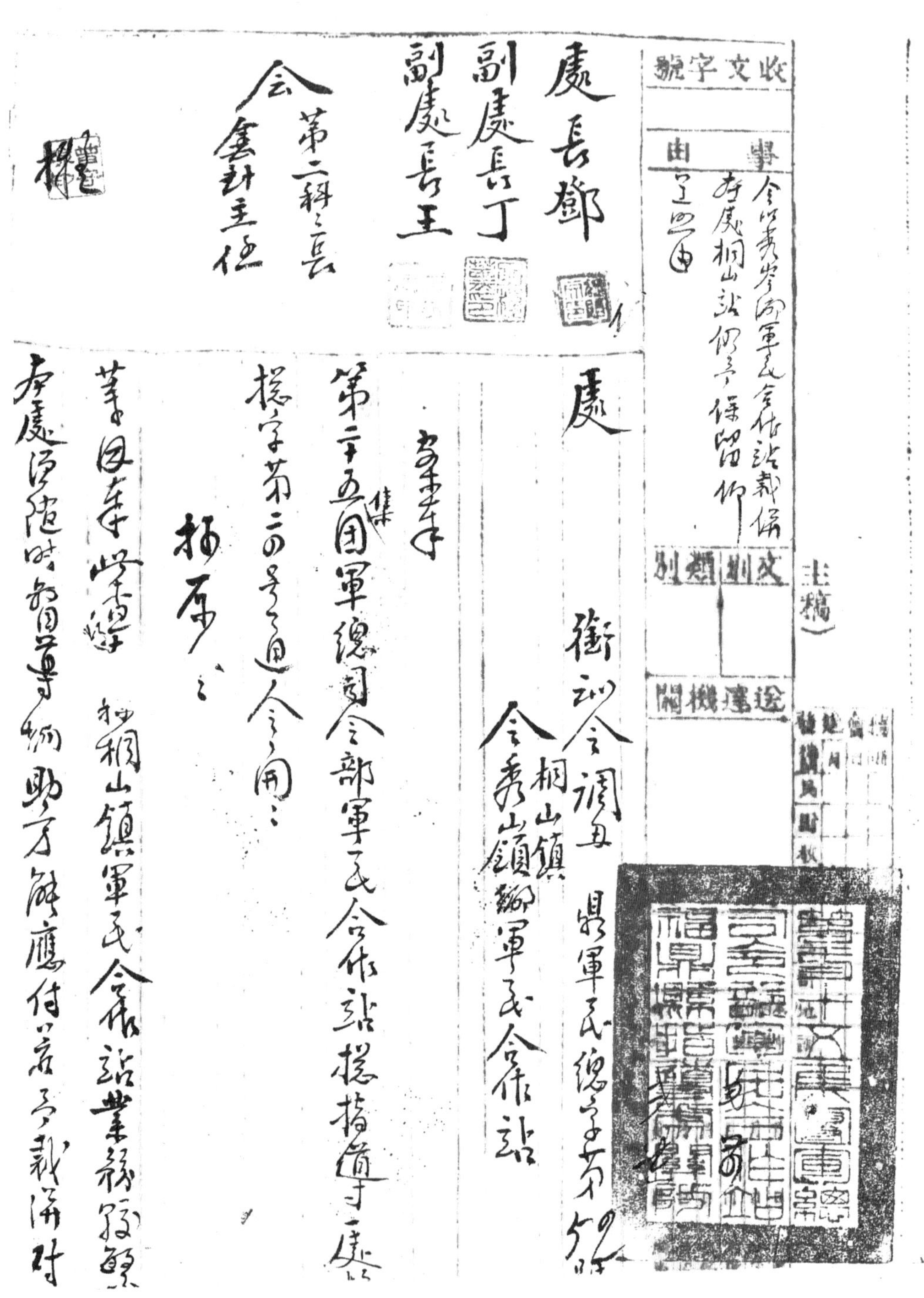
000029

收文字號

事由

文別 類別

主稿

送達機關

處長鄭

副處長丁

副處長王

第二科科長

會簽主任

處 訓令

令 桐山鎮 秀嶺鄉 軍民合作站

案奉

第二十五集團軍總司令部軍民合作站總指導處

第二十五集團軍總司令部軍民合作站福鼎县指导处关于秀岭乡军民合作站裁并本处、桐山镇军民合作站仍予保留的训令(1942 年 2 月 26 日) G133-003-0119

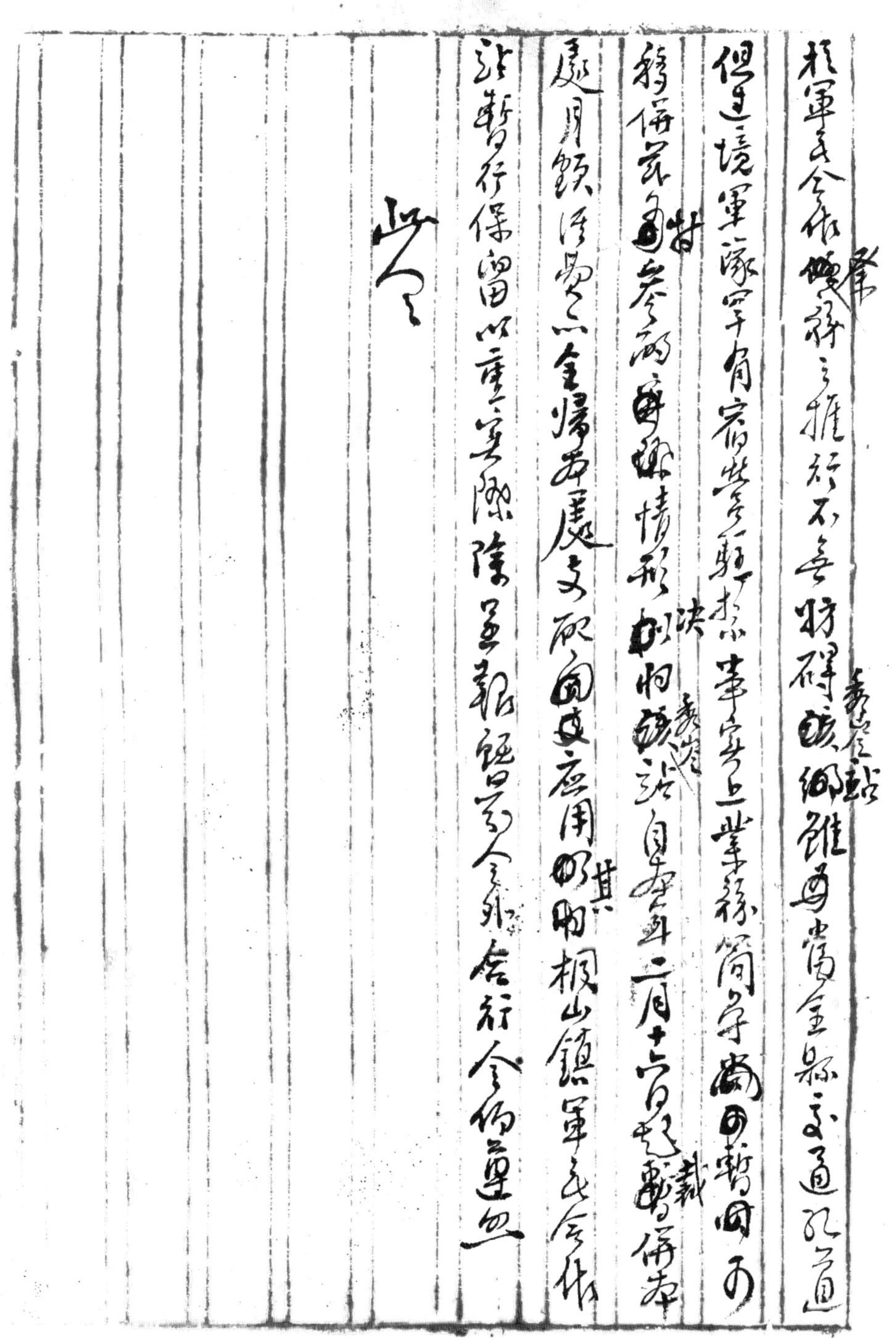

第二十五集团军总司令部军民合作站福鼎县指导处关于秀岭乡军民合作站裁并本处、桐山镇军民合作站仍予保留的训令(1942年2月26日) G133-003-0119

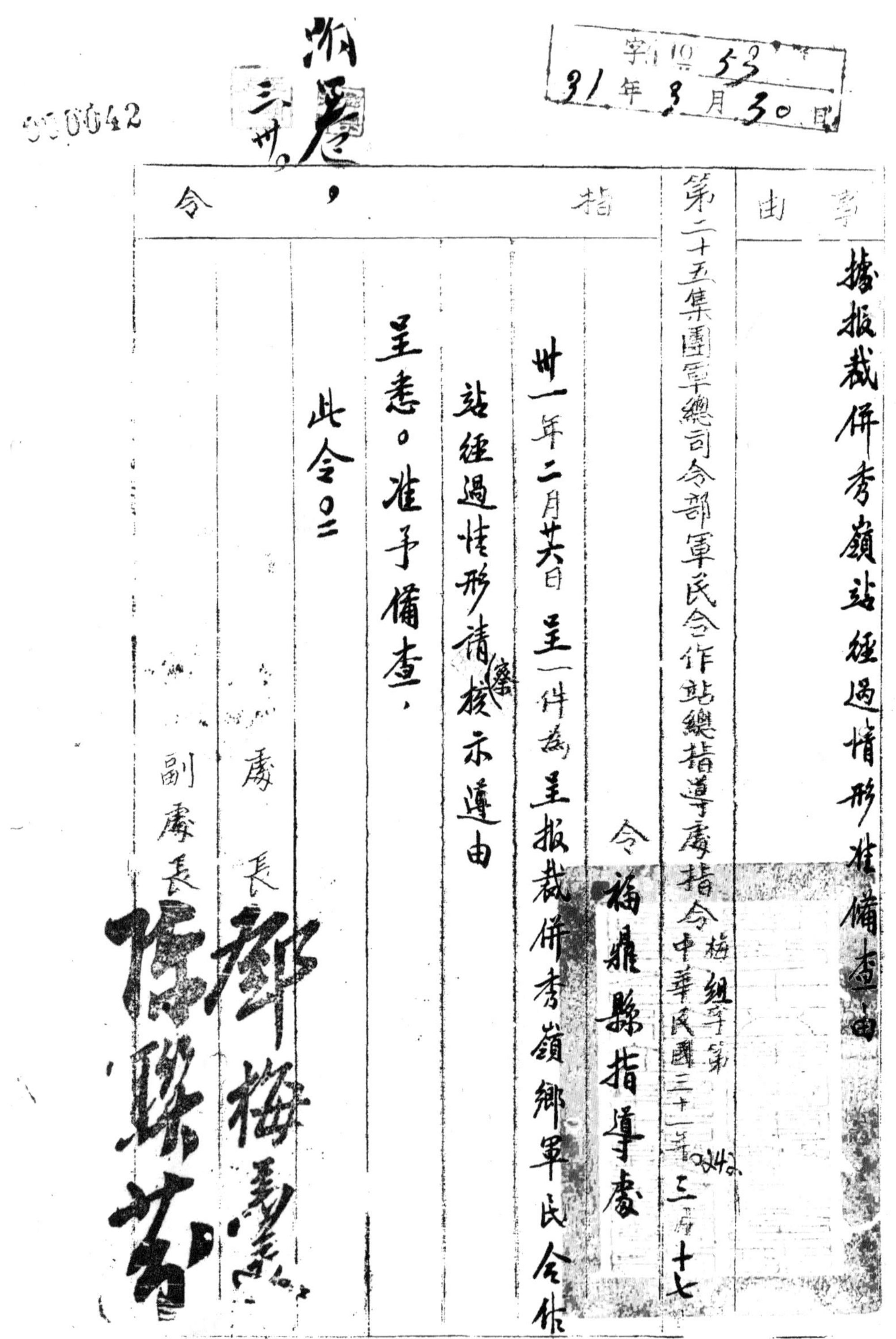

000042

三卅 歸卷

字No 53
31年3月30日

事由：據報裁併秀嶺站經過情形准備查由

第二十五集團軍總司令部軍民合作站總指導處指令 梅組字第242號 中華民國三十一年三月十七

令福鼎縣指導處

卅一年二月廿六日呈一件為呈報裁併秀嶺鄉軍民合作站經過情形請察核示遵由

呈悉。准予備查。

此令。

處長 鄧梅羹

副處長 陳聯芬

第二十五集团军总司令部军民合作站总指导处关于福鼎县指导处裁并秀岭军民合作站经过情形的呈件收悉，准予备查的指令(1942年3月17日) G133-003-0119

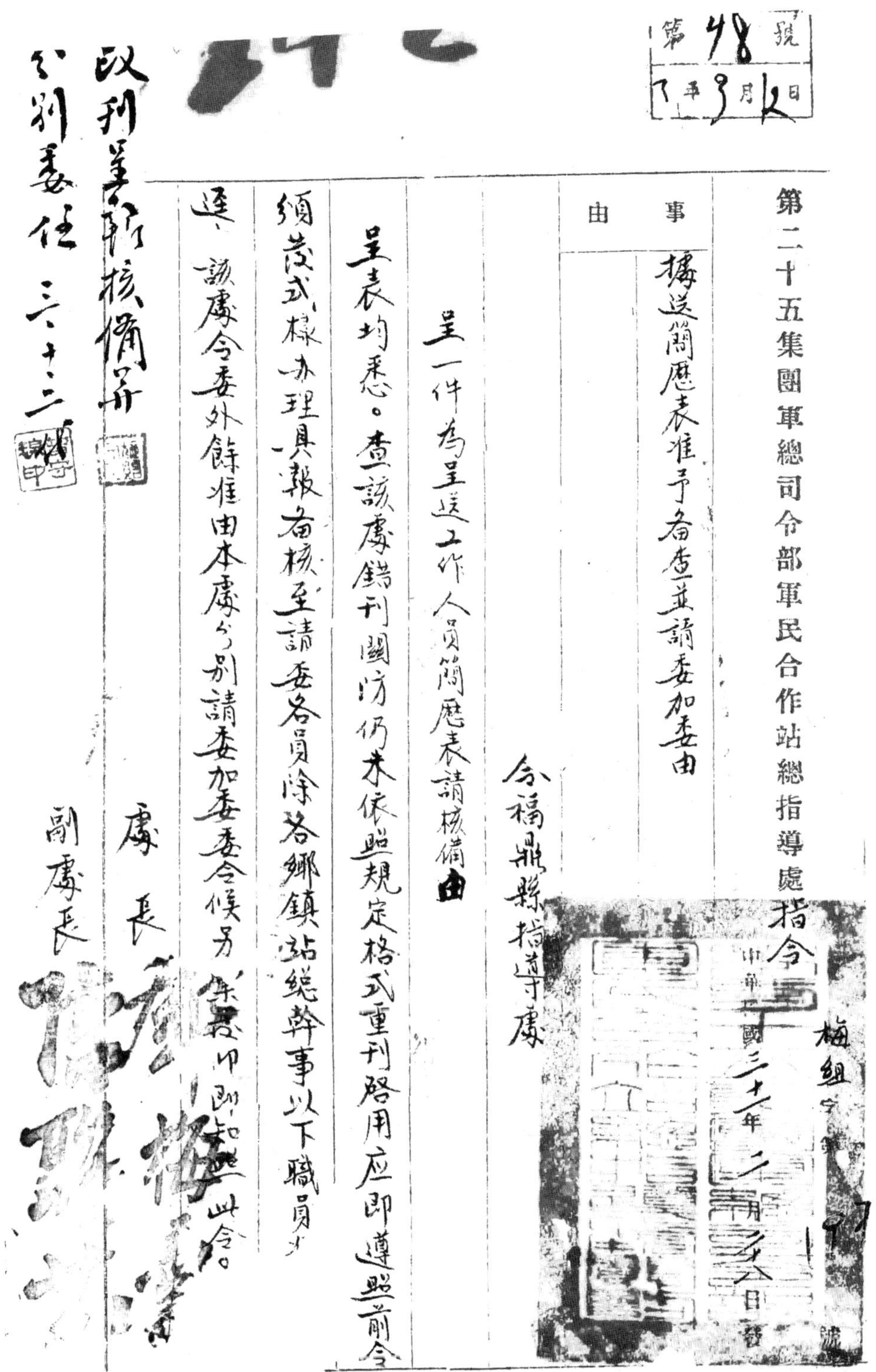
第48號 年3月 日

第二十五集團軍總司令部軍民合作站總指導處指令

梅組字第17號

中華民國三十一年二月28日發

事由：据送簡歷表准予备查並請委加委由

令福鼎縣指導處

呈一件為呈送工作人員簡歷表請核備由

呈表均悉。查該處鋳刊關防仍未依照規定格式重刊啟用，应即遵照前令頒發式樣办理具報备核。至請委各員除各鄉鎮站總幹事以下職員由該處令委外，餘准由本處分別請委加委，委令候另案發回，仰即知照。此令。

處長 梅

副處長

以刊并行核備并分別委任 三十一.三.

第二十五集团军总司令部军民合作站总指导处关于报送简历表准予备查并请委加委的指令

（1942 年 2 月 28 日） G137-001-0010

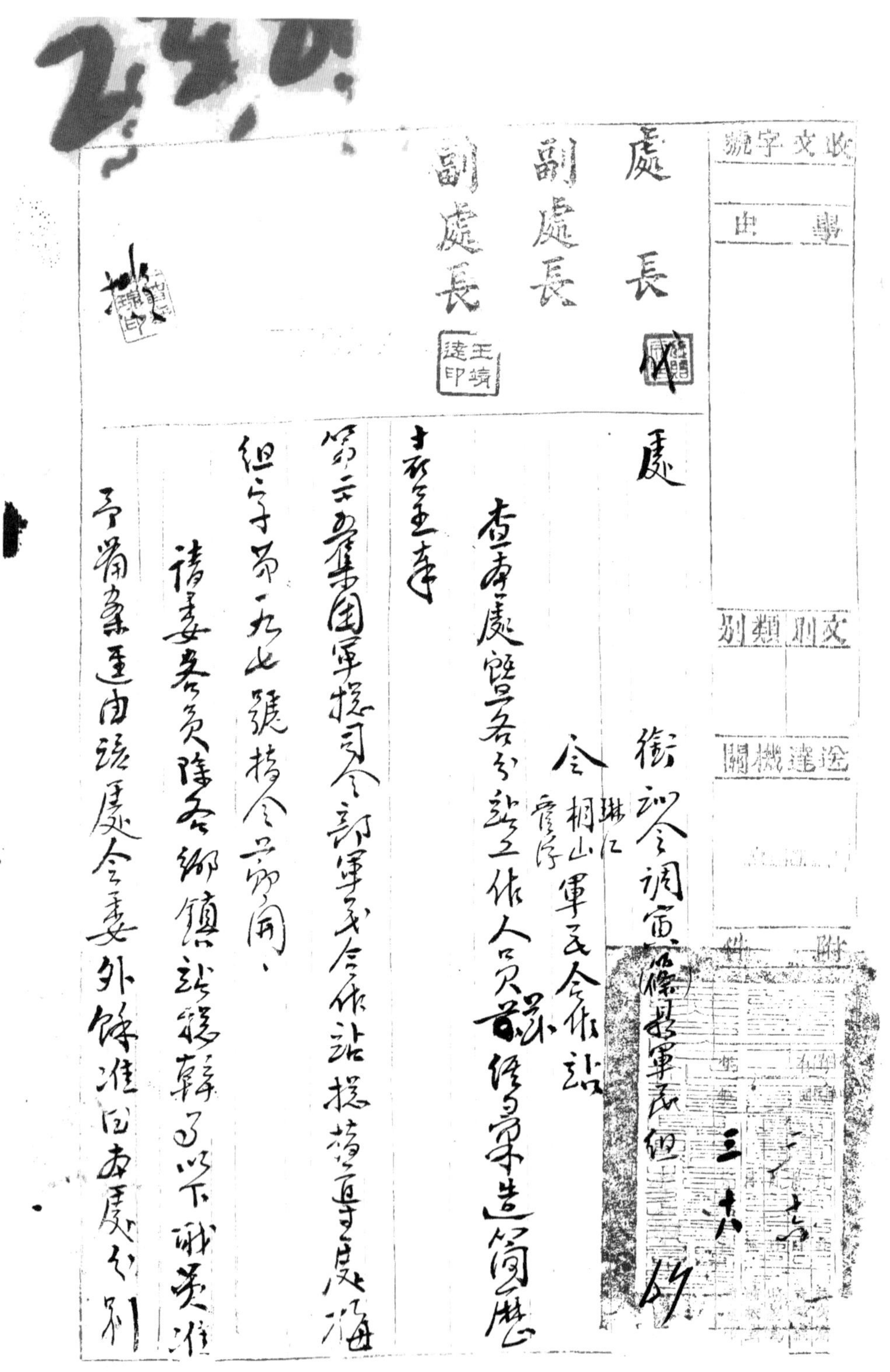

第二十五集团军总司令部军民合作站福鼎县指导处关于检发琳江镇、桐山镇和管浮乡军民合作站工作人员委令的训令(1942 年 3 月 17 日) G137-001-0010

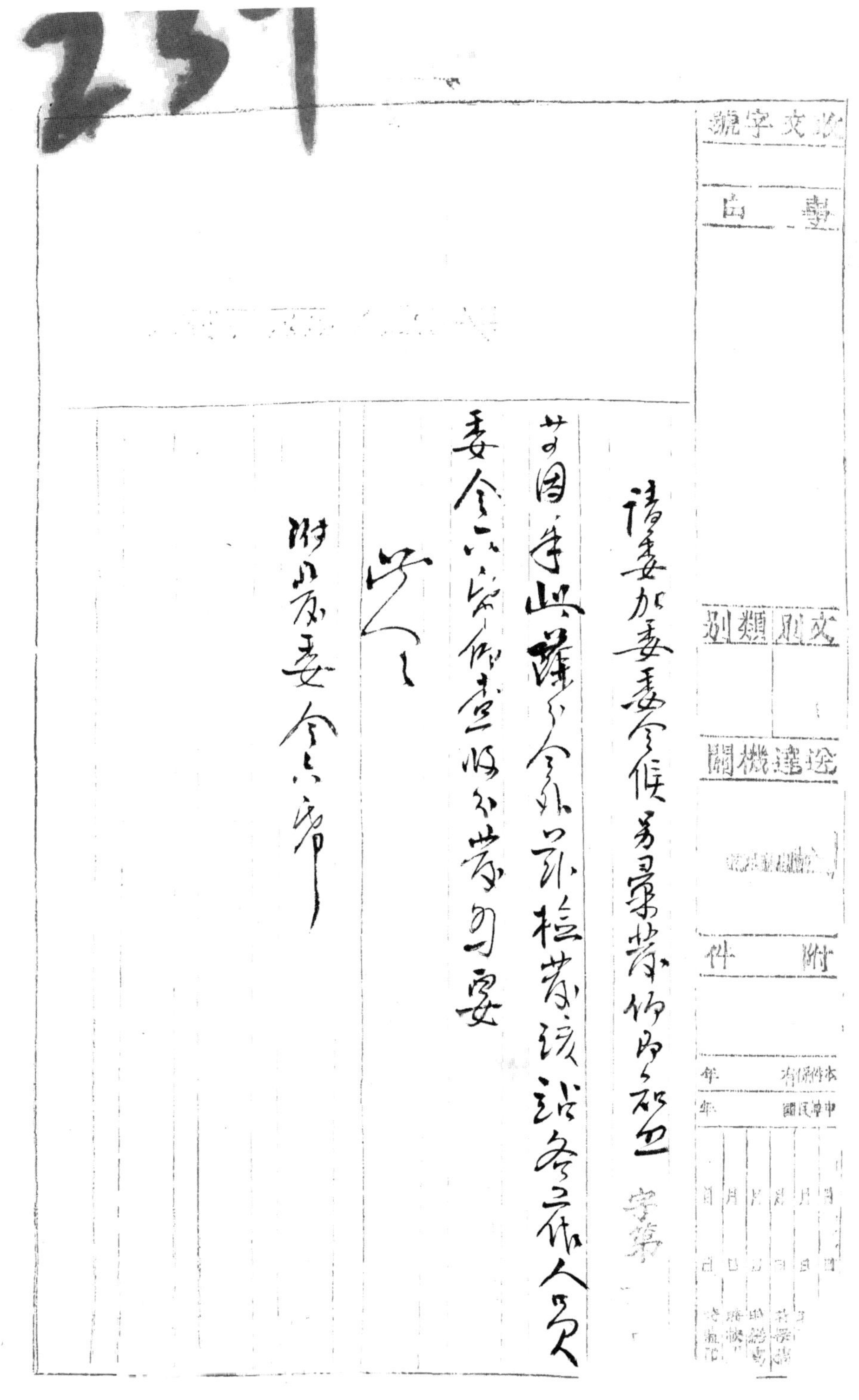

第二十五集团军总司令部军民合作站福鼎县指导处关于检发琳江镇、桐山镇和管浮乡军民合作站工作人员委令的训令(1942年3月17日)　G137-001-0010

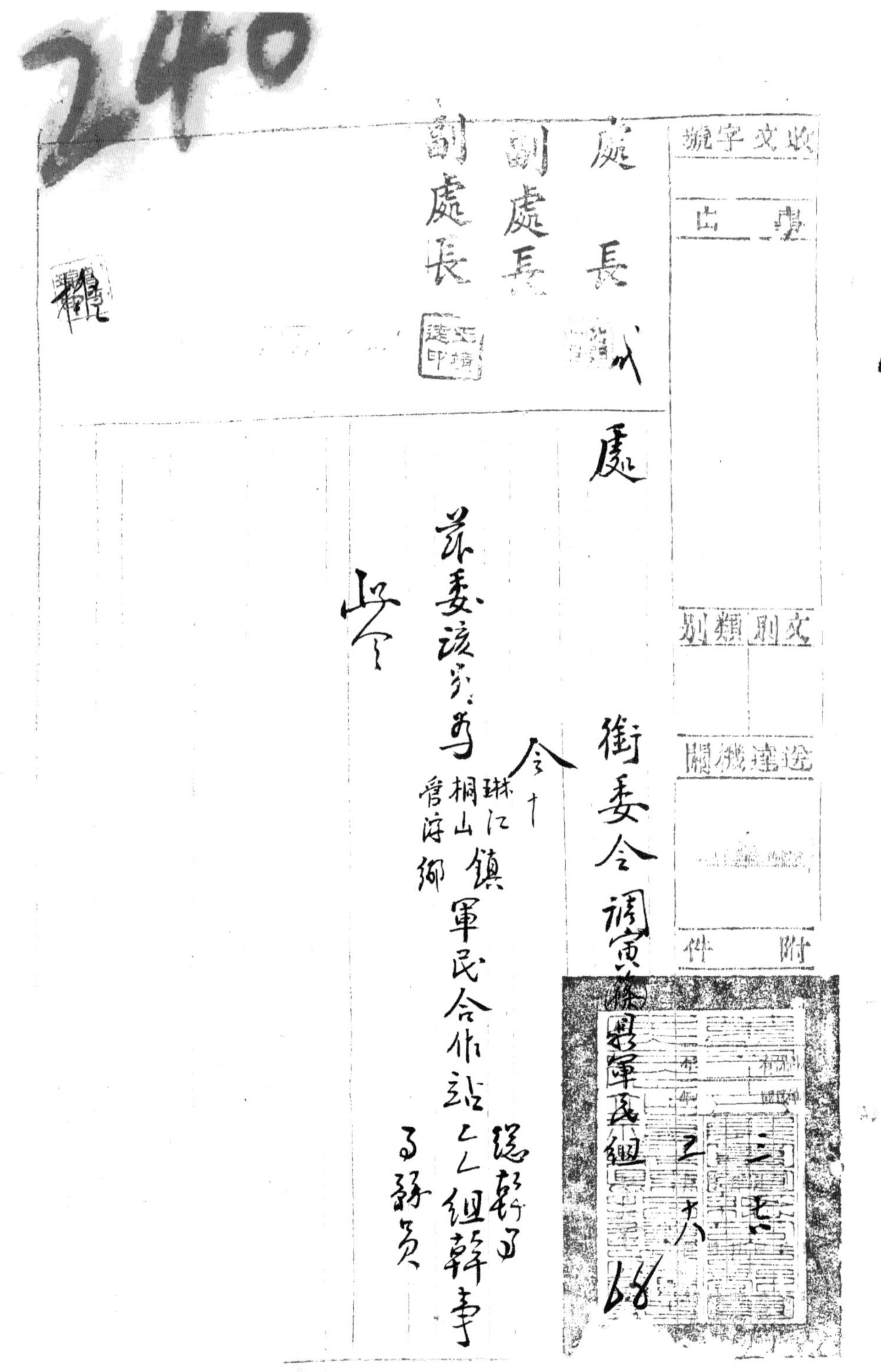

第二十五集团军总司令部军民合作站福鼎县指导处关于琳江镇、桐山镇和管浮乡军民合作站工作人员的委任令(1942 年 3 月 17 日) G137-001-0010

241

桐山镇总干事 卓梅峰

征调组干事 卓尚勋

护慰组干事 林瑞清

贷款组干事 林时端

宣训组干事 曾世清

干事员 陈心雄

管浮乡总干事 施隆伟

征调组干事 吴尚勋

护慰组干事 张文山

琳江镇总干事 张镜堂

征调组干事 陈松梅

护慰组干事 陈燕塘

贷款组干事 林[illegible]仁

宣训组干事 吴家煊

干事员 陈璧

贷款组干事 陈焕[illegible]

宣训组干事 沈铭[illegible]

干事员 [illegible]

第二十五集团军总司令部军民合作站福鼎县指导处关于琳江镇、桐山镇和管浮乡军民合作站工作人员的委任令(1942年3月17日) G137-001-0010

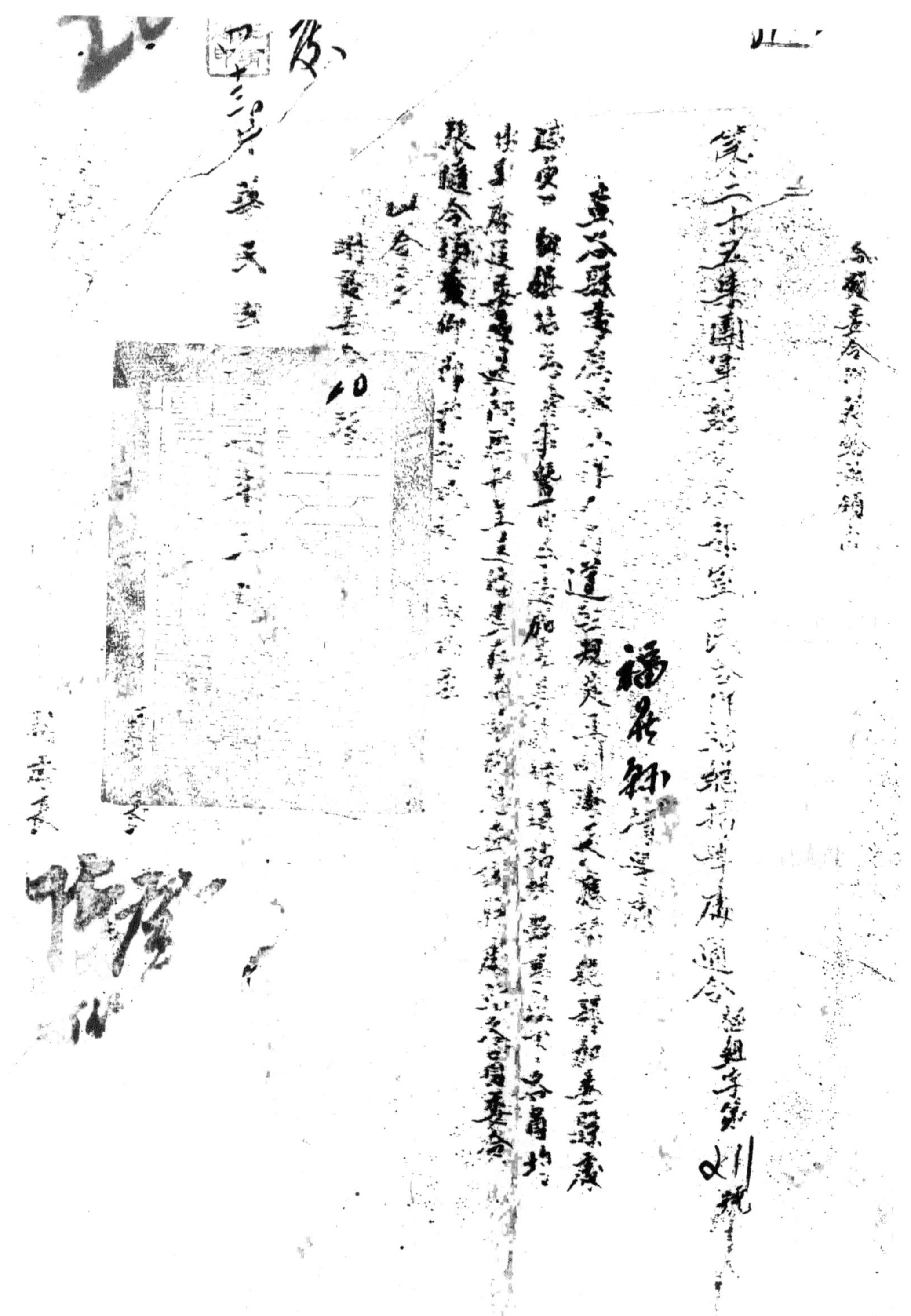

第二十五集团军总司令部军民合作站总指导处关于颁发委令仰即转给只领具报的通令

（1942年3月9日） G137-001-0010

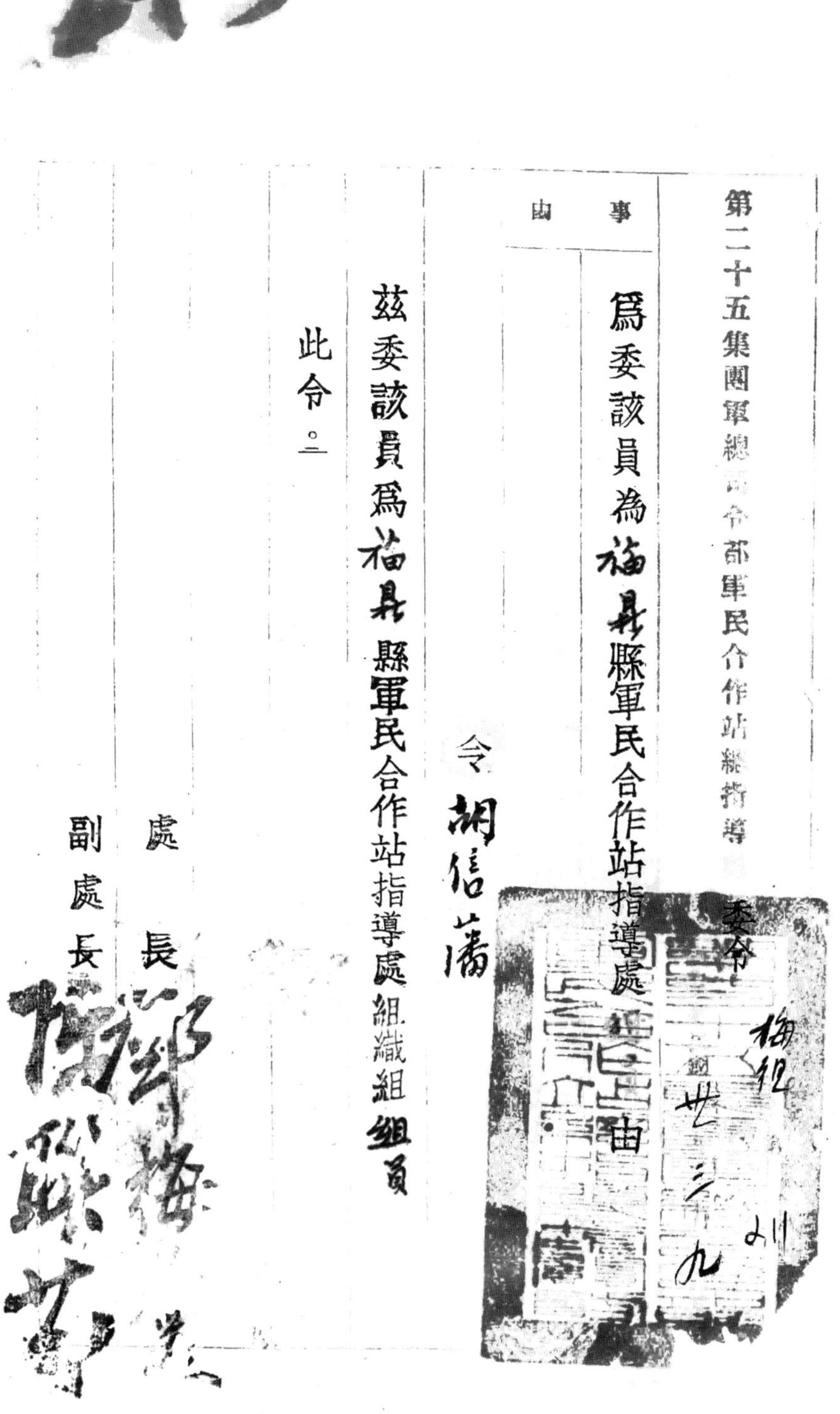

第二十五集團軍總司令部軍民合作站總指導處委令

事由 為委該員為福鼎縣軍民合作站指導處

令胡信藩

茲委該員為福鼎縣軍民合作站指導處組織組組員

此令。

處長 鄭

副處長

卅一、三、九

第二十五集团军总司令部军民合作站总指导处关于胡信藩为福鼎县军民合作站指导处组织组组员的委令(1942 年 3 月 9 日) G137-001-0010

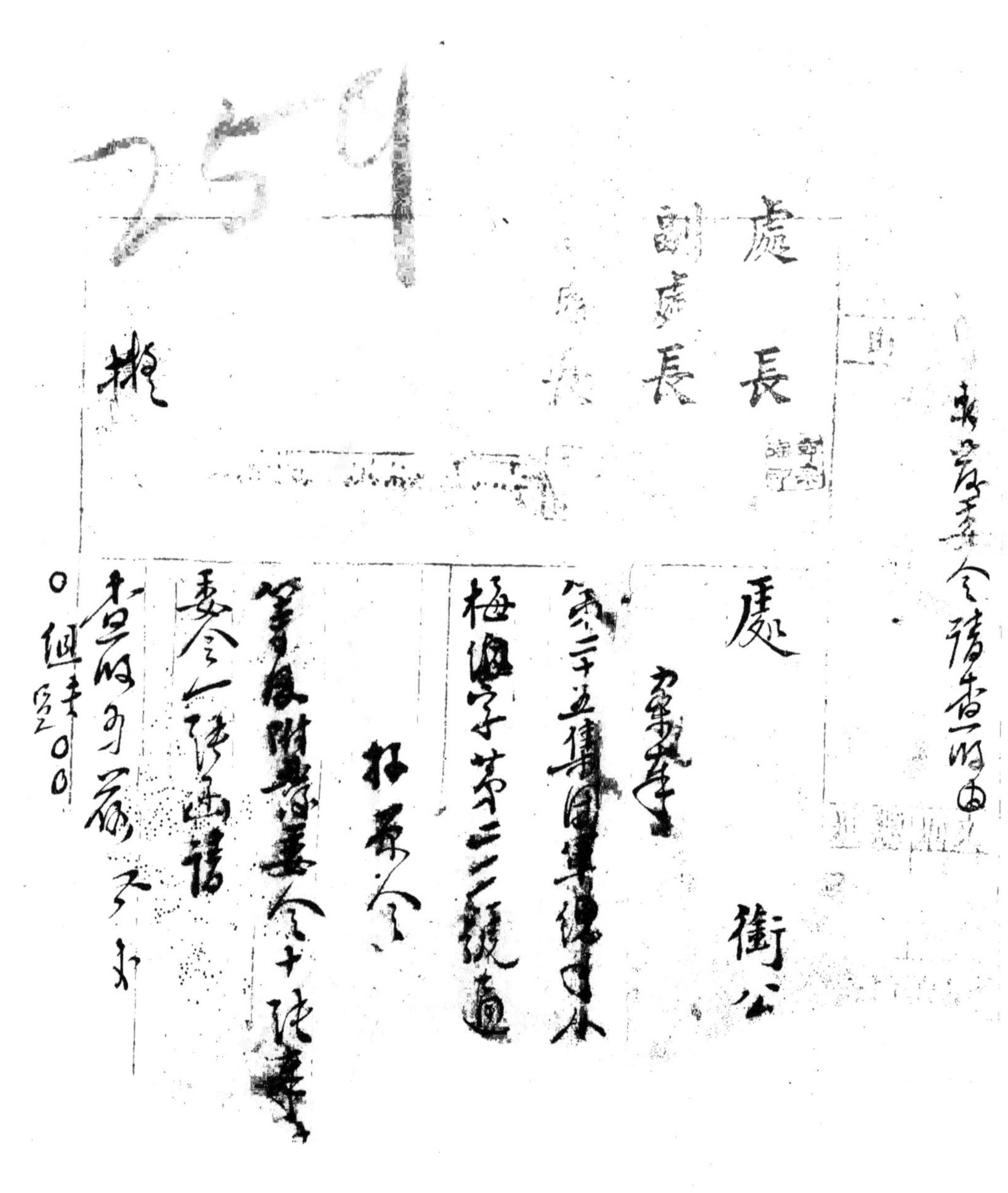

第二十五集团军总司令部军民合作站福鼎县指导处关于转发委令请查收的公函

（1942 年 3 月）　G137-001-0010

事由：電知派本處視察兼閩侯縣副處長夏之声就近至該縣視察由

第二十五集團軍總司令部軍民合作站總指導處代電　梅組字第 0063 號

福建縣軍民合作站指導處本處為督導各縣處站工作并便明瞭其工作實況起見特派本處視察兼閩侯縣處專任副處長夏之声就近隨時至該縣視察督導除分電外特電知照（延）處長鄧梅羮副處長陳騤同印子（迴）梅組

第二十五集团军总司令部军民合作站总指导处关于派本处视察兼闽侯县副处长夏之声就近至该县视察监督的代电(1942 年 1 月 24 日)　G137-001-0009

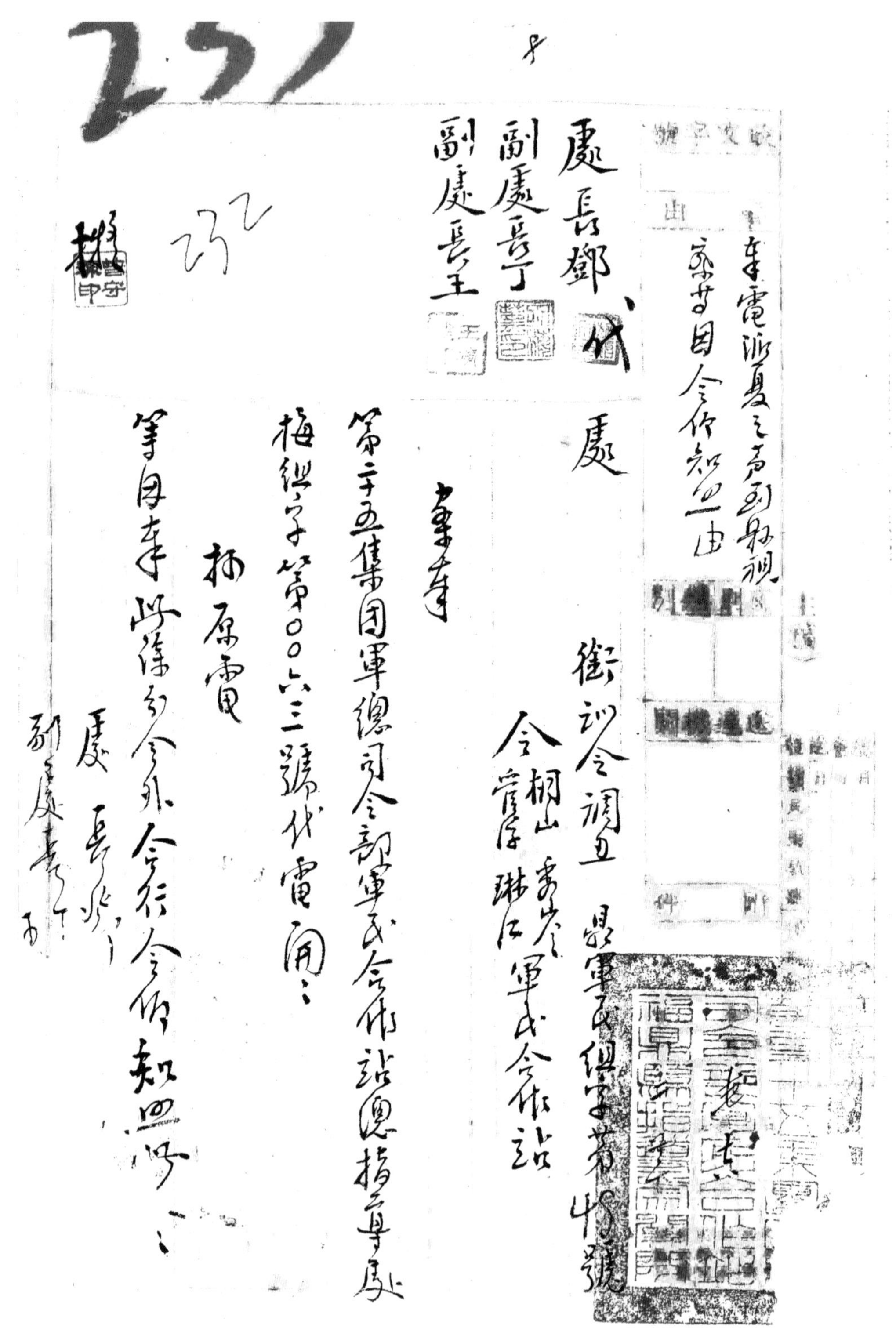

第二十五集团军总司令部军民合作站福鼎县指导处关于省处派夏之声到县视察的训令

（1942 年 2 月 23 日）　G137-001-0009

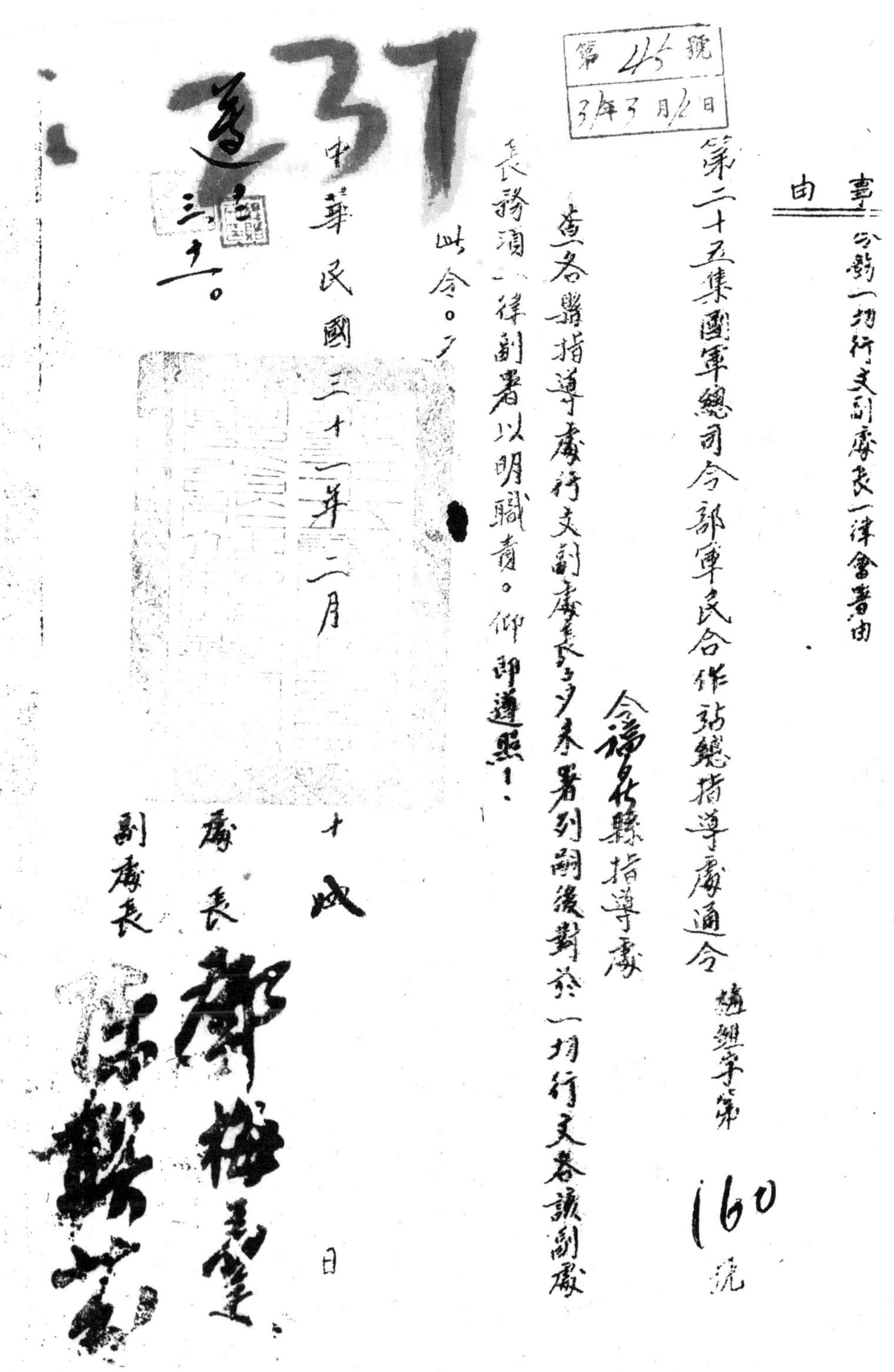
事由：令副一切行文副处长一律会署由

第二十五集团军总司令部军民合作站总指导处通令 编组字第160号

令福建县指导处

查各县指导处行文副处长多未署列嗣后对于一切行文各该副处长务须一律副署以明职责。仰即遵照！

此令。

中华民国三十一年二月十八日

处长 郑梅轩

副处长 陈联芳

第二十五集团军总司令部军民合作站总指导处关于一切行文副处长一律副署的通令

（1942 年 2 月 18 日） G137-001-0010

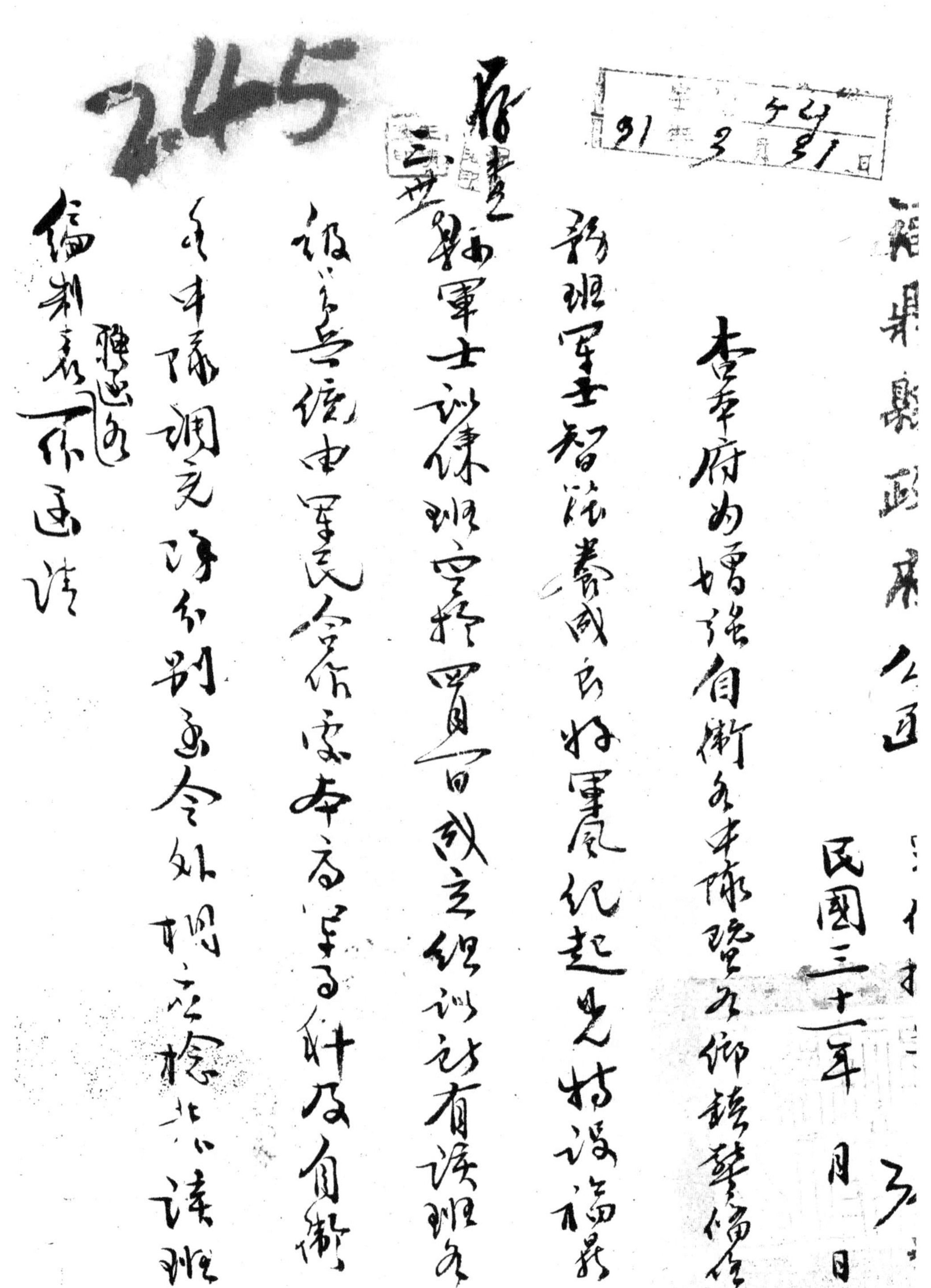
福鼎縣政府公函
民國三十一年　月　日

查本府為增強自衛各中隊暨各鄉鎮警備
務班軍士智能養成良好軍風紀起見特設福鼎
縣軍士訓練班定於三月一日成立組訓該班各
級官佐由軍民合作處本府軍事科及自衛
各中隊調充除分別函令外相應檢附該班
編制表聘函各一份函請

福鼎县政府关于福鼎县军士训练班成立并检发军士训练班编制表、聘函各一份的公函
(1942 年 3 月)a 面　G137-001-0010

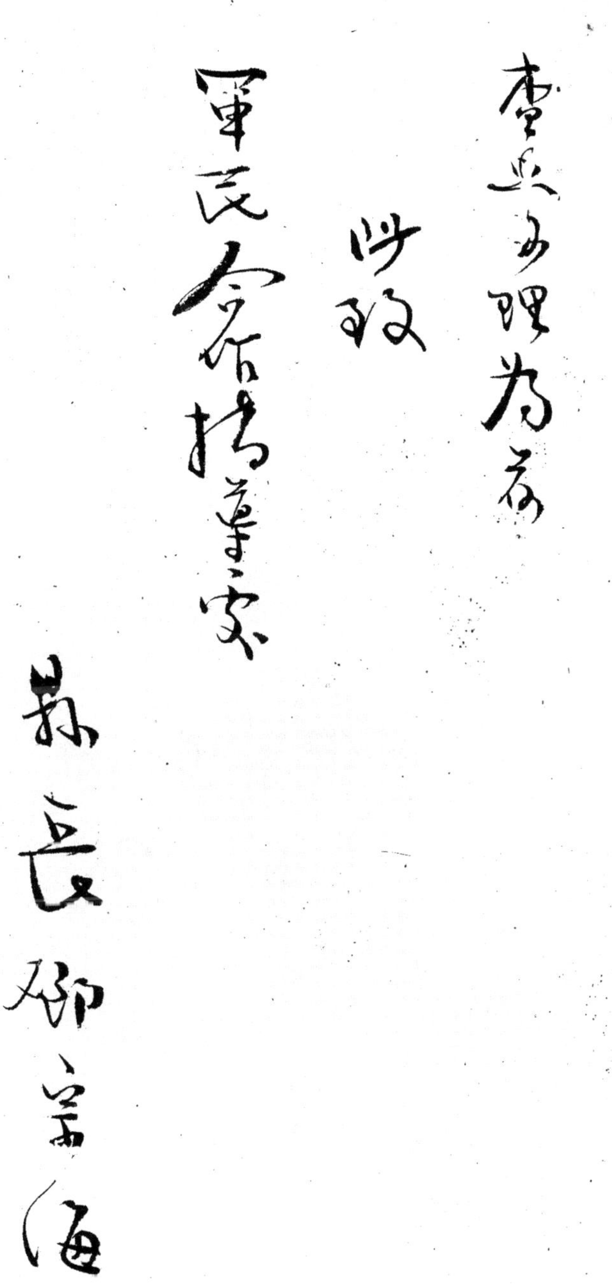

福鼎县政府关于福鼎县军士训练班成立并检发军士训练班编制表、聘函各一份的公函

(1942年3月)b面　G137-001-0010

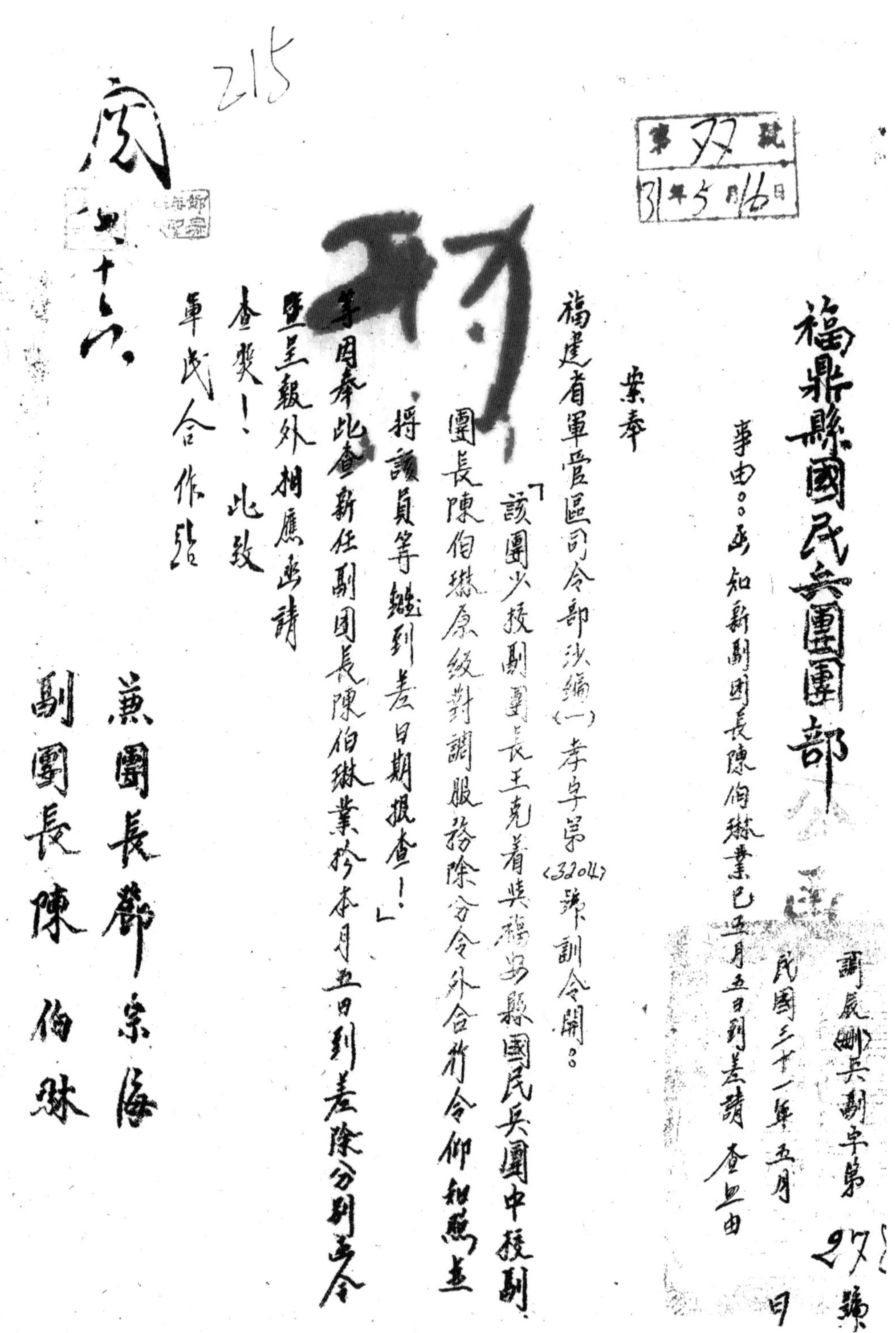

第 號
31年5月16日

福鼎縣國民兵團團部公函

副民兵副字第27號

事由：函知新副团長陳伯琳業已五月五日到差請 查照由

民國三十一年五月 日

案奉

福建省軍管區司令部決編(一)孝字第<3204>號訓令開：

「該團少校副團長王克着與福安縣國民兵團中校副團長陳伯琳原級對調服務除分令外合行令仰知照並將該員等遵到差日期報查！」

等因奉此查新任副团長陳伯琳業於本月五日到差除分别呈令暨呈報外相應函請

查照！此致

軍民合作站

兼團長鄭宗海

副團長陳伯琳

福鼎县国民兵团团部关于新副团长陈伯琳业已于五月五日到差的公函

（1942年5月15日）　G137-001-0002

第80號
31年6月11日

福鼎縣指導處：奉第三戰區政治部主任鄧文儀寬電開：本戰區當面之敵近已向我進犯，本部為動員民力配合軍事擴大戰果起見，除通令加強民衆各級政治部任務隊及協導各地軍民合作站開展工作外，特電示工作要點于下：1.健全各地軍民合作站並經常派員巡廻督導加強其工作及充實各種任務隊之組織 2.協助部隊運輸救護負傷將士發動民衆供應過境官兵茶水稀飯 3.厲行軍民合作公約隨時糾察軍風紀並曉諭民衆幫助部隊作戰 4.各站與當地黨政軍及策指所等應密取聯繫並接受駐軍政治部之指導 5.前線各站站址應速查報必要時可派員駐站督導 以上各點希遵照辦理具報為要等因，奉此合亟電仰遵照辦理具報為要。處長鄒梅 副處長陳聯芬 展（世）

中華民國三十一年五月三十一

第二十五集团军总司令部军民合作站总指导处关于为动员民力配合军事扩大战果，电示军民合作站工作五要点，希遵办具报的代电（1942 年 5 月 31 日） G137-001-0008

(二)第三战区司令长官司令部福建省福鼎县军民合作站指导处

1.第三战区司令长官司令部福鼎县军民合作站指导处更名改组

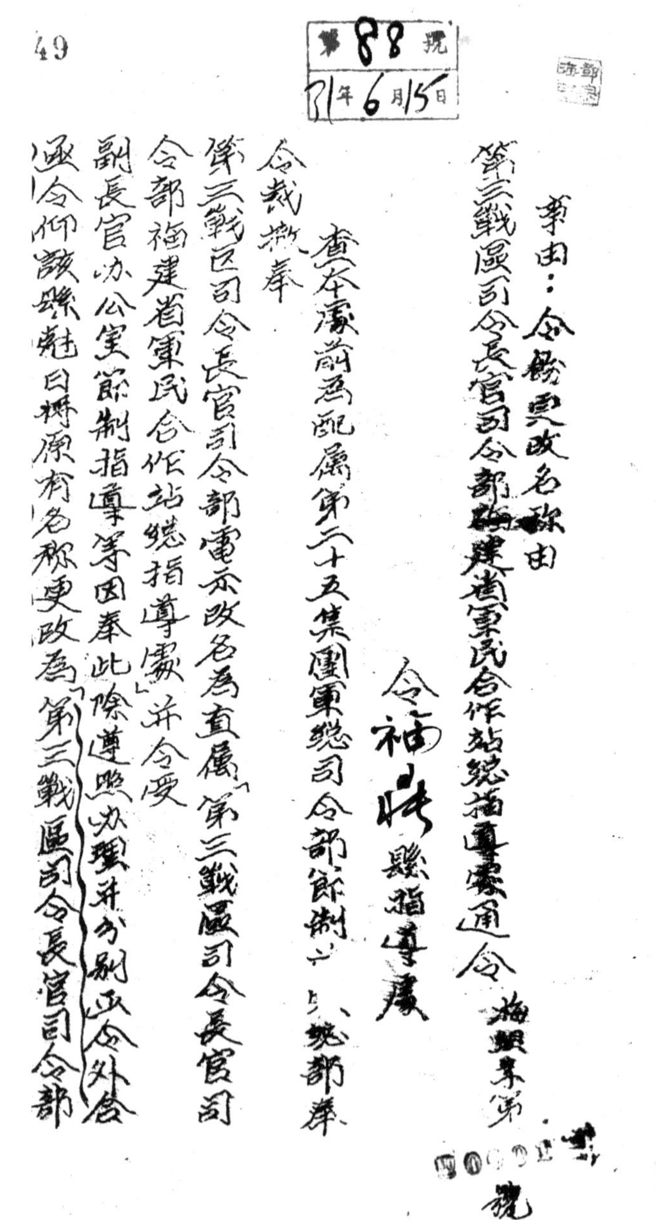
49

第88號
31年6月15日

第三戰區司令長官司令部福建省軍民合作站總指導處通令 福獎字第 號

事由：令飭更改名称由

令福鼎縣指導處

查本處前為配屬第二十五集團軍總司令部節制之總部奉
令裁撤，奉
第三戰區司令長官司令部電示改名為直屬「第三戰區司令長官司令部福建省軍民合作站總指導處」，并令受
副長官办公室節制指導等因奉此，除遵照辦理并分别呈令外，合亟令仰該縣處自將原有名称更改為「第三戰區司令長官司令部

第三战区司令长官司令部福建省军民合作站总指导处关于奉令饬更改名称的通令

(1942年6月)a面　G133-003-0119

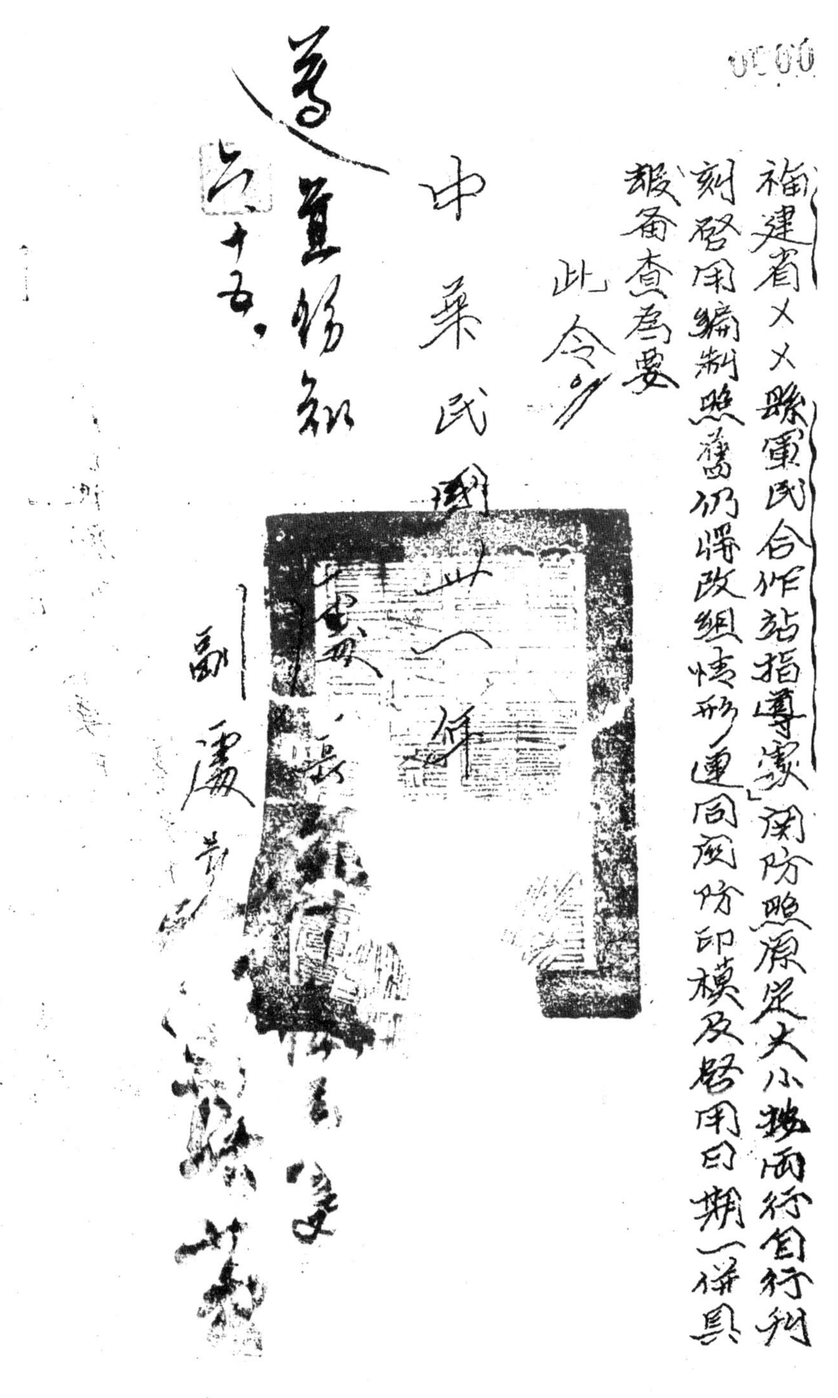

第三战区司令长官司令部福建省军民合作站总指导处关于奉令饬更改名称的通令

(1942 年 6 月)b 面　G133-003-0119

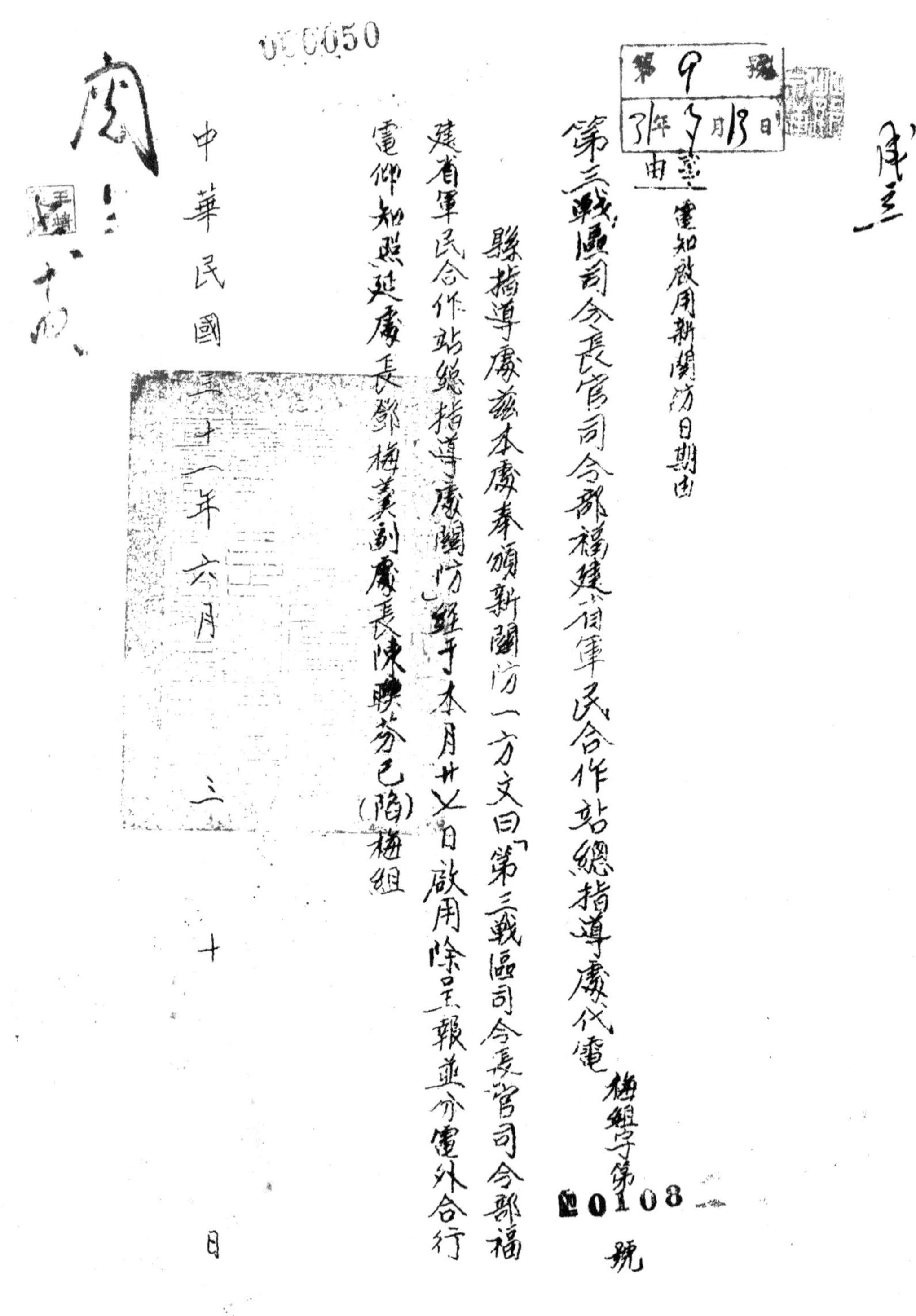

第三戰區司令長官司令部福建省軍民合作站總指導處代電 梅組字第 0108 號

由 電知啟用新關防日期由

縣指導處 茲本處奉頒新關防一方文曰「第三戰區司令長官司令部福建省軍民合作站總指導處關防」經于本月廿七日啟用除呈報並分電外合行電仰知照 處長鄧梅羹 副處長陳映芬（巳陷）梅組

中華民國三十一年六月三十日

第三战区司令长官司令部福建省军民合作站总指导处关于启用新关防日期的代电

（1942 年 6 月 30 日） G133-003-0119

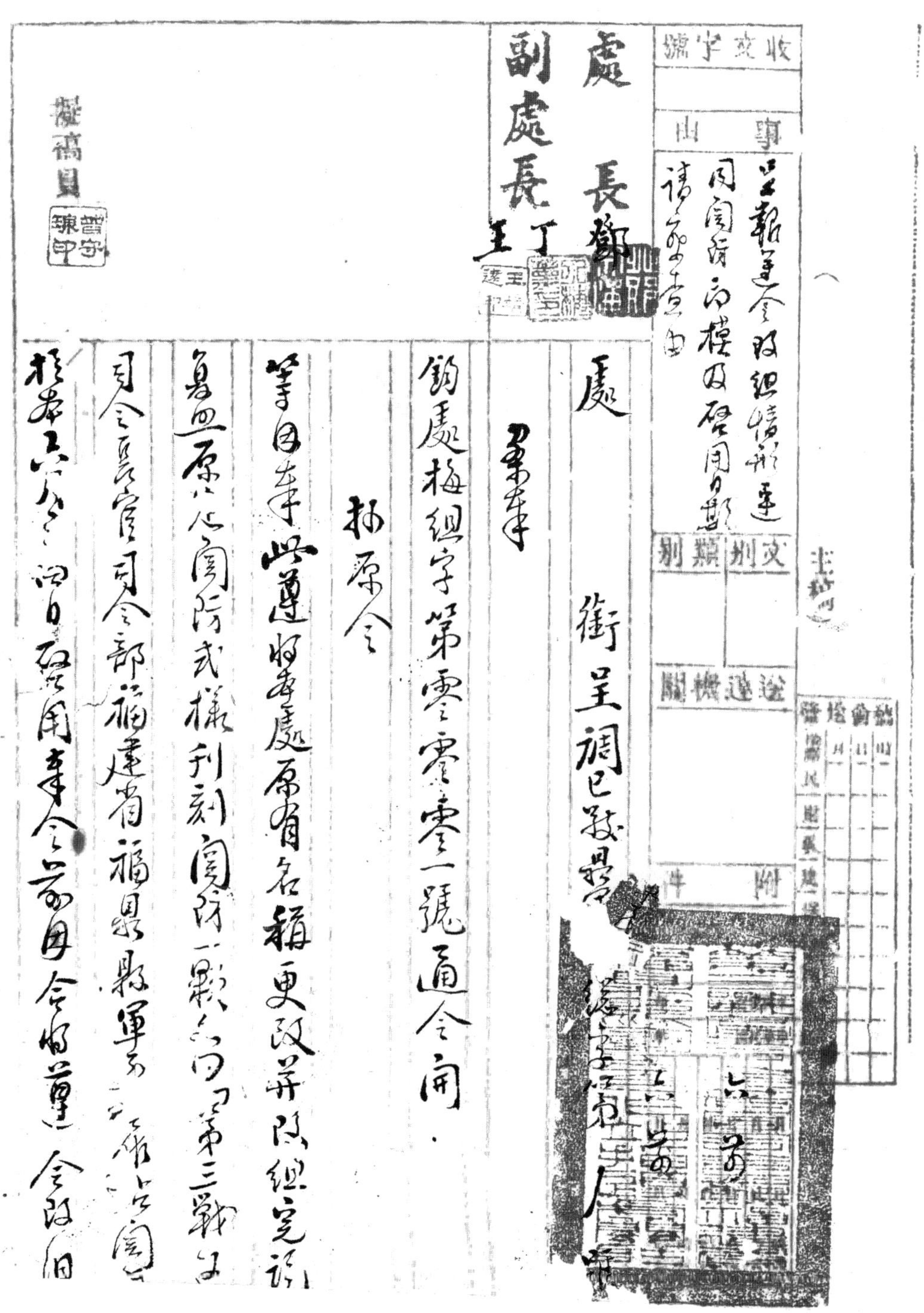

第三战区司令长官司令部福建省福鼎县军民合作站指导处关于呈报本处改组情形连同关防印模及启用日期请察查的呈文(1942年6月24日)　G133-003-0119

情形连同关防印模及启用日期备文报请

察查

谨呈

处长郑

副处长陈

计呈关防印模一颗

郑处

副

第三战区司令长官司令部福建省福鼎县军民合作站指导处关于呈报本处改组情形连同关防印模及启用日期请察查的呈文(1942 年 6 月 24 日)　G133-003-0119

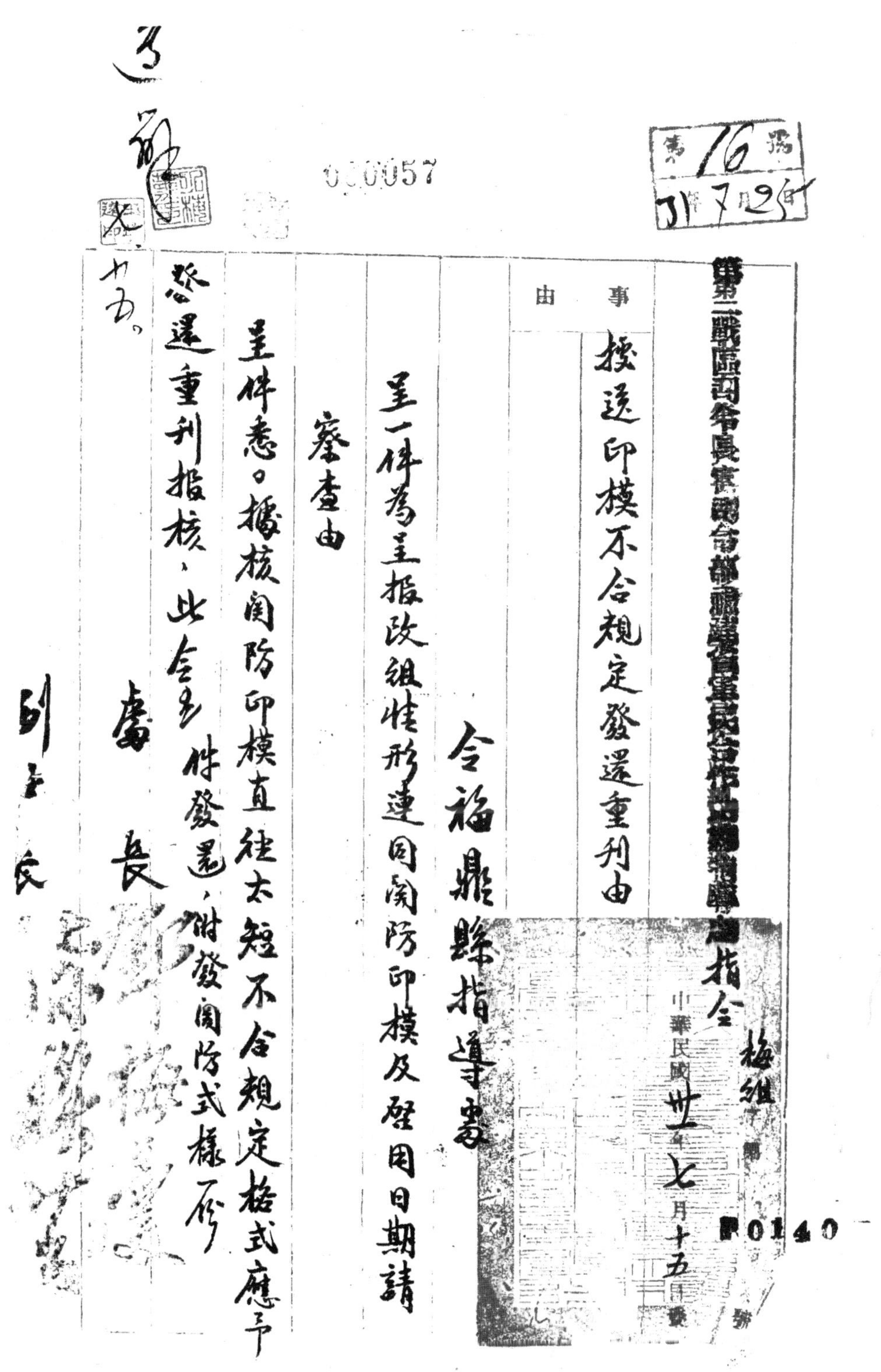

第三戰區司令長官司令部福建省軍民合作站總指導處指令　梅組字第　號

中華民國卅一年七月十五日發

事由：據送印模不合規定發還重刊由

令福鼎縣指導處

呈一件為呈報改組情形連同關防印模及啟用日期請鑒查由

呈件悉。據核關防印模直徑太短不合規定格式，應予發還重刊報核。此令。

件發還，附發關防式樣一份

處長

副處長

第三战区司令长官司令部福建省军民合作站总指导处关于福鼎县军民合作站指导处报送印模不合规定，发还重刊的指令(1942 年 7 月 15 日)　G133-003-0119

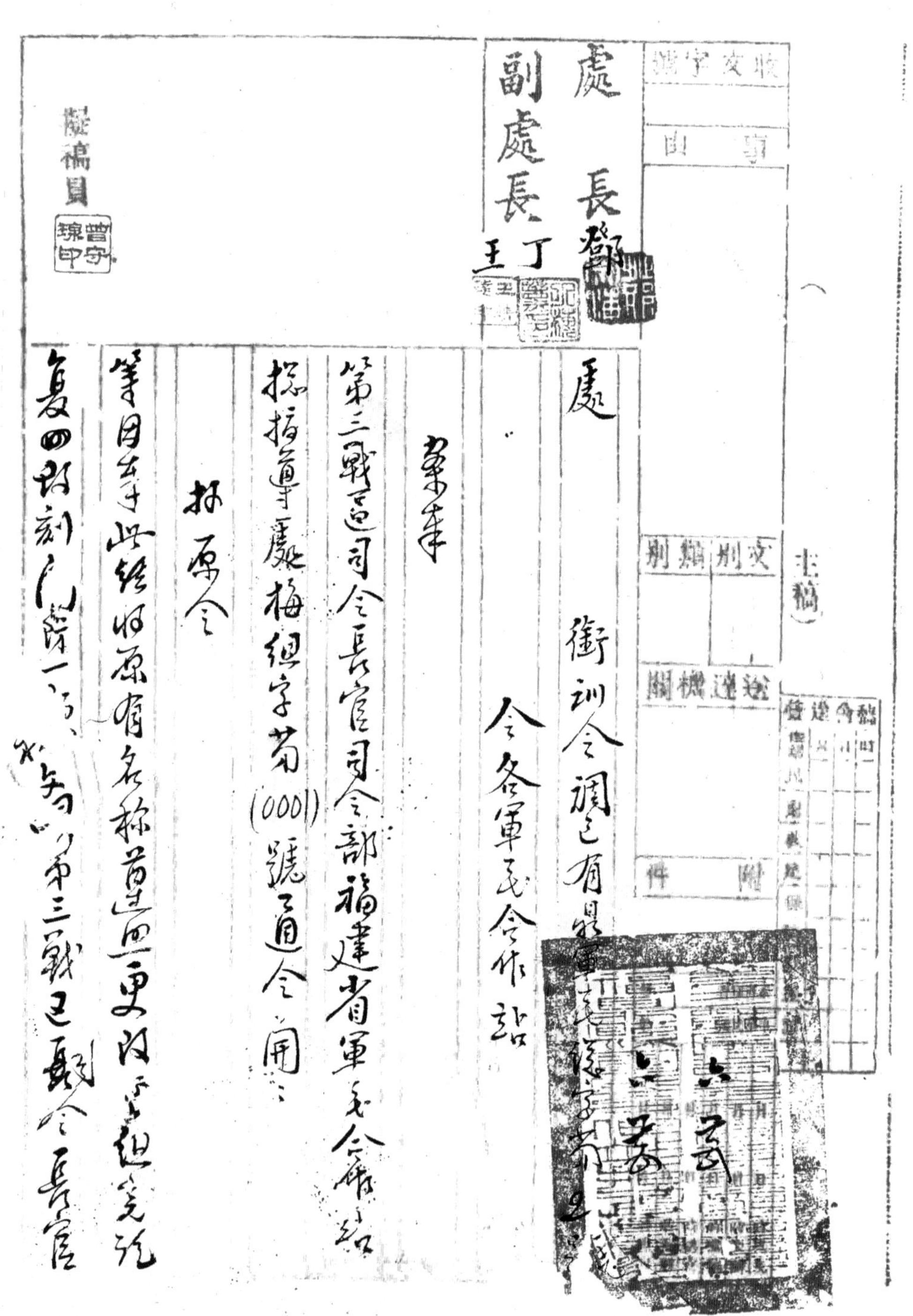

第三战区司令长官司令部福建省福鼎县军民合作站指导处关于本处奉令更名完竣，改刻关防，仰各军民合作站克日将更名办理情形具报的训令（1942 年 6 月 25 日）　G133-003-0119

司令部福建省福鼎县军民合作站指导处阅行」于本年六月十六日启用，除呈报暨分令外，合行令仰该站克日将原有名称更改为「第三战区司令长官司令部福建省福鼎县□□镇军民合作站」编制照旧，仰将遵办情形具报察考为要。此令。

第三战区司令长官司令部福建省福鼎县军民合作站指导处关于本处奉令更名完竣，改刻关防，仰各军民合作站克日将更名办理情形具报的训令(1942 年 6 月 25 日)　G133-003-0119

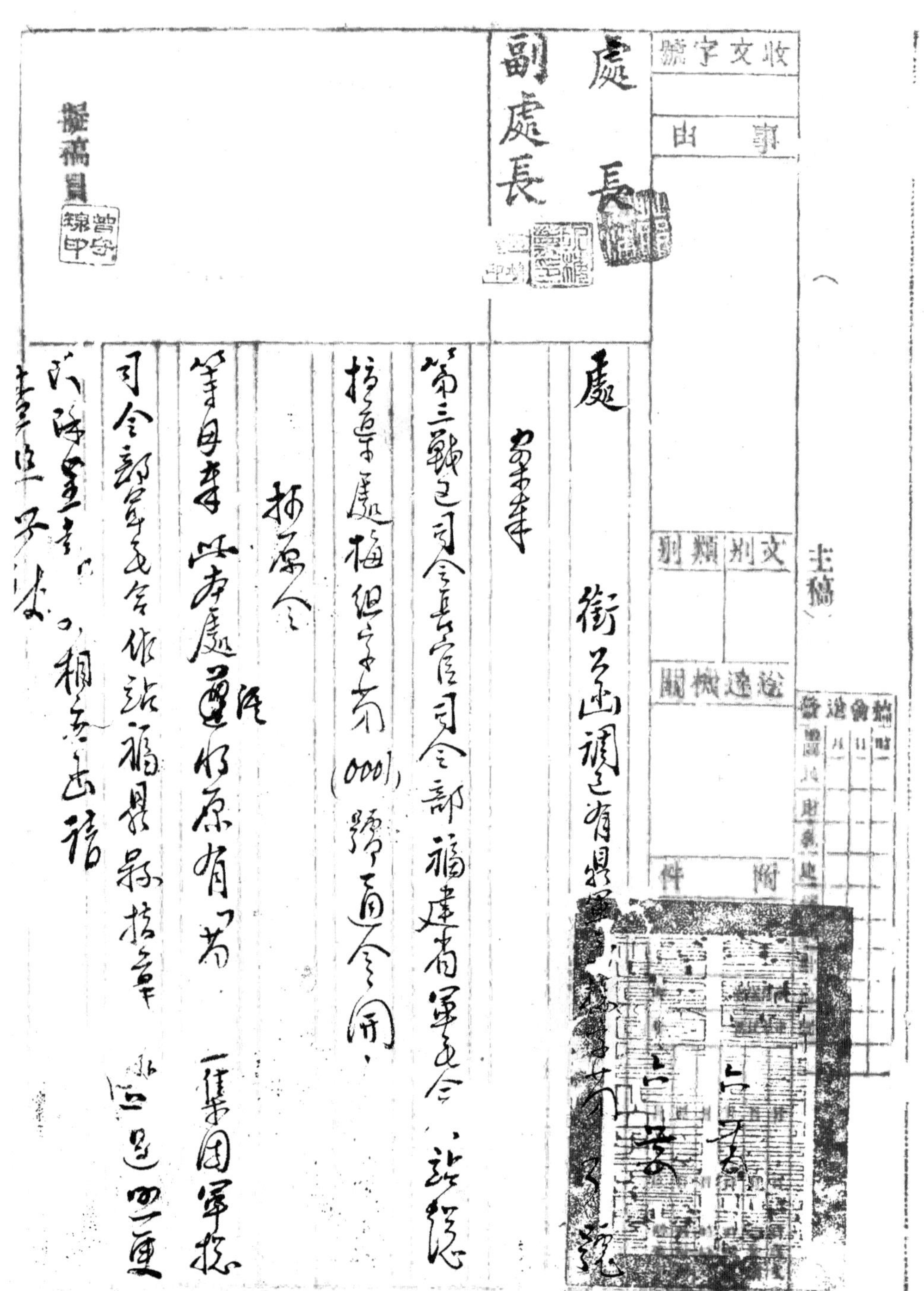

000044

收文字號

事由

處長

副處長

擬稿員

文別　類別

送達機關

附件

主稿

第三战区司令长官司令部福建省福鼎县军民合作站指导处关于本处奉令更名的公函

（1942 年 6 月 25 日）　G133-003-0119

299

第15號
31年7月23日

第三戰區司令長官司令部福建省軍民合作站總指導處代電 梅組字 0136 號

福鼎縣指導處：查該處所屬各站工作人員簡歷尚有乙站未報，仰於文到三日內趕速補送，以憑編冊彙轉為要。總處長鄧梅兼副處長陳聯芬午（灰）梅組

遵報 七廿五。

第三战区司令长官司令部福建省军民合作站总指导处关于补送该处所属各站工作人员简历的代电

（1942 年 7 月 10 日） G137-001-0010

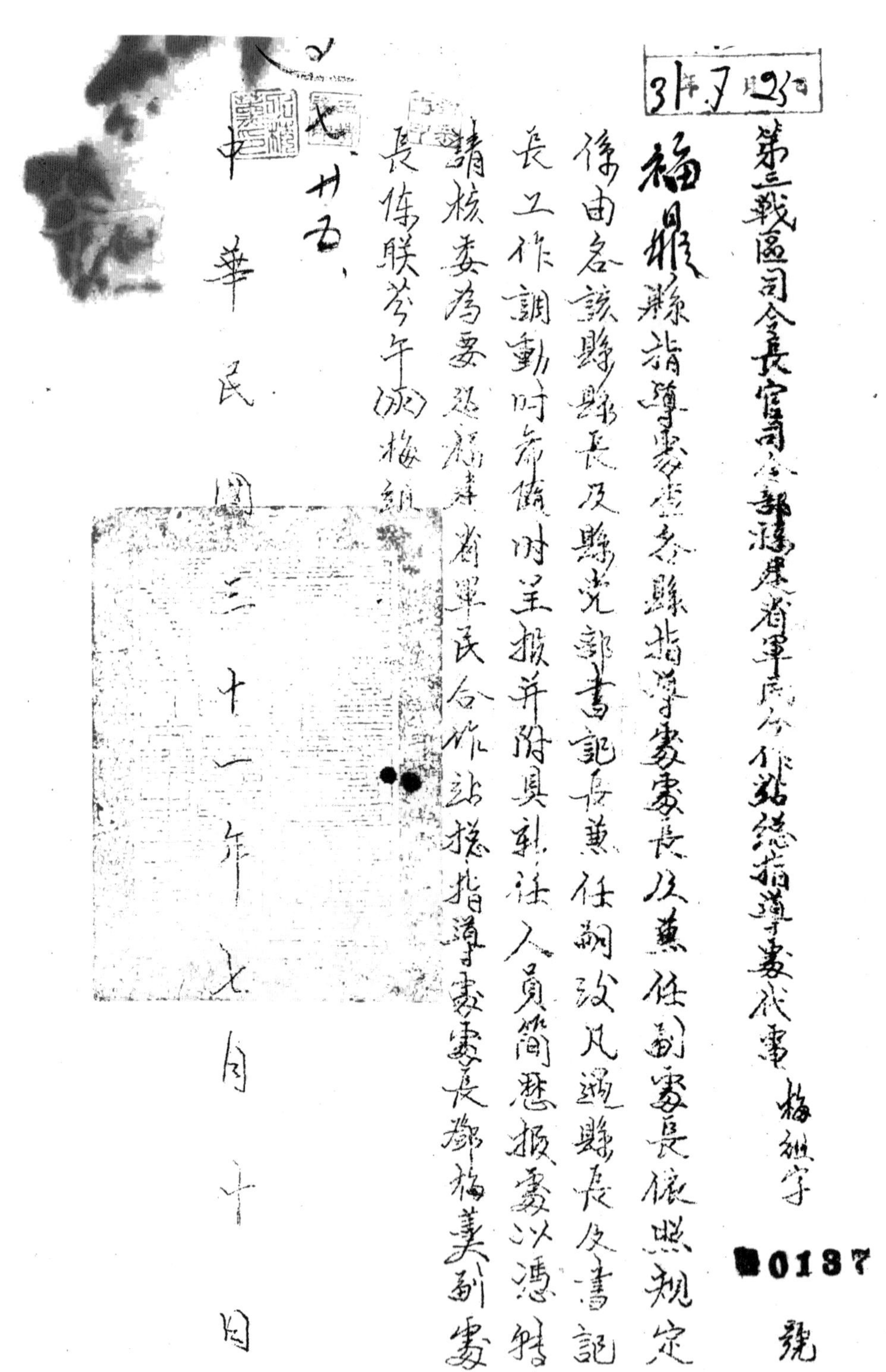

31年7月23日

第三戰區司令長官司令部福建省軍民合作站總指導處代電 梅組字 0137 號

福鼎縣指導處暨各縣指導處處長及兼任副處長依照規定係由各該縣縣長及縣黨部書記長兼任嗣後凡遇縣長及書記長工作調動時希隨時呈報並附具新任人員簡歷報處以憑轉請核委為要 福建省軍民合作站總指導處處長鄭梅美副處長陳聯芬午(灰)梅組

中華民國三十一年七月十日

七.廿五.

第三战区司令长官司令部福建省军民合作站总指导处关于凡遇县长及书记长工作调动时,希随时呈报并附具新任人员简历报处,以凭核委的代电(1942 年 7 月 10 日) G137-001-0010

10

第三戰區司令長官司令部福建省軍民合作站各縣指導處正副處長姓名一覽表

縣名	指導處兼處長姓名	兼副處長姓名	專任副處長姓名	備考
南平	萬心權	蕭[illegible]	王雲仙	
莆田	程超凡	林一鶚	黃輯生	
三元	黃鎮中	鍾[illegible]英	王煜山	
建甌	鄭褒雄	李大[illegible]	黃亮雄	
晉江	范方舟	陳嘉[illegible]	王一平	
長樂	張襄傑	黃[illegible]煌	陳文驥	
仙遊	萬慕剛	張[illegible]藻	王名馨	
南靖	陳鉄魂	張其任	章少蘭	
長泰	陳文照	姚其民	姜彬	
永春	胡福相	郭禮宗	林揚芳	
沙縣	羅樹生	高玉書	薛冠雄	

中華民國卅壹年七月拾叁日

第三战区司令长官司令部福建省军民合作站各县指导处正副处长姓名一览表

(1942 年 7 月 13 日)a 面　G137-001-0010

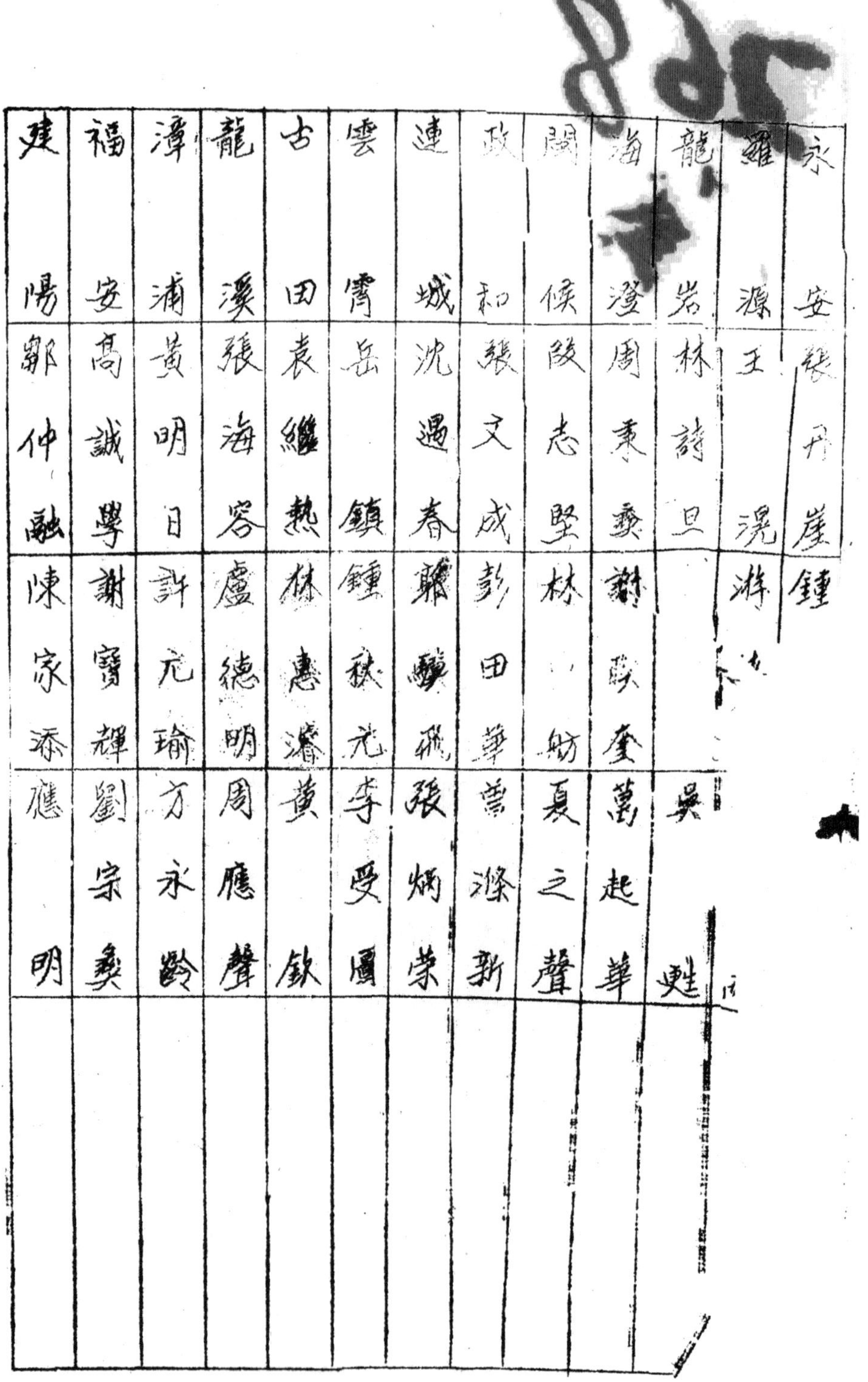

永安	張丹崖	鍾	
羅源	王滉	游	
龍岩	林詩旦		吳甦
海澄	周秉彝	謝啟奎	萬起華
閩侯	段志堅	林　舫	夏之聲
政和	張文成	彭田華	曹滌新
連城	沈遇春	蕭鑾飛	張炳荣
雲霄	岳鎮	鍾秋元	李受圖
古田	袁繼熱	林惠濬	黃欽
龍溪	張海容	盧德明	周鷹聲
漳浦	黃明日	許元瑜	方永齡
福安	高誠學	謝寶輝	劉宗彝
建陽	鄒仲融	陳家添	應　明

第三战区司令长官司令部福建省军民合作站各县指导处正副处长姓名一览表

(1942 年 7 月 13 日)b 面　G137-001-0010

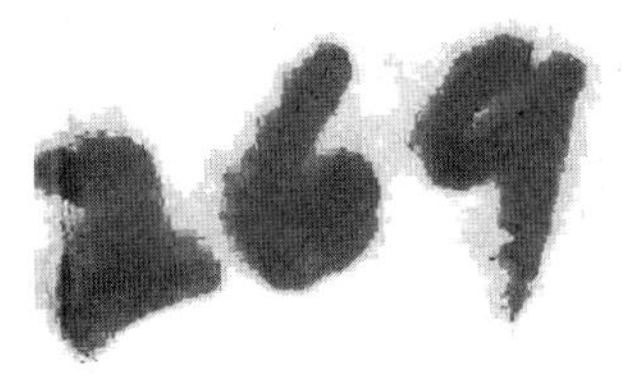

安溪	吕德超	谢锡麟	陈朝阳
尤溪	黄　镛	彭秉广	梁秉藩
永泰	巫秉英	陈时恭	陈　仓
顺昌	梁辅丞	高金龙	丙天一
霞浦	毛阜坤	邱剑铭	李祖麟
宁德	钟幹丞	张韩翼	门儒祥
连江	谢　真	姜肇齐	卢振琦
同安	胡邦宪	梁清钧	叶金泰
南安	李天锡	林瑶琨	谢宅三
惠安	石有纪	杜　辉	孙铁魂
福清	陈毓辉	林鹏玑	齐国钧
福鼎	郑宗藩	丁楳薰	王靖远
屏南	李忠钦	张广乾	廖湘楚

第三战区司令长官司令部福建省军民合作站各县指导处正副处长姓名一览表

(1942年7月13日)a面　G137-001-0010

華安	黃千西	謝心銘	易英邦
平和	周夢麟	馬欽杰	
東山	樓勝利	黃纂貞	王仁俊
詔安	江連欽	許以仁	鍾國琛
德化	卓高煊	方如玉	黄仲昆
大田	羅誠純	章子惠	劉秉丞
閩清	金　德	許澂坊	王讓威
浦城	周亞青	章復心	黎極亞
福州市	林有壬	曾振光	康　漁
長汀	歐陽英	鄭冠岑	蔡堯瑶
崇安	吳石英	張紹前	鄭　璵
邵武	袁國欽	許　士	陳振亞
將樂	陳鳴鑾	鍾宜方	蕭仁傑
水吉	李瀚濤	施海涵	殷沃翼

第三战区司令长官司令部福建省军民合作站各县指导处正副处长姓名一览表

(1942 年 7 月 13 日)b 面　G137-001-0010

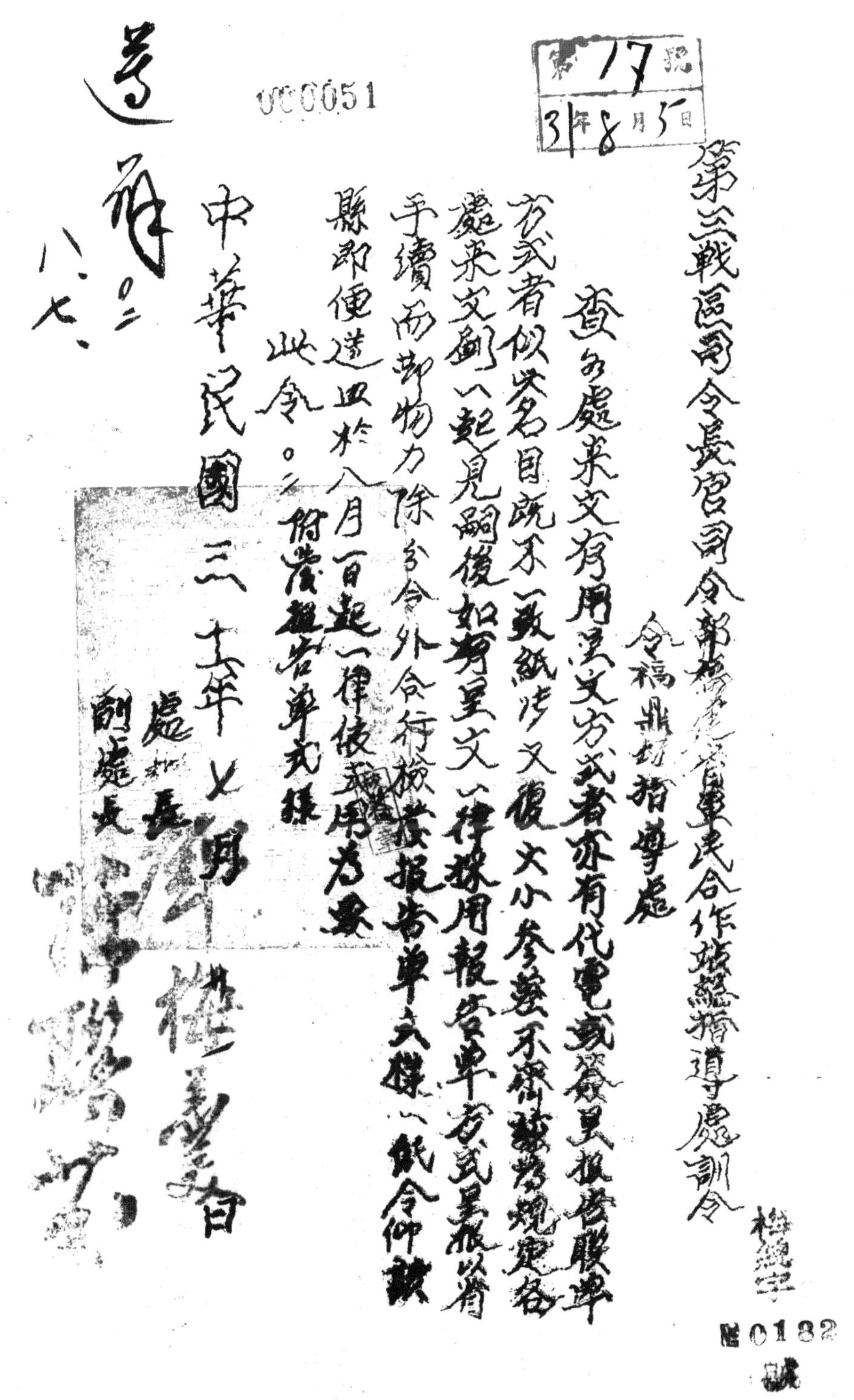

第17號 31年8月5日

UC0051

第三戰區司令長官司令部福建省軍民合作站總指導處訓令

令福鼎站指導處

查各處來文有用呈文方式者亦有代電或簽呈報告聯單方式者似名目既不一致紙張又復大小參差不符節約規定各處來文劃一起見嗣後如有呈文一律採用報告單方式呈報以省手續而節物力除分令外合行檢發報告單式樣一紙令仰該縣部便遵照於八月一日起一律依式用為要

此令。附發報告單式樣

中華民國三十一年七月 日

處長 [illegible]

副處長 [illegible]

送存 八、七

0182

第三战区司令长官司令部福建省军民合作站总指导处关于各县处来文一律采用报告单方式呈报的训令(1942 年 7 月 22 日) G133-003-0119

2.第三战区司令长官司令部福鼎县军民合作站指导处与乡镇军民合作站组织与人事

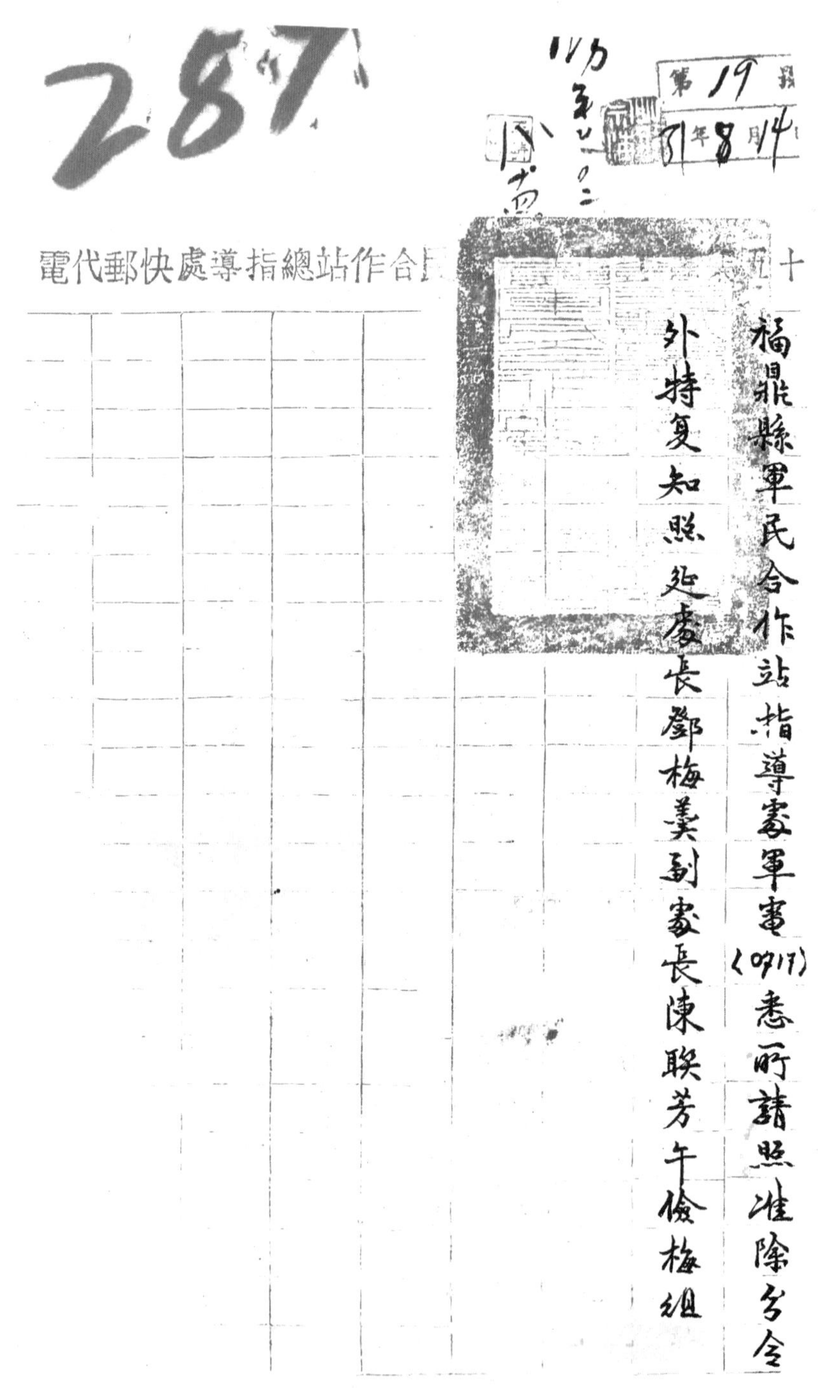
287

第19號

31年8月14日

電代郵快處導指總站作合民軍……十五

福鼎縣軍民合作站指導處軍電（0717）悉。所請照准，除分令外，特复知照。处处长鄭梅羹、副处长陳聯芳。午儉梅组

第三战区司令长官司令部福建省军民合作站总指导处关于军电0717所请照准的快邮代电

（1942年7月28日） G137-001-0010

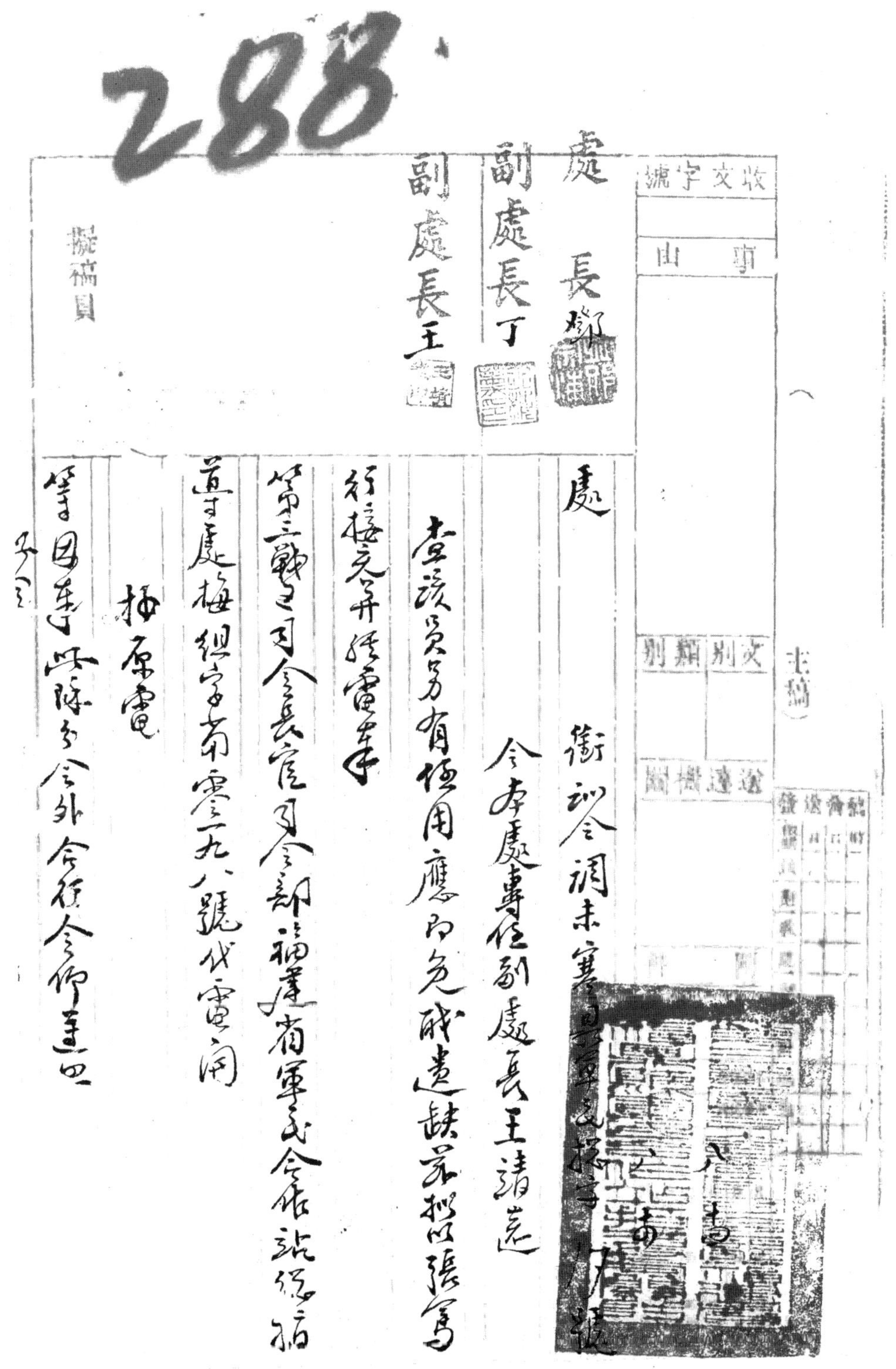

288

收文字號

事由

處長 鄭

副處長 丁

副處長 王

擬稿員

處 銜 訓令

令本處專任副處長王靖遠

查該員另有任用，應即免職，遺缺擬以張篤

行接充，並經電呈

第三戰區司令長官司令部福建省軍民合作站指導處

組字第零一九八號代電開

據原電

等因；奉此，除分令外，合行令仰遵照

文別 類別

送達機關

第三战区司令长官司令部福建省福鼎县军民合作站指导处关于本处专任副处长王靖远另有任用，应即免职，遗缺拟以张笃行接充的训令（1942 年 8 月 14 日） G137-001-0010

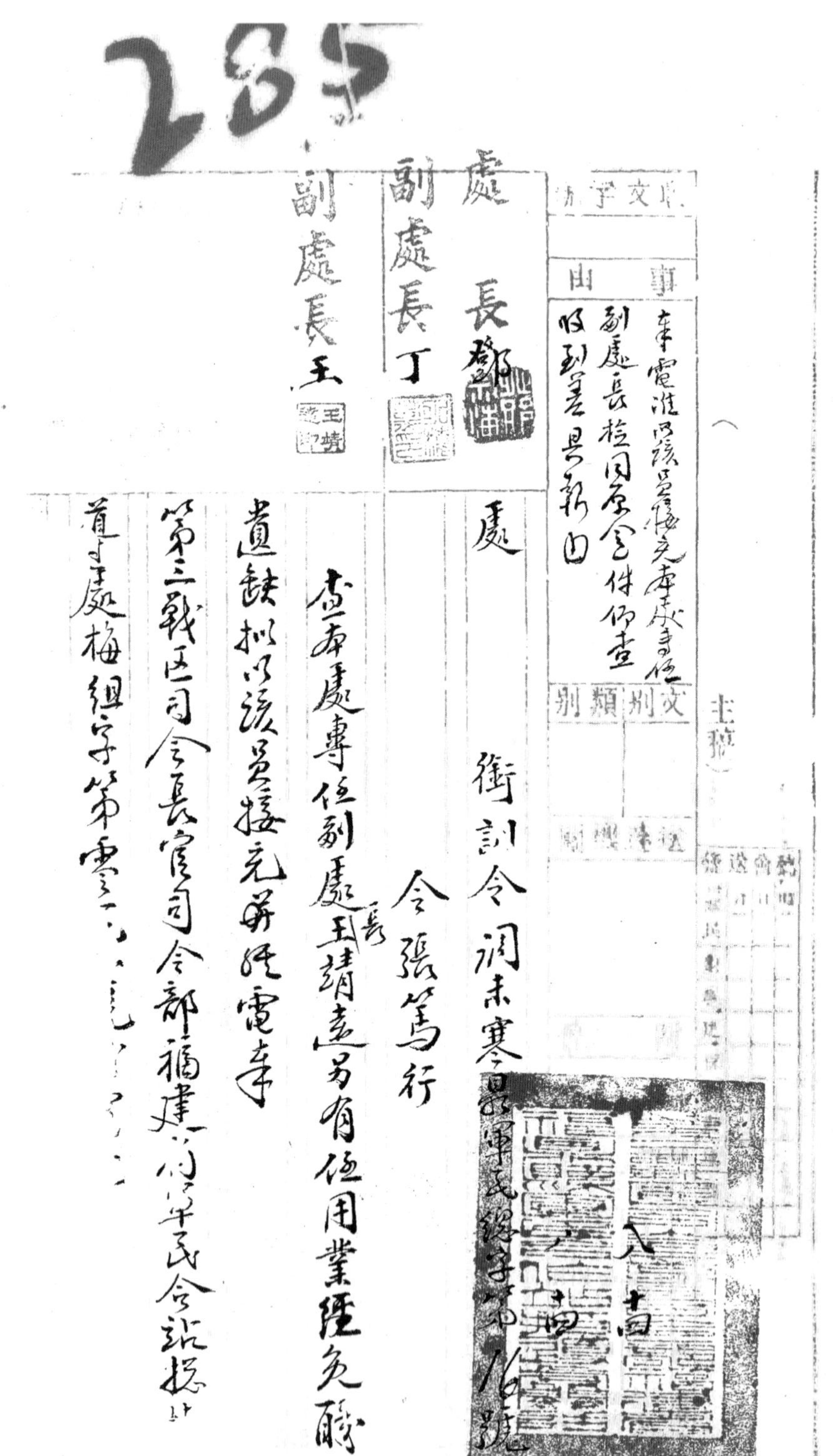

第三战区司令长官司令部福建省福鼎县军民合作站指导处关于奉电准张笃行接充本处专任副处长并到差具报的训令(1942 年 8 月 14 日)　G137-001-0010

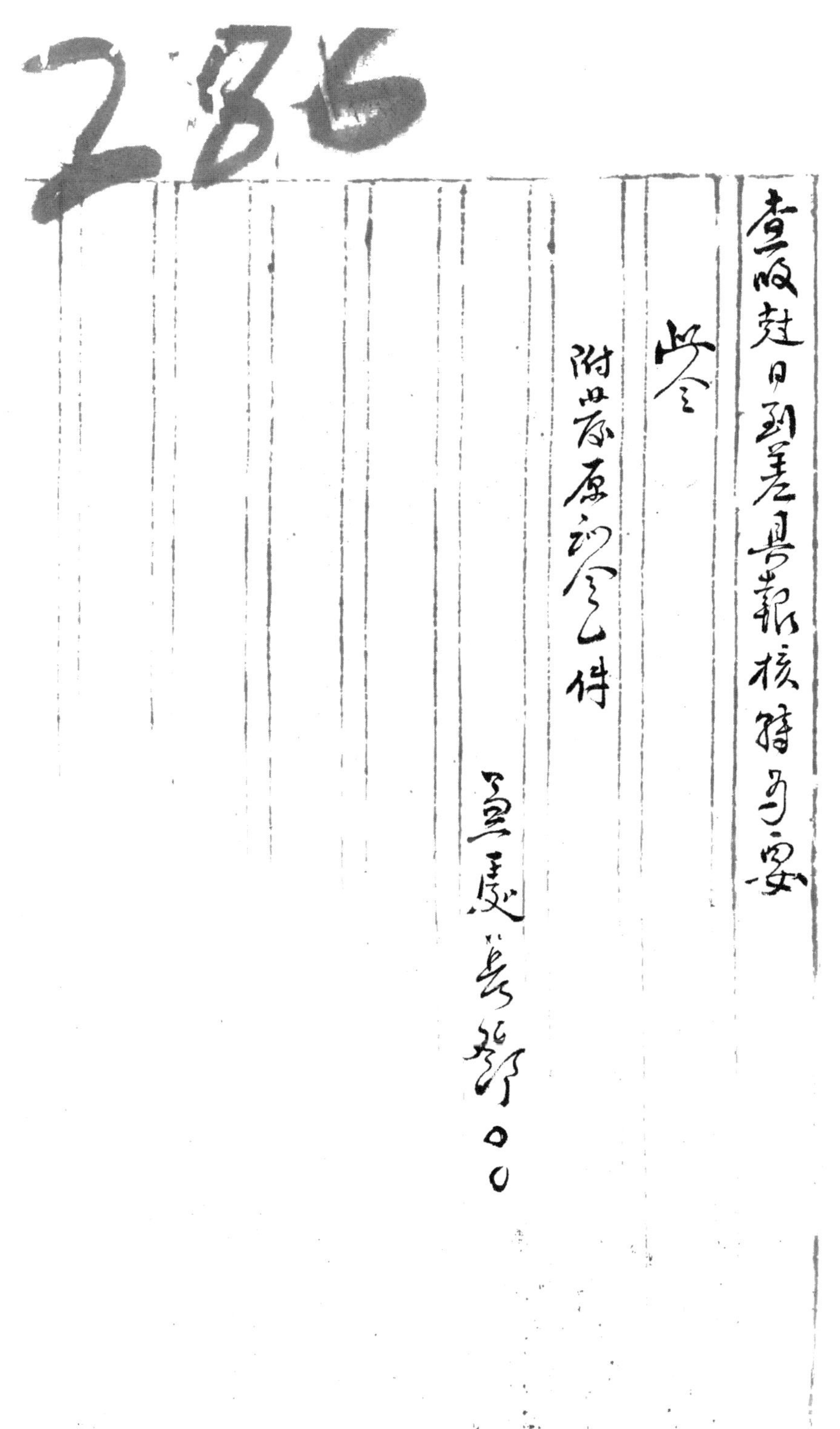
285
查收赴日到差具报核转为要
此令
附发原函令乙件
处长郑〇〇

第三战区司令长官司令部福建省福鼎县军民合作站指导处关于奉电准张笃行接充本处专任副处长并到差具报的训令(1942 年 8 月 14 日) G137-001-0010

福鼎縣軍民合作指導處新任副處長張篤行、卸任副處長王靖遠文卷移接清冊

三十一年八月 日

一、關於經費卷 壹宗
一、關於人事卷 壹宗
一、關於軍隊供應卷 壹宗
一、關於處站成立卷 壹宗
一、軍民合作站法規彙编 弍本
一、收文簿 弍本
一、發文簿 弍本
一、送稿簿 壹本
一、會稿簿 壹本

第三战区司令长官司令部福建省福鼎县军民合作站指导处新任副处长张笃行、卸任副处长王靖远文卷移交清册(1942年8月) G137-001-0003

福鼎縣軍民合作指導處新任副處長張篤行、卸任副處長王靖遠印信、器具、物品移接清冊　三十一年八月　日

名稱	單位	數量	備攷
關防	顆	壹	
銜印	顆	壹	
辦公桌	張	五	
卷櫥架		弍	
竹背椅	把	六	
竹椅	把	弍	
竹几	個	壹	
長銜牌	面	四	本處存壹面，桐山、管浮、琳江站各存一面

第三战区司令长官司令部福建省福鼎县军民合作站指导处新任副处长张笃行、卸任副处长王靖远印信、器具、物品移交清册(1942 年 8 月)a 面　G137-001-0003

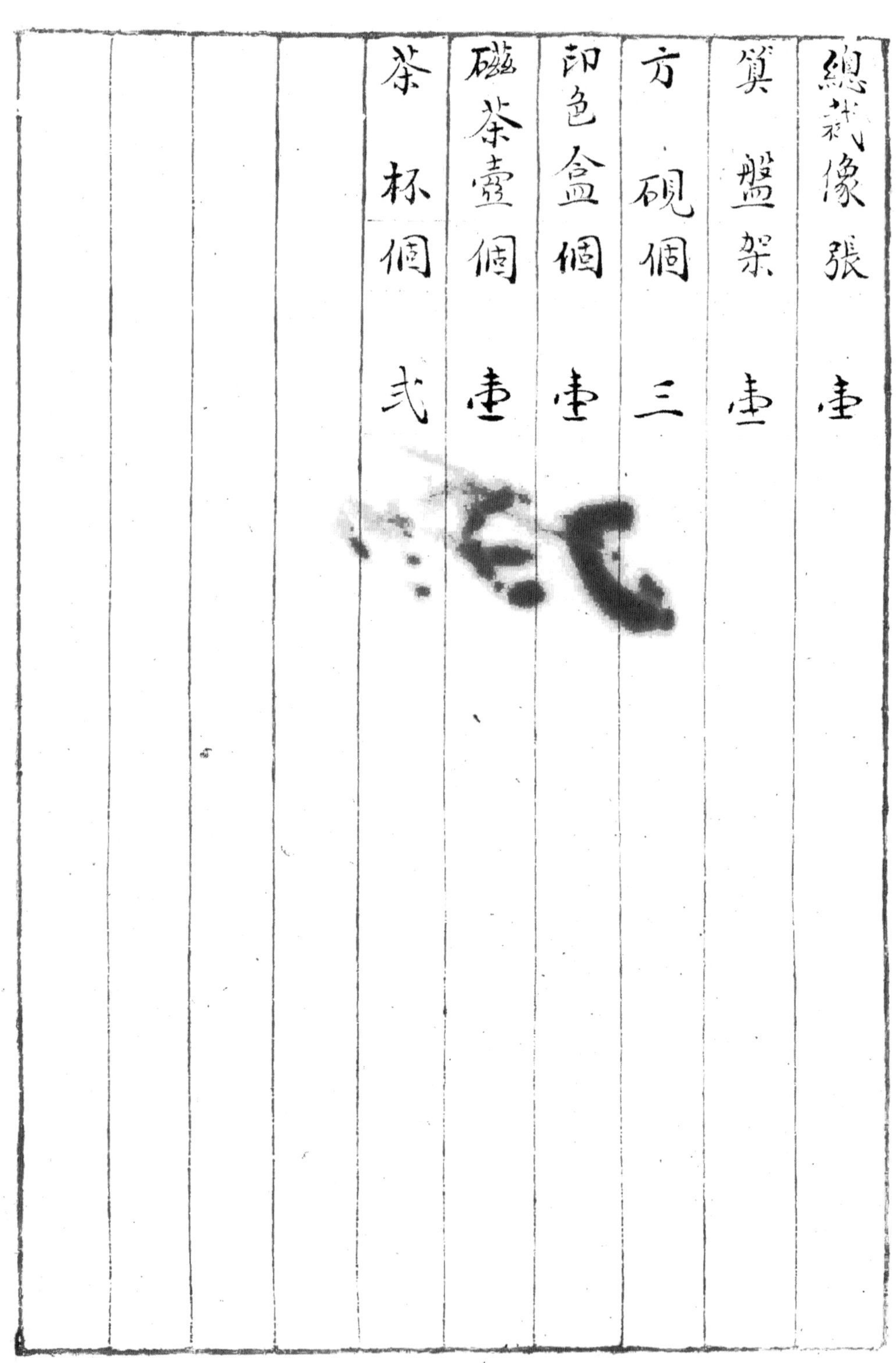
總裁像 張 壹
算盤架 壹
方硯 個 三
印色盒 個 壹
磁茶壺 個 壹
茶杯 個 弍

第三战区司令长官司令部福建省福鼎县军民合作站指导处新任副处长张笃行、卸任副处长王靖远印信、器具、物品移交清册(1942 年 8 月)b 面　G137-001-0003

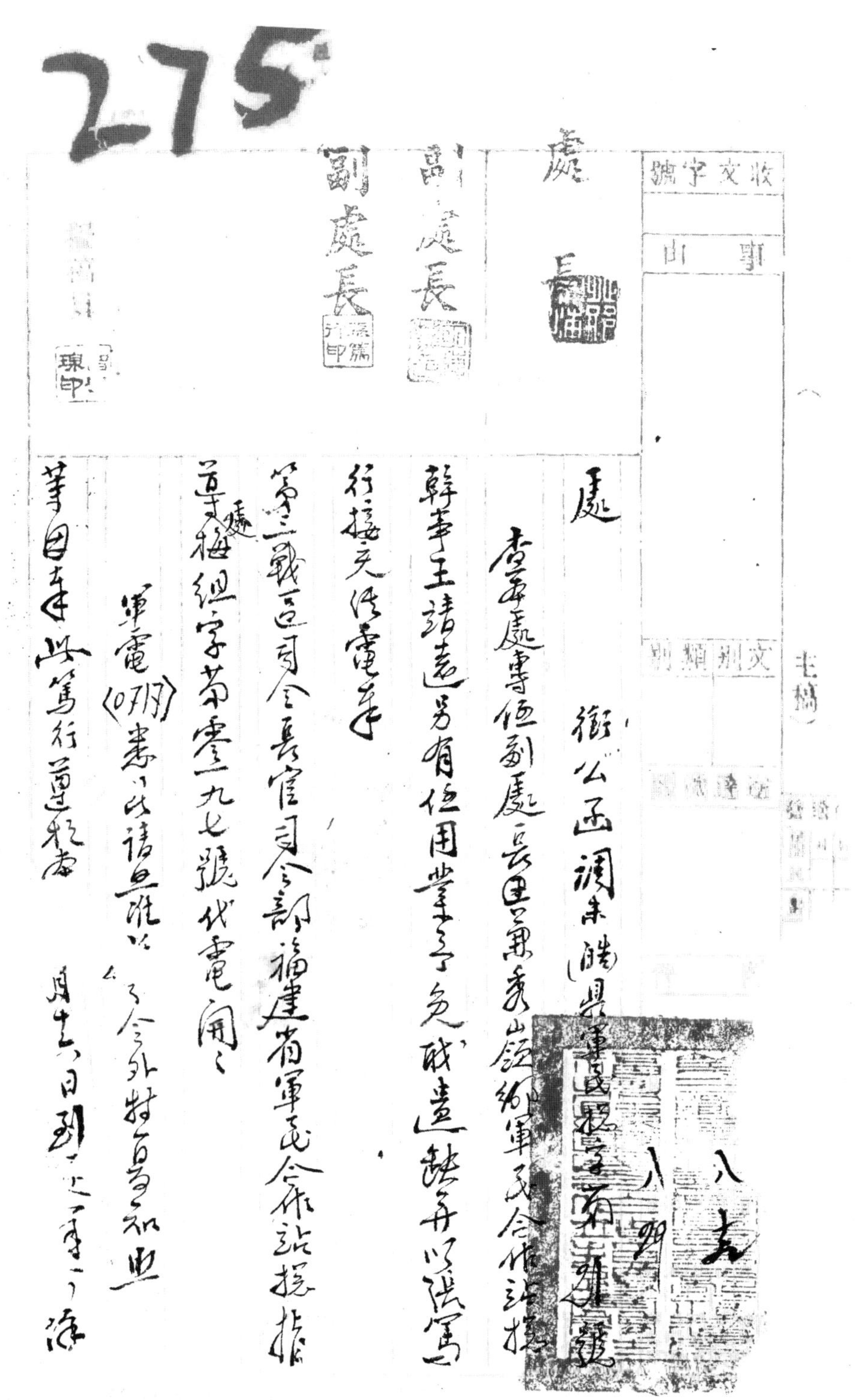

第三战区司令长官司令部福建省福鼎县军民合作站指导处关于本处专任副处长张笃行兼秀岭乡军民合作站总干事，并于八月十六日到处办公的公函（1942 年 8 月 29 日） G137-001-0010

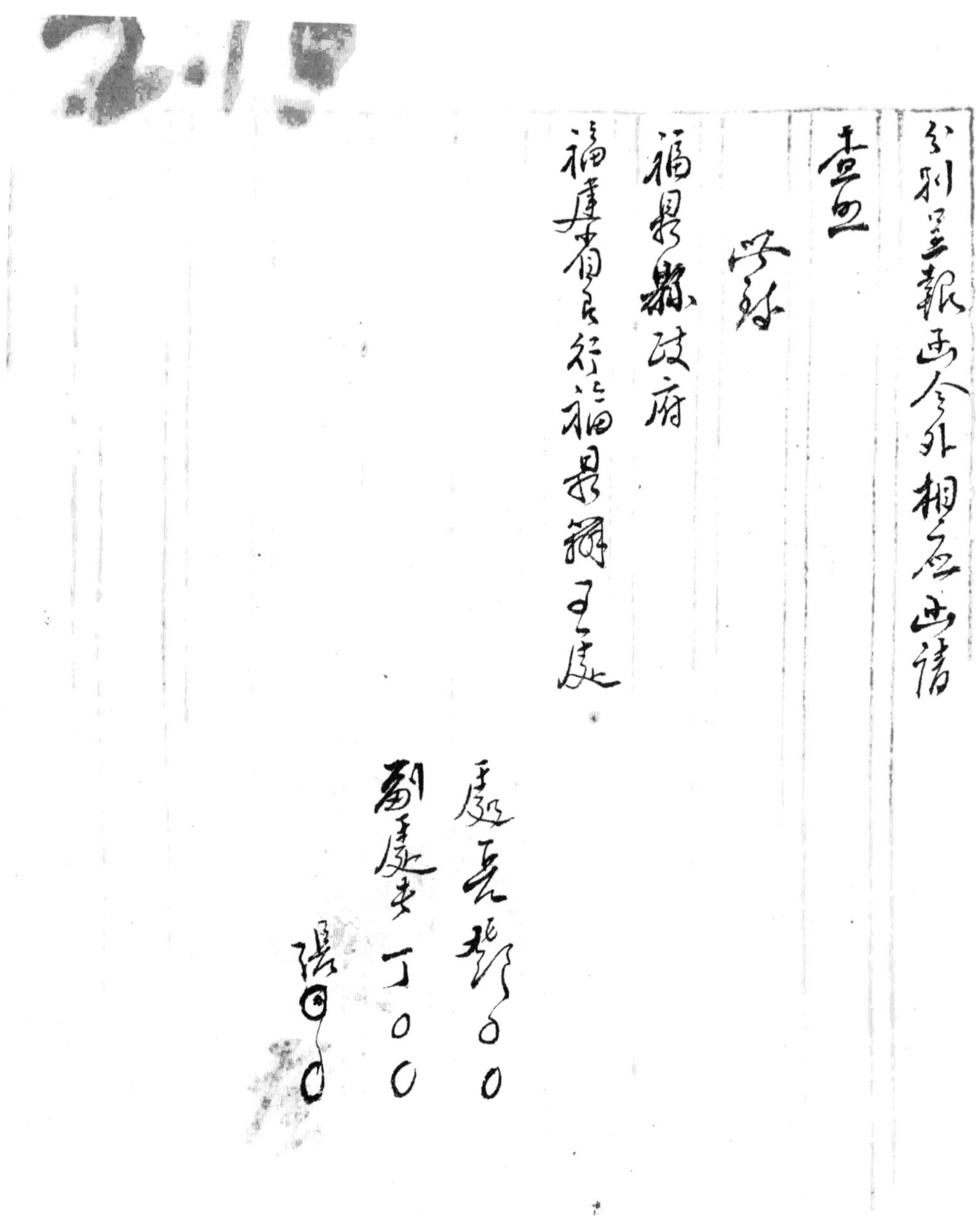

第三战区司令长官司令部福建省福鼎县军民合作站指导处关于本处专任副处长张笃行兼秀岭乡军民合作站总干事，并于八月十六日到处办公的公函(1942年8月29日) G137-001-0010

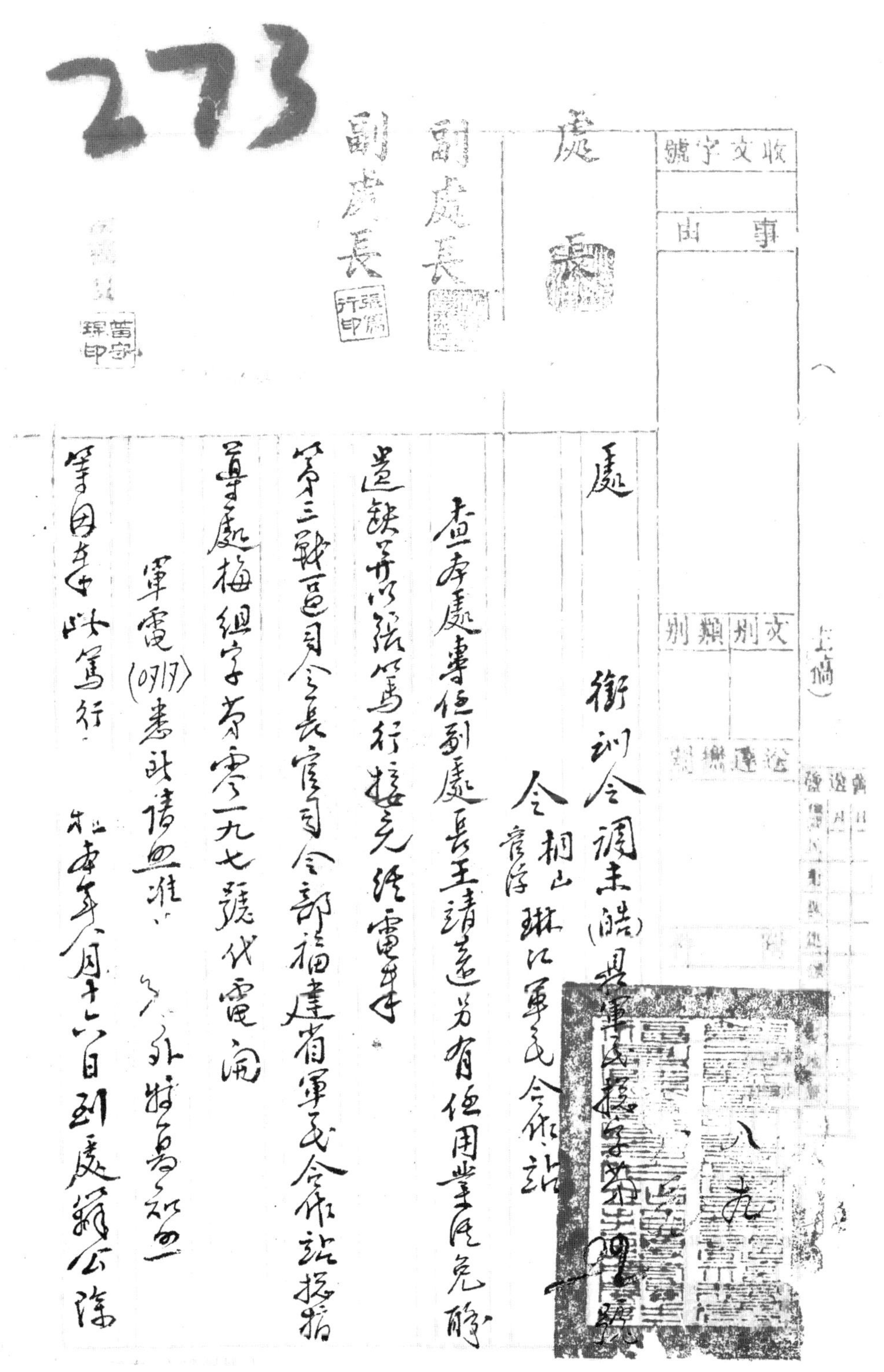

第三战区司令长官司令部福建省福鼎县军民合作站指导处关于本站专任副处长王靖远另有任用，业经免职，遗缺以张笃行接充并于八月十六日到处办公的训令（1942 年 8 月 29 日） G137-001-0010

274

呈報并分函令外合行令仰知照

此令

處長鄧宇屏

副處長丁梅薰

張篤行

第三战区司令长官司令部福建省福鼎县军民合作站指导处关于本站专任副处长王靖远另有任用，业经免职，遗缺以张笃行接充并于八月十六日到处办公的训令（1942 年 8 月 29 日）　G137-001-0010

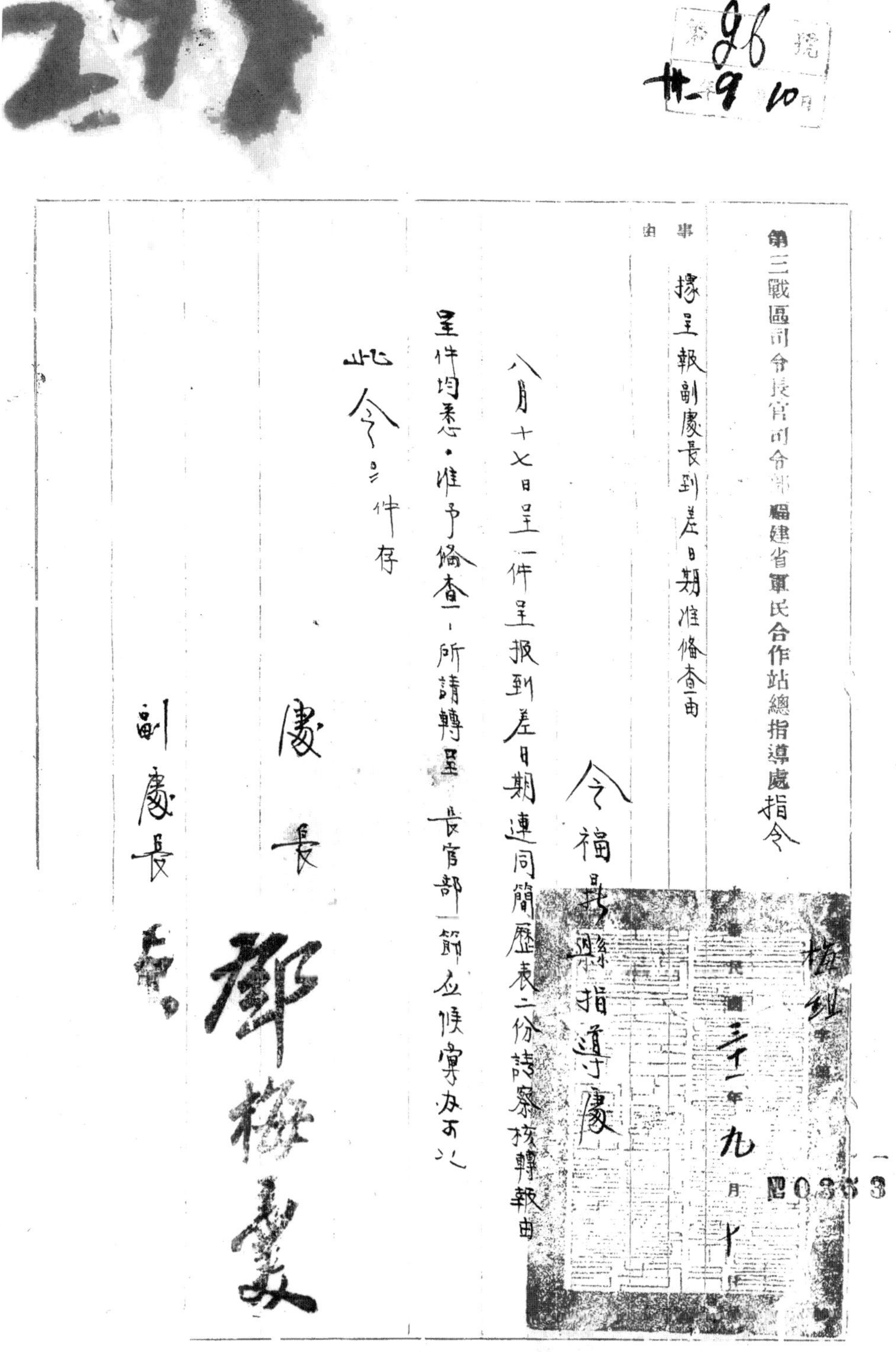
第三戰區司令長官司令部福建省軍民合作站總指導處指令

令福長縣指導處

事由：據呈報副處長到差日期准備查由

八月十七日呈一件呈報到差日期連同簡歷表二份請察核轉報由

呈件均悉。准予備查。所請轉呈長官部一節，应候汇办可也。

此令。件存。

處長 鄭

副處長 張

民國三十一年九月十日

第三战区司令长官司令部福建省军民合作站总指导处关于副处长张笃行到差日期及简历准备查的指令(1942 年 9 月 10 日)　G137-001-0010

第91號
31年8月1日

第三戰區司令長官司令部福建省軍民合作站總指導處代電　梅總字第0222號

福鼎縣指導處業查本處前為統一全省所屬各站符號臂章起見特規定本年下期所有官兵符號臂章一律由本處製發每枚收材料費一元曾以梅總字第0三九號下哿代電飭于電到三日內造具各處站官兵名冊一份連同材料費送處以憑核發在案迄今一月有餘仍有多縣處尚未遵辦殊屬有違功令除分電外合行電催迅將該處官兵名冊（專任）與材料費送處以憑核發為要（廷）處長鄭梅萁副處長陳聯芬梅總午（世）印

中華民國三十一年七月卅一日

第三战区司令长官司令部福建省军民合作站总指导处关于催送各县处专任官兵名册与符号臂章材料费的代电（1942年7月31日）　G133-003-0119

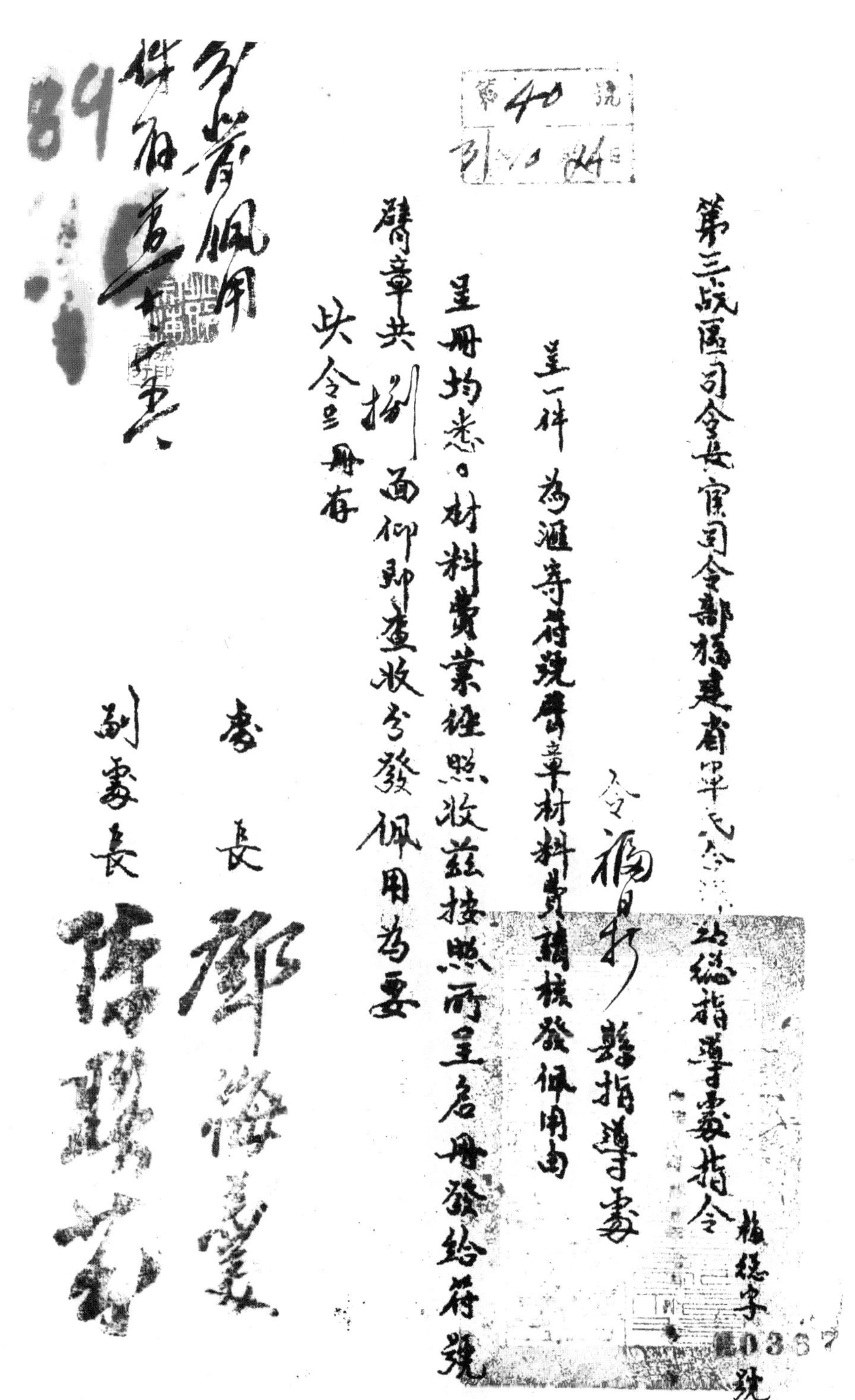
第40號

第三戰區司令長官司令部福建省軍民合作站總指導處指令　福總字 0367 號

令福[illegible]縣指導處

呈一件　為匯寄符號臂章材料費請核發佩用由

呈冊均悉。材料費業經照收，茲按照所呈名冊發給符號臂章共捌面，仰即查收分發佩用為要。

此令。名冊存

處長　鄧[illegible]

副處長　陳[illegible]

第三战区司令长官司令部福建省军民合作站总指导处关于材料费业经点收，据名册发给符号臂章查收分发佩用的指令(1942 年 10 月 13 日)　G137-001-0010

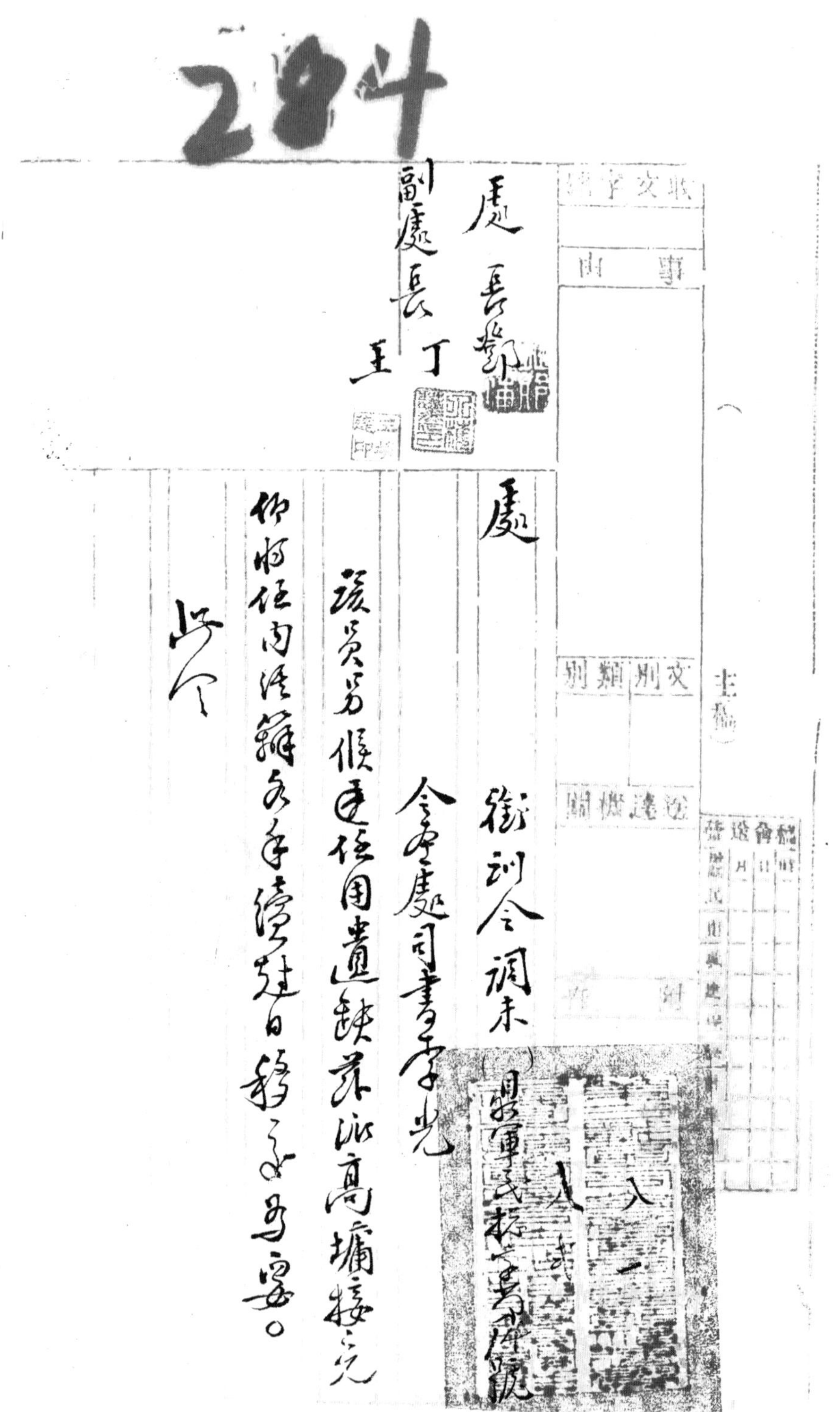
284
副處長王
處長鄧丁
處
銜訓令　調來（　）
令本處司書李光
該員另候任用，遺缺派高墉接充
仰將經手經辦各事即日移交為要。
此令

第三战区司令长官司令部福建省福鼎县军民合作站指导处关于司书李光另候任用，遗缺派高墉接充，克日移交的训令（1942 年 8 月 2 日）　G137-001-0010

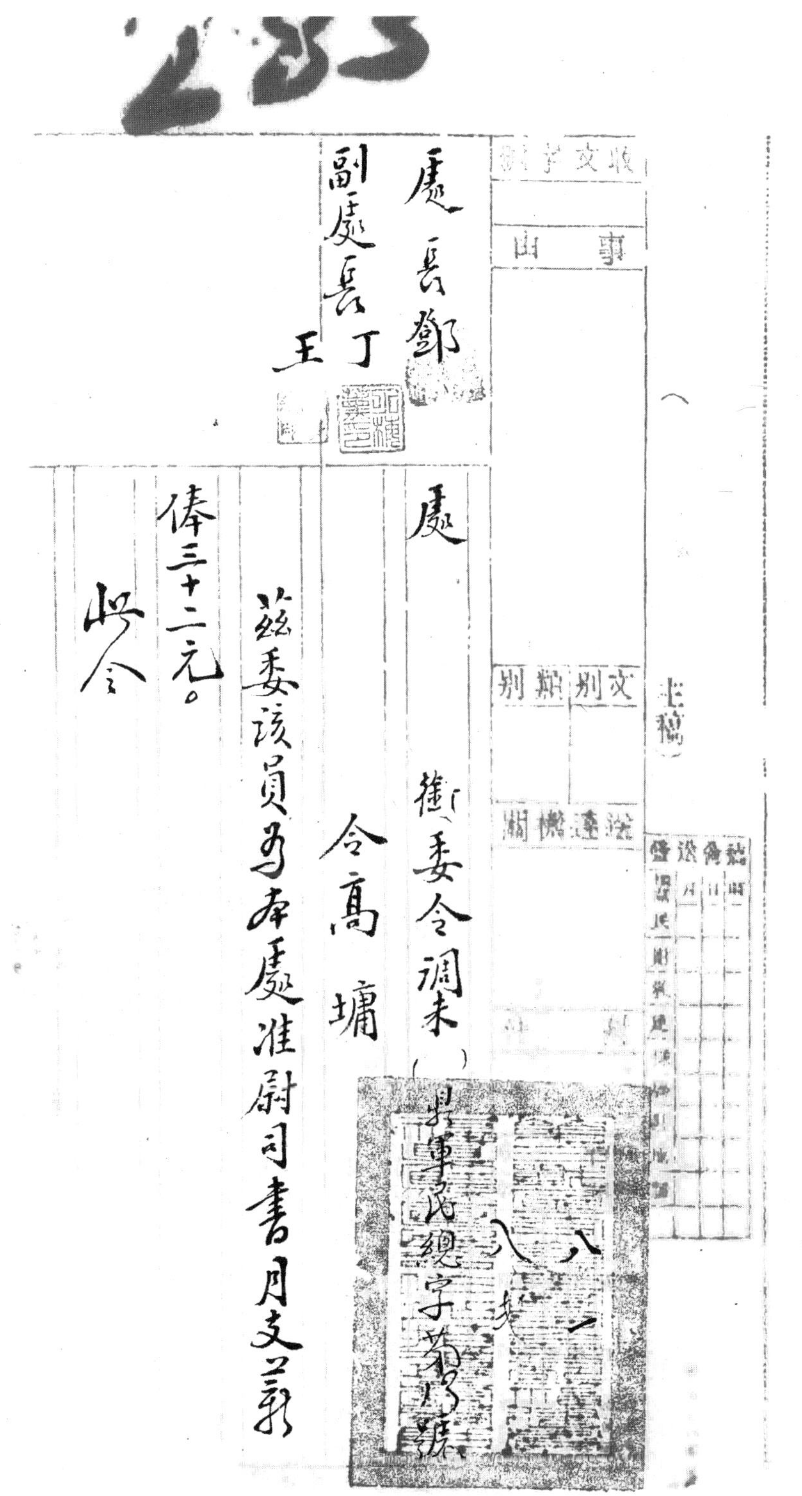

處　令

令高墉

衔委令調來（縣軍民總字第八二號）

茲委該員為本處准尉司書月支薪俸三十二元。

此令

處長鄧

副處長丁

王

第三战区司令长官司令部福建省福鼎县军民合作站指导处关于高墉为本处准尉司书的委任令

（1942 年 8 月 2 日）　G137-001-0010

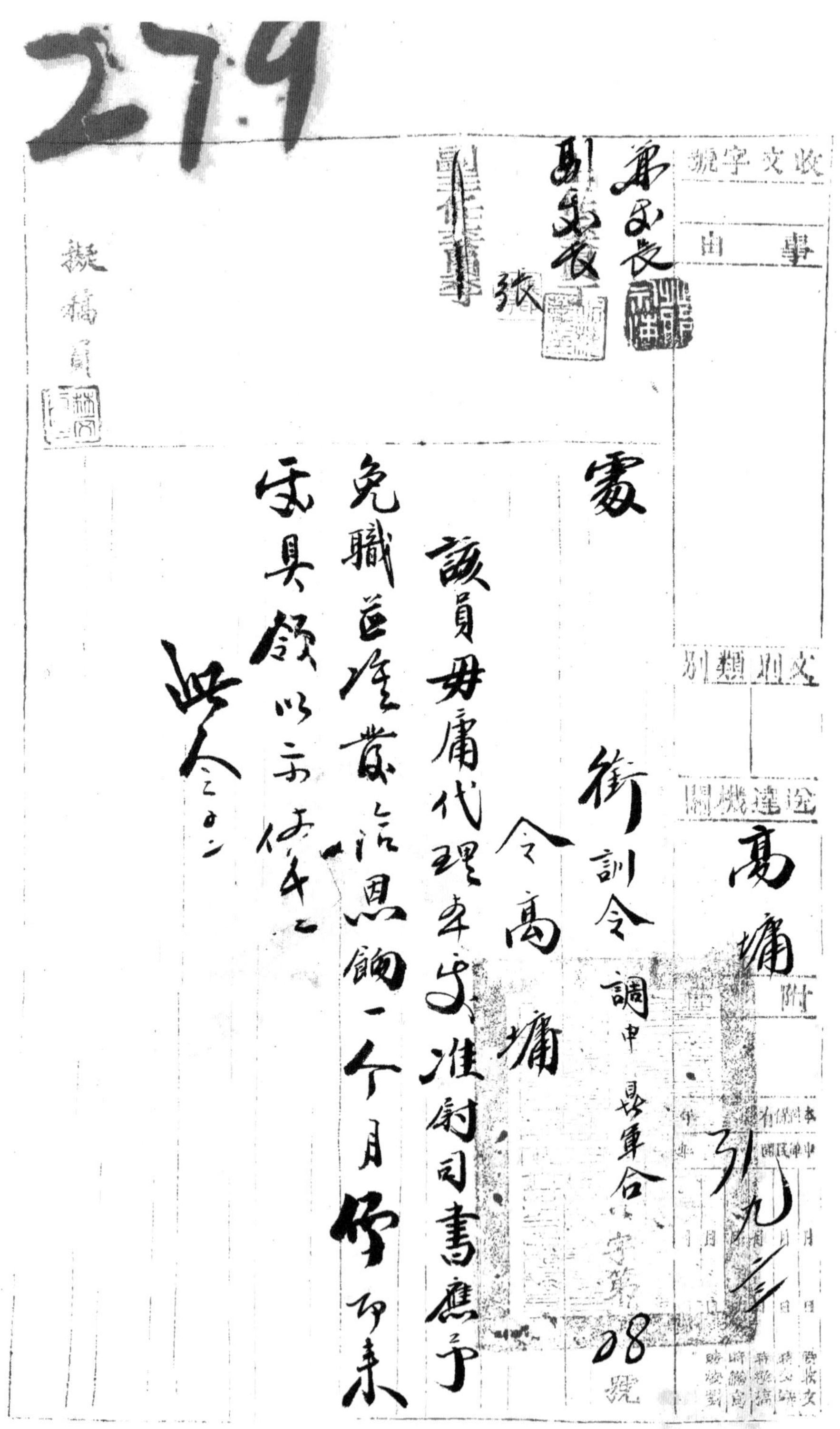

279

收文字号
事由
文别 训令
送达机关 高墉

处长 副处长 张 主任 拟稿员

處
衔 训令 调中 县军合字第28号
令高墉
该员毋庸代理本处准尉司书，应予免职，并发恩饷一个月，仰来处具领，以示体恤。此令。

第三战区司令长官司令部福建省福鼎县军民合作站指导处关于本处司书高墉应予免职，发给恩饷一个月，即来处具领的训令（1942 年 9 月 23 日）　G137-001-0010

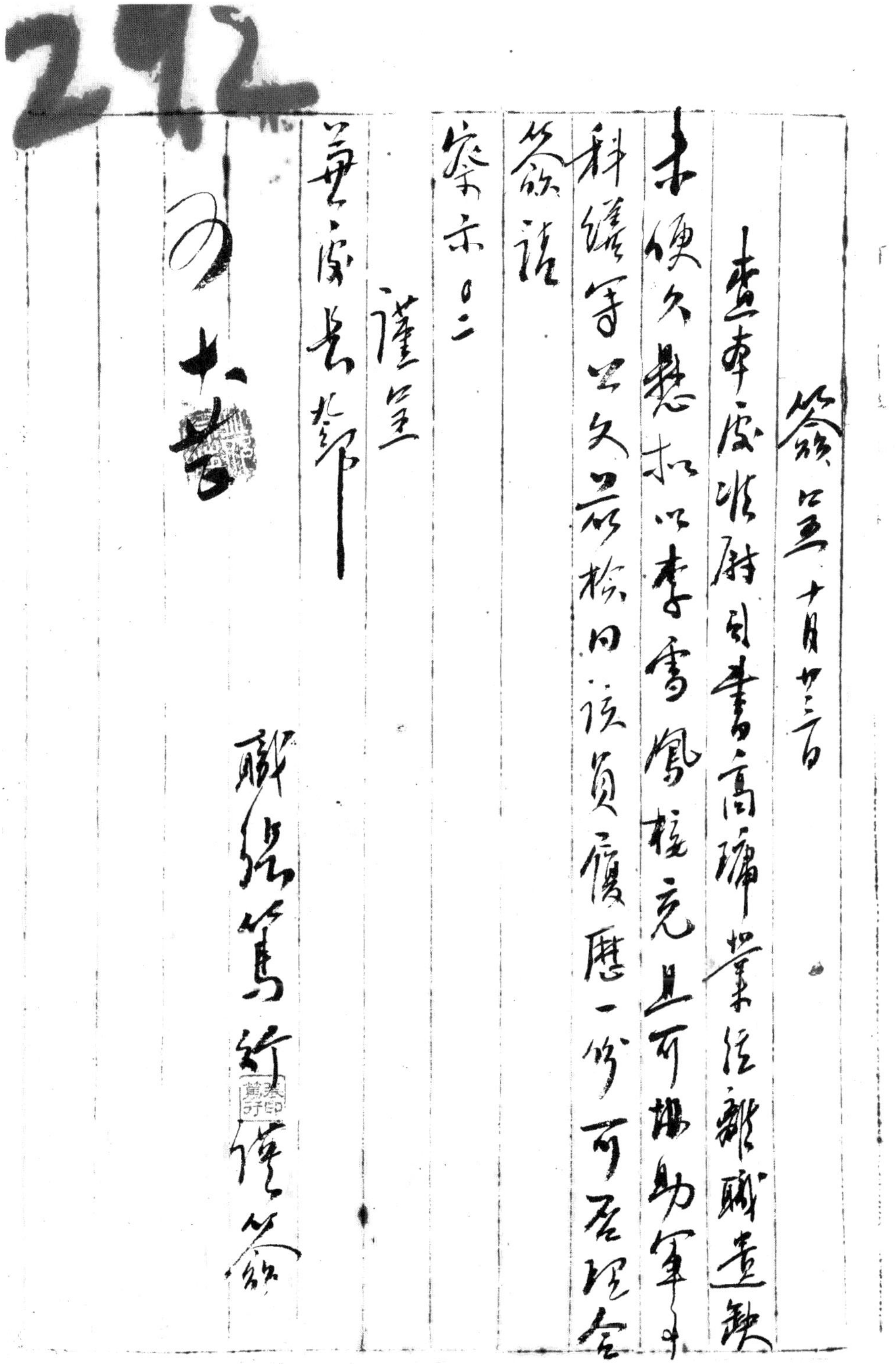

签呈 十月廿三日

查本处准尉司书高墉业经离职遗缺未便久悬拟以李雪凤接充且可协助军科缮写公文兹检同该员履历一份可否理合签请

察示！

谨呈

兼处长张

副处长张笃行谨签

第三战区司令长官司令部福建省福鼎县军民合作站指导处副处长张笃行关于本处准尉司书高墉离职，遗缺拟以李雪凤接充可否的签呈(1942年10月23日)　G137-001-0010

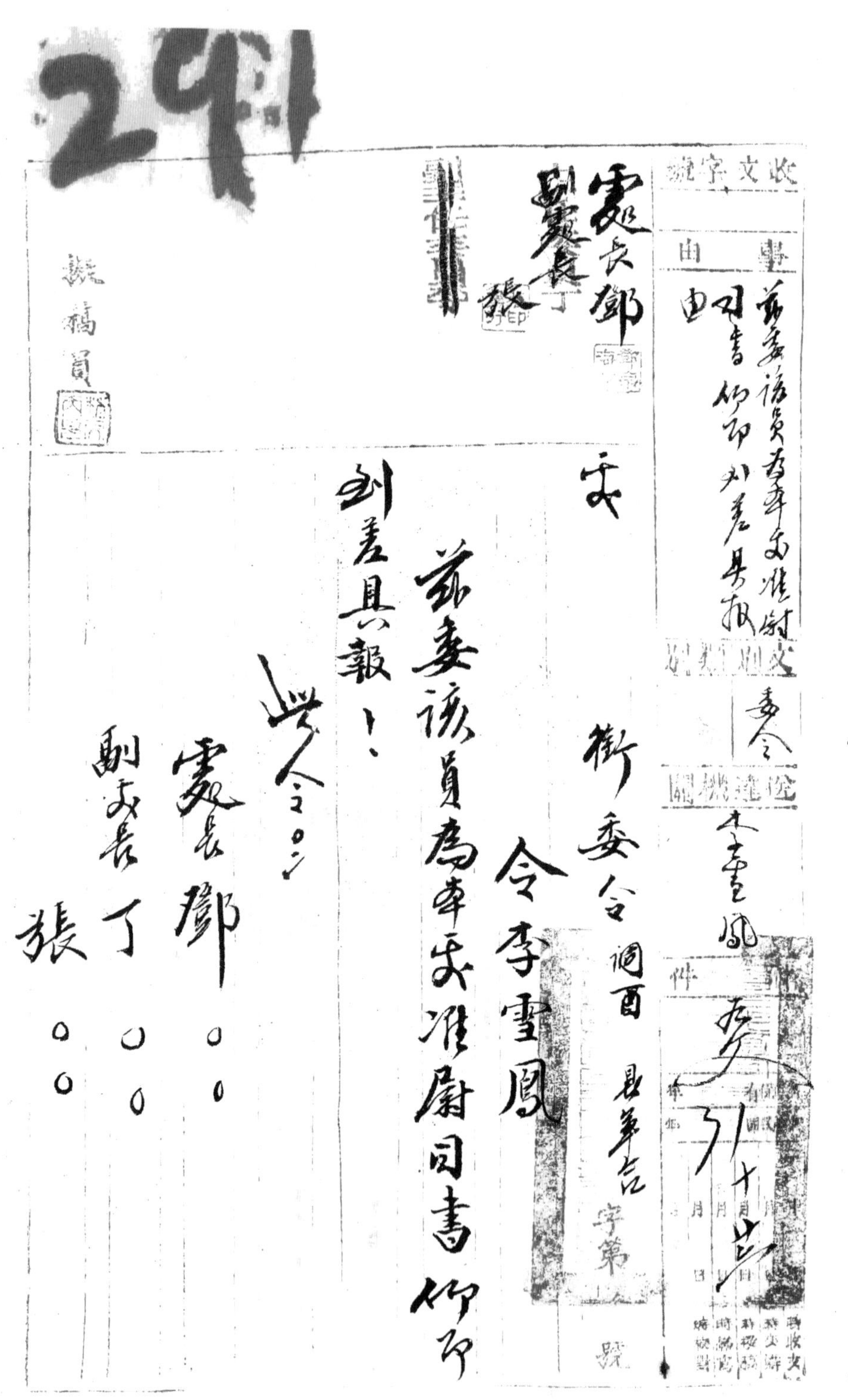

第三战区司令长官司令部福建省福鼎县军民合作站指导处关于兹委李雪凤为本处准尉司书，仰即到差具报的委任令(1942 年 10 月 26 日)　G137-001-0010

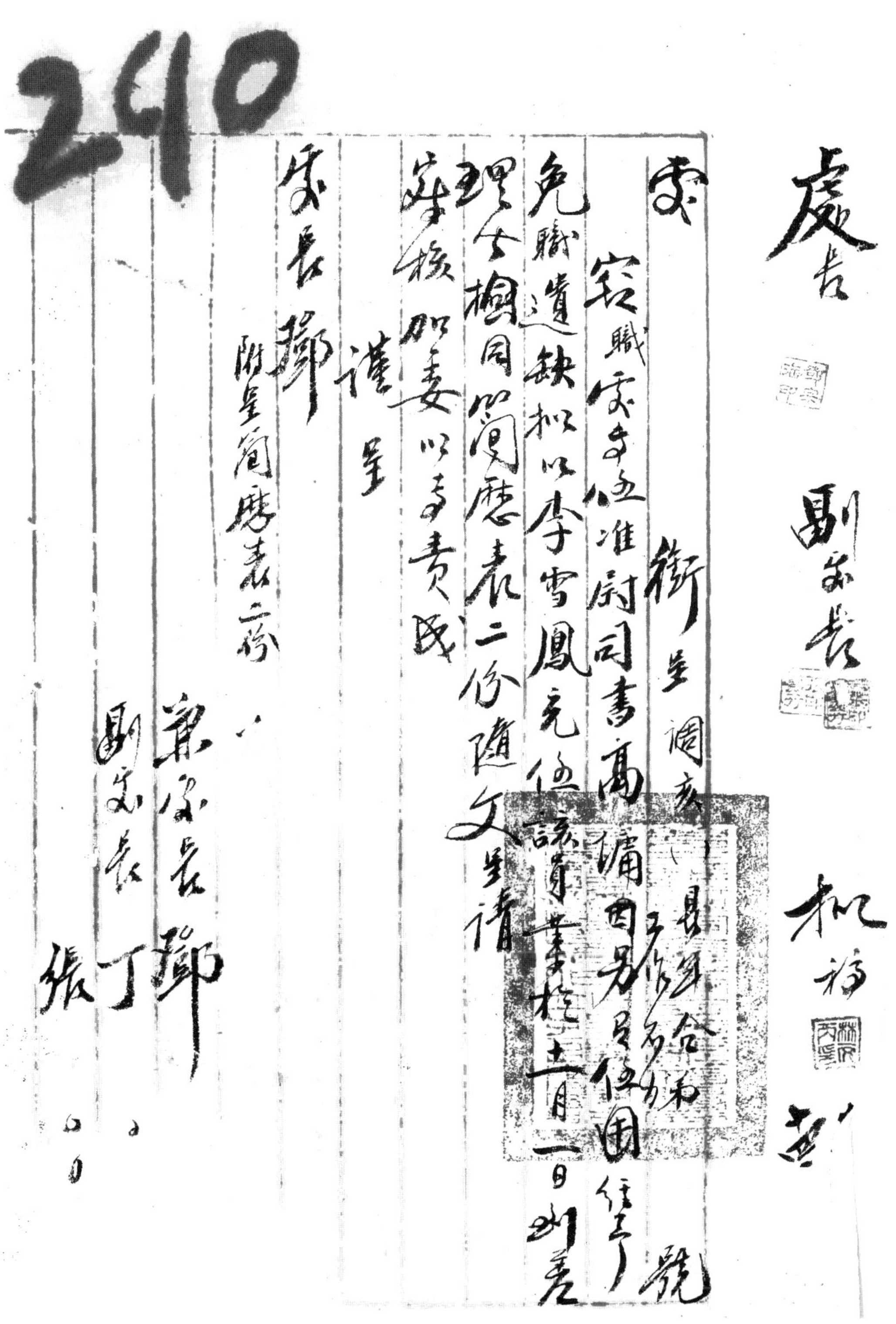

處長　副處長　機務

案：

銜呈調委　縣軍民合作站　號

竊職處司書准尉司書高墉因另有他用經予

免職遺缺擬以李雪鳳充任該員業於十一月一日到差

理合檢同簡歷表二份隨文呈請

鑒核加委以專責成

謹呈

處長鄭

附呈簡歷表二份

兼處長　鄭

副處長　丁

張

第三战区司令长官司令部福建省福鼎县军民合作站指导处关于本处司书高墉经予免职，遗缺拟以李雪凤充任并已到差检同简历表报请核委的呈文（1942 年 12 月）　G137-001-0010

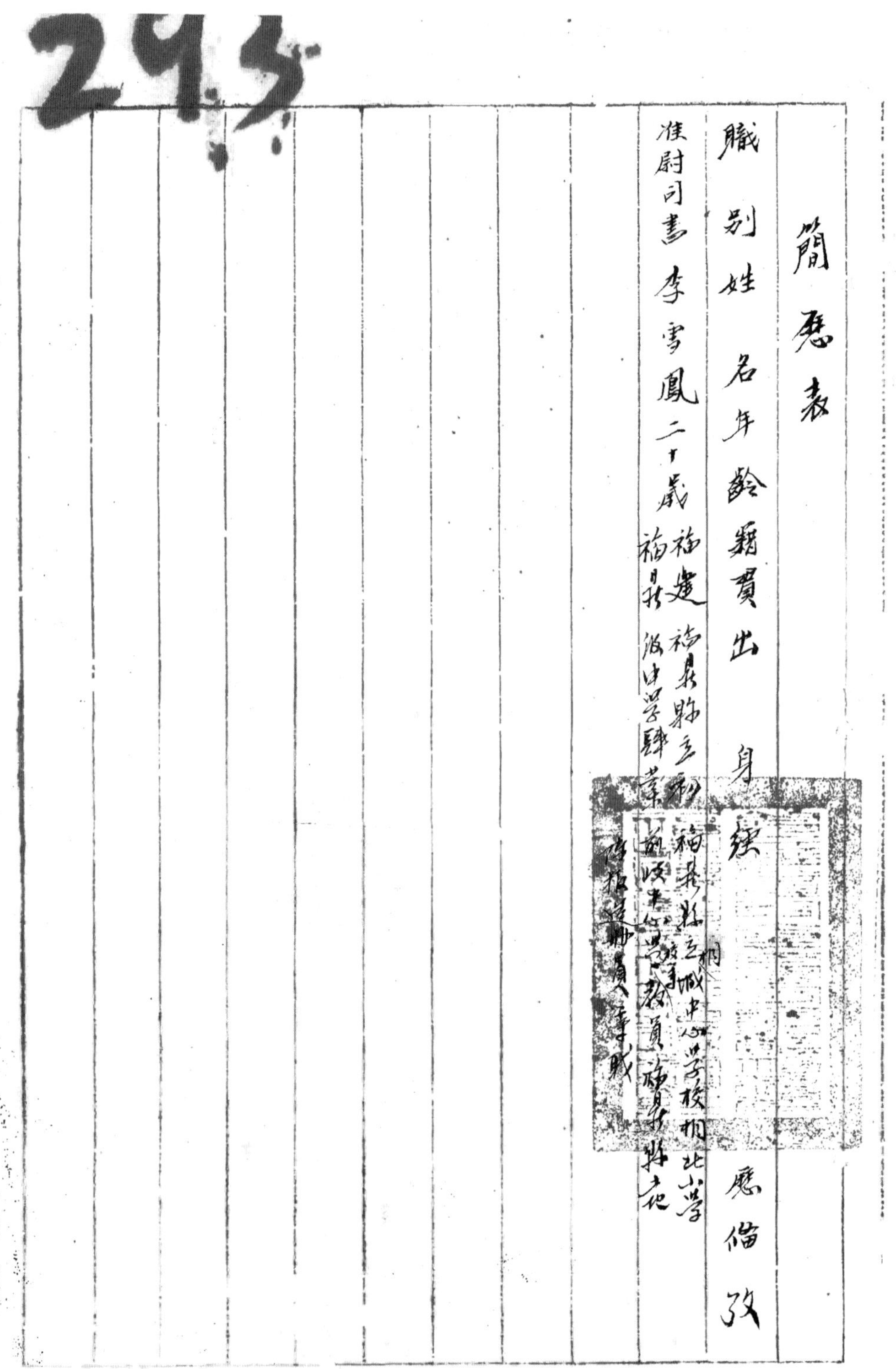

簡歷表

職別	姓名	年齡	籍貫	出身	經歷	備攷
准尉司書	李雪鳳	二十歲	福建福鼎	福鼎縣立初級中學肄業	福鼎縣立城中心學校桐北小學、[illegible]中心學校教員、福鼎縣[illegible]	[illegible]

附件：第三战区司令长官司令部福建省福鼎县军民合作站指导处李雪凤简历表（1942年12月） G137-001-0010

第三战区司令长官司令部福建省军民合作站總指導處指令

事由

該處司書高墉免職遺缺准委李雪鳳接充由

中華民國卅二年三月八日

令福鼎縣指導處

調查鼎県軍合字第91號呈一件為司書高墉工作不力擬免職以李雪鳳接充由

呈暨簡歷均悉。所請照准委令隨發仰轉給祇領惟查該呈字號係卅一年十二月廿日所列何以至二月中始達本處延壓過久殊屬非是嗣後應飭承辦人努改正務求迅速為要！此令。

附李雪凤委令一件

處長　鄭　梅

副處長

第三战区司令长官司令部福建省军民合作站总指导处关于福鼎县指导处司书高墉免职，遗缺准委李雪凤接充的指令（1943年3月8日）　G137-001-0010

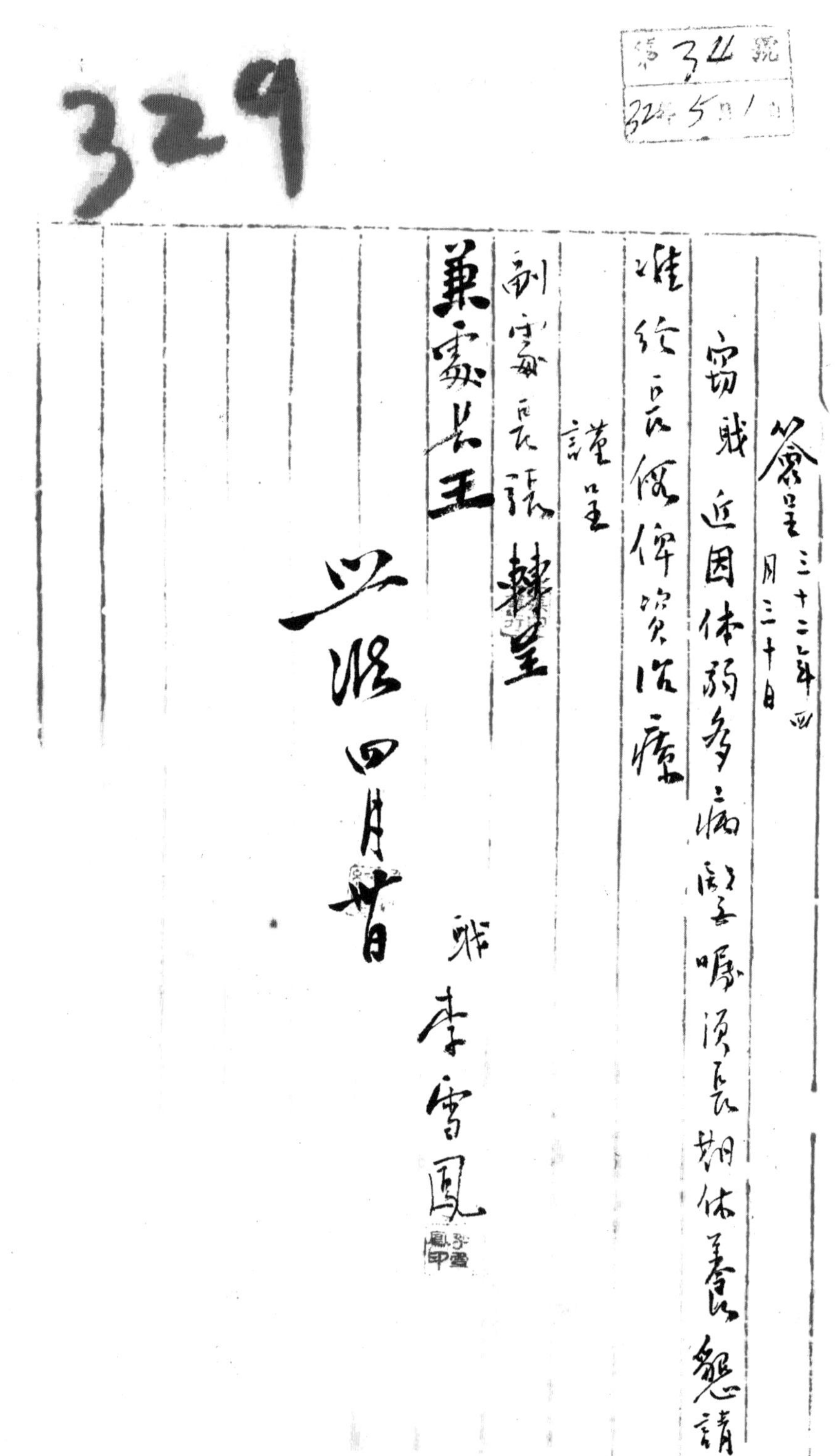

第324號
32年5月1日

329

签呈 三十二年四月三十日

窃职近因体弱多病，医嘱须长期休养，恳请

准给长假俾资治疗

谨呈

副处长张

兼处长王

以准 四月卅日

职 李雪凤

第三战区福建省福鼎县军民合作站指导分处李雪凤关于因体弱多病恳请准给长假俾资治疗的签呈

（1943 年 4 月 30 日） G137-001-0010

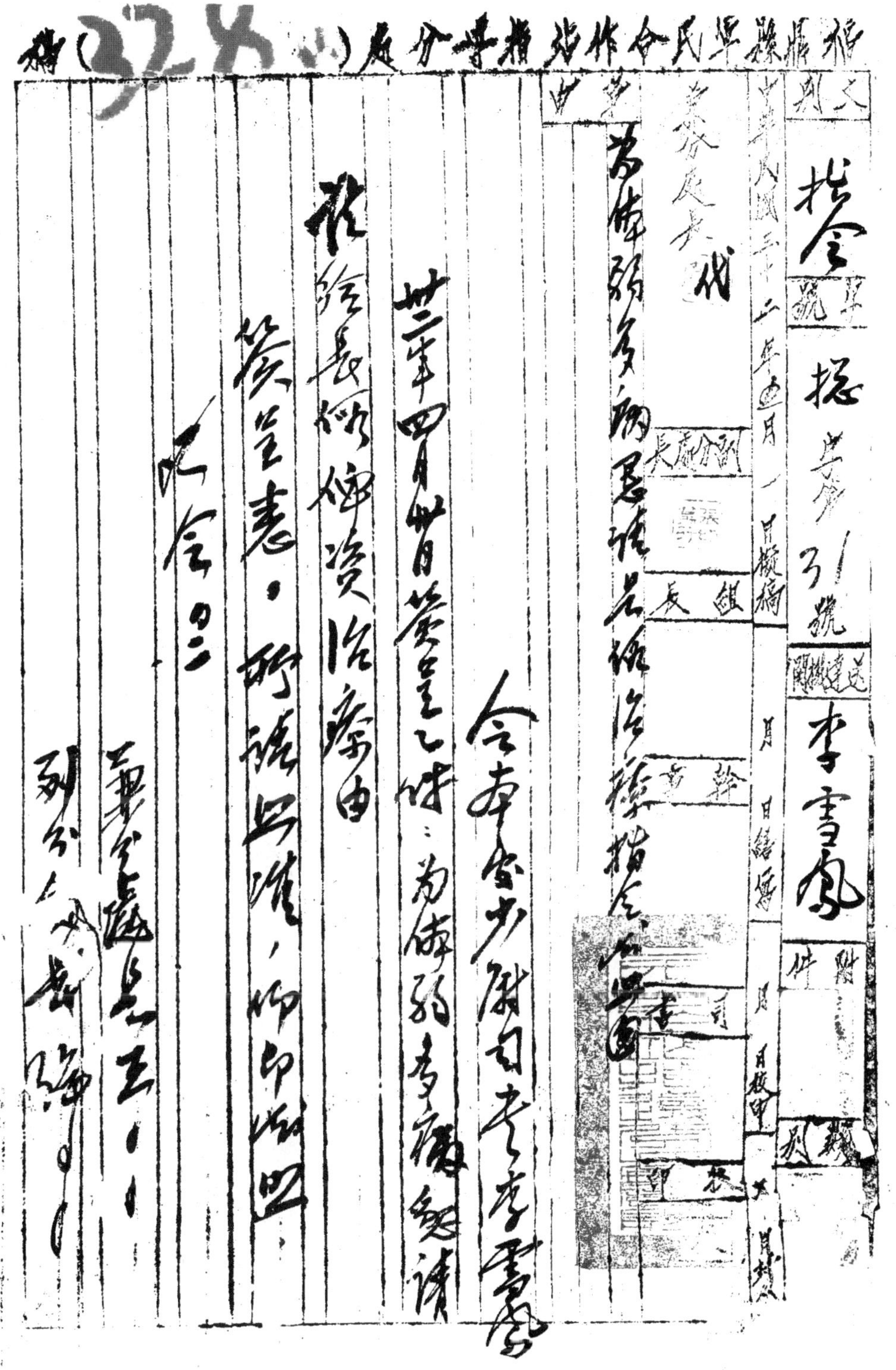

第三战区福建省福鼎县军民合作站指导分处关于准予李雪凤因体弱多病恳请长假治疗的指令

（1943 年 5 月 1 日） G137-001-0010

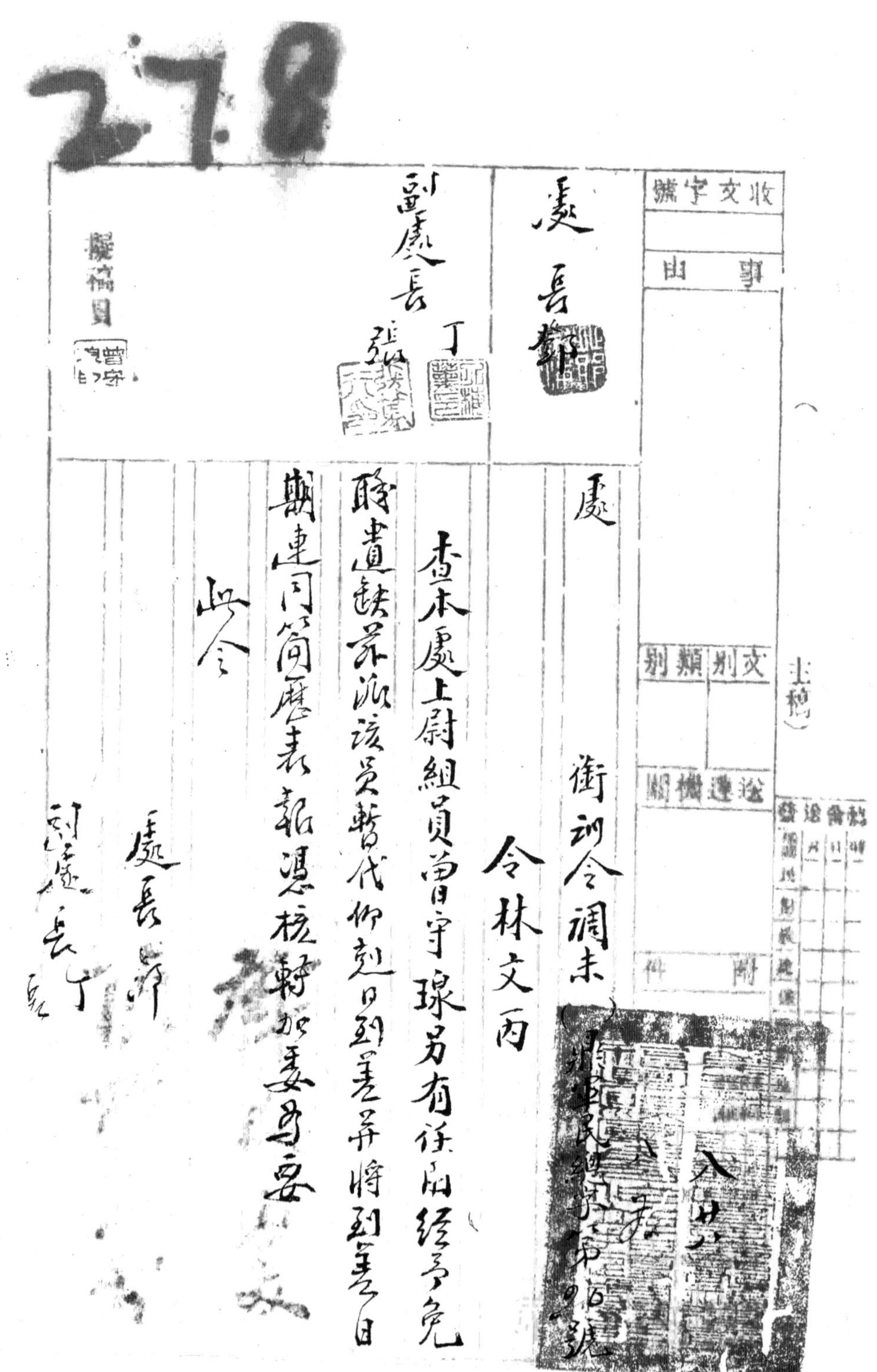
278

收文字號

事由

文別 類別

送達機關

附件

處長 鄧

副處長 丁 張

擬稿員 曾守瓊

處 衔訓令 調未（ ）

令林文丙

查本處上尉組員曾守瓊另有任用經予免職遺缺茲派該員暫代仰剋日到差並將到差日期連同簡歷表報憑核轉為要

此令

處長 鄧

副處長 丁 張

第三战区司令长官司令部福建省福鼎县军民合作站指导处关于本处上尉组员曾守琼另有任用，经予免职，遗缺派林文丙暂代，并将到差日期连同简历表报凭核转的训令（1942 年 8 月 29 日） G137-001-0010

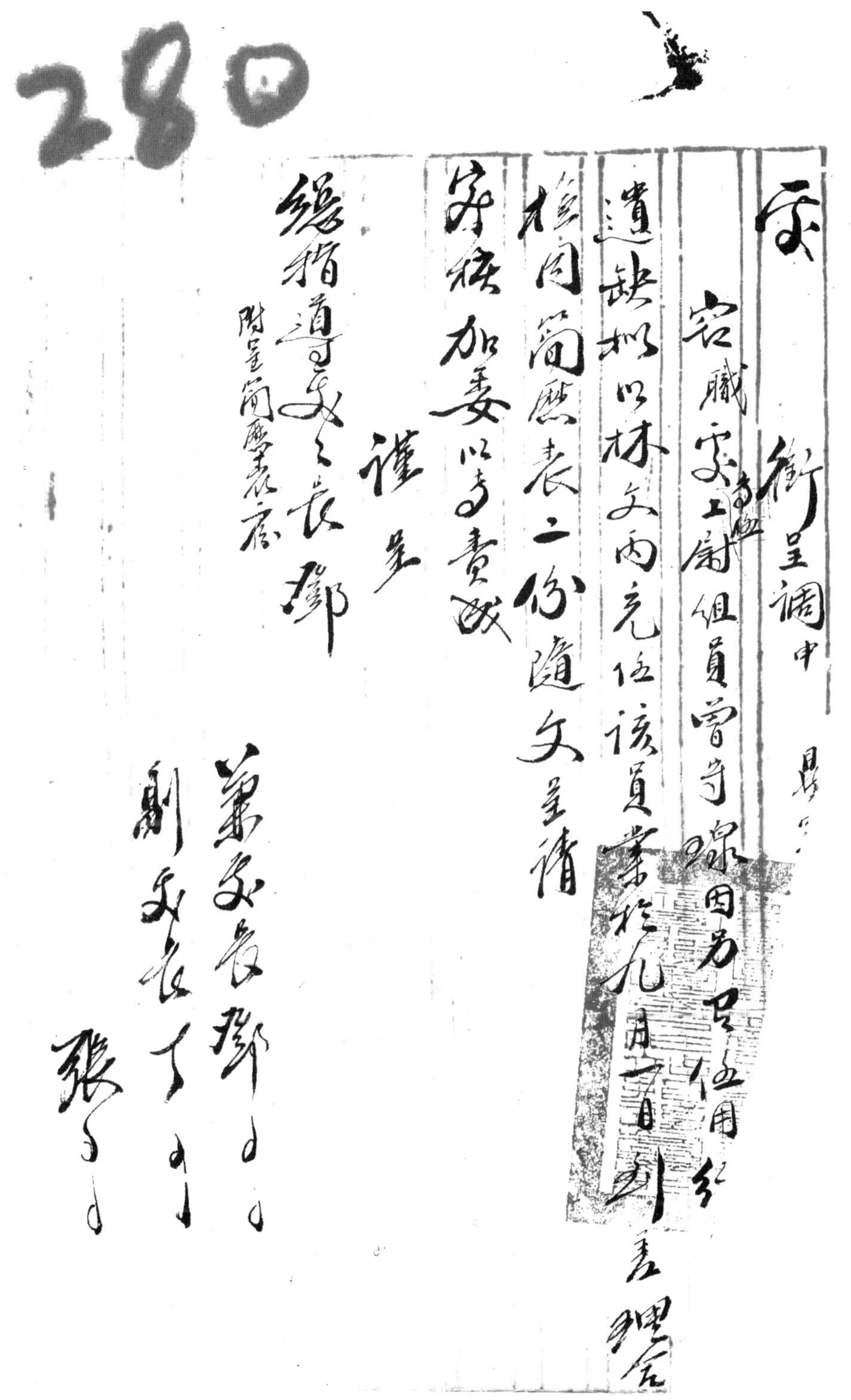

280

案奉

钧处未□日呈调中字第□号训令，饬将□□□□□□□□□□□□

容职处上尉组员曾守琼因另有任用，经予免职，

遗缺拟以林文丙充任，该员业于九月一日到差理合

检同简历表二份，随文呈请

察核加委，以专责成。

谨呈

总指导长郑

附呈简历表二份

第□处长郑

副处长丁

张

第三战区司令长官司令部福建省福鼎县军民合作站指导处关于本处上尉组员曾守琼另有任用，经予免职，遗缺以林文丙充任并于九月一日到差，检同简历表报请核委的呈文（1942 年 9 月 10 日）　G137-001-0010

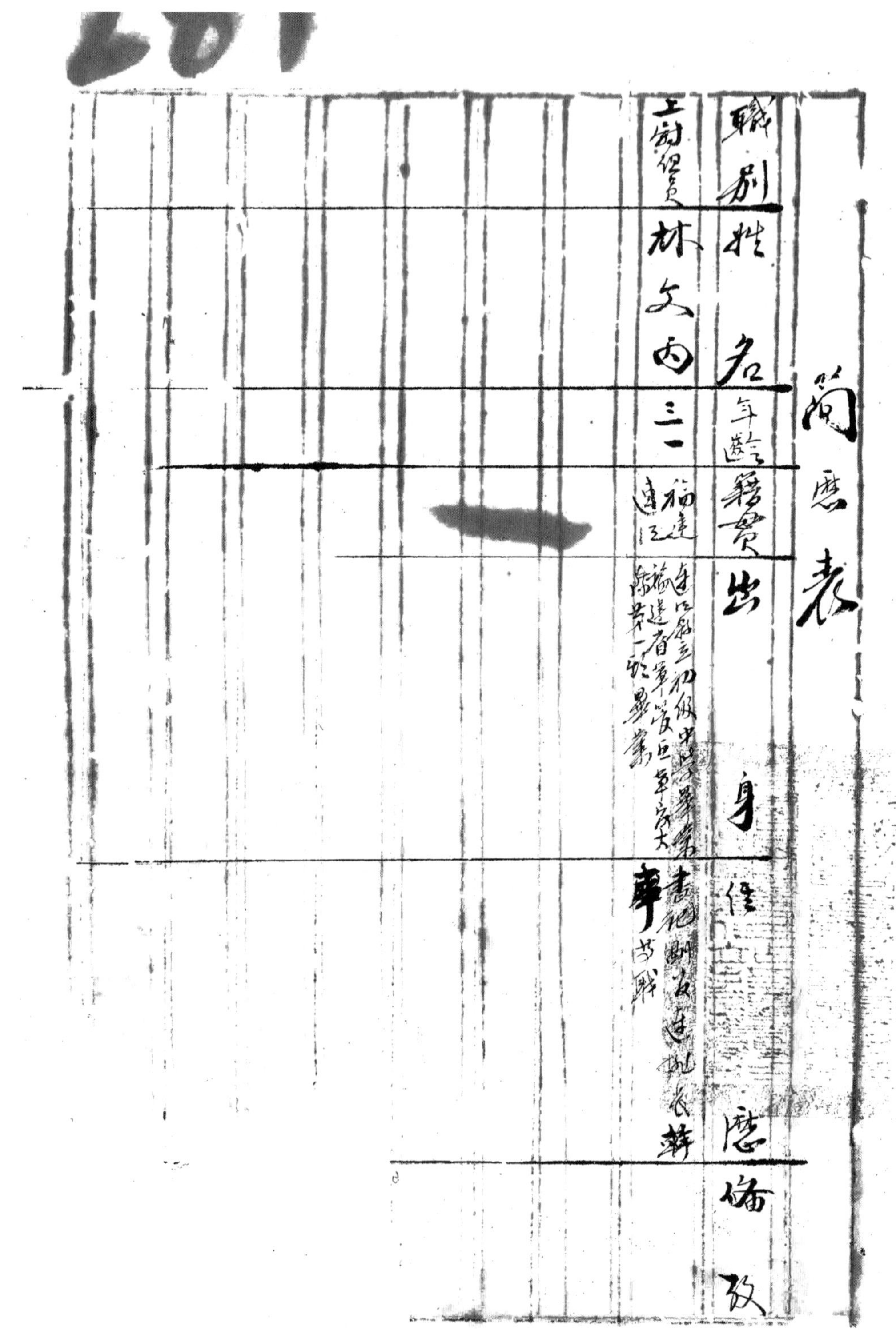

简历表

职别	姓名	年龄	籍贯	出身	任历	备考
上尉组员	林文丙	三一	福建连江	连江私立初级中学毕业、福建省军管区军官大队第一队毕业	书记、副队长、连长、[illegible]	

附件：第三战区司令长官司令部福建省福鼎县军民合作站指导处上尉组员林文丙简历表

（1942 年 9 月 10 日） G137-001-001

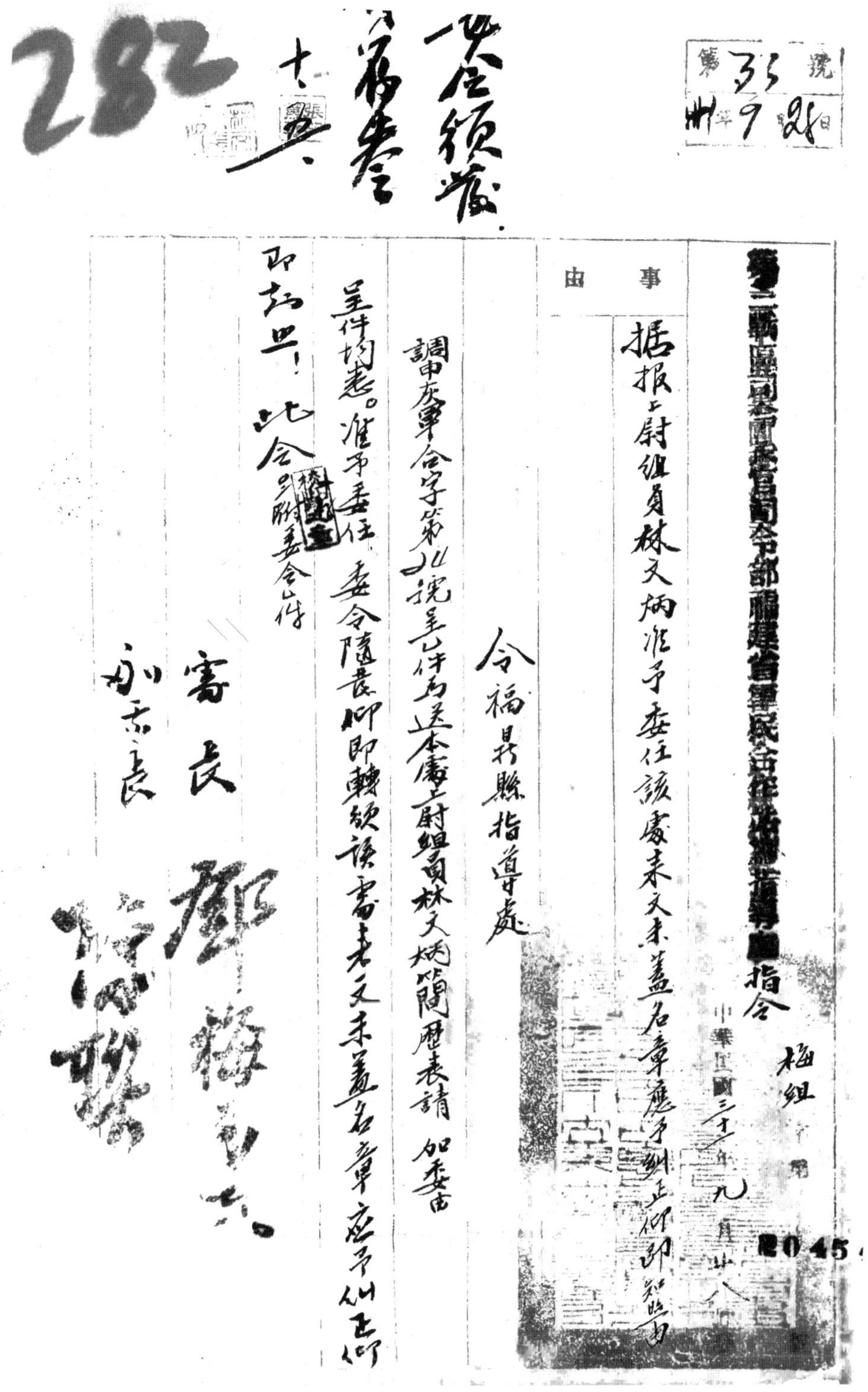

第三战区司令长官司令部福建省军民合作站总指导处关于准予委任林文丙为上尉组员，惟该处来文未盖名章，应予纠正的指令（1942 年 9 月 28 日） G137-001-0010

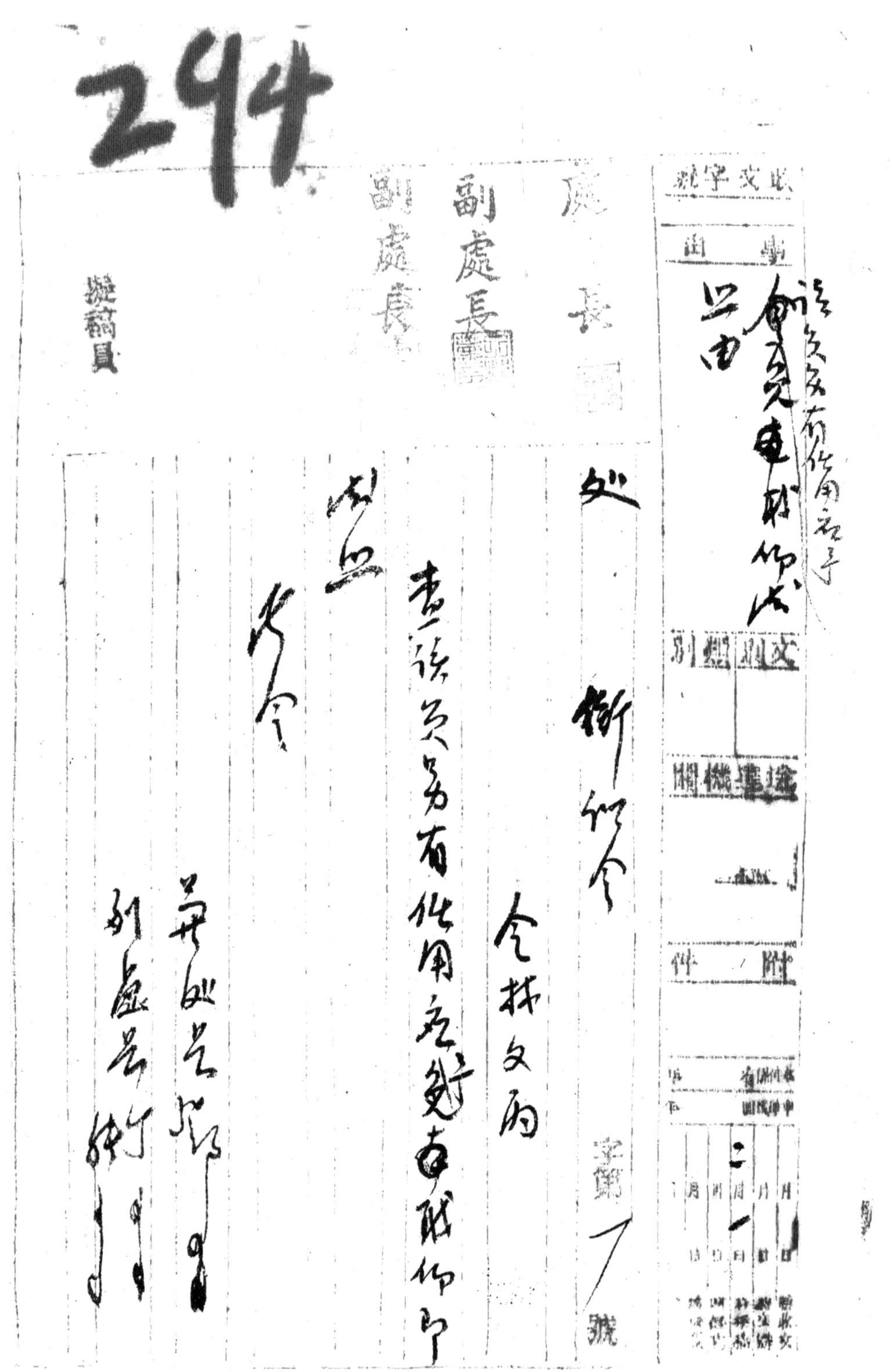

第三战区司令长官司令部福建省福鼎县军民合作站指导处关于林文丙另有任用，应予免职的训令

（1943 年 2 月 1 日）　G137-001-0010

收文字　号

事由：令派领员孙暂代本处上尉组员由

处长
副处长
副处长
拟稿员

令　字第　号

训令

令孙文金

查本处上尉组员林文雨另有任用，所遗缺额派该员暂代，仰于文到日即行前往接替，并将到差日期连同简历表报凭核转加委为要。

此令。

处长

副处长

附件

第三战区司令长官司令部福建省福鼎县军民合作站指导处关于派孙文金暂代本处上尉组员，并将到差日期连同简历表报凭核转加委的训令(1943年2月1日)　G137-001-0010

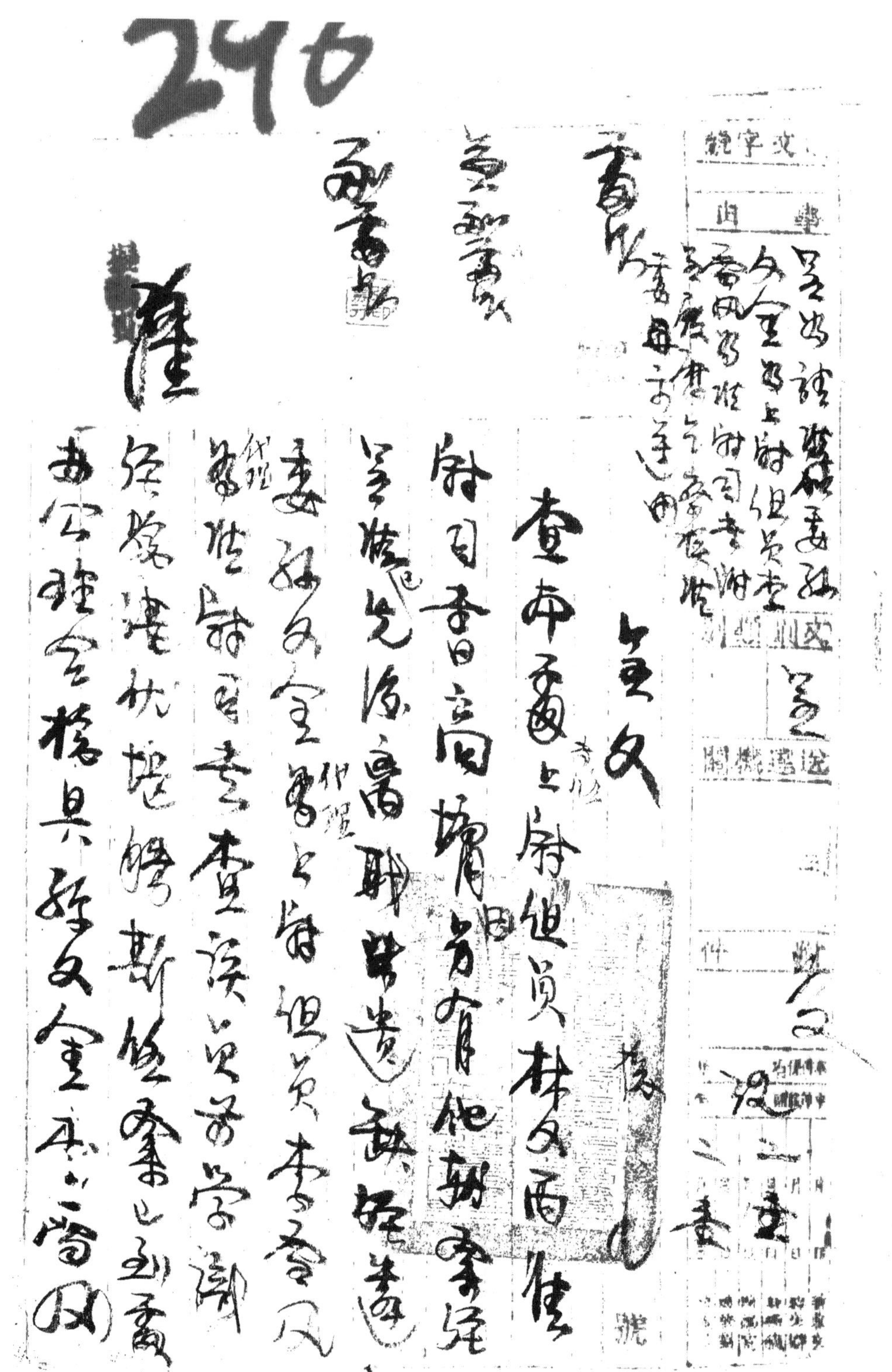

第三战区司令长官司令部福建省福鼎县军民合作站指导处关于请准委孙文金为上尉组员、李雪凤为准尉司书的呈文（1943年2月1日） G137-001-0010

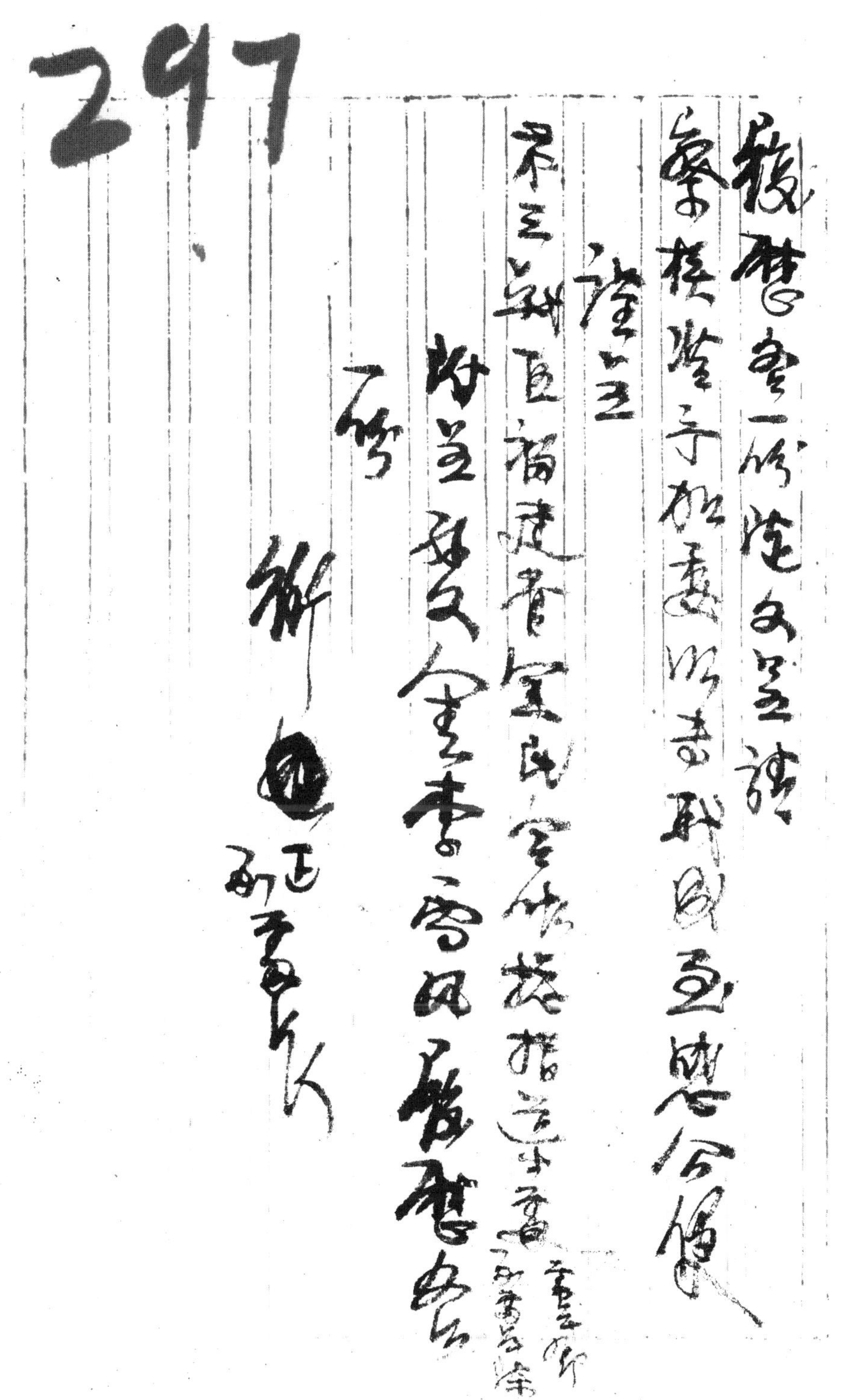

第三战区司令长官司令部福建省福鼎县军民合作站指导处关于请准委孙文金为上尉组员、李雪凤为准尉司书的呈文(1943年2月1日)　G137-001-0010

298

簡歷表

级职	姓名	年龄	籍贯	出身	经历	是否入党	附注
上尉组员	孙文金	二五	福建东山	龙溪[illegible] 漳南中学毕业	曾任校长办事员、中上尉书记、副官、科员	已入党	
准尉司书	李雪凤	二四	福建福安	福安私立中学肄业	曾任[illegible]小学教员[illegible]	未入党	

附件：第三战区司令长官司令部福建省福鼎县军民合作站指导处孙文金、李雪凤简历表

（1943 年 2 月 1 日）　G137-001-0010

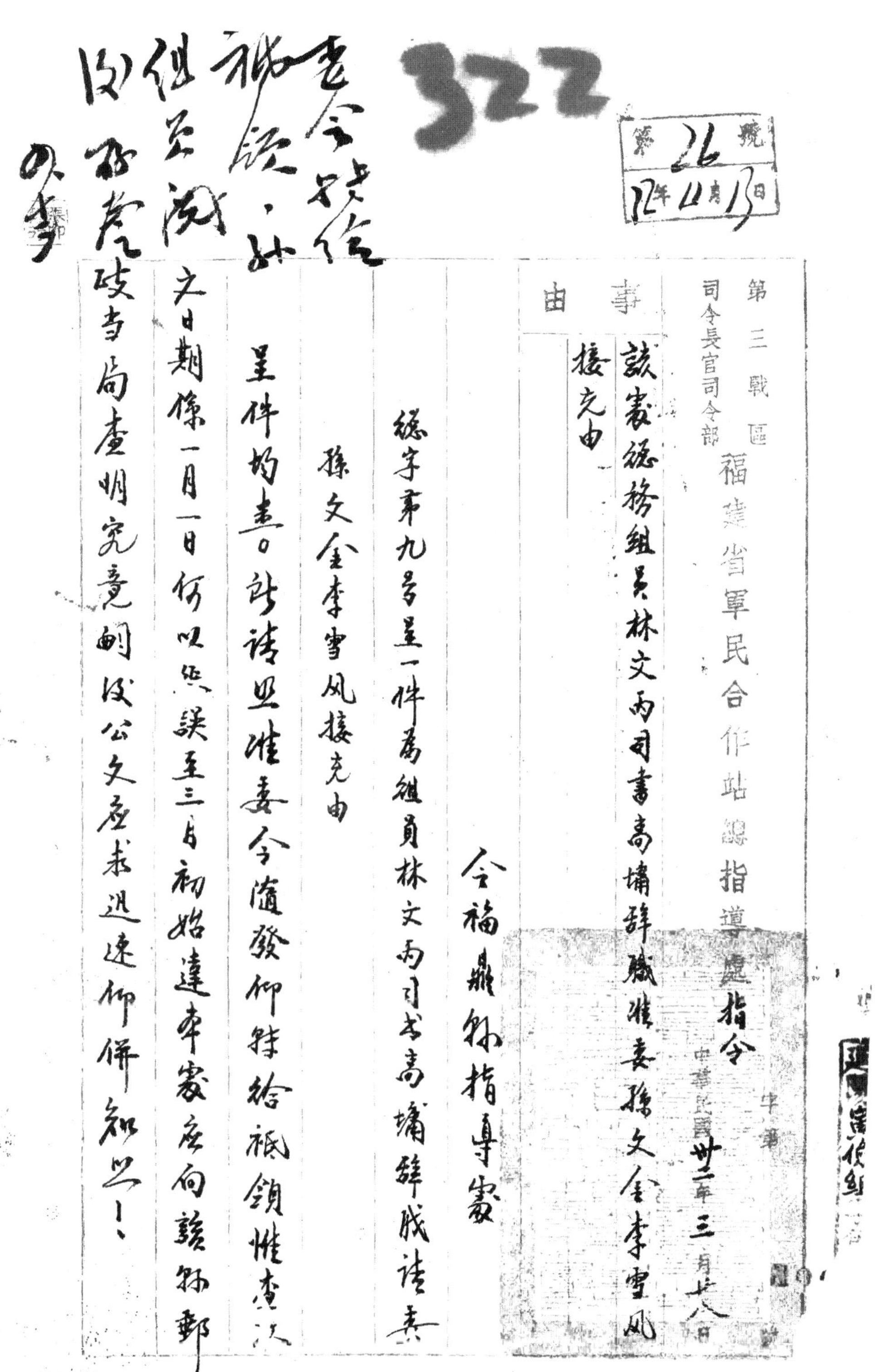

322

第　　號
卅二年4月13日

第三戰區司令長官司令部福建省軍民合作站總指導處指令

中華民國卅二年三月廿八日

事由：該處總務組員林文丙司書高墉辭職准委孫文金李雪鳳接充由

令福鼎縣指導處

總字第九號呈一件為組員林文丙司書高墉辭職請委孫文金李雪鳳接充由

呈件均悉。所請照准委。今隨發仰轉給祗領。惟查該文日期係一月一日，何以延誤至三月初始達本處，應向該縣郵政當局查明究竟耽誤公文原委，迅速仰併知照！

第三战区司令长官司令部福建省军民合作站总指导处关于福鼎县指导处总务组员林文丙、司书高墉辞职，准委孙文金、李雪凤接充的指令(1943 年 3 月 28 日)　G137-001-0010

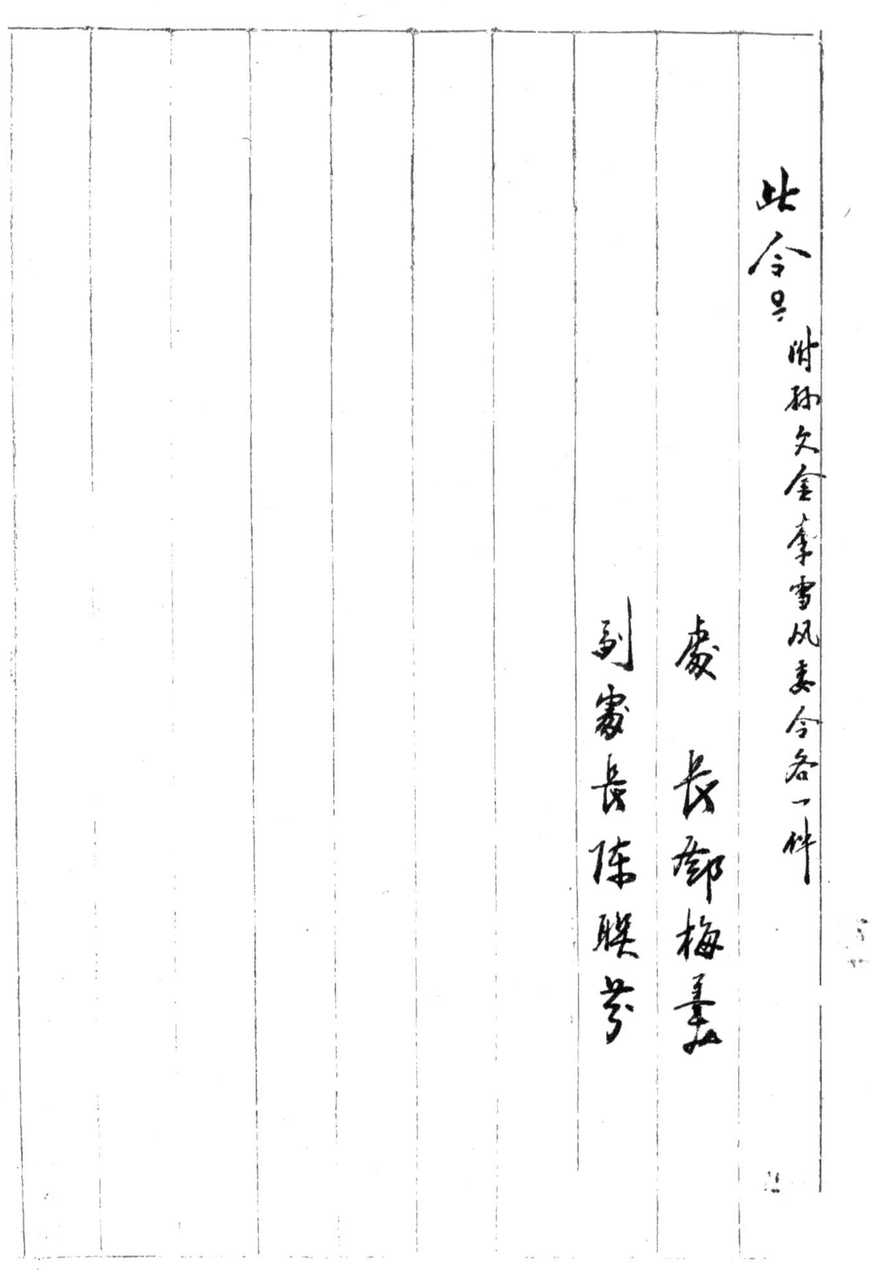

第三战区司令长官司令部福建省军民合作站总指导处关于福鼎县指导处总务组员林文丙、司书高墉辞职，准委孙文金、李雪凤接充的指令（1943 年 3 月 28 日） G137-001-0010

第43號
31年11月1日

福鼎縣政府公函

事由：據報桐山鎮軍民合作站請歸併指導處可否核准查照辦理由

據桐山鎮鎮長陶肇鏗酉梗調字第93號代電稱：

「查縣軍民合作站指導處設在地之鄉鎮軍民合作站無庸獨設，應併入指導處辦理，該有關事務係本有軍民合作站擔指導處通令有案，業別辦早已實行，惟本鎮軍民合作站至今仍附本站，每逢一批過境軍隊派伕，必須動員全體民丁，費一二日之時間四出征集，始克免貽誤。肇鏗自受訓回站，于今僅及十日，而軍隊派伕已達一百四十六名之多（挑電線、柝電線九十五名，挑軍米三十名，整理體育場一百名不計在內），該有要公急待辦理。鎮公所為自治機關，自有本身工作，何能日以辦理兵差？況桐山為本縣首鎮，對於保甲之戶籍、教育之普及以及實施公共造產、辦理組訓工作，既為示範，該特需尤

保山126

福鼎县政府关于桐山镇军民合作站呈请归并指导处等情请查照办理的公函

（1942年10月30日） G133-003-0119

其观瞻之诚毁成致如何最易影响于他乡镇肇端奉令之日以后务须推行政令切实
办了業為已任如有足以牵動該本身工作之事务可以摆脱而不能摆脱，
束身引退断不能以菲薄之材久尸较位以负钧座之恩遇也为言不已定感
仍桐山镇军民合作站从日保隶指导处切实负起应有责任办兵差以免本
县受兵差影响工作不胜迫切待命之至！！

等情据此相应函达

查照办理见复为荷！

此致

县军民合作站福鼎指导处

桐山镇公所因难应予设法解决以免妨碍工作之效

[illegible]

县长 邵宗海

校對 李原[illegible]

福鼎县政府关于桐山镇军民合作站呈请归并指导处等情请查照办理的公函

（1942年10月30日） G133-003-0119

事由：桐山镇军民合作站仍予保留困难情形本处正在设法补救复请查照由

文别：函

送达机关：县政府

附件：无

第三战区司令长官司令部福建省福鼎县军民合作站指导处关于桐山镇军民合作站仍予保留，困难情形本处正在设法补救，复请福鼎县政府查照的公函（1942 年 11 月 3 日） G133-003-0119

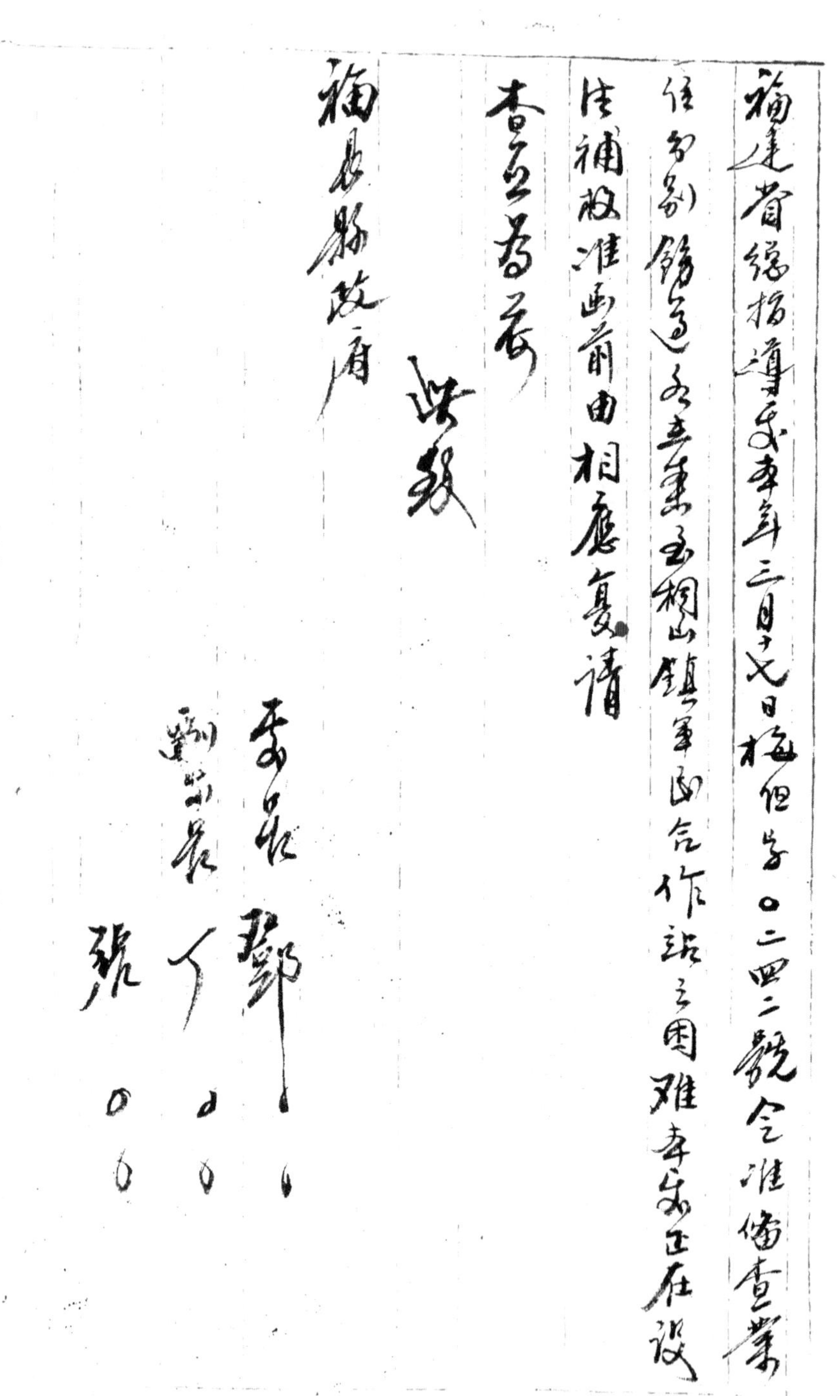

0C0053

福建省總指導處本年十月廿七日福但字〇二四二號令准備查業
經分別錄送知照在案至桐山鎮軍民合作站之困難本處正在設
法補救准函前由相應復請
查照為荷
此致
福鼎縣政府
處長 鄧〇〇
劉副處長 〇〇
張〇〇

第三战区司令长官司令部福建省福鼎县军民合作站指导处关于桐山镇军民合作站仍予保留，困难情形本处正在设法补救，复请福鼎县政府查照的公函(1942 年 11 月 3 日) G133-003-0119

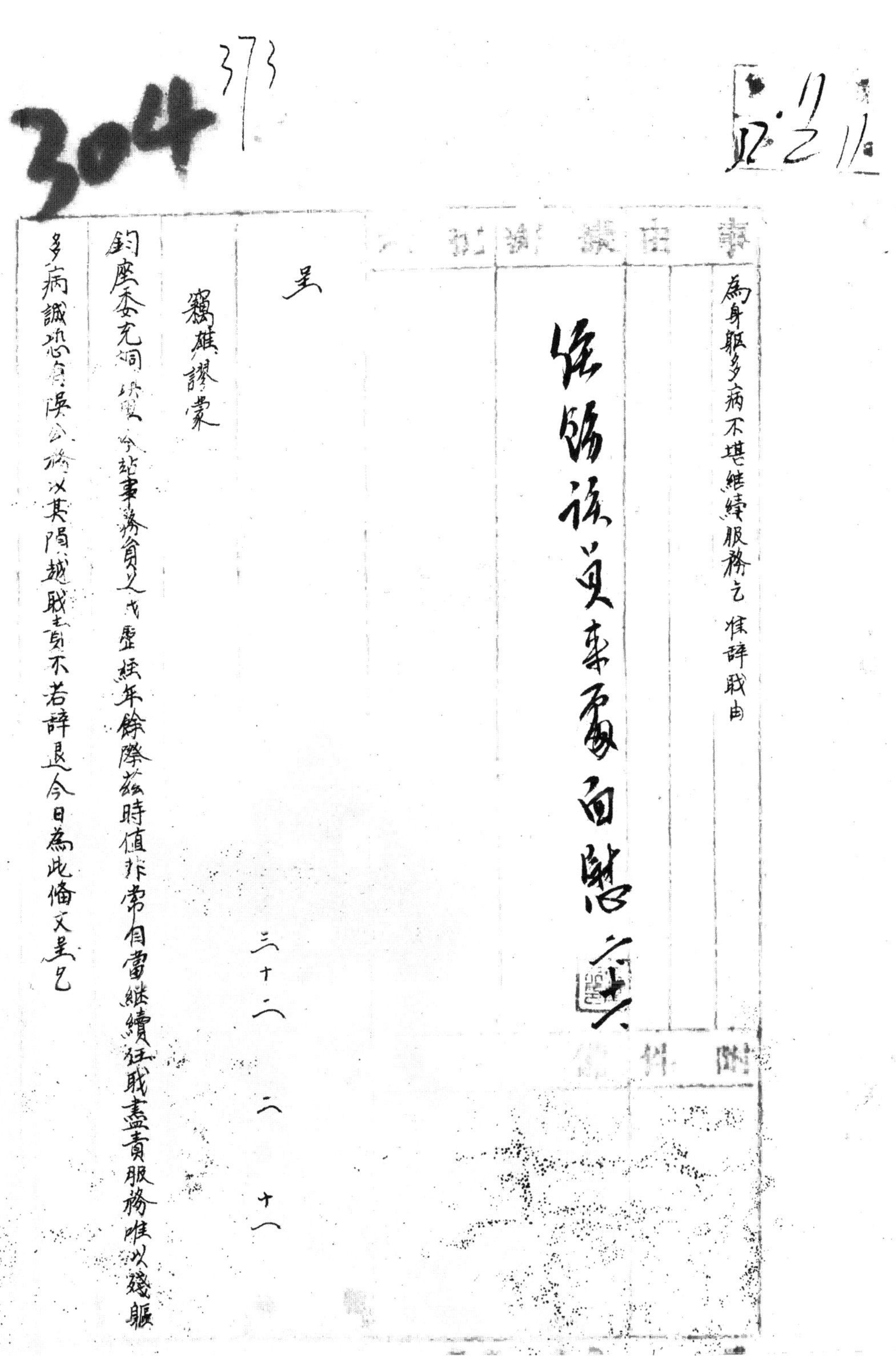
為身軀多病不堪繼續服務乞准辭職由

准辭該員來處面懇　六十六

呈

竊雄謬蒙

鈞座委充桐山鎮分站事務員之職歷經年餘際茲時值非常自當繼續任職盡責服務唯以殘軀多病誠恐貽誤公務以其隕越職責不若辭退今日為此備文呈乞

三十二　二　十一

第三战区司令长官司令部福建省福鼎县桐山镇军民合作站陈心雄关于身躯多病不堪继续服务，乞准辞职的呈文(1943 年 2 月 11 日)　G137-001-0010

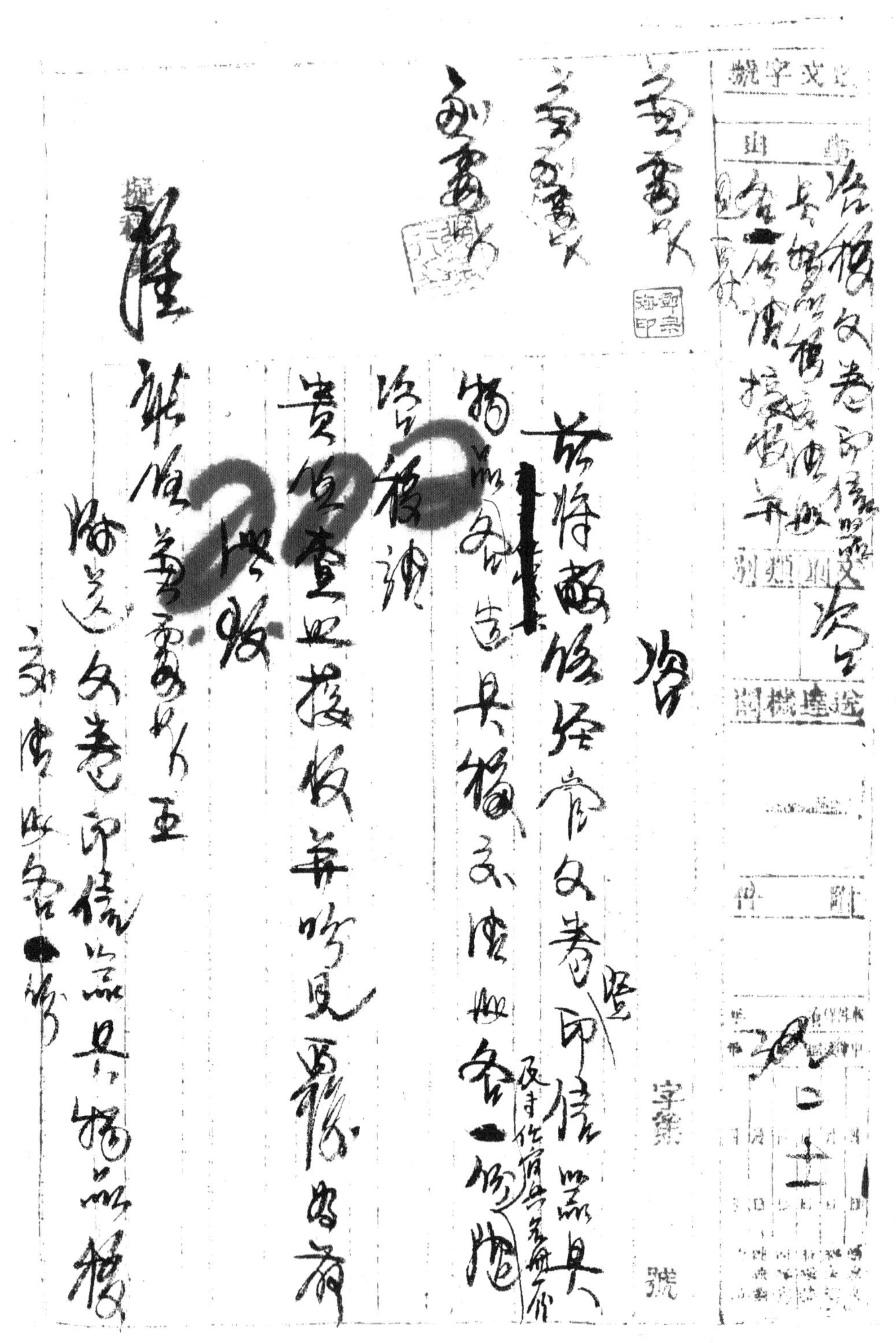

第三战区司令长官司令部福建省福鼎县军民合作站指导处卸任处长邓宗海关于移交文卷、印信、器具、物品移交清册致新任兼处长王靖远的咨函(1943年2月11日)　G137-001-0003

311

第0030號
32 2 15

第三戰區司令長官司令部福建省福鼎縣軍民合作站指導處 咨

事由：咨移交文卷印信器具物品及現任專職官兵名冊一份請 接收并見覆由

茲將敝任經管文卷暨印信器具物品暨現任職官兵名冊造具移交清冊二份隨咨賫請
貴任查照接收并盼見覆爲荷
此致
新任處長王
附送文卷印信器具物品暨現任
交清冊各二份
卸任處長鄧宗海

卅二年二月

第三战区司令长官司令部福建省福鼎县军民合作站指导处卸任兼处长邓宗海关于移交文卷、印信、器具、物品及现任专职官兵名册请接收见复的咨函　附清册（1943 年 2 月）　G137-001-0010

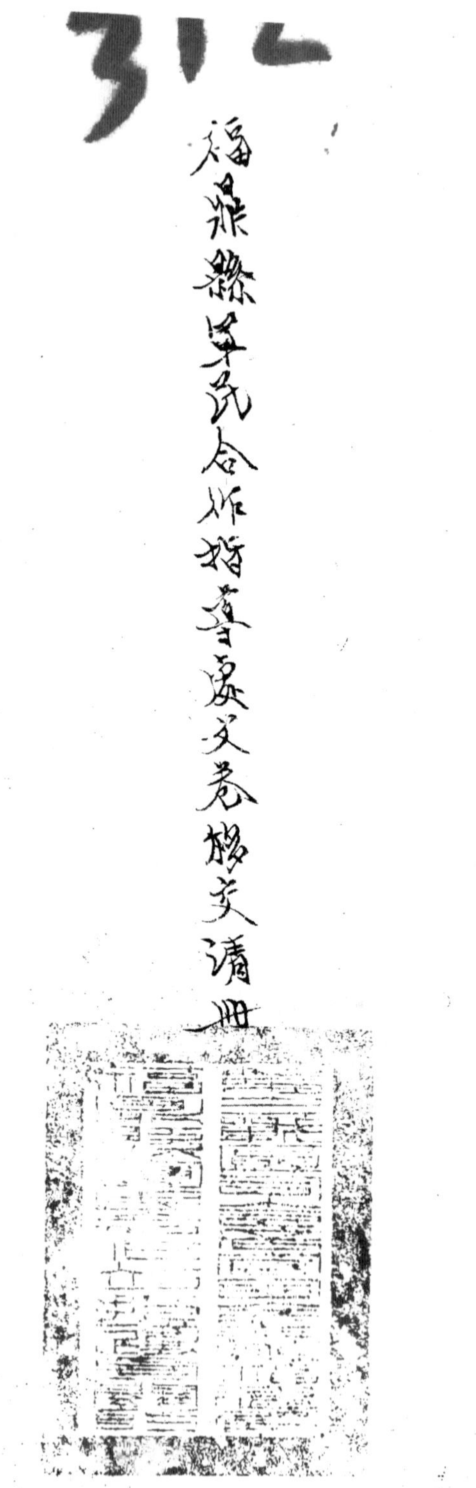

附件:福鼎县军民合作站指导处文卷移交清册(1943 年 2 月) G137-001-0010

313

福鼎縣軍民合作站指導處文卷移交清冊　三十二年二月

一、關於經費卷　壹宗
一、關於人事卷　壹宗
一、關於軍隊供應卷　壹宗
一、關於處站成立卷　壹宗
一、軍民合作站法規彙編　弍本
一、收文簿　弍本
一、發文簿　弍本
一、送稿簿　壹本
一、會稿簿　壹本

附件:福鼎县军民合作站指导处文卷移交清册(1943 年 2 月)a 面　G137-001-0010

一、送文簿 壹本

一、签核簿 壹本

一、會議錄 壹本

附件:福鼎县军民合作站指导处文卷移交清册(1943 年 2 月)b 面 G137-001-0010

314

卸任处长郑宗海

暨前副处长张篇竹

接任处长王道经

暨接副处长张篇竹

中华民国卅二年二月　日

附件:福鼎县军民合作站指导处文卷移交清册(1943年2月)　G137-001-0010

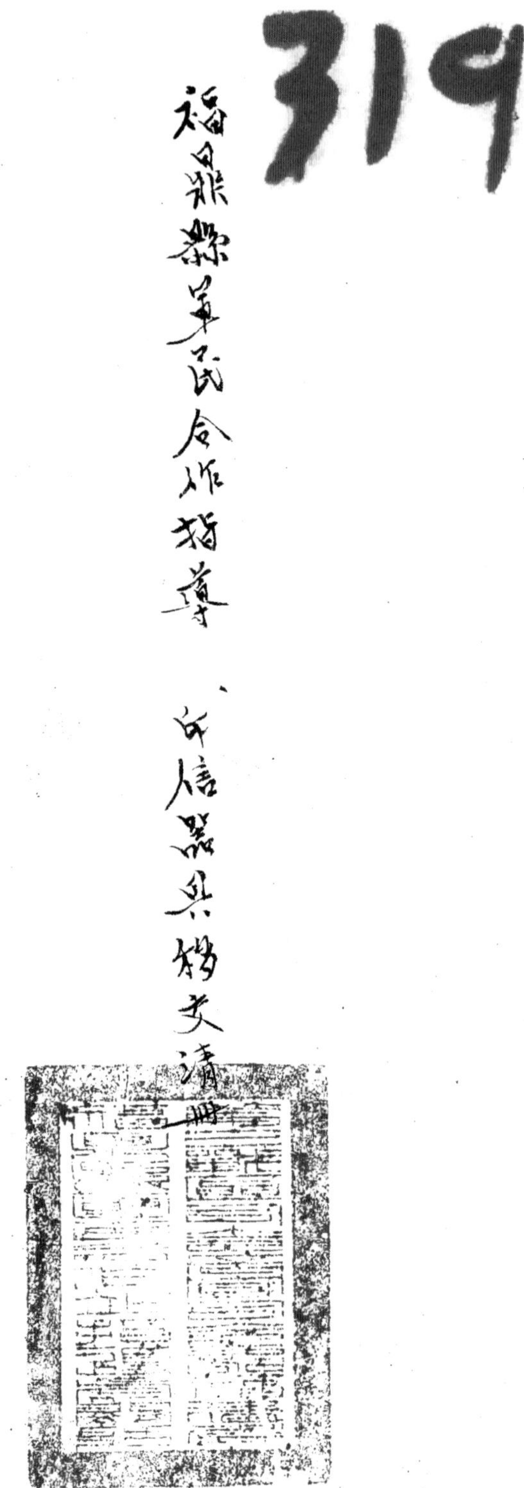

319

福鼎縣軍民合作指導、印信器具移交清冊

附件：福鼎县军民合作站指导处印信、器具移交清册（1943 年 2 月） G137-001-0010

320

福鼎縣軍民合作站指導處印信器具物品移交清冊

名稱	單位數量	備
鐵	防顆壹	
長戳	條壹	
辦公桌	張伍	
卷櫥架	式	
竹背椅	把陸	
竹椅	把式	
竹几	個壹	
長銜牌	面伍	本處存二面，桐山、管洋、琳江站各存一面

者

附件:福鼎县军民合作站指导处印信、器具移交清册(1943 年 2 月) G137-001-0010

321

卸任兼处长郑宗海

经接副处长张笃竹

接任兼处长王道纯

经接副处长张笃竹

中华民国卅二年二月　日

附件：福鼎县军民合作站指导处印信、器具移交清册（1943 年 2 月）　G137-001-0010

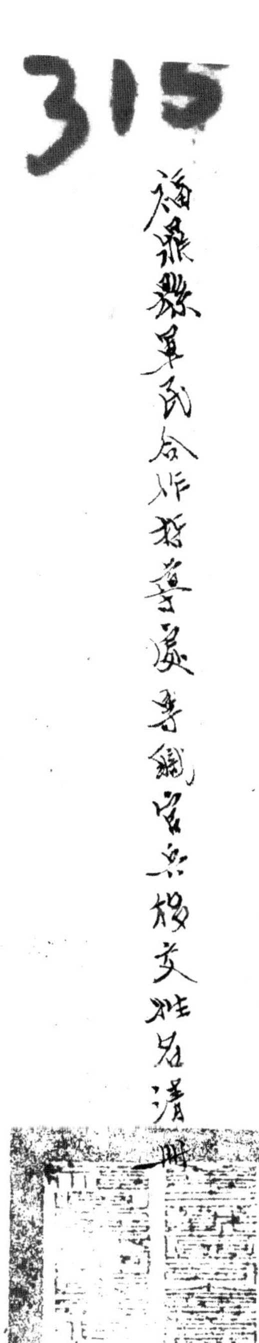
福鼎县军民合作指导处专职官兵移交姓名清册

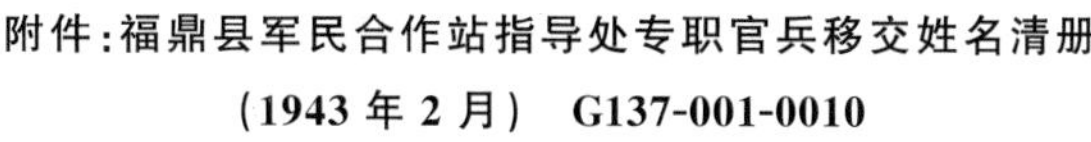
附件：福鼎县军民合作站指导处专职官兵移交姓名清册

（1943 年 2 月） G137-001-0010

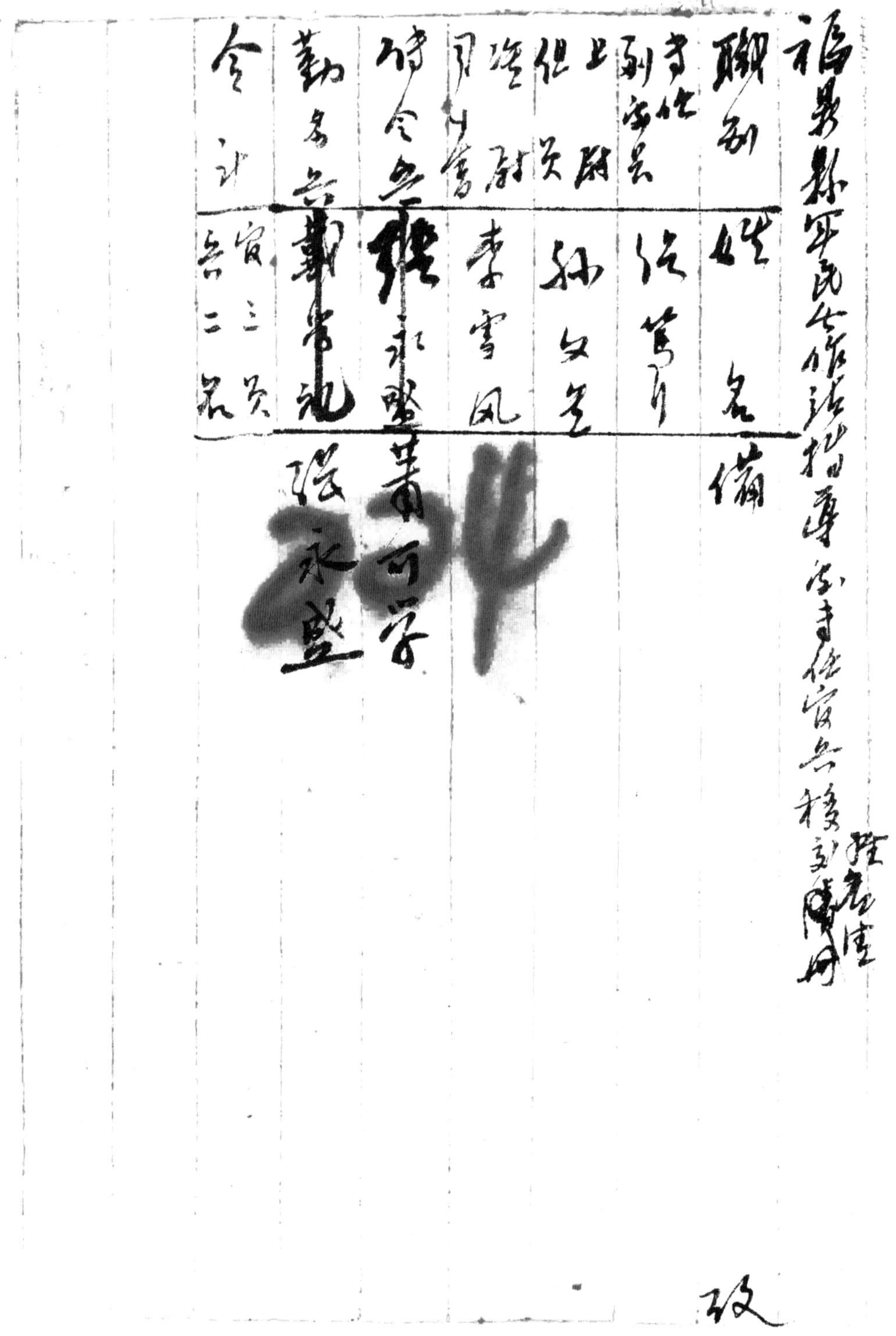

福鼎县军民合作站指导处专任官兵移交清册

职别	姓名	备考
专任副主任	徐笃行	
上尉组员	孙文光	
准尉	李雪风	
司书		
传令兵	张永盛	萧可学
勤务兵	黄常池	张永盛
合计	官三员 兵二名	

附件:福鼎县军民合作站指导处专职官兵移交姓名清册

(1943 年 2 月)　G137-001-0010

316

福鼎縣軍民合作站指導處專職官兵移交姓名清册

職別	姓名	備考
少校副處長	張篤行	
上尉組員	孫文全	
准尉司書	李雪鳳	
傳令兵	蕭可學	
勤務兵	張永盛	
合計	官三員 兵二名	

附件:福鼎县军民合作站指导处专职官兵移交姓名清册

(1943 年 2 月) G137-001-0010

317

卸任兼處長鄭宗海

經移副處長張篤竹

接任兼處長王道銑

經接副處長張篤竹

中華民國三十二年二月 日

附件：福鼎县军民合作站指导处专职官兵移交姓名清册

（1943年2月） G137-001-0010

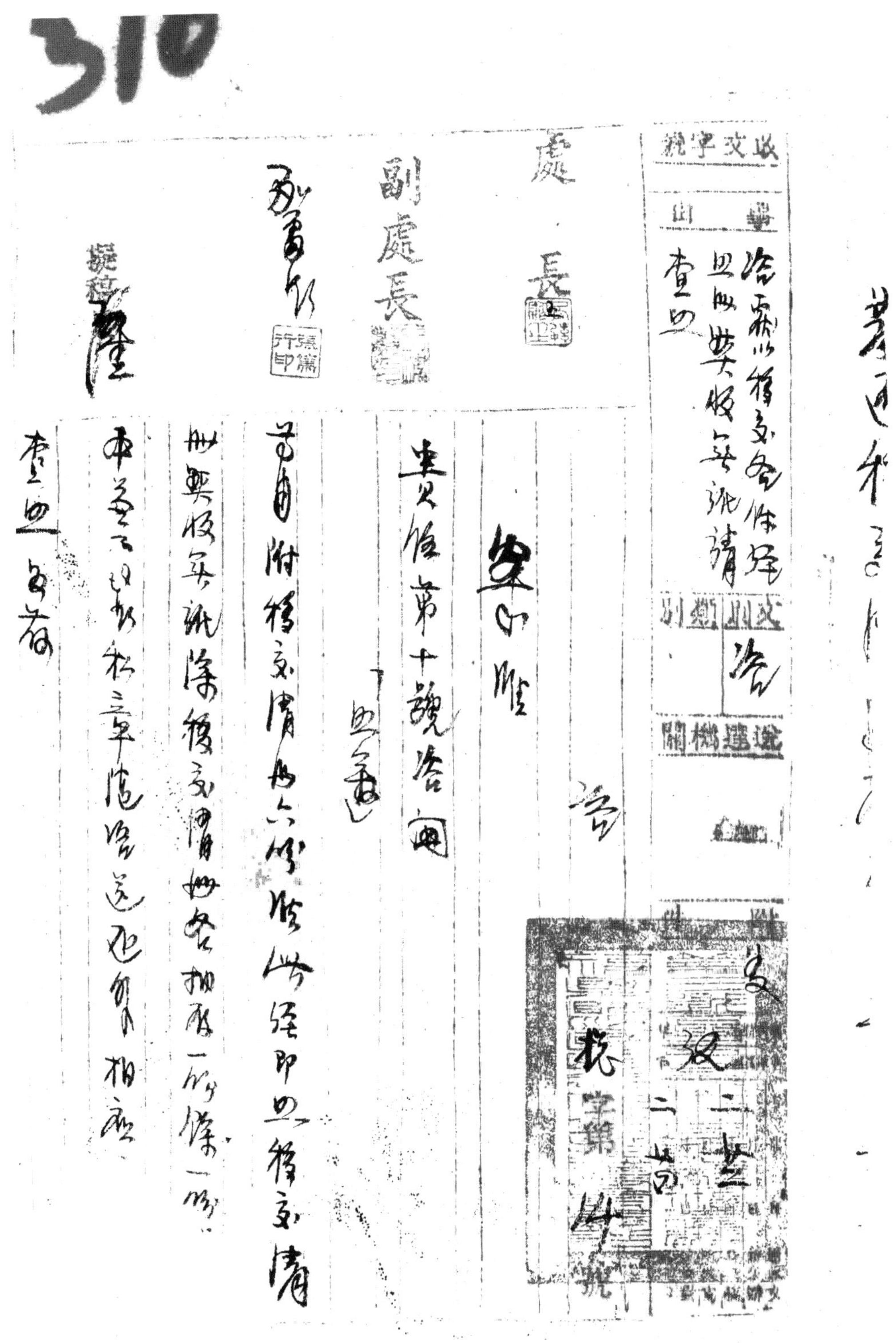

第三战区司令长官司令部福建省福鼎县军民合作站指导处关于移交各件经照册点收无讹的复咨

（1943 年 2 月 24 日） G137-001-0010

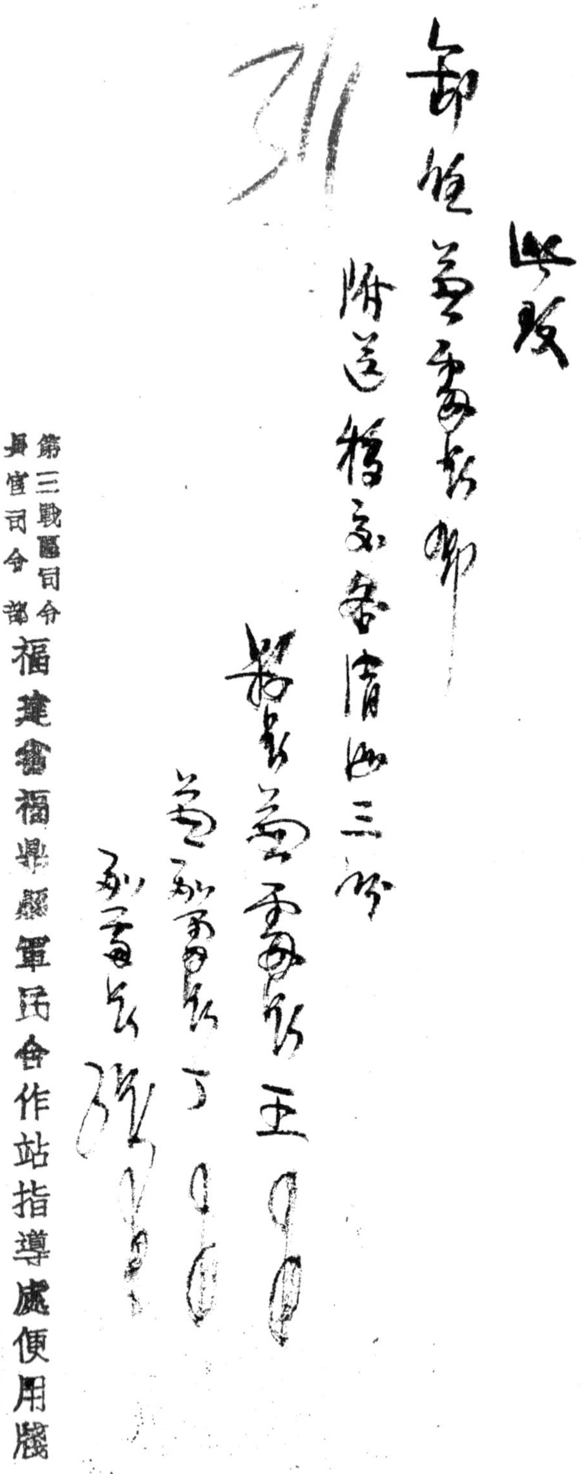

311

卸任蔡秘书长 收

附送档案移交清册三份

新任蔡秘书王

蔡科长丁

科长张

第三戰區司令長官司令部福建省福鼎縣軍民合作站指導處便用牋

第三战区司令长官司令部福建省福鼎县军民合作站指导处关于附送移交清册的便笺

（1943年2月24日）　G137-001-0010

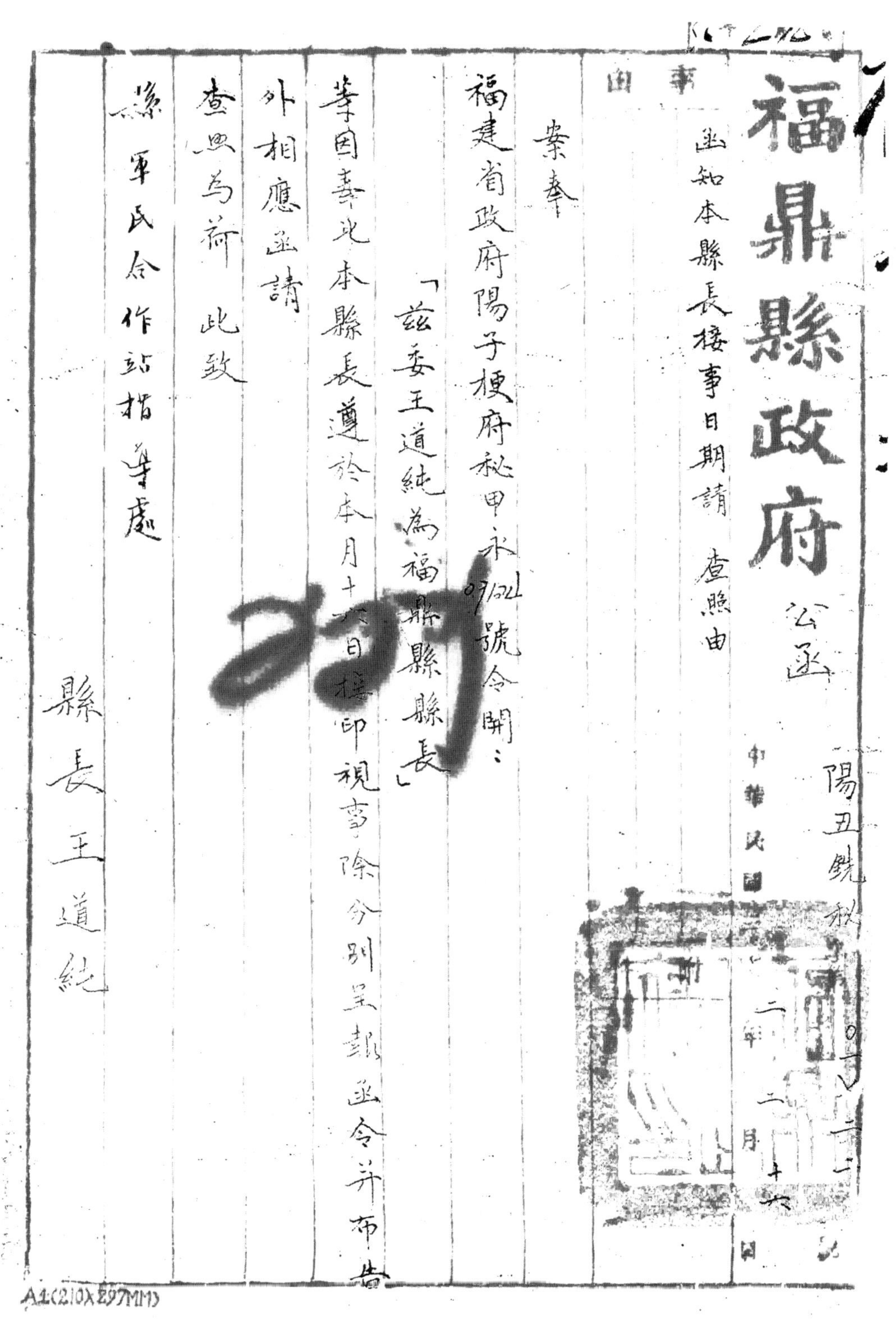

福鼎縣政府 公函

事由：函知本縣長接事日期請查照由

案奉
福建省政府陽子梗府秘甲永07024號令開：
「茲委王道純為福鼎縣縣長」等因奉此本縣長遵於本月十六日接印視事除分別呈報函令并布告外相應函請
查照為荷 此致
縣軍民合作站指導處

縣長王道純

中華民國三十二年二月十六日

陽丑銑秘字第〇一二號

A4(210X297MM)

福鼎县政府关于县长王道纯于本月十六日接印视事日期的公函

（1943 年 2 月 16 日） G137-001-0003

第三战区司令长官司令部福建省福鼎县军民合作站指导处关于本处兼处长更动，呈报新任兼处长王道纯简历表，请核转加委的呈文(1943 年 3 月 12 日) G137-001-0010

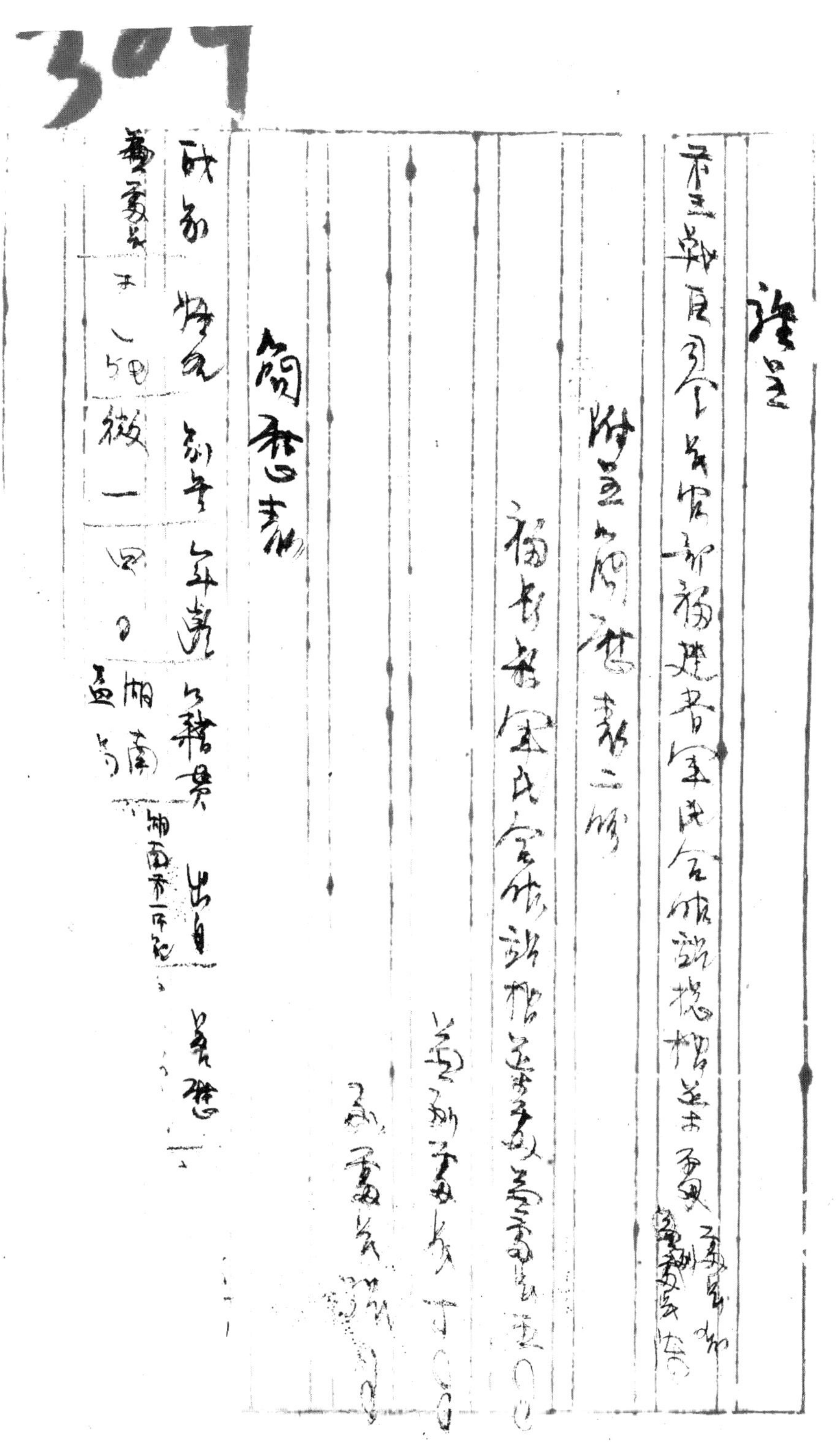

第三战区司令长官司令部福建省福鼎县军民合作站指导处关于本处兼处长更动，呈报新任兼处长王道纯简历表，请核转加委的呈文(1943 年 3 月 12 日)　G137-001-0010

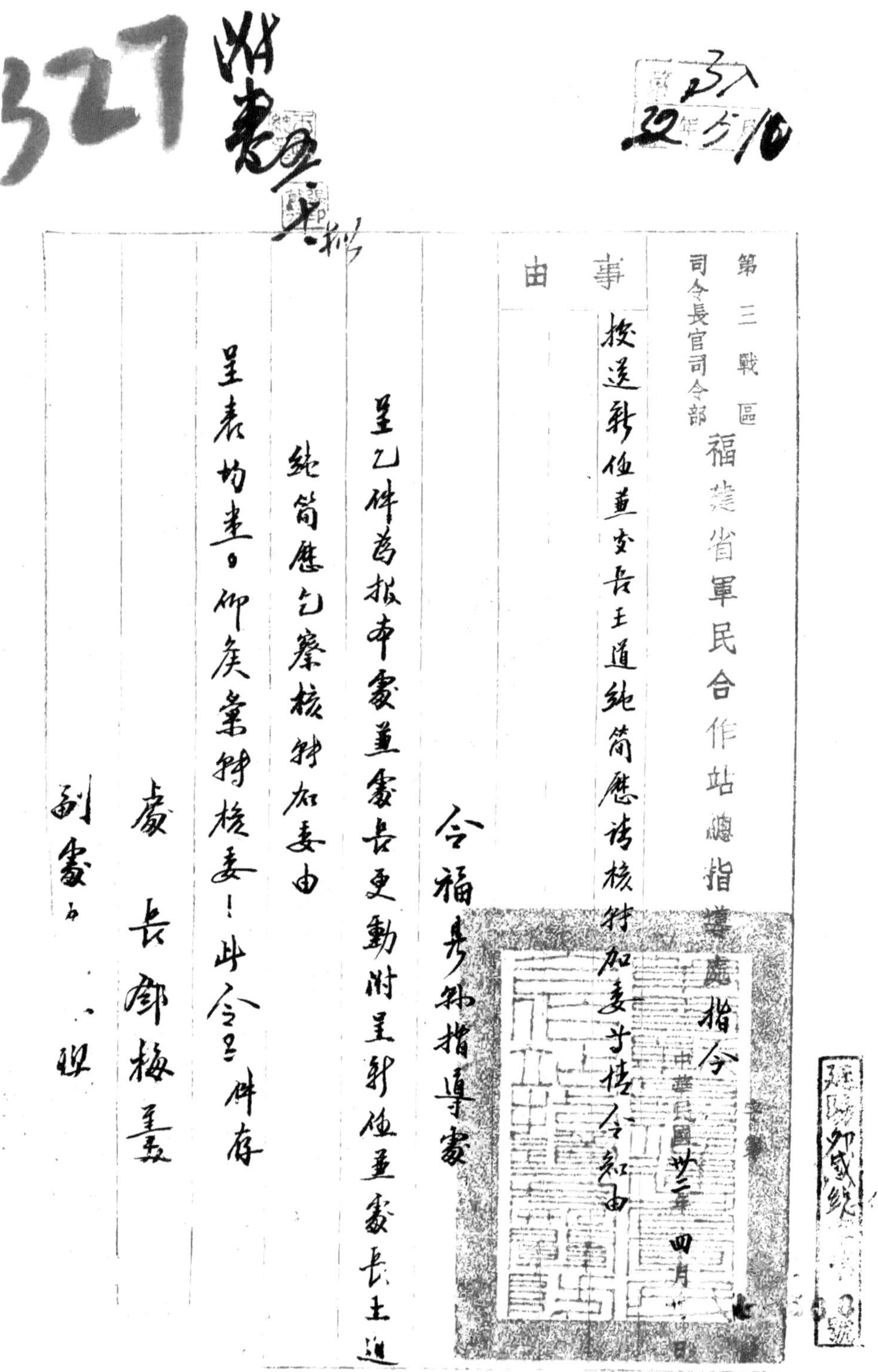

第三戰區司令長官司令部福建省軍民合作站總指導處指令

事由：核送新任兼處長王道純簡歷請核轉加委等情令知由

中華民國卅二年四月廿七日

令福安縣分指導處

呈乙件為報本處兼處長更動附呈新任兼處長王道純簡歷乞察核轉加委由

呈表均悉。仰侯彙轉核委！此令。表存

處長　鄧梅羹

副處長

第三战区司令长官司令部福建省军民合作站指导处关于报送新任兼处长王道纯简历请核转加委等情的指令(1943 年 4 月 27 日)　G137-001-0010

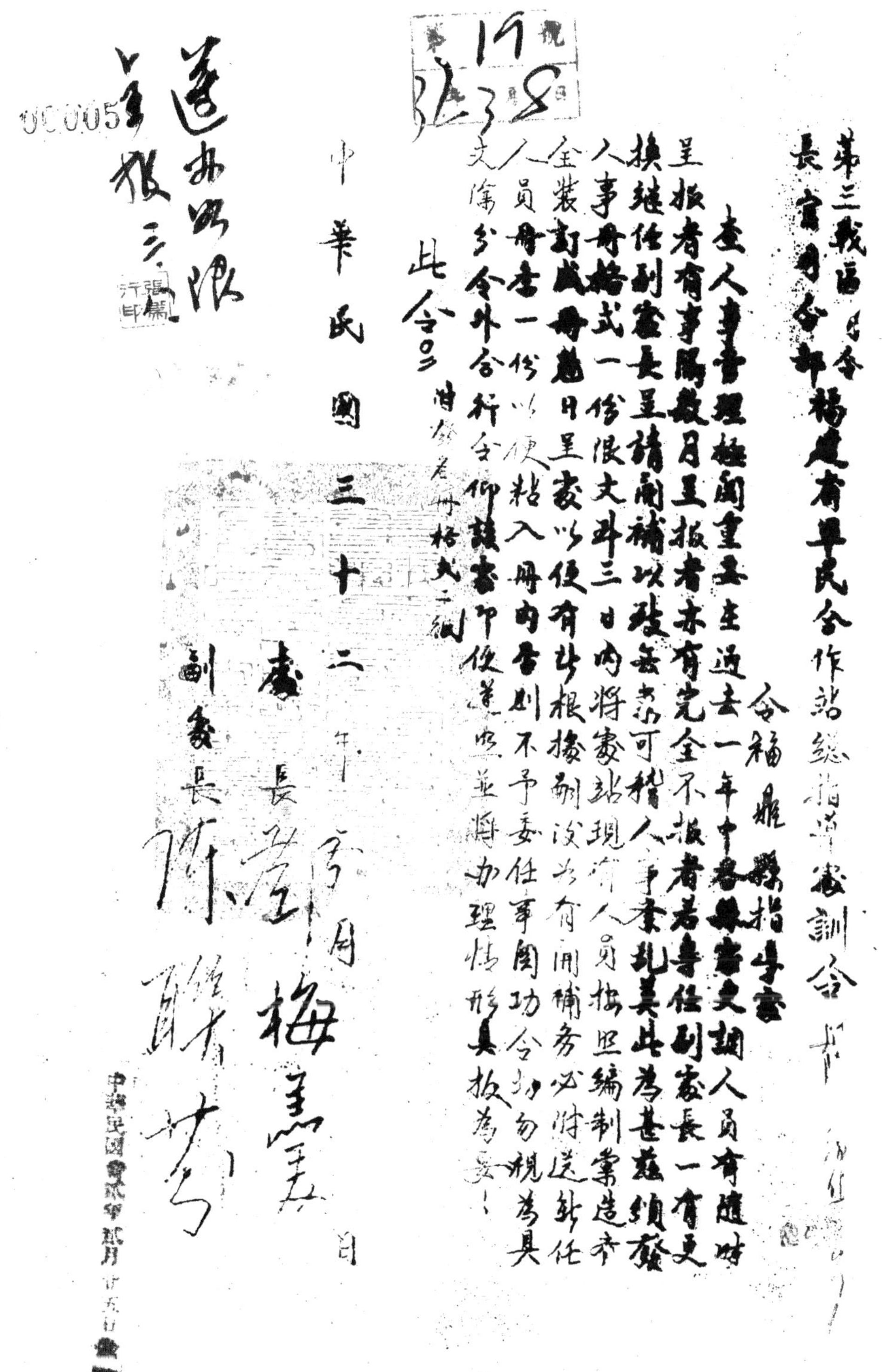

第三戰區司令長官司令部福建省軍民合作站總指導處訓令

令[illegible]指導處

查人事管理極關重要，迭過去一年中各[illegible]人員有隨時呈報者，有事隔數月呈報者，亦有完全不報者，若專任副處長一有更換，繼任副處長呈請補[illegible]以致無可稽，人事紊亂莫此為甚。茲須發人事冊格式一份，限文到三日內將處站現有人員按照編制彙造齊全，裝訂成冊，克日呈處，以便有所根據。嗣後如有調補，務必附送新任人員冊表一份，以便粘入冊內，否則不予委任。事關功令，勿視為具文。除分令外，合行令仰該處即便遵照，並將辦理情形具報為要！

此令。附發名冊格式一紙

中華民國三十二年二月 日

處長 梅[illegible]

副處長 [illegible]

第三战区司令长官司令部福建省军民合作站总指导处关于颁发人事册格式一份将处站现有人员按照编制汇造齐全订成册克日呈处的训令(1943 年 2 月 25 日) G133-003-0119

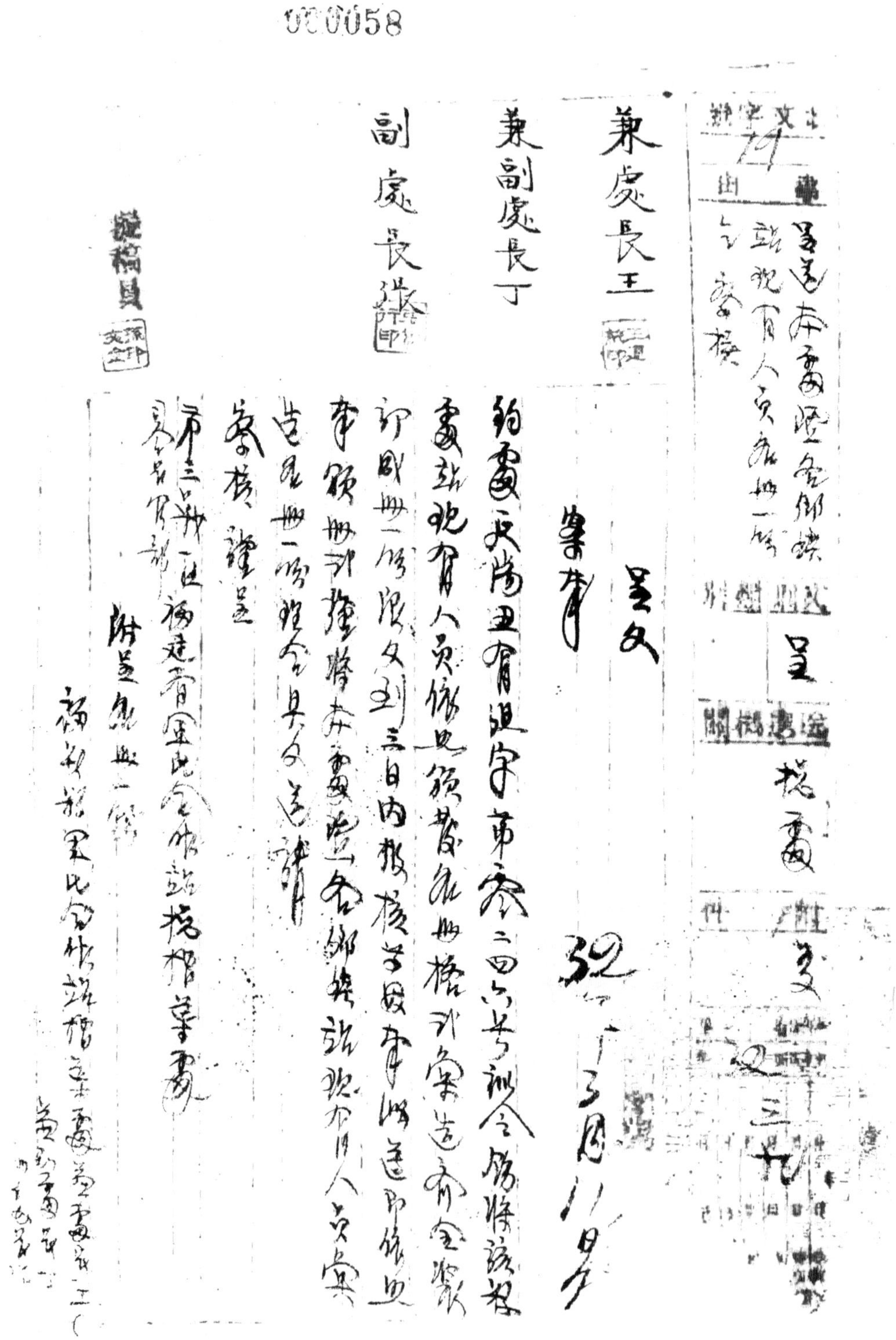

000058

兼处长王

兼副处长丁

副处长张

拟稿员

呈文

第三战区司令长官司令部福建省福鼎县军民合作站指导处关于报送本处及各乡镇站现有人员名册的呈文(1943年3月11日)　G133-003-0119

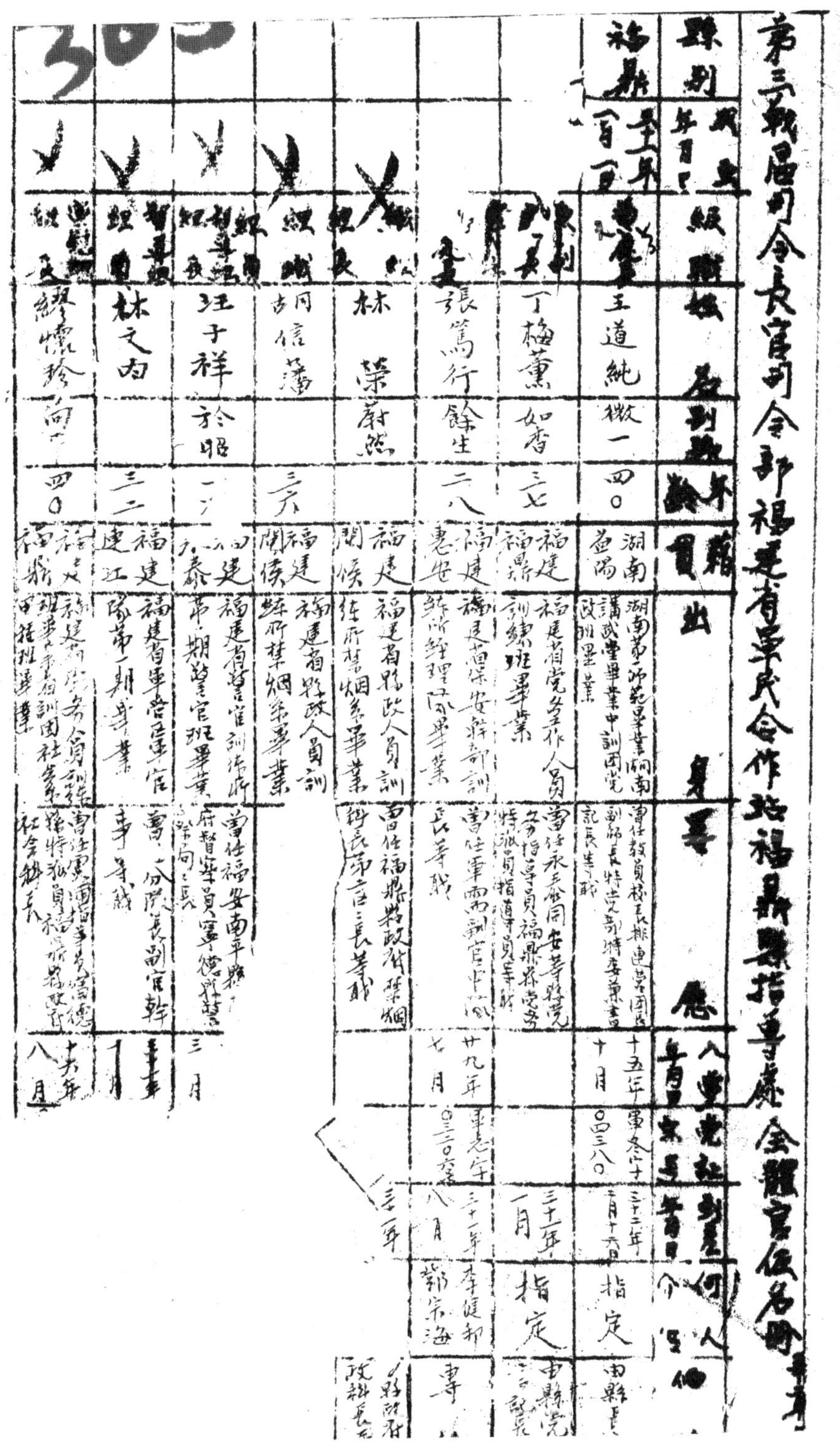

附件:第三战区司令长官司令部福建省军民合作站福鼎县指导处全体官佐名册

(1943年3月)a面　G137-001-0010

附件：第三战区司令长官司令部福建省军民合作站福鼎县指导处全体官佐名册

（1943 年 3 月）b 面　G137-001-0010

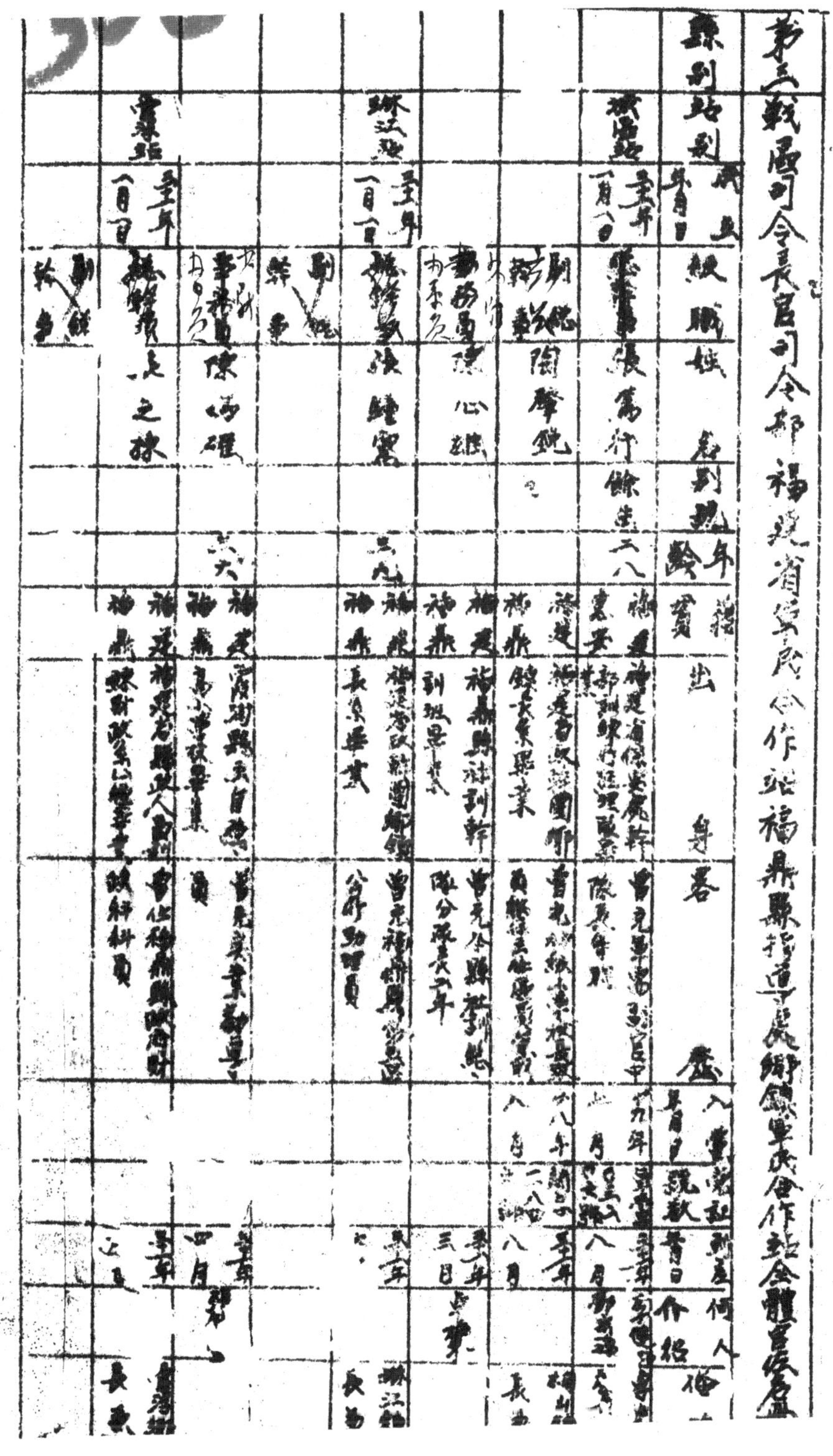

附件：第三战区司令长官司令部福建省军民合作站福鼎县指导处乡镇军民合作站全体官佐名册（1943 年 3 月）a 面　G137-001-0011

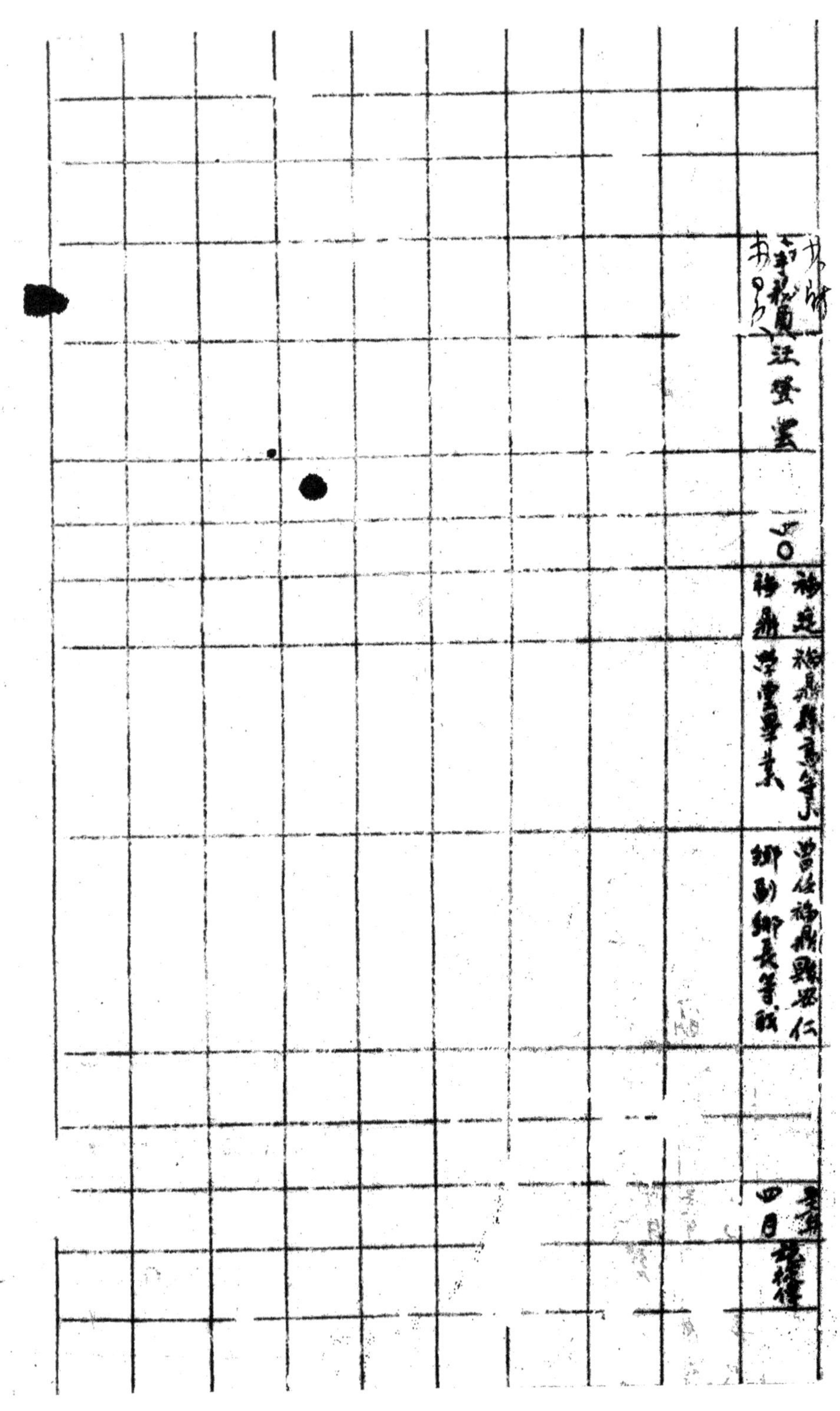

附件：第三战区司令长官司令部福建省军民合作站福鼎县指导处乡镇军民合作站全体官佐名册

(1943年3月)b面　G137-001-0011

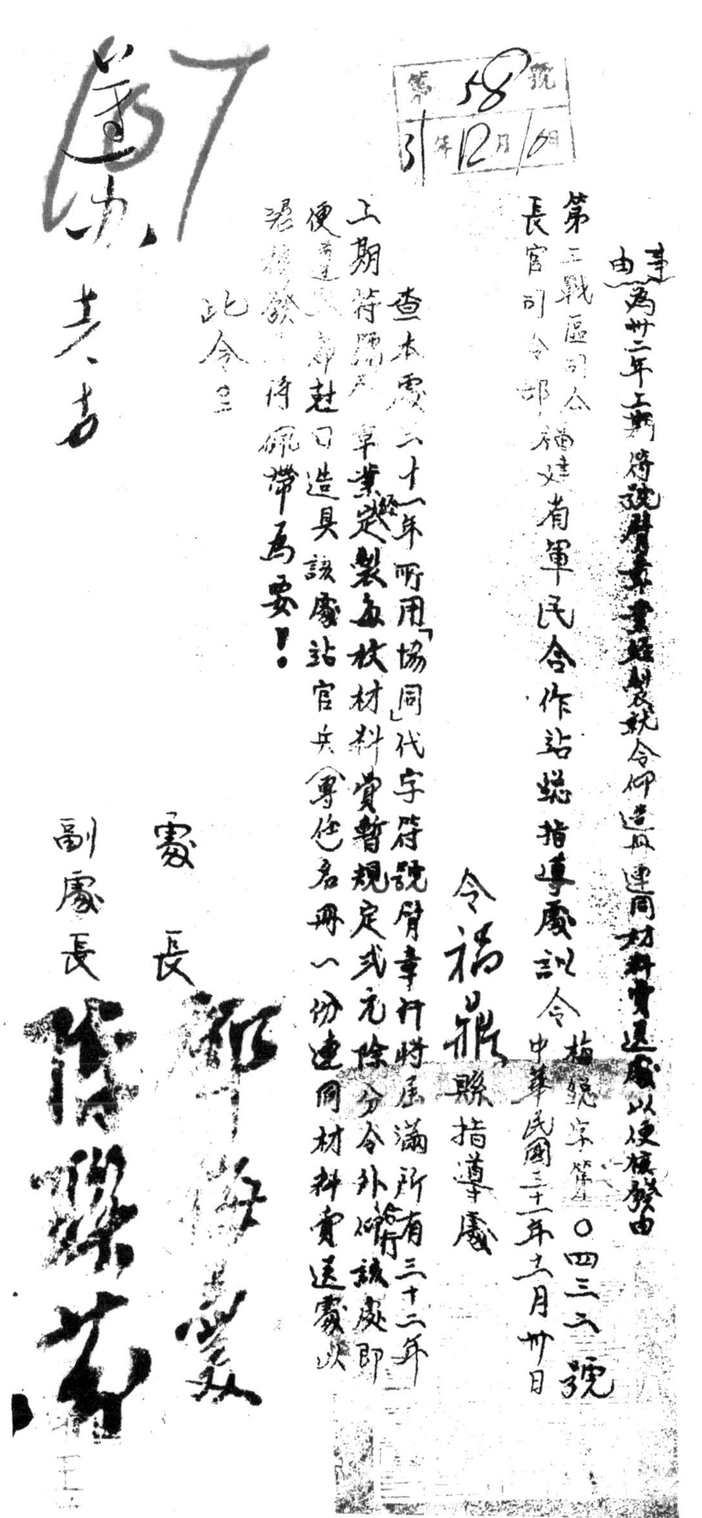

第三战区司令长官司令部福建省军民合作站总指导处关于三十二年上期符号臂章业经制就，仰造册连同材料费送处，以便核发的训令（1942 年 11 月 30 日）　G137-001-0008

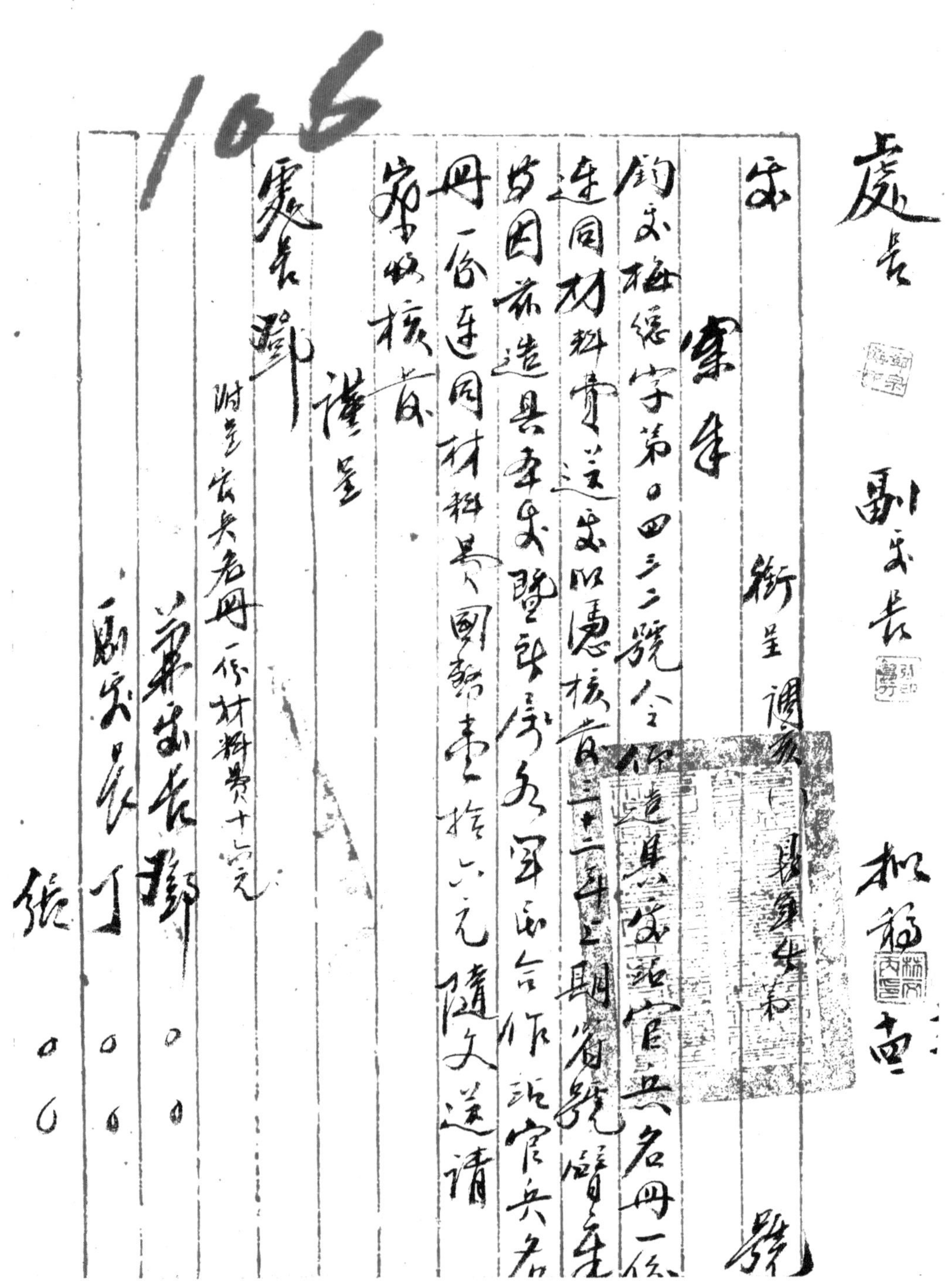

處長
副處長
林福壽
案奉
銜呈 [illegible]
鈞處梅總字第○四三二號令飭造具本處暨所屬各軍民合作站官兵名冊一份
連同材料費送處以憑核發[illegible]
等因奉此遵造具本處暨所屬各軍民合作站官兵名
冊一份連同材料費國幣壹拾陸元隨文送請
察收核發
謹呈
處長鄭
附呈官兵名冊一份材料費十六元
兼站長鄭○○
副站長丁○○
張○○

第三战区司令长官司令部福建省福鼎县军民合作站指导处关于造具本处及所属各军民合作站官兵名册连同材料费送请察核的呈文(1942 年 12 月)a 面　G137-001-0008

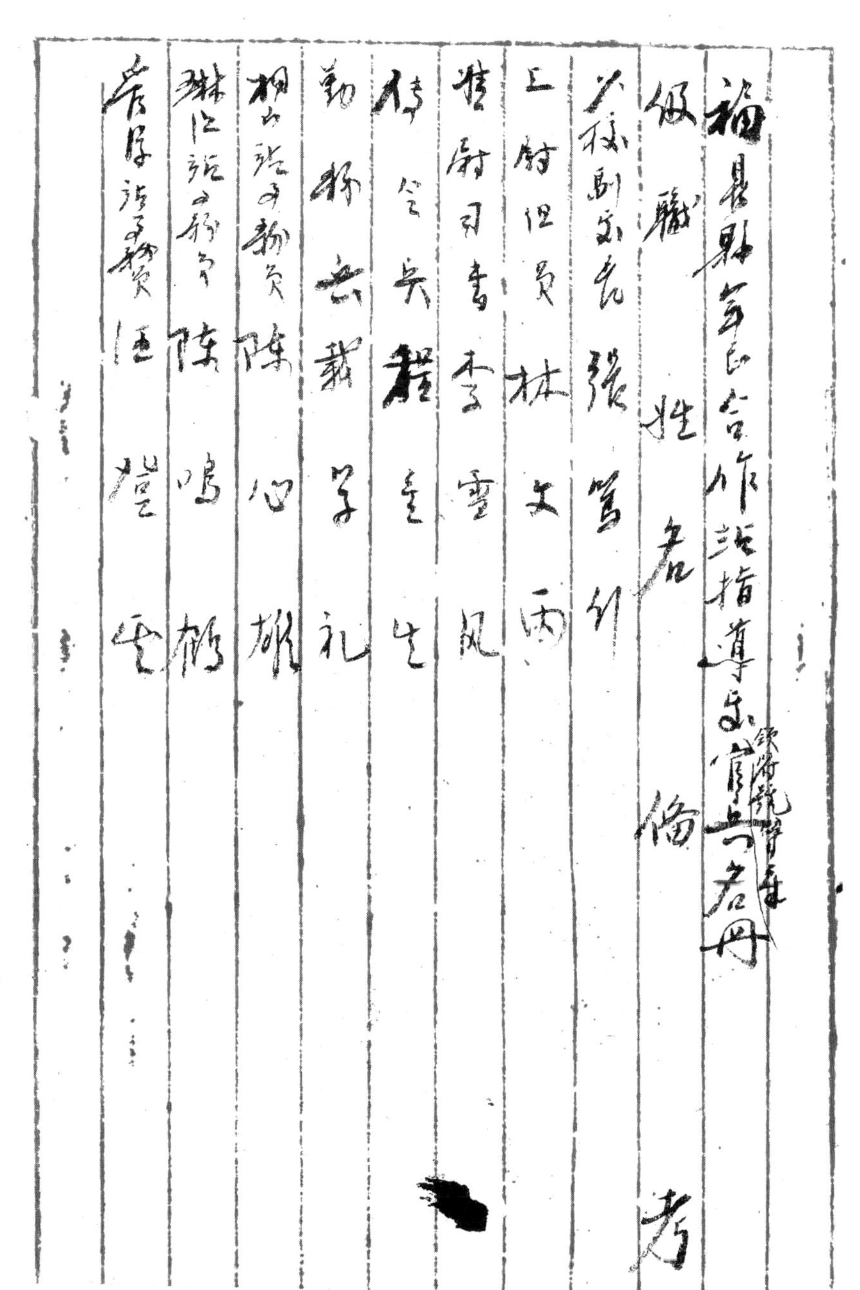

第三战区司令长官司令部福建省福鼎县军民合作站指导处关于造具本处及所属各军民合作站官兵名册连同材料费送请察核的呈文(1942年12月)b面　G137-001-0008

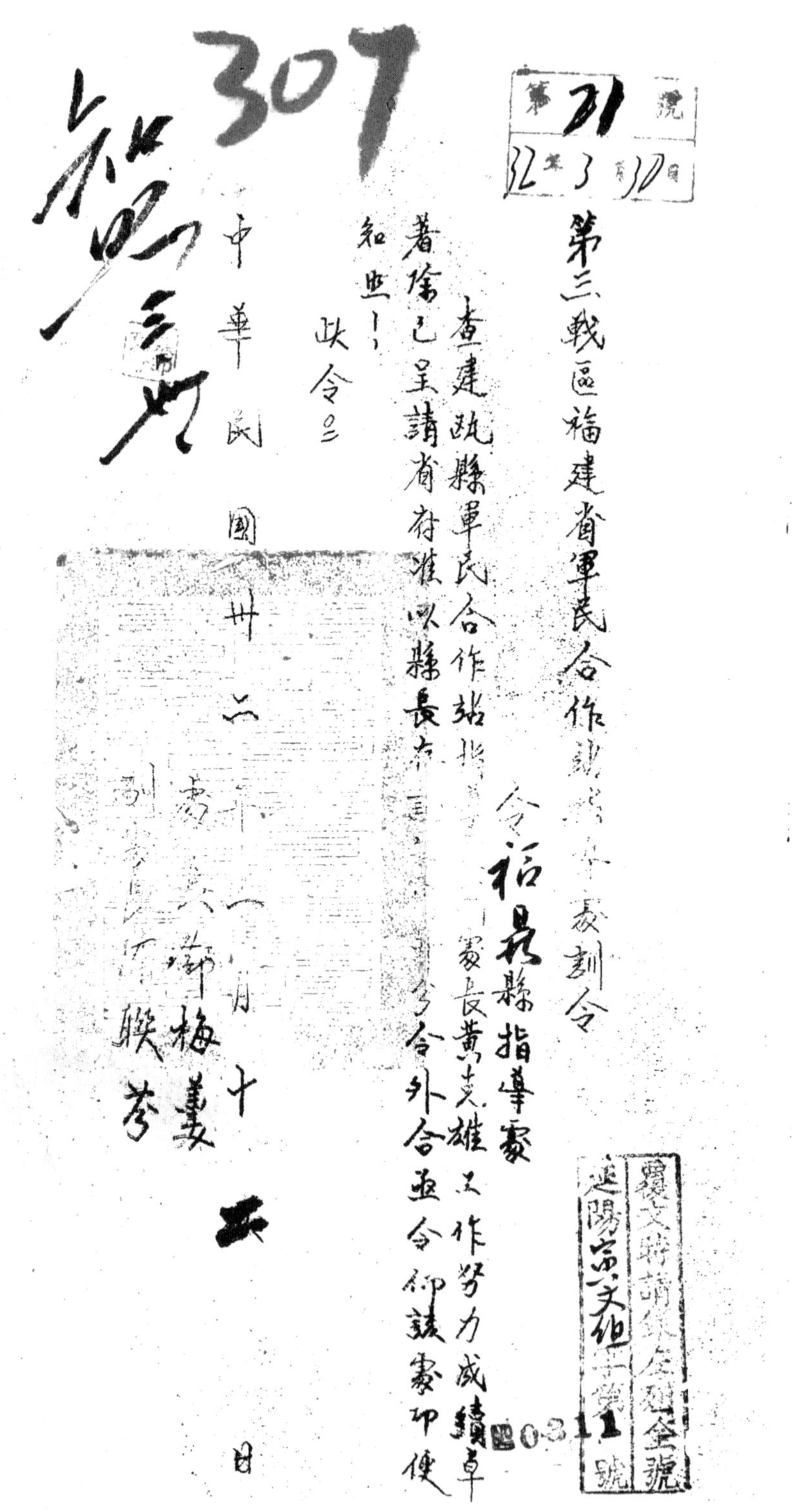

第三戰區福建省軍民合作站指導處訓令

令福鼎縣指導處

查建甌縣軍民合作站指導處副處長黃克雄工作努力成績卓著，除已呈請省府准以縣長存記，並分令外，合亟令仰該處知照！

此令。

中華民國卅二年三月十二日

處長　鄭梅[illegible]

副處長　[illegible]朕芬

第三战区福建省军民合作站指导处关于建瓯军民合作站指导处副处长黄克雄工作成绩卓著，呈请省府准以县长存记的训令（1943 年 3 月 12 日）　G137-001-0010

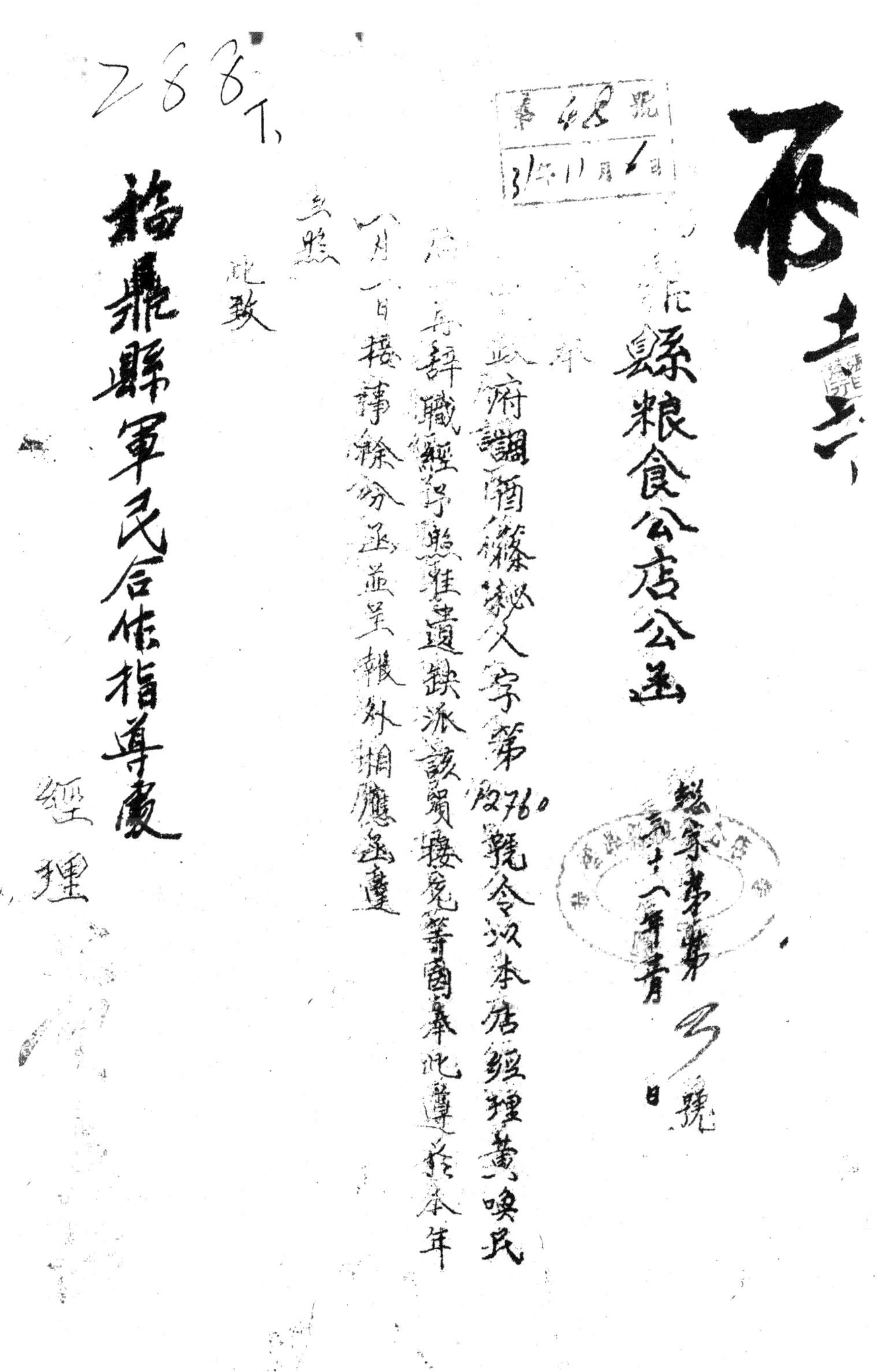

288下

事68号 31年11月1日

福鼎县粮食公店公函

总字第　号
三十一年十一月　日

准
县政府调字第760号令以本店经理黄唤民辞职经呈奉准遗缺派该员接充等因奉此遵于本年十一月一日接事除分函并呈报外相应函达
查照
此致
福鼎县军民合作指导处

经理

福鼎县粮食公店关于准予黄唤民辞职，遗缺派该员接充已于本年十一月一日接事的公函

（1942年11月）　G137-001-0010

(三)第三战区福建省福鼎县军民合作站指导分处

1.第三战区福建省福鼎县军民合作站指导分处改组与人事

第三戰區福建省軍民合作站指導處訓令

令福鼎縣指導分處

案奉

第三戰區司令長官顧政訓字第1370號丑戚代電開：

「查本戰區各級軍民合作機構調整辦法業經通飭遵照並限二月份內一律組設成立在卷茲爲劃一工作步驟特再厘訂本年度工作實施綱要一份除分令外合亟檢發原工作實施綱要一份仰各遵照實施並隨時檢討改進以赴事功爲要」

等因先後附發第三戰區軍民合作機構調整計劃及卅二年度工作實施綱要各一份事此本處已遵於三月一日正式改組爲「第三戰區福建省軍民合作站指導處」業經呈報在案茲將奉頒各項彙成法規一冊重行翻印連同關防及牌號式樣隨令頒發仰於令到之日即行改組將原有縣(市)處番號更爲「第三戰區福建省〇〇縣(市)軍民合作站指導分處」自行遵照新頒關防式樣

第三战区福建省军民合作站指导处关于本处于三月一日正式改组，随令颁发各项汇成法规等，并先将分处改组情形及关防启用日期报处备核的训令(1943年3月31日)a面　G133-003-0121

刊制啟用並先將分處改組情形及啟用関防日期連同印模暨戳角之舊関防繳處備核另飭各站一律改組為第三戰區福建省○○縣(市)○○鄉(鎮)軍民合作站牌號及条戳式樣隨令附發至各處站經費未奉省府未經核定以前暫照舊額支給其人事亦暫依舊一俟经費確定後再行另令飭遵除分令外合亟檢發軍民合作机構法規及関防式樣處站牌號暨各站条戳式樣各一份令仰該處切實分別遵照办理具報為要!

此令

計附發軍民合作机構法規一本縣(市)分處関防式樣一件

處站牌號式樣各一件鄉鎮站条戳式樣一件

中華民國三十二年三月卅一日

處長 鄧梅羹

副處長 陈联芬

第三战区福建省军民合作站指导处关于本处于三月一日正式改组,随令颁发各项汇成法规等,并先将分处改组情形及关防启用日期报处备核的训令(1943 年 3 月 31 日)b 面　G133-003-0121

長存

第三戰區福建省軍民合作站指導處日日命令

總人字第貳號

三十二年四月一日 于南平本處

一、派黄心耀兼古田縣軍民合作站指導分處中校分處長，王雲仙為中校副分處長

二、派段志堅兼福州市軍民合作站指導分處中校分處長，康漁為中校副分處長

三、派段志堅兼閩侯縣軍民合作站指導分處中校分處長，程道明為少校副分處長

四、派鄭步鸞兼福清縣軍民合作站指導分處中校分處長，林志忠為少校銜少校副分處長

五、派歐陽烈兼長樂縣軍民合作站指導分處少校分處長，張世翰為少校副分處長

六、派林天明兼霞浦縣軍民合作站指導分處少校分處長，唐漢昌為少校副分處長

七、派高誠學兼福安縣軍民合作站指導分處中校分處長，劉崇彝代理少校副分處長

八、派王道純兼福鼎縣軍民合作站指導分處中校分處長，張篤行暫代少校副分處長

九、派譚慕韓兼寧德縣軍民合作站指導分處中校分處長，陳瑞為少校副分處長

十、派謝真兼連江縣軍民合作站指導分處少校分處長，譚劍鋒為少校副分處長

十一、派王洗兼羅源縣軍民合作站指導分處少校分處長，黄欽代理少校副分處長

十二、派羅樹生兼沙縣軍民合作站指導分處中校分處長，薛冠雄為少校副分處長

第三战区福建省军民合作站指导处日日命令　各县分处兼处长、副处长名单(三十二年四月一日于南平本处)(1943 年 4 月 1 日)a 面　G137-001-0010

十三、派龔維烈兼順昌縣軍民合作站指導分處中校分處長吳志柯為少校副分處長
十四、派吳錫琛兼尤溪縣軍民合作站指導分處中校分處長梁[illegible]為少校副分處長
十五、派葉增馨兼永泰縣軍民合作站指導分處中校分處長陳××、少校副分處長
十六、派凌雲飛兼閩清縣軍民合作站指導分處中校分處長王競戎為少校副分處長
十七、派陳鳴鑾兼將樂縣軍民合作站指導分處中校分處長龍介卿為少校副分處長
十八、派歐陽和為泰寧縣軍民合作站指導分處中校分處長鄧漢鏻為少校副分處長
十九、派吳清鈞兼三元縣軍民合作站指導分處中校分處長周煜山為少校副分處長
二十、派劉文濤兼浦城縣軍民合作站指導分處中校分處長蔣習為中校銜少校副分處長
二一、派鄭家雄兼建甌縣軍民合作站指導分處中校分處長黃克雄為中校副分處長
二二、派袁國欽兼邵武縣軍民合作站指導分處中校分處長陳振垂為少校副分處長

第三战区福建省军民合作站指导处日日命令　各县分处兼处长、副处长名单(三十二年四月一日于南平本处)(1943年4月1日)b面　G137-001-0010

二三、[illegible]

二四、派孫翔[illegible]兼古田縣[illegible]分處中校分處長吳[illegible]

二五、派吳石仙兼壽寧縣軍民合作站指導分處中校分處長劉綬吾為少校副分處長

二六、派吳德露兼松溪縣軍民合作站指導分處上校分處長胡盛德為少校副分處長

二七、派陳翰輝兼政和縣軍民合作站指導分處中校分處長王章越為少校副分處長

二八、派李秉鈇兼屏南縣軍民合作站指導分處　中校分處長陳仰中為少校副分處長

二九、派李尚瀛兼水吉縣軍民合作站指導分處上校分處長陳明為上校銜少校副分處長

三十、派陳石英兼晉江縣軍民合作站指導分處中校分處長宋扶樵為中校銜少校副分處長

三一、派葉長青兼莆田縣軍民合作站指導分處中校分處長鄭思遠為上校副分處長

三二、派郭葉剛兼仙游縣軍民合作站指導分處中校分處長王君馨為中校副分處長

三三、派李天錫兼南安縣軍民合作站指導分處中校分處長謝宅三為少校副分處長

三四、派蘇如海兼同安縣軍民合作站指導分處中校分處長葉金泰代理少校副分處長

三五、派胡福謙兼永春縣軍民合作站指導分處中校分處長徐麟卿為少校副分處長

三六、派陳子餘兼惠安縣軍民合作站指導分處中校分處長林仁華為少校副分處長

三七、派吳德懋兼安溪縣軍民合作站指導分處中校分處長陳朝陽代理少校副分處長

第三战区福建省军民合作站指导处日日命令　各县分处兼处长、副处长名单(三十二年四月一日于南平本处)(1943年4月1日)a面　G137-001-0010

三八、派卓高煜兼德化縣軍民合作站指導分處中校分處長，佟庸政為少校副分處長
三九、派鍾日興兼龍溪縣軍民合作站指導分處中校分處長，楊文容暫代少校副分處長
四十、派黃明日兼漳浦縣軍民合作站指導分處中校分處長，方□明代理少校副分處長
四一、派江連欽兼詔安縣軍民合作站指導分處中校分處長，邱忠義兼代少校副分處長
四二、派周東藩兼海澄縣軍民合作站指導分處中校分處長，李樹森暫代少校副分處長
四三、派陳欽魂兼南靖縣軍民合作站指導分處中校分處長，曹植文為少校副分處長
四四、派黃平西兼長泰縣軍民合作站指導分處中校分處長，劉滿總為少校副分處長
四五、派周夢麟兼平和縣軍民合作站指導分處中校分處長，鍾平三為少校副分處長
四六、派徐芳庭兼雲霄縣軍民合作站指導分處中校分處長，羅蔭□為少校副分處長
四七、派葉克勝兼東山縣軍民合作站指導分處中校分處長，王仁俊代理少校副分處長
四八、派高兆森兼永安縣軍民合作站指導分處中校分處長，彭培中為中校副分處長
四九、派林詩日兼龍岩縣軍民合作站指導分處中校分處長，吳熙為少校副分處長
五十、派柴廷仕兼漳平縣軍民合作站指導分處中校分處長，鄭小平代理少校副分處長
五一、派于炳文兼華安縣軍民合作站指導分處中校分處長，易英邦暫代少校副分處長
五二、派羅誠純兼大田縣軍民合作站指導分處中校分處長，劉薰丞為中校銜少校副分處長

第三战区福建省军民合作站指导处日日命令　各县分处兼处长、副处长名单(三十二年四月一日于南平本处)(1943 年 4 月 1 日)b 面　G137-001-0010

327

二九、派 兼 县军民合作站指导分处中校分处长陈 为少校衔少校副分处长
三十、派陈 兼 江县军民合作站指导分处中校分处长宋扶权为中校衔少校副分处长
三一、派叶长青兼莆田县军民合作站指导分处中校分处长郑思远为中校副分处长
三二、派刘 兼仙游县军民合作站指导分处中校分处长王若麟为中校副分处长
三三、派李天锡兼南安县军民合作站指导分处中校分处长谢宪三为少校副分处长
三四、派 兼同安县军民合作站指导分处中校分处长叶金泰代理少校副分处长
三五、派胡 兼永春县军民合作站指导分处中校分处长徐鹏卿为少校副分处长
三六、派陈 兼 县军民合作站指导分处中校分处长林仕芽为少校副分处长
三七、派吕 兼安溪县军民合作站指导分处中校分处长陈 代理少校副分处长
三八、派卓 兼德化县军民合作站指导分处中校分处长 为少校副分处长
三九、派钟日 兼龙溪县军民合作站指导分处中校分处长杨文容暂 少校副分处长
四十、派黄明 兼漳浦县军民合作站指导分处中校分处长 代理少校副分处长
四一、派江连 兼诏安县军民合作站指导分处中校分处长邱忠义 少校副分处长
四二、派 兼 县军民合作站指导分处中校分处长李 校 分处长
四三、派陈 兼南靖县军民合作站指导分处中校分处长 处长
四四、派黄 兼长泰县军民合作站指导分处中校分处长刘
四五、派周梦麟兼 和县军民合作站指导分处中校分处长 少校

第三战区福建省军民合作站指导处日日命令　各县分处兼处长、副处长名单(三十二年四月一日于南平本处)(1943年4月1日)a面　G137-001-0010

四六、派徐芳庭兼雲霄縣軍民合作站指導分處中校分處長，雒翔兼少校副分處長

四七、派葉光勝兼東山縣軍民合作站指導分處中校分處長，王仁駿代理少校副分處長

四八、派周兆奎兼永安縣軍民合作站指導分處中校分處長，彭培中為中校副分處長

四九、派林詩旦兼龍岩縣軍民合作站指導分處中校分處長，吳契為少校副分處長

五十、派柴建仕兼漳平縣軍民合作站指導分處中校分處長，鄭小平代理少校副分處長

五一、派于炳文兼安溪縣軍民合作站指導分處中校分處長，易英邦暫代少校副分處長

五二、派羅誠純兼大田縣軍民合作站指導分處中校分處長，劉兼丞為中校銜少校副分處長

五三、派方揭兼長汀縣軍民合作站指導分處中校分處長，薛榮暫代少校副分處長

五四、派鄭永祥兼連城縣軍民合作站指導分處中校分處長，門儒祥為少校副分處長

以上五十四項除分令外仰各知照

右令

福鼎縣軍民合作站指導分處

處長 鄧梅羹

副處長 陳騤芬

第三战区福建省军民合作站指导处日日命令　各县分处兼处长、副处长名单(三十二年四月一日于南平本处)(1943 年 4 月 1 日)b 面　G137-001-0010

第三战区福建省福鼎县军民合作站指导分处关于本分处已于四月二十一日改组就绪，并检同新关防印模及启用日期致第三战区福建省军民合作站指导处的呈文(1943 年 4 月 24 日) G133-003-0121

一件 令飭遵照事 切實分別具報辦理具報并附件奉此等因 印依照本領

第三戰區各縣軍民合作站指導分處組織暫行規程規定於卅二年

四月廿一日改組就緒并依照本領關防式樣刊就木質關防一顆其四分日啟

三戰區福建省福鼎縣軍民合作站指導分處關防以經同日啟用並舊

有關防戳角奉令前因除分令各鄉鎮站依照本領軍民合作站設立辦法自改組具報并

分呈福建省政府外理合將本分處改組情形以及啟用關防日期連同

印模暨舊有關防戳角印模各一份具文送請

察核 謹呈

第三戰區福建省軍民合作站指導處處長鄭

兼分處長 葉

附呈印模暨舊有關防戳角印模各一份

第三战区福建省福鼎县军民合作站指导分处关于本分处已于四月二十一日改组就绪，并检同新关防印模及启用日期致第三战区福建省军民合作站指导处的呈文(1943年4月24日)　G133-003-0121

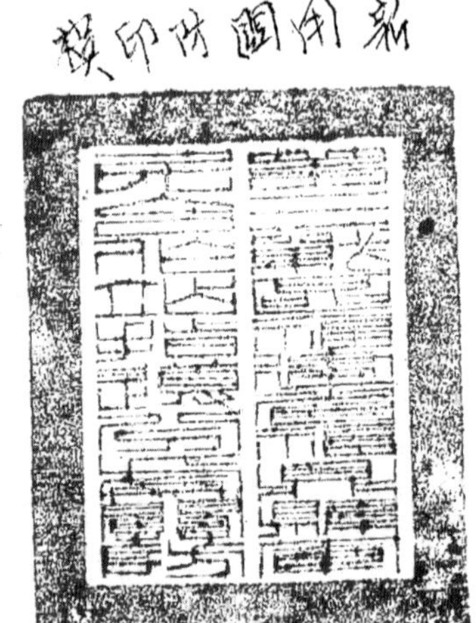

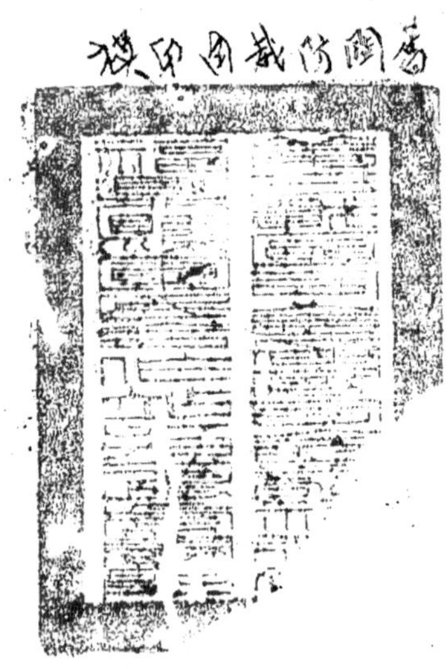

附件:第三战区福建省福鼎县军民合作站指导分处关防印模及旧关防戳角印模

(1943年4月24日)　G133-003-0121

福鼎县军民合作站指导分处呈 处长 王道池
副处长 张兰然

文呈

案奉

第三战区福建省军民合作站指导处正阳贞世总字第四三九号训令开：「全文如叙」等由附件奉此，本处业于四月廿一日依照奉颁第三战区军民合作站指导分处组织暂行规程改组，现已改组就绪并依照奉颁关防式样刊就木质关防一颗，其文曰「第三战区福建省福鼎县军民合作站指导分处关防」，已经同日启用，除分令该所辖桐山、店下、沙埕、白琳、点头各乡镇

第三战区福建省福鼎县军民合作站指导分处关于本分处已于四月二十一日改组就绪及启用新关防日期致福鼎县政府的呈文(1943 年 4 月 24 日)　G133-003-0121

军民合作站依照本年颁军民合作站设立办法施行日改组具报并将本分处改组情形暨启用关防日期呈报者指定各分处照办合将文呈请

鉴核备查。谨呈

福鼎县长王

兼分处主任王道钦

副主任张[illegible]

文讯

全衔站

第三战区福建省军民合作站指导第[illegible]分处[illegible]

第三战区福建省福鼎县军民合作站指导分处关于本分处已于四月二十一日改组就绪及启用新关防日期致福鼎县政府的呈文（1943 年 4 月 24 日）　G133-003-0121

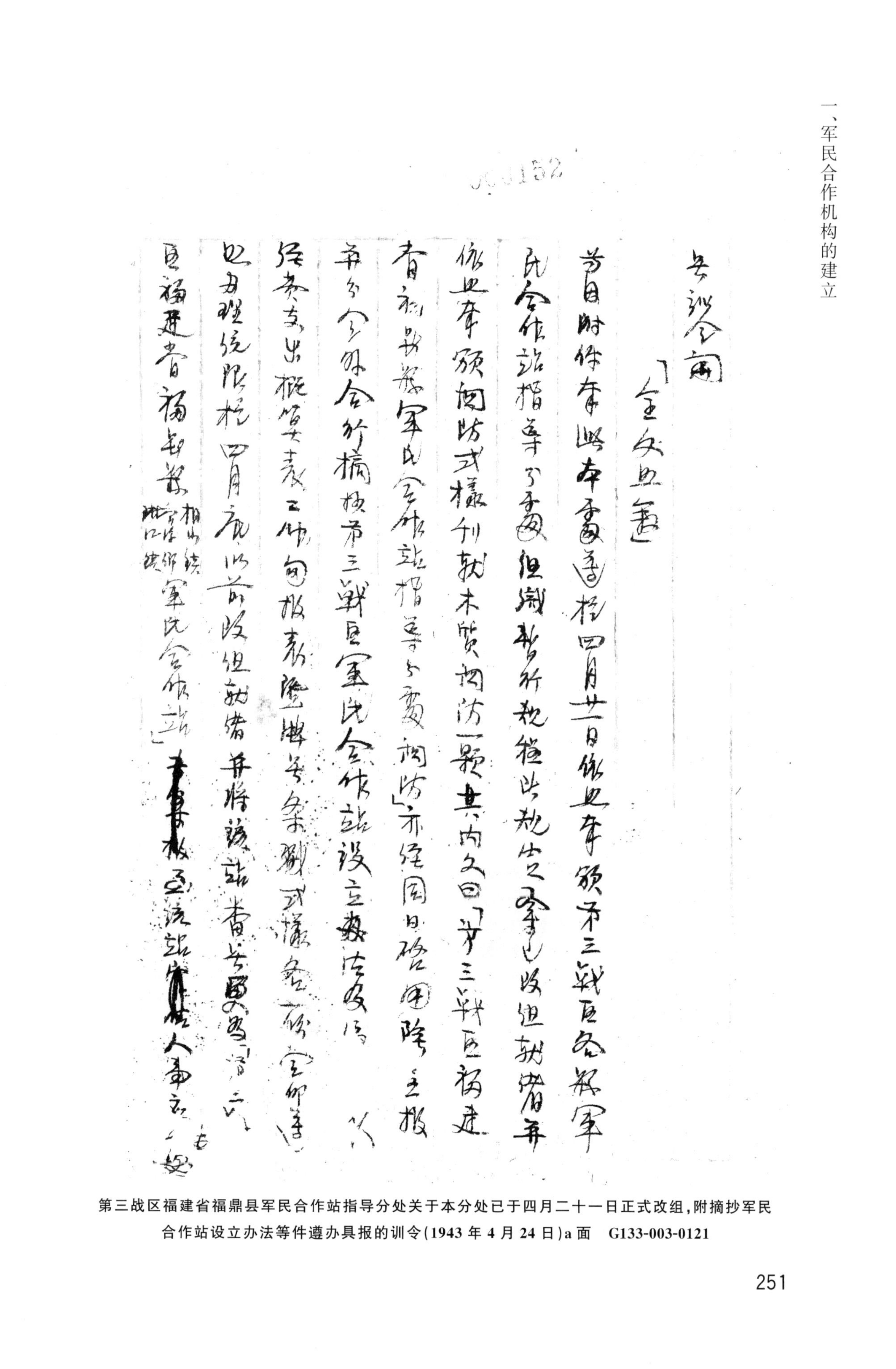

第三战区福建省福鼎县军民合作站指导分处关于本分处已于四月二十一日正式改组，附摘抄军民合作站设立办法等件遵办具报的训令(1943 年 4 月 24 日)a 面　G133-003-0121

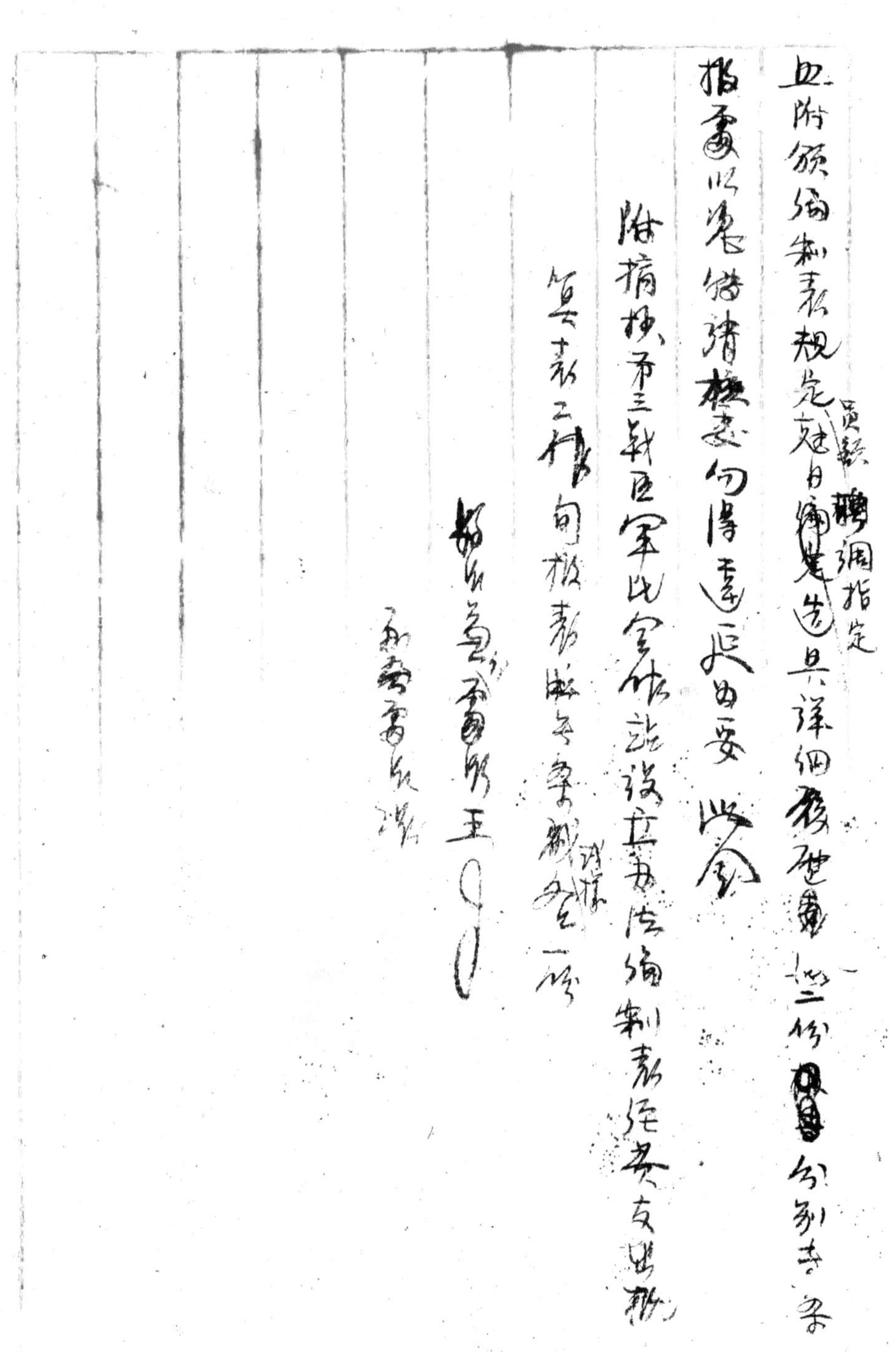
並附頒編制表規定[illegible]員額聘調指定[illegible]具詳細履歷表一式三份[illegible]分別考[illegible]

指處以憑錯請核委勿得遠延為要　此令

附摘抄第三戰區軍民合作站設立辦法編制表經費支出標

算表二件旬報表格式各[illegible]一份

指導員王[illegible]

[illegible]

第三战区福建省福鼎县军民合作站指导分处关于本分处已于四月二十一日正式改组，附摘抄军民合作站设立办法等件遵办具报的训令（1943 年 4 月 24 日）b 面　G133-003-0121

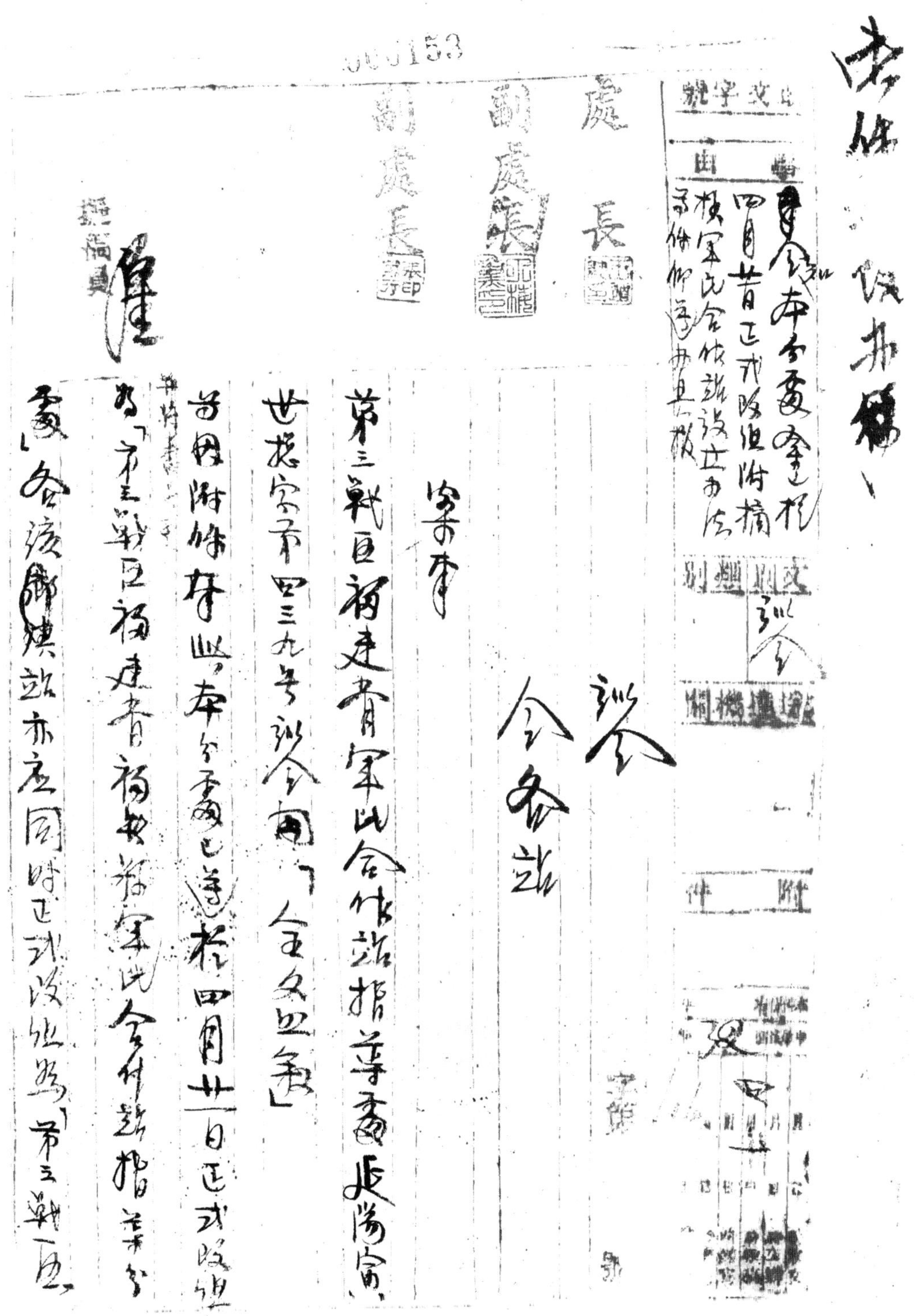

第三战区福建省福鼎县军民合作站指导分处关于本分处已于四月二十一日正式改组，附摘抄军民合作站设立办法等件遵办具报的训令(1943 年 4 月 24 日)　G133-003-0121

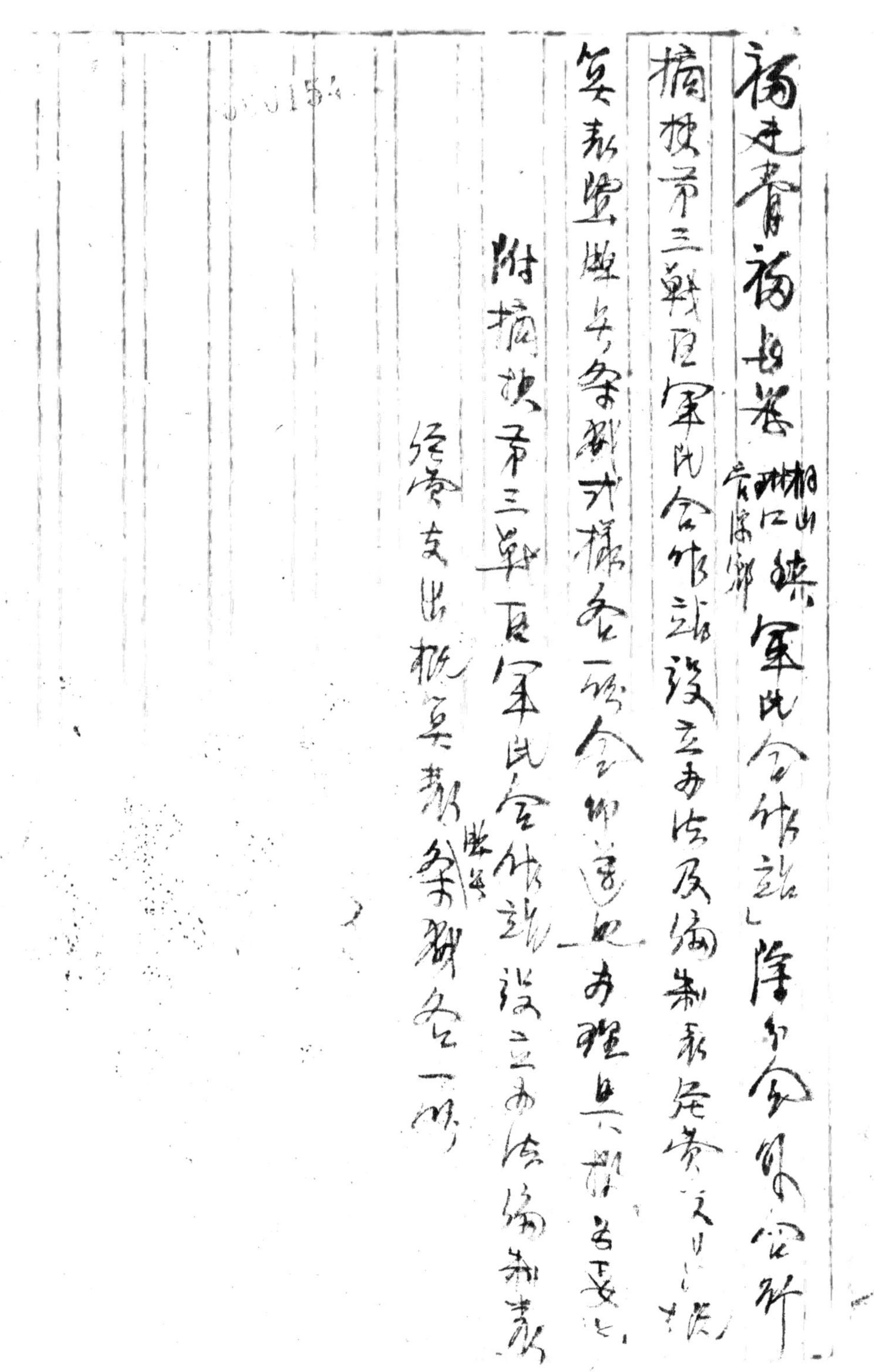

第三战区福建省福鼎县军民合作站指导分处关于本分处已于四月二十一日正式改组，附摘抄军民合作站设立办法等件遵办具报的训令（1943 年 4 月 24 日）　G133-003-0121

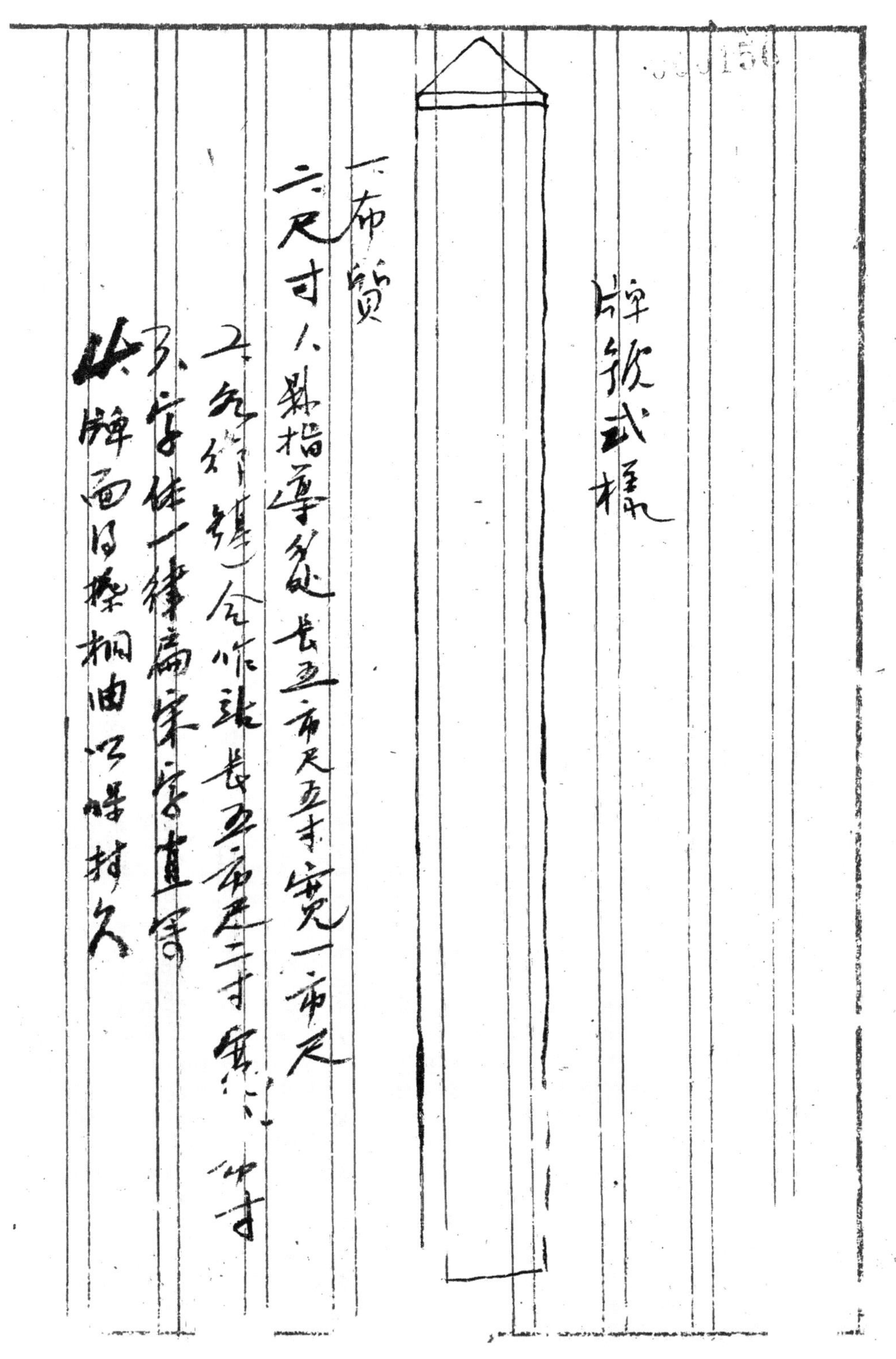

牌额式样

一、布质

二、尺寸：(1)县指导处 长五市尺五寸 宽一市尺

(2)各乡镇合作站 长五市尺二寸 宽八寸

三、字体一律扁宋字直写

四、牌面用漆桐油以垂持久

附件：第三战区福建省福鼎县军民合作站条戳式样(1943 年 4 月 24 日) G133-003-0121

第27號
32年4月13日

第三戰區福建省軍民合作站指導處訓令

令福鼎縣指導分處

查本處前為嚴密人事管理起見特擬定人事冊格式一份曾以梅總字第246號訓令頒發限文到三日內遵辦具報在案迄今逾限日久該處站人事冊尚未呈報足見辦事疏忽應予申斥一次茲再令催限文到之日即將處站現有人員按照編制趕造齊全裝訂成冊剋日送處毋稍膽徇如有故違即予嚴懲！此令

處長鄧梅羹
副處長陳朕芬

中華民國三十二年三月卅一日

0437號

第三战区福建省军民合作站指导处关于该处站人事册逾期未报，限期按照编制赶造齐全装订成册，克日送处的训令(1943 年 3 月 31 日)　G137-001-0010

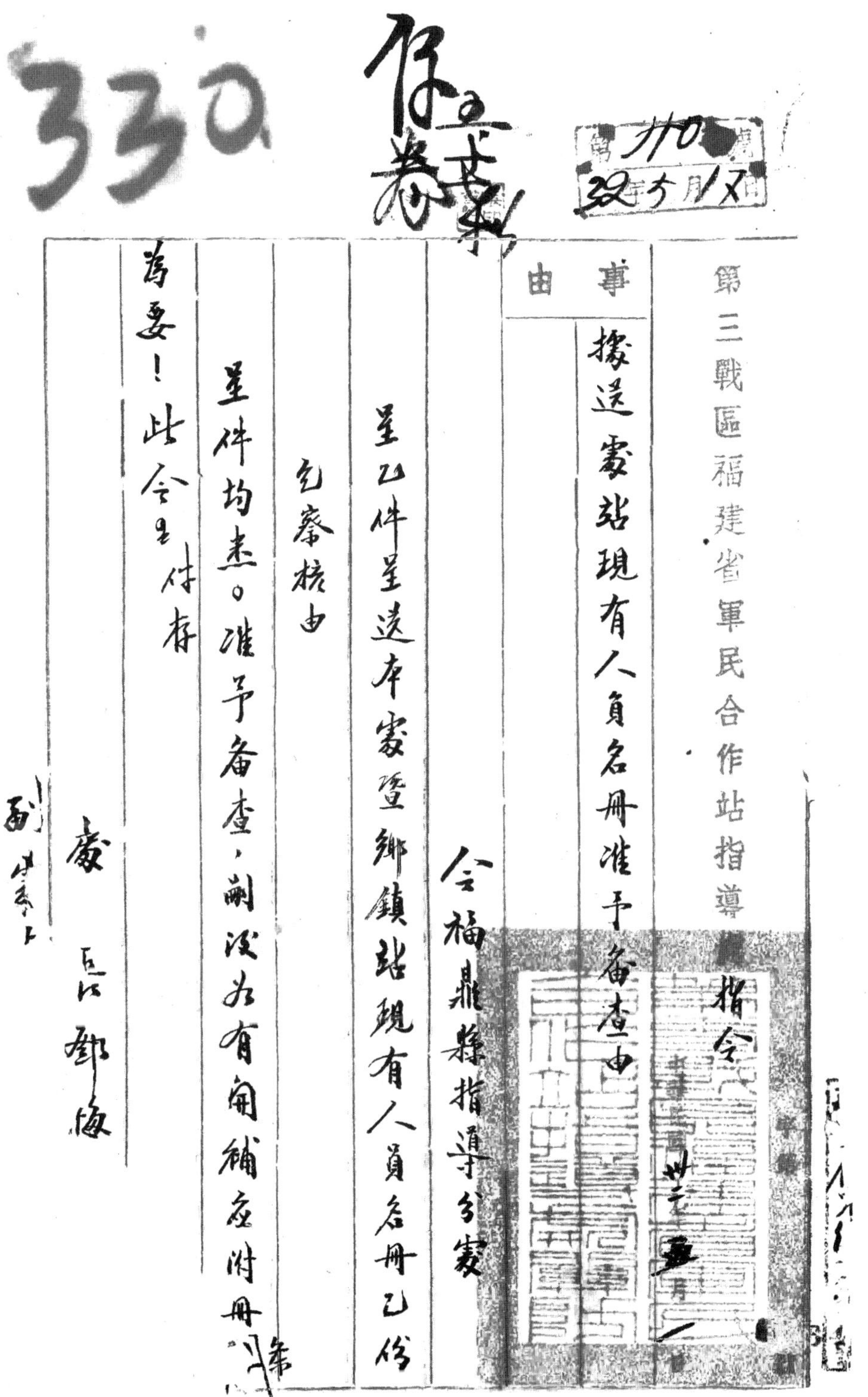

第三戰區福建省軍民合作站指導處指令

卅二年五月一日

事由：據送處站現有人員名冊准予備查由

令福鼎縣指導分處

呈乙件呈送本處暨鄉鎮站現有人員名冊乙份

乞察核由

呈件均悉。准予備查，嗣後如有開補應附冊

為要！此令。呈件存

處長 鄭海

第三战区福建省军民合作站指导处关于报送处站现有人员名册准予备查的指令

（1943 年 5 月 1 日） G137-001-0010

第三戰區福建省軍民合作站指導處訓令

令福鼎縣指導分處

案奉

第三戰區司令長官司令部軍民合作站指導室通報開：

(一)各省(行署)軍民合作站指導處已成立者希即依交通情形或寔際需要分別督導成立縣(市)分處及鄉鎮站至已組成者應即將職員詳歷冊呈送備查以後人事異動可于每月終彙報一份凡曾呈送名冊者應即補繕詳歷。(二)戰區各級軍民合作機構調整办法及綱要各省(行署)指導處應即翻印分發。(三)各級專任官兵之眷糧代金及增加副食餉項草鞋各費已分別由長官電各省主席各部隊長概予增加關於被服正在商洽中。(四)各級關防應即遵規定格式刊用并將印……不得借用

第三战区福建省军民合作站指导处关于奉第三战区司令长官司令部军民合作站指导室通报十一项，将重要各点指示如下，并办理具报的训令(1943 年 4 月 27 日)a 面　G137-001-0010

其他印信(五)本室呈准劃上饒玉山廣豐弋陽貴溪德興崇安浦城鉛山等十縣為中心實驗設站區直接由本室監督指揮前經另案通知茲再通報(六)除中心實驗區之各縣分處行文直接呈送本部外各鄉鎮站各縣市凡有呈報或請示文件應層次轉呈以明系統但特別事件得直接呈報本室以求迅速同時分報縣軍分處或省處備查(各部隊總站均直接呈報本室)(七)軍民合作人員手冊為工作人員必備之典範對于工作業務之條例規章圖表無不列齊備以供從業人員隨時之檢查前以印資措籌困難未予實現茲決定由本室統籌付作人員備價領用(每人一冊最多價約三元)左站上辦事化幹事可由鎮站長自行支用報備其...概由各原部隊支撥(九)各總站支某鄉鎮站取得聯系即弁報备以後駐地異動應隨時呈報(十)凡經規定工作報

第三战区福建省军民合作站指导处关于奉第三战区司令长官司令部军民合作站指导室通报十一项，将重要各点指示如下，并办理具报的训令(1943年4月27日)b面　G137-001-0010

3356

告於本（四）月份起於每日…報…次月十日以前付
但關于業務上之建議及意見觀察報告不在此限（並）幹部
訓練事宜現正籌劃中各種辦法俟呈准後再行頒發。
十一項相應通報并希轉飭為荷
等因奉此茲將重要各點指示如下：查第一項各縣分站前送現有
官佐名冊均係照舊編制造送且參差不齊應按照新編制人事
一律用紅十行紙改造三份格式如左限裝…人到三日内
漏夜趕造送核以憑存轉印請委之用；第專任官兵眷
糧及增加副食餉項等費前已轉令飭各縣分站洽領；第四項各級
關防印模有送一份者有完全未送者且印模上亦不書明番號
殊屬潦草仰各補送二份以便彙轉；第七項手冊俟奉令即飭價領

第三战区福建省军民合作站指导处关于奉第三战区司令长官司令部军民合作站指导室通报十一项，将重要各点指示如下，并办理具报的训令(1943 年 4 月 27 日)a 面　G137-001-0010

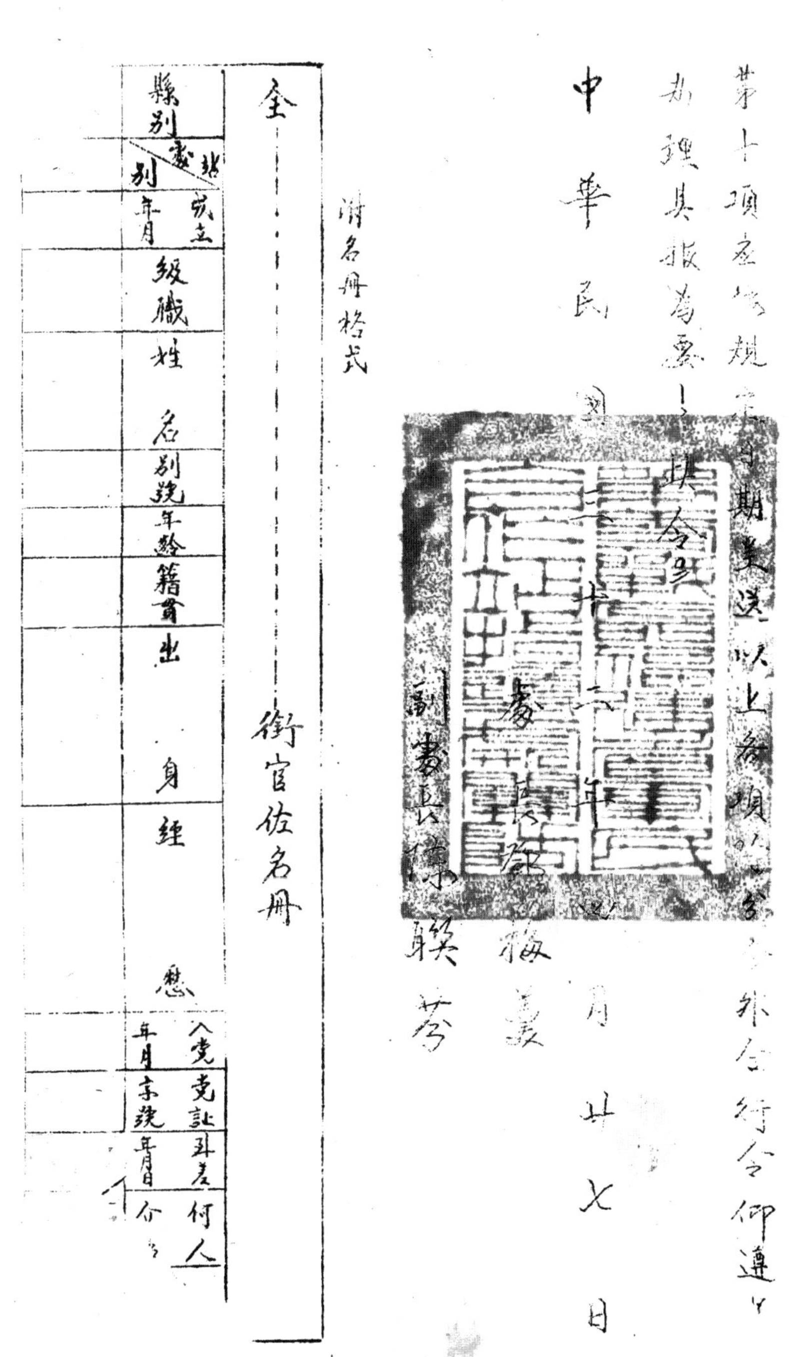

第十项应依规定日期呈送。以上各项，除分令外，合行令仰遵照办理具报为要！此令。

中華民國三十二年四月廿七日

處長 林梅

副處長 陳聯芬

附名冊格式

全銜官佐名冊

縣別／處站別	成立年月	級職	姓名	別號	年齡	籍貫	出身	經歷	入黨年月	黨證字號	到差年月	何人介紹

第三战区福建省军民合作站指导处关于奉第三战区司令长官司令部军民合作站指导室通报十一项，将重要各点指示如下，并办理具报的训令(1943 年 4 月 27 日)b 面　G137-001-0010

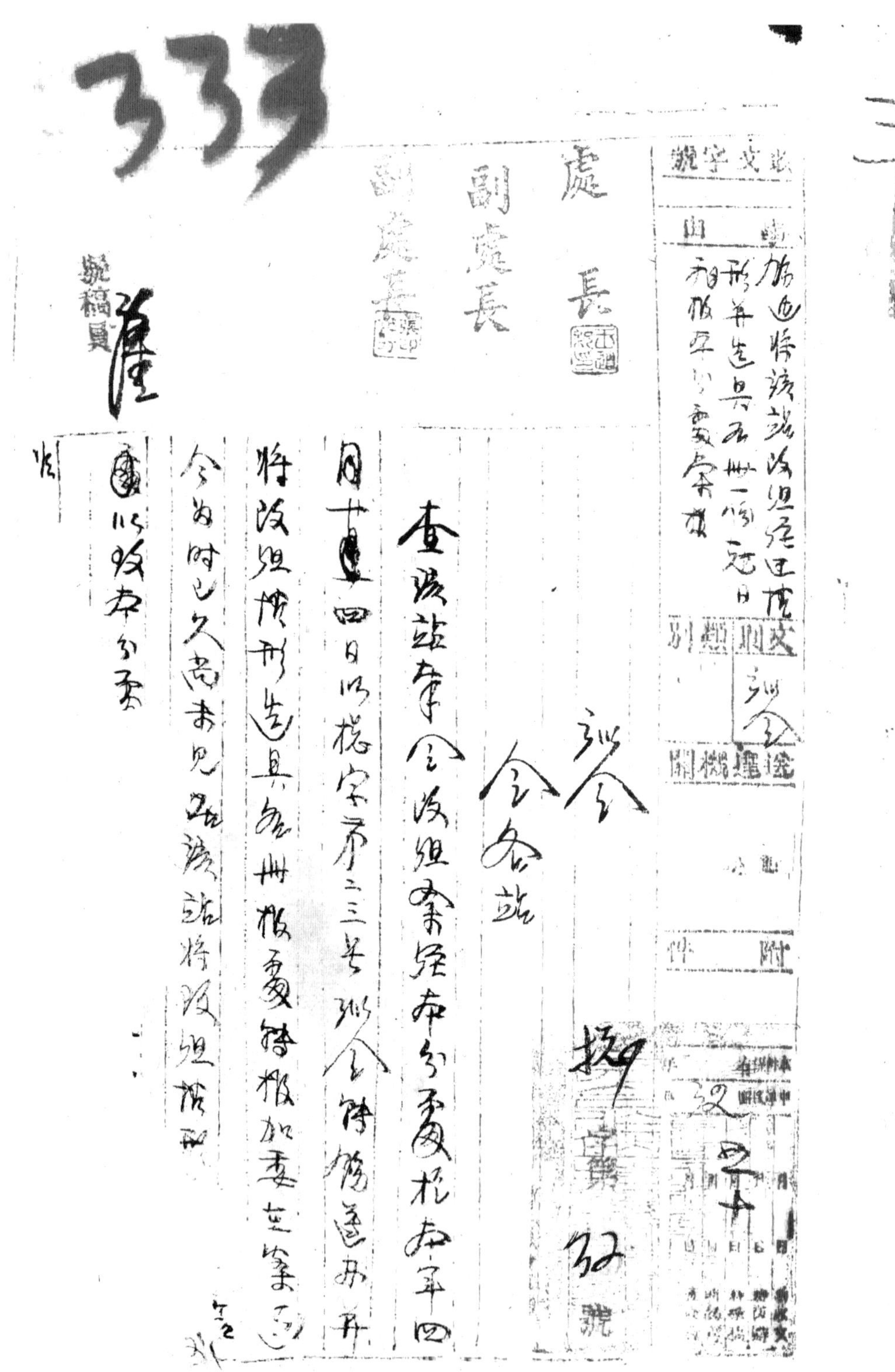

第三战区福建省福鼎县军民合作站指导分处关于饬迅将该站改组经过情形并造具名册克日飞报本分处的训令(1943年5月10日)　G137-001-0010

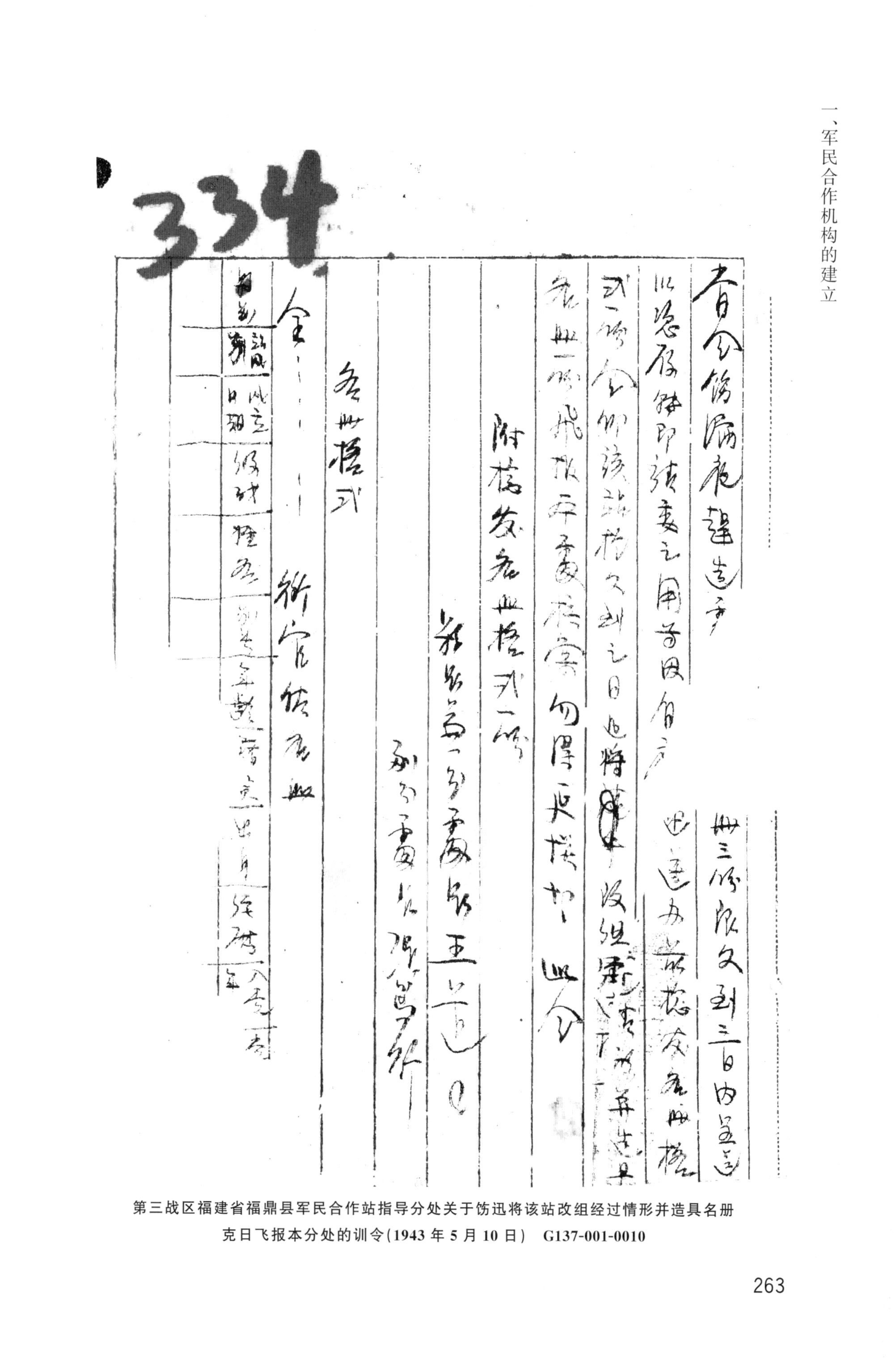

第三战区福建省福鼎县军民合作站指导分处关于饬迅将该站改组经过情形并造具名册克日飞报本分处的训令(1943 年 5 月 10 日)　G137-001-0010

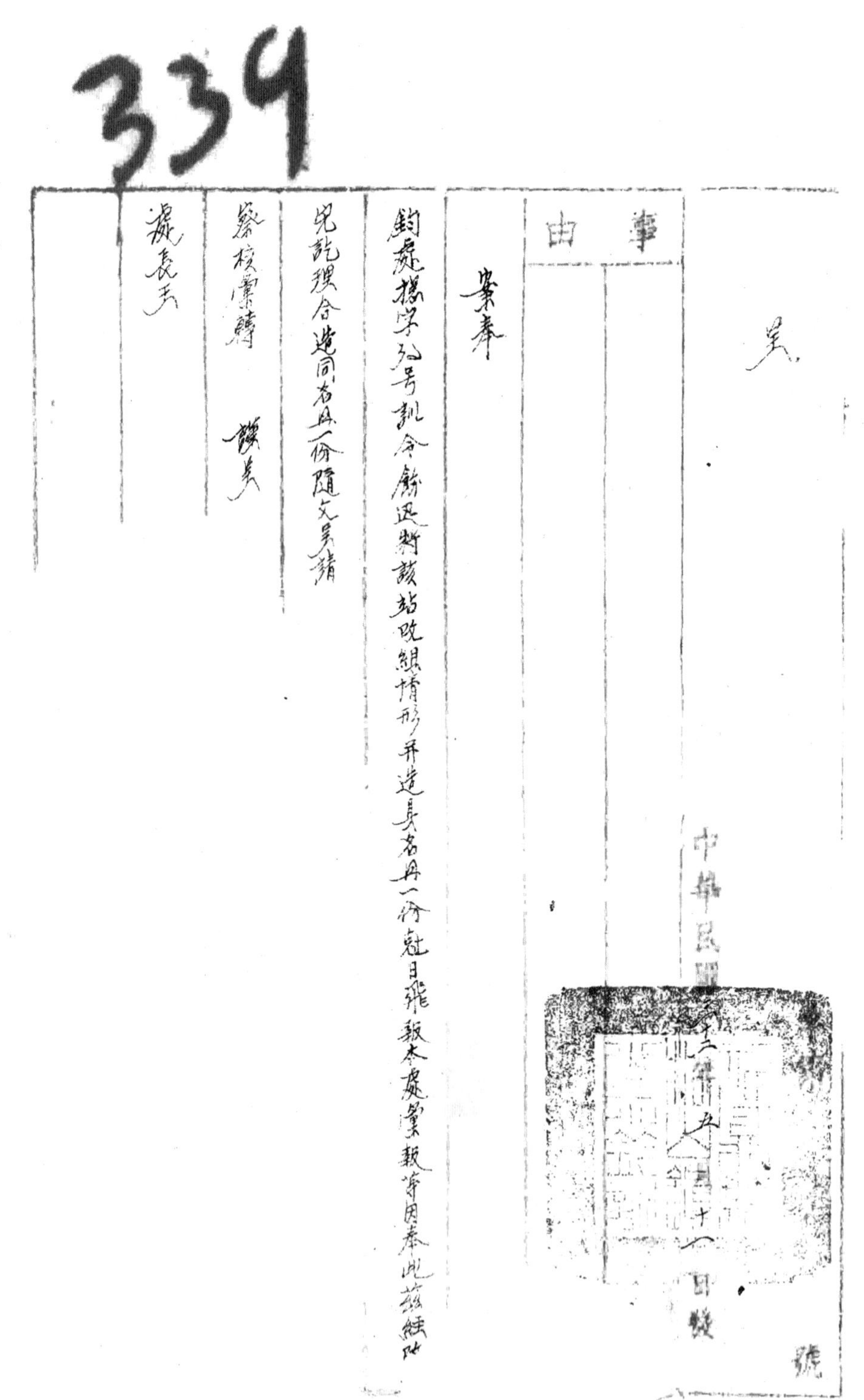
339

呈

事由

中華民國三十二年五月十一日　號

案奉

鈞處總字第[illegible]號訓令飭迅將該站改組情形并造具名冊一份尅日飛報本處彙案報等因奉此茲經改組完訖理合造同名冊一份隨文呈請

鑒核彙轉　謹呈

處長王

第三战区福建省福鼎县桐山镇军民合作站关于改组完讫，造具名册请察核的呈文

（1943 年 5 月 11 日）　G137-001-0010

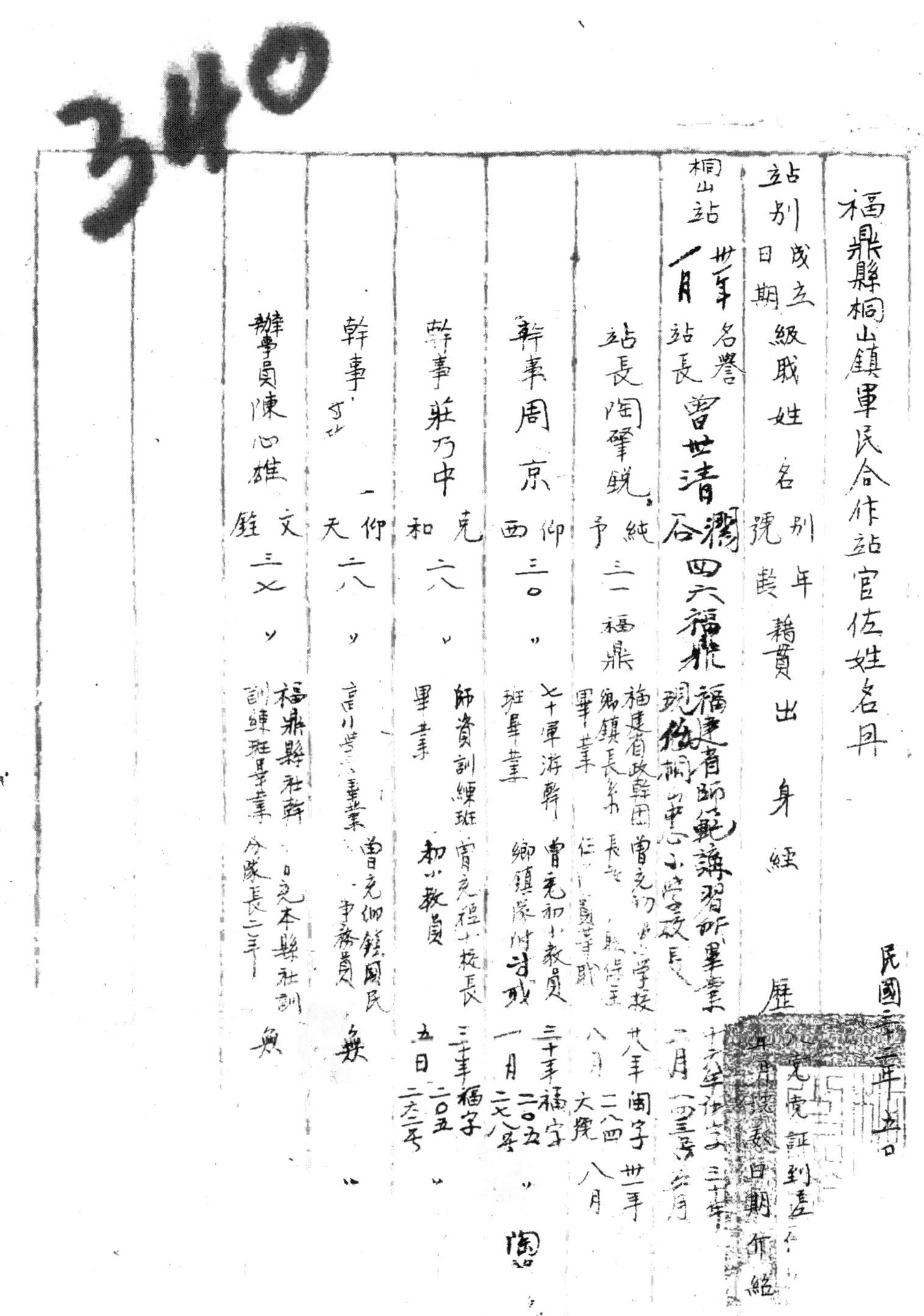

福鼎縣桐山鎮軍民合作站官佐姓名冊

民國三十二年五月

站別	成立日期	級職	姓名	別號	年齡	籍貫	出身	經歷	入黨證到差年月日期	介紹
桐山站	卅一年一月	名譽站長	曾世清	谷濶	四六	福鼎	福建省師範講習所畢業	現任桐山中心小學校長		
		站長	陶肇鋭	純予	三一	福鼎	福建省政幹團畢業	曾充鄉鎮長、校長等職	廿八年閩字二八四八號 八月	卅一年八月
		幹事	周京	仰西	三〇	〃	七十軍游擊班畢業	曾充初小教員、鄉鎮隊附等職	三十年福字二〇五二七八號 一月	〃
		幹事	莊乃中	克和	二八	〃	師資訓練班畢業	曾充程小校長、初小教員	三十年福字二〇五二六號 五日	〃
		幹事		仰天	二八	〃	高小畢業	曾充卿鎮國民事務員	無	〃
		辦事員	陳心雄	文銓	三七	〃	福鼎縣社幹訓練班畢業	曾充本縣社訓分隊長二年	無	

附件：第三战区福建省福鼎县桐山镇军民合作站官佐姓名册（民国三十二年五月）

（1943年5月11日） G137-001-0010

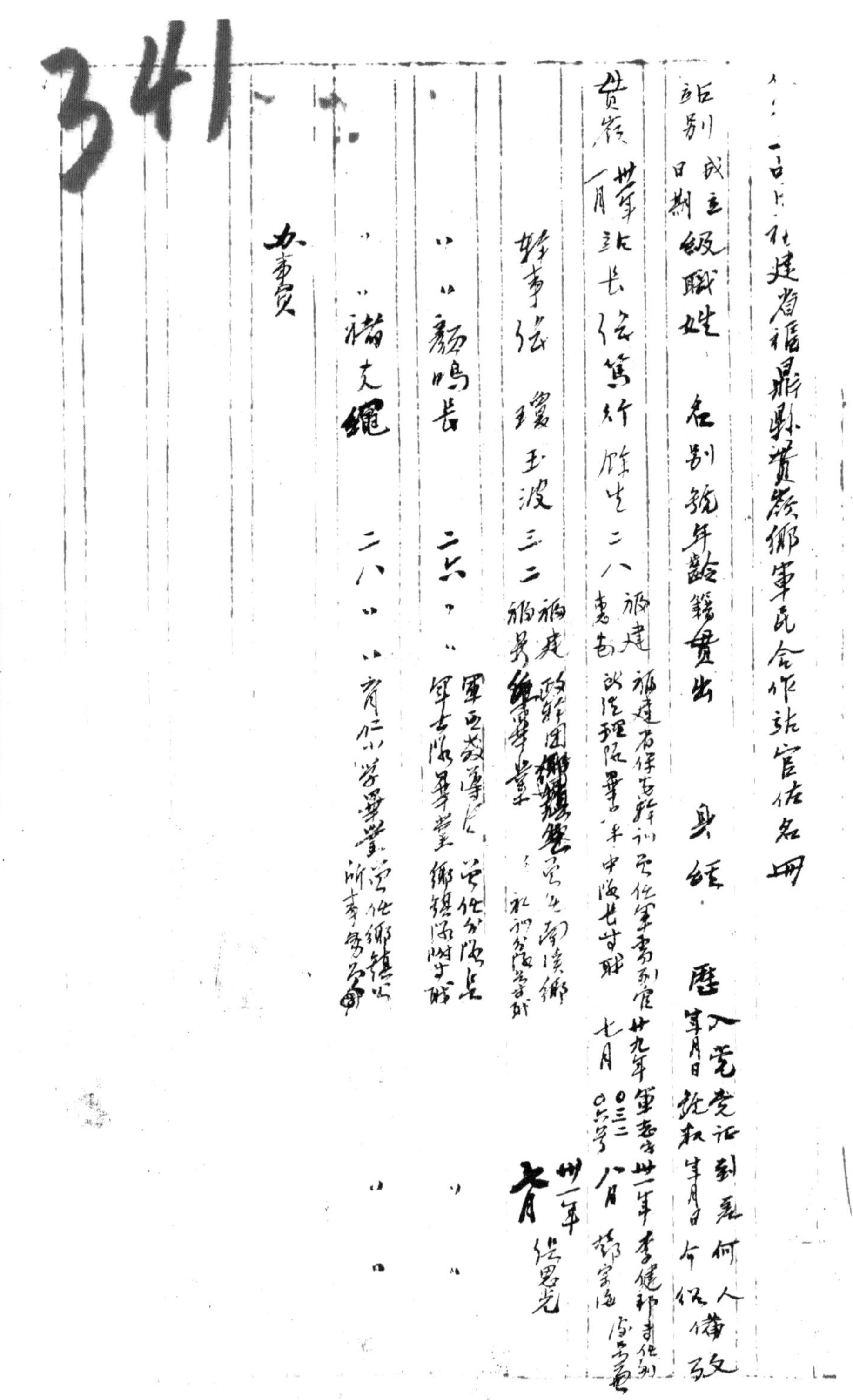

附件:第三战区福建省福鼎县贯岭乡军民合作站官佐名册

(1943年5月)　G137-001-0010

陽辰文總字第乙號

民國卅二年五月十二日

呈

事由：為遵令改組並將改組情形造具名冊一份報請

核備由

案奉

鈞處陽辰真總字第三二號訓令飭以迅將該站改組情形[illegible]

一份尅日飛報本處彙案核等因附[illegible]格式一份

組並造具名冊一份報請

察核備查

謹呈

第三战区福建省福鼎县琳江镇军民合作站关于遵令改组，并将改组情形造具名册报请核备的呈文

(1943 年 5 月 12 日)a 面　G137-001-0010

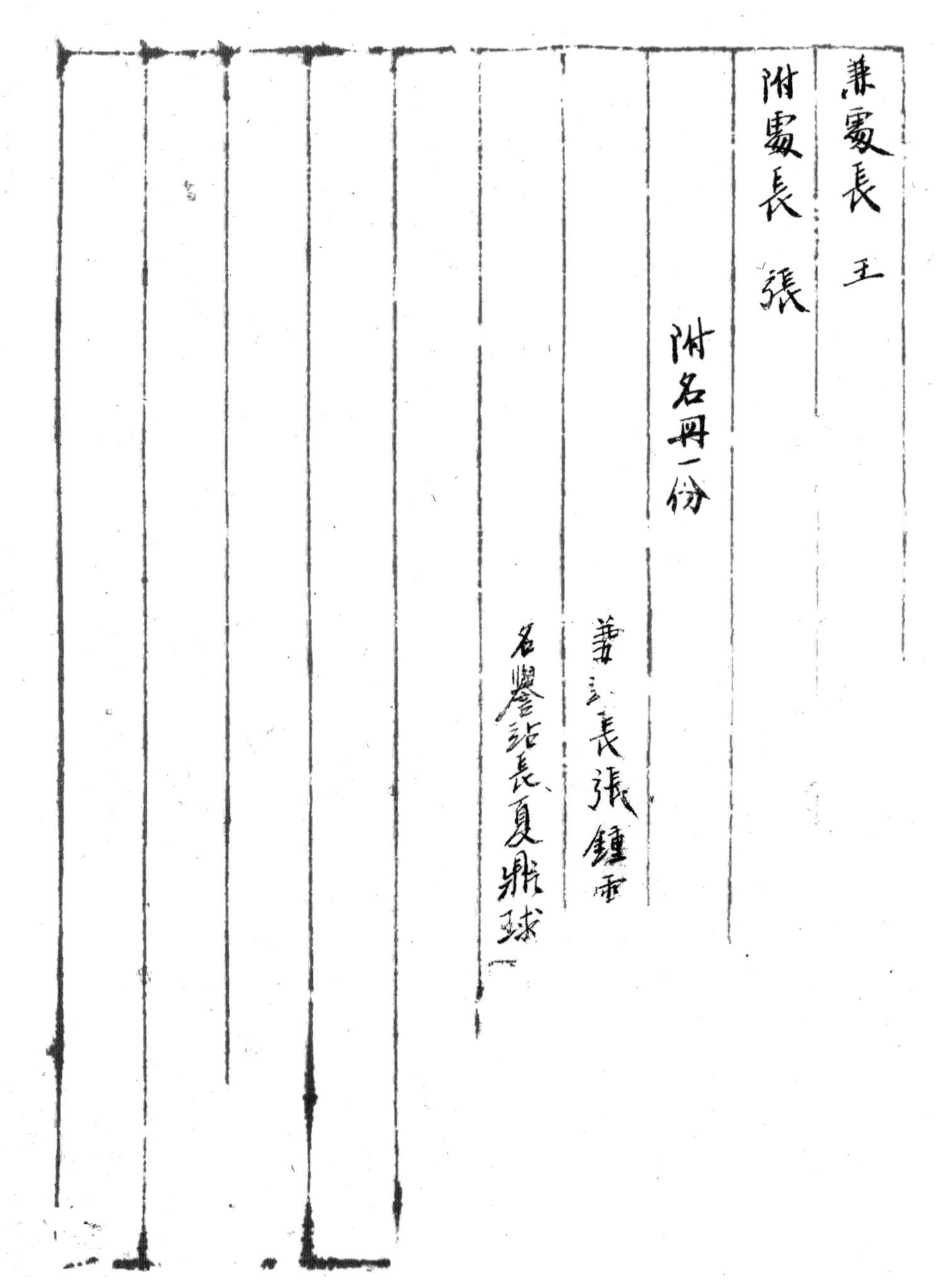

第三战区福建省福鼎县琳江镇军民合作站关于遵令改组，并将改组情形造具名册报请核备的呈文
(1943 年 5 月 12 日)b 面 G137-001-0010

346

福鼎縣琳江鎮軍民合作站

附件：第三战区福建省福鼎县琳江镇军民合作站官佐名册（中华民国三十二年四月兼站长张钟灵造报）

（1943年4月） G137-001-0011

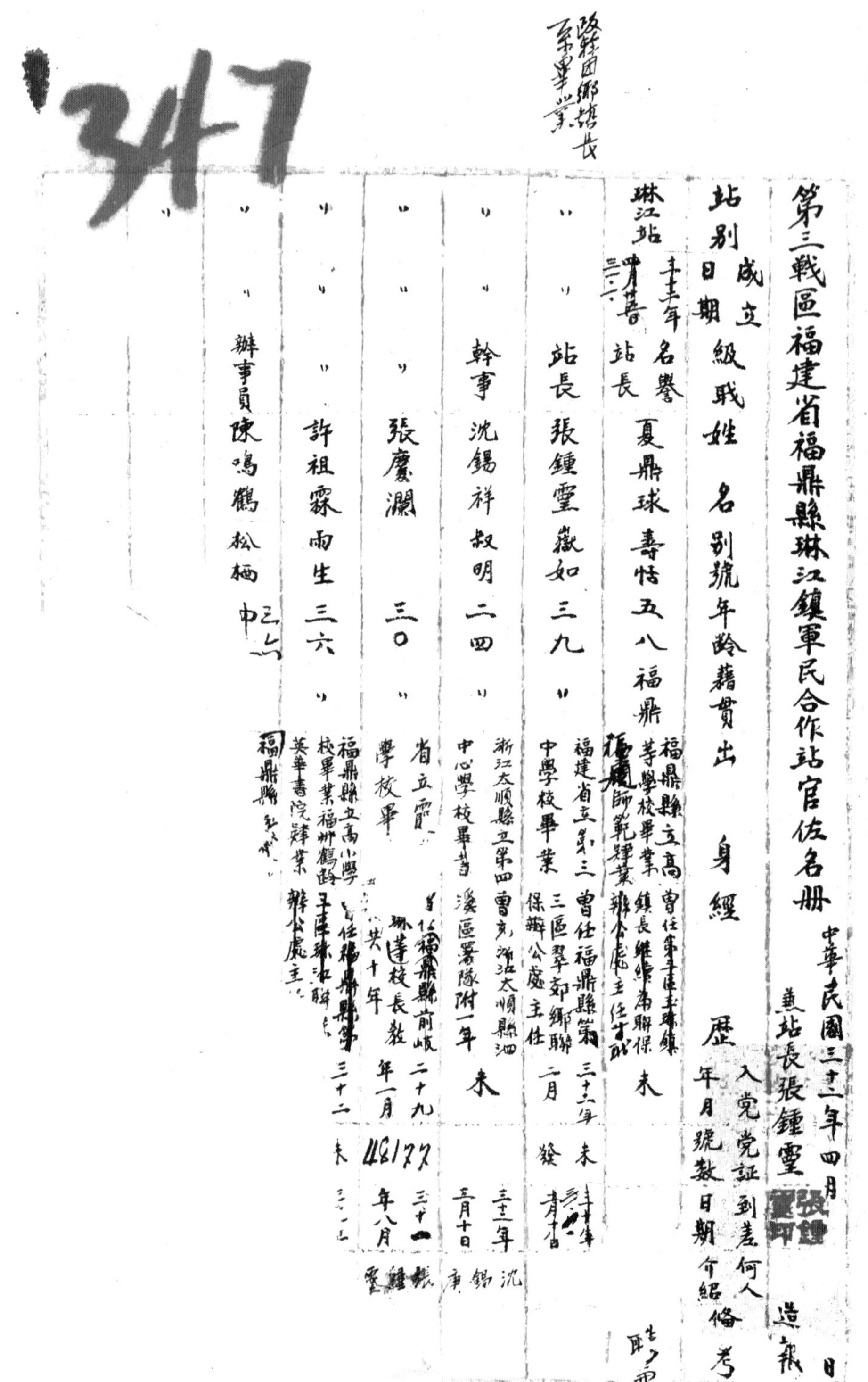

347

孫經國鄉鎮長系畢業

第三戰區福建省福鼎縣琳江鎮軍民合作站官佐名冊

中華民國三十二年四月 日 兼站長張鍾靈 造報

站别	成立日期	級職	姓名	别號	年齡	籍貫	出身	經歷	入党年月	党証號數	到差日期	何人介紹	備考
琳江站	三十二年三月[illegible]	名譽站長	夏鼎球	壽恬	五八	福鼎	福鼎縣立高等學校畢業 福鼎師範肄業	曾任第[illegible]區[illegible]琳鎮鎮長維[illegible]鄉聯保辦公處主任十[illegible]	未				[illegible]
〃	〃	站長	張鍾靈	崴如	三九	〃	福建省立第三中學校畢業	曾任福鼎縣第三區翠郊鄉聯保辦公處主任	三十二年二月	發	三十[illegible]年[illegible]月[illegible]		
〃	〃	幹事	沈錫祥	叔明	二四	〃	浙江太順縣立第四中心學校畢業	曾充浙江太順縣泗溪區署隊附一年	未		三十二年三月十日	沈錫庚	
〃	〃	〃	張慶瀾		三〇	〃	省立霞[illegible]學校畢	曾任福鼎縣前岐琳達校長教[illegible]共十年	二十九年一月	48177	三十一年八月	張鍾靈	
〃	〃	〃	許祖霖	雨生	三六	〃	福鼎縣立高小學校畢業福州鶴齡英華書院肄業	曾任福鼎縣第[illegible]區琳江聯[illegible]辦公處主[illegible]	三十二	未	三[illegible]一[illegible]		
〃	〃	辦事員	陳鳴鶴	松栖	二六	福鼎縣[illegible]							

附件:第三战区福建省福鼎县琳江镇军民合作站官佐名册(中华民国三十二年四月兼站长张钟灵造报)

(1943 年 4 月) G137-001-0011

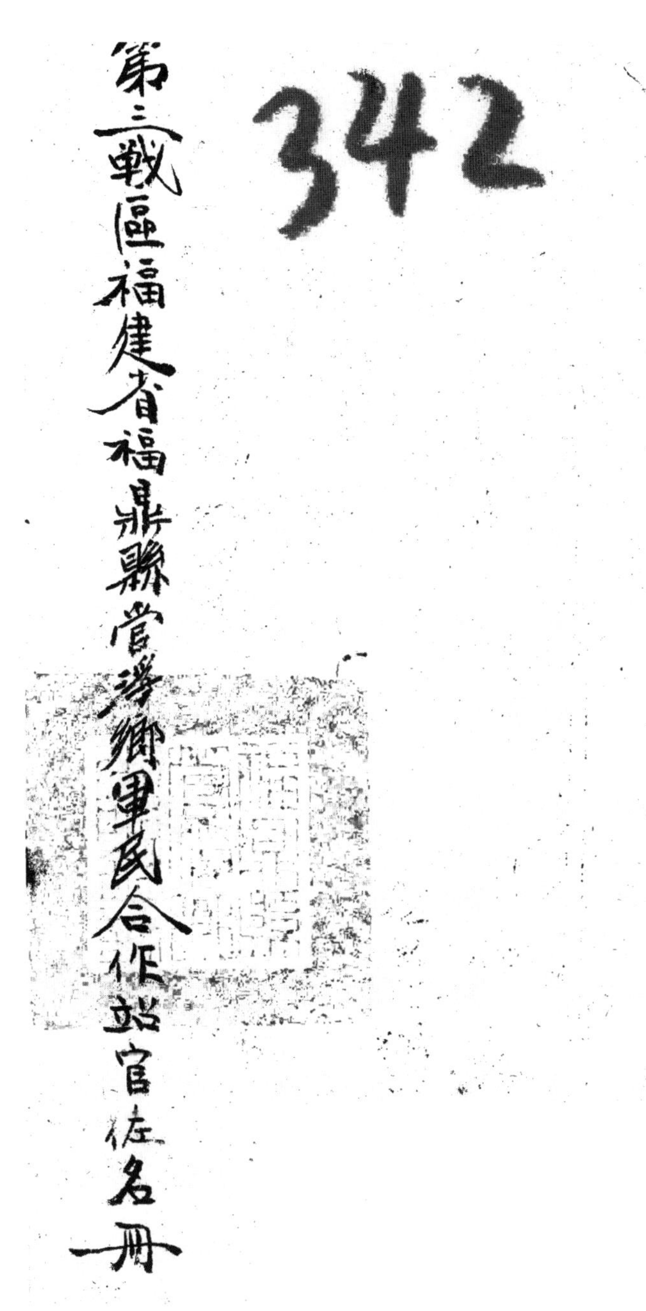
第三戰區福建省福鼎縣管浮鄉軍民合作站官佐名册

342

附件：第三战区福建省福鼎县管浮乡军民合作站官佐名册

（1943年5月） G137-001-0011

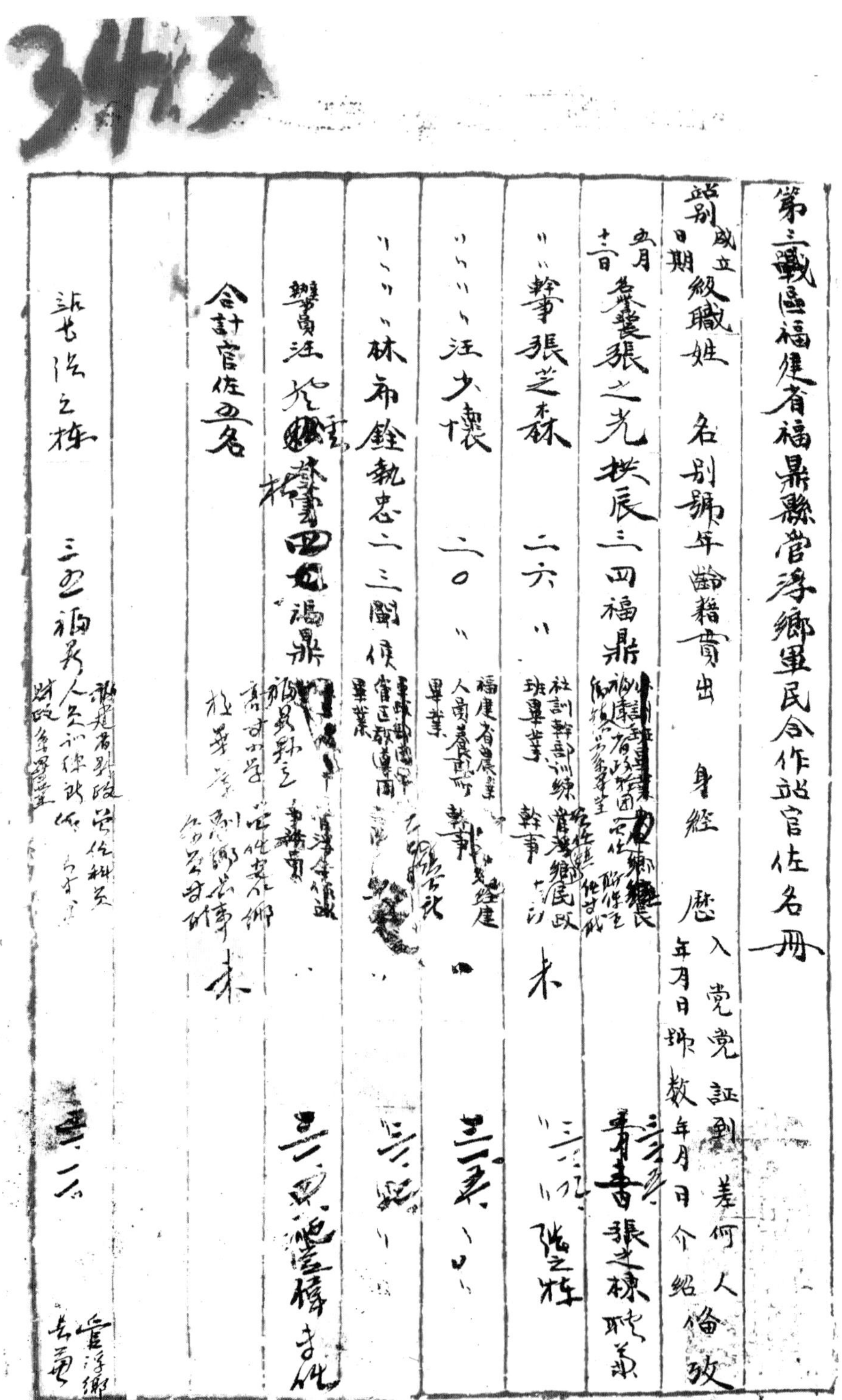

附件：第三战区福建省福鼎县管浮乡军民合作站官佐名册

（1943 年 5 月） G137-001-0011

344

中華民國三十二年五月

日

管浮鄉軍民合作站兼站長張之棟

附件：第三战区福建省福鼎县管浮乡军民合作站官佐名册

（1943年5月） G137-001-0011

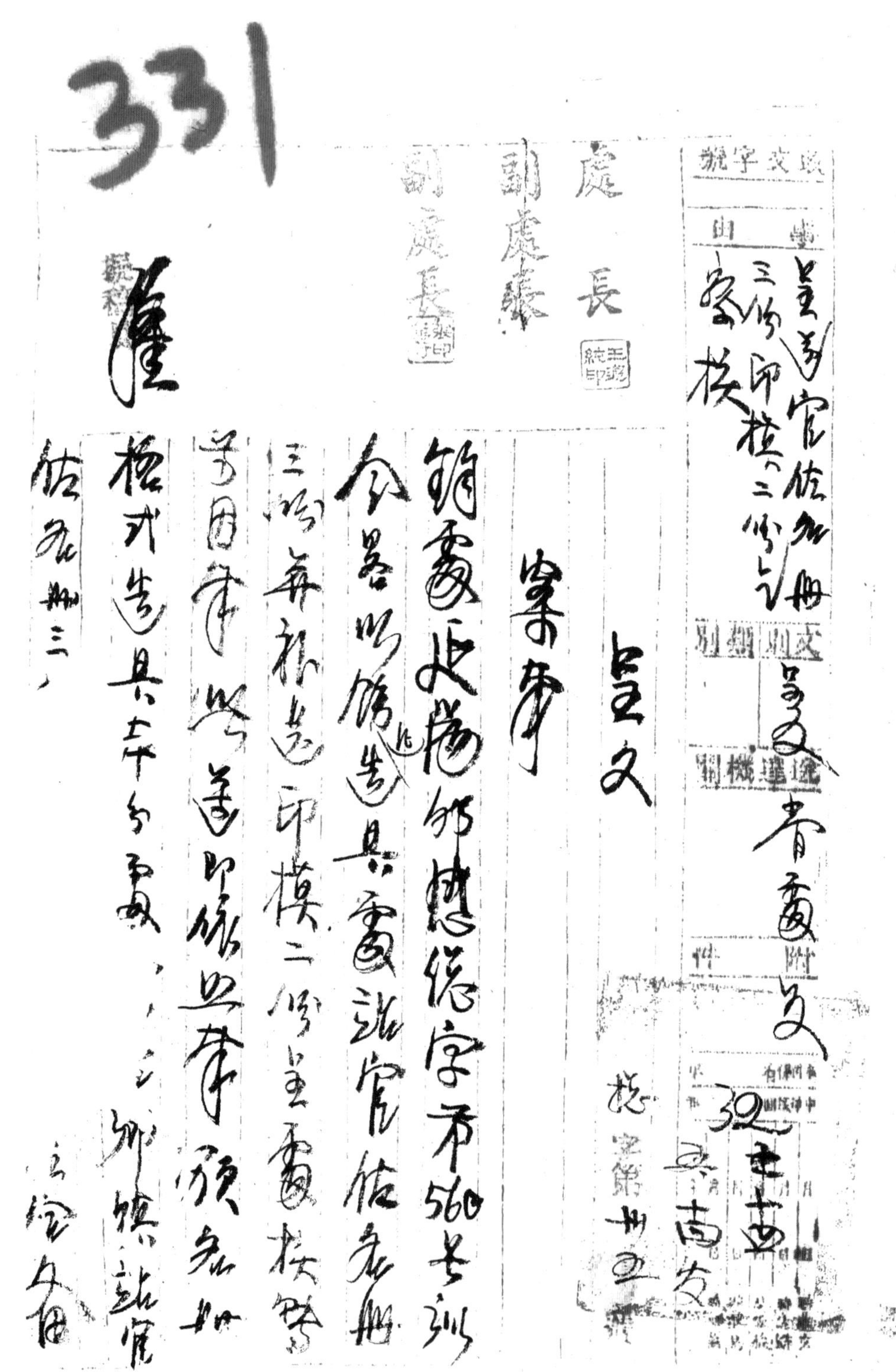

第三战区福建省福鼎县军民合作站指导分处关于报送本分处站官佐名册、印模的呈文

（1943 年 5 月 14 日）　G137-001-0010

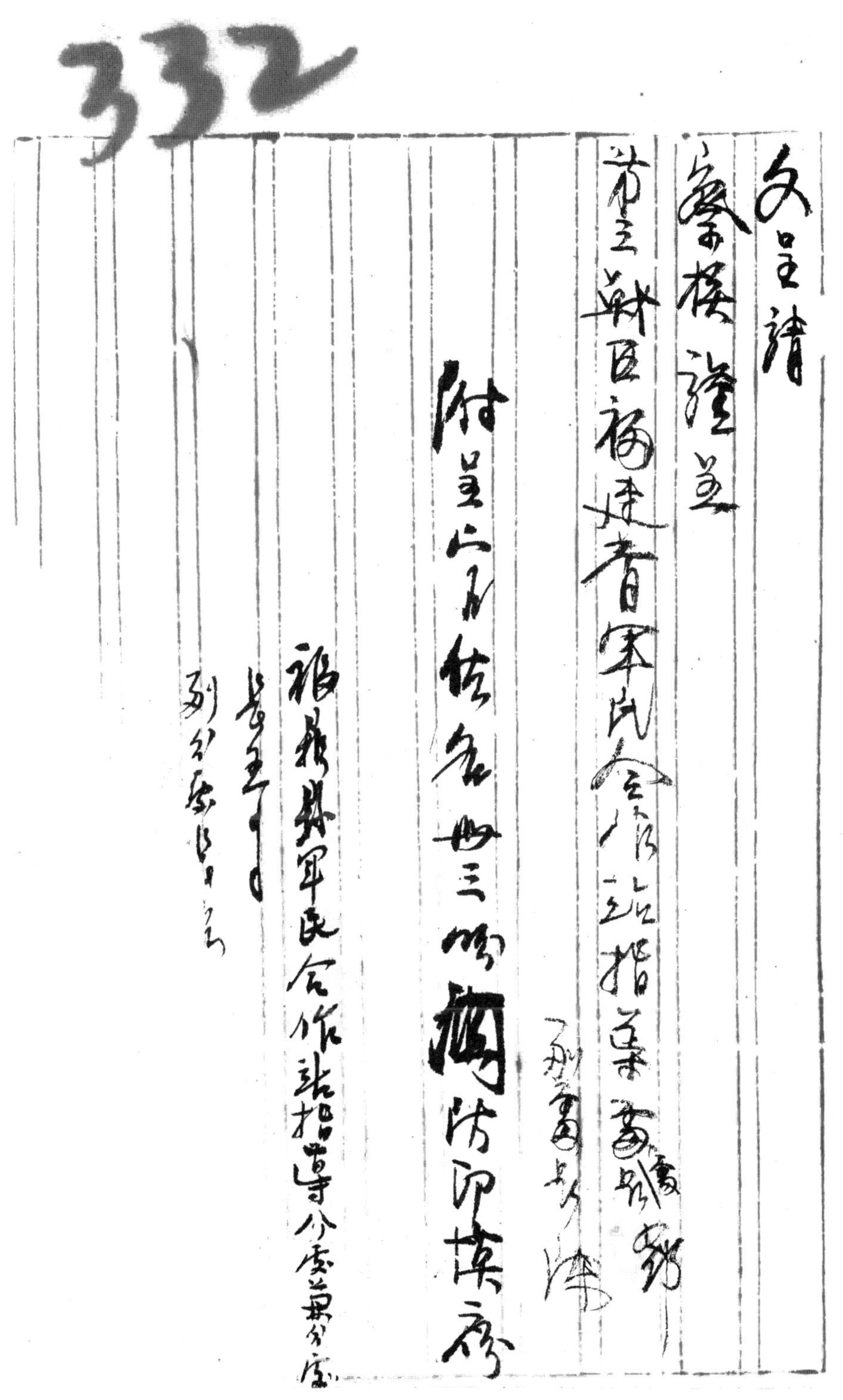

第三战区福建省福鼎县军民合作站指导分处关于报送本分处站官佐名册、印模的呈文

（1943 年 5 月 14 日） G137-001-0010

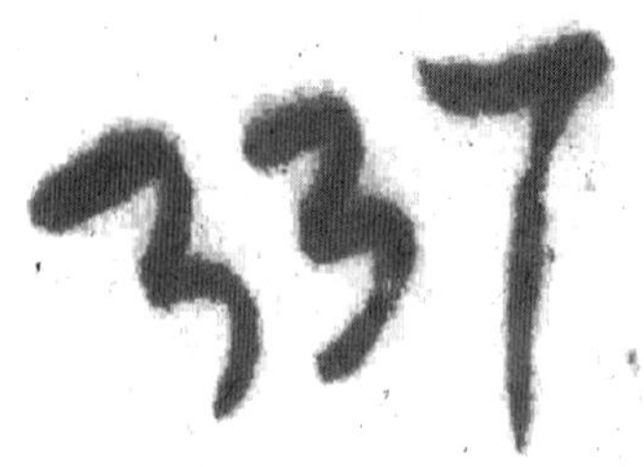

第三战区福建省福鼎县军民合作站指导分处及各站官佐名册

(1943 年 5 月)a 面 G137-001-0010

〃 〃 莊乃中 克和 二八 〃 師資訓練班畢業 小学校長 小学教員 [illegible] 〃 〃 〃

〃 施得政 仰天 二八 〃 高小学校畢業 曾任鄉鎮國民兵隊事務員 未 [illegible] 〃 〃

辦事員 陳心排 文銓 三七 〃 福鼎縣社訓班畢業 曾任本縣社訓分隊長二年 未 [illegible] 專任

貫嶺站 [illegible] 名誉站長

站長 張篤行 [illegible] 二八 福建惠安 [illegible]畢業 福建省保安幹訓所[illegible]畢業 曾任軍需副官 中隊長等職 [illegible] 由分處長兼

幹事 張瓊玉 波 三三 福建福鼎 福建省政幹[illegible] 福鼎[illegible]鄉鎮[illegible]畢業 曾任南溪鄉長 社訓分隊長等職 董德光 兼任

顏鳴長 二六 〃 軍政教育[illegible] 軍士隊畢業 曾任分隊長 鄉鎮隊附等職 〃 〃 〃

褚克繩 二八 〃 育仁小学畢業 曾任鄉鎮公所事務員 〃 〃 〃

事務員

琳江站 [illegible] 名誉站長

站長 袁鼎球 壽恬 五八 福建福鼎 福鼎縣立高等小学校畢業 福建師範畢業 曾任鎮長聯保主任等職 未 周儀 聘兼

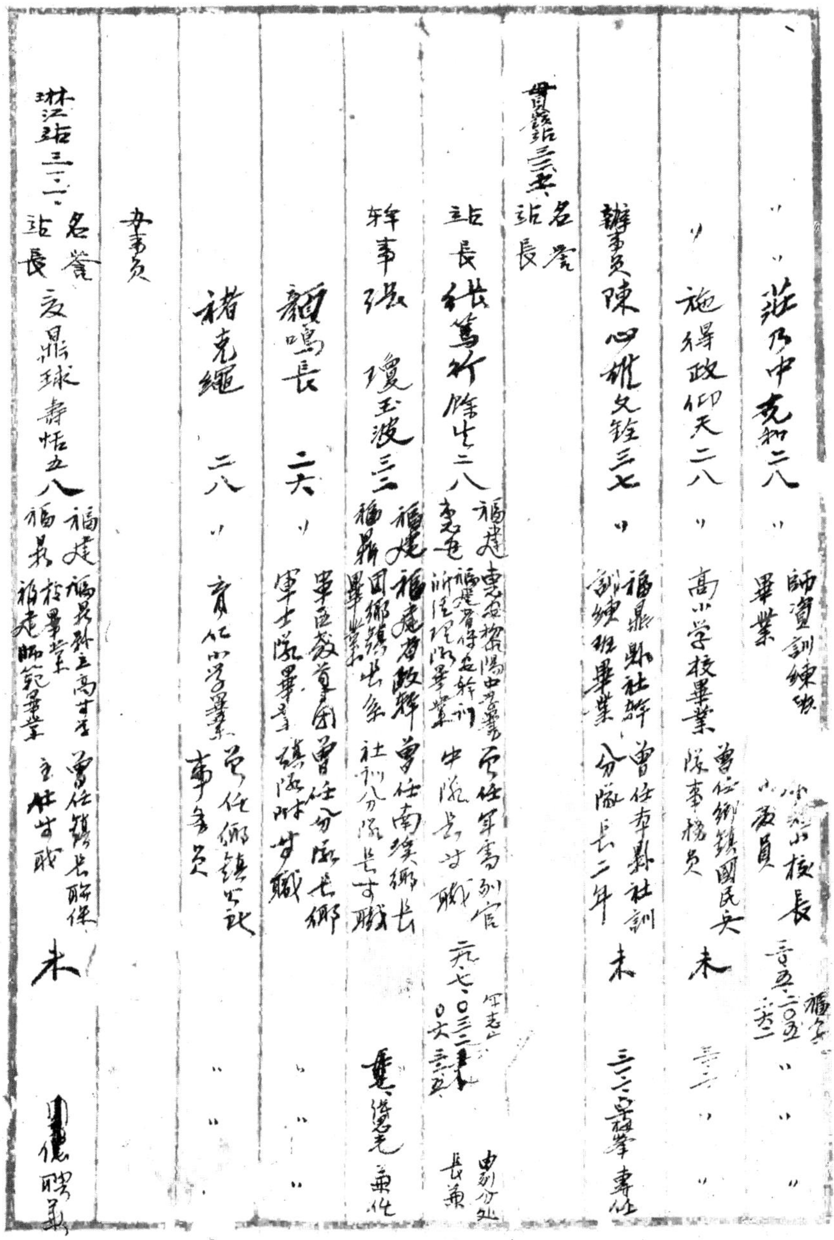

第三战区福建省福鼎县军民合作站指导分处及各站官佐名册

(1943 年 5 月)b 面　G137-001-0010

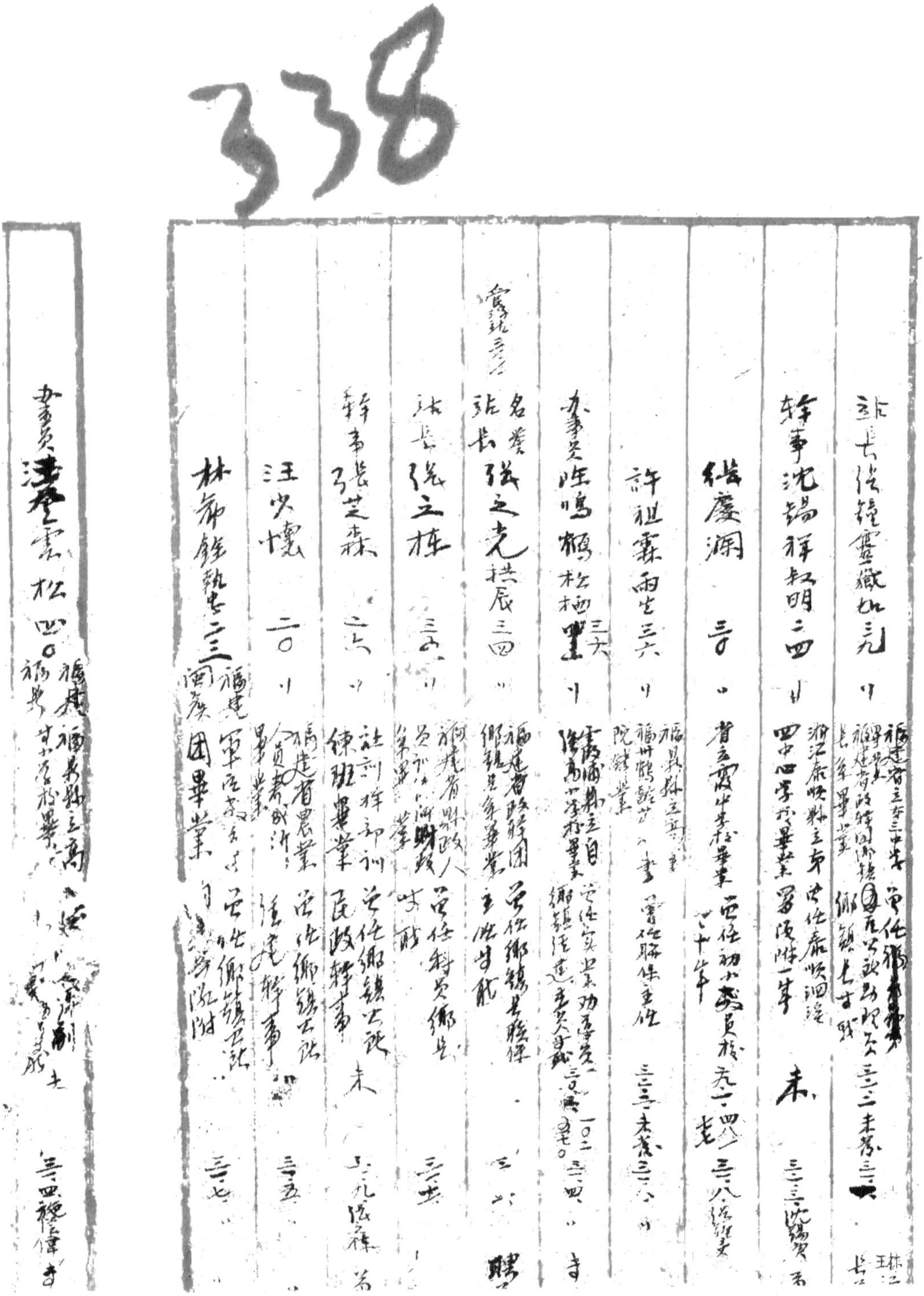

第三战区福建省福鼎县军民合作站指导分处及各站官佐名册

（1943 年 5 月） G137-001-0010

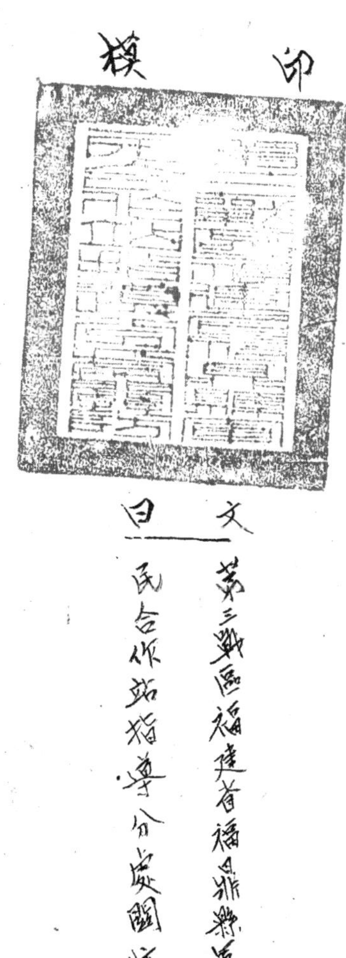

第三战区福建省福鼎县军民合作站指导分处印模

（1943 年 5 月） G137-001-0010

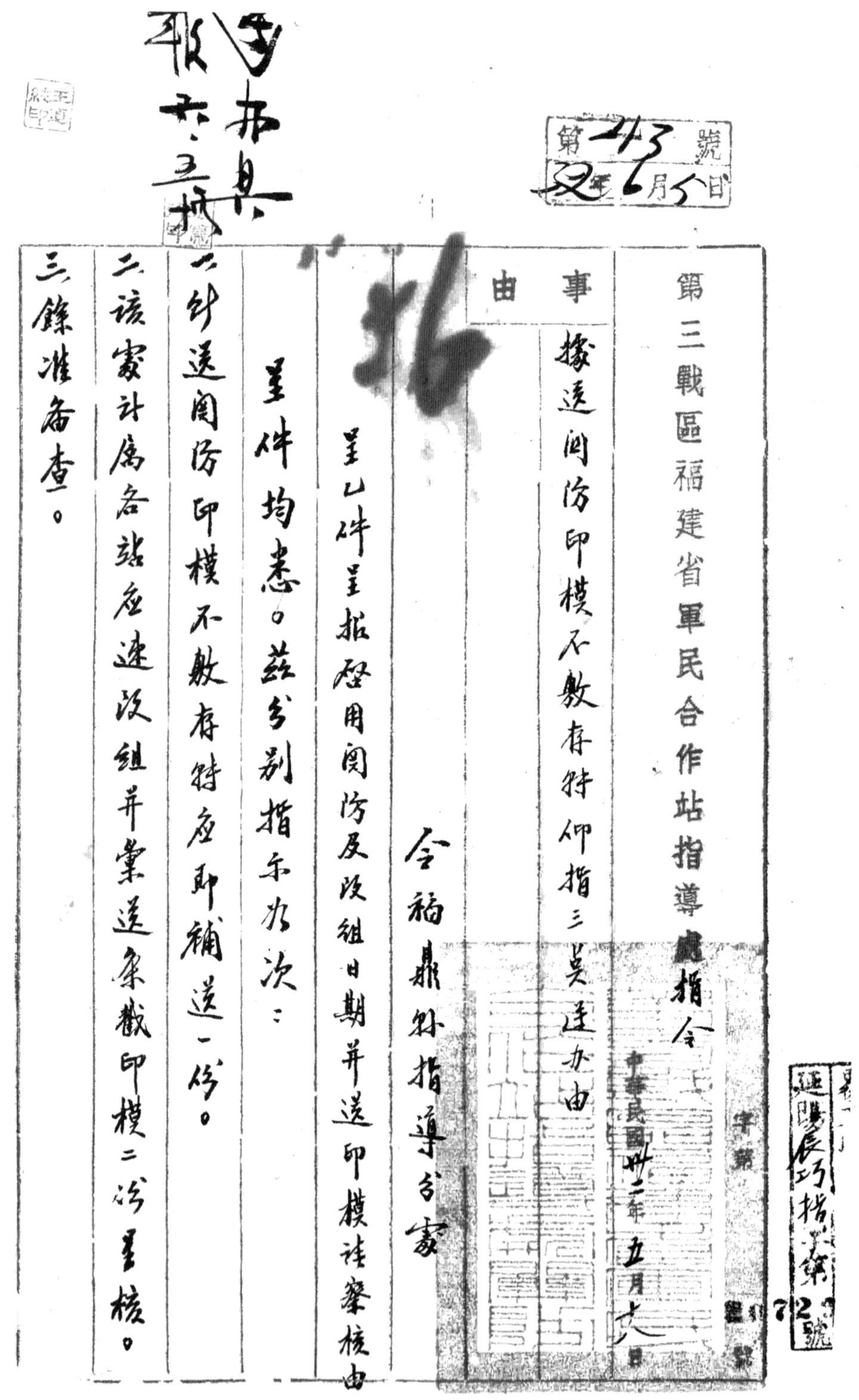

第三战区福建省军民合作站指导处关于所送关防印模不敷存转，应即补送并指示三点的指令

（1943年5月18日）　G137-001-0001

以上三点仰即遵照办理为要

此令 附件暂存

处　长　邓梅羹

副处长　陈联芬

行

第三战区福建省军民合作站指导处关于所送关防印模不敷存转,应即补送并指示三点的指令

(1943 年 5 月 18 日)　G137-001-0001

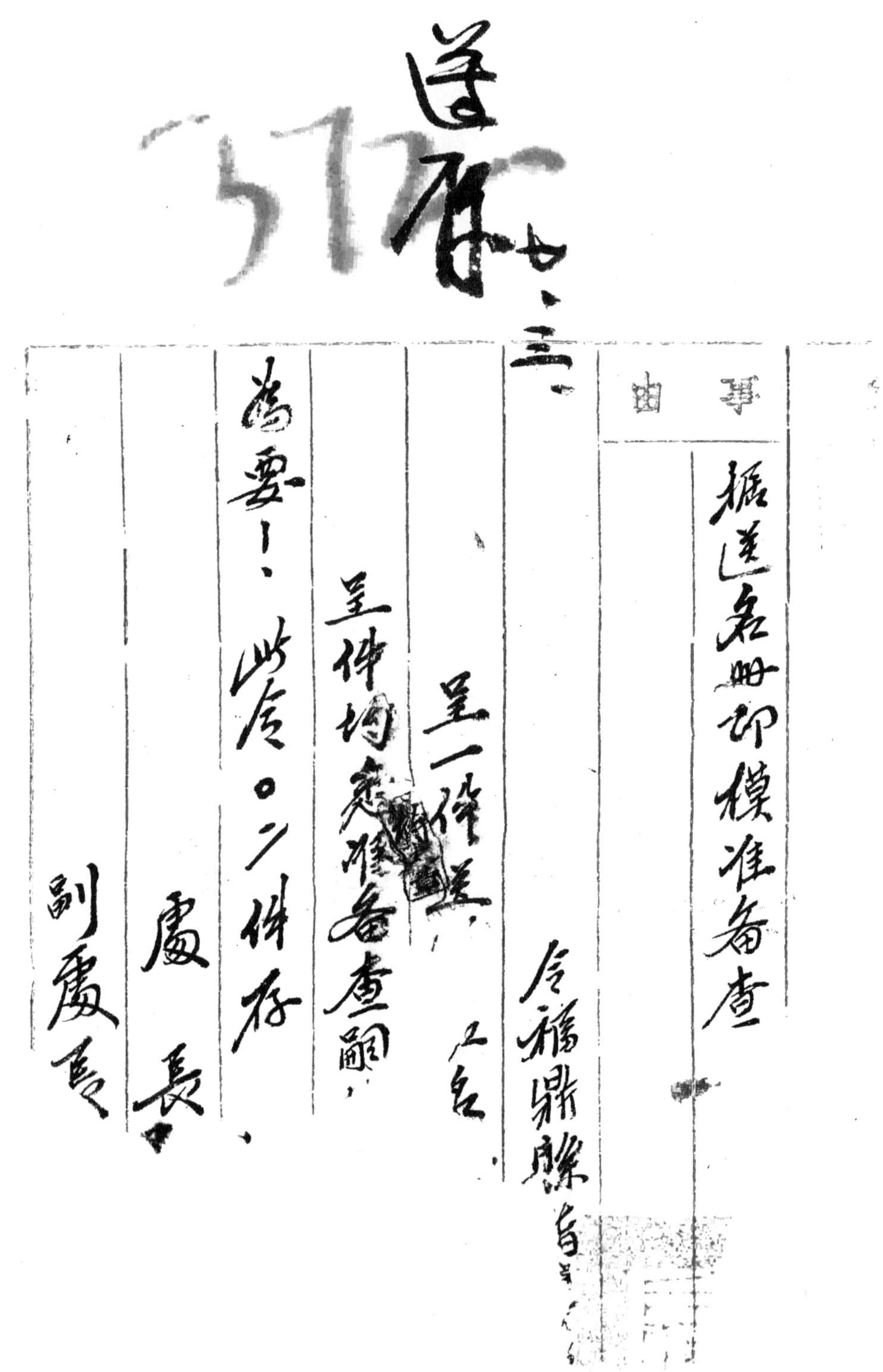

送原
七、三

事由

据送名册印模准备查

令福鼎县自卫……

呈一件並……

呈件均悉准备查……

为要！此令。二件存。

处长

副处长

第三战区福建省军民合作站指导处关于报送名册印模准予备查的指令

（1943 年 6 月） G137-001-0010

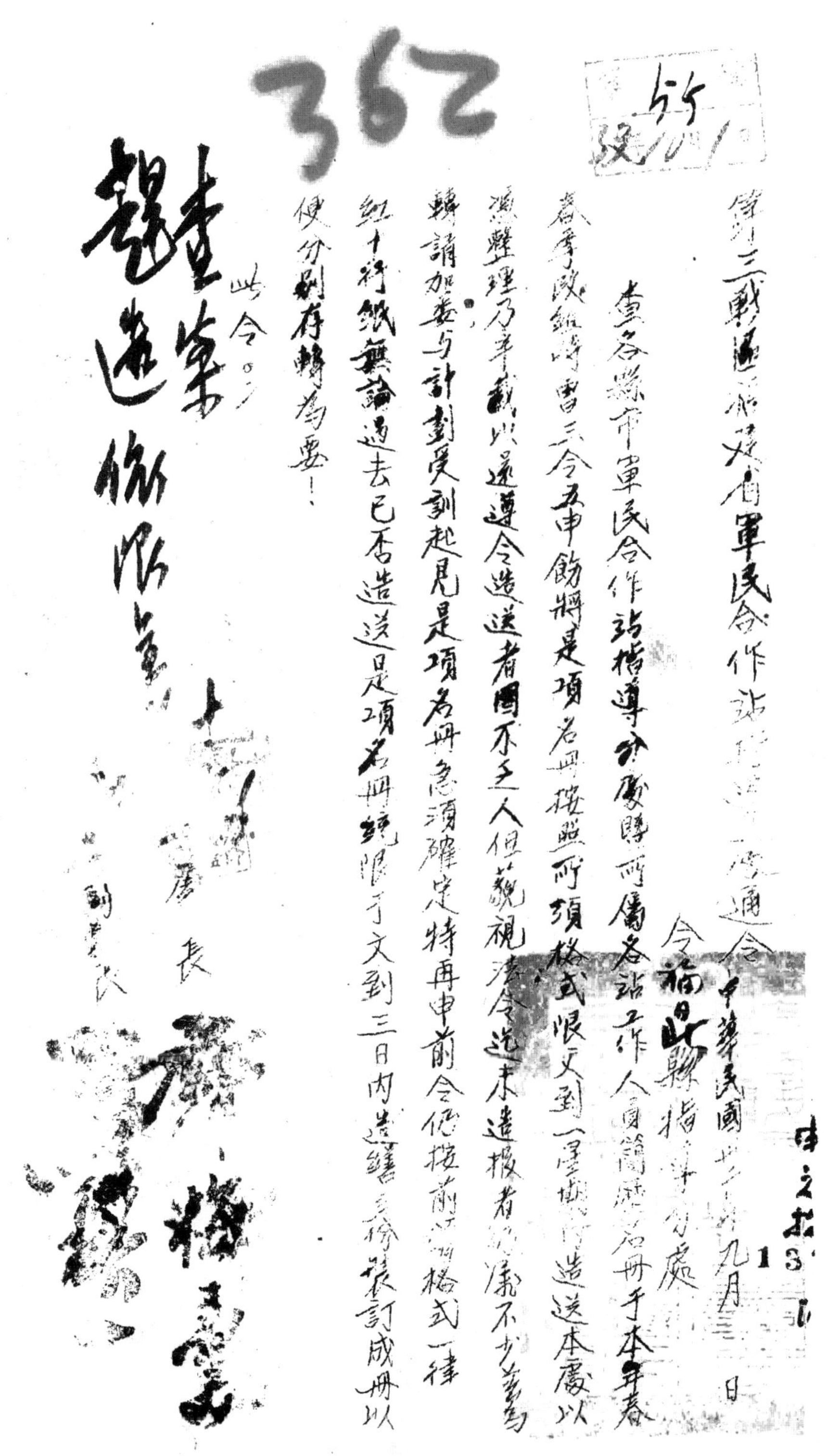
第三戰區福建省軍民合作站指導處通令　中華民國卅二年九月13日

令福□縣指導分處

查各縣市軍民合作站指導分處暨所屬各站工作人員簡歷名冊于本年春季改組時曾三令五申飭將是項名冊按照所頒格式限文到一星期內造送本處以憑整理乃半載以還遵令造送者固不乏人但藐視法令迄未造報者亦屬不少兹為轉請加委与計劃更調起見是項名冊急須確定特再申前令仰按前頒格式一律紅十行紙無論過去已否造送是項名冊統限于文到三日內造繕三份裝訂成冊以使分別存轉為要！

此令。

處長

副處長

第三战区福建省军民合作站指导处关于按前颁格式造送各处站工作人员简历名册的通令

（1943 年 9 月 13 日）　G137-001-0010

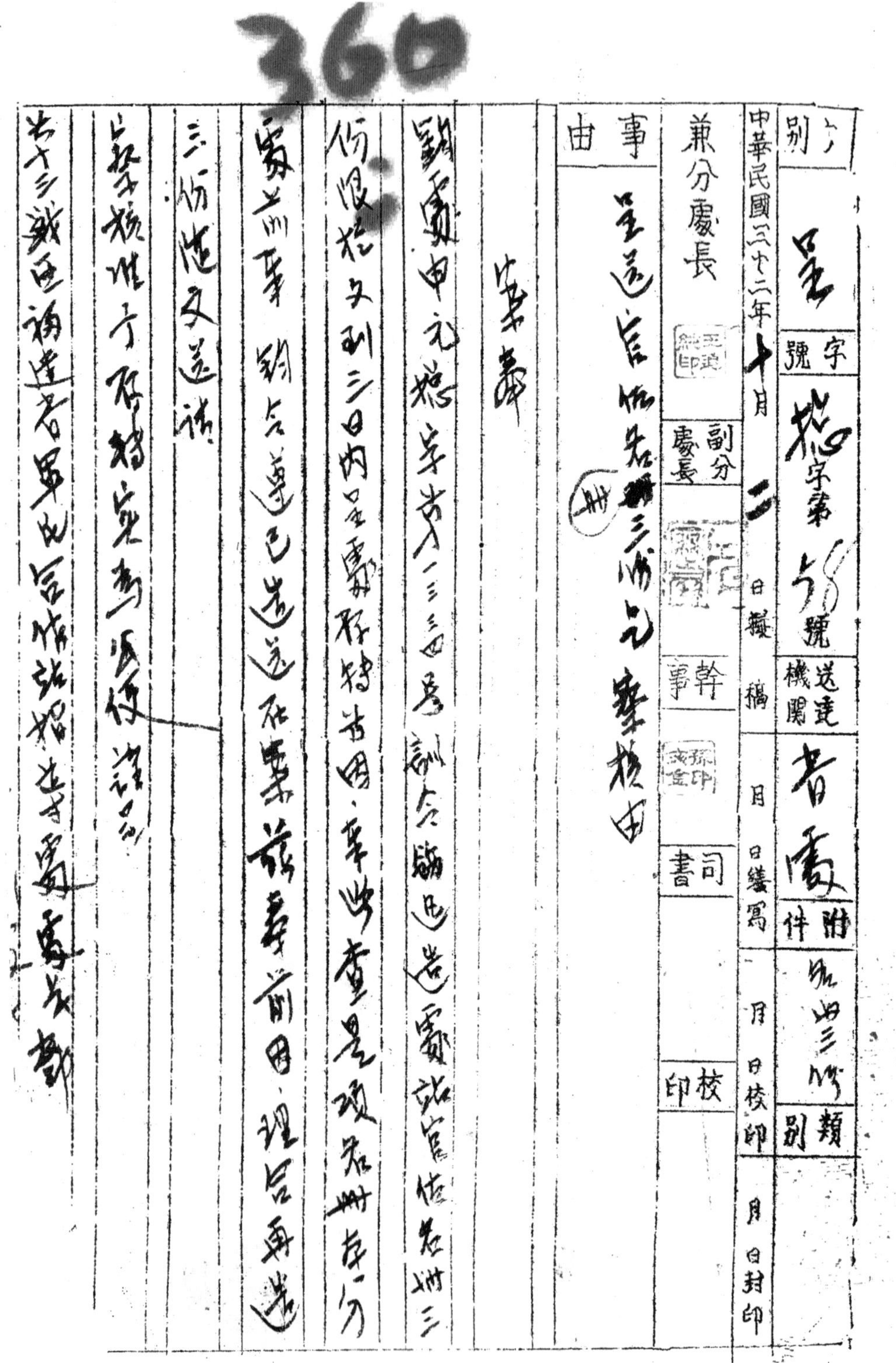
360

別	呈
字號	總字第5?號
送達機關	省處
附件	名冊三份
類別	

中華民國三十二年十月二日擬稿 月日繕寫 月日校印 月日封印

兼分處長 副分處長 幹事 司書 校印

事由：呈送官佐名冊三份乞鑒核由

案奉

鈞處申元總字第一三三四號訓令飭造送處站官佐名冊三份限於文到三日內呈處存轉備用，等因，奉此，查是項名冊早經

處前奉　鈞令業已造送在案，茲奉前因，理合再造

三份隨文送請

鑒核准予存轉，實為公便！謹呈

第三戰區福建省軍民合作站指導處處長鄧

第三战区福建省福鼎县军民合作站指导分处关于报送官佐名册的呈文

（1943年10月2日） G137-001-0010

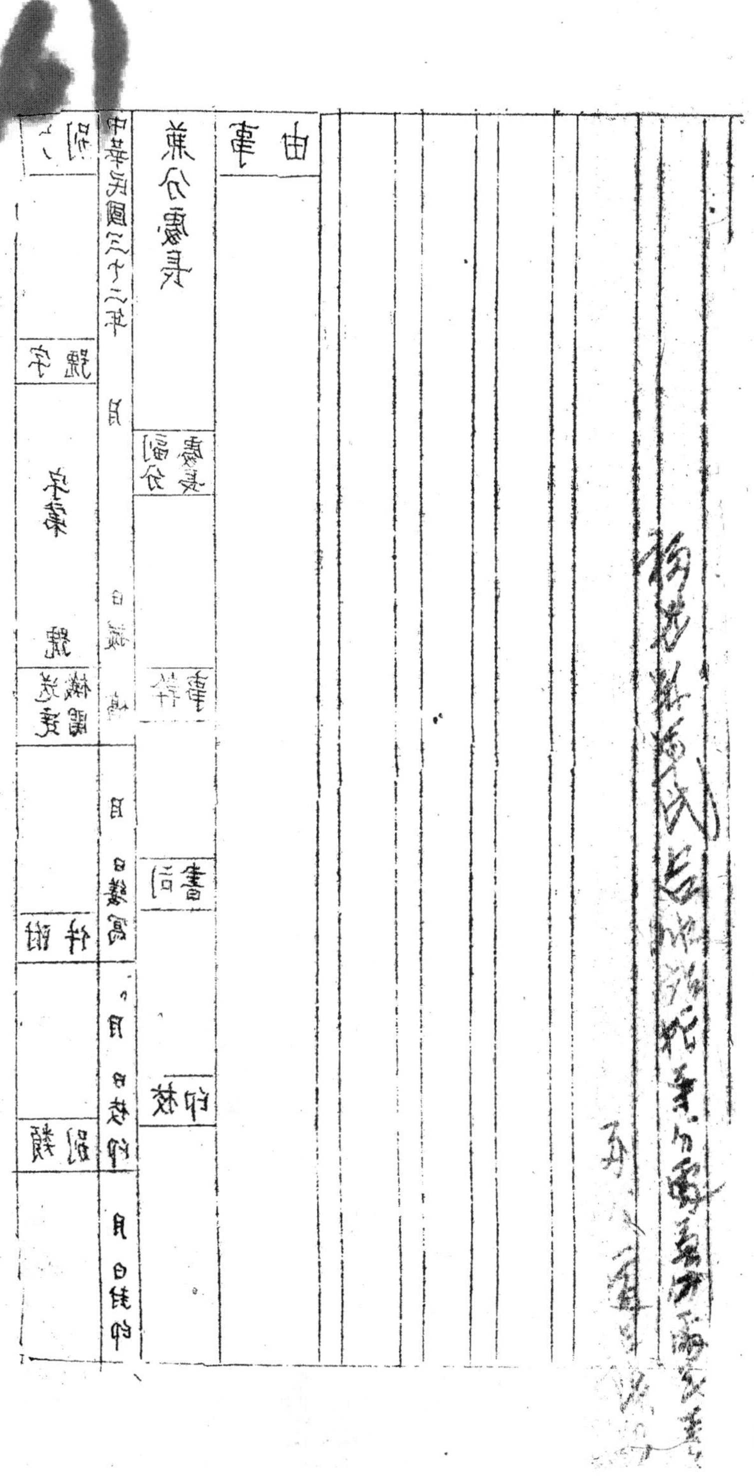

第三战区福建省福鼎县军民合作站指导分处关于报送官佐名册的呈文

（1943 年 10 月 2 日） G137-001-0010

事由：為通令遵照每縣設站以六站為原則不得將經費挪作他用仰辦理具報由

第三戰區福建省軍民合作站指導處訓令　卅儒四號總字第0476號

令福鼎縣指導分處

查本省軍民合作站設立之初，當本處創辦時，曾經省府規定每縣以六站為原則，並所有經費飭由各縣政府依照規定數目，由戰時預備費項下按月撥發在案。乃一年以來，各縣遵照規定數目設立者，固屬居多，亦有超過規定數，而另設義務站亦有之，足見辦事認真，推行得力，殊堪嘉慰。但還有少數縣份僅設二、三站不等，或完全不設，或認為此種機構不關重要可有可無，並將此款挪作他用，以至影響業務，至深且鉅，言念及此，殊堪痛心。殊不知軍民合作實施之確實與否，關係抗戰前途，實屬重要之一部。現奉令長官為謀軍事勝利，軍政配合作戰起見，特加強軍民合作組織及職權

第三战区福建省军民合作站指导处关于遵照每县设站以六站为原则，不得将经费挪作他用，并将办理情形具报的训令(1943 年 4 月 16 日)a 面　G133-003-0121

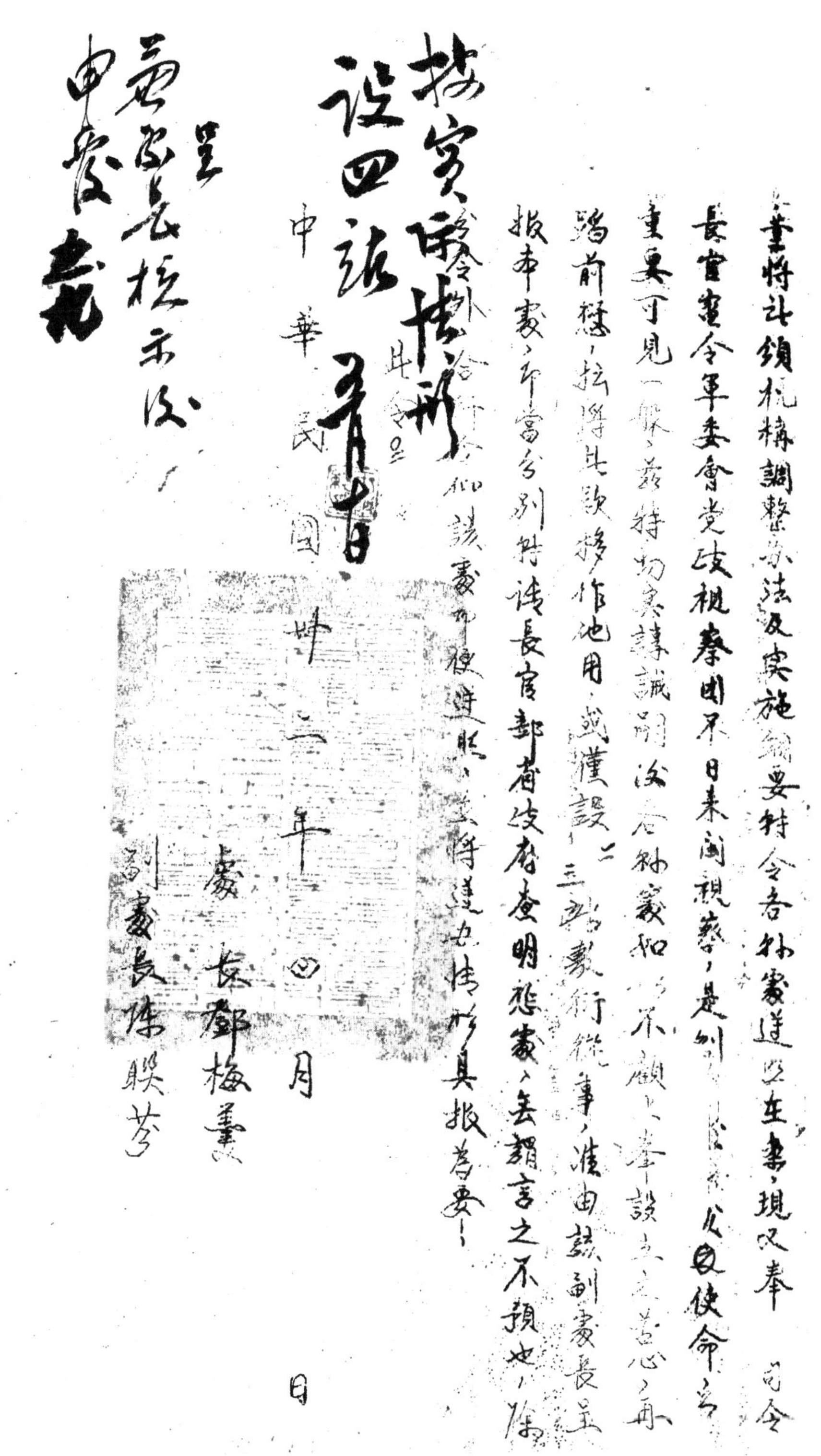
司令……董将站、组机构调整办法及实施纲要转令各分处遵照在案，现又奉
长官电令，军委会党政视察团不日来闽视察，是项……使命至
重要，可见一斑，务将……，以不……，未……
路前程。……将站款挪作他用……设二、三站，敷衍从事，准由该副处长负
报本处，……当分别转请长官部、省政府查明惩处，毋贻噬脐之悔也，切切
……所属各站……处等因……，希……
……令仰……设四站……
……此令
呈
处长核示。
中华民国卅二年四月　日
处长郑梅叢
副处长陈联芬

第三战区福建省军民合作站指导处关于遵照每县设站以六站为原则，不得将经费挪作他用，并将办理情形具报的训令（1943年4月16日）b面　G133-003-0121

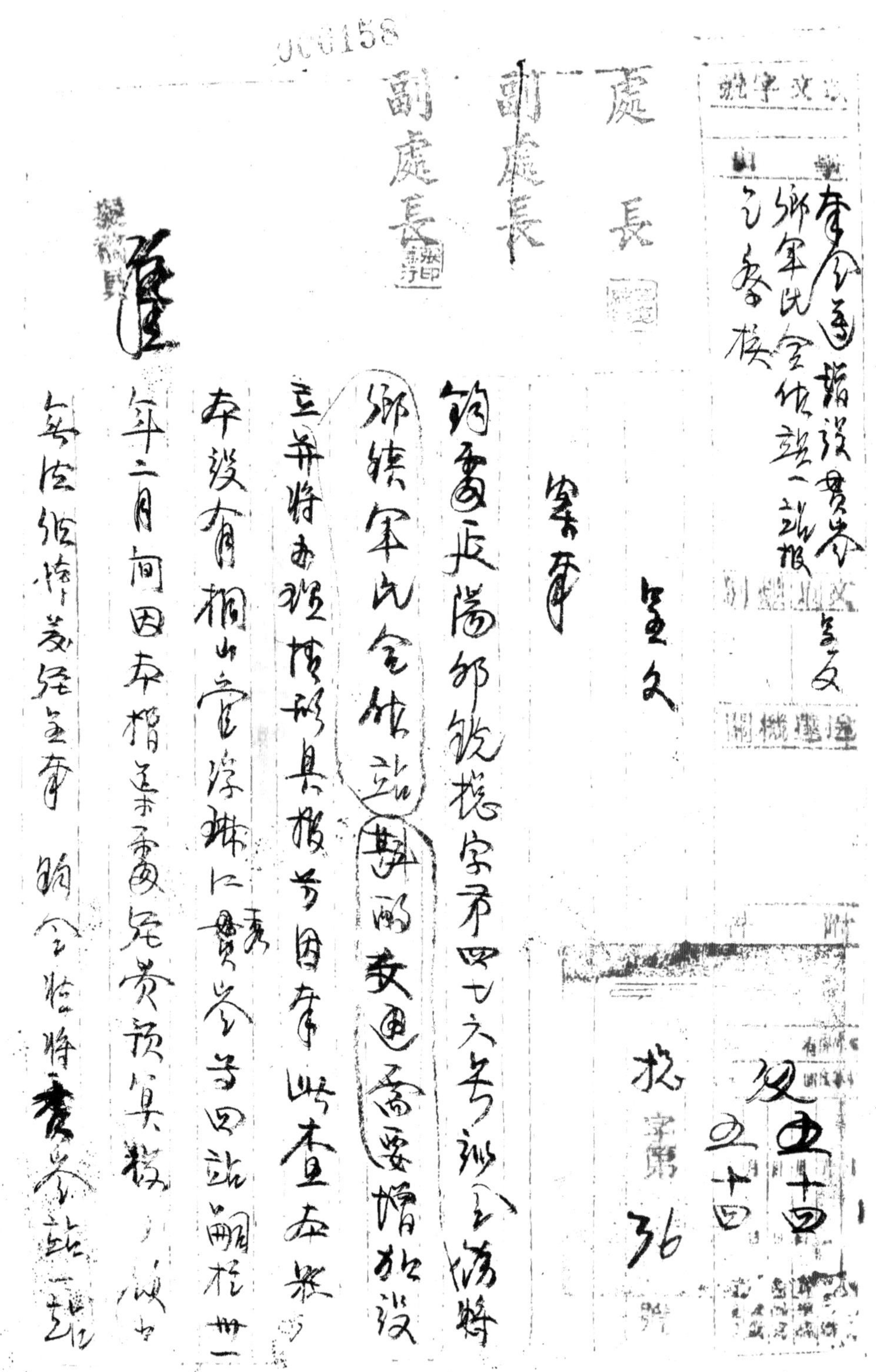

第三战区福建省福鼎县军民合作站指导分处奉令增设贯岭乡军民合作站一站的呈文

（1943年5月14日）　G133-003-0121

敕辦前奉前因遵經轉飭該區當要將該子公岺合站恢復設立并以該鄉現有各保改保為貫岺鄉軍民合作站除飭於五月十五日以前依法組設成立具報外理合將具文呈請

鑒核　謹呈

第三戰區福建省軍民合作站指導處主任 劉

科員 陳

福鼎縣軍民合作站指導分處主任

副分處長 張

第三战区福建省福鼎县军民合作站指导分处奉令增设贯岭乡军民合作站一站的呈文

（1943 年 5 月 14 日）　G133-003-0121

351

第三战区福建省福鼎县军民合作站指导分处关于桐山、管浮等二乡镇军民合作站办事员学识太差，影响处站业务甚大，请均予免职，遗缺由李学年、林长新接充的签呈（1943 年 5 月） G137-001-0010

349

中華民國三十二年五月廿六日擬稿

兼分處長 王道純印

副分處長 張[illegible]印

事由

訓令 [illegible]字第[illegible]號

令桐山鎮、管浮鄉軍民合作站

查該站辦事員陳心乾、吳學瑩學識欠差，不堪勝任，應予免職，遺缺暫委李學年、林長新接充，除分令任免外，希即轉飭該員辦理移接，并將到差日期核[illegible]

令李學年、林長新 [illegible] 二份 [illegible] 此令

又訓令 [illegible]

令桐山鎮、管浮鄉軍民合作站

第三战区福建省福鼎县军民合作站指导分处关于桐山、管浮等二乡镇军民合作站办事员不堪胜任，应予免职，遗缺暂委李学年、林长新接充，并将其到差日期转报核备的训令(1943 年 5 月 26 日)　G137-001-0010

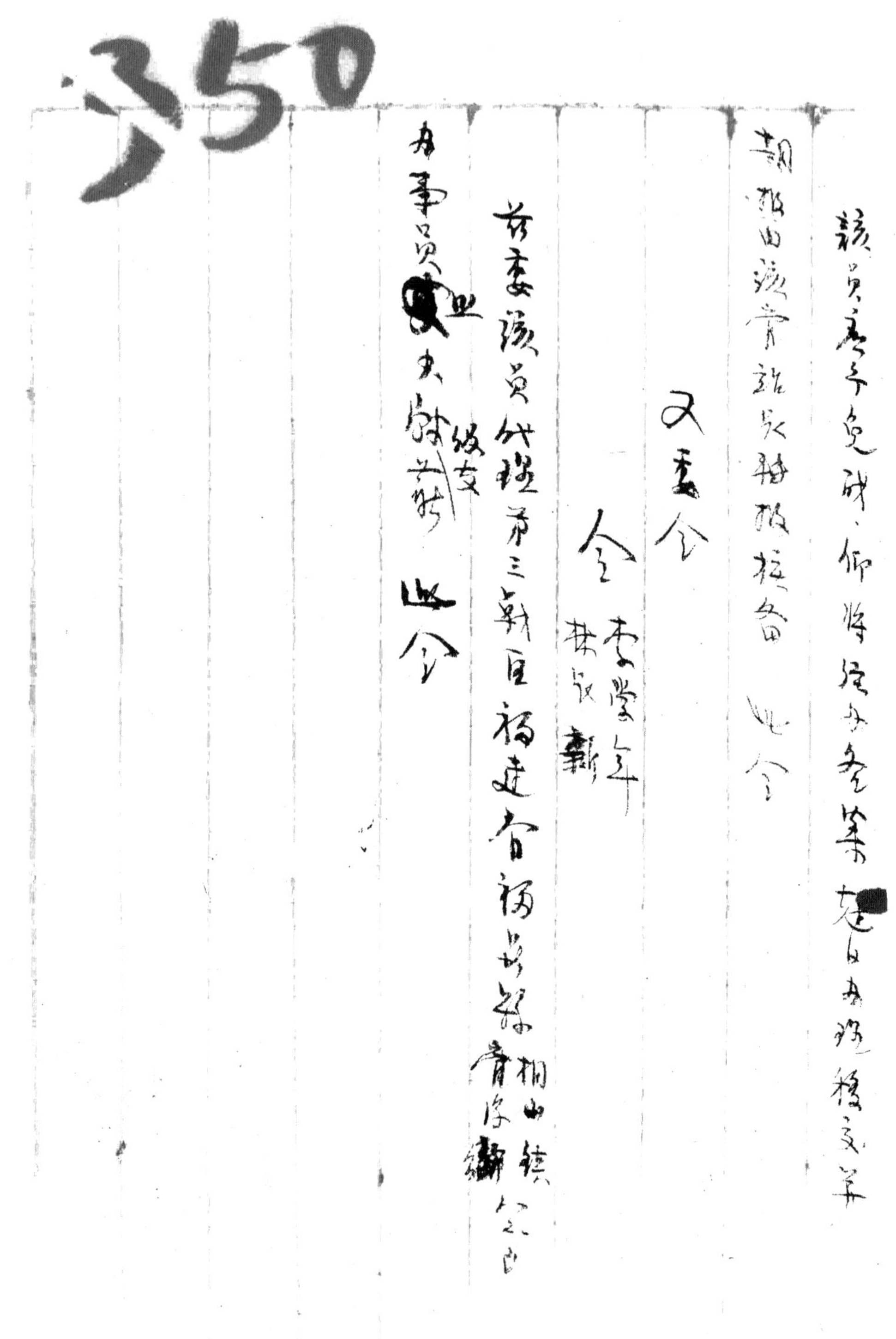

第三战区福建省福鼎县军民合作站指导分处关于桐山、管浮等二乡镇军民合作站办事员不堪胜任，应予免职，遗缺暂委李学年、林长新接充，并将其到差日期转报核备的训令(1943 年 5 月 26 日)　G137-001-0010

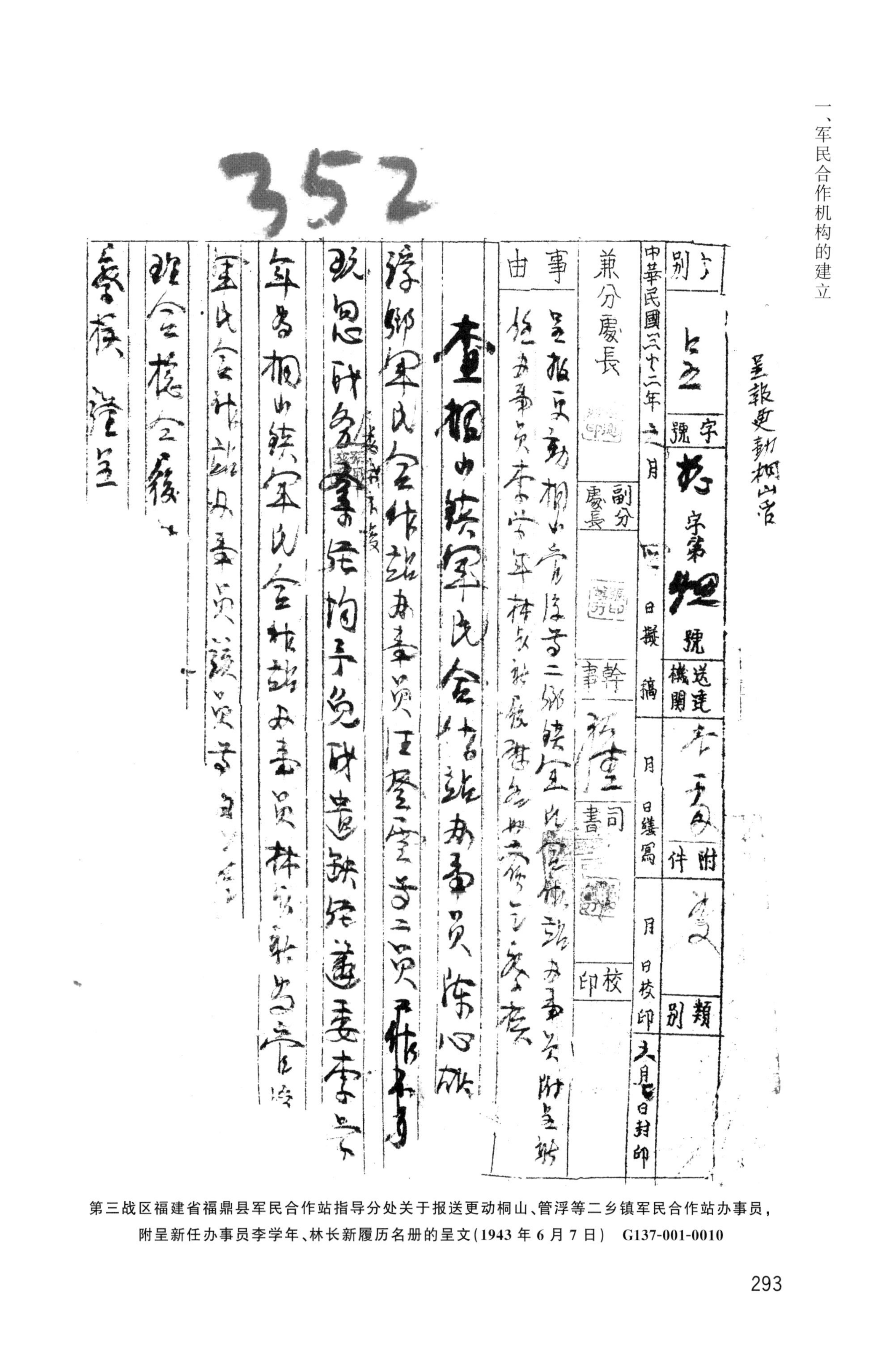

呈報更動桐山管

第三战区福建省福鼎县军民合作站指导分处关于报送更动桐山、管浮等二乡镇军民合作站办事员，附呈新任办事员李学年、林长新履历名册的呈文(1943年6月7日) G137-001-0010

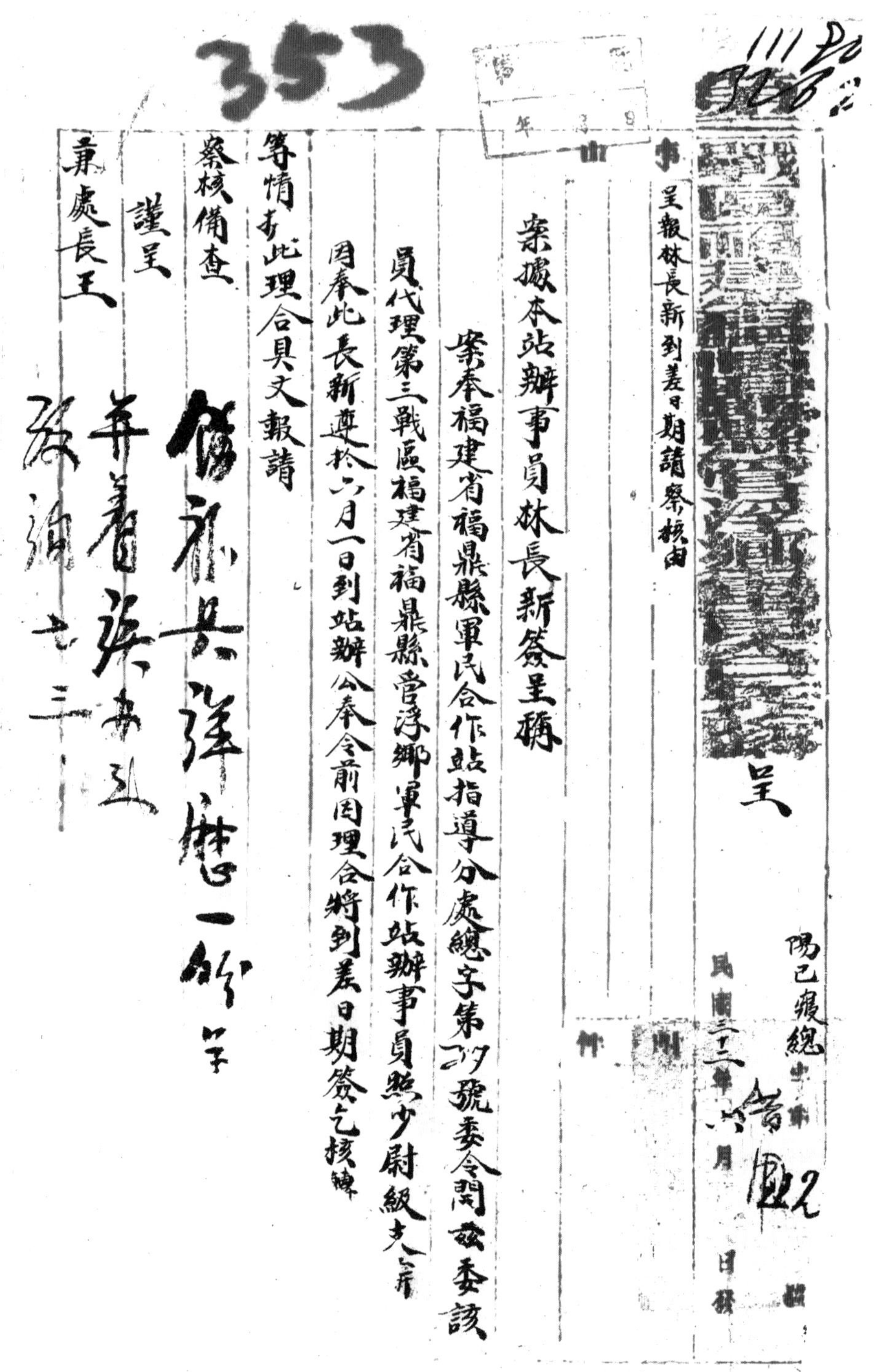

事由：呈報林長新到差日期請察核由

呈

民國三十二年六月　日發

案據本站辦事員林長新簽呈稱：

案奉福建省福鼎縣軍民合作站指導分處總字第四〇號委令開：茲委該員代理第三戰區福建省福鼎縣管浮鄉軍民合作站辦事員，照少尉級支薪。

因奉此，長新遵於六月一日到站辦公，奉令前因，理合將到差日期簽乞核轉

等情。據此，理合具文報請

察核備查。

謹呈

兼處長王

第三战区福建省福鼎县管浮乡军民合作站关于林长新到差日期的呈文

（1943 年 6 月）　G137-001-0010

354
管浮鄉軍民合作站兼站長張之棟

第三战区福建省福鼎县管浮乡军民合作站关于林长新到差日期的呈文
（1943年6月） G137-001-0010

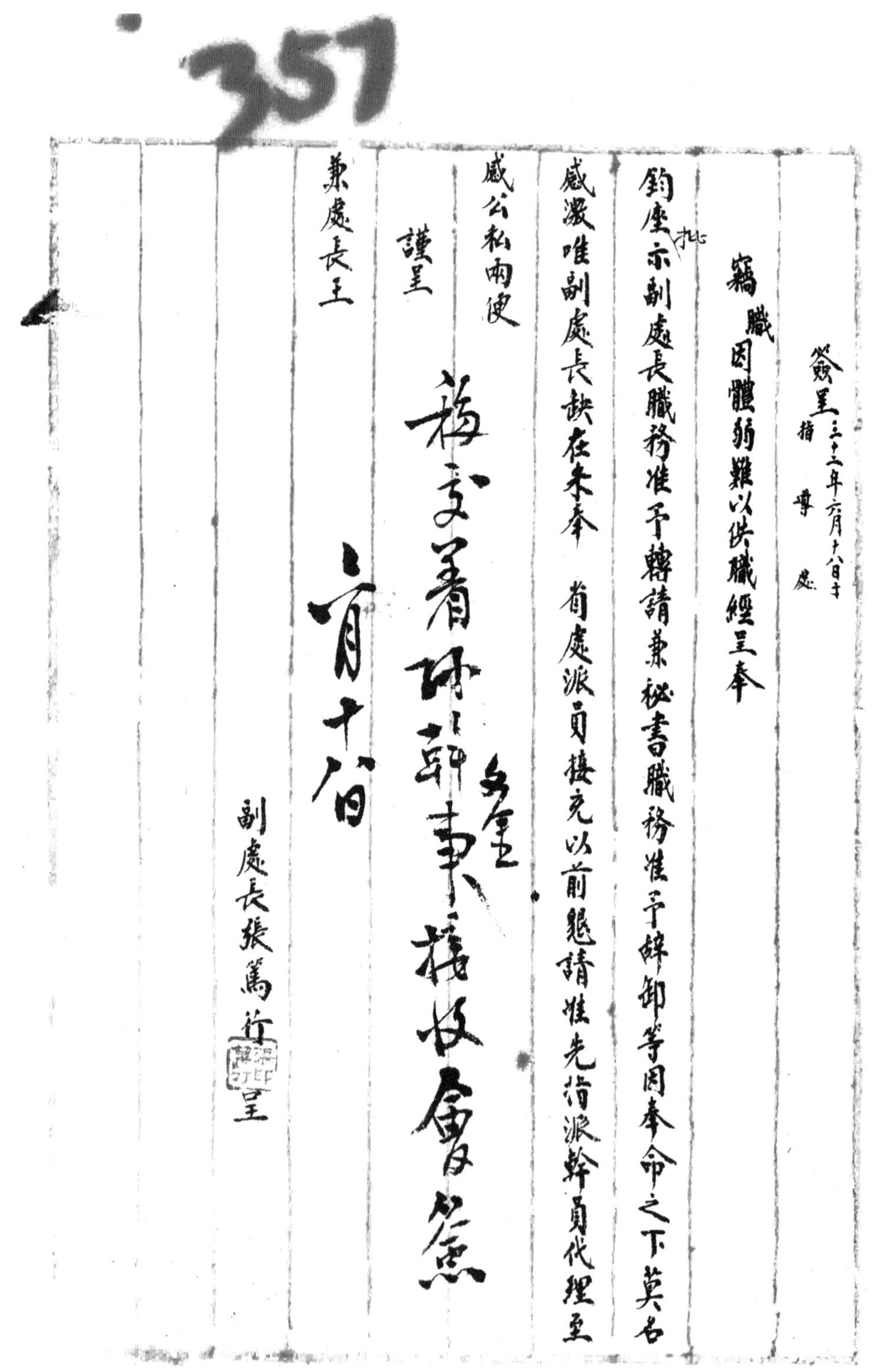

簽呈　三十二年六月十八日于　指導處

竊職因體弱難以供職經呈奉

鈞座示副處長職務准予轉請兼秘書職務准予辭卸等因奉命之下莫名

感激唯副處長缺在未奉　省處派員接充以前懇請准先指派幹員代理至

感公私兩便

謹呈

兼處長王

副處長張篤行（廿八）呈

第三战区福建省福鼎县军民合作站指导分处副处长张笃行关于省处派员接充以前，恳请准先派干员代理的签呈（1943年6月18日）　G137-001-0010

第三战区福建省福鼎县军民合作站指导分处关于张副处长准予辞职，遗缺派孙文金负责接收会报的指令(1943 年 6 月 18 日)　G137-001-0010

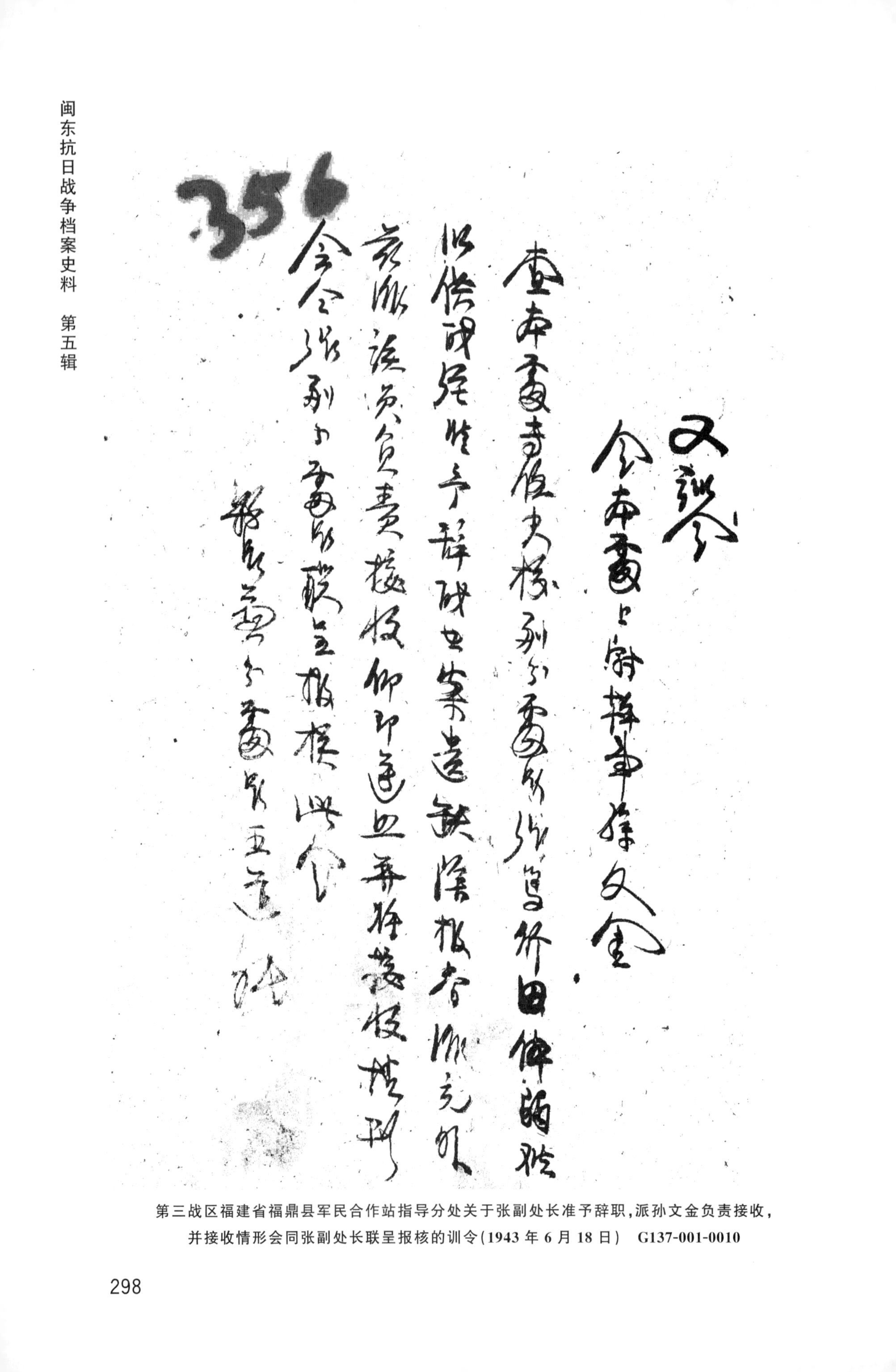

第三战区福建省福鼎县军民合作站指导分处关于张副处长准予辞职，派孙文金负责接收，并接收情形会同张副处长联呈报核的训令（1943 年 6 月 18 日） G137-001-0010

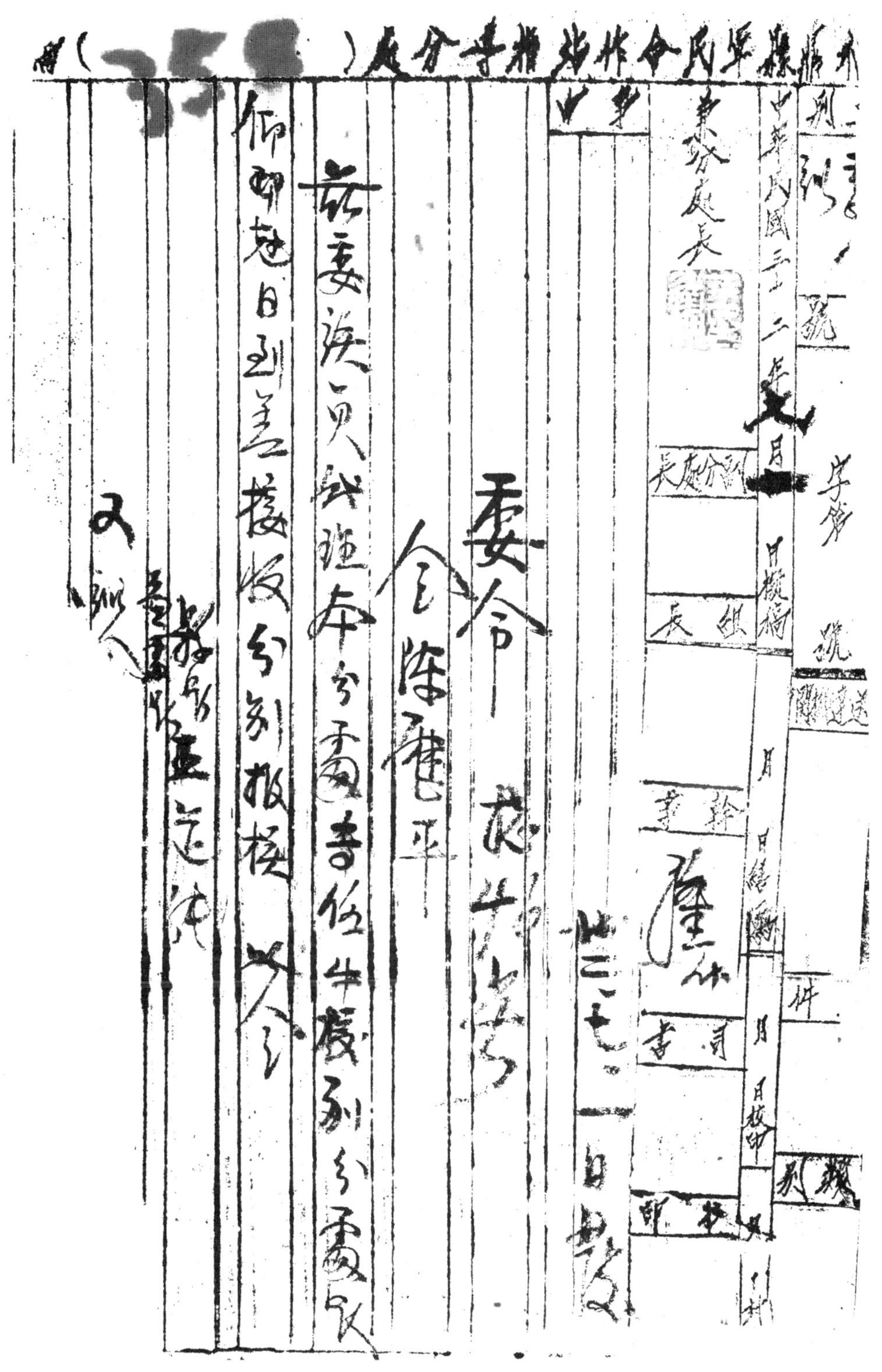

第三战区福建省福鼎县军民合作站指导分处关于陈历屏代理本分处专任中校副处长，

仰克日到差接收的委任令(1943 年 7 月 1 日)　G137-001-0010

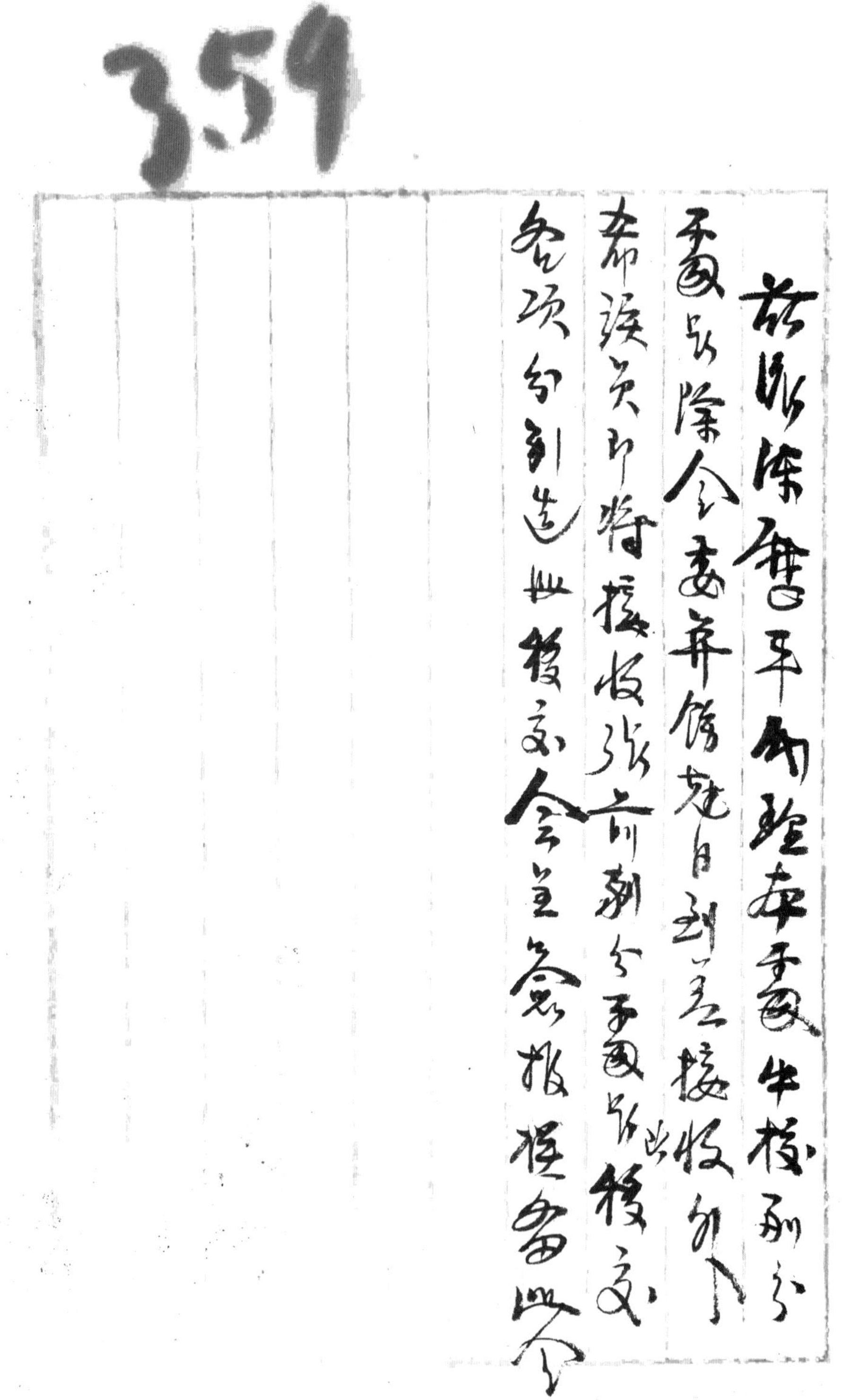

第三战区福建省福鼎县军民合作站指导分处关于陈历屏代理本分处专任中校副处长，仰克日到差接收的委任令(1943年7月1日)　G137-001-0010

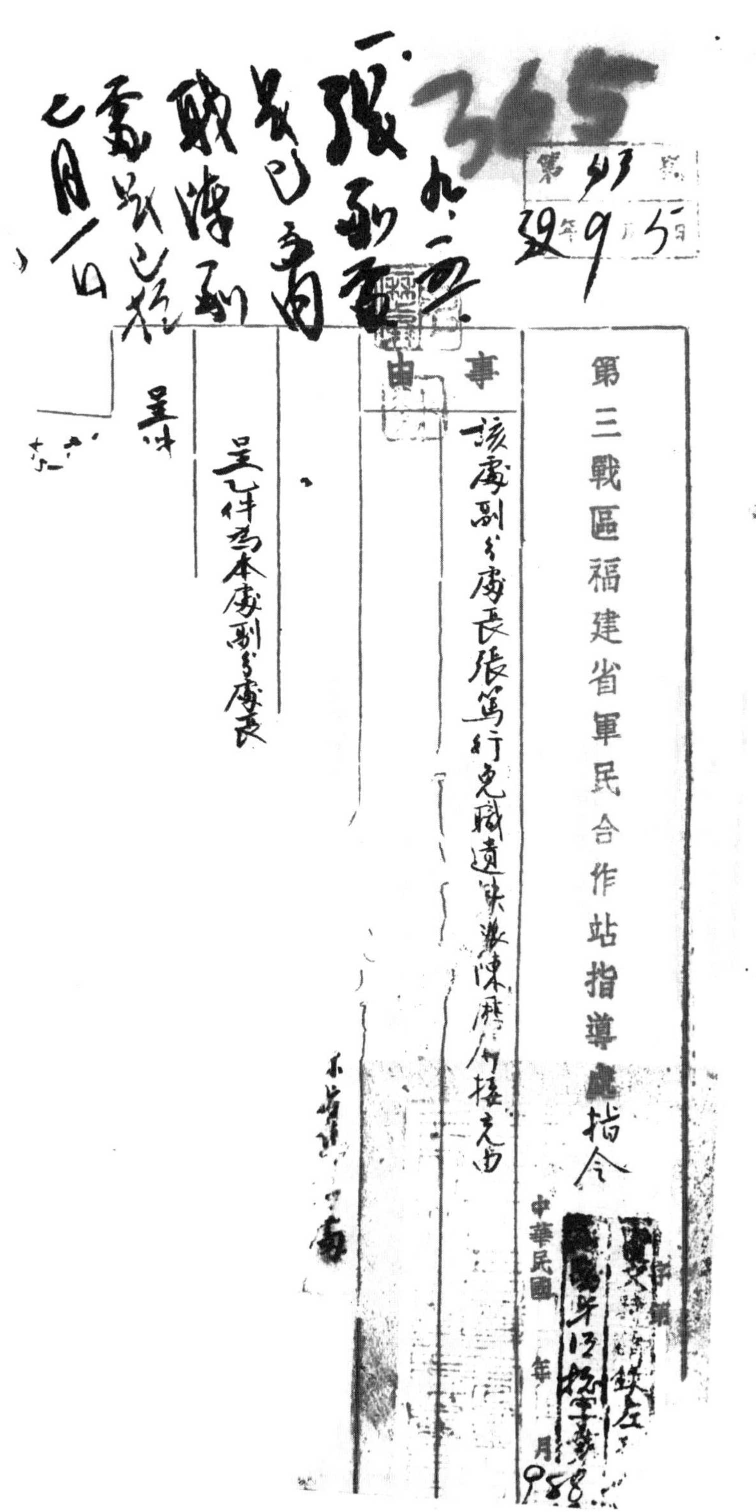
第三戰區福建省軍民合作站指導處指令

事由：該處副分處長張篤行免職遺缺派陳歷屏接充由

呈乙件為本處副分處長

中華民國　年　月

第三战区福建省军民合作站指导处关于福鼎县军民合作站指导分处副分处长张笃行免职，
遗缺派陈历屏接充的指令(1943 年 7 月 3 日)　G137-001-0010

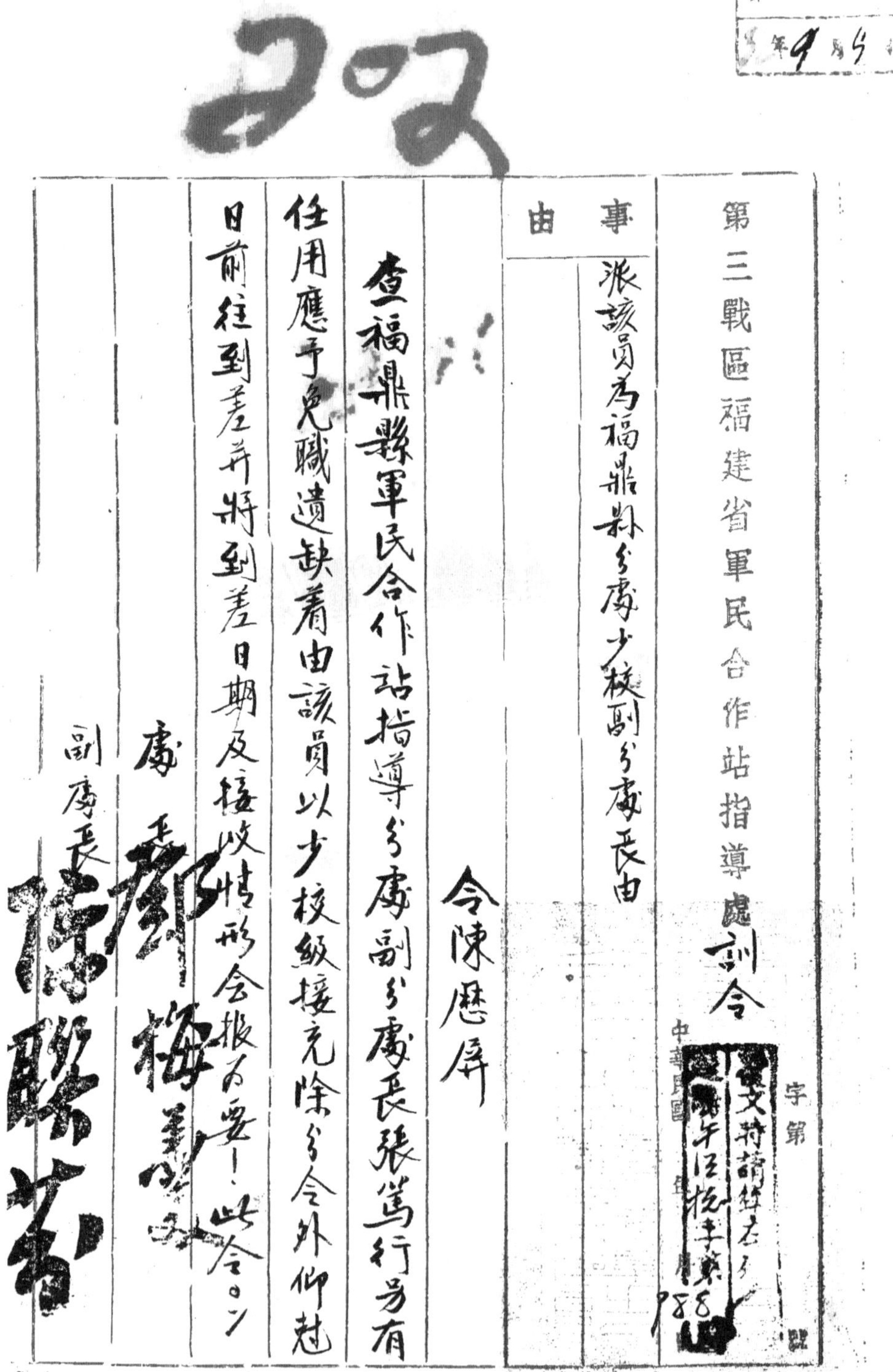
第三戰區福建省軍民合作站指導處訓令 字第 號
中華民國 年 月 日
事由 派該員為福鼎縣分處少校副分處長由
令陳歷屏
查福鼎縣軍民合作站指導分處副分處長張篤行另有任用，應予免職，遺缺着由該員以少校級接充，除分令外，仰赴日前往到差，並將到差日期及接收情形，具報為要！此令。
處長 鄭梅
副處長 陳聯芬

第三战区福建省军民合作站指导处关于派陈历屏接充福鼎县军民合作站指导分处副处长的指令(1943 年 7 月 3 日) G137-001-0010

第三战区福建省军民合作站指导处关于派陈历屏为福鼎县军民合作站指导分处少校副处长的训令

（1943 年 7 月 3 日） G137-001-0002

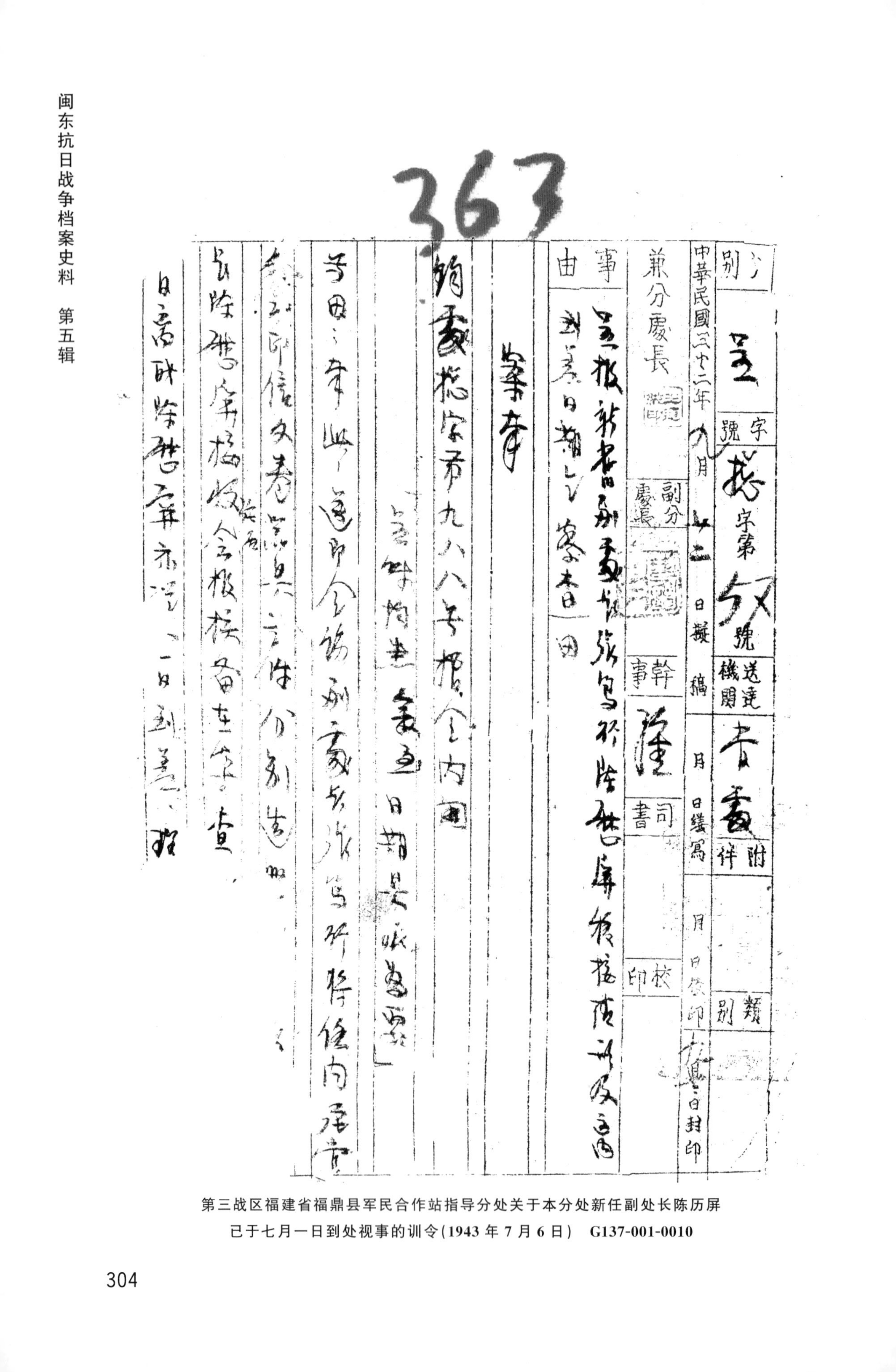

第三战区福建省福鼎县军民合作站指导分处关于本分处新任副处长陈历屏已于七月一日到处视事的训令(1943 年 7 月 6 日)　G137-001-0010

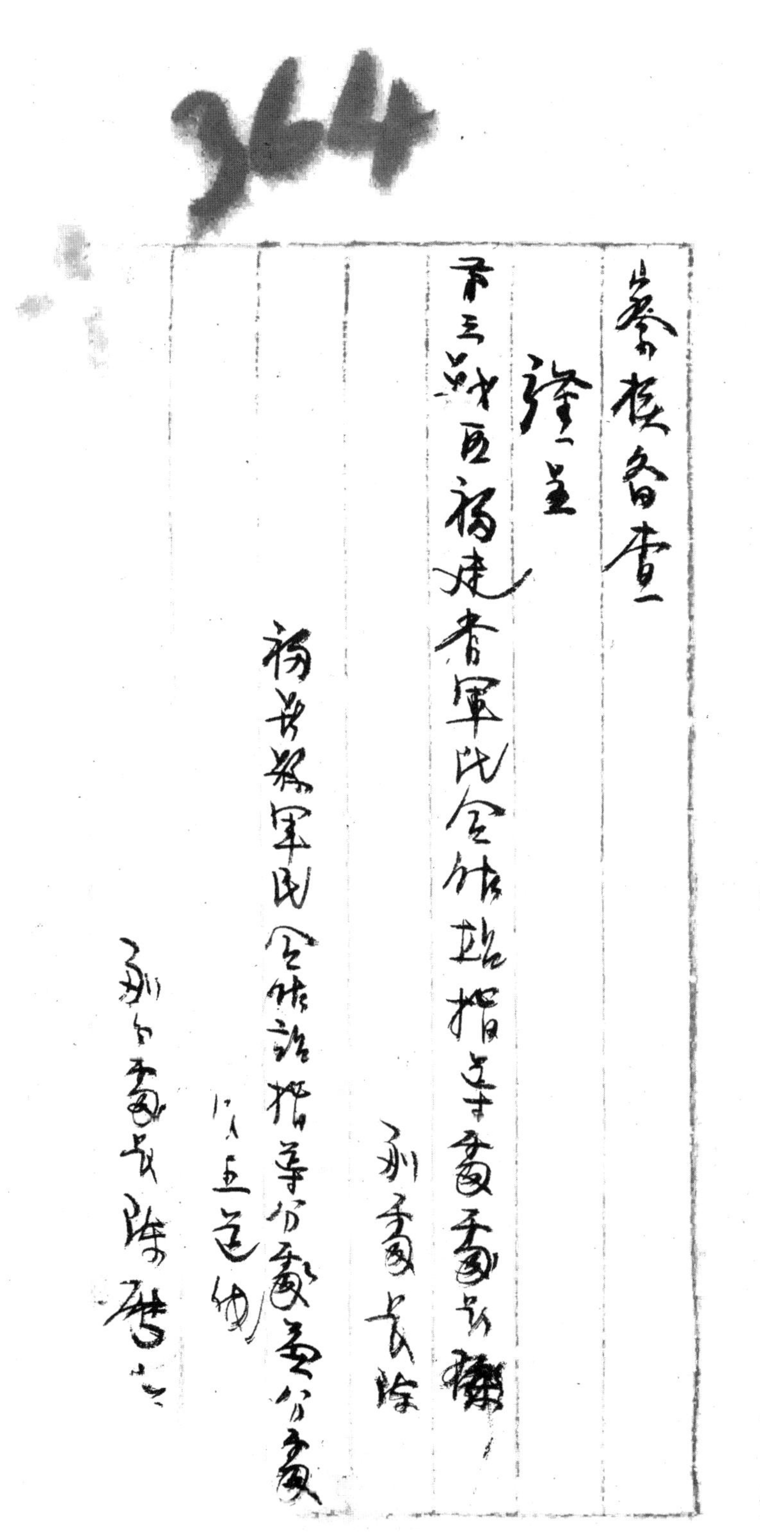
364

奉核备查。

谨呈

第三战区福建省军民合作站指导处处长[illegible]

副处长陈

福鼎县军民合作站指导分处处长[illegible]

副分处长陈历屏

第三战区福建省福鼎县军民合作站指导分处关于本分处新任副处长陈历屏已于七月一日到处视事的训令(1943年7月6日)　G137-001-0010

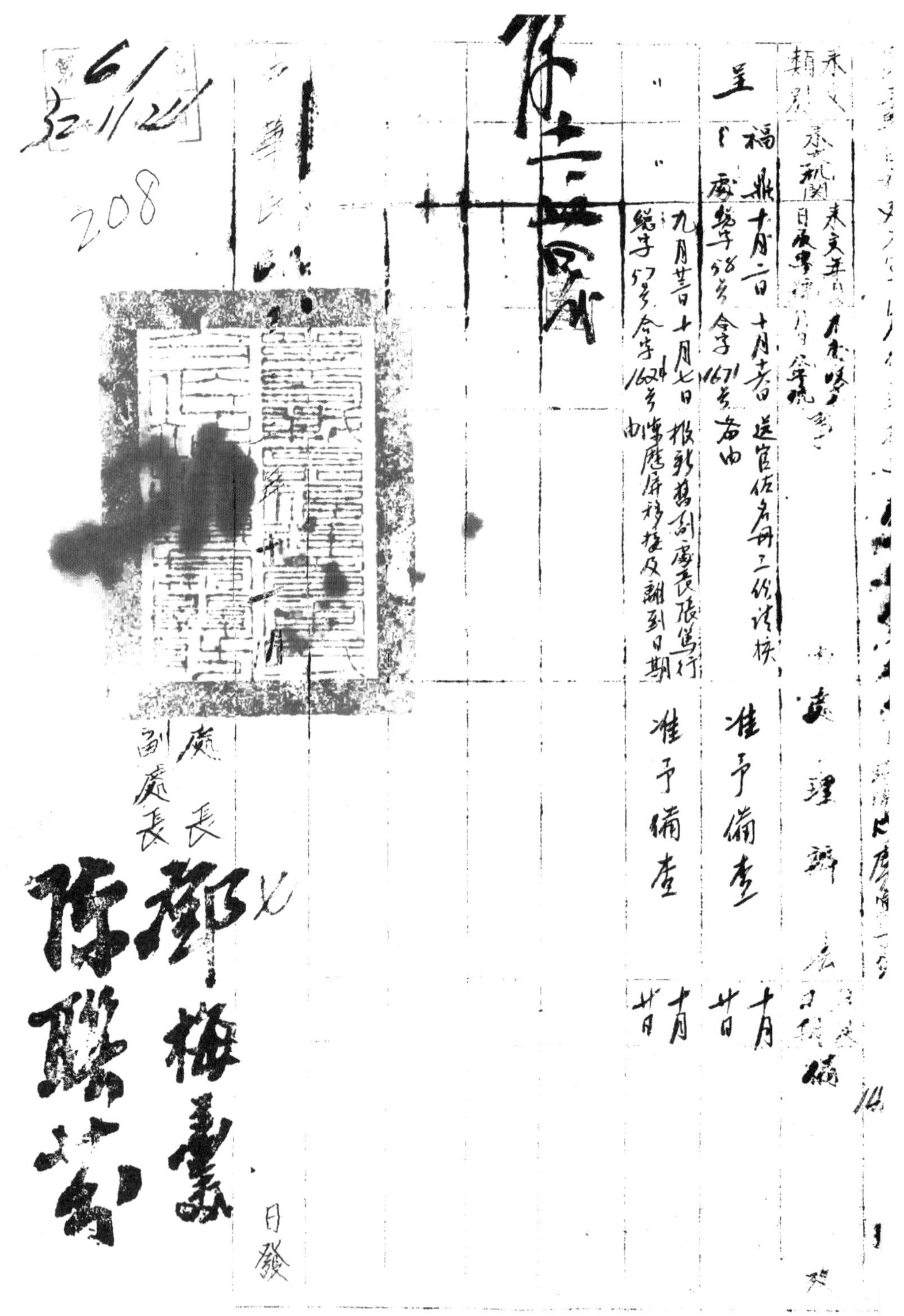

第三战区福建省军民合作站指导处公文摘要表　福鼎分处关于新、旧副处长张笃行、陈历屏移接及离到日期、官佐名册准予备查(1943 年 11 月 7 日)　G137-001-0002

371

簽呈 卅二、九、三

查職此次奉令赴琳江公幹，順

民合作站，乃發現該站辦事員陳

公，就職在琳江數日而言，均未

更可想而知，似此擅離職守，

上白石督運站站員胡良武接充

示 謹呈

處長王

職 陳歷屏

第三战区福建省福鼎县军民合作站指导分处副处长陈历屏关于琳江镇军民合作站办事员陈鸣鹤擅离职守，应予免职，遗缺拟由胡良武接充的签呈（1943年9月3日） G137-001-0010

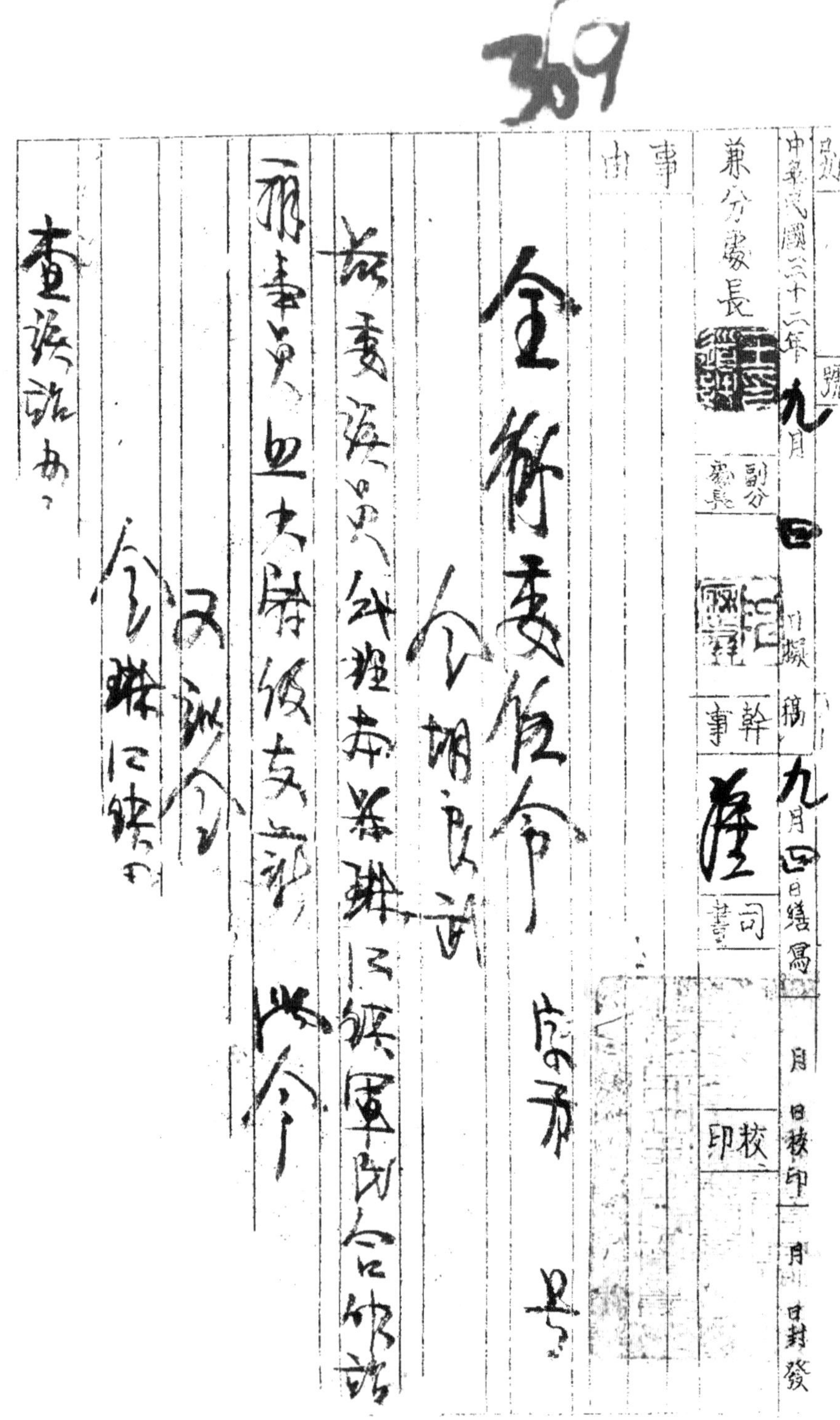

第三战区福建省福鼎县军民合作站指导分处关于琳江镇军民合作站办事员陈鸣鹤免职，遗缺委胡良武接充的委任令（1943年9月4日） G137-001-0010

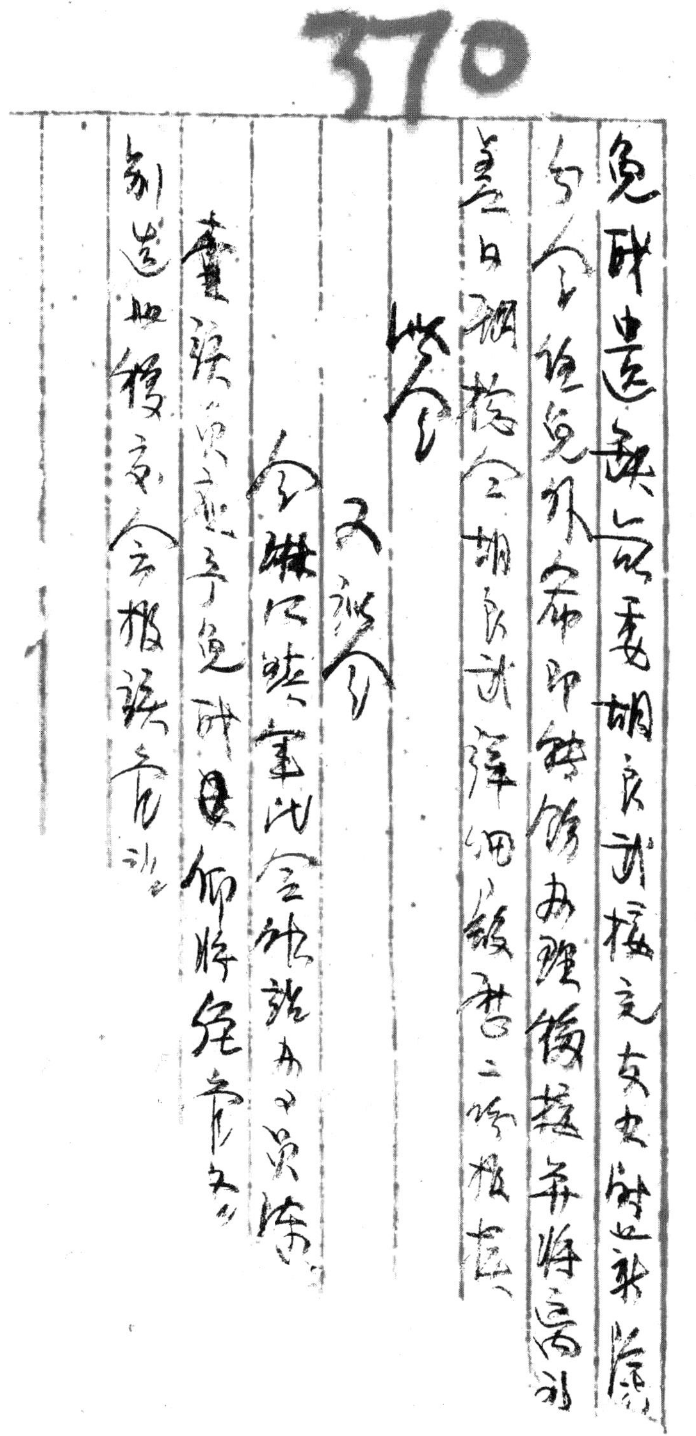

第三战区福建省福鼎县军民合作站指导分处关于琳江镇军民合作站办事员陈鸣鹤免职，遗缺委胡良武接充的委任令；第三战区福建省福鼎县军民合作站指导分处关于琳江镇军民合作站办事员陈鸣鹤应予免职，仰将经管各项分别造册移交的训令（1943 年 9 月 4 日） G137-001-0010

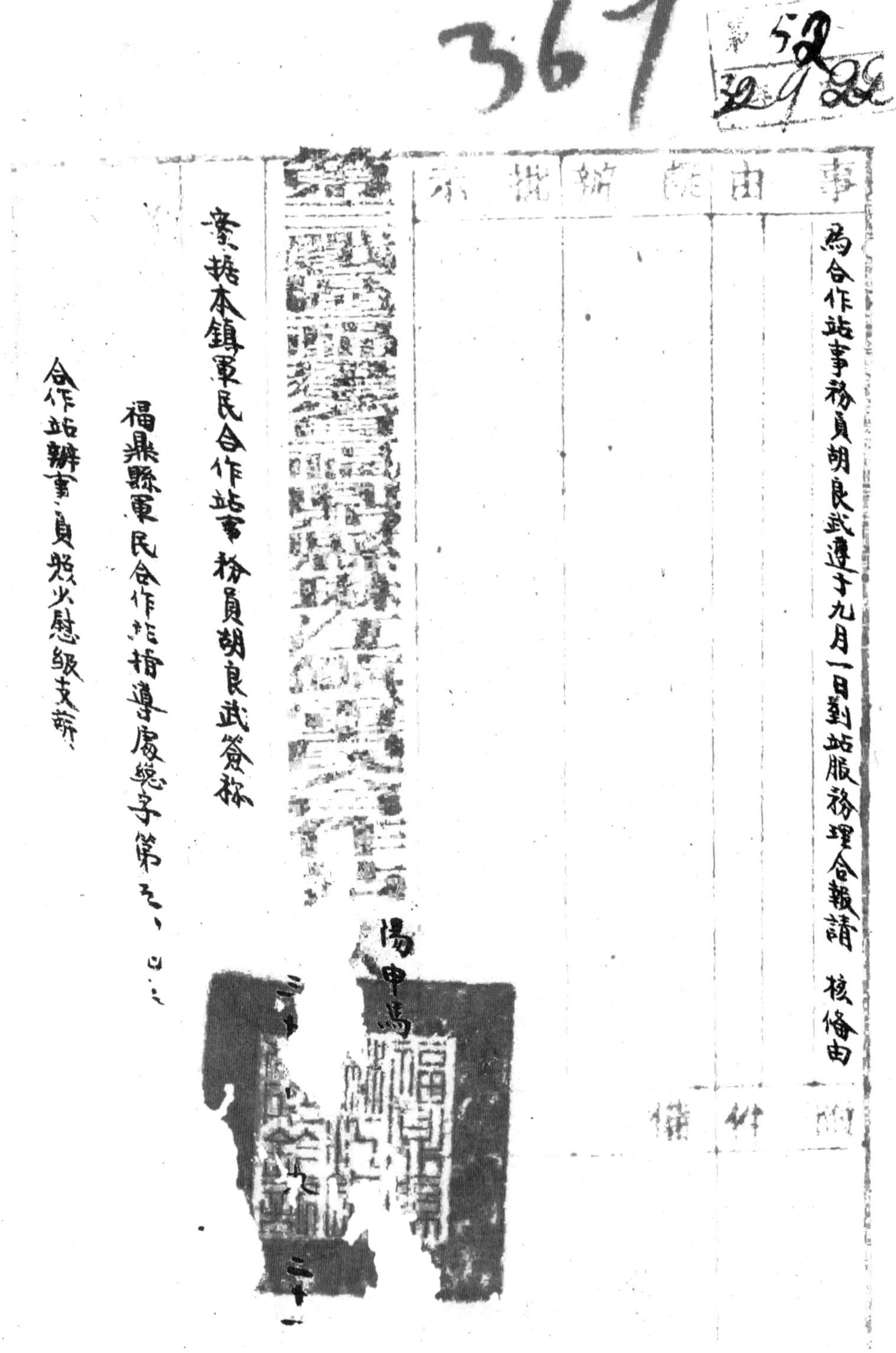
367

32 9 22

事由

為合作站事務員胡良武遵于九月一日到站服務理合報請 核備由

案據本鎮軍民合作站事務員胡良武签称

福鼎縣軍民合作站指導處總字第二、四、

合作站辦事員照少尉級支薪

第三战区福建省福鼎县琳江镇军民合作站关于本站事务员胡良武遵于九月一日到站服务的呈文

（1943 年 9 月 21 日） G137-001-0010

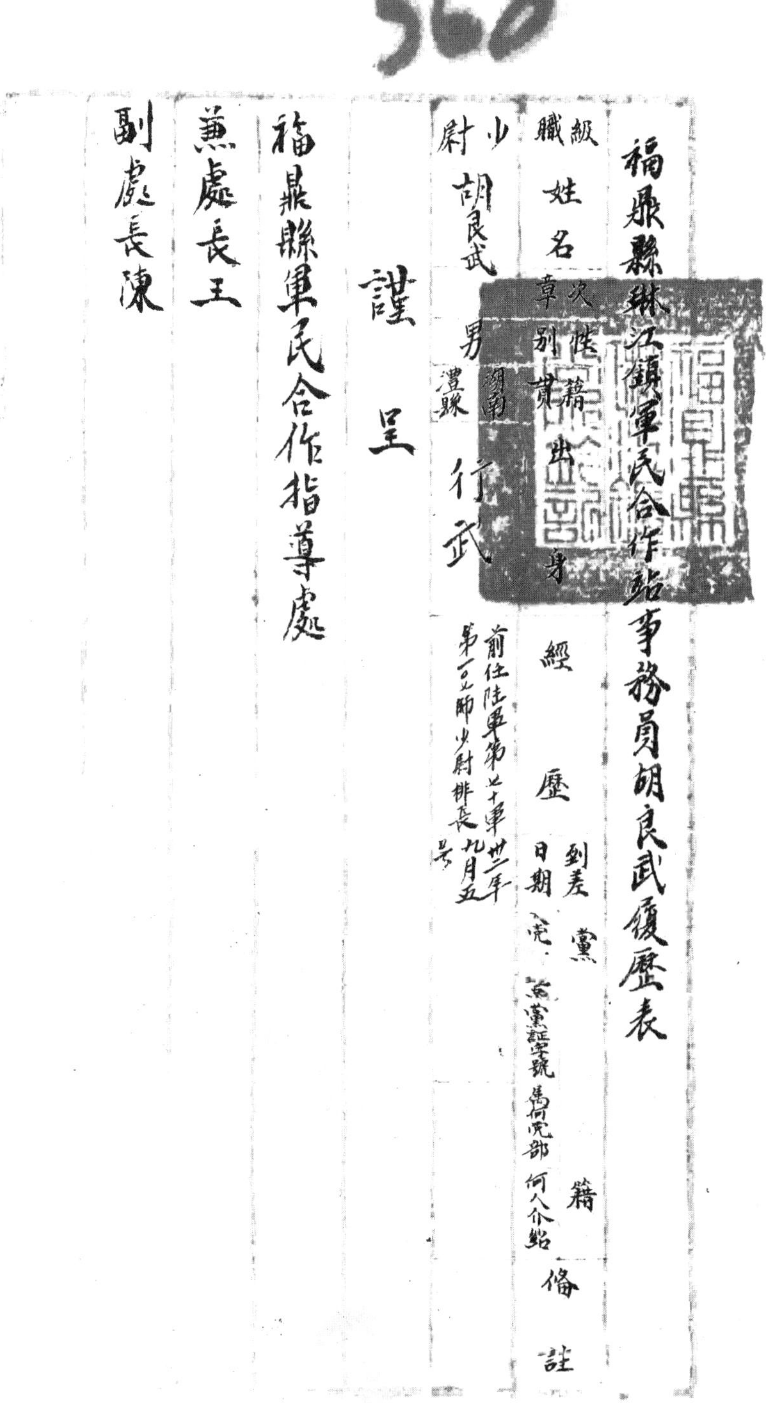
368
福鼎县琳江镇军民合作站事务员胡良武履历表

级职	姓名	章次	性别	籍贯	出身	经历	到差日期	党籍	备註
少尉	胡良武		男	湖南澧县	行武	前任陆军第七十军第一〇七师少尉排长	卅二年九月五号	无党证字号。马荷兜部何八介绍	

谨呈
福鼎县军民合作指导处
兼处长王
副处长陈

第三战区福建省福鼎县琳江镇军民合作站事务员胡良武履历表

（1943 年 9 月 21 日） G137-001-0010

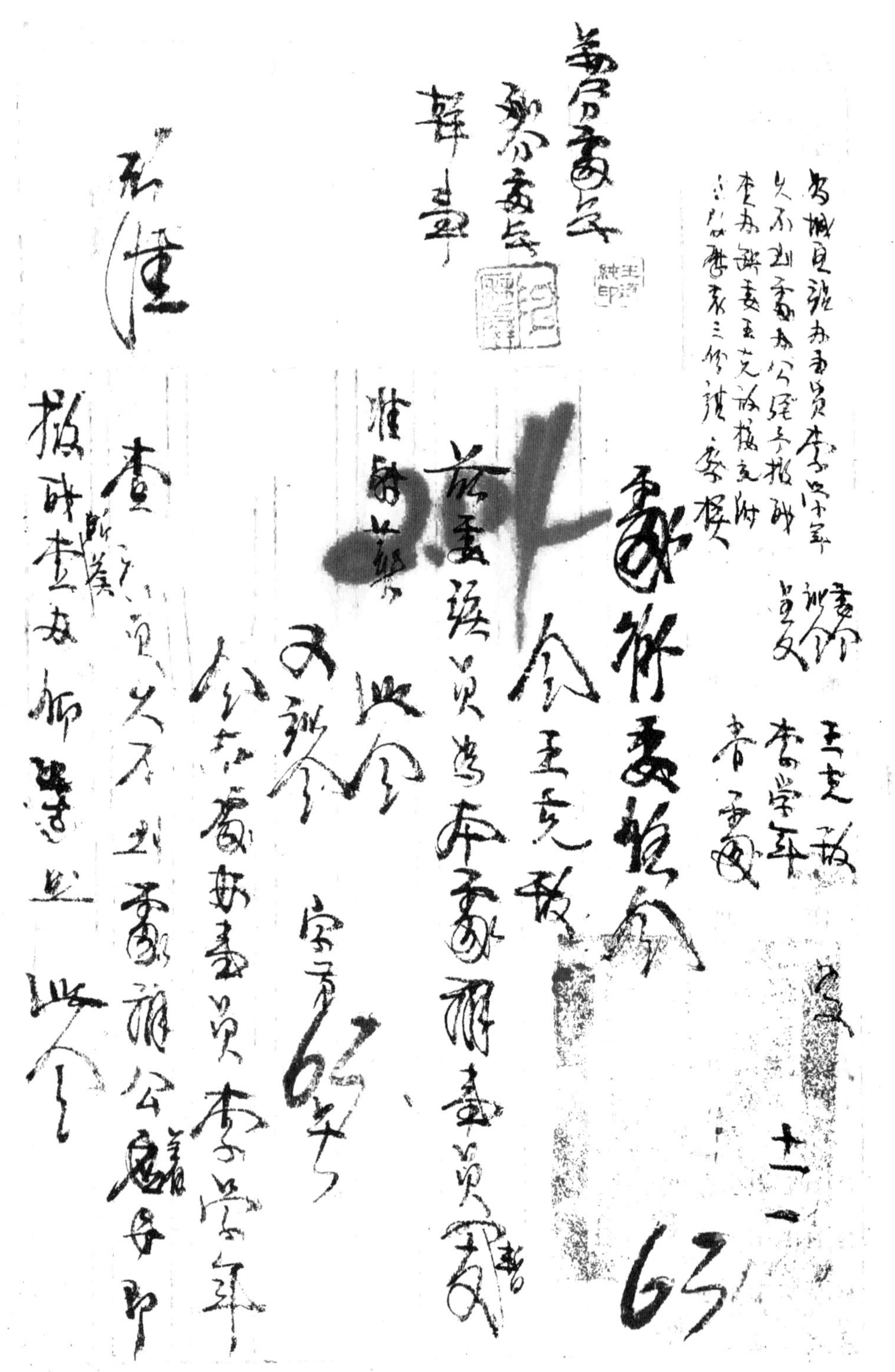

第三战区福建省福鼎县军民合作站指导分处关于城区站办事员李学年久不到处办公，经予撤职查办，所缺委王克敌接充的委任令（1943 年 11 月 1 日）　G137-001-0002

第三战区福建省福鼎县军民合作站指导分处关于城区站办事员李学年久不到处办公，经予撤职查办，所缺委王克敌接充并王已到处办公的呈文(1943 年 11 月 1 日)　G137-001-0002

第三戰區福建省軍民合作站指導處指令

延雲丑子字第1753號

中華民國卅三年二月三日

事由：批呈任免城區站办事员等情形准予備查由

令福鼎縣軍民合作站指導分處

本年一月呈一件附王克歆履歷表三份為任免城區站辦事員請鑒核由

呈表均悉。准予備查！

此令。

處長 鄭梅影

第三战区福建省军民合作站指导处关于据呈任免城区站办事员等情形准予备查的指令

（1944年2月3日） G133-003-0122

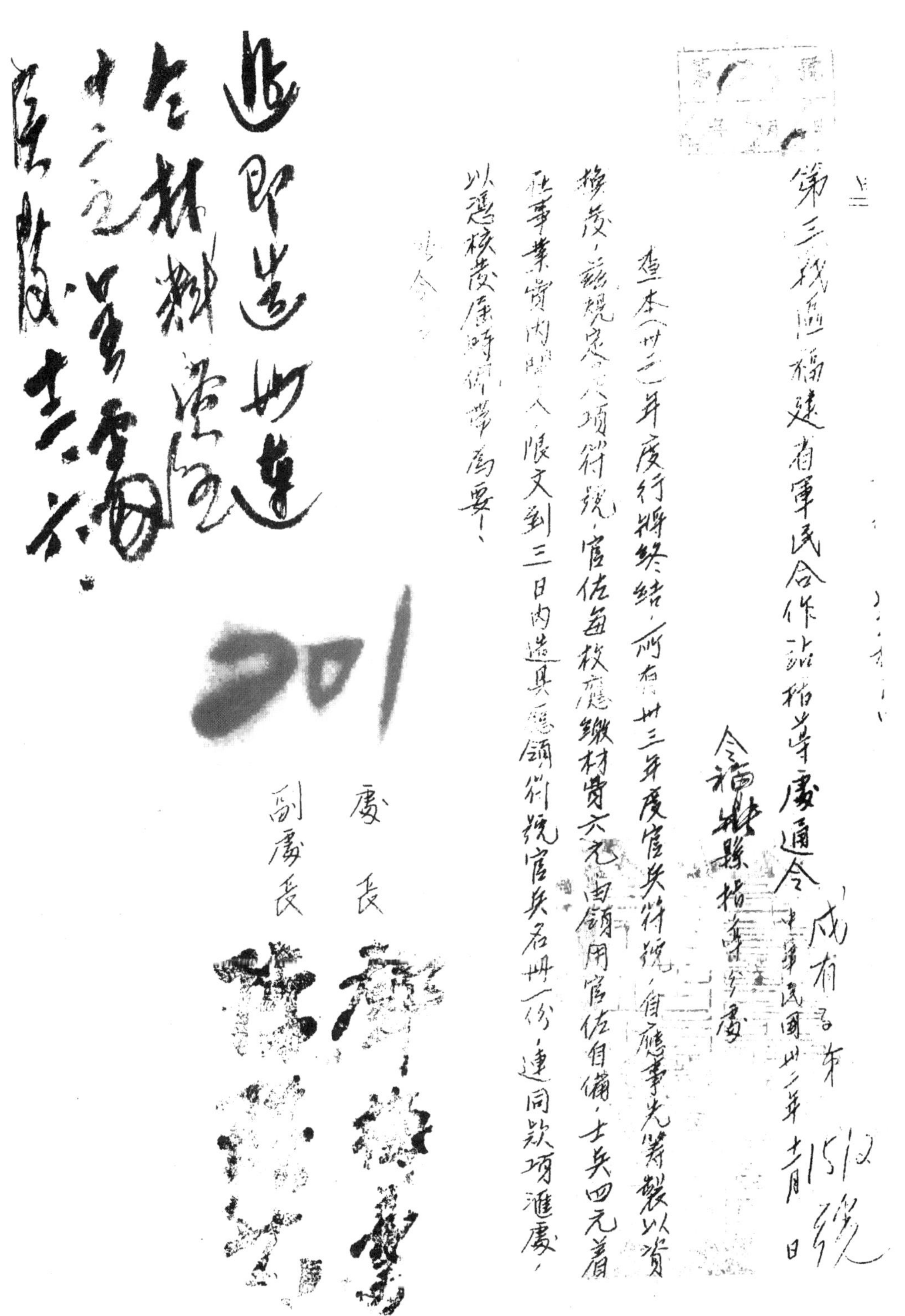

第三戰區福建省軍民合作站指導處通令　成有字第1512號

中華民國卅二年十一月　日

令福[illegible]縣指導分處

查本（卅二）年度行將終結，所有卅三年度官兵符號，自應事先籌製，以資換發，茲規定該項符號，官佐每枚應繳材費六元，由領用官佐自備，士兵四元，着在事業費內開支，限文到三日內造具應領符號官兵名冊一份，連同款項匯處，以憑核發，俾時佩帶為要。

此令。

處長

副處長

第三战区福建省军民合作站指导处关于造具应领三十三年度符号官兵名册连同材料费汇处以凭核发佩戴的通令(1943 年 11 月 25 日)　G137-001-0002

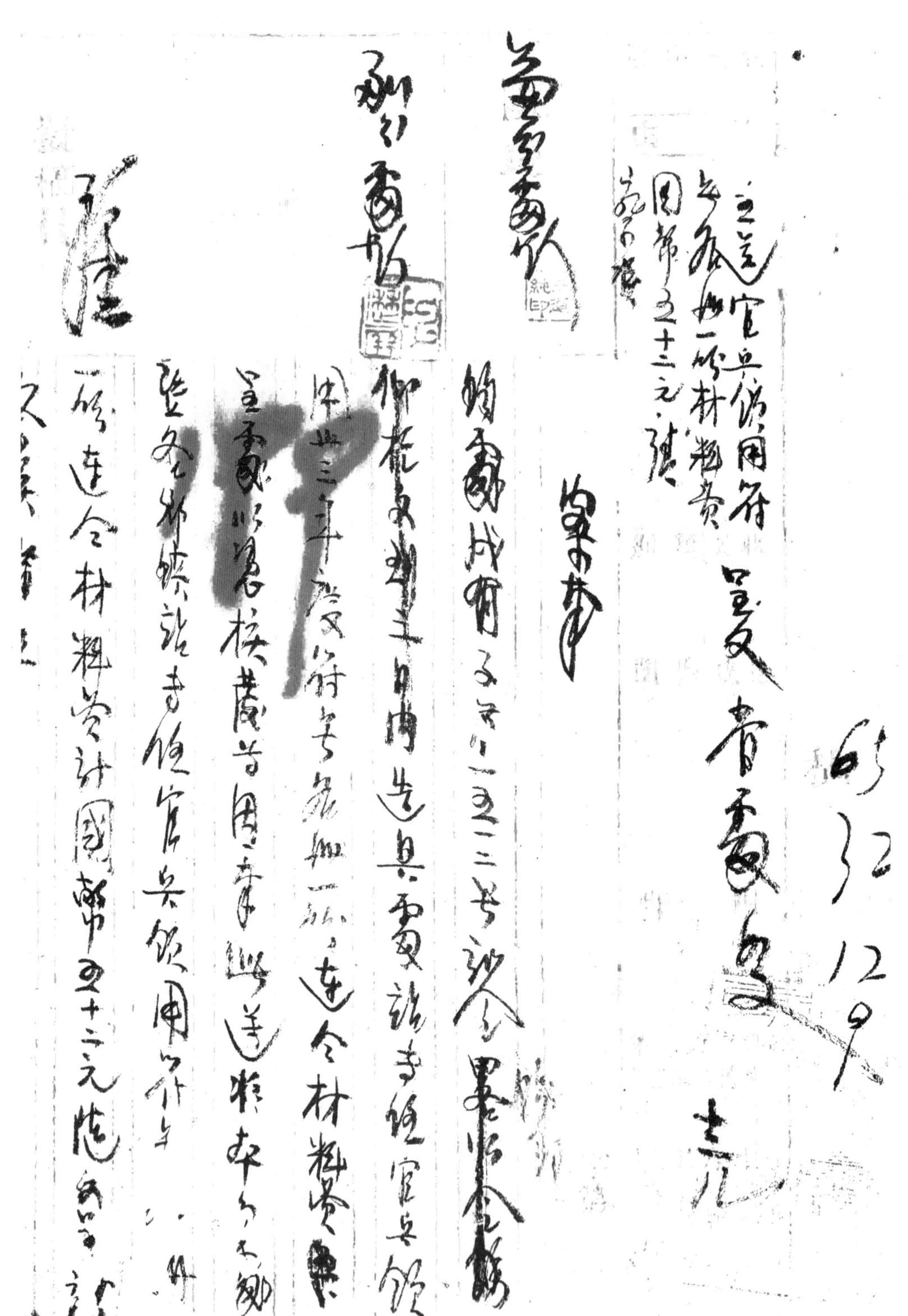

第三战区福建省福鼎县军民合作站指导分处关于报送本处站专任官兵领用符号名册及材料费的呈文

（1943 年 12 月 9 日） G137-001-0002

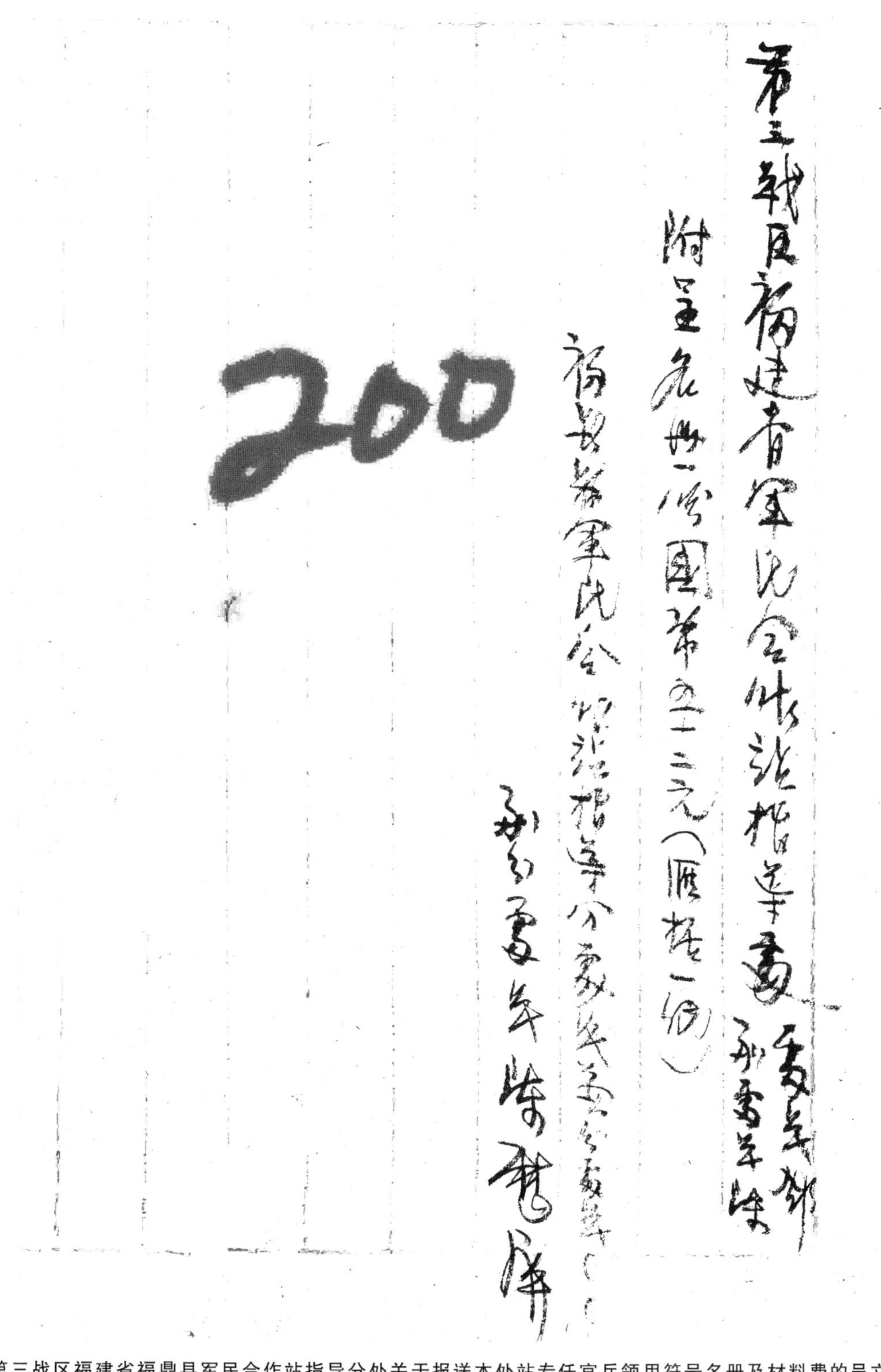

第三战区福建省福鼎县军民合作站指导分处关于报送本处站专任官兵领用符号名册及材料费的呈文

（1943 年 12 月 9 日） G137-001-0002

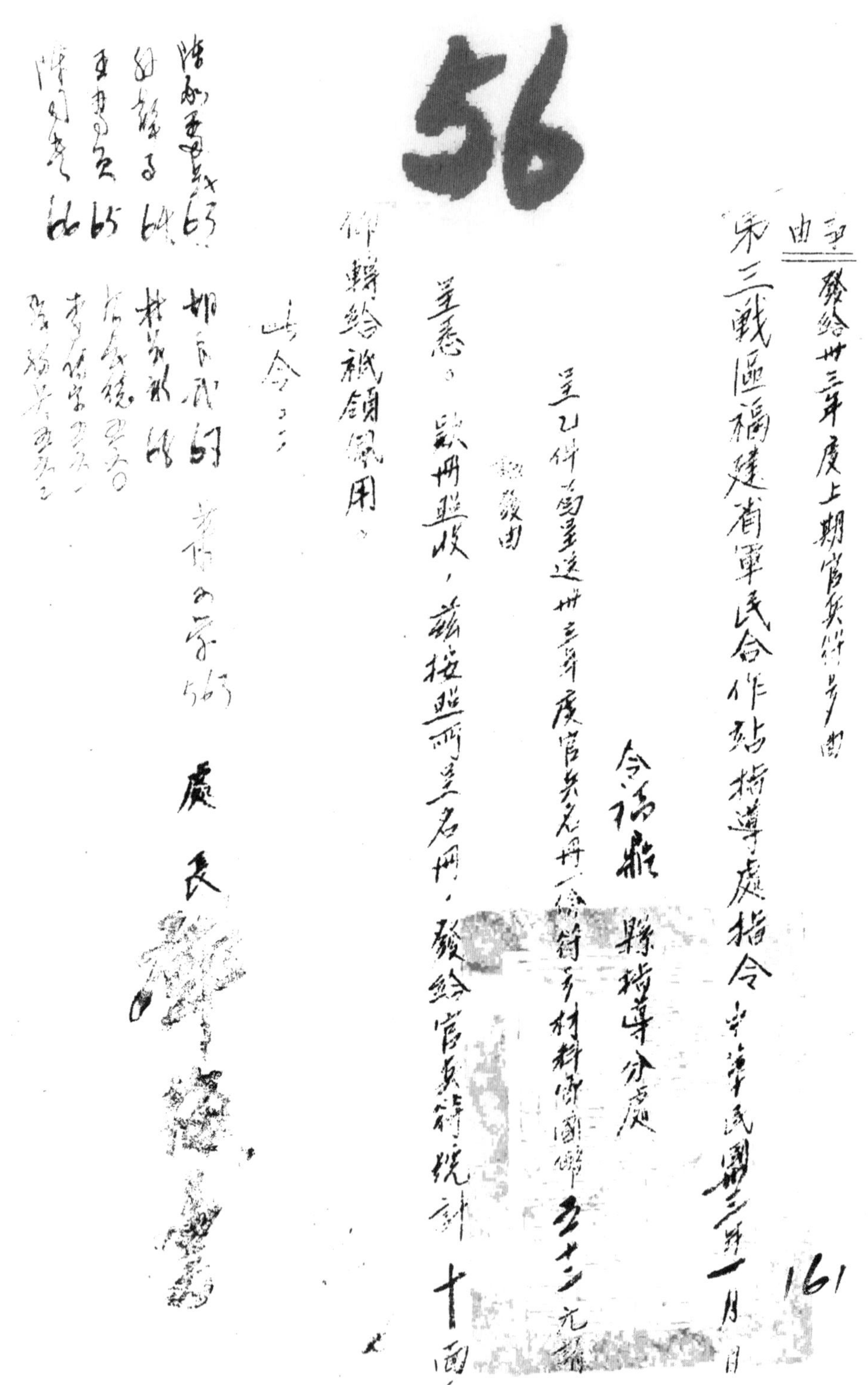

56

由　事：發給卅三年度上期官兵符号由

第三戰區福建省軍民合作站指導處指令　中華民國卅三年一月　日

令福鼎縣指導分處

呈乙件為呈送卅三年度官兵名冊一份符号材料費國幣五十二元請

鑒核由

呈悉。該冊照收，茲按照所呈名冊，發給官兵符號計十四份，轉給祇領爲用。

此令。

處長

161

第三战区福建省军民合作站指导处关于发给三十三年度上期官兵符号的指令

（1944 年 1 月）　G137-001-0006

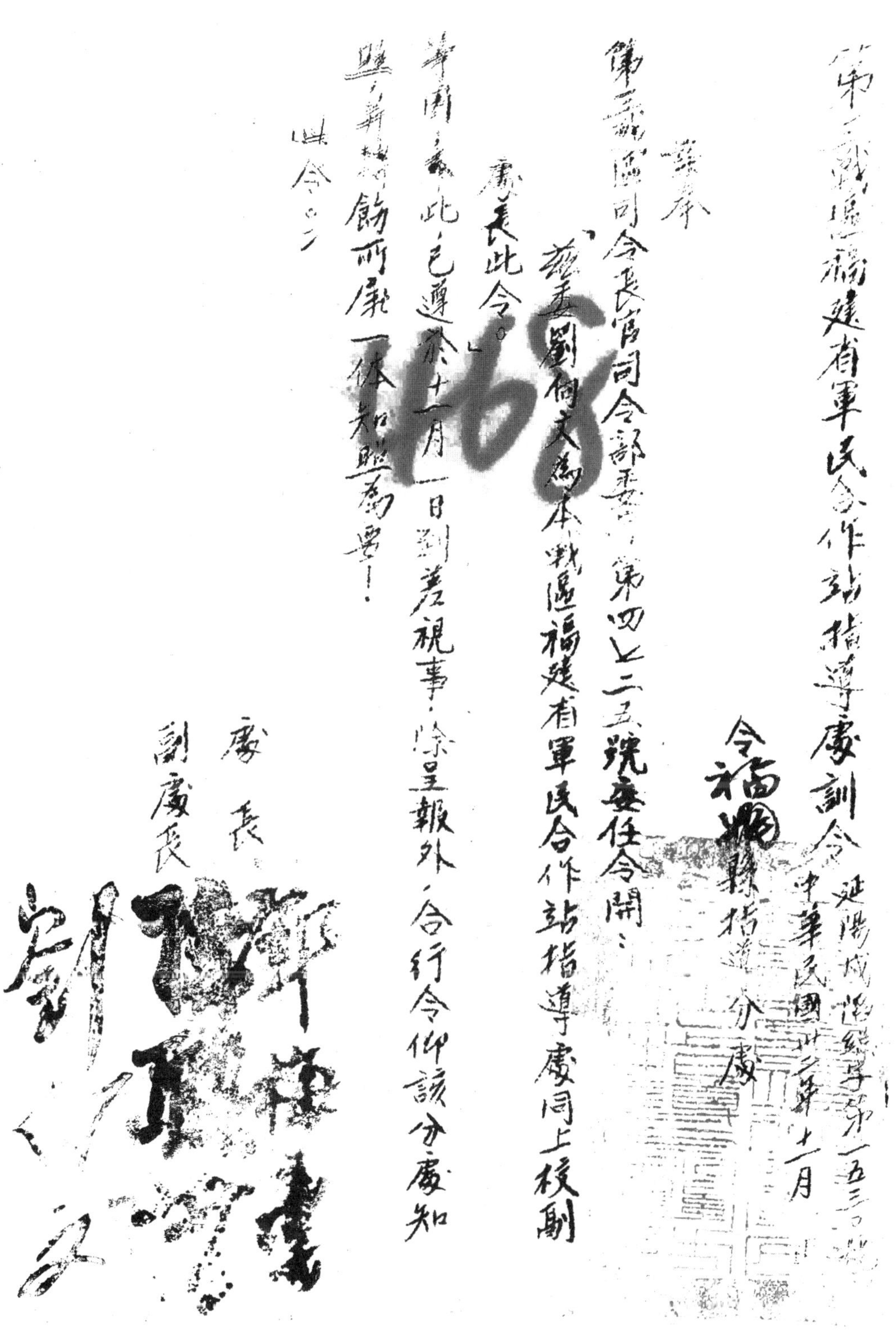

第三战区福建省军民合作站指导处关于刘向文为第三战区福建省军民合作站指导处上校副处长的训令(1943 年 11 月 30 日)　G137-001-0005

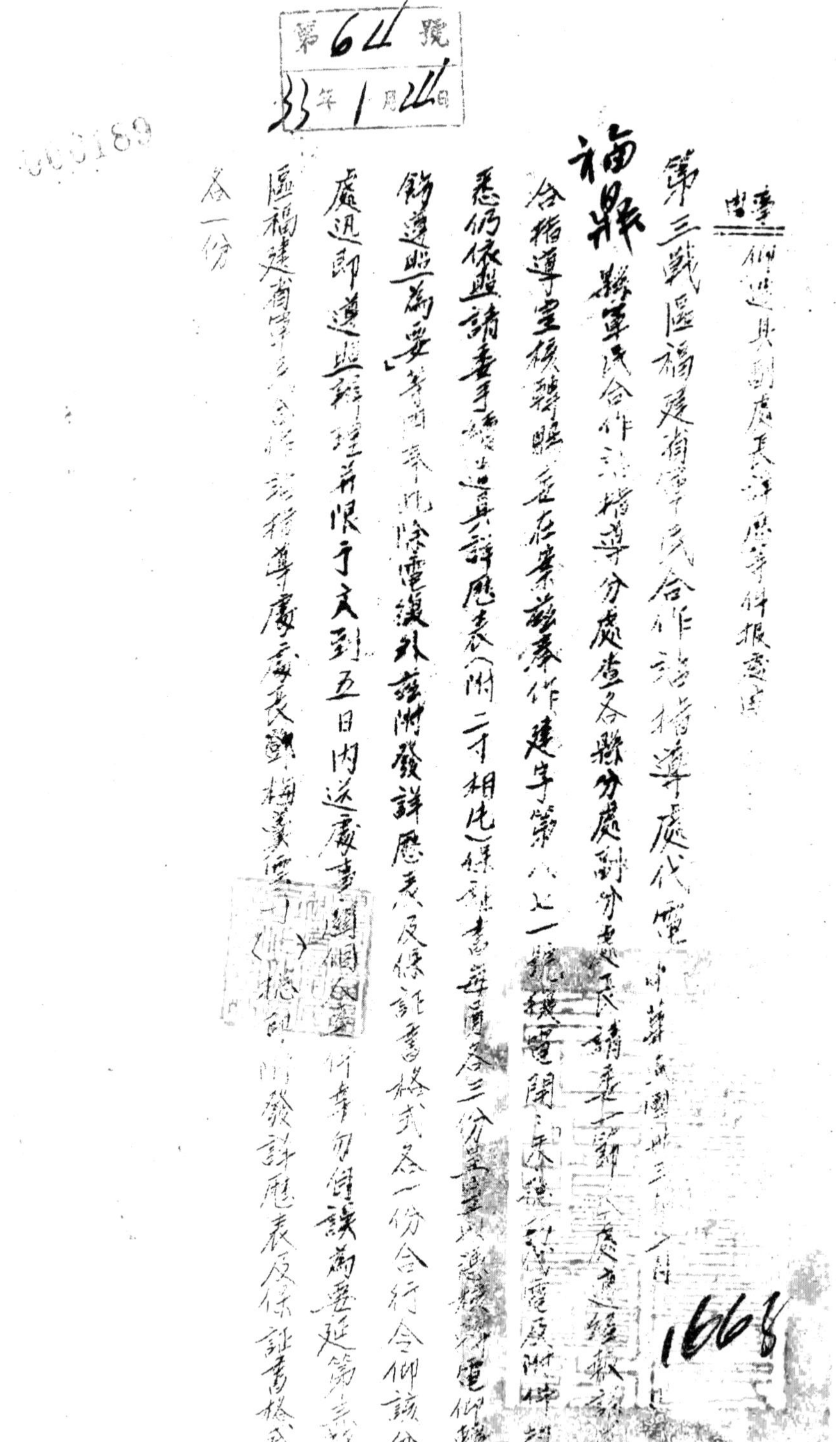

第三战区福建省军民合作站指导处关于造具副处长详历等件报处的代电

（1944 年 1 月）　G133-003-0122

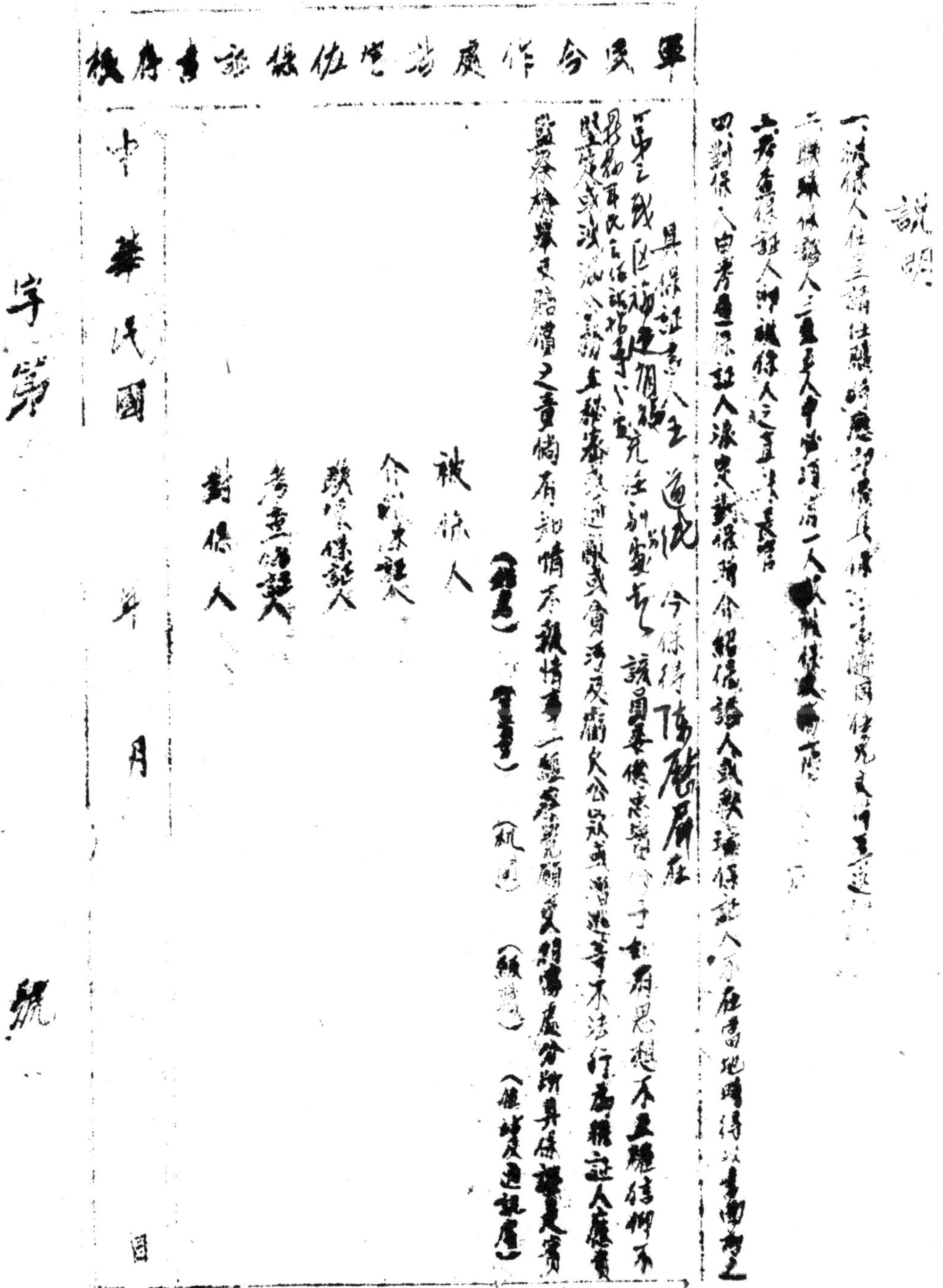
說明

軍民合作處站官佐保證書存根

具保證書人

被保人

介紹人

聯保證人

考查人

對保人

中華民國　　年　　月　　日

字第　　號

第三战区福建省军民合作处站官佐保证书及存根(式样)
(1944年1月26日)a面　G133-003-0122

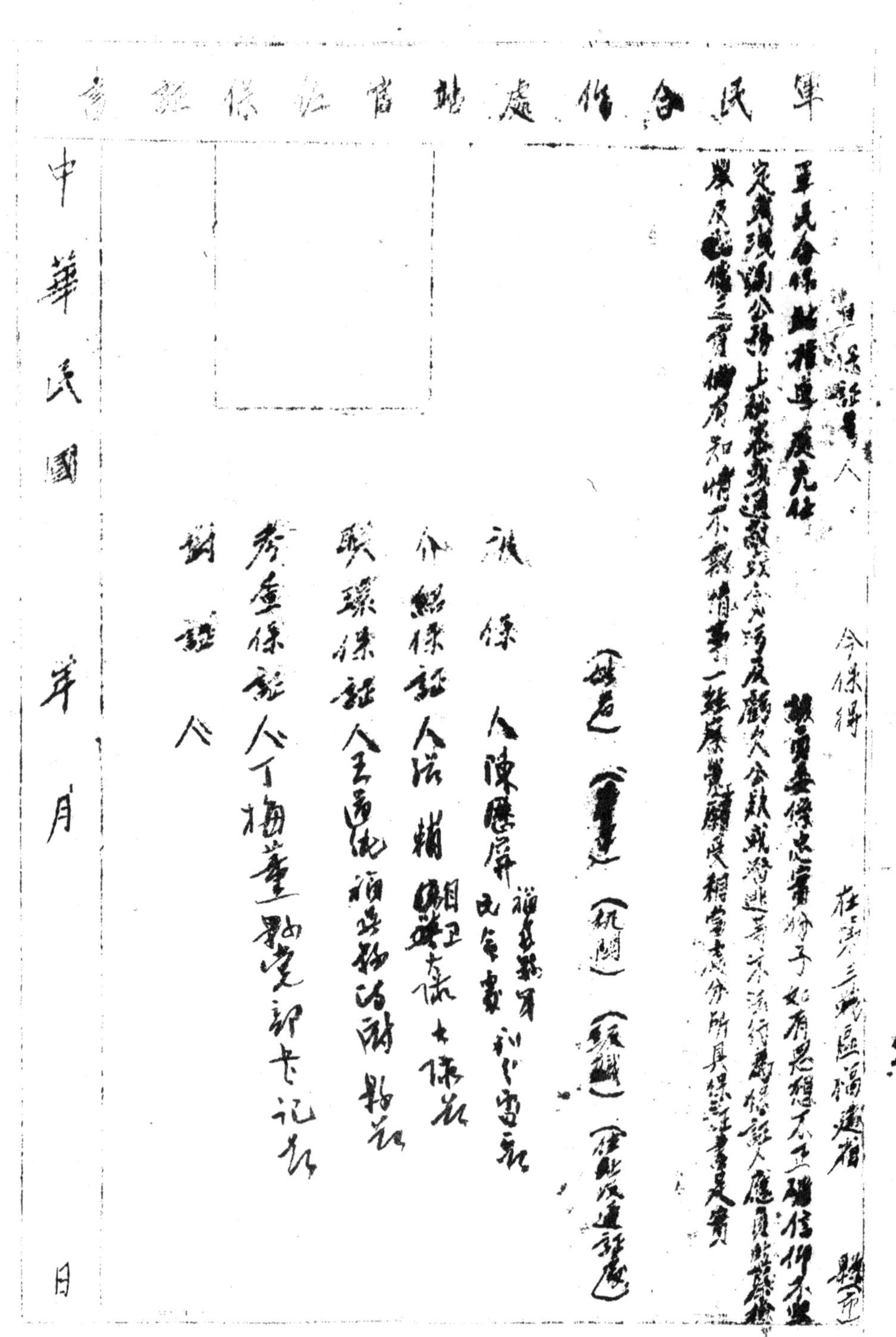

軍民合作處站官佐保證書

具保證書人
今保得
在第三戰區福建省　　縣(市)
軍民合作站指導員充任
[illegible]係忠實分子，如有思想不正，確信仰不堅
定、貪污瀆職、公務上舞弊或通敵、致公家受污及虧欠公款或潛逃等不法行為，保證人應負賠償
舉發之責，倘有知情不報情事，一經察覺，願受相當之處分，所具保證書是實。

(姓名)　(籍貫)　(機關)　(職別)　(住址及通訊處)

被保人　陳歷屏 [illegible]
介紹保證人　[illegible]
連環保證人　[illegible]
考查保證人　[illegible]
對證人

中華民國　　年　　月　　日

第三战区福建省军民合作处站官佐保证书及存根(式样)

(1944 年 1 月 26 日)b 面　G133-003-0122

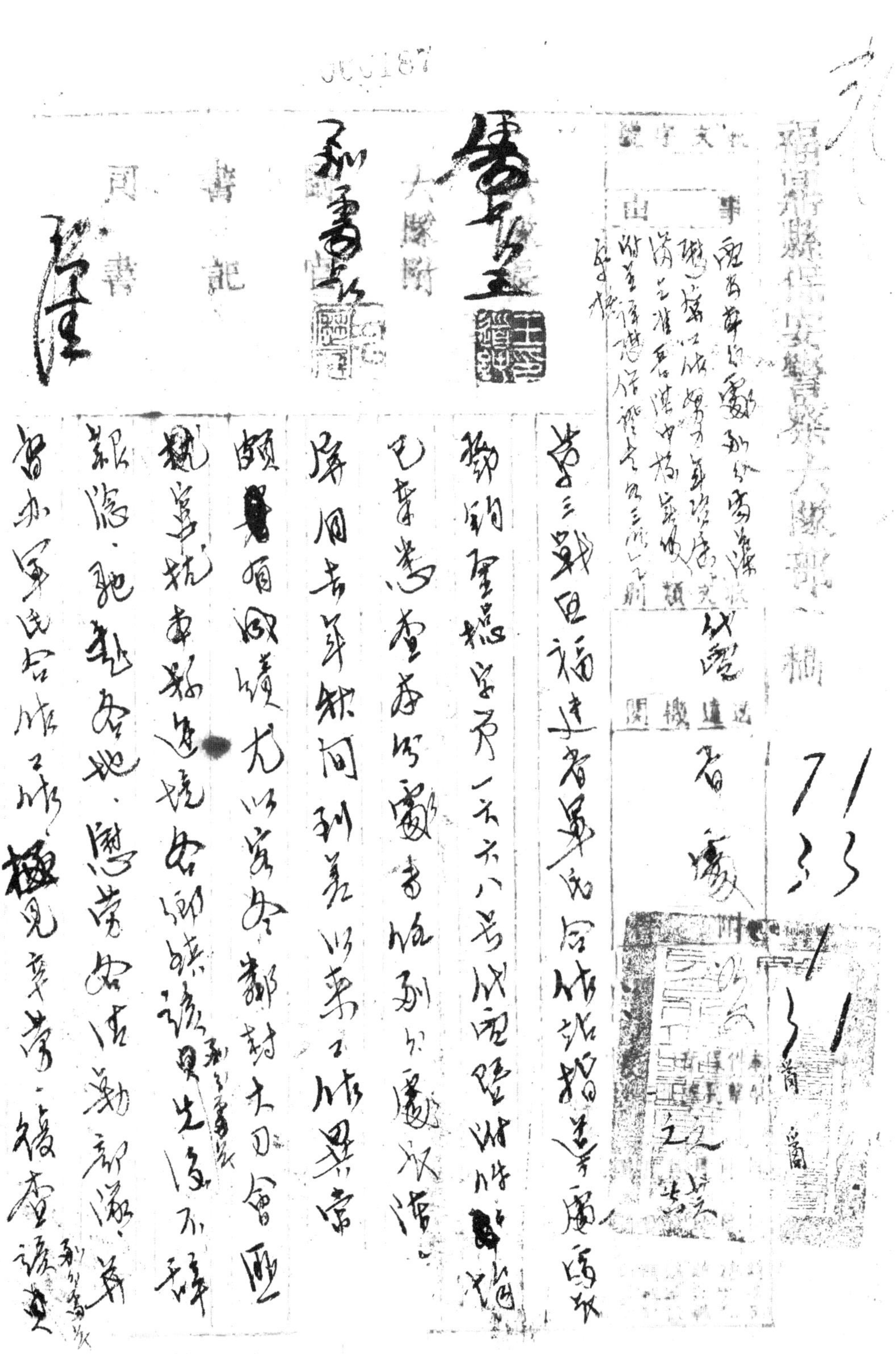

第三战区福建省福鼎县军民合作站指导分处关于本处副分处长陈历屏工作努力、年资届满，乞准晋阶中校实级，附呈详历及保证书的代电（1944 年 1 月 26 日） G133-003-0122

第三战区福建省福鼎县军民合作站指导分处关于本处副分处长陈历屏工作努力、年资届满，乞准晋阶中校实级，附呈详历及保证书的代电（1944年1月26日） G133-003-0122

000190

軍民合作處站官佐保結証存根

具保証書人王道純今保得陳歷屏在第三戰區福建省福鼎縣軍民合作站指導分處充任副分處長該員委係忠實份子如有思想不正確信仰不堅定或洩漏公務上秘密或通敵或貪污及虧欠公款或潛逃等不法行為保証人應負監察檢舉及賠償之責倘有知情不報情事一經察覺願受相當處分所具保証是實

被保人（姓名）（蓋章）（機關）（級職）（住址及通訊處）

介紹保証人

聯環保証人

考查保証人

對保人

中華民國三十三年 月 日

第三战区福建省福鼎县军民合作站指导分处王道纯保陈历屏之官佐保结证存根

（1944年1月26日） G133-003-0122

軍民合作站官佐保證書存根

具保證書人王道純今保得陳歷屏在第三戰區福建省福鼎縣軍民合作指導分處充任副分處長該員委係忠貞份子如有思想不正確信仰不堅定或洩漏公務上秘密或通敵或貪污及虧欠公款或潛逃等不法行為保證人應負監察檢舉及賠償之責倘有知情不報一經察覺願受相當處分所具保證是實

（姓名）（蓋章）（機關）（級職）（住地及通訊處）

被保人
介紹保證人
聯環保證人
考查保證人
對保人

中華民國三十三年　月　日

字第　號

第三战区福建省福鼎县军民合作站指导分处王道纯为陈历屏所做之官佐保证书存根

（1944年1月26日） G133-003-0122

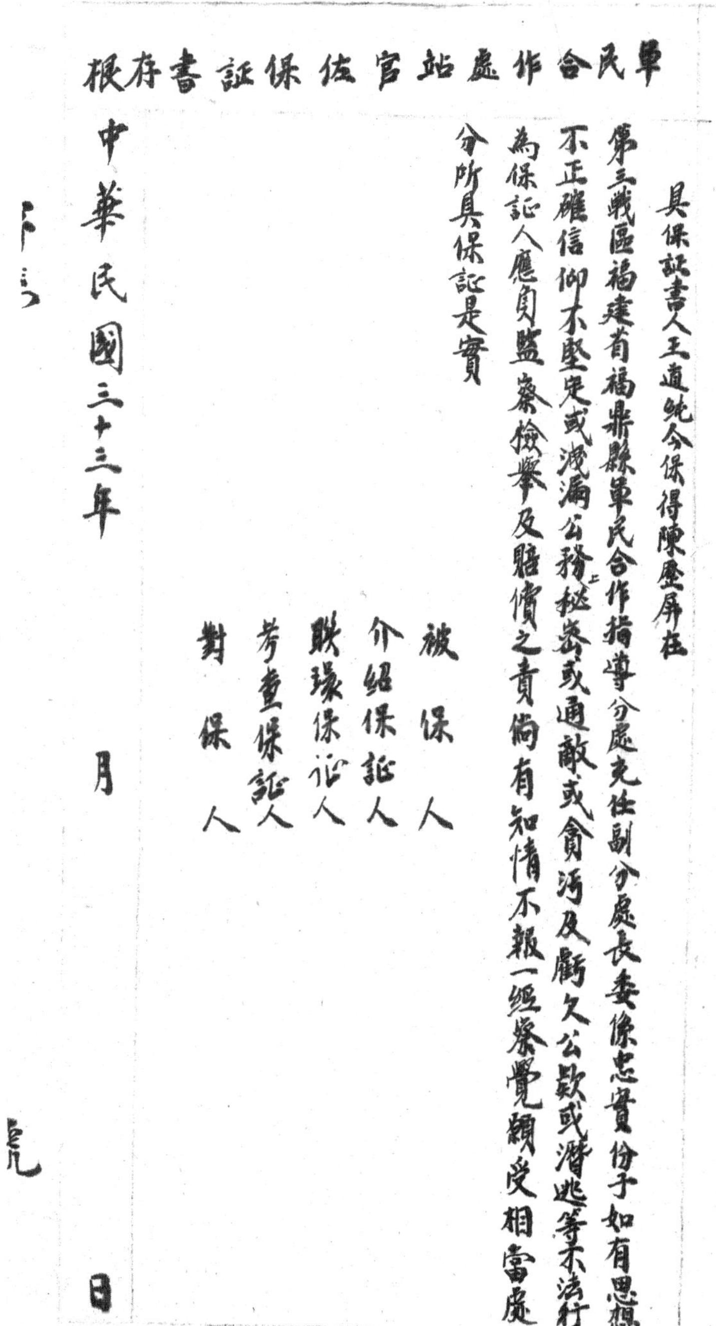
000192

軍民合作處站官佐保証書存根

具保証書人王道純今保得陳歷屏在第三戰區福建省福鼎縣軍民合作指導分處充任副分處長委係忠實份子如有思想不正確信仰不堅定或洩漏公務上秘密或通敵或貪污及虧欠公款或潛逃等不法行為保証人應負監察檢舉及賠償之責倘有知情不報一經察覺願受相當處分所具保証是實

被保人
介紹保証人
聯環保証人
考查保証人
對保人

中華民國三十三年　月　日

第三战区福建省福鼎县军民合作站指导分处王道纯为陈历屏所做之官佐保证书存根

（1944年1月26日）　G133-003-0122

事由：為所呈詳歷表參差不符希更正再行彙轉遵照辦理由

第三戰區福建省軍民合作站指導處訓令　要字第1982號

中華民國卅三年三月十五日

令福鼎縣指導分處

查各縣分處請委一案所送副分處長詳歷表與保證書等填寫各欄多有不符規定有礙彙轉茲將錯誤之處分別指示于下：

一、副分處長所填履歷表與保證書均須依照原頒格式一律填送三份

二、履歷表學歷或出身欄必須填明入學畢業（或結業）年　月　日

三、各人如有參加抗戰役者必須于履歷表職務經歷欄附記內填明某年某月曾于某番號部隊參加某某作戰之役或某某會戰之役

四、履歷表家屬欄稱謂欄須填明出生年月日如父母不存者可于稱謂欄之附記欄加填一「殁」字

五、履歷表現役通訊欄係指現在所任職之機關或機關所在地而言退役住址是指原籍而言均須分別填明不得混淆

六、履歷表呈報時直屬長官應填本處處長姓名

第三战区福建省军民合作站指导处关于所呈详历表与保证书参差不符，希更正再行汇转速遵照办理具复的训令（1944年3月15日）a面　G133-003-0122

七、履历表其他各栏亦须详细照填，字体应正楷用毛笔书写，不得潦草或用钢笔，字相片应以脱帽二寸半身相为准。

八、关于保证书前面除介绍人与被保人外所有联环保证人规定为五人，但均须本团体内总处或各县分处之副处长为限，不得填列其他各机关人员为联保，该三人中必须有一人之阶比被保人高一级者为准，至于被保人除少校以上者，联保中必须有一人为中校方合规定，余类推。

九、保证书内之考查保证人及对保人免填。

十、保证书亦应黏贴二寸半身相片，余照规定填写。

右十项除分令外，仰速遵照办理具复为要！

此令。

附发还详历表　　份、保证书　　份

处长　邵鹤（章）

第三战区福建省军民合作站指导处关于所呈详历表与保证书参差不符，希更正再行汇转速遵照办理具复的训令(1944年3月15日)b面　G133-003-0122

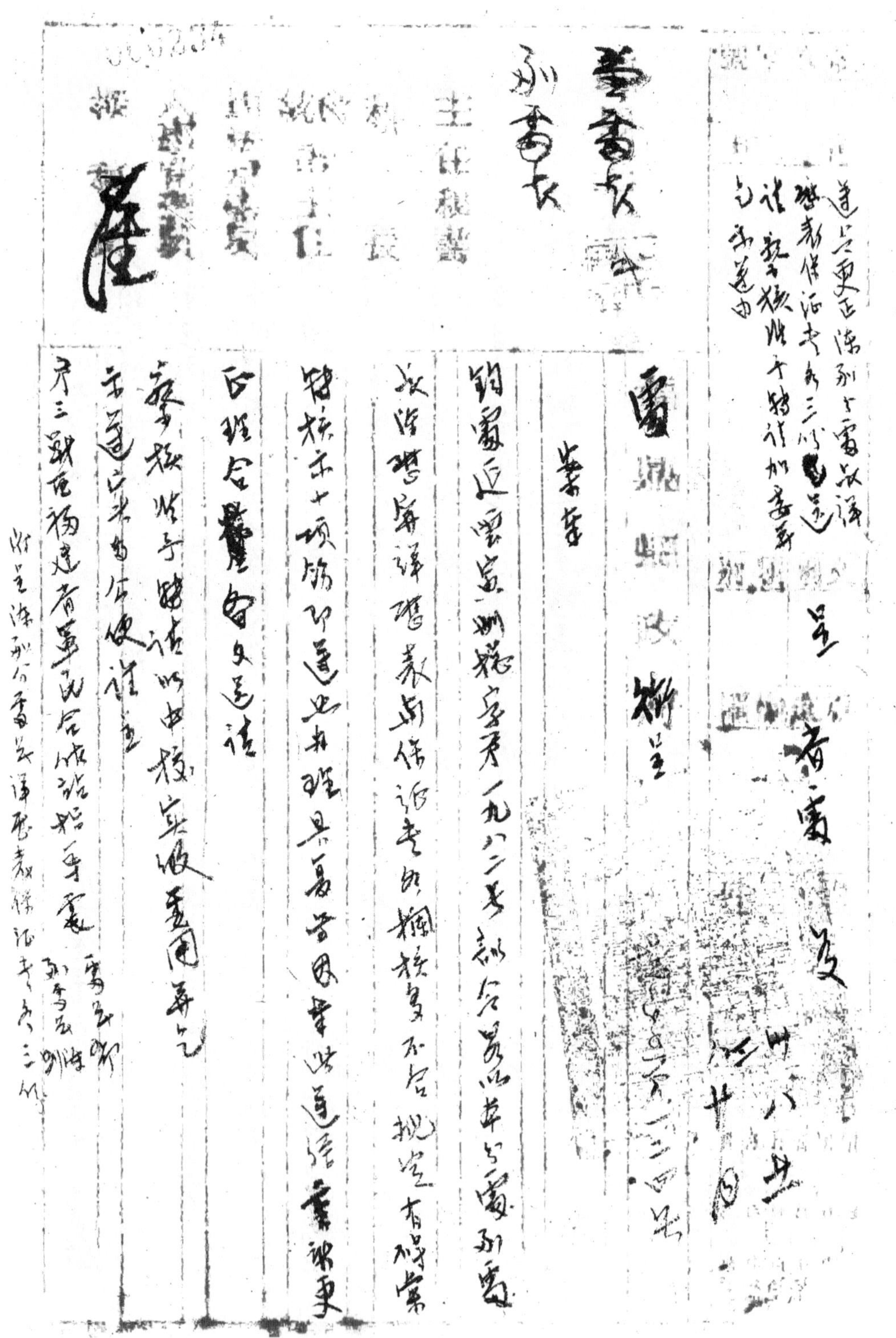

第三战区福建省福鼎县军民合作站指导分处关于遵令更正陈副分处长详历表与保证书请察核加委的呈文(1944 年 8 月 21 日) G133-003-0122

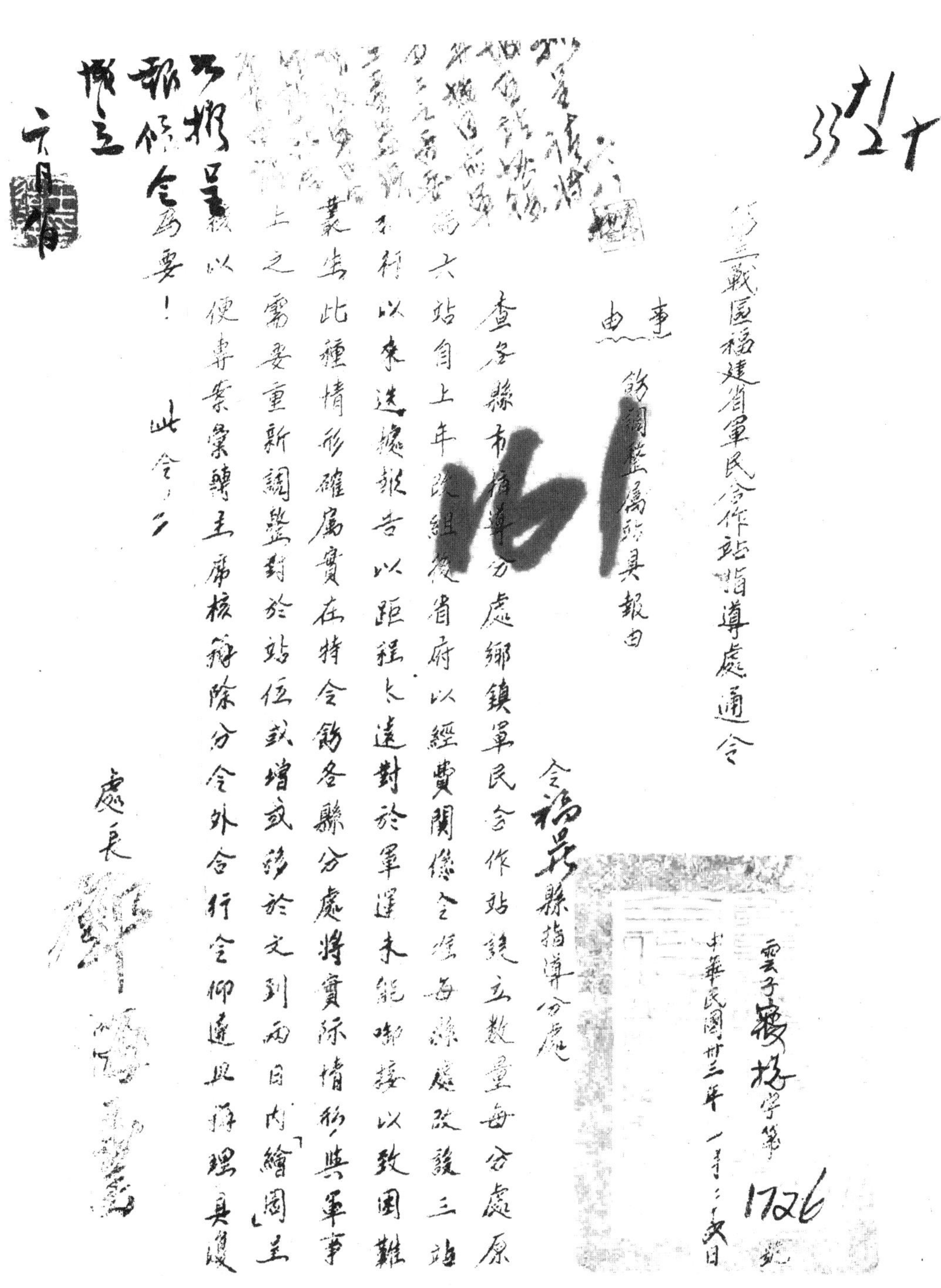

第三戰區福建省軍民合作站指導處通令

雲字 [illegible] 字第1726號

中華民國卅三年一月二十六日

事由：飭調整屬站具報由

令福[illegible]縣指導分處

查各縣市指導分處鄉鎮軍民合作站設立數量每分處原……六站自上年改組後省府以經費關係令飭每縣應設三站……不行以來迭據報告以距程太遠對於軍運未能啣接以致困難叢生此種情形確屬實在特令飭各縣分處將實際情形與軍事上之需要重新調整對於站位或增或移於文到兩日內「繪圖」呈核以便專案彙轉主席核辦除分令外合行令仰遵照辦理具復為要！

此令。

處長

第三战区福建省军民合作站指导处关于饬各县市指导分处将实际情形与军事需要重新调整属站绘图具报的通令(1944 年 1 月 26 日)　G137-001-0002

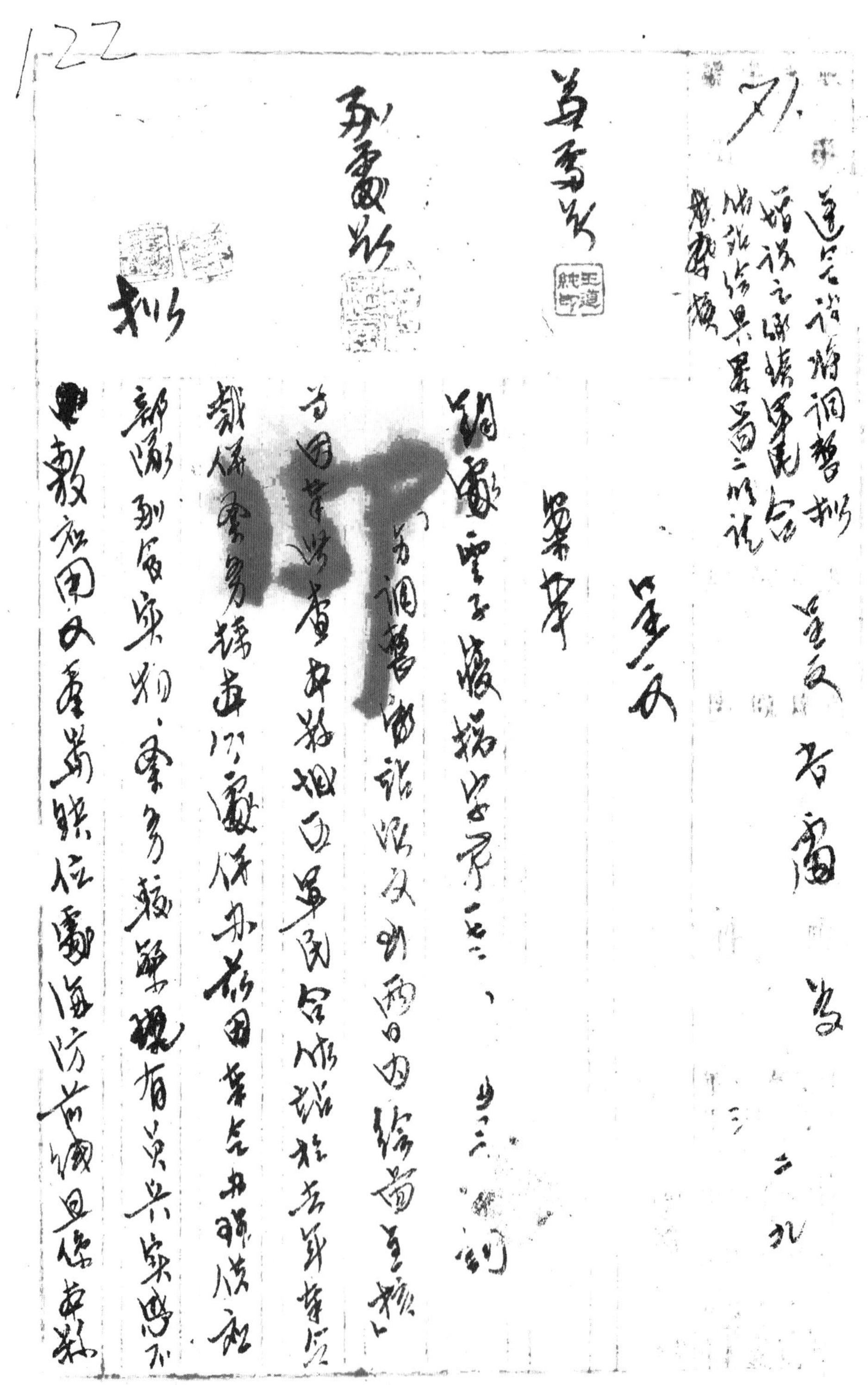

第三战区福建省福鼎县军民合作站指导分处关于遵令调整将拟增设之乡镇军民合作站绘具略图报核的呈文(1944 年 2 月 9 日)　G137-001-0002

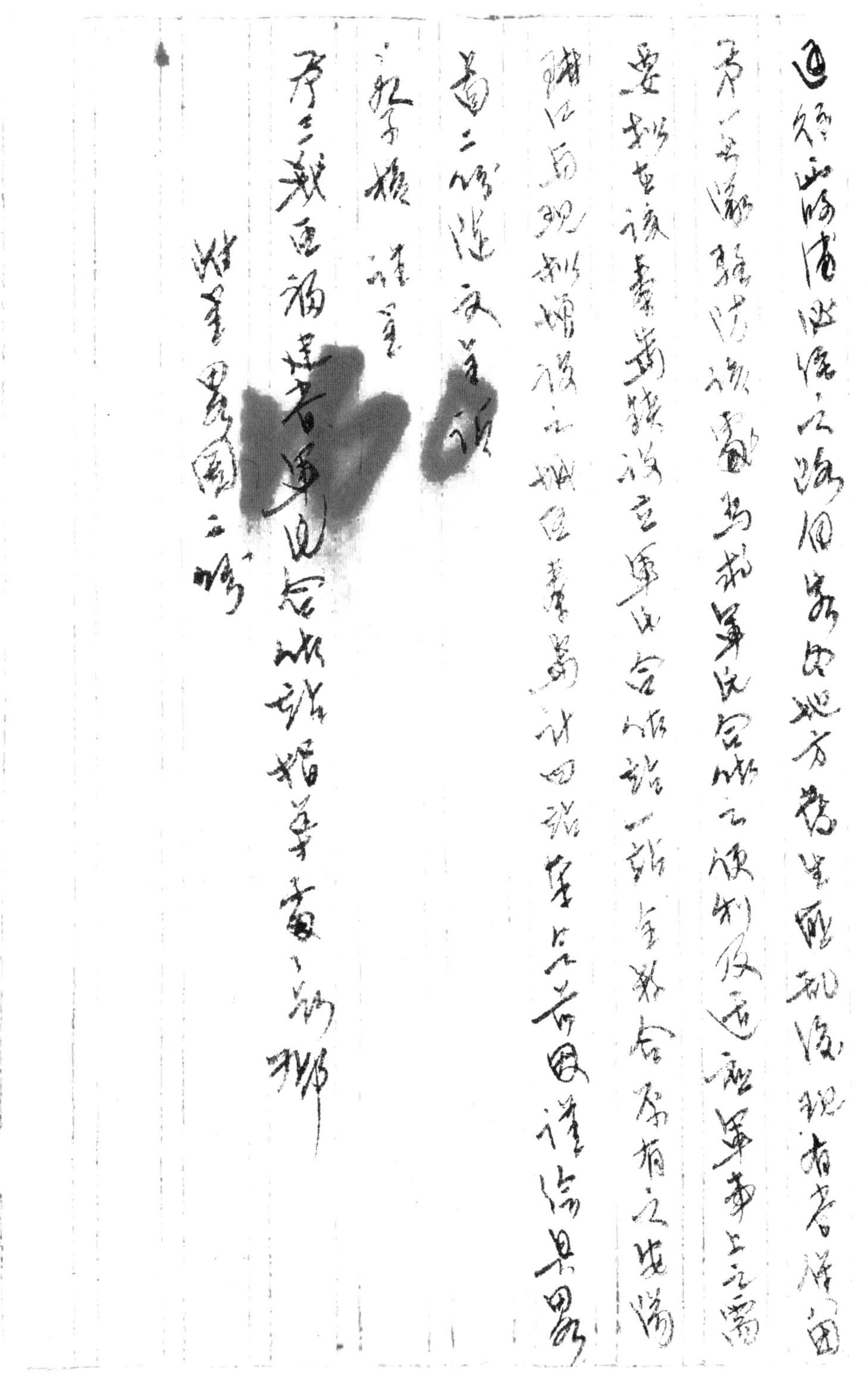

第三战区福建省福鼎县军民合作站指导分处关于遵令调整将拟增设之乡镇军民合作站绘具略图报核的呈文(1944年2月9日) G137-001-0002

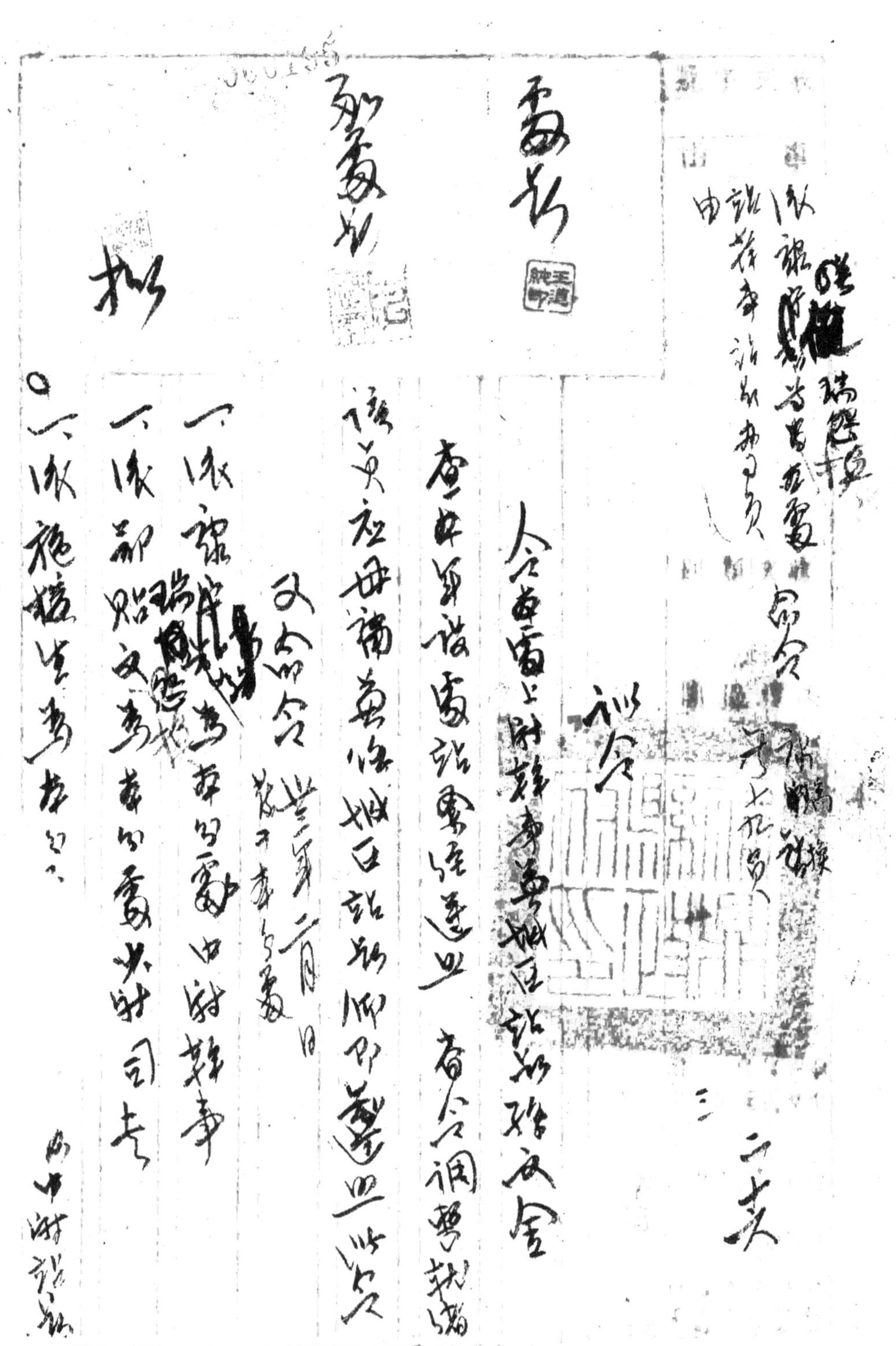

第三战区福建省福鼎县军民合作站指导分处关于康瑞换等十九人兼处站干事、站长、办事员的训令
（1944年2月16日） G133-003-0122

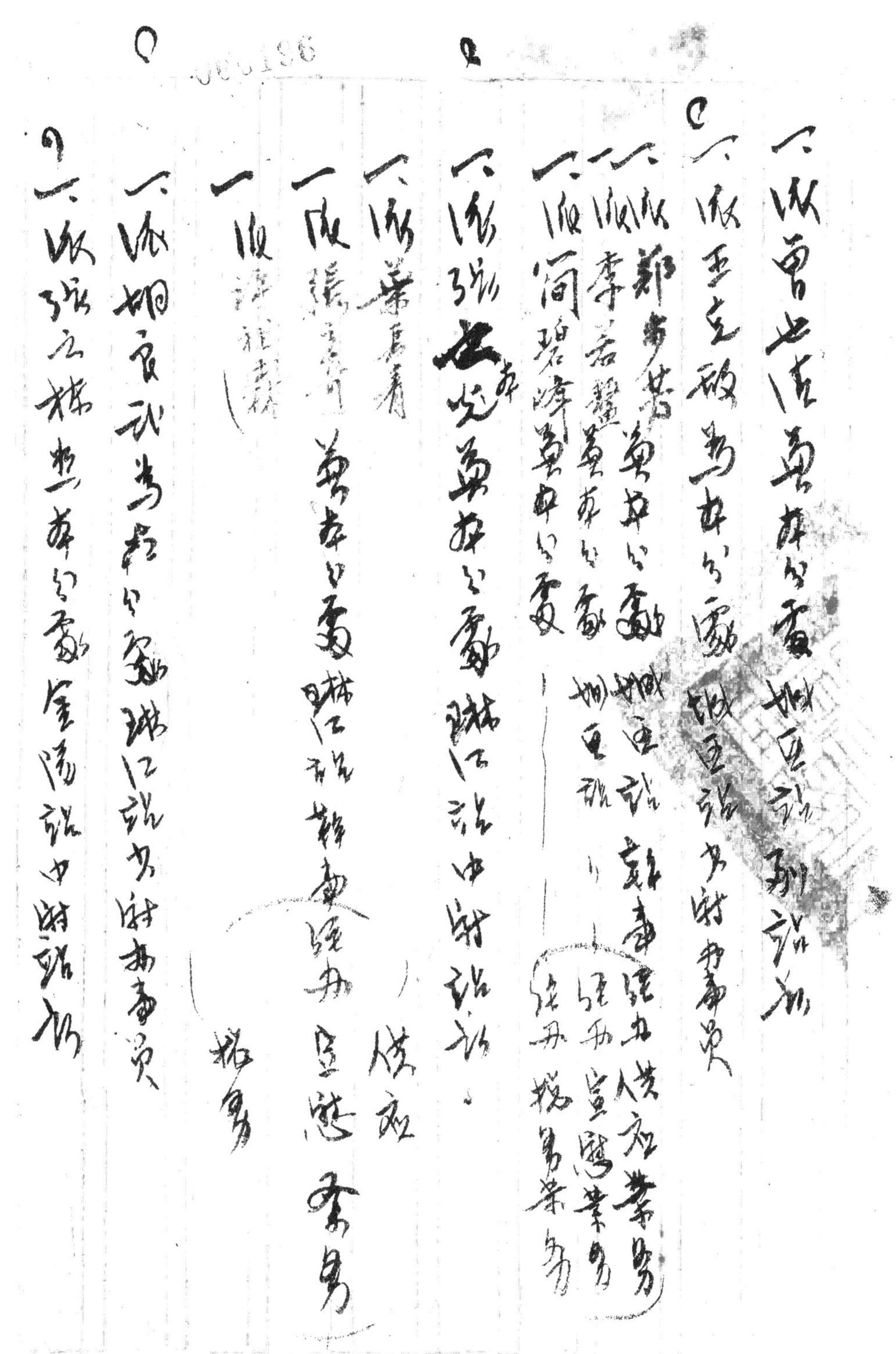

一、派曾世清兼本分处城区站站长

一、派王立致为本分处城区站办事员

一、派郑步芳兼本分处城区站干事经办供应业务

一、派李若盘兼本分处城区站〃经办宣传业务

一、派阎碧峰兼本分处〃〃经办总务业务

一、派张[illegible]光兼本分处磻溪站中心站站长

一、派叶通清 供应

一、派张[illegible]兼本分处磻溪站干事经办宣传、总务

一、派谢祖森 总务

一、派胡良武为本分处磻溪站办事员

一、派张立栋兼本分处金岭站中心站站长

第三战区福建省福鼎县军民合作站指导分处关于康瑞换等十九人兼处站干事、站长、办事员的训令

（1944 年 2 月 16 日） G133-003-0122

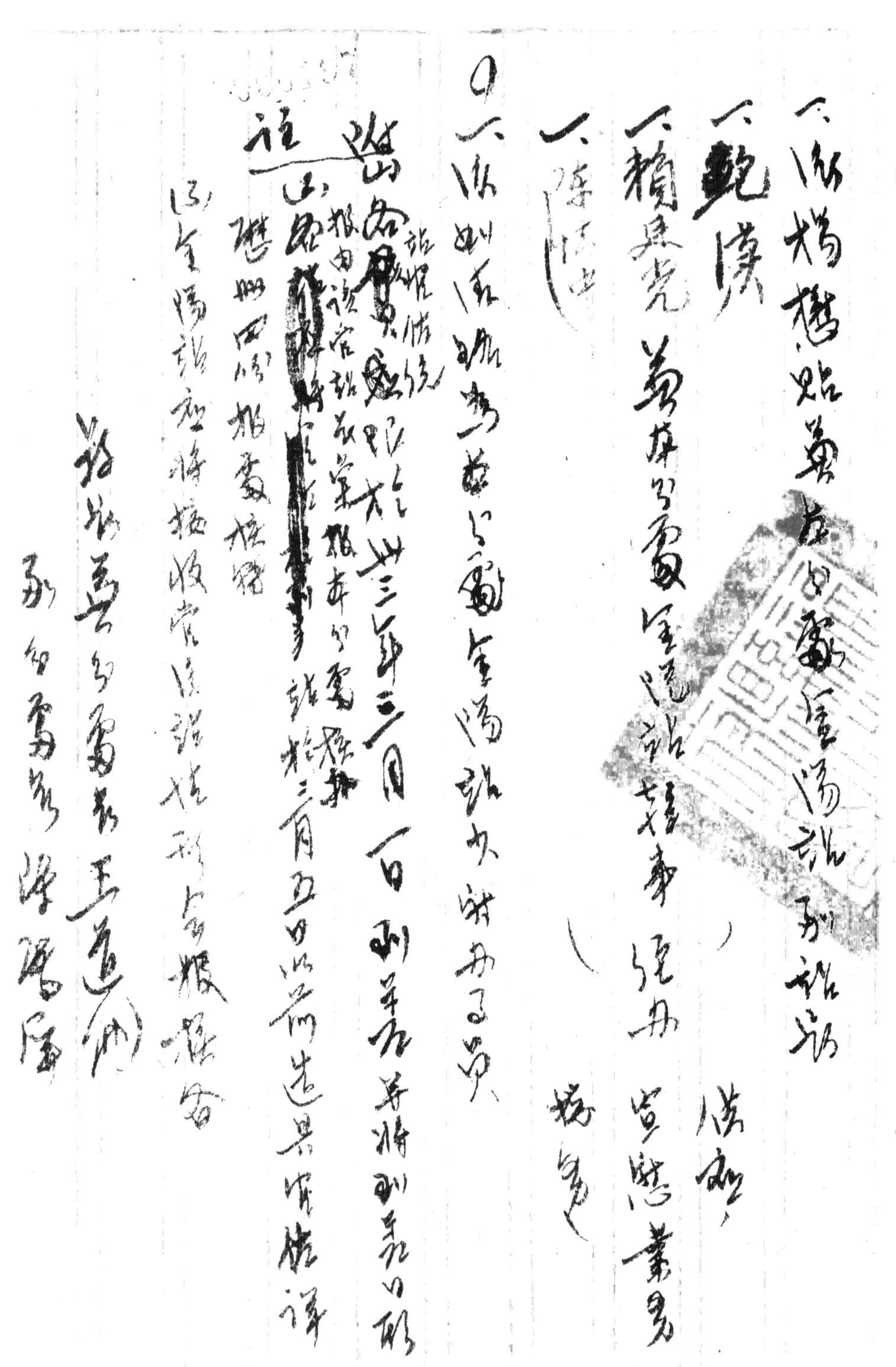

第三战区福建省福鼎县军民合作站指导分处关于康瑞换等十九人兼处站干事、站长、办事员的训令

（1944 年 2 月 16 日） G133-003-0122

第三战区福建省福鼎县军民合作站指导分处关于康瑞换等十九人兼处站干事、站长、办事员的训令

（1944 年 2 月 16 日） G133-003-0122

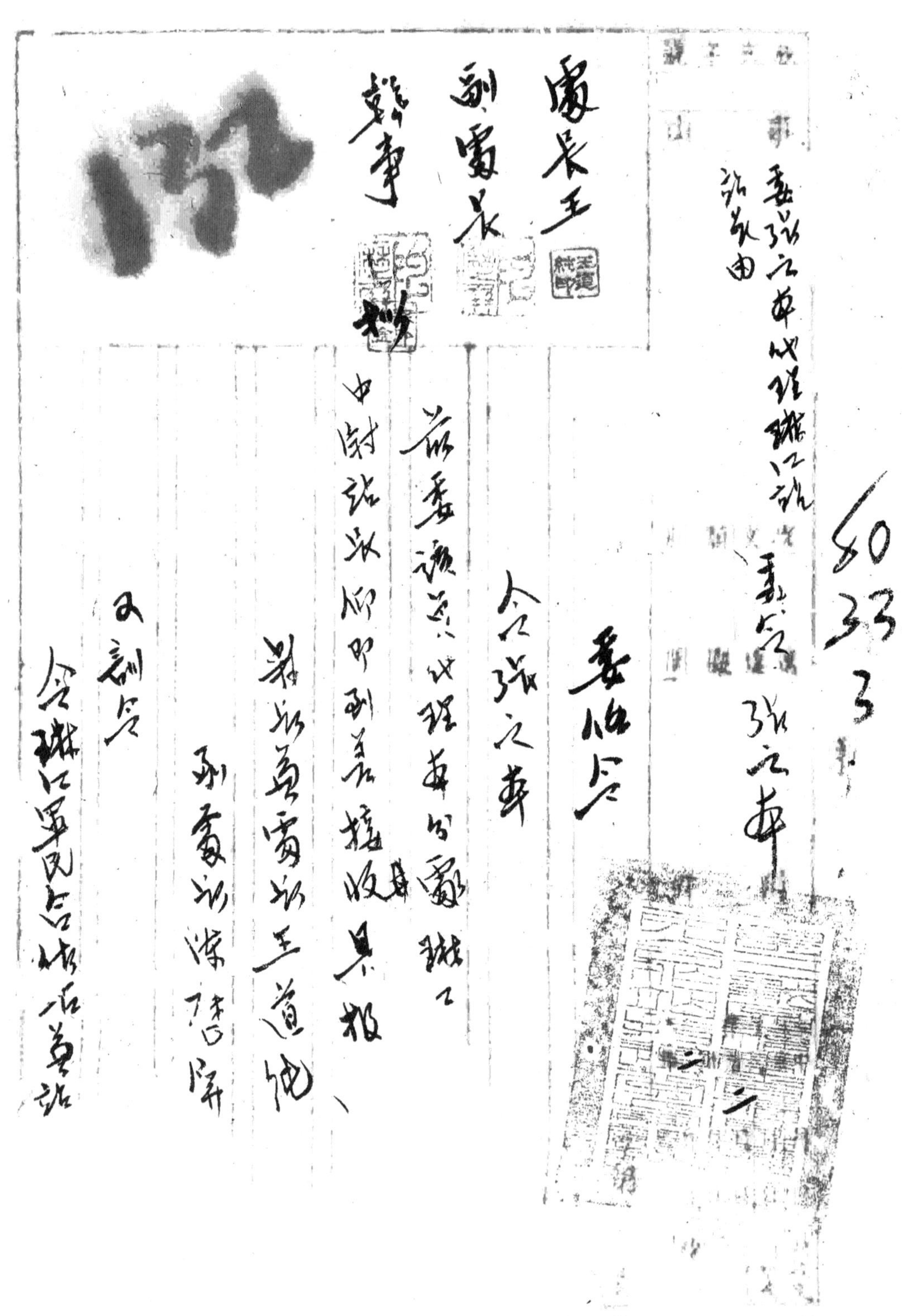

处长王　副处长　干事

抄

委任令

令张之本

兹委该员代理本分处琳江站站长，仰即到差接收具报、

[illegible]王道纯

[illegible]

又副令

令琳江军民合作[illegible]站

第三战区福建省福鼎县军民合作站指导分处关于张之本代理琳江站站长的委任令

（1944 年 3 月 9 日） G137-001-0007

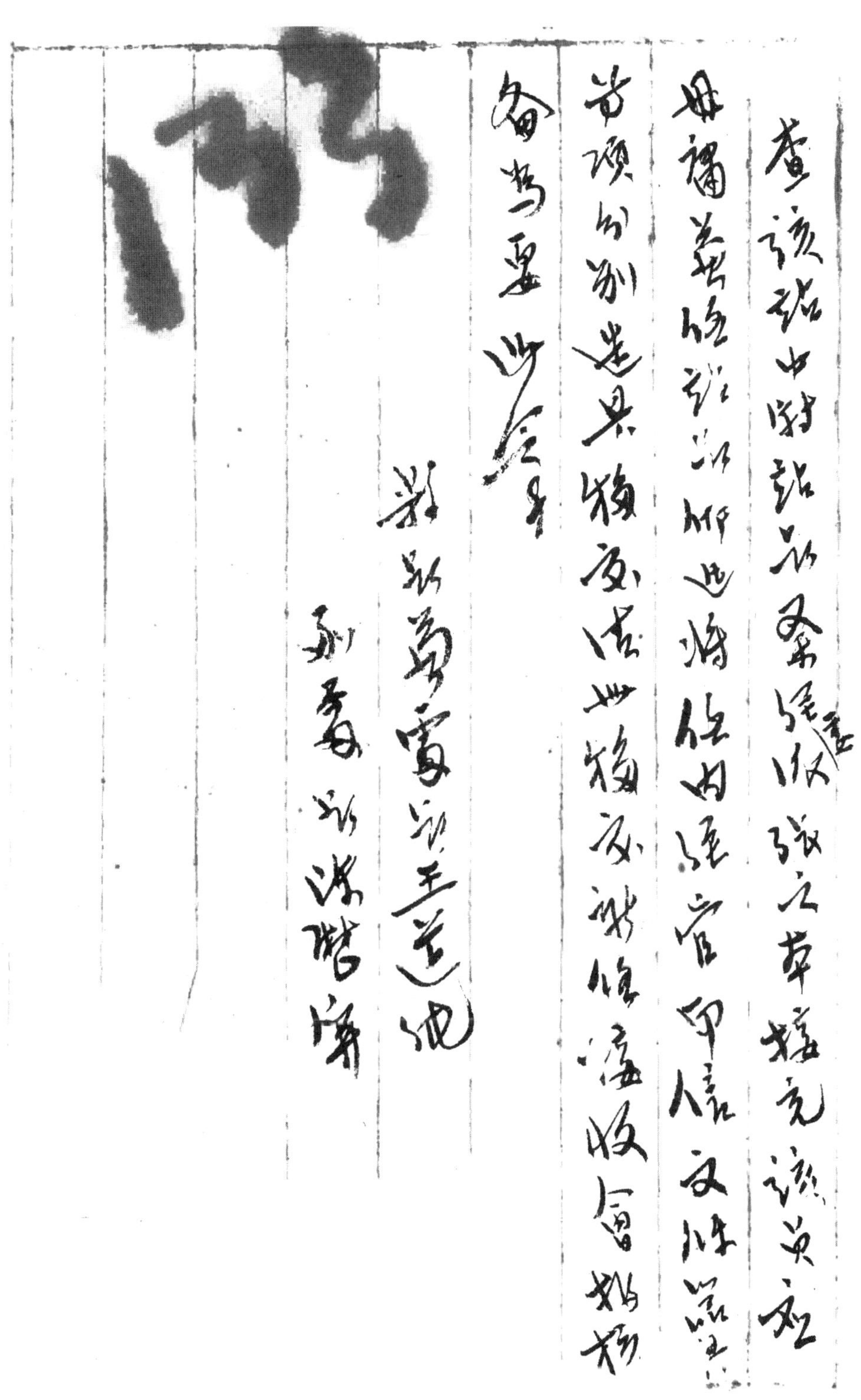

第三战区福建省福鼎县军民合作站指导分处关于张之本代理琳江站站长，该员毋庸兼任，仰迅造册移交的训令(1944 年 3 月 9 日)　G137-001-0007

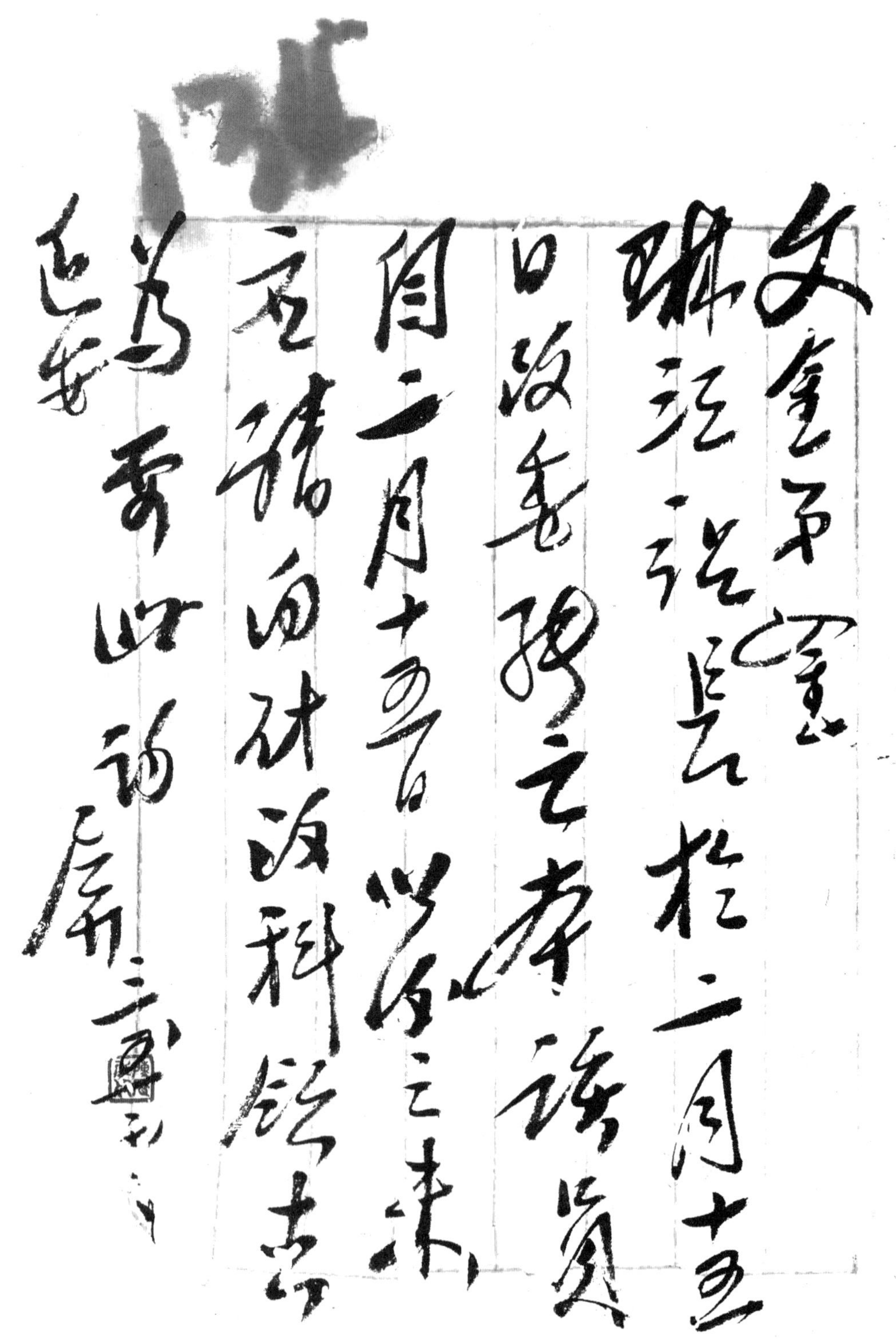

第三战区福建省福鼎县军民合作站指导分处副分处长陈历屏关于张之本自二月十五日向财政科领米的笺函（1944年3月5日）　G137-001-0007

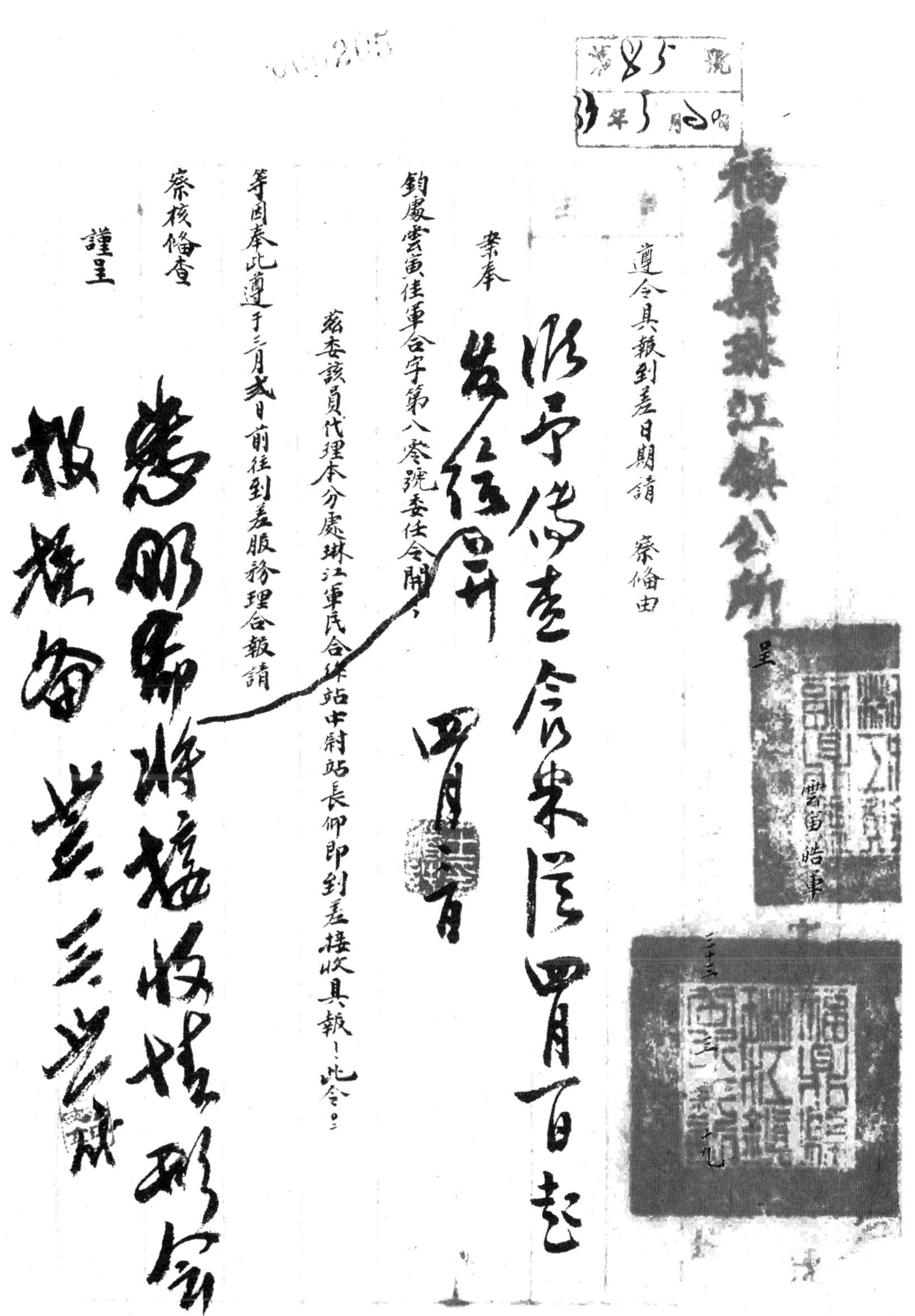
福鼎縣琳江鎮公所呈

遵令具報到差日期請　察備由

案奉

鈞處雲寅佳軍合字第八零號委任令開：

「茲委該員代理本分處琳江軍民合作站中尉站長，仰即到差接收具報。」此令。等因；奉此，遵于三月貳日前往到差服務，理合報請

察核備查。

謹呈

福鼎縣琳江鎮公所呈文

福鼎县琳江镇公所关于遵令具报琳江军民合作站站长张之本到差日期的呈文

（1944 年 3 月 19 日）　G133-003-0122

福鼎县琳江镇公所关于遵令具报琳江军民合作站站长张之本到差日期的呈文

（1944 年 3 月 19 日）　G133-003-0122

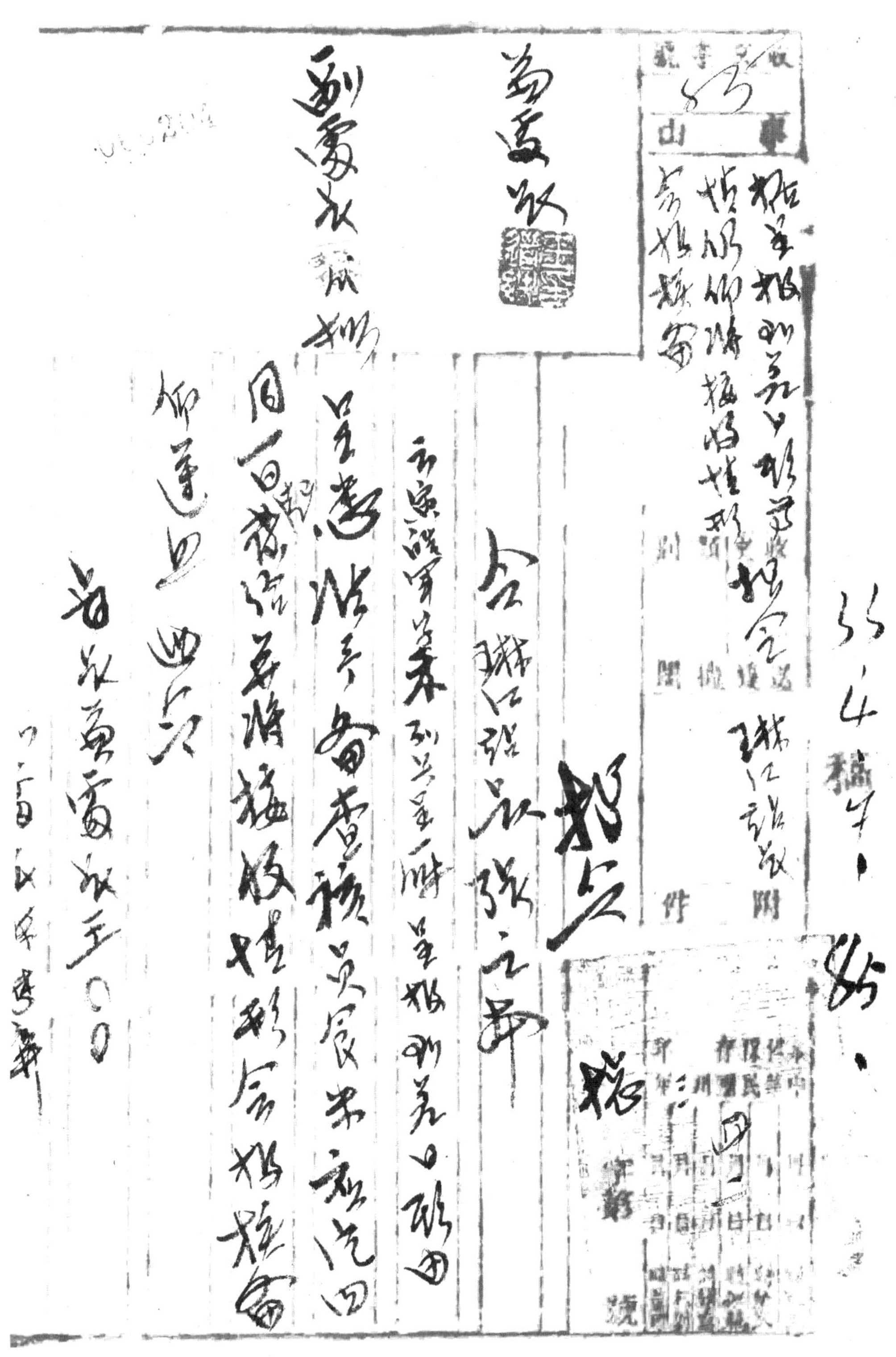

第三战区福建省福鼎县军民合作站指导分处关于报送琳江军民合作站站长到差日期与接收情形的指令(1944 年 4 月 2 日)　G133-003-0122

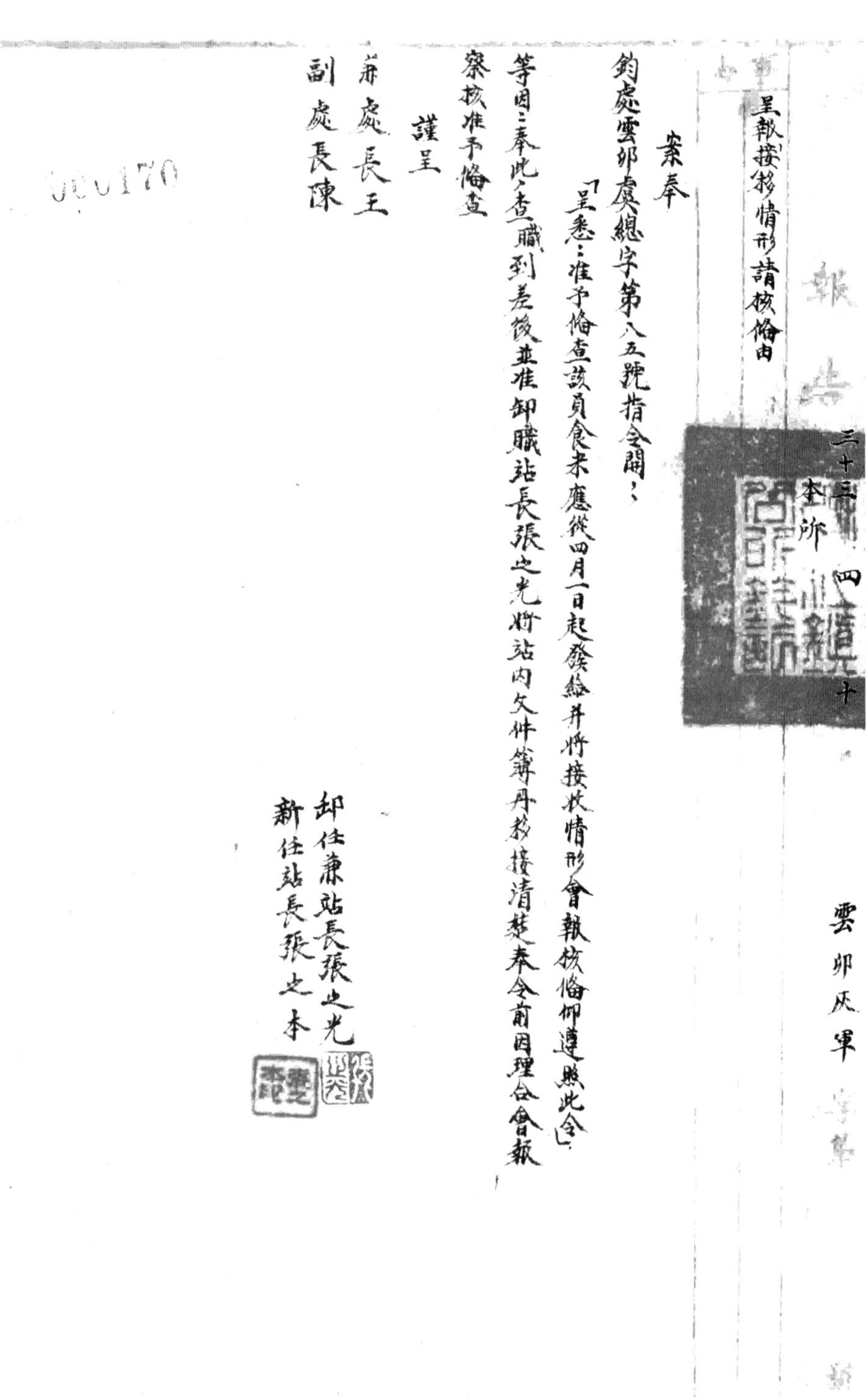

呈報接移情形請核備由

三十三　四　十

本所

雲卯灰軍

案奉

鈞處雲卯處總字第八五號指令開：

「呈悉。准予備查。該員食米應從四月一日起發給，并將接收情形會報核備，仰遵照。此令。」

等因。奉此，查職到差後，並准卸職站長張之光將站內文件籌冊移接清楚。奉令前因，理合會報

察核准予備查。

謹呈

兼處長王

副處長陳

卸任兼站長張之光

新任站長張之本

福鼎县第三区琳江镇军民合作站关于新任站长接收移交情形的呈文

（1944 年 4 月 10 日）　G133-003-0121

由：事 为卅三年度各分处站官佐履历名册呈处以凭核办由 代电附册

第三战区福建省军民合作站指导处代电 延云寅寒校字第1980号 中华民国卅三年三月十四日

福鼎县军民合作站指导分处查各县指导分处上年度造送之各处站官佐履历名册一并以各因人事调动频繁变改甚多且年度已过亟应重造俾资办核兹规定本年度履历册仍照前颁格式应填各栏分别按处站职级名别、现年龄、籍贯、出身、经历、到差日期、奉准文号、入党（团）年月、党（团）证字号、备考等十三栏一律用纸十六开大纸造送二份加装封面限文到一星期内送处以凭核转除分电外合行电仰遵照办理为要。（延）第三战区福建省军民合作站指导处处长邓梅羹（寅）（寒）总印

第三战区福建省军民合作站指导处关于三十三年度各分处站官佐履历名册呈处以凭核办的代电

（1944年3月14日） G133-003-0122

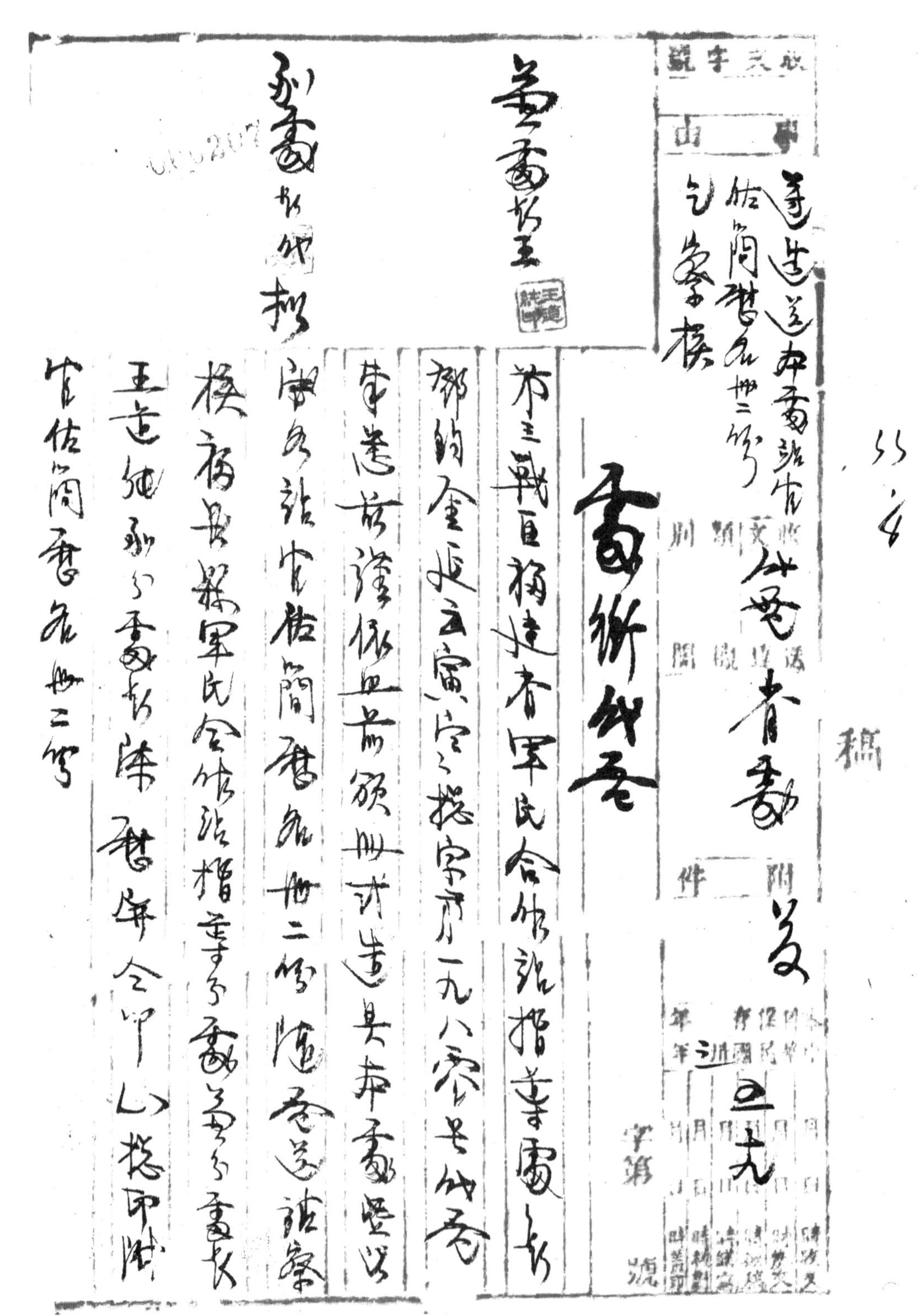

第三战区福建省福鼎县军民合作站指导分处关于造送本分处站官佐简历名册的代电

（1944 年 5 月 19 日）　G133-003-0122

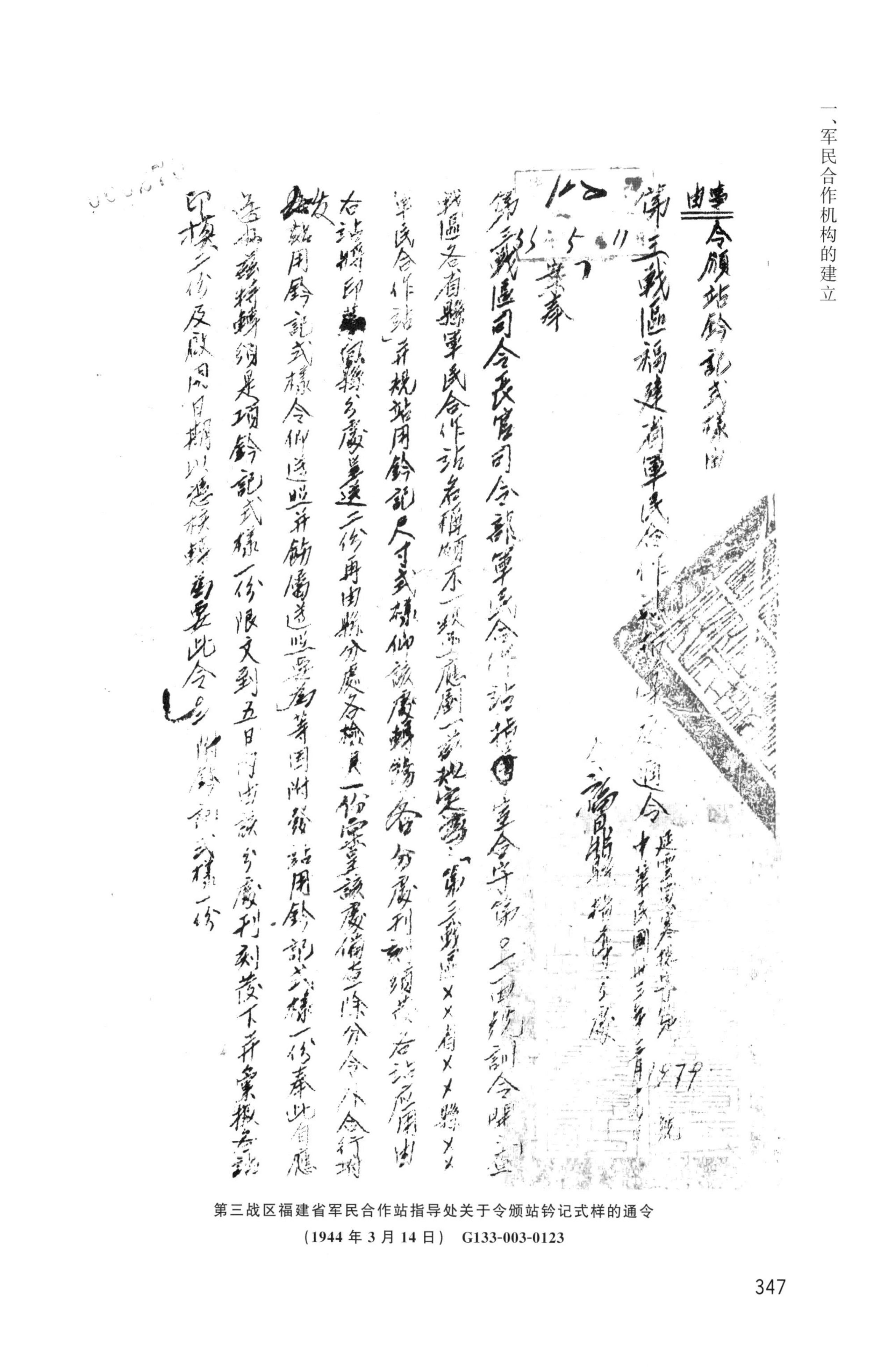

第三战区福建省军民合作站指导处关于令颁站钤记式样的通令

（1944 年 3 月 14 日） G133-003-0123

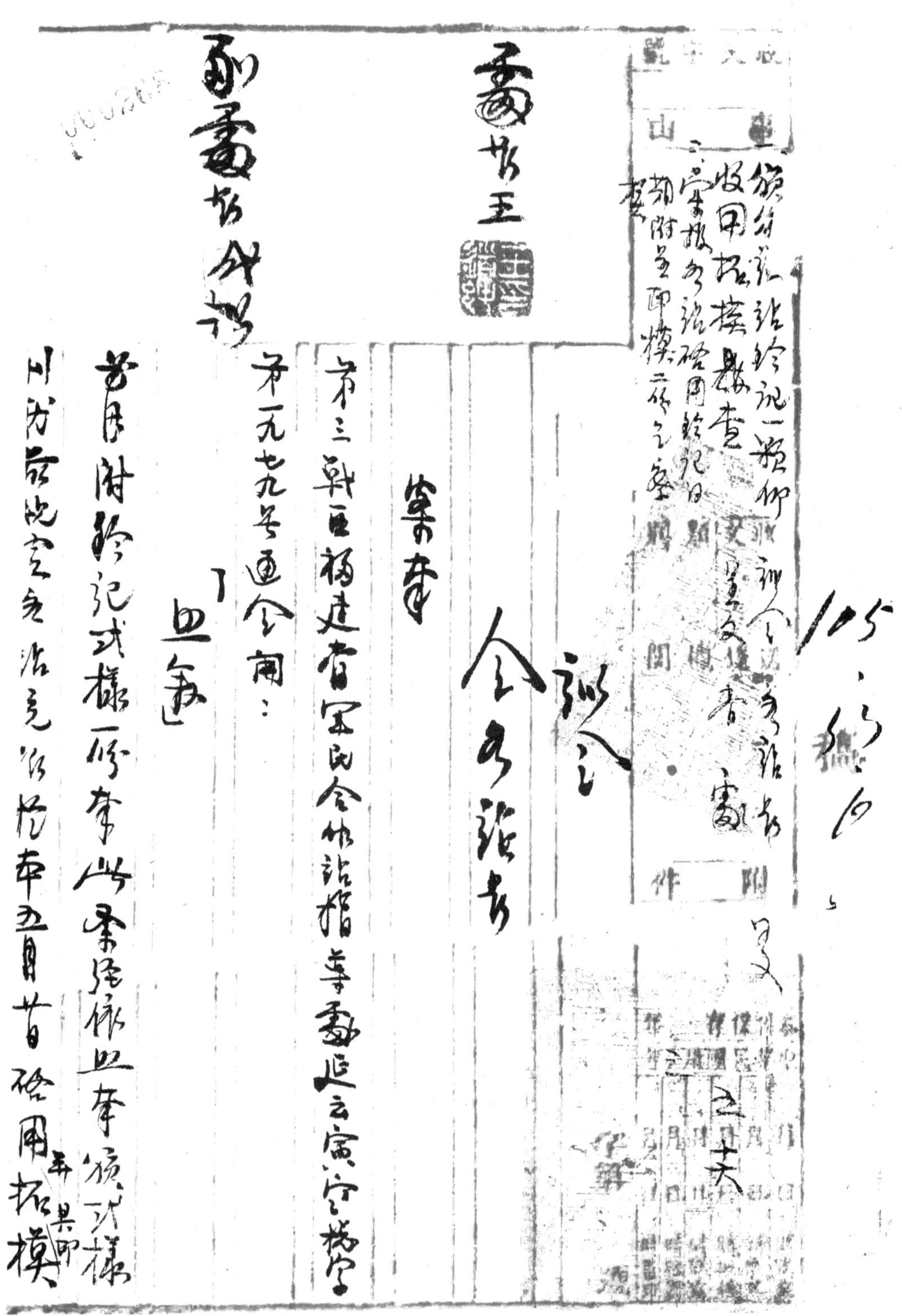

第三战区福建省福鼎县军民合作站指导分处关于颁发该站钤记一颗，统限于五月二十日启用，并拓具印模报查的训令（1944年5月16日）　G133-003-0123

第三战区福建省福鼎县军民合作站指导分处关于颁发该站钤记一颗，统限于五月二十日启用，并拓具印模报查的训令(1944年5月16日)a面　G133-003-0123

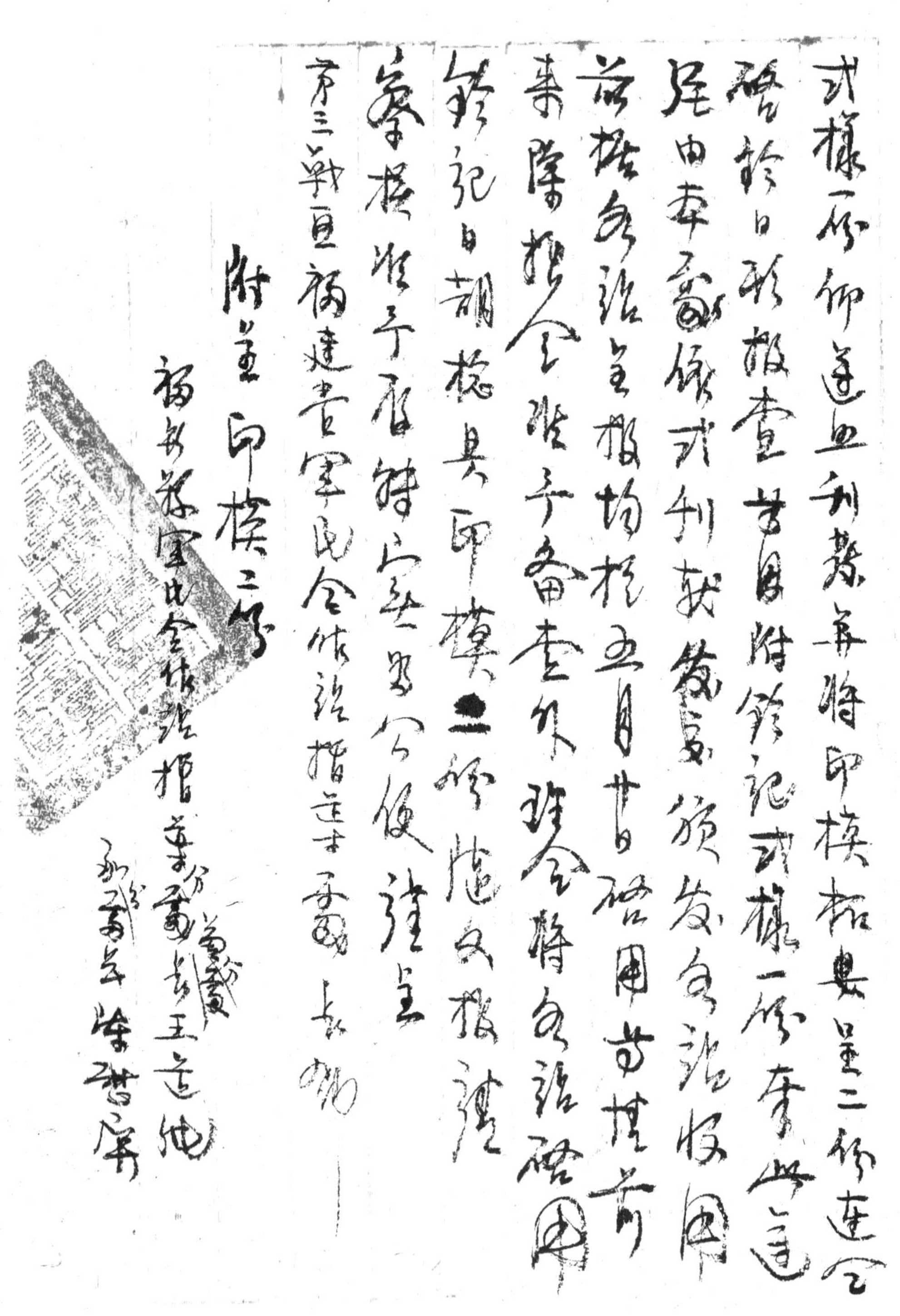

式樣一份，即希遵照刊製，并將印模拓具呈二份送
啓鈐日期報查。當日附鈐記式樣一份來處，遵
經由本處仿式刊製鈐記，頒發各該站收用。
茲據各該站呈報，均擬五月廿日啓用。前
來，除指令准予备查外，并令將各該站啓用
鈐記日期，拓具印模二份，隨文報請
鑒核，准予存轉，實為公便。謹呈
第三戰區福建省軍民合作站指導處處長[illegible]
附呈印模二份
福鼎縣軍民合作站指導分處處長王[illegible]
副處長[illegible]

第三战区福建省福鼎县军民合作站指导分处关于颁发该站铃记一颗，统限于五月二十日启用，并拓具印模报查的呈文(1944 年 5 月 16 日)b 面　G133-003-0123

第三戰區福建省福鼎縣軍民合作站指導分處彙報各站印模單

「文曰」第三戰區福建省福鼎縣金陽軍民合作站之鈐記

第三战区福建省福鼎县军民合作站指导分处汇报各站印模

(1944 年 6 月)a 面　G133-003-0123

文曰第三戰區福建省福鼎縣琳江軍民合作站之鈐記

文曰第三戰區福建省福鼎縣城區軍民合作站之鈐記

第三战区福建省福鼎县军民合作站指导分处汇报各站印模

(1944 年 6 月)b 面　G133-003-0123

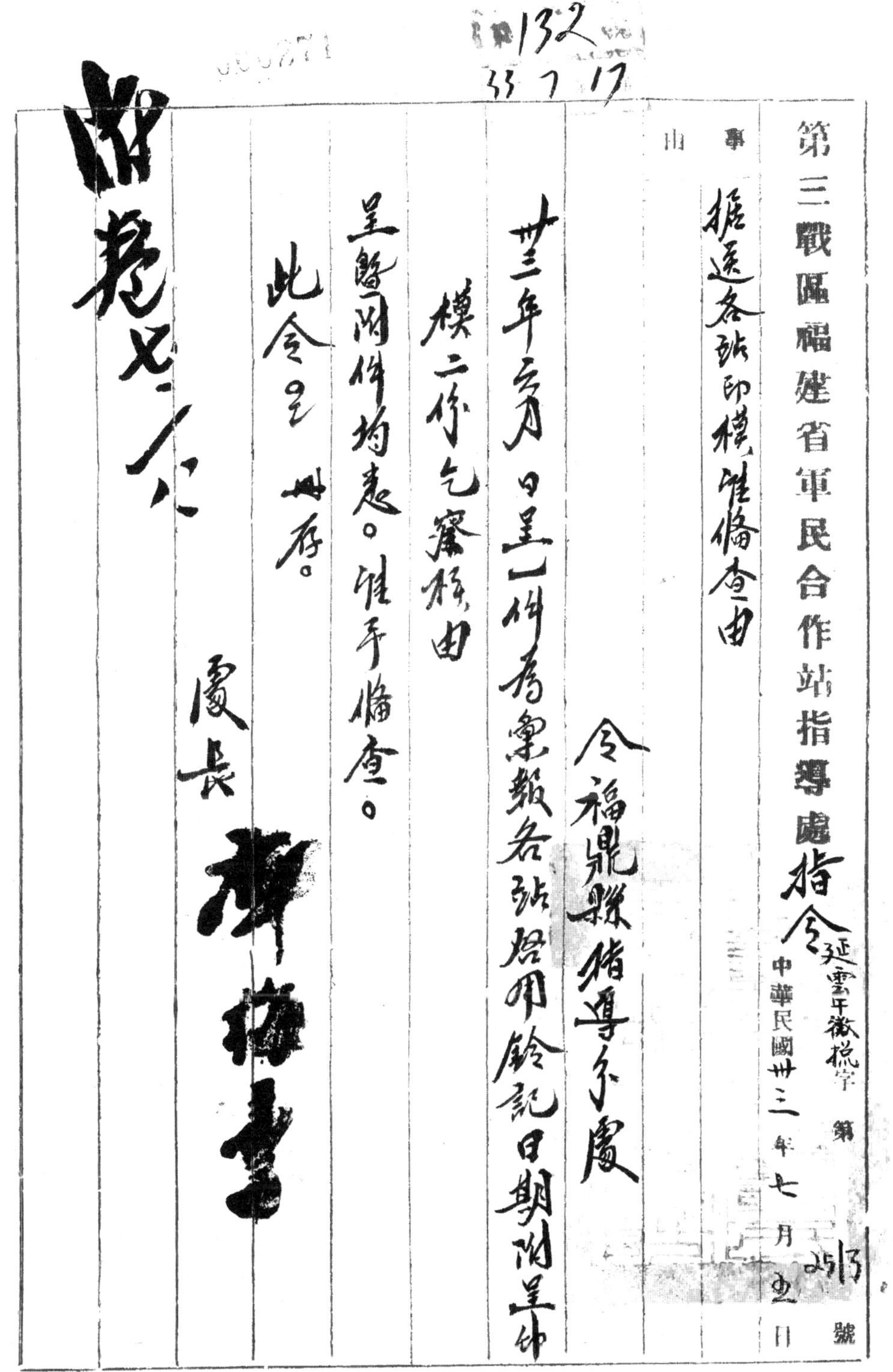

第三戰區福建省軍民合作站指導處指令 延雲干徵捻字第2513號

中華民國卅三年七月五日

事由：據送各站印模准備查由

令福鼎縣指導分處

卅三年六月 日呈一件為彙報各站啟用鈐記日期附呈印模二份乞察核由

呈暨附件均悉。准予備查。

此令 呈件存。

處長 [signature]

第三战区福建省军民合作站指导处关于据送各站印模准予备查的指令

（1944年7月5日） G133-003-0123

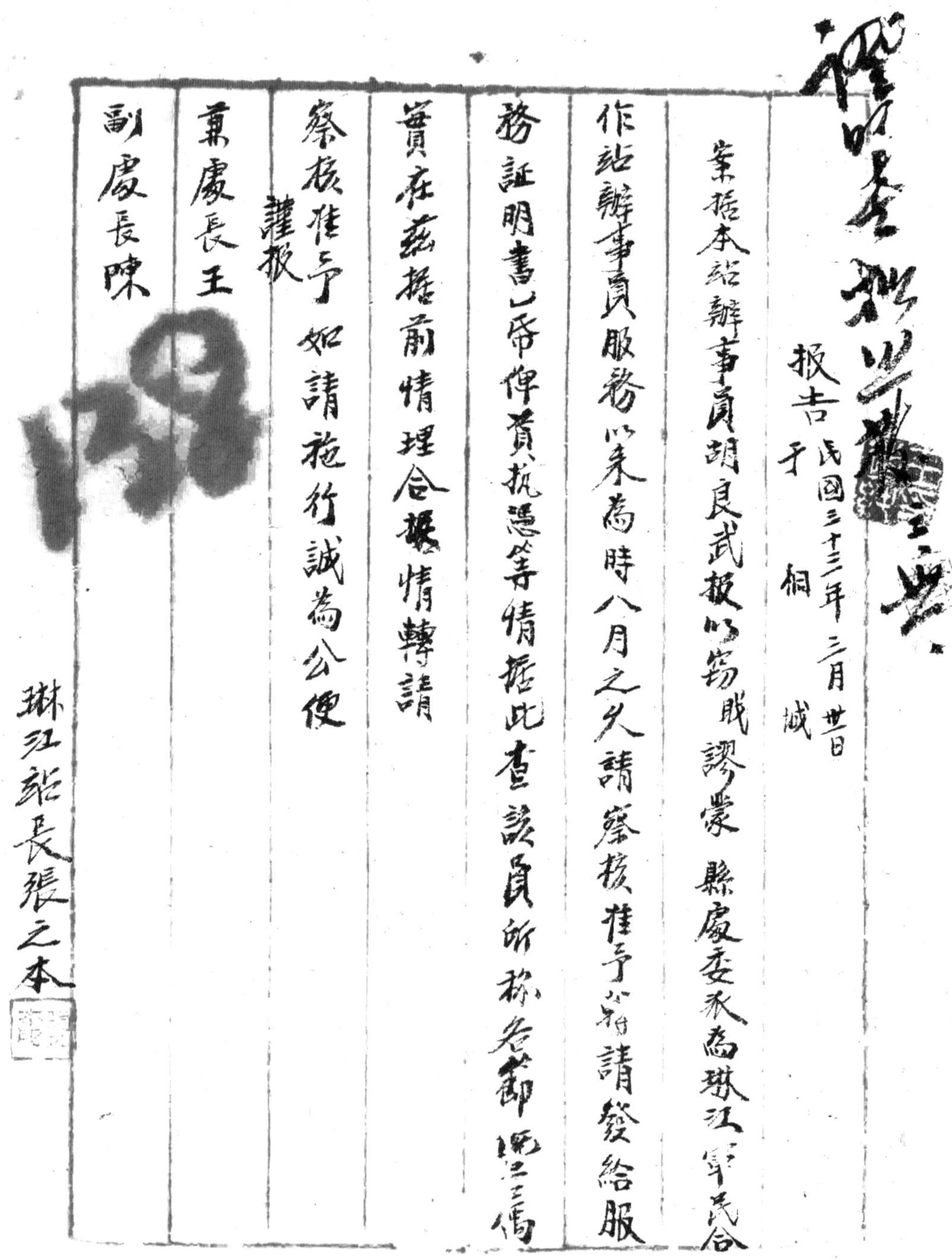
報告　民國三十三年三月卅一日

案據本站辦事員胡良武報以竊職謬蒙　縣處委派為琳江軍民合作站辦事員服務以來為時八月之久請察核准予公鑒請發給服務証明書以俾資執憑等情據此查該員所稱各節尚屬實在茲據前情理合據情轉請

察核准予如請施行誠為公便

謹報

專處長王

副處長陳

琳江站長張之本

福鼎县琳江军民合作站站长张之本关于请准核发本站办事员胡良武服务证明书的报告

（1944 年 3 月 31 日）　G137-001-0007

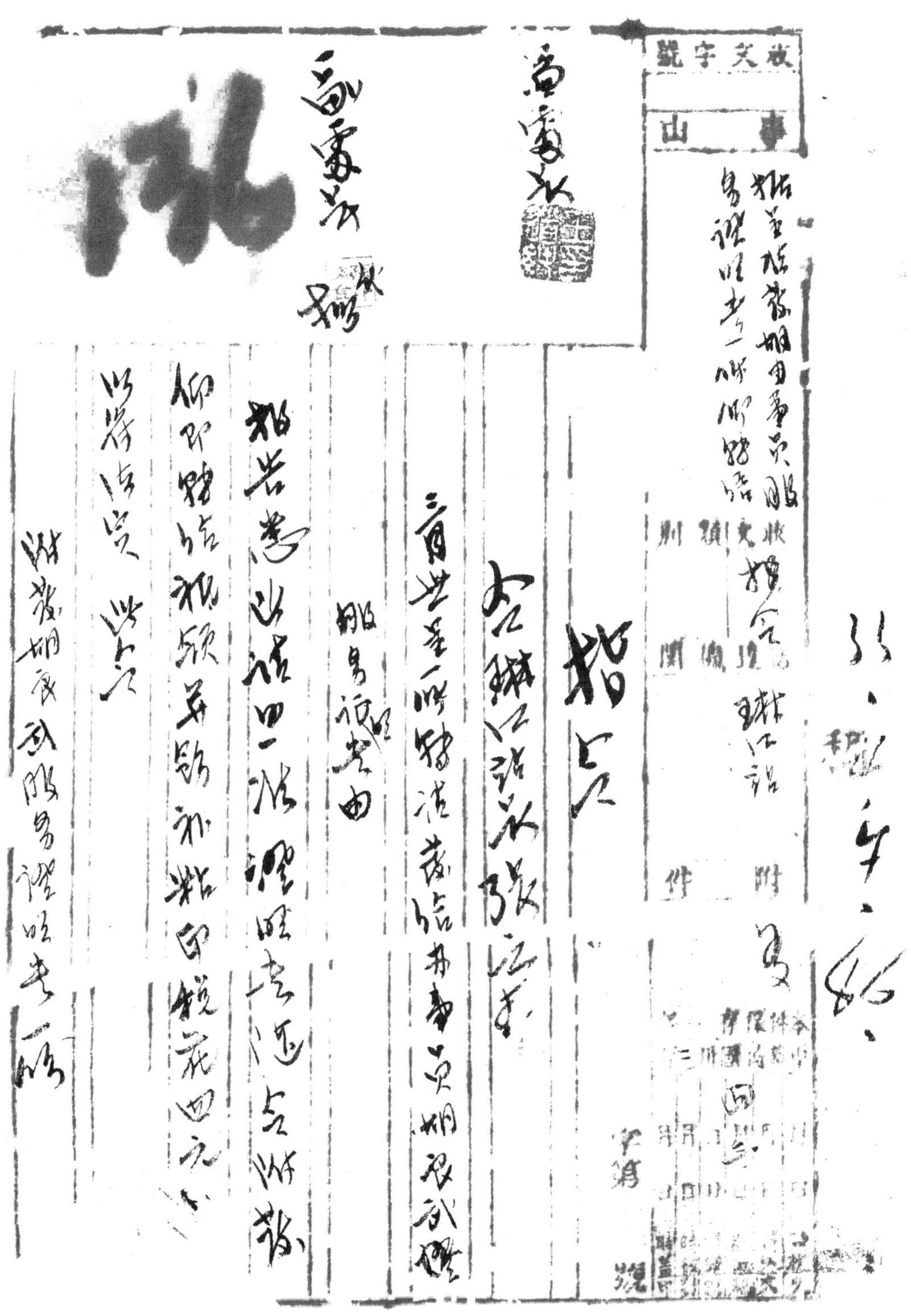

第三战区福建省福鼎县军民合作站指导分处关于准发琳江站办事员胡良武服务证明书的指令

（1944 年 4 月 3 日） G137-001-0007

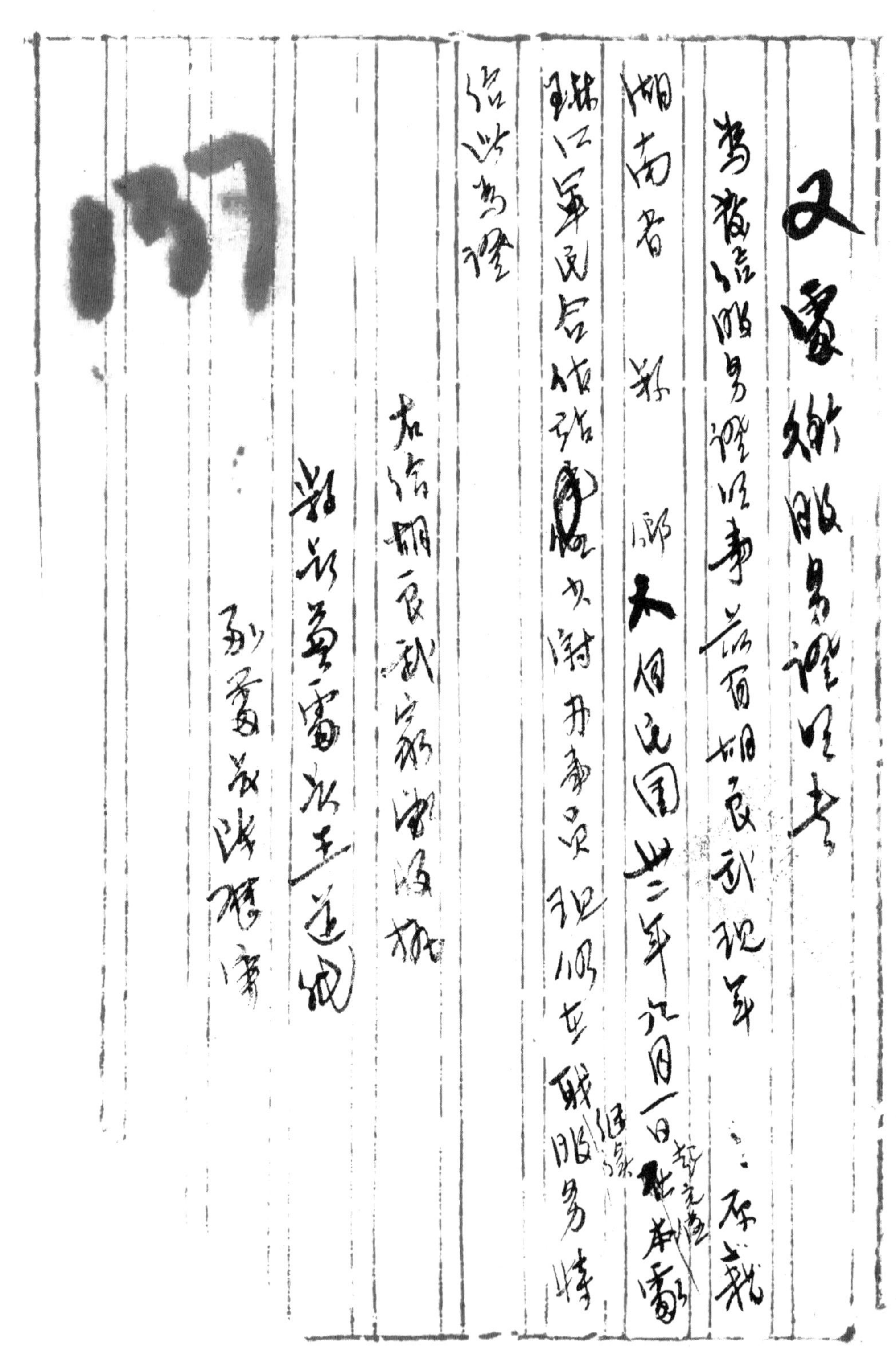

第三战区福建省福鼎县军民合作站指导分处关于胡良武为琳江站少尉办事员的服务证明书

（1944 年 4 月 3 日）　G137-001-0007

報告　卅三年五月廿三日

查本站辦事員劉正武代領到五月份勤務兵食米擅行賣去屢經催追僅發壹佰伍拾元餘數追令不肯發還復于本月廿日未經請假擅行他往久不返站爲此理合報請

察核准予追勤務兵食米并予相當處分以資儆戒

謹呈

兼處長王

副處長陳

金陽站長張之棟

擬將該辦事員劉正武撤職并着該站長
並責令追回劉辦事員所用軍米　五　廿五

如擬

福鼎县金阳军民合作站关于本站办事员刘正武擅卖勤务兵食米并擅行他往久不返站的报告

（1944 年 5 月 23 日）　G133-003-0122

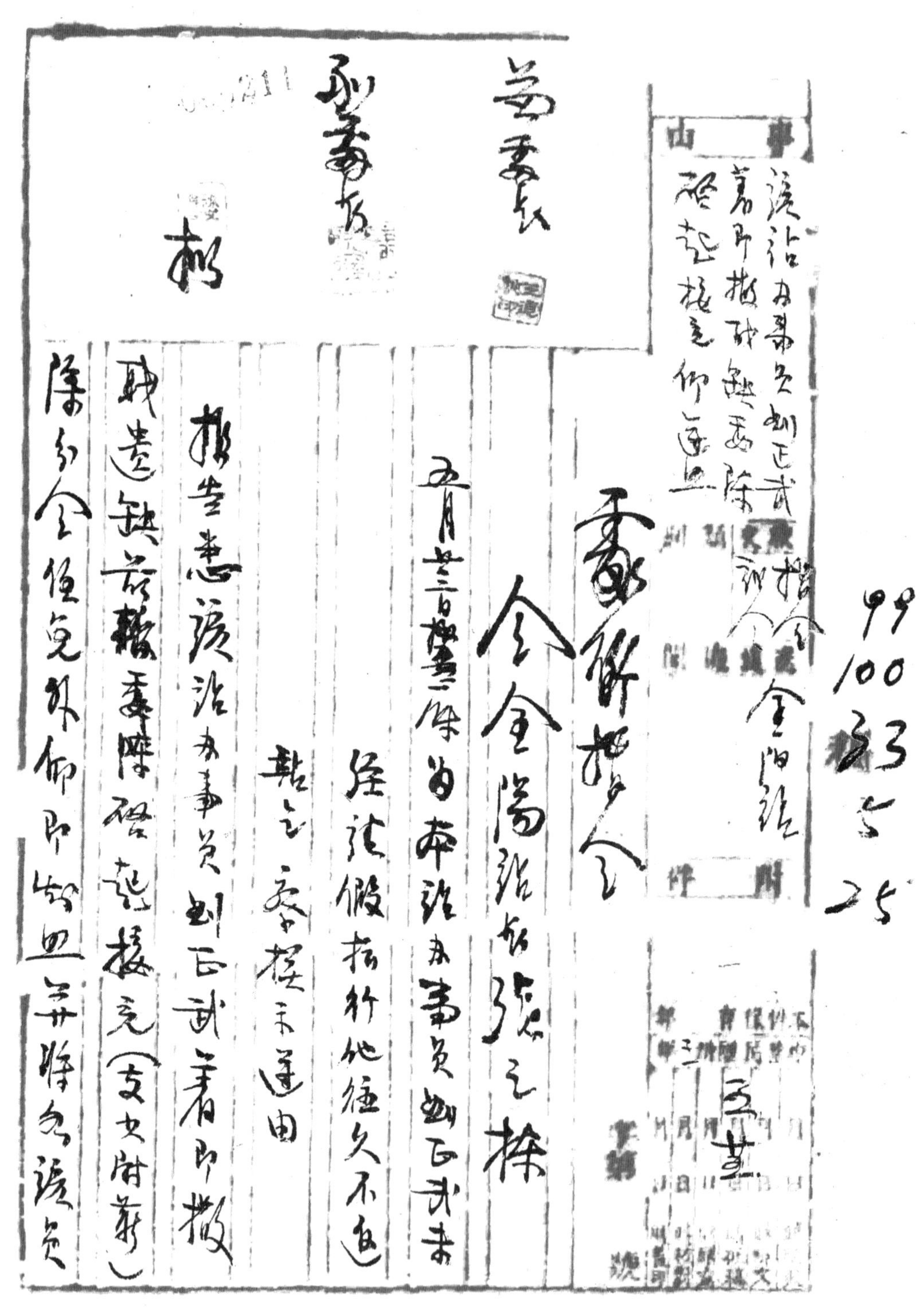

事由：该站办事员刘正武着即撤职，所缺委陈启起接充，仰遵照

指令 全阳站

令全阳站站长张之栋

五月廿三日报告一件为本站办事员刘正武未经请假擅行他往久不返，请示核示遵由

报告悉。该站办事员刘正武着即撤职，所遗缺委陈启起接充（支六薪），除分令该员外，仰即遵照，并将该员

第三战区福建省福鼎县军民合作站指导分处关于该站办事员刘正武着即撤职，所缺委陈启起接充的指令（1944 年 5 月 25 日） G133-003-0122

查刘前日所报覆核备一再该刘办事员以
假用站务名义采购以及有向人借用款物侵
由该站长负责追回清还归垫等并报
核为要 此令

萧站长王○○
副站长陈○○

又训令
令全伯站办事员刘正武
据报该员时常未经请假擅行他往
久不返站此情殊属不合亟着即撤职除

第三战区福建省福鼎县军民合作站指导分处关于该站办事员刘正武着即撤职，所缺委陈启起接充的指令(1944年5月25日)a面 G133-003-0122

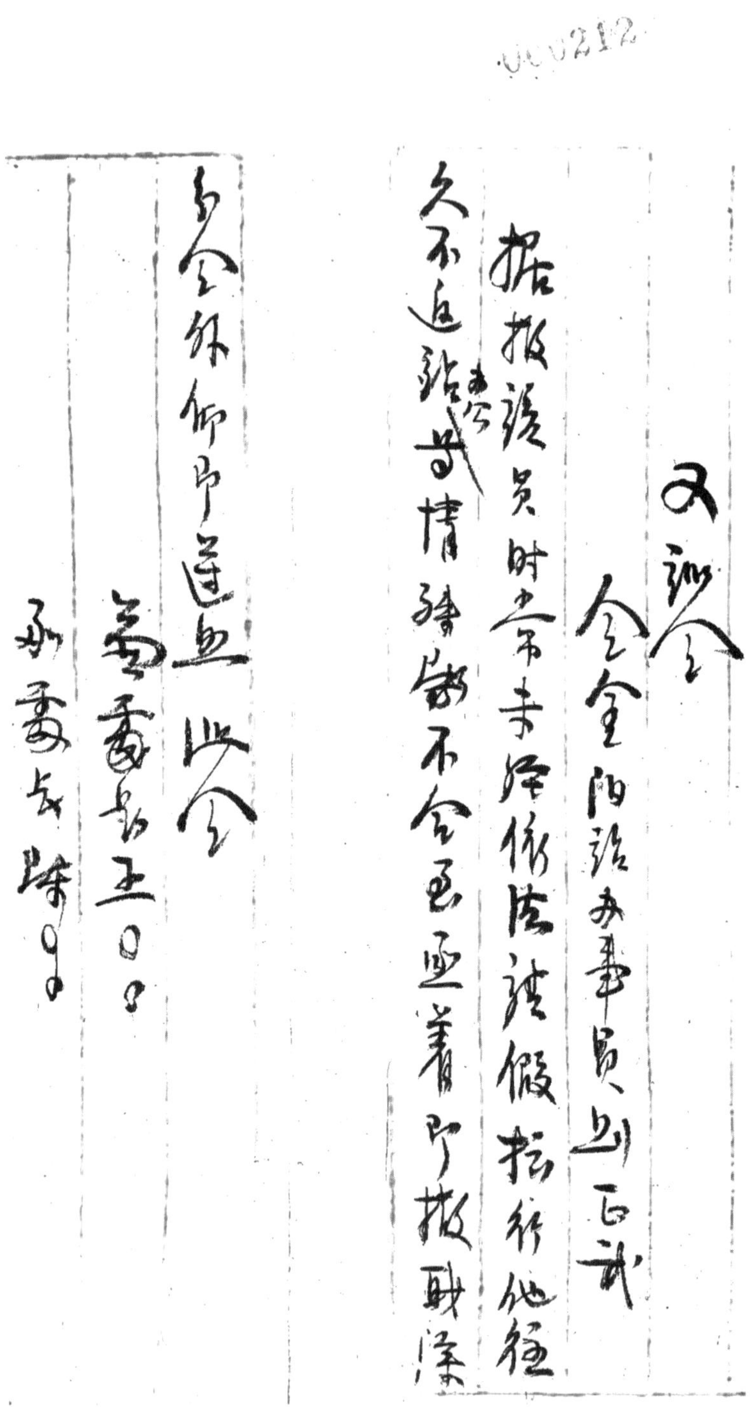

又训令

令金阳站办事员刘正武

据报该员时常未经依法请假擅行他往，久不返站，站务情殊属不合，合亟着即撤职，除分令外，仰即遵照。此令。

处长王○○

副处长陈○○

第三战区福建省福鼎县军民合作站指导分处关于金阳军民合作站办事员刘正武着即撤职的训令
(1944年5月25日)b面　G133-003-0122

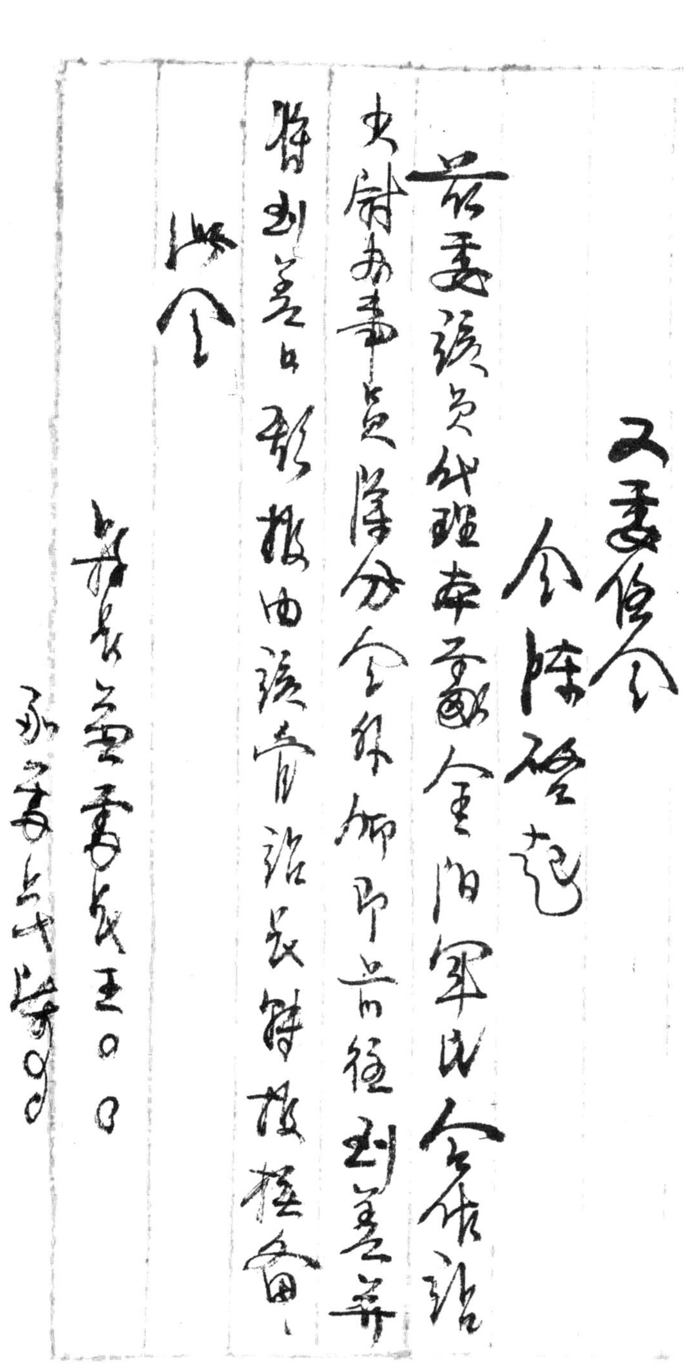
又委任令

令陈启起

兹委该员代理本处金阳军民合作站

办事员，除分令外，仰即前往到差具

将到差日期报由该管站长转报核备。

此令

分处长 王〇〇

第三战区福建省福鼎县军民合作站指导分处关于陈启起任金阳军民合作站代理办事员的委任令

(1944年5月25日)c面　G133-003-0122

處訓令 總字第 號

令本處幹事陳應明、康瑞換

據該員呈請長假，應予照准，此令。

又訓令

令金陽軍民合作站站長張之棟

據該員呈以因病不堪服務，請長假等情，

應予照准，仰即將經管印信、文卷、

物品、器具、經費、食米等件分別造冊移交

第三战区福建省福鼎县军民合作站指导分处关于本处干事陈应明、康瑞换呈请长假应予照准的训令；
第三战区福建省福鼎县军民合作站指导分处关于准予金阳军民合作站站长张之栋因病请长假，
令安阳军民合作站站长庄滋椿接收会报的训令(1944 年 6 月 9 日) G133-003-0122

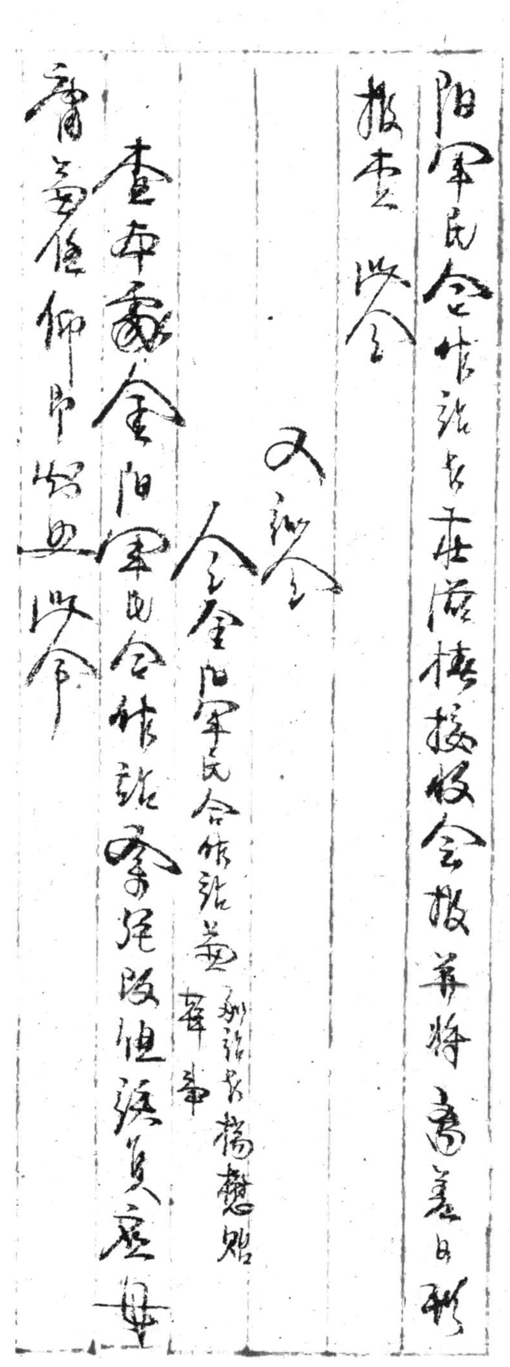

第三战区福建省福鼎县军民合作站指导分处关于准予金阳军民合作站站长张之栋因病请长假令安阳军民合作站站长庄滋椿接收会报的训令；第三战区福建省福鼎县军民合作站指导分处关于金阳军民合作站业经改组杨懋贻毋庸兼任副站长的训令(1944年6月9日)a面　G133-003-0122

又训令

城区军民合作站员施榕生
琳江军民合作站站长张之本
城区军民合作站副站长曹世清
服务员王克敌
琳江军民合作站服务员胡良武

查该员等另有任用，应予免职，仰即并将经管印信文卷物品经费会同来员分别造册移交新任站长接收，仰将交接情形具报查考。

此令

第三战区福建省福鼎县军民合作站指导分处关于因另有任用城区军民合作站施榕生、曹世清、王克敌与琳江军民合作站张之本、胡良武等五人免职的训令(1944年6月9日)b面 G133-003-0122

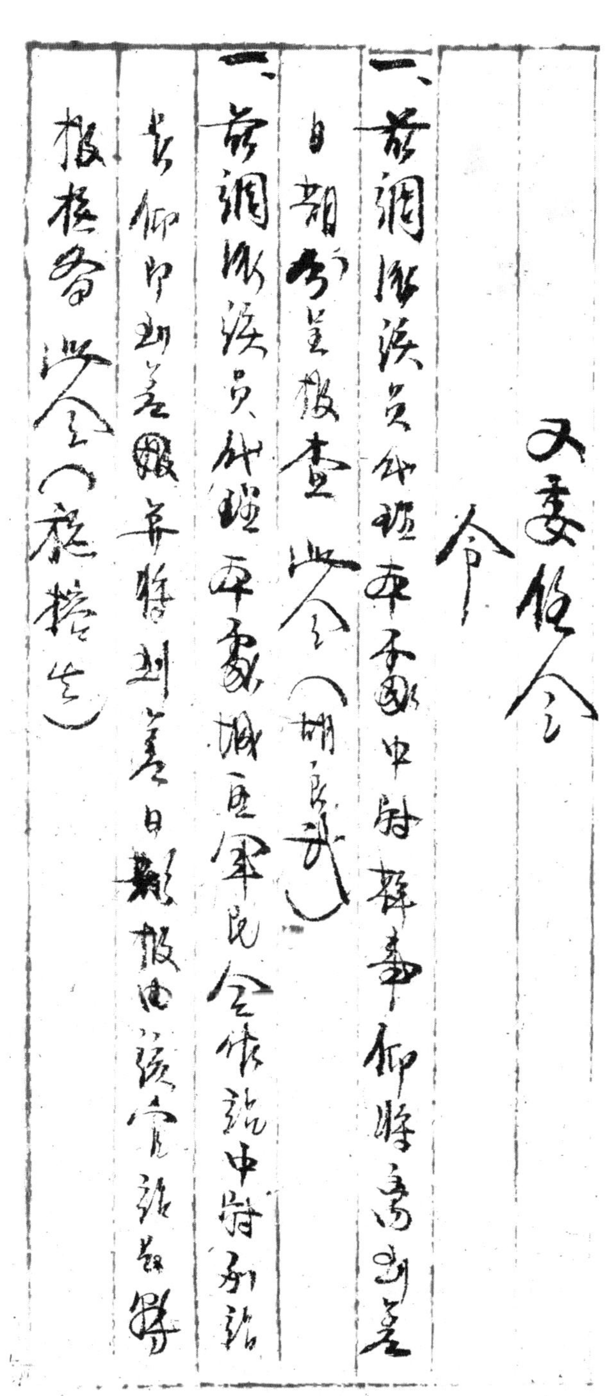
又委任令

令

一、兹调派该员代理本分处中尉干事，仰将到差日期呈报查核。此令（胡良武）

一、兹调派该员代理本县城区军民合作站中尉分站长，仰即剋日到差，并将到差日期报由该分站核转报核备。此令（施榕生）

第三战区福建省福鼎县军民合作站指导分处关于胡良武、施榕生的委任令

(1944年6月9日)c面　G133-003-0122

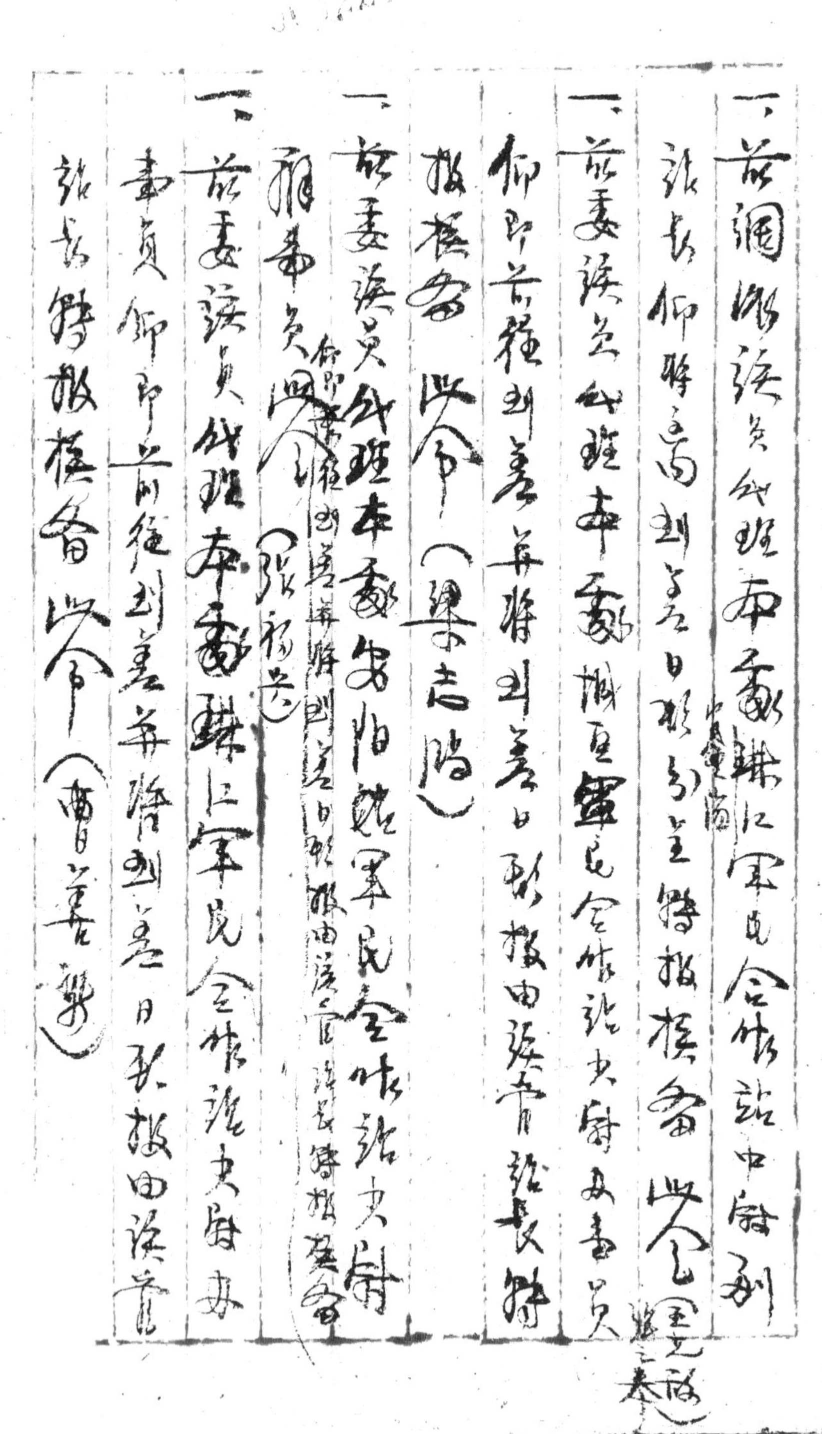

第三战区福建省福鼎县军民合作站指导分处关于王克敌、张之本、梁志鸿、张福兴、曹善新的委任令

(1944年6月9日)a面 G133-003-0122

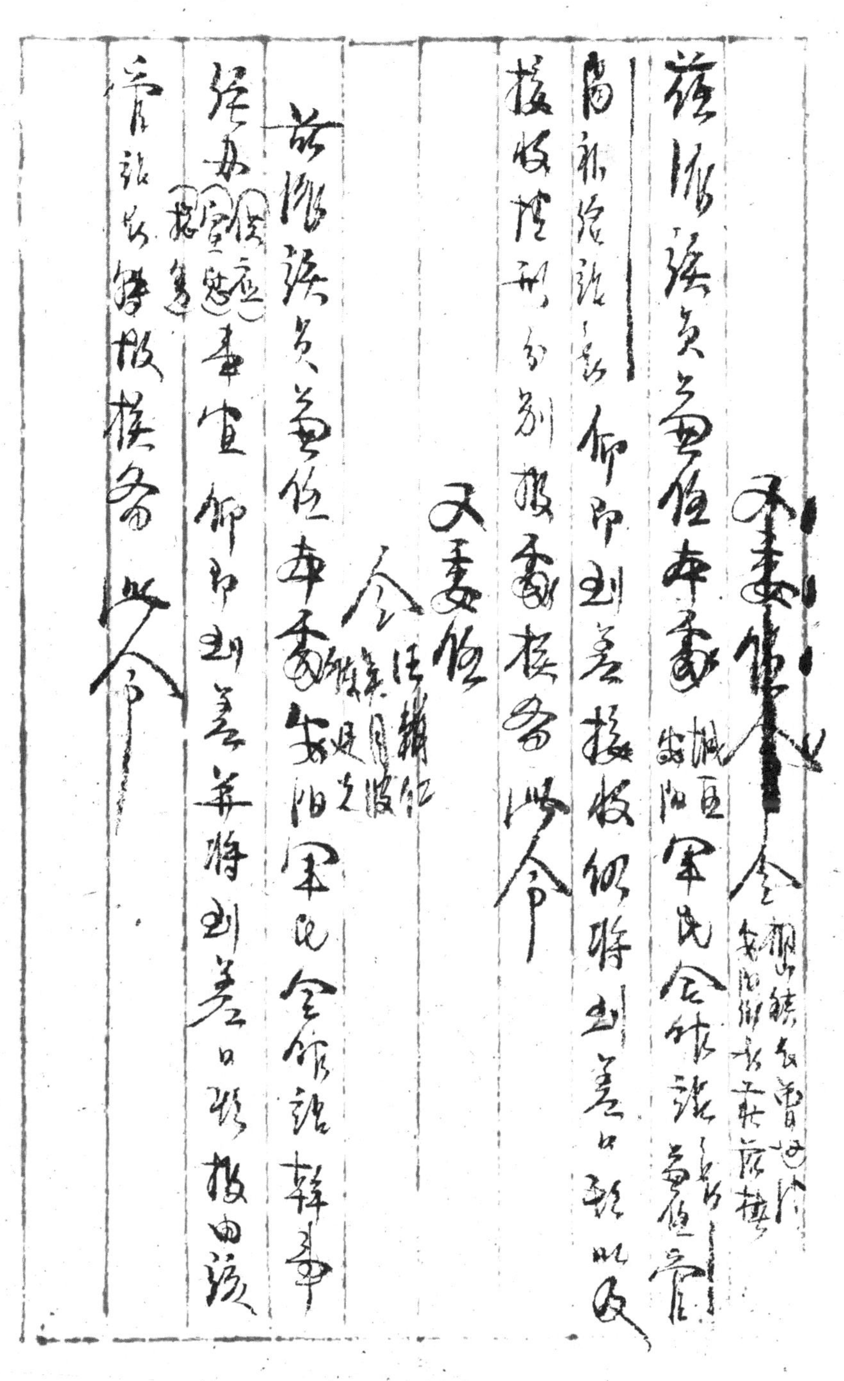

第三战区福建省福鼎县军民合作站指导分处关于本分处所属桐山、城区、安阳军民合作站官佐的委任令

(1944年6月9日)b面 G133-003-0122

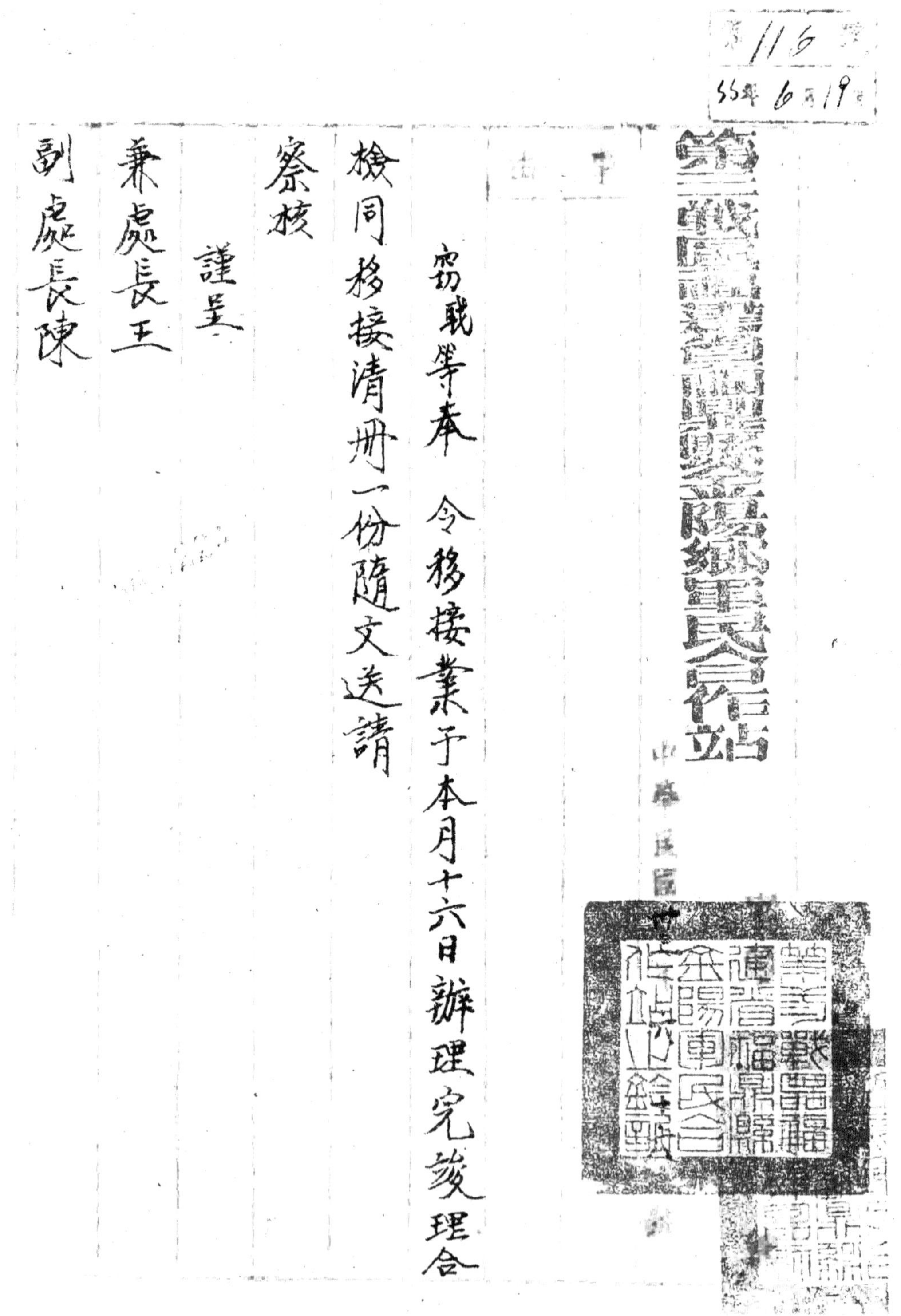

第116號
33年6月19日

第三戰區福建省福鼎縣金陽鄉軍民合作站

竊職等奉 令移接業于本月十六日辦理完竣，理合檢同移接清冊一份隨文送請
察核。
謹呈
兼處長王
副處長陳

第三战区福建省福鼎县金阳乡军民合作站关于卸任金阳站长张之栋与现任安阳站长庄滋椿奉令移接办理完竣的呈文(1944 年 6 月 16 日)　G133-003-0122

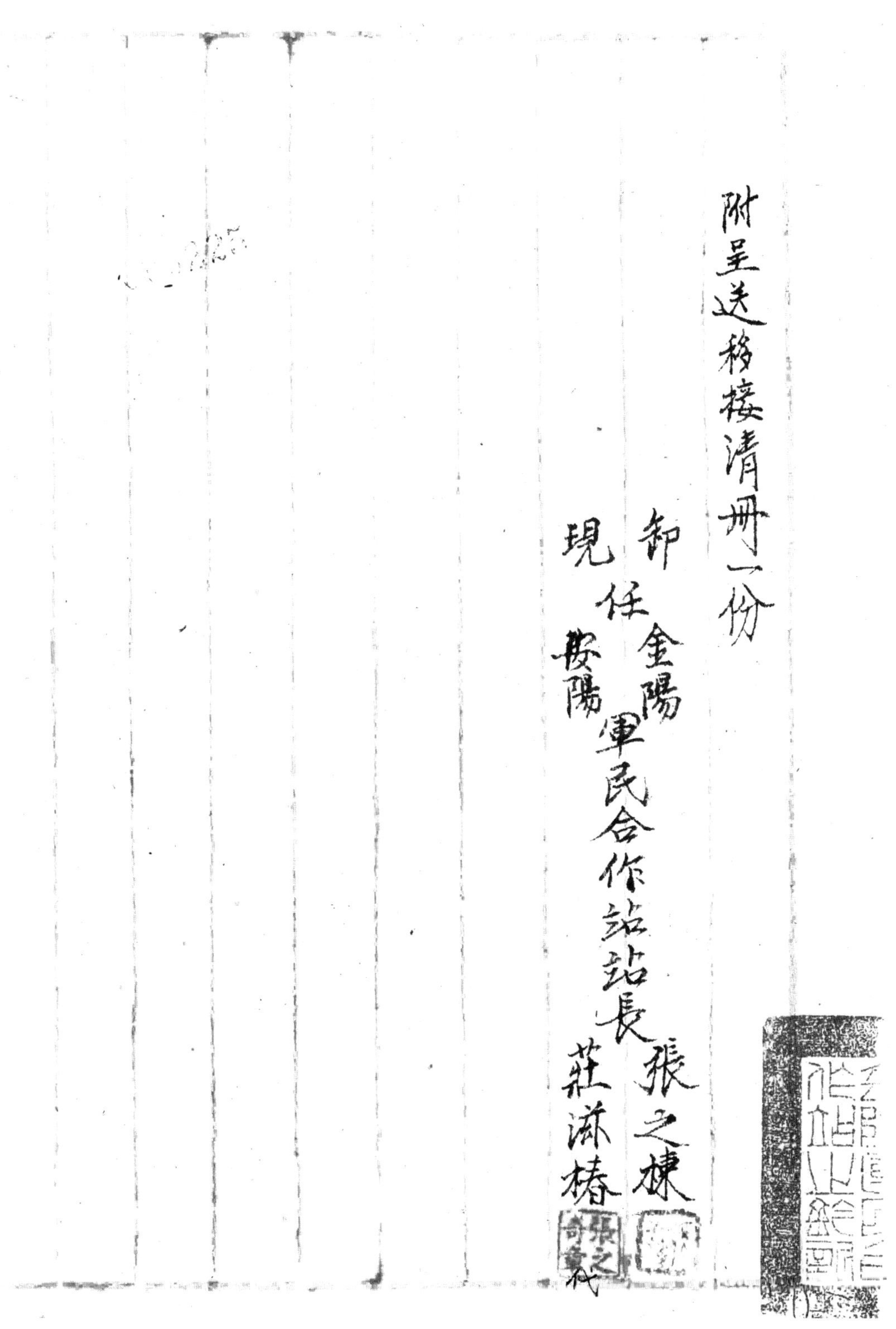
附呈送移接清册一份
卸任金陽軍民合作站站長張之棟
現任安陽軍民合作站站長莊滋椿

第三战区福建省福鼎县金阳乡军民合作站关于卸任金阳站长张之栋与现任安阳站长庄滋椿奉令移接办理完竣的呈文(1944年6月16日) G133-003-0122

案奉

鈞處委令職等為安陽鄉軍民合作站兼站長副站長等職職等遂于本月十日率同職員到站接收開始辦公除職員履歷表另文呈送外理合將到差日期報請

察核備查

謹呈

兼處長王

副處長陳

安陽鄉軍民合作站兼站長莊滋椿

副站長張之奇

第三战区福建省福鼎县安阳乡军民合作站关于站长庄滋椿、副站长张之奇到差日期的呈文

（1944年6月16日）　G133-003-0122

116
33.6.19

案奉

鈞處委令　職等為安陽鄉軍民合作站少尉辦事員等職　職遵於本月十日到差

接收除職員履歷表另文呈送外理合將到差日期報請

鑒核備查

謹呈

兼處長王

副處長陳

安陽鄉軍民合作站兼站長莊滋椿

辦事員張福興

第三战区福建省福鼎县安阳乡军民合作站关于少尉办事员张福兴奉委到差并报日期的呈文

（1944 年 6 月 16 日） G133-003-0122

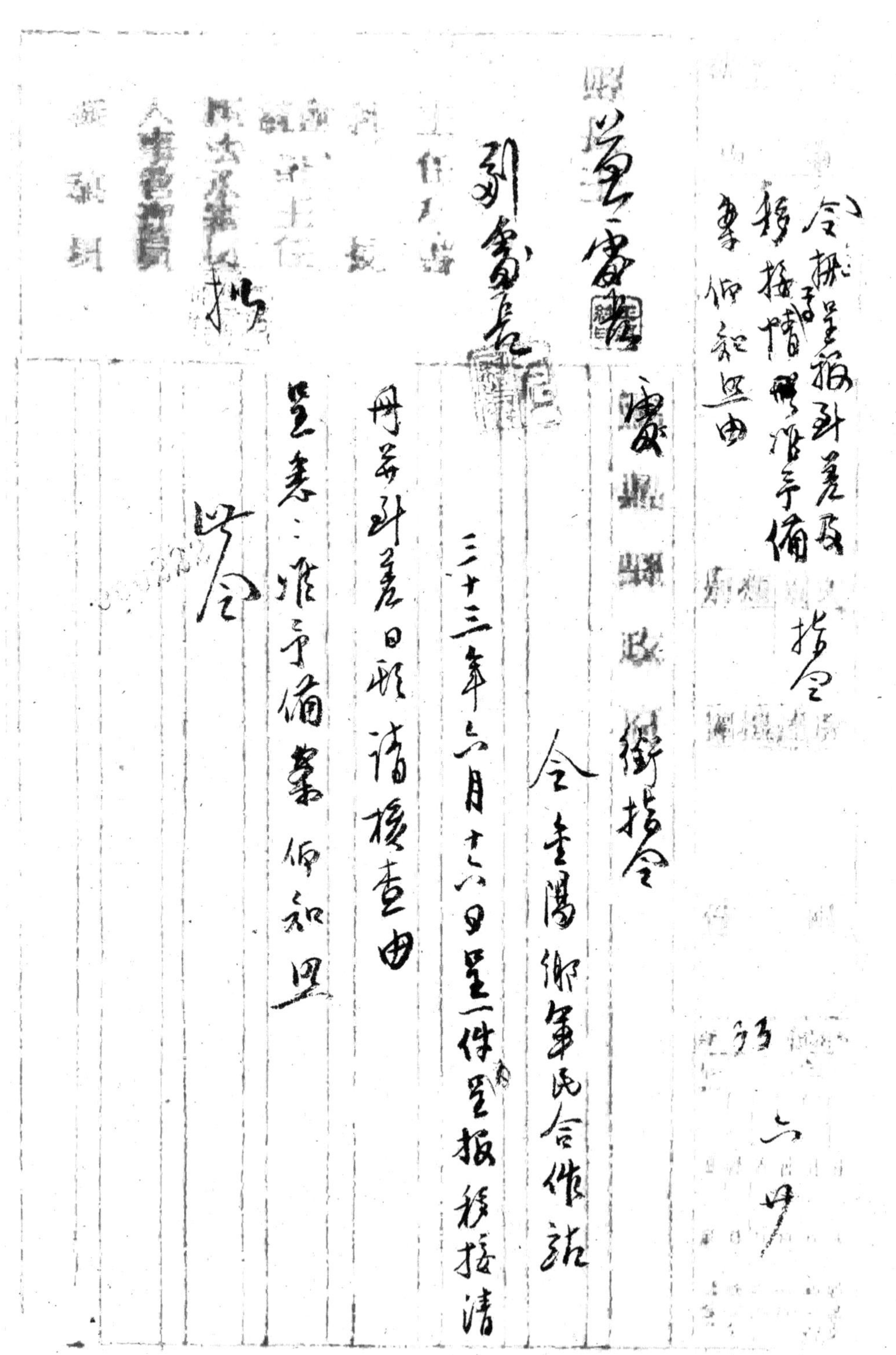

令据呈报到差及移接情形准予备案仰知照由

署长 刘

令安阳乡军民合作站

三十三年六月十六日呈一件呈报移接清册暨到差日期请核查由

呈悉。准予备案。仰知照。此令

第三战区福建省军民合作站指导处关于安阳乡军民合作站呈报到差及移接等情形准予备查的指令

（1944 年 6 月 20 日） G133-003-0122

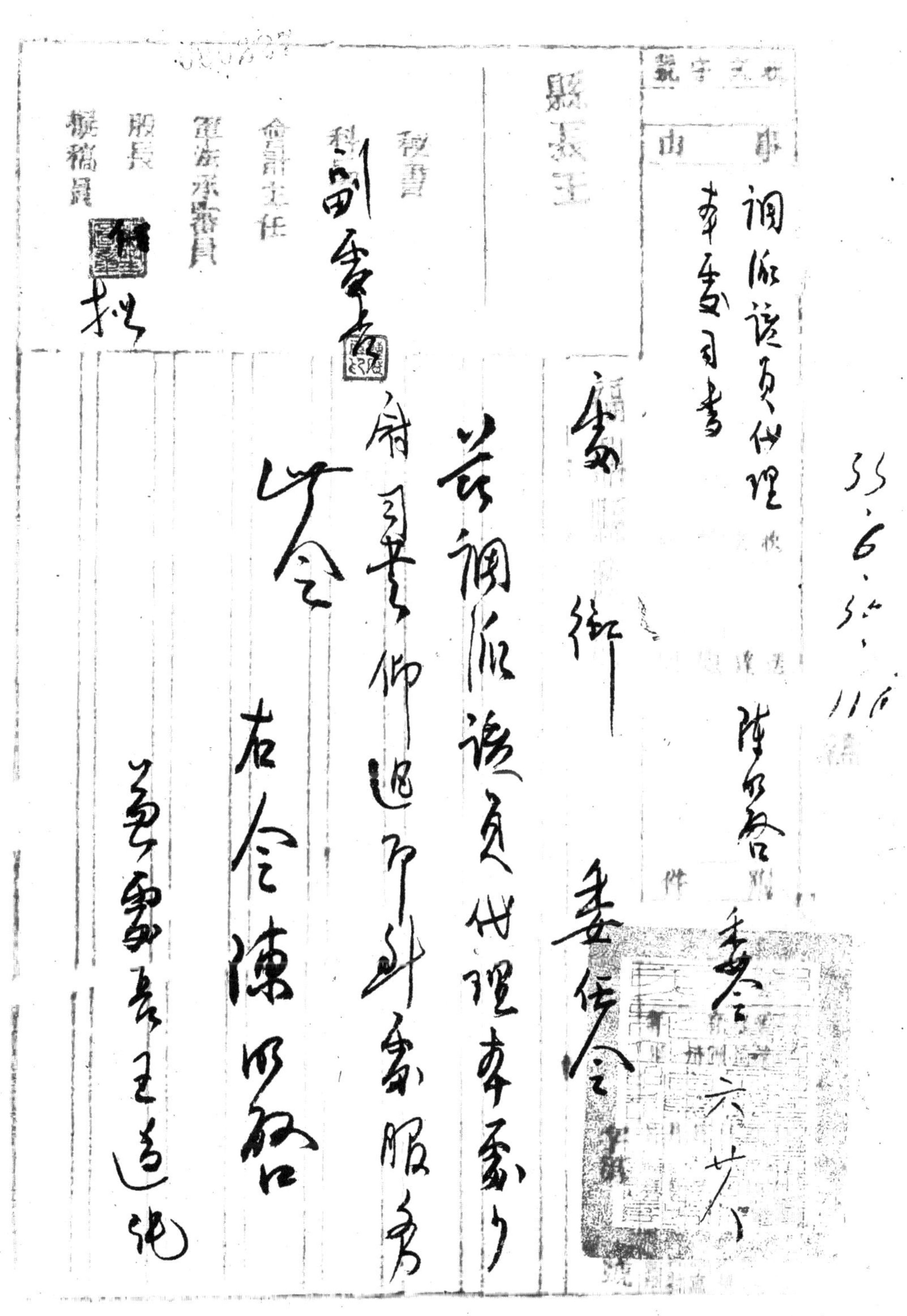

第三战区福建省福鼎县军民合作站指导分处关于调派陈明启代理本分处少尉司书的委任令

（1944 年 6 月 28 日） G133-003-0122

姓名 陳明起

性别 男

年龄 三十二岁

籍贯 浙江浦江縣

出身 陸軍九二師軍官畢業廿六年
机槍訓班畢

經歷 曾充五五團三營机槍連少連附

備考 民國廿年六月在江西入党
党証字第〇七六七八号

陈明起简历表(1944 年 6 月 28 日) G133-003-0122

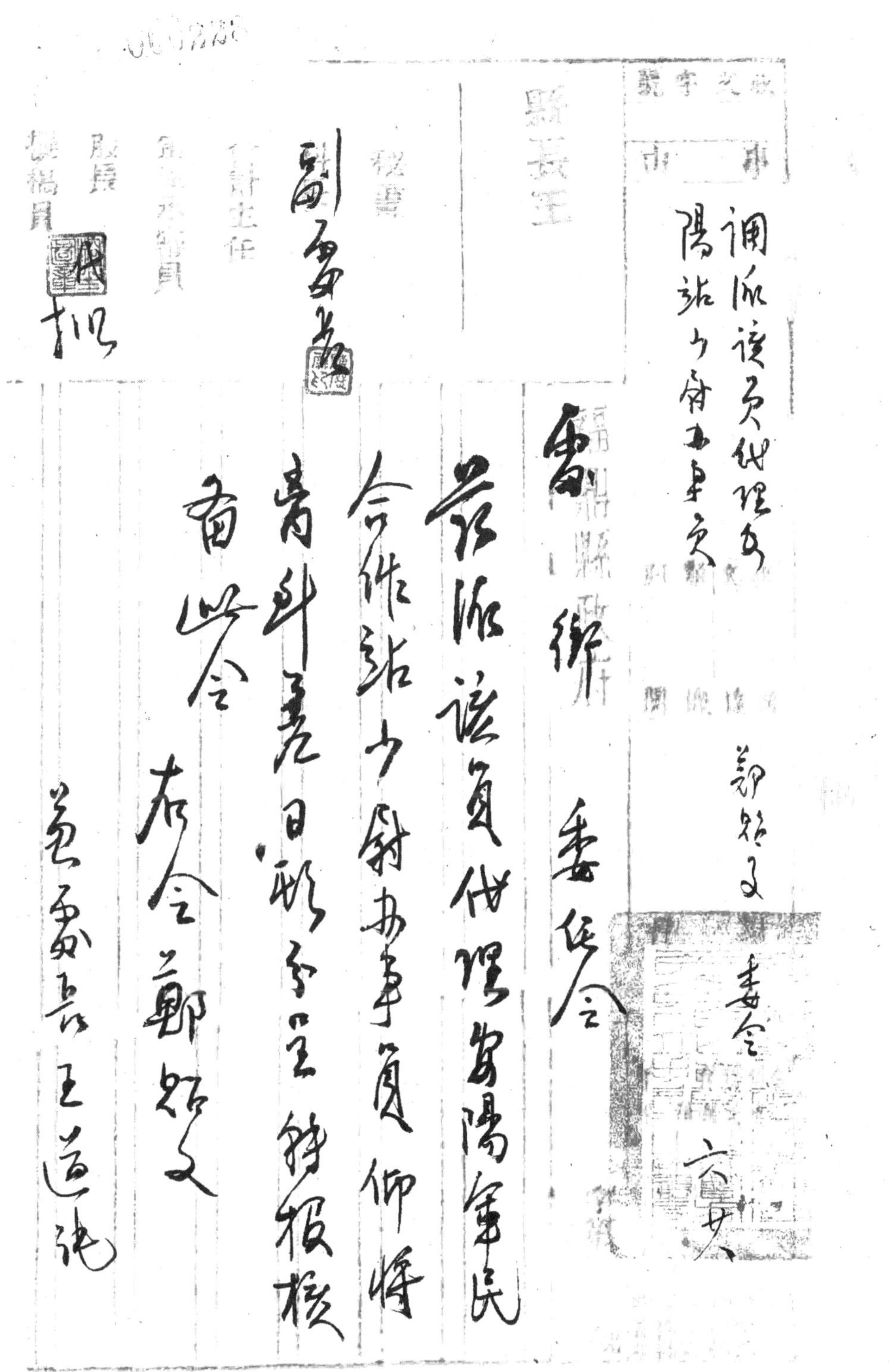
委任令

兹派该员代理安阳军民合作站少尉办事员，仰将其到差日期呈报核备。

此令

右令郑贻文

王道纯

第三战区福建省福鼎县军民合作站指导分处关于调派郑贻文代理安阳站少尉办事员的委任令

（1944年6月28日） G133-003-0122

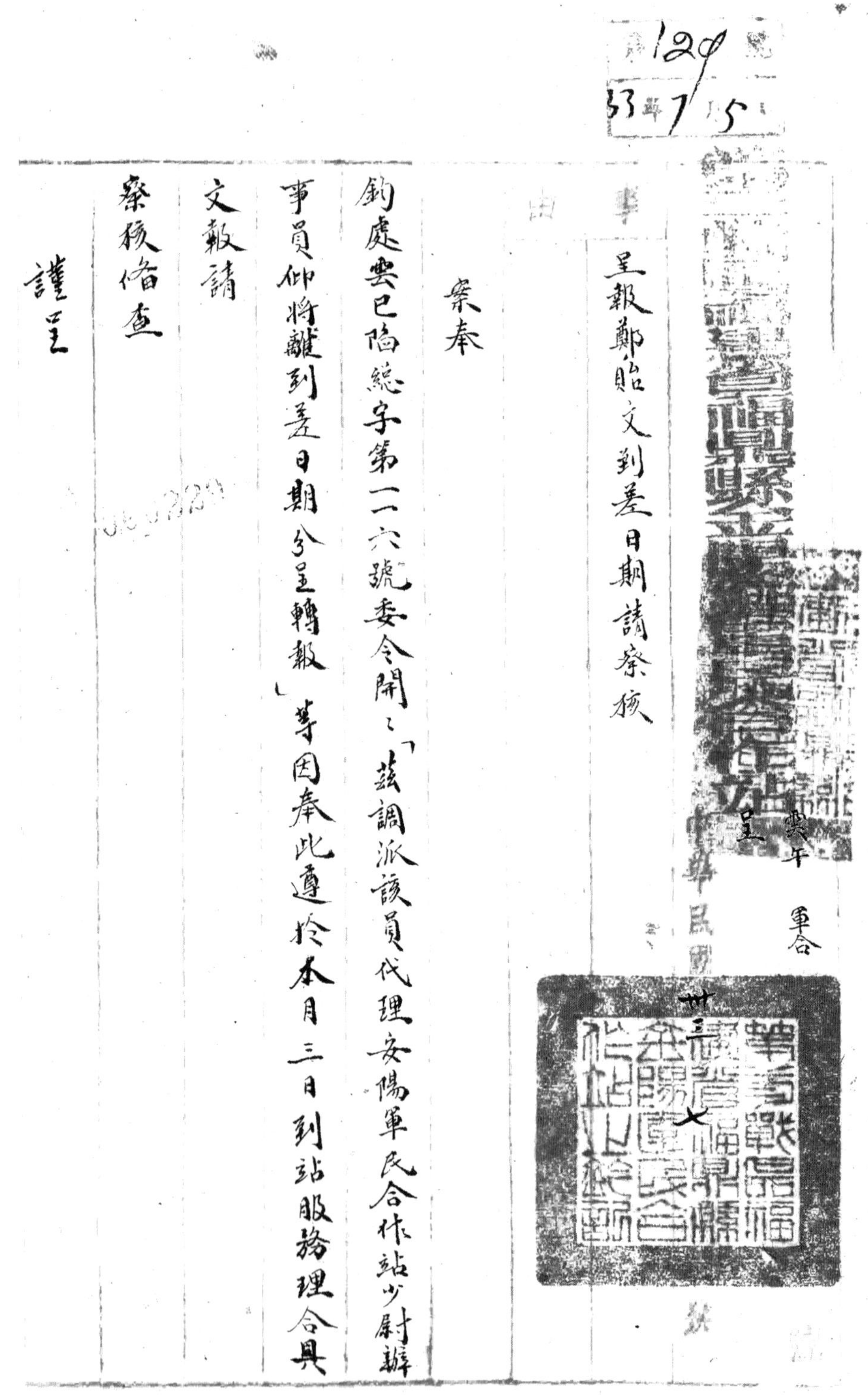

事由：呈報鄭貽文到差日期請察核

案奉
鈞處要巳陷總字第一一六號委令開：「茲調派該員代理安陽軍民合作站少尉辦事員仰將離到差日期分呈轉報」等因奉此遵於本月三日到站服務理合具文報請
察核備查
謹呈

第三战区福建省福鼎县安阳乡军民合作站关于郑贻文到差日期的呈文
（1944 年 7 月 3 日）　G133-003-0122

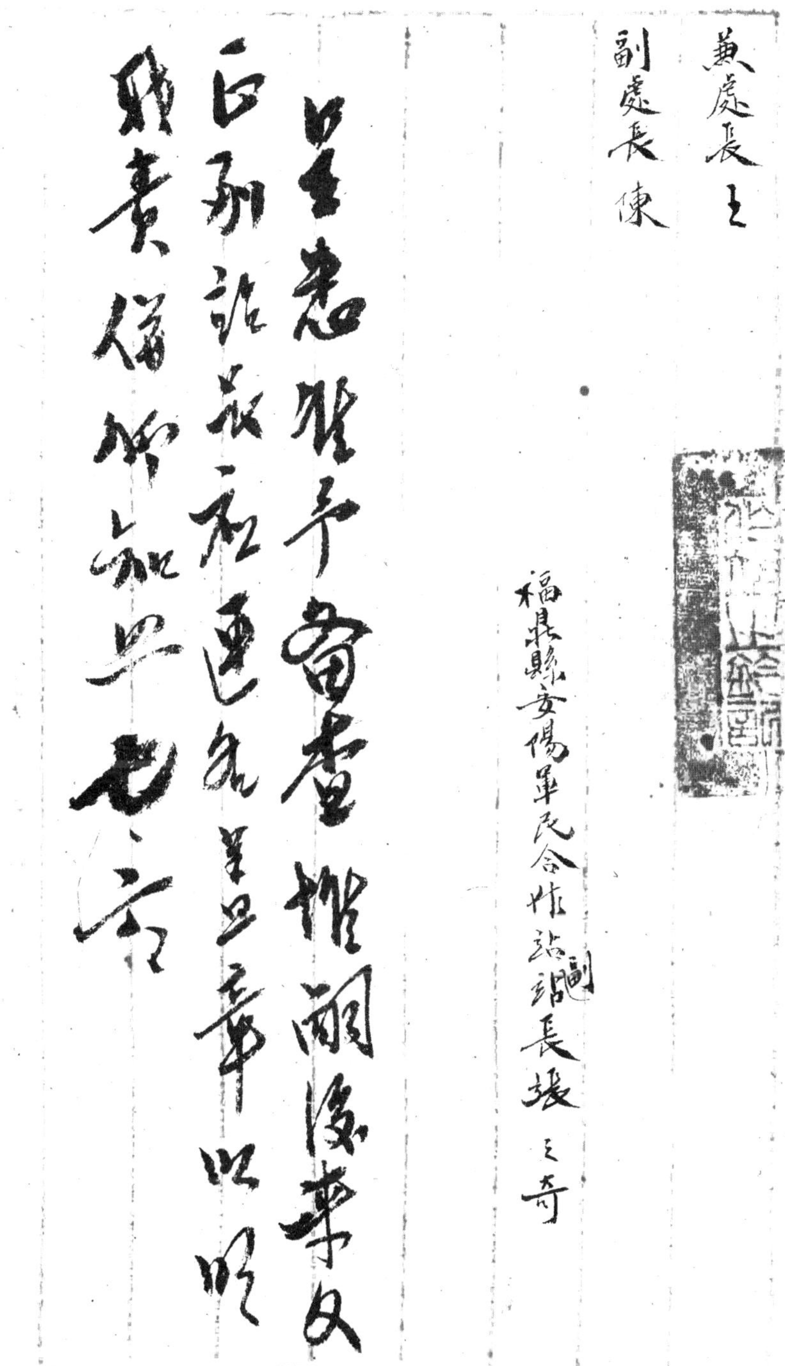

兼處長王
副處長陳

呈悉。職于當查據鄭貽文已到站報到，應即呈報，以明職責。備仰知照。此令

福鼎縣安陽軍民合作站副站長張之奇

第三战区福建省福鼎县安阳乡军民合作站关于郑贻文到差日期的呈文

（1944 年 7 月 3 日） G133-003-0122

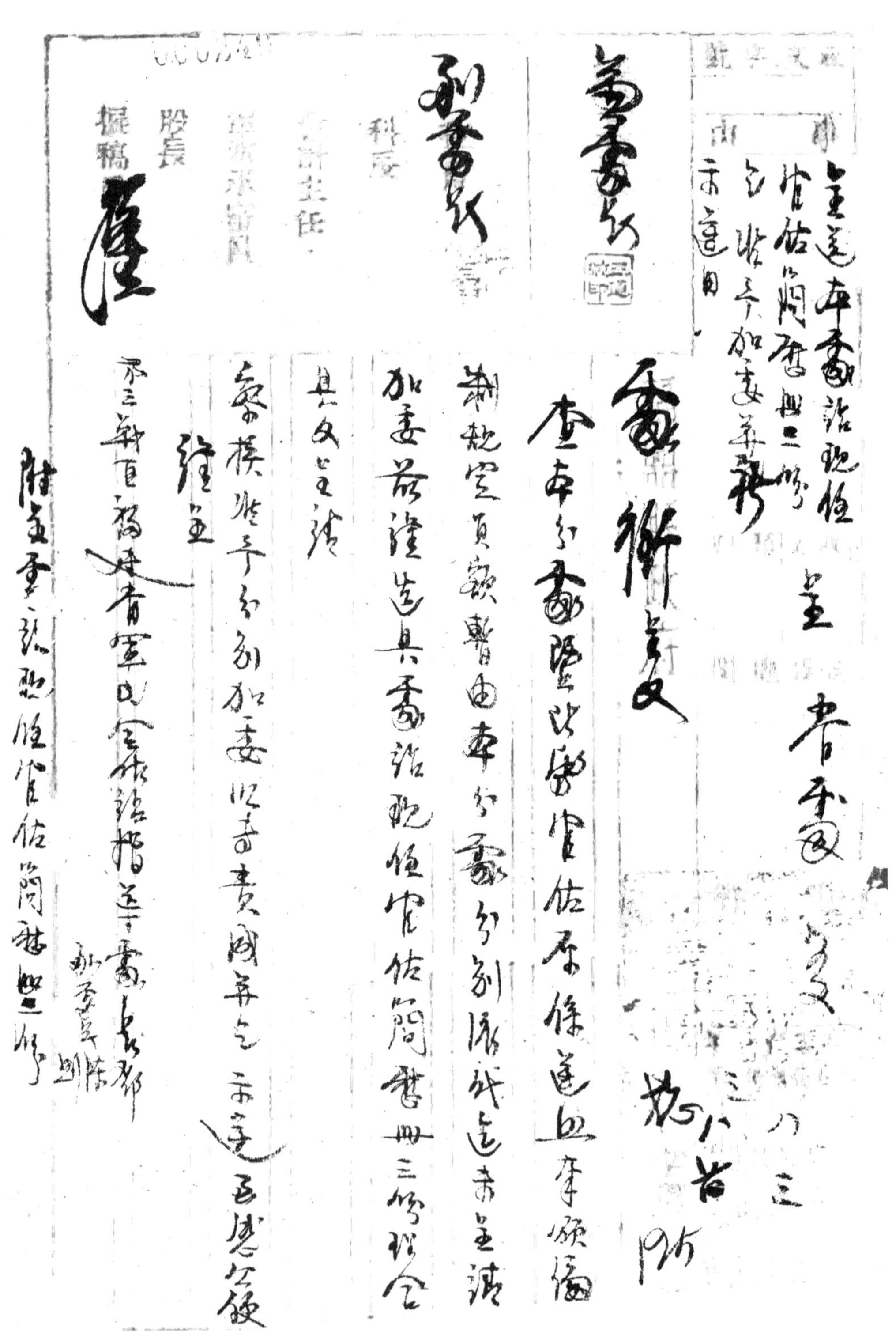

第三战区福建省福鼎县军民合作站指导分处关于报送本处站现任官佐简历册乞准加委示遵的呈文

（1944年8月24日） G133-003-0123

第三戰區福建省福鼎縣軍民合作站指導分處暨各站官佐簡歷名冊

縣別	處站別	成立年月	級職	姓名	別號	年齡	籍貫	出身	經歷	入黨年月	黨證字號	到差年月日	何人介紹	備攷
福鼎	指導分處	卅年十二月一日	兼中校分處長	王道純	徵一	四一	湖南益陽	湖南第一師範畢業 湖南講武堂畢業 中訓團黨政班畢業	曾任連營團長副師長政治部主任等職	十五年十月	軍特字04358號	卅二、六、		兼任
			中校副分處長	陳盛屏	康藩	四〇	湖南新化	湖南陸軍幹部學校第二期步科 十九集團軍將校第一期 第九戰區幹訓團校官班第三期	曾任排連營長中校副官事員等職	廿九年七月	軍特字07006號	卅二、七、一、	王道純	
			上尉幹事	孫文金	問今	二八	福建東山	福建暨南中學畢業	曾任校長少中上尉書記副官科員等職	卅一年九月九日	團証閩字04562號	卅二、一、	鄧宋海	
			中尉幹事	胡良武	覺静	二七	湖南澧州	七十軍幹訓班畢業	曾任排長分隊長辦事員等職			卅三、五、一、	陳盛屏	
				王鵬		二九	仝	七十軍幹訓班畢業	曾任少中尉排長等職			卅三、六、一、	王道純	
			少尉司書	李學年		二五	福建福鼎	霞浦中學肄業	曾任教員少尉辦事員等職			卅三、七、一、	姚旭	
	城區站	卅年一月一日	中尉站長	施榕生	樹人	三二	仝	中央陸軍軍官學校第二分校第十七期畢業	曾任附員排長連附等職		軍編字7[illegible]號	卅二、一、一、	施貽文	
			副站長	曾世清	潤谷	四八	仝	福建省政幹團第一巡訓班畢業	現任桐山鎮鎮長兼中心校校長等職			卅二、一、一、		兼任

附件:第三战区福建省福鼎县军民合作站指导分处及各站官佐简历名册

(1944 年 8 月)a 面 G133-003-0122

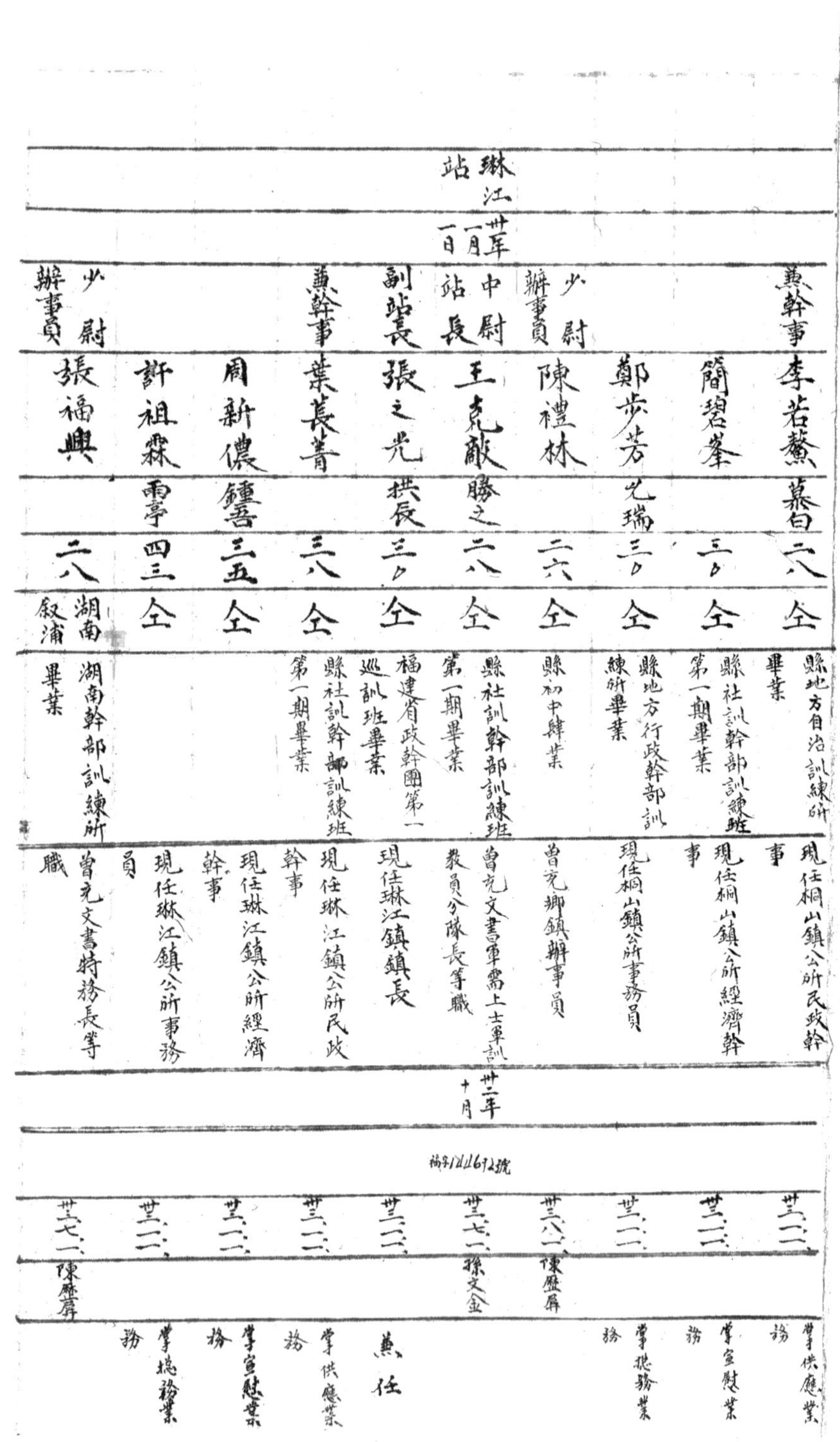

琳江站　卅三年一月一日

兼幹事			少尉辦事員	中尉站長	副站長	兼幹事			少尉辦事員
李若藜	簡碧峯	鄭步芳	陳禮林	王克敵	張之光	葉長菁	周新儂	許祖霖	張福興
慕白		允瑞		勝之	拱辰		鍾善	雨亭	
二八	三〇	三〇	二六	二八	三〇	三八	三五	四三	二八
仝	仝	仝	仝	仝	仝	仝	仝	仝	湖南叙浦
縣地方自治訓練所畢業	縣社訓幹部訓練班第一期畢業	縣地方行政幹部訓練所畢業	縣初中肄業	縣社訓幹部訓練班第一期畢業	福建省政幹團第一巡訓班畢業	縣社訓幹部訓練班第一期畢業			湖南幹部訓練所畢業
現任桐山鎮公所民政幹事	現任桐山鎮公所經濟幹事	現任桐山鎮公所事務員	曾充鄉鎮辦事員	曾充文書軍需上士軍訓教員分隊長等職	現任琳江鎮鎮長	現任琳江鎮公所民政幹事	現任琳江鎮公所經濟幹事	現任琳江鎮公所事務員	曾充文書特務長等職
				卅二年十月					
				福字1216?2號					
卅三、一、	卅三、一、	卅三、一、	卅三、八、一	卅三、七、一	卅三、一、	卅三、一、	卅三、一、	卅三、一、	卅三、七、一
			陳歷屏	孫文金					陳歷屏
掌供應業務	掌宣慰業務	掌總務業務			兼任	掌供應業務	掌宣慰業務	掌總務業務	

附件：第三战区福建省福鼎县军民合作站指导分处及各站官佐简历名册

（1944年8月）b面　G133-003-0122

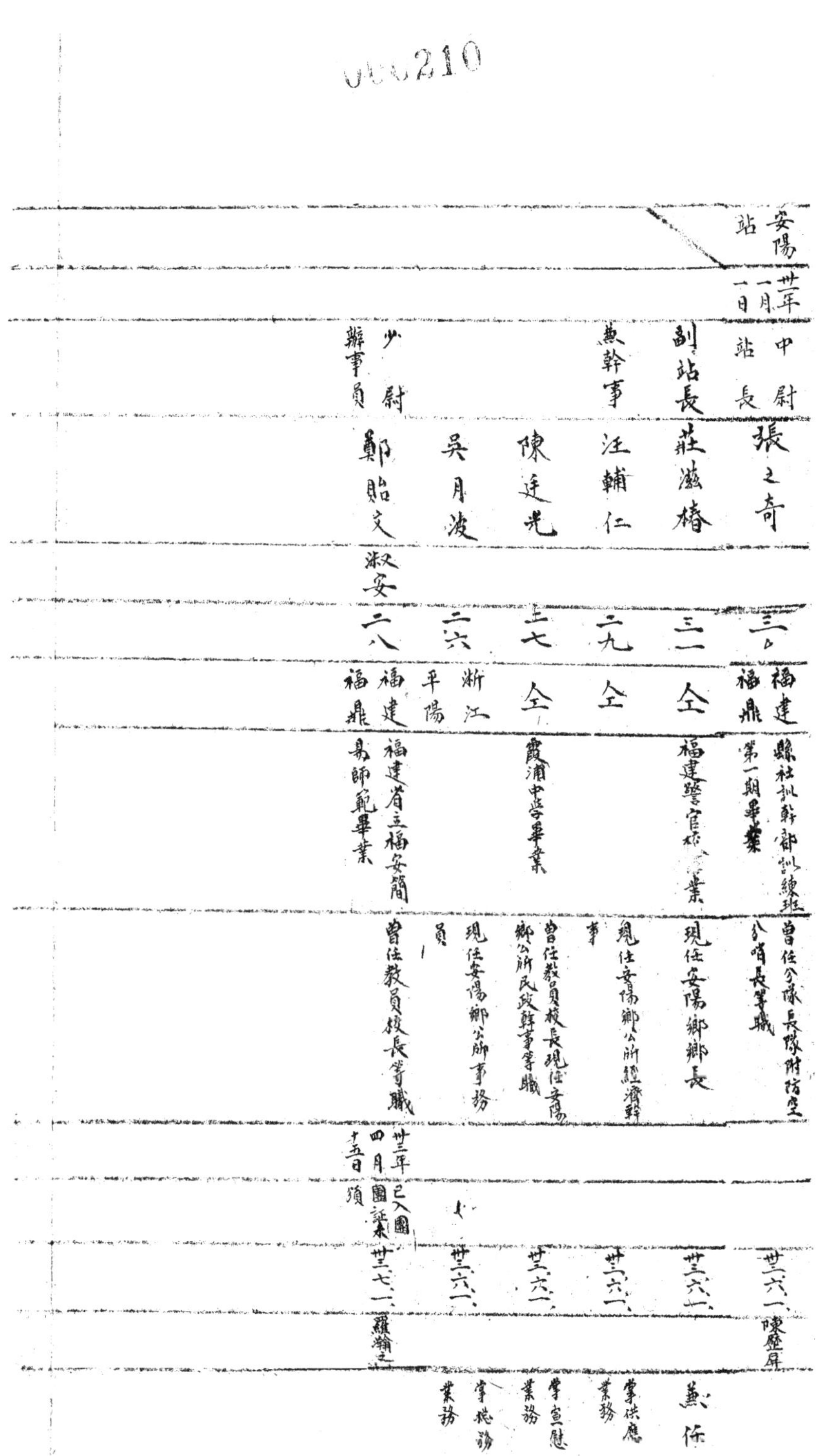

附件：第三战区福建省福鼎县军民合作站指导分处及各站官佐简历名册
（1944年8月） G133-003-0122

第165号
33年10月17日

第三戰區福建省軍民合作站指導處指令　第二四九一號

事由：据请加委各员指复知照由

中華民國卅三年九月廿二日

令福鼎縣軍民合作指導分處

卅三年八月日呈一件，为送官佐简历册，仰请加委由。

呈件均悉。仰将未委各员，另行造册补报，以凭核委，仰即知照！

此令。

處長

第三战区福建省军民合作站指导处关于福鼎县军民合作站指导分处呈请加委各员的指令

（1944年9月22日）　G133-003-0122

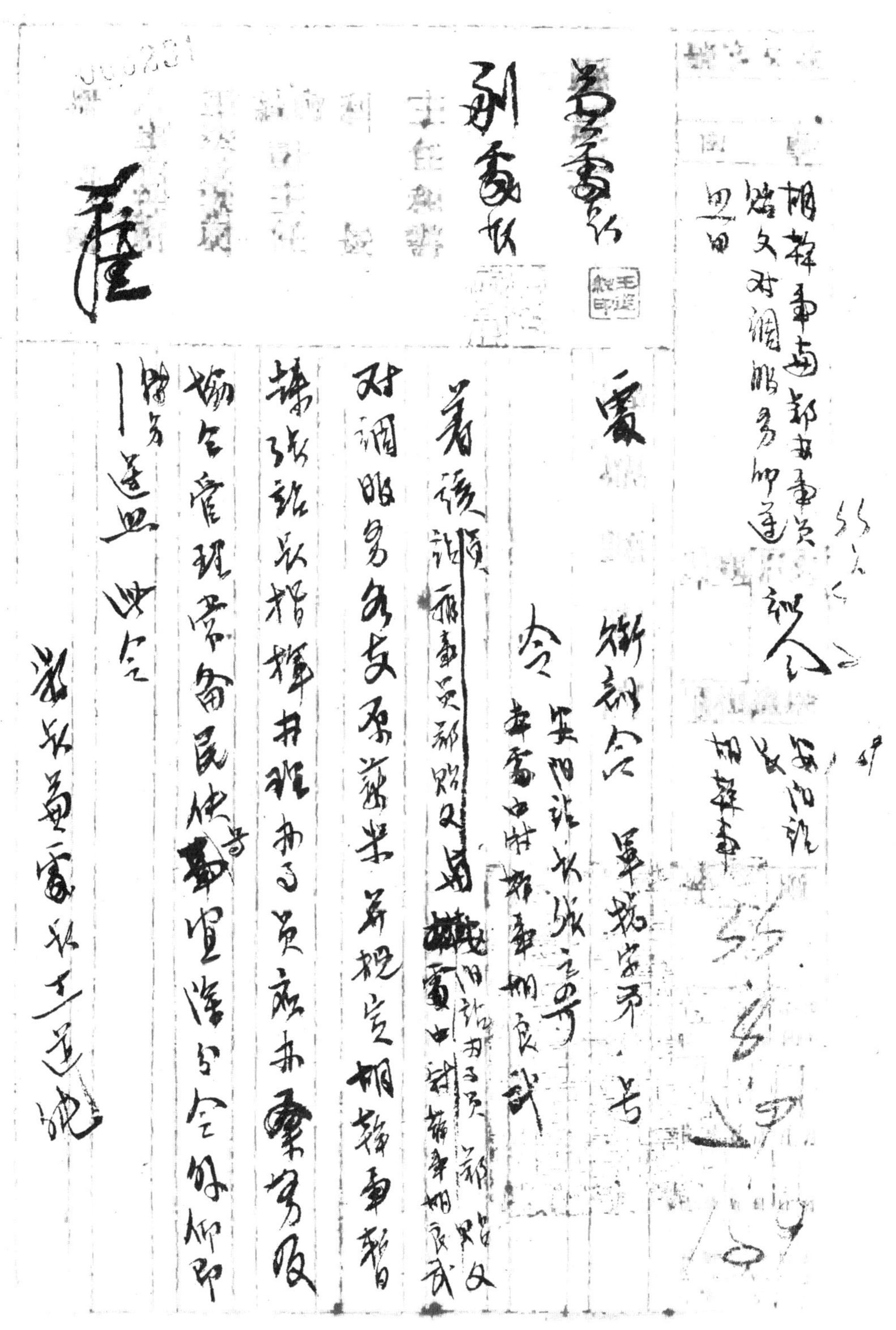

第三战区福建省福鼎县军民合作站指导分处关于本分处胡良武干事与安阳站郑贻文办事员对调服务的训令（1944 年 8 月 29 日）　G133-003-0122

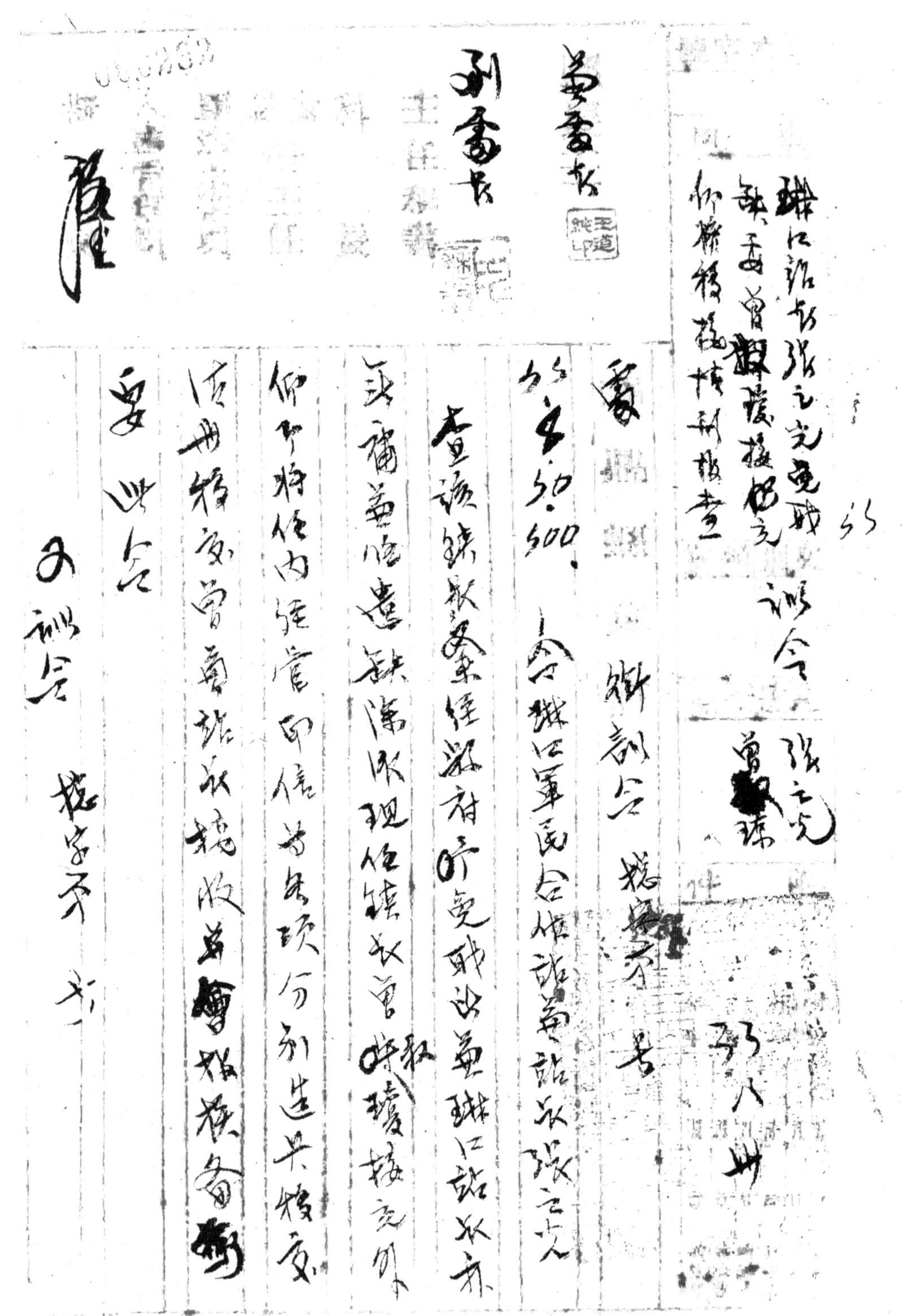

第三战区福建省福鼎县军民合作站指导分处关于琳江站长张之光免职遗缺委曾叔琼接充并将移接情形报查的训令(1944 年 8 月 30 日)　G133-003-0122

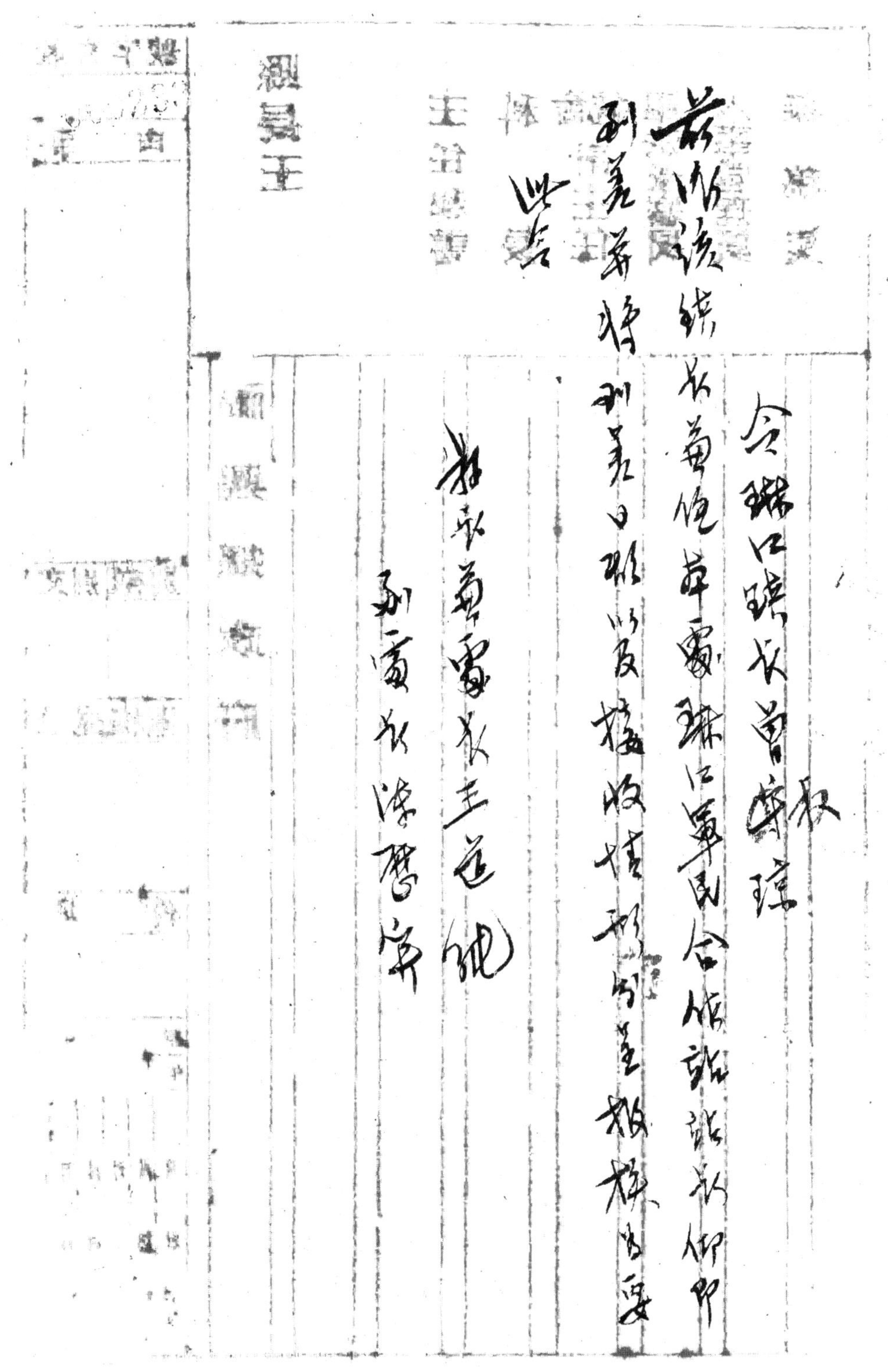

第三战区福建省福鼎县军民合作站指导分处关于琳江镇镇长曾叔琼兼任琳江镇军民合作站站长并将到差日期及接收情形报核的训令(1944年8月30日)　G133-003-0122

第153号
33年9月12日

福鼎县琳江镇公所　呈

雲申齊䄂字第三七二九八

中華民國卅三年九月八日

事由：呈報到差日期請　核備由

案奉

鈞處隆䄂字第300號訓令開：「茲派該鎮長兼任本處琳江軍民合作站站長仰即到差並將到差日期以及接收情形分呈報核為要此令。」等因；奉此，職遵於本月七日到差服務關於站內印信同時准卸任張兼站長移交清楚奉令前因理合報請

福鼎县琳江镇公所关于兼站长曾叔琼到差日期及移交情形的呈文

（1944年9月8日）　G133-003-0122

察核備查

謹呈

兼處長王

副處長陳

兼站長曾叔瓊

福鼎县琳江镇公所关于兼站长曾叔琼到差日期及移交情形的呈文

（1944 年 9 月 8 日） G133-003-0122

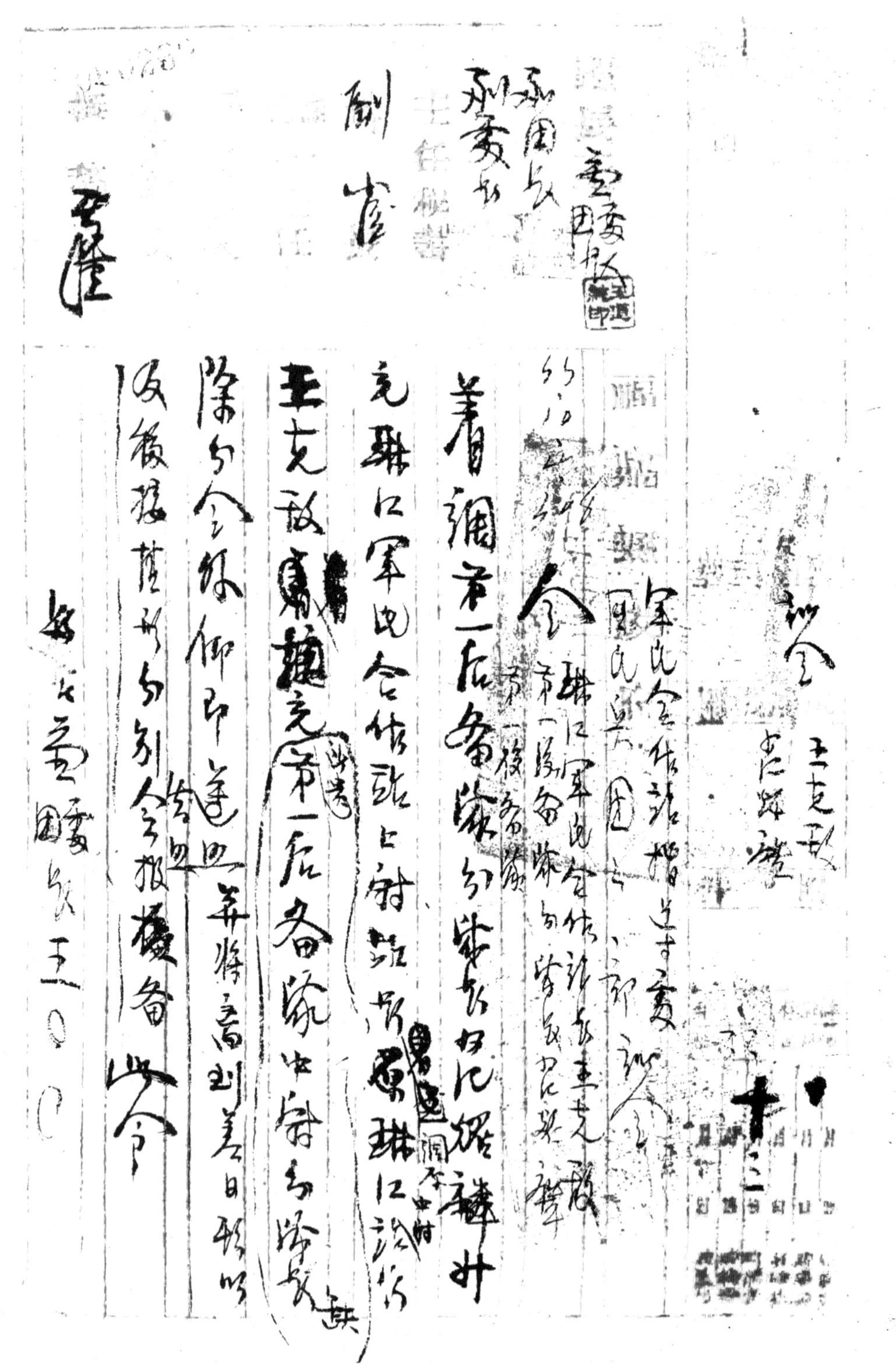

第三战区福建省福鼎县军民合作站指导分处关于琳江军民合作站站长王克敌与国民兵团第一后备队分队长范懼璘对调并将到差日期及移接情形报核的训令(1944 年 10 月 2 日)　G133-003-0122

第1176号
33年10月28日

签呈 卅三，十，三

竊職奉調第一後備隊服務候職任琳江站任內所經辦之手續
業已完妥未承范站長懼璘前來接收伏查范站長奉令下鄉政
而職將前任張站長之本移來鈐記一顆暫存職處（文卷等一切均無移交）
今卷范站長公畢返縣特將該鈐記轉移范站長經接無訛爲此
理合聯名報請
察核
謹呈
副處長陳

新任站長范懼璘
卸任站長王克敵

第三战区福建省福鼎县琳江军民合作站关于新任站长范懼璘与卸任站长王克敌移接情形的签呈

（1944年10月3日） G133-003-0122

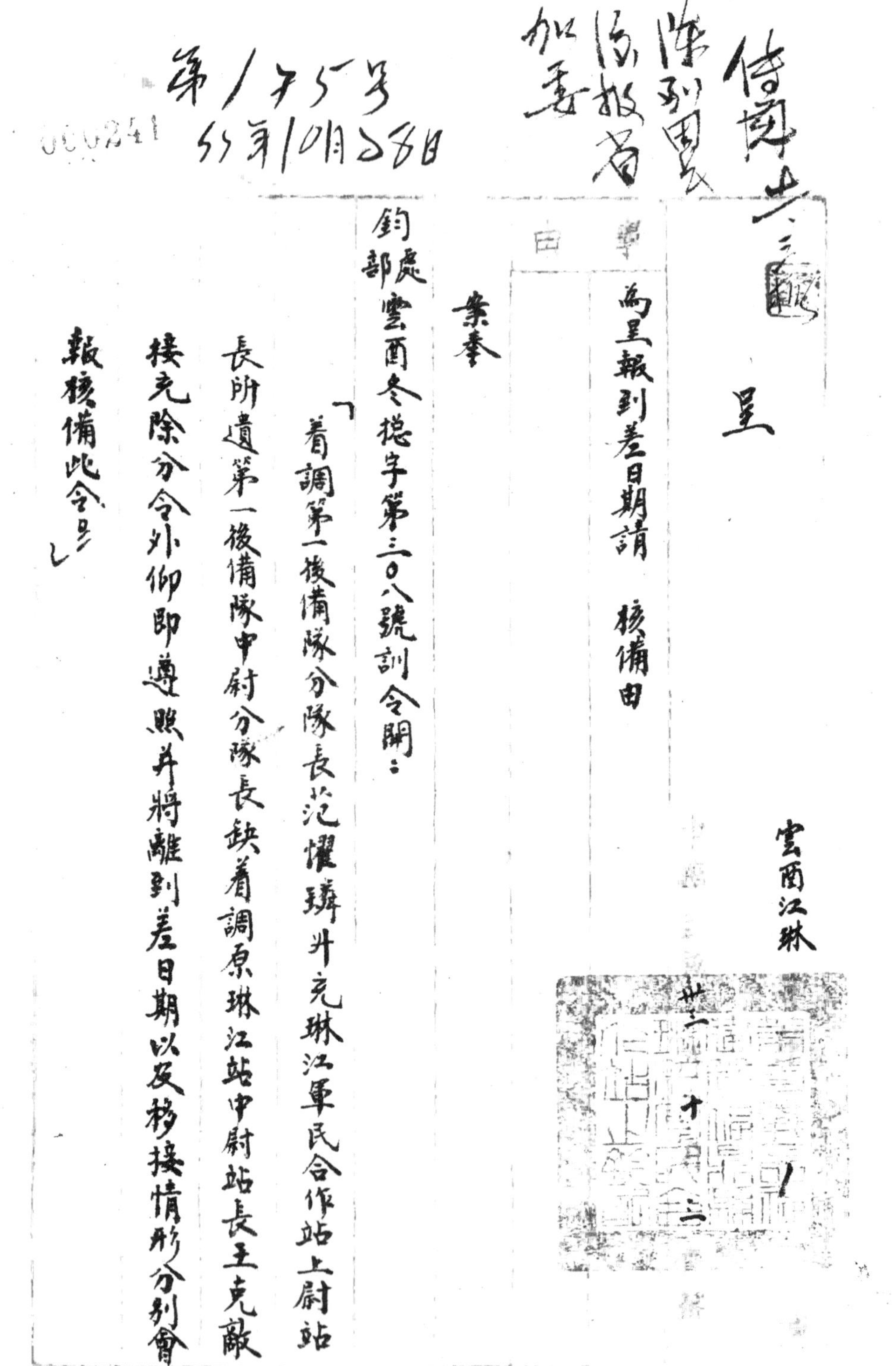

第175号
33年10月28日

呈

為呈報到差日期請　核備由

案奉

鈞部處雲酉冬總字第三〇八號訓令開：「着調第一後備隊分隊長范懼璘升充琳江軍民合作站上尉站長所遺第一後備隊中尉分隊長缺着調原琳江站中尉站長王克敵接充除分令外仰即遵照并將離到差日期以及移接情形分別會報核備此令」

雲酉江琳

卅三　十　一二

第三战区福建省福鼎县琳江军民合作站关于新任站长范懼璘到差日期的呈文

（1944年10月3日）　G133-003-0122

等因奉此遵於本(十)月二日前往接收除移接情形另行呈報外理合報請

察核備查

謹呈

兼處團長王

琳江站長范懼璘

第三战区福建省福鼎县琳江军民合作站关于新任站长范懼璘到差日期的呈文

（1944 年 10 月 3 日） G133-003-0122

事由：呈为本分处站全体官佐均未蒙加委，乞准补予加委由

呈文

案准

第三战区福建省福鼎县军民合作站指导分处关于本分处站全体官佐均未蒙加委，乞准补予加委的呈文
(1944年10月20日)a面　G133-003-0122

俟職等全部加委并移

示遵，實為公便。謹呈

第三戰區福建省軍民合作站指導處處長鄒

副處長陳

劉

福鼎縣軍民合作站指導分處兼分處長[illegible]

副分處長[illegible]

第三战区福建省福鼎县军民合作站指导分处关于本分处站全体官佐均未蒙加委，乞准补予加委的呈文

(1944年10月20日)b面　G133-003-0122

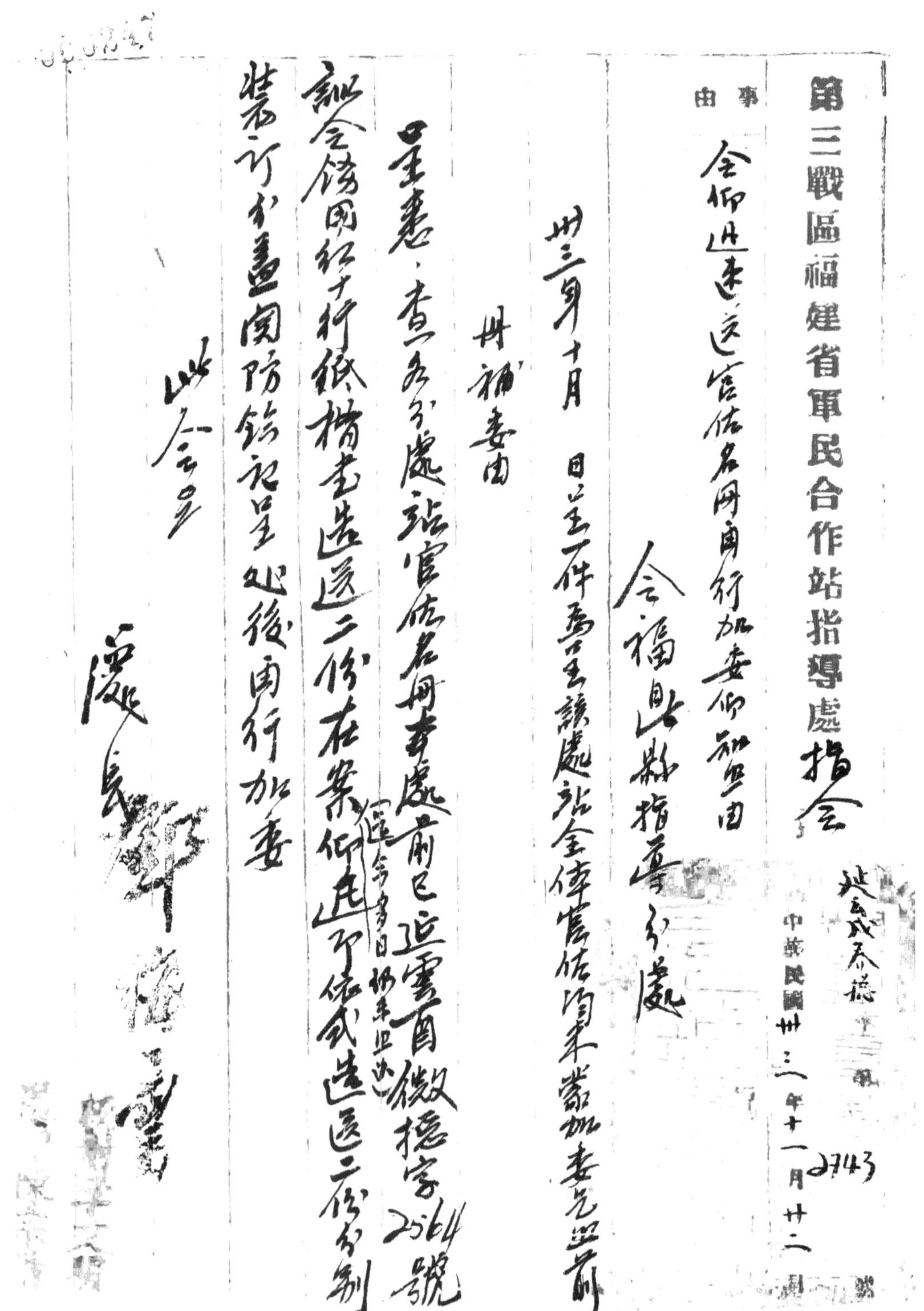

第三戰區福建省軍民合作站指導處指令

中華民國卅三年十一月廿二日　延字戌秦總字第2743號

事由：令仰迅速送官佐名冊再行加委仰知照由

令福鼎縣指導分處

卅三年十月　日呈一件為呈該處站全體官佐請求加委乞照准由

冊補委由

呈悉。查各分處站官佐名冊，本處前已延雲酉微總字2564號訓令飭用紅十行紙楷書造送二份在案（通令多日併未照辦），仰即依式造送二份，分別裝訂，列表閱防銷記呈，然後再行加委。

此令

處長

第三战区福建省军民合作站指导处关于令福鼎县军民合作站指导分处迅速送官佐名册再行加委的指令(1944年11月22日)　G133-003-0122

军169号
33年10月17日

由奉令转政治部0785号训令仰遵办由

第三战区福建省军民合作站指导处训令

令福鼎县指导分处

中华民国卅三年十月 日 字第2564号

第三战区政治部人发字0785号训令开：

「查各级军民合作处站人事多未缮造册呈报而人员异动亦有少数未按规定办理致难稽考殊为非是兹为实施人事管理便于考核及明瞭异动情形起见所有省(署)处及县分处暨乡(镇)站官佐姓名简历册仰即依照附发格式分别缮造简历册一份于十月十日以前汇送嗣后应依表式四五两项随时办理又尔后凡各省(署)处及各乡(镇)站人事之异动除各县副分处长应随时呈报外余应于每月月终汇报核备除分令外合行检发官佐简历册及人事异动报告表格式各一份令仰该省处遵照办理并转饬所属分处站一体遵照办理为要」

第三战区福建省军民合作站指导处关于抄转政治部 0785 号训令的训令，附发官佐简历表、人事异动报告表(1944 年 10 月 5 日)a 面　G133-003-0119

等因，附发官佐简历表及人事异动报告表格式各一份，奉此，除呈覆并令外，合行检发官佐简历册及人事异动报告表格式各一份，令仰该分处遵照该表附记所列四项办理（分三六十二月），依格造送二份，（额外人员不要造送）俾便分别转呈，并严遵上令规定务必切实遵照，勿得故违或到期不送，仰即凛遵为要。

此令。

附发官佐简历表人事异动报告表格式各一份。

处长

第三战区福建省军民合作站指导处关于抄转政治部0785号训令的训令，附发官佐简历表、人事异动报告表（1944年10月5日）b面 G133-003-0119

第三战区福建省军民合作站指导处通令　児尝表吴德字第　号

中华民国三十三年十二月六日

令福州县指导分处

查各分处站官佐名册前曾规定格式以延宁(国)字总发第一五六四号令饬各造二份一律用红十行纸加底面页处站分開装訂分盖関防鈴記送处存转各在案。迄今月余，除一二分处催送报到外，余犹未送。据报，殊属有违，除分别严令外，合再令仰漏夜赶造送处，俾便存转。如违，即行分别撤惩，无谓言之不预也！此令。

处长　郑　协

第三战区福建省军民合作站指导处关于遵式漏夜赶造官佐名册送处存转的通令

（1944 年 12 月 6 日）　G133-003-0122

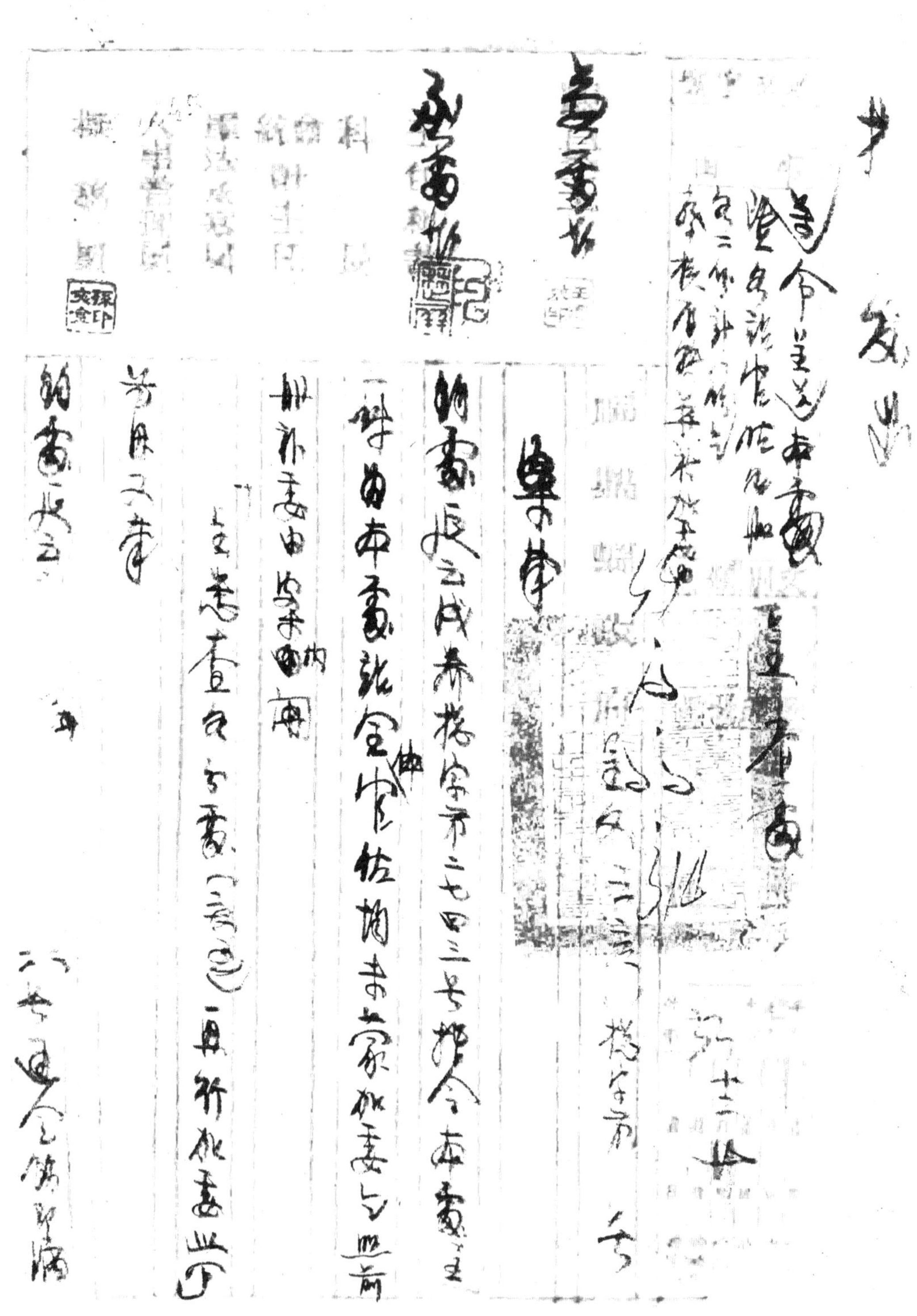

第三战区福建省福鼎县军民合作站指导分处关于遵令报送本处及各站官佐名册并祈加委的呈文
（1944年12月22日）　G133-003-0122

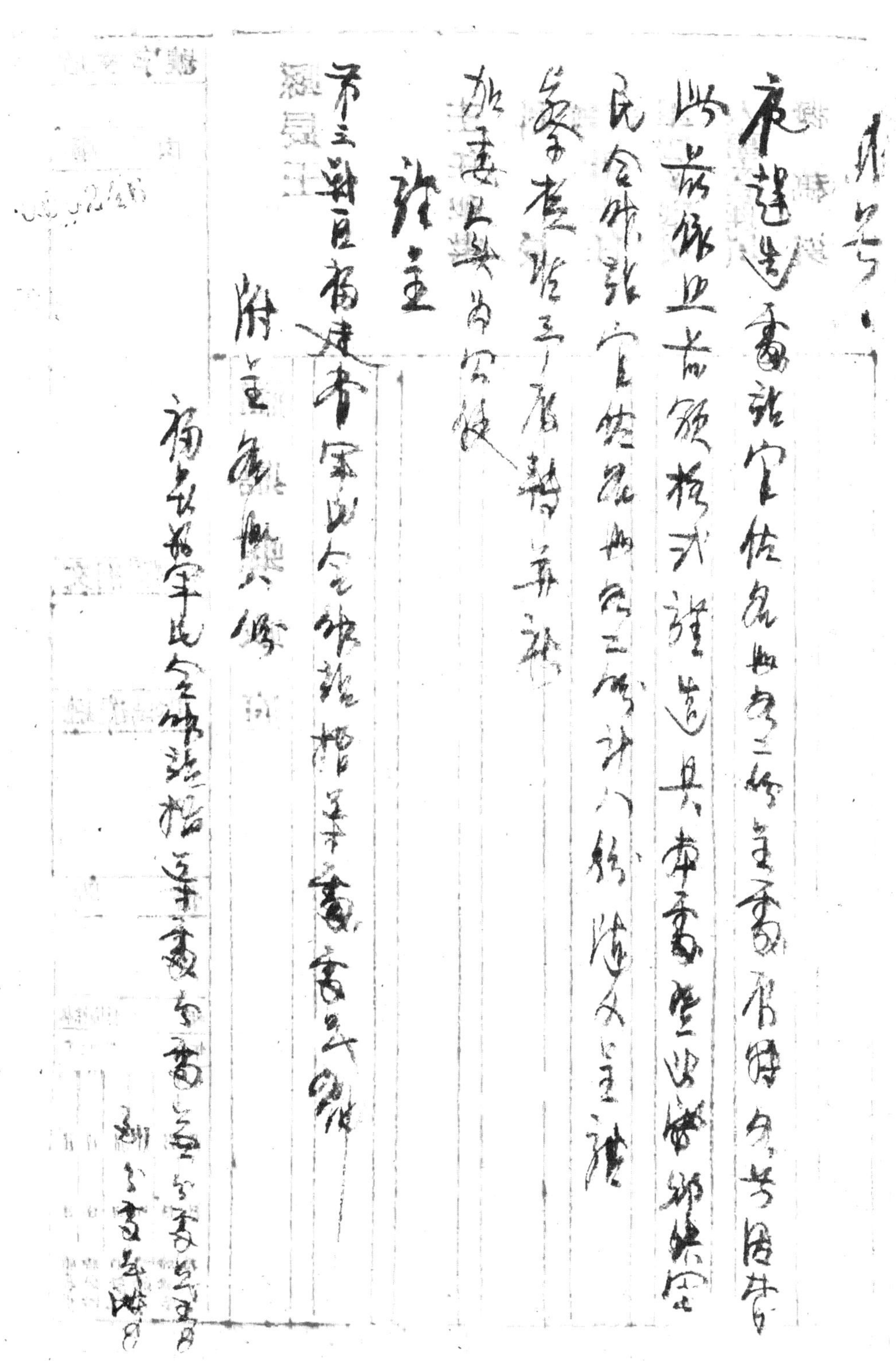

第三战区福建省福鼎县军民合作站指导分处关于遵令报送本处及各站官佐名册并祈加委的呈文

（1944 年 12 月 22 日） G133-003-0122

第三戰區福建省軍民合作站指導處指令　延鷹字[illegible]號

中華民國卅四年一月十九日

事由：據送官佐冊請備查並發委令由

令福鼎縣指導分處

呈一件為呈送官佐名冊請核備查由

呈件均悉。准予備查，委令隨發，仰轉給祗領為要！

此令。

附發委令十件

處長 鄭[illegible]

[illegible]

第三战区福建省军民合作站指导处关于福鼎县指导分处所报官佐名册准予备查，委任令随发并转祗领的指令（1945年1月19日） G137-001-0005

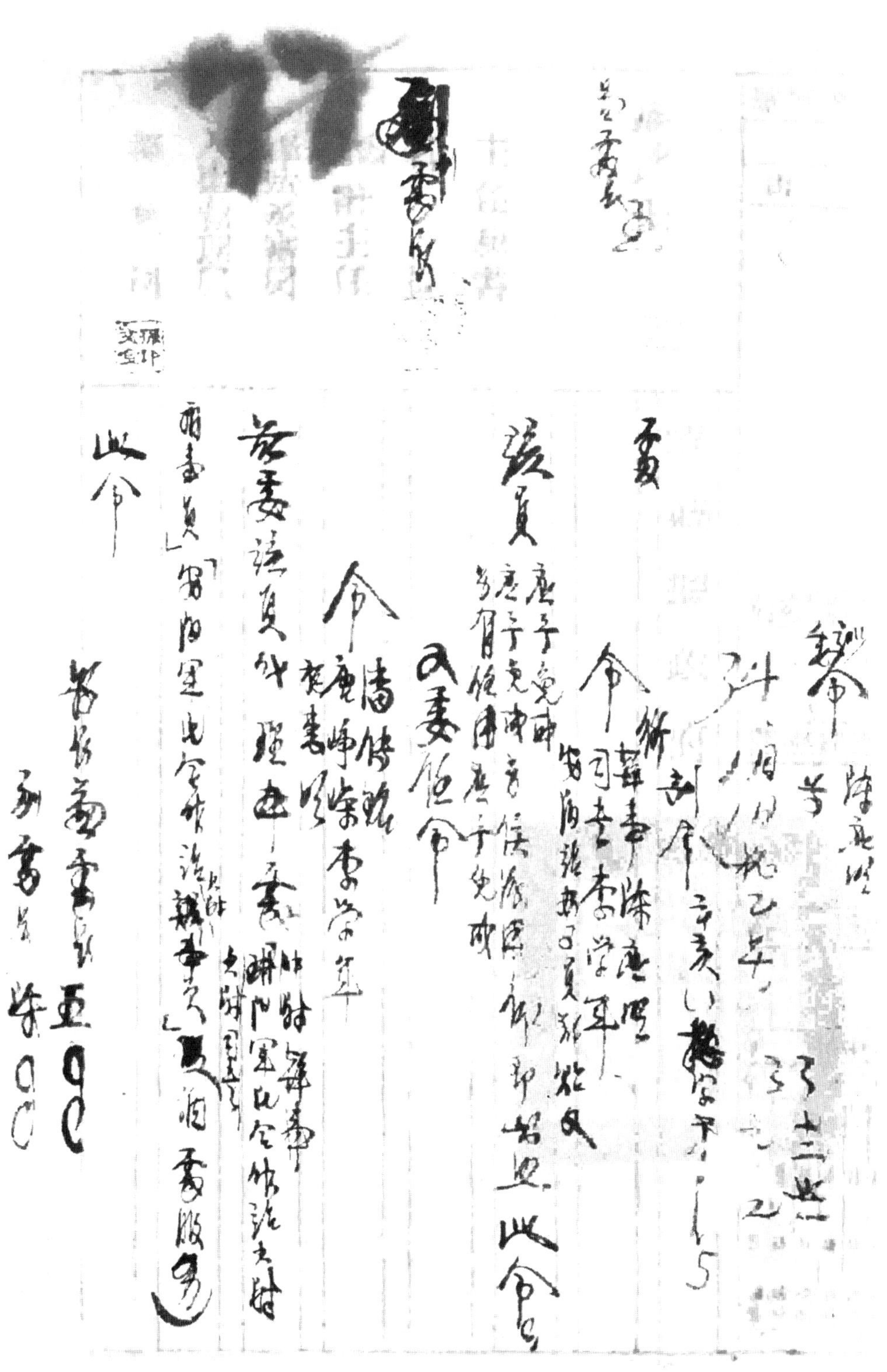

附件：第三战区福建省福鼎县军民合作站指导分处关于本处站任免的委令

（1945 年 1 月 1 日） G137-001-0006

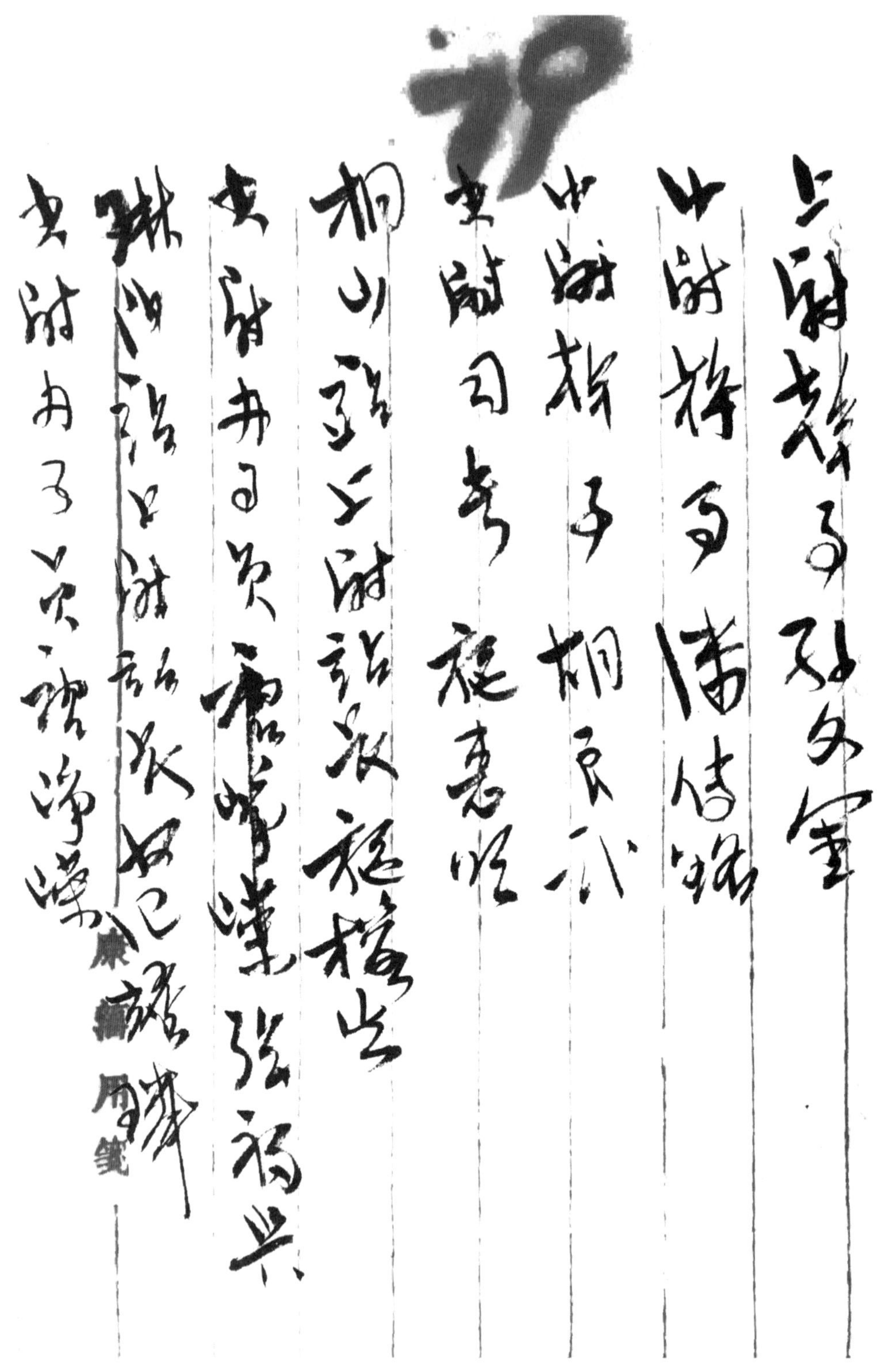

附件：第三战区福建省福鼎县军民合作站指导分处任免名册

（1945 年 1 月 1 日）　G137-001-0006

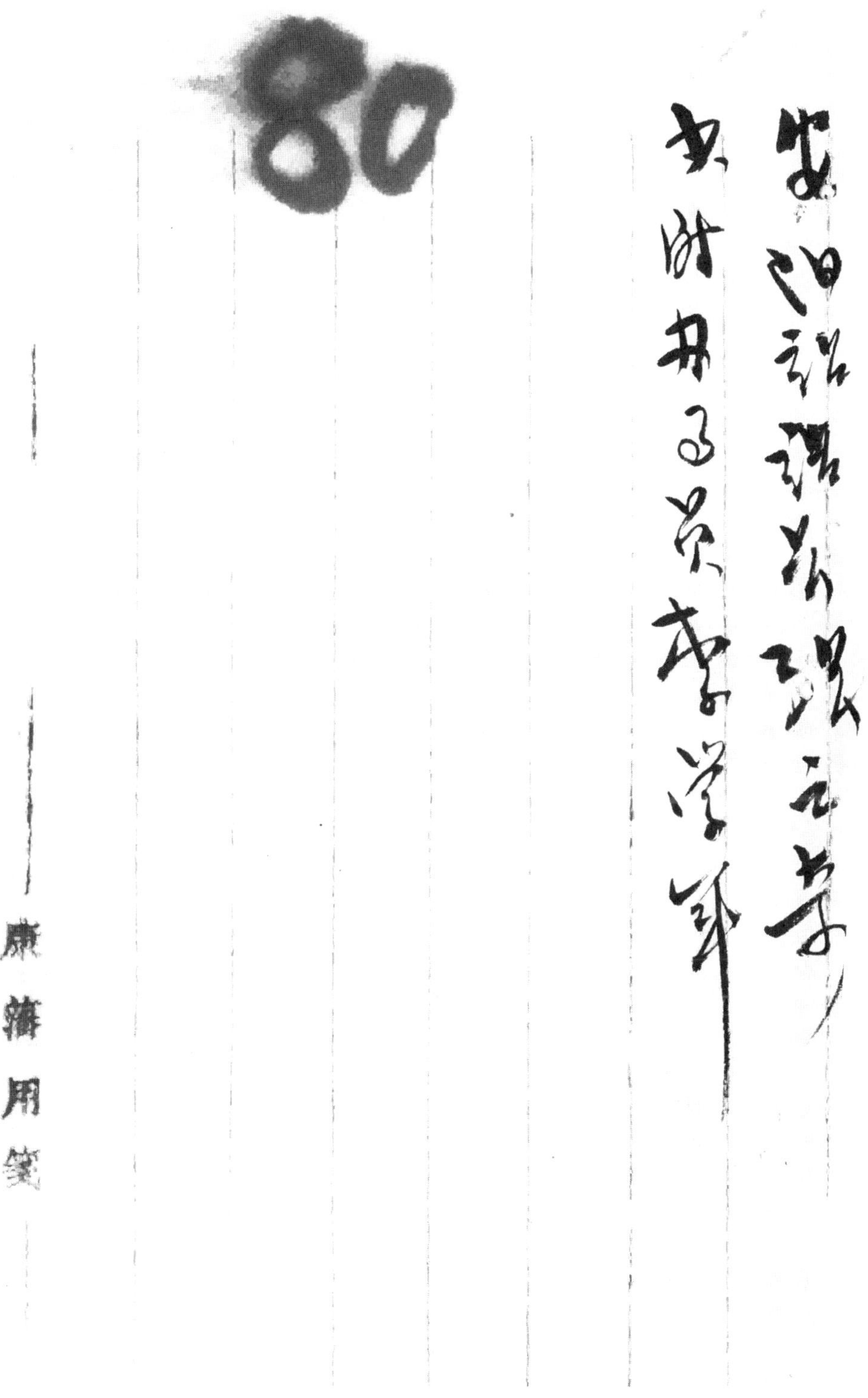

附件:第三战区福建省福鼎县军民合作站指导分处任免名册

(1945年1月1日) G137-001-0006

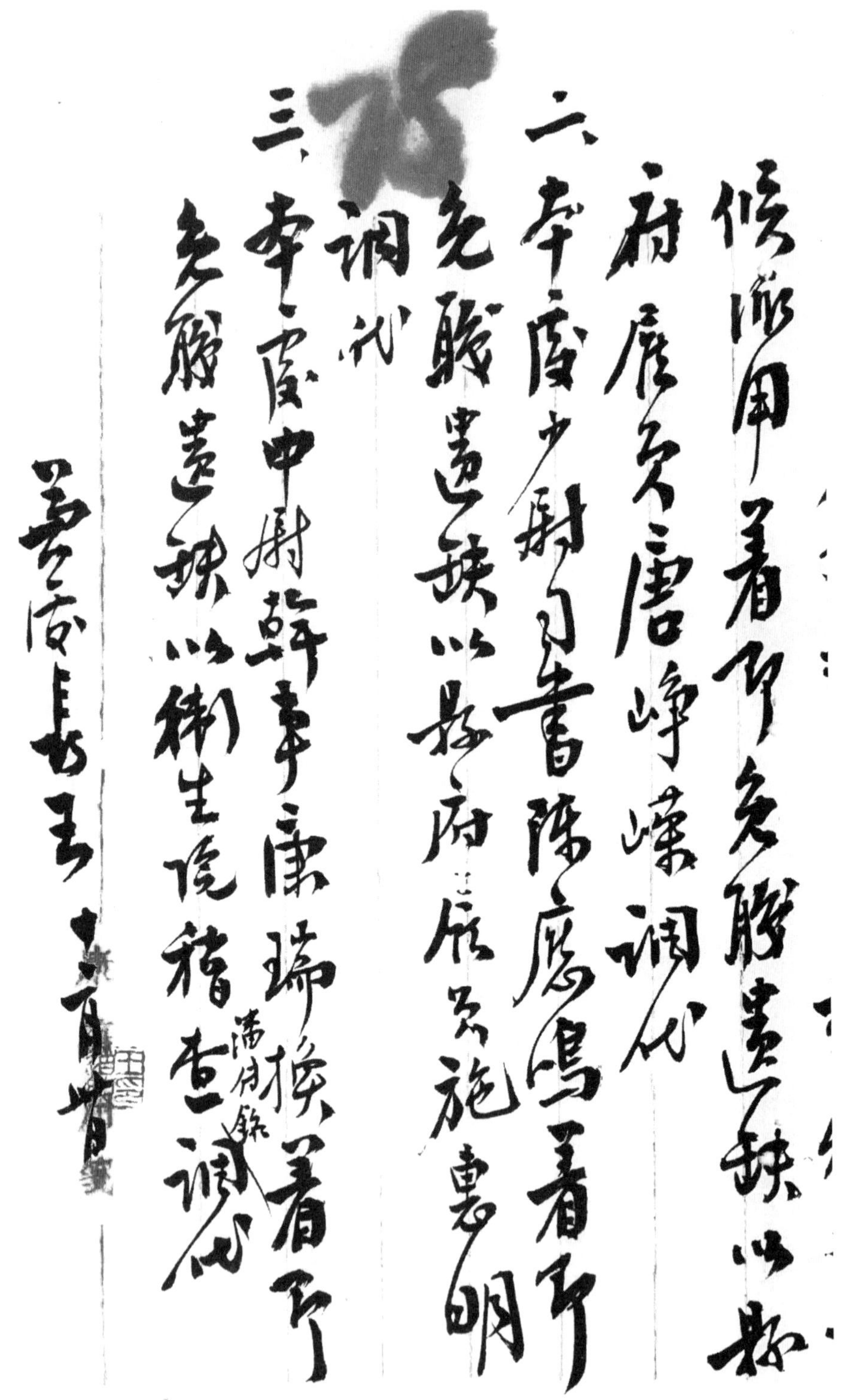
候派用著即免職遺缺以林
府屬員唐崢嶸調代
二、本處少尉書記陳應鳴著即
免職遺缺以林府屬員施惠明
調代
三、本處中尉幹事康瑞[illegible]著即
免職遺缺以衛生院稽查調代
[illegible]長王 十二月卅日

附件：第三战区福建省福鼎县军民合作站指导分处任免名册
（1945 年 1 月 1 日） G137-001-0006

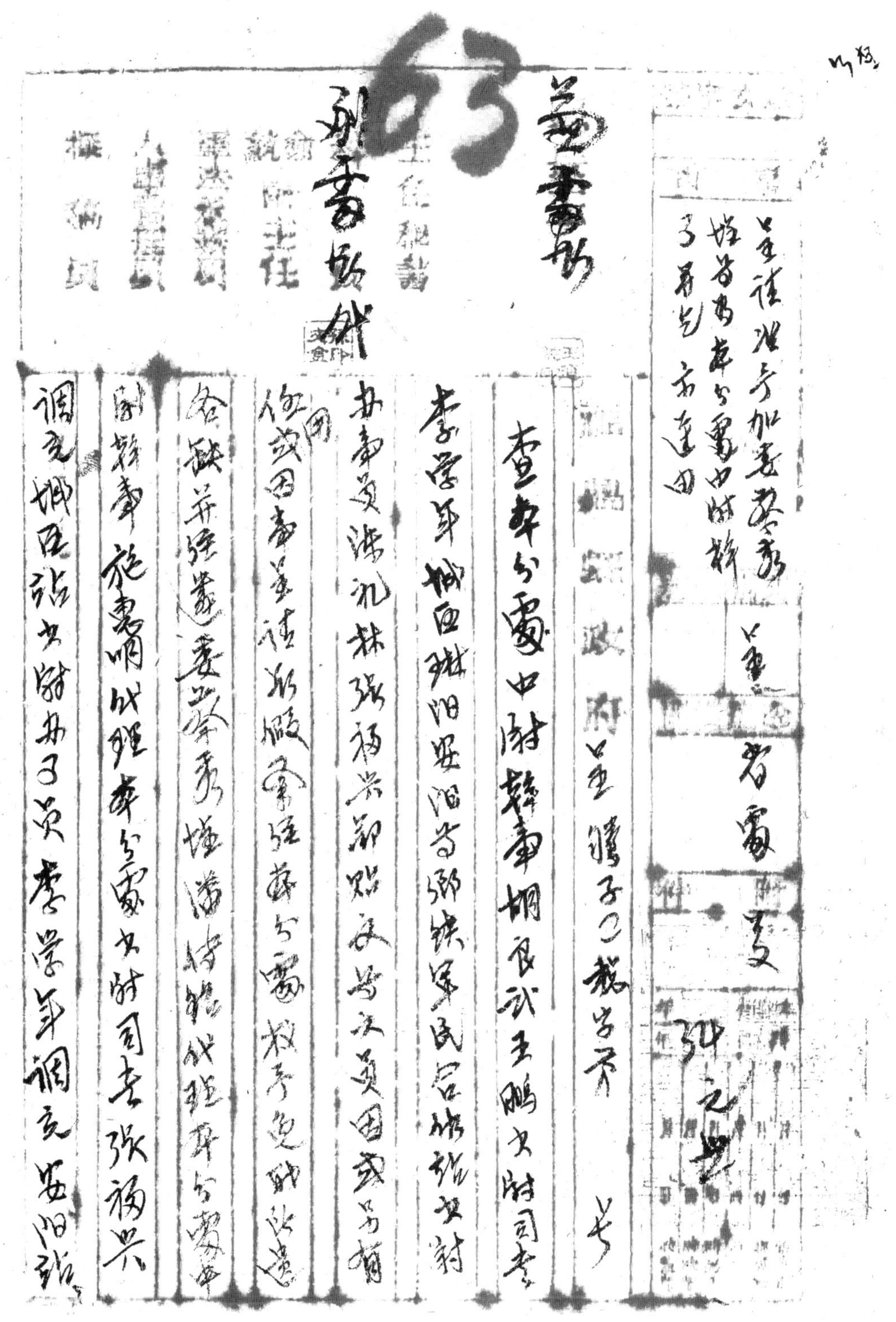

第三战区福建省福鼎县军民合作站指导分处关于请加委蔡秀程等六人为本分处中尉干事的呈文

（1945年1月31日） G137-001-0006

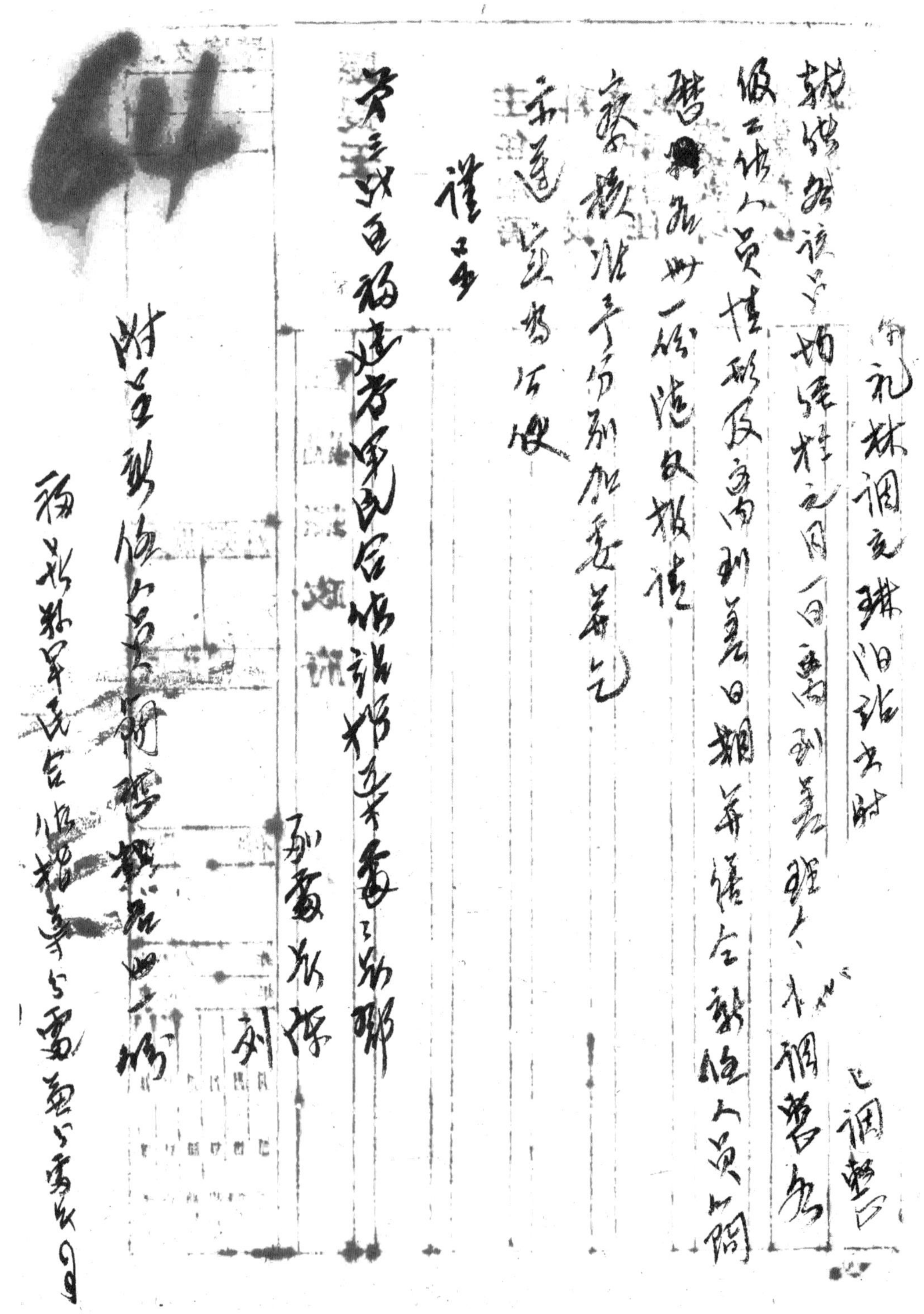

第三战区福建省福鼎县军民合作站指导分处关于请加委蔡秀程等六人为本分处中尉干事的呈文
（1945 年 1 月 31 日）　G137-001-0006

第三戰區福建省福鼎縣軍民合作站指分處暨各站呈委官佐簡歷名冊

65

職別	姓名	年齡	籍貫	出身	經歷	入黨年月黨証字號	到差日期	備考
中尉幹事	蔡秀程	二五	浙江瑞安	中央軍校第十七期畢業	曾任排長連長等職	民六九團証浙字第三四五号	三十四年一月一日	补胡良武缺
中尉幹事	潘傳銘	三八	湖南平口	湖南陸軍第九師幹訓班畢業	曾任少中尉排長分隊長等職	民元九三月入党党証遗失已申補	三十四年一月一日	补王鸿钦缺
少尉司書	施惠明	二〇	福建福鼎	桐北高級小學畢業	曾任文書司書雇員等職	已入党党証未領	三十四年一月一日	补李济年缺
城區站少尉辦事員	張福興	二九	湖南敘浦	湖南幹部訓練所畢業	曾充文記特務長等職		三十四年一月一日	系任由琳阳站办事员调充
琳陽站少尉辦事員	陳禮林	二七	福建福鼎	縣初中肄業	曾充鄉鎮辦事員		三十四年一月一日	系任城区站办事员调充
安陽站少尉辦事員	李學年	三一	福建福鼎	霞浦中學肄業	曾任教員少尉辦事員司書等職		三十四年一月一日	系任[illegible]分处司书调充

秀

附件：第三战区福建省福鼎县军民合作站指导分处及各站呈委官佐简历名册

（1945年1月31日） G137-001-0006

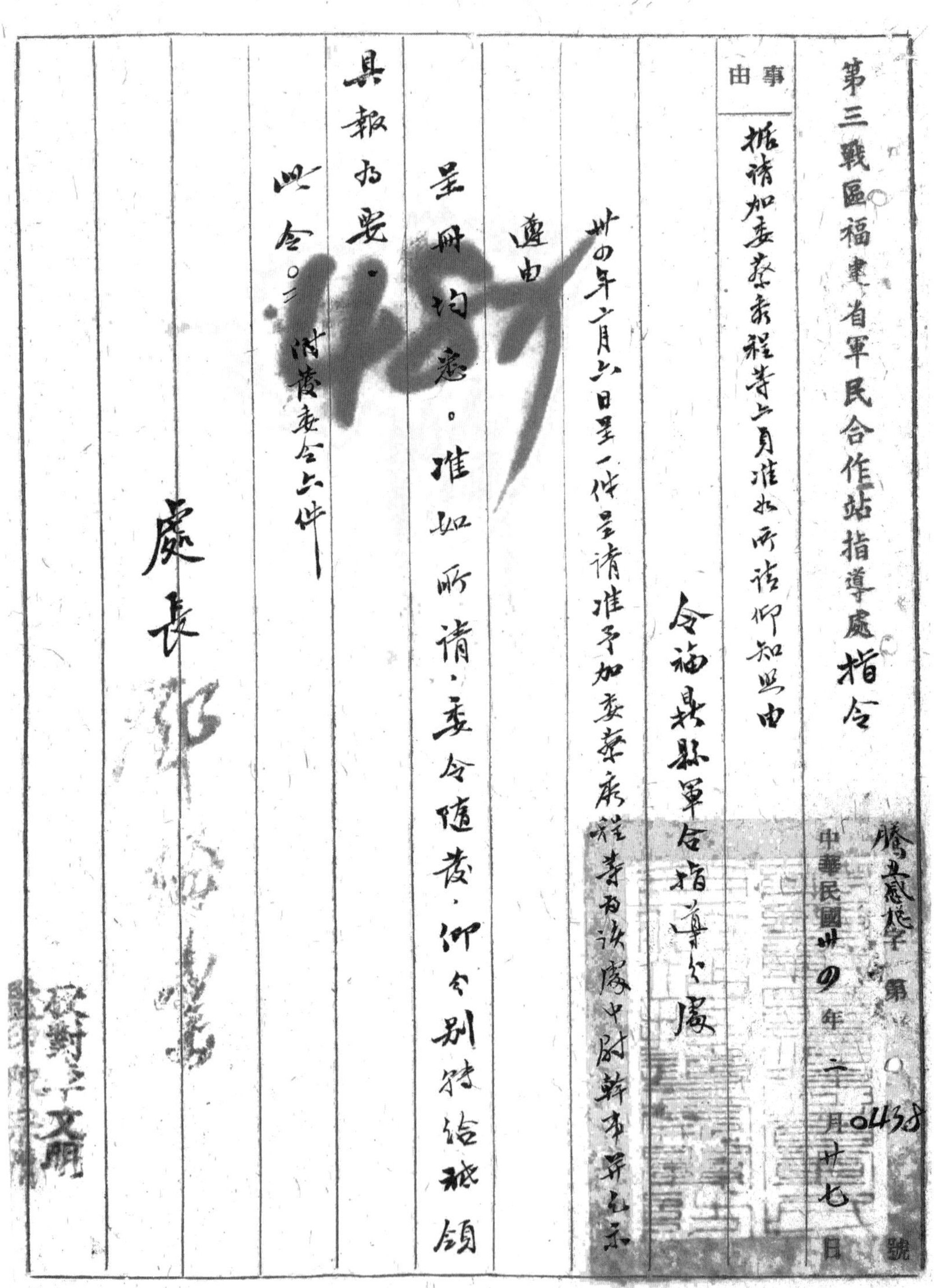

第三戰區福建省軍民合作站指導處指令

事由：據請加委蔡秀程等六員准如所請仰知照由

中華民國卅四年二月廿七日

令福鼎縣軍合指導分處

卅四年二月六日呈一件呈請准予加委蔡秀程等為該處中尉幹事祈鑒示遵由

呈冊均悉。准如所請，委令隨發，仰分別轉給祇領具報為要。

此令。附發委令六件

處長

校對 文刷

第三战区福建省军民合作站指导处关于准如所请加委蔡秀程等六员的指令

（1945 年 2 月 27 日） G137-001-0005

第三战区福建省军民合作站指导处关于各处站依式速报官佐简历名册的训令

（1945 年 1 月 20 日） G137-001-0006

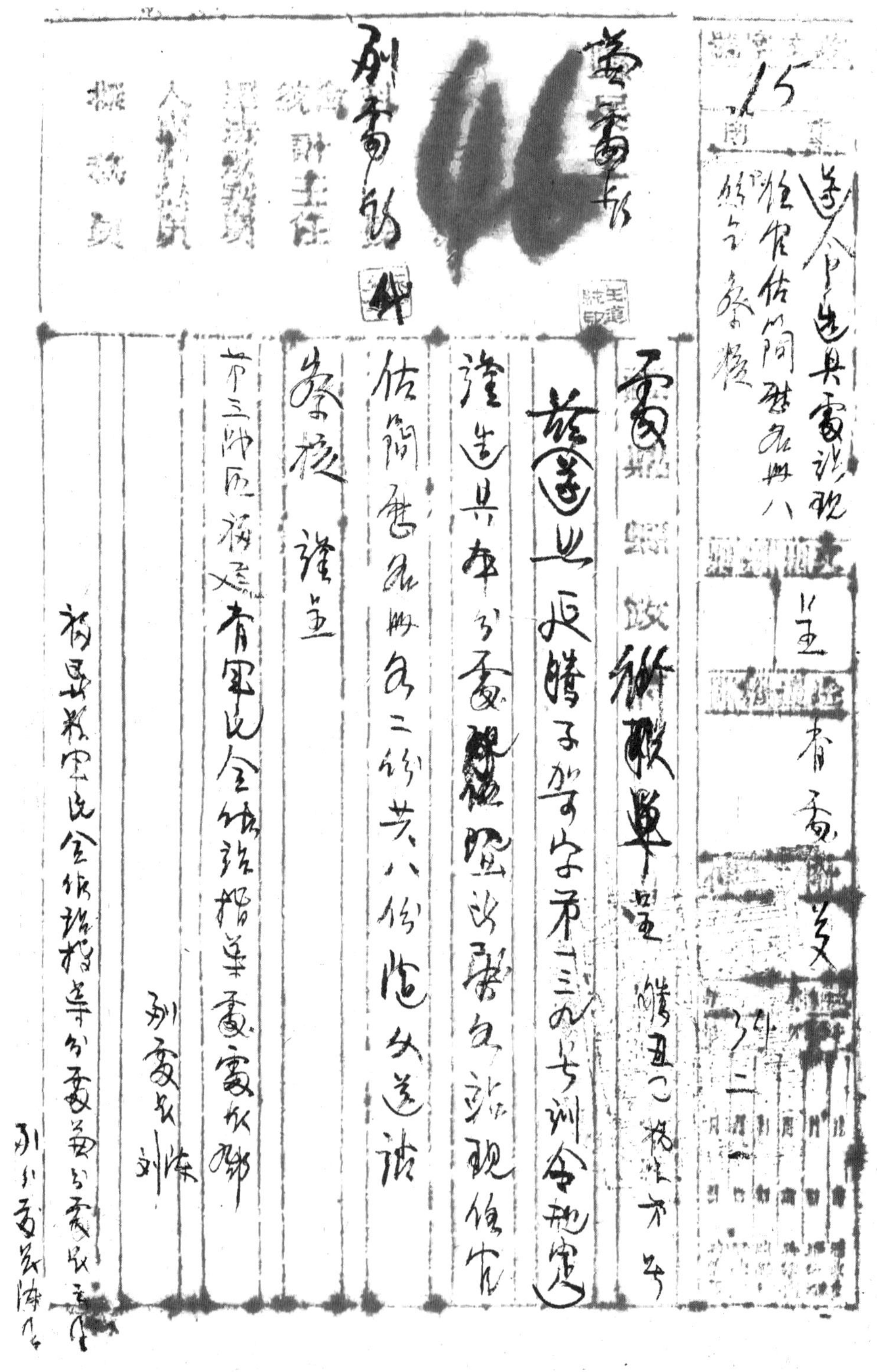

为令造具处站现任官佐简历名册八份呈请鉴核

呈

附二

处衔职单呈

兹奉 钧处子字第三九七号训令

谨造具本分处暨所属各站现任官

佐简历名册各二份共八份随文送请

鉴核 谨呈

第三战区福鼎县军民合作站指导分处处长刘

第三战区福建省福鼎县军民合作站指导分处关于遵令造具处站现任官佐简历名册的呈文

（1945 年 2 月 2 日） G137-001-0006

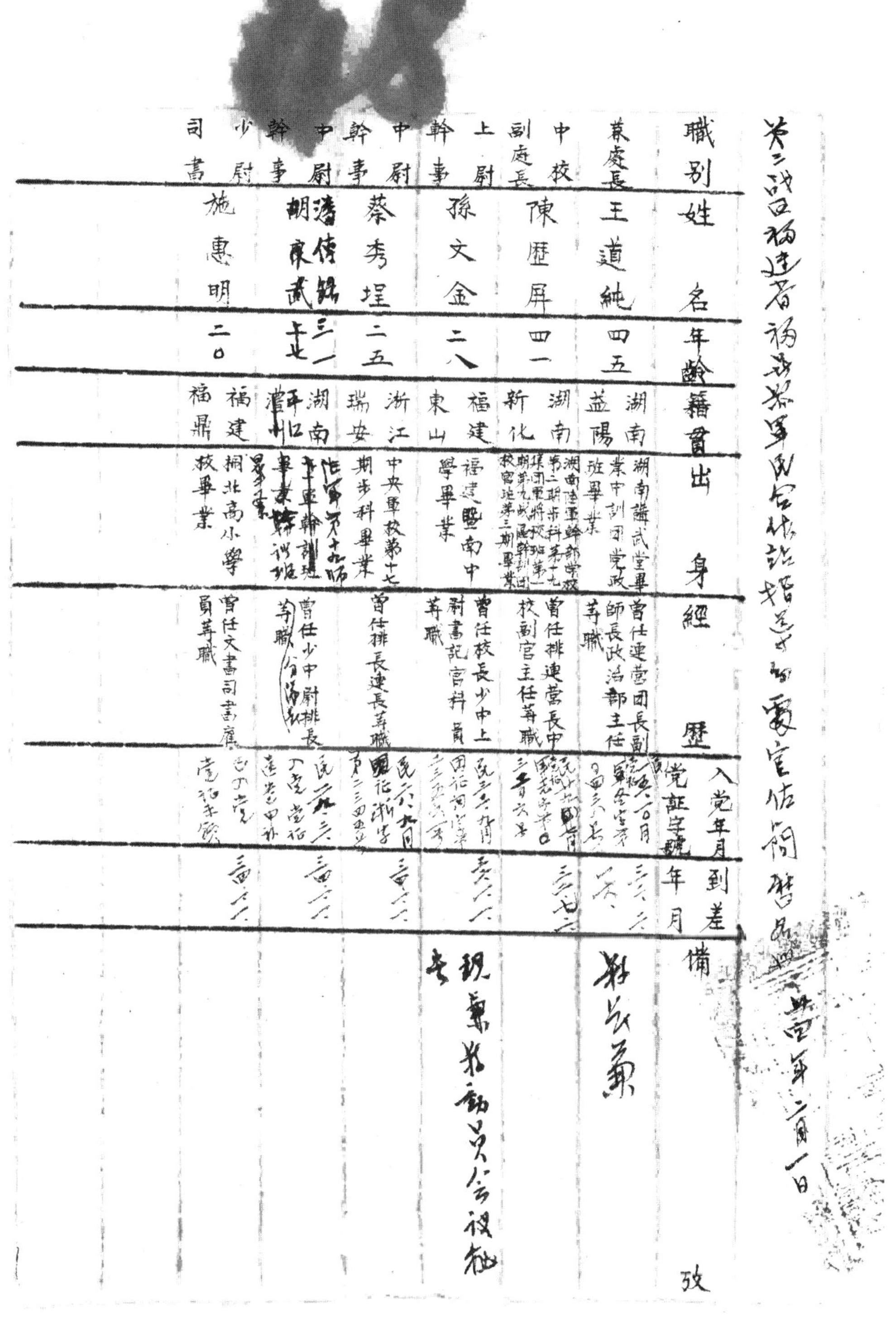

第三战区福建省福鼎县军民合作站指导分处官佐简历名册

職別	姓名	年齡	籍貫	出身	經歷	入党年月党証字號	到差年月	備攷
兼處長	王道純	四五	湖南益陽	湖南講武堂畢業中訓团党政班畢業	曾任連營团長副師長政治部主任等職	[illegible]	三三.一一	縣長兼
中校副處長	陳歷屏	四一	湖南新化	湖南陸軍幹部學校第二期步科畢業 [illegible]	曾任排連營長中校副官主任等職	[illegible]	三三.七.二	
上尉幹事	孫文金	二八	福建東山	福建暨南中學畢業	曾任校長少中上尉書記官科員等職	[illegible]	三四.一.一	現兼縣動員会[illegible]
中尉幹事	蔡秀埕	二五	浙江瑞安	中央軍校第十七期步科畢業	曾任排長連長等職	[illegible]	三四.一.一	
中尉幹事	湯傳銘 胡康武	三一	湖南平江 澧州	[illegible]	曾任少中尉排長等職	[illegible]	三四.一.一	
少尉司書	施惠明	二〇	福建福鼎	福建桐北高小學校畢業	曾任文書司書庶務員等職	[illegible]	三四.一.一	

三十四年二月一日

附件：第三战区福建省福鼎县军民合作站指导分处官佐简历名册

（1945年2月1日） G137-001-0006

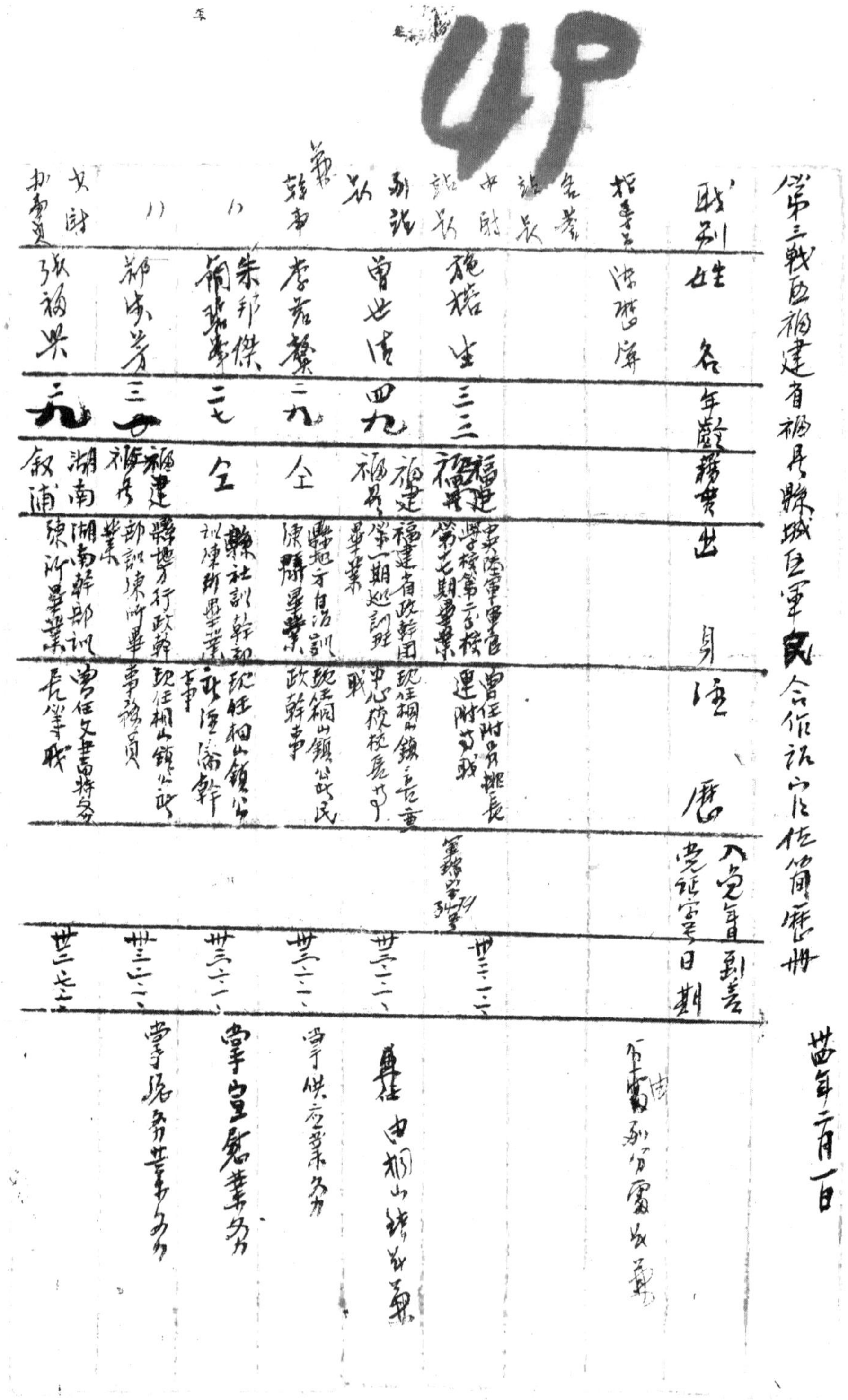

第三戰區福建省福鼎縣城區軍民合作站官佐簡歷冊

職別	姓名	年齡	籍貫	出身	經歷	入黨年月 黨證字號	到差日期	
指導員	陳哲庠							本站副站長兼
名譽站長								
中尉站長	施樹生	三三	福建福鼎	中央陸軍軍官學校第七期畢業	曾任附員排長連附等職	軍籍字	卅三、一、一	
副站長	曾世清	四九	福建福鼎	福建省政幹團第一期巡訓班畢業	現任桐山鎮三青團中心校校長等職		卅三、二、一	由桐山鎮公所兼
兼總幹事	李若馨	二九	仝	縣地方自治訓練所畢業	現任桐山鎮公所民政幹事		卅三、二、一	掌供應業務
〃	朱邦傑 簡瑞峯	二七	仝	縣社訓幹部訓練所畢業	現任桐山鎮公所經濟幹事		卅三、二、一	掌宣慰業務
〃	鄭□芳	三十	福建福鼎	縣地方行政幹部訓練所畢業	現任桐山鎮公所事務員		卅三、二、一	掌服務業務
少尉辦事員	張福興	二九	湖南溆浦	湖南幹部訓練所畢業	曾任文書特務長等職		卅三、七、一	

卅四年二月一日

附件：第三战区福建省福鼎县城区军民合作站官佐简历名册

（1945 年 2 月 1 日） G137-001-0006

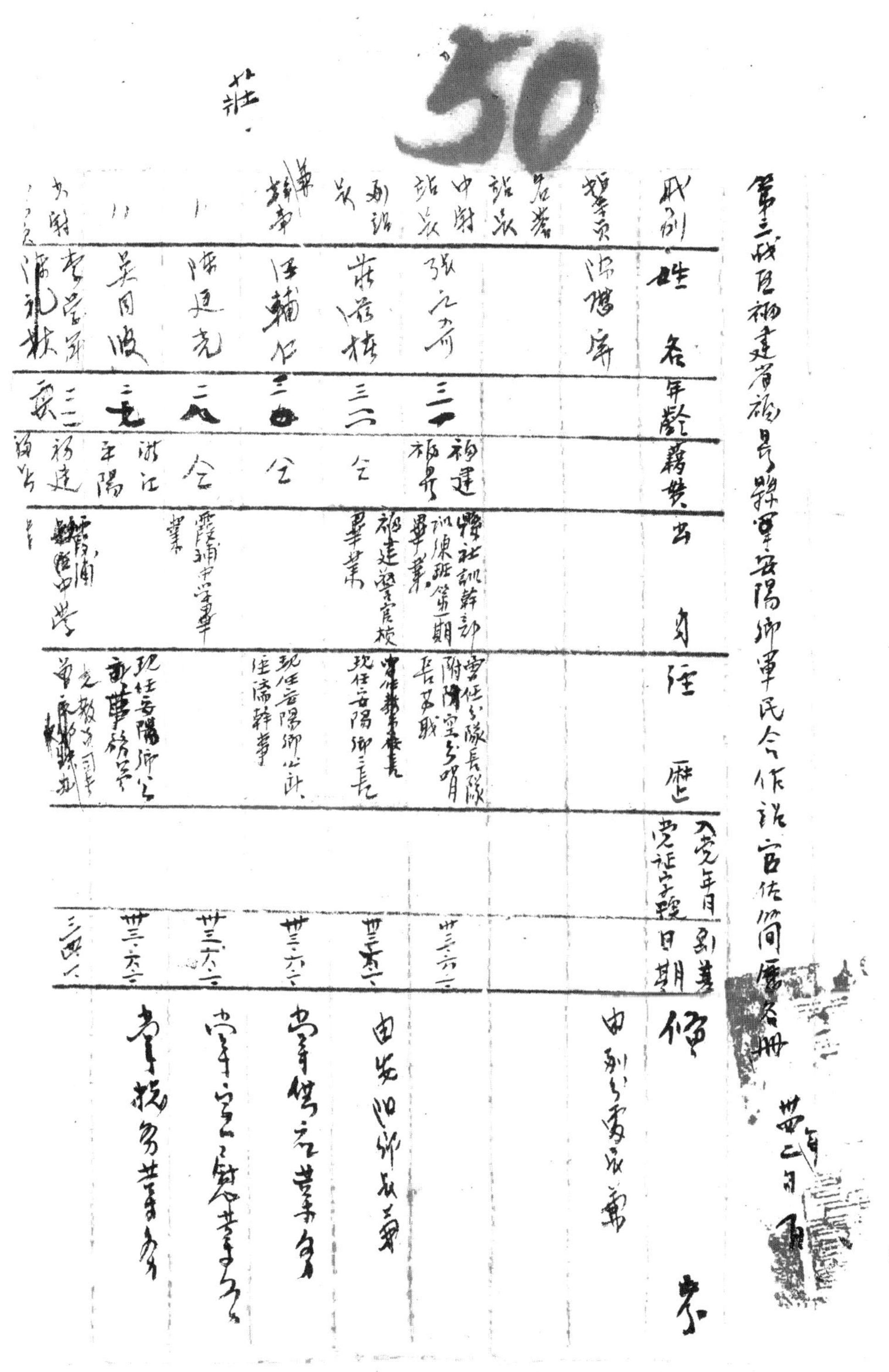

附件：第三战区福建省福鼎县安阳乡军民合作站官佐简历名册

（1945 年 2 月 1 日）　G137-001-0006

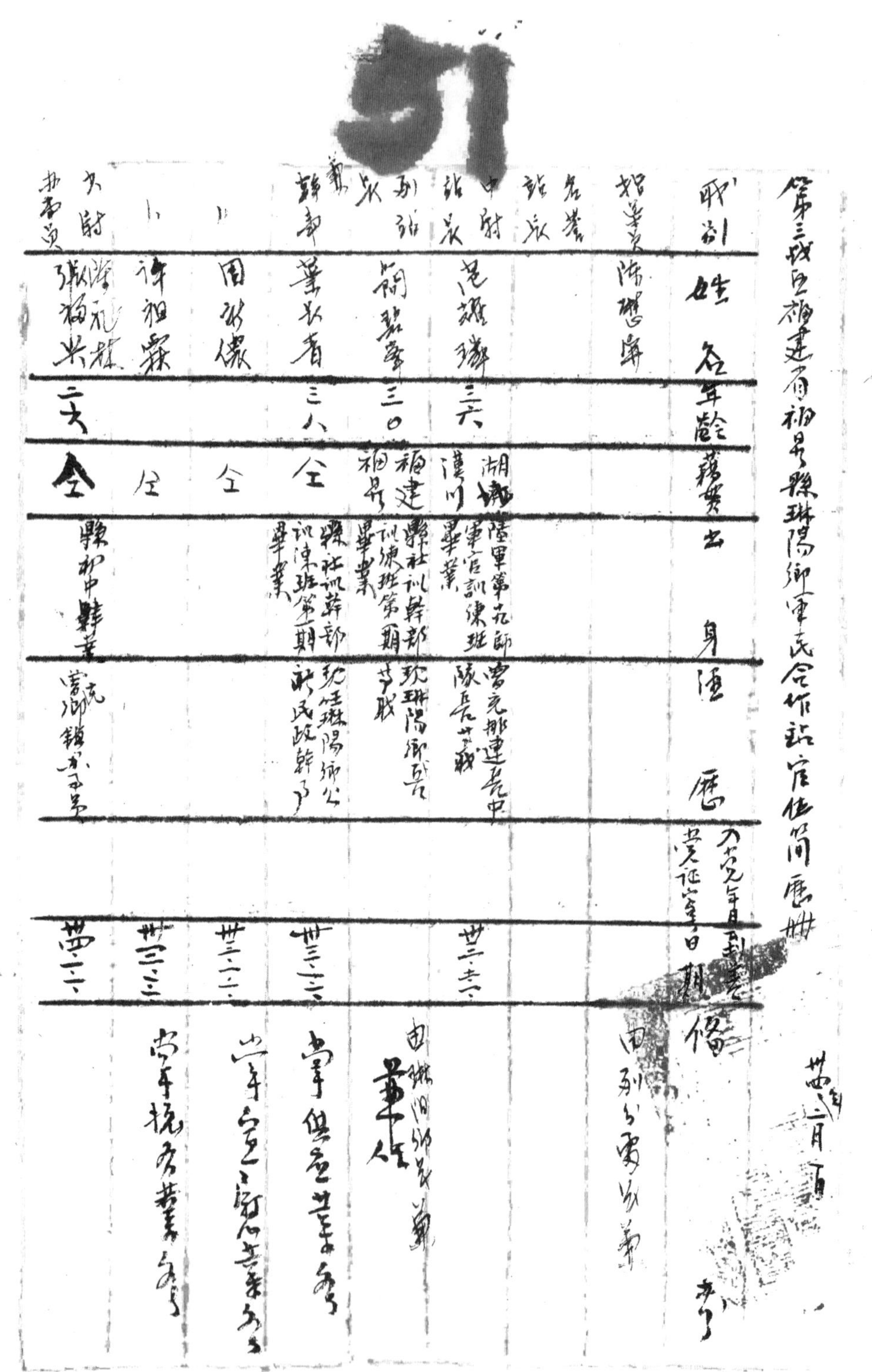

第三战区福建省福鼎县琳阳乡军民合作站官佐简历册

职别	姓名	年龄	籍贯	出身	经历	到差年月日期	备考
名誉站长							
指导员	陈懋崇						由副乡长兼
中尉站长	范耀璘	三六	湖北汉川	陆军第九师军官训练班毕业	曾充排连长中队长十载	卅二.十一	
副站长	简碧峰	三〇	福建福鼎	县社训干部训练班第一期毕业	现任琳阳乡长		由琳阳乡长兼任
事务员干事	叶长青	三八	仝	县社训干部训练班第一期毕业	现任琳阳乡公所民政干事	卅三.一	[illegible]
〃	周湘仪		仝			卅三.二.一	[illegible]
〃	许祖霖		仝			卅三.三	[illegible]
上尉事务员	张福兴	二六	仝	县初中肄业	曾充乡镇长书记	卅四.二.一	

卅四年二月一日

附件：第三战区福建省福鼎县琳阳乡军民合作站官佐简历名册

（1945 年 2 月 1 日）　G137-001-0007

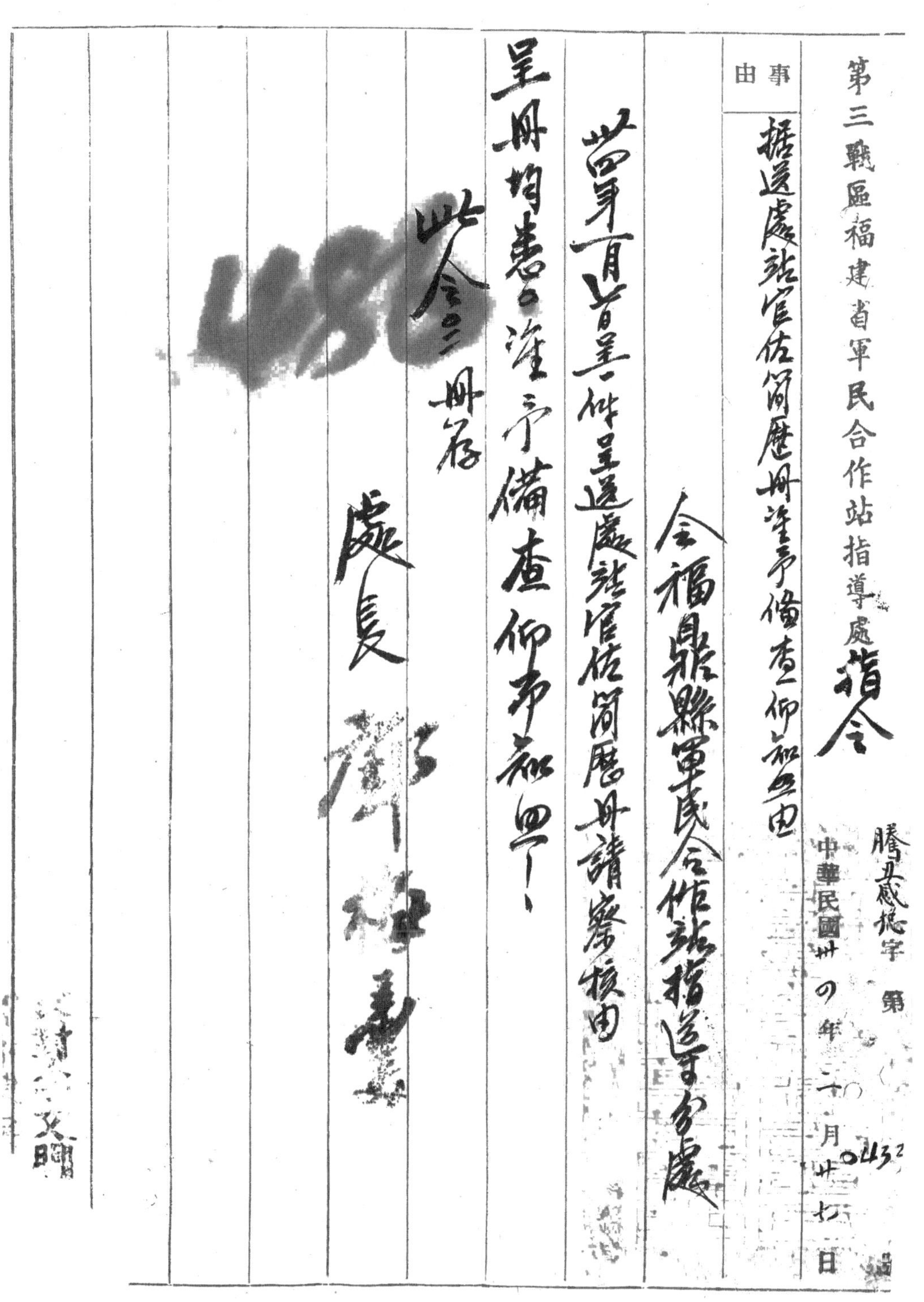

第三戰區福建省軍民合作站指導處指令

騰丑感摠字第 0432 號

中華民國卅四年二月廿七日

事由：據送處站官佐簡歷冊准予備查仰知照由

令福鼎縣軍民合作站指導分處

卅四年一月廿一日呈一件呈送處站官佐簡歷冊請察核由

呈冊均悉，准予備查，仰即知照！

此令。冊存

處長

第三战区福建省军民合作站指导处关于福鼎县分处报送处站官佐简历册准予备查的指令

(1945 年 2 月 27 日)　G137-001-0005

[illegible]

34年3月7日收文30号

第三戰區福建省軍民合作站指導處訓令　延騰丑篠字第0166號

令福鼎縣軍民合作站指導分處

查處站官佐簡歷冊上年曾經本處規定格式頒發依照填送嗣又一再令催各在案乃迄今數月依式造送者固多而未遵格式造送不一致者亦屬不少更有少數分處完全未造似此敷衍塞責其他工作可想而知言之殊為痛心現上令催促急于星火一縣未送致碍全局茲重申前令仰各副處長切實督促承辦人依照格式限文到之日漏夜將處站名冊分造分訂分盖關防（處）鈐記（站）各二份共八份快郵寄處以憑彙辦倘再延誤或

第三战区福建省军民合作站指导处关于催令各处站依式造报官佐简历名册的训令

(1945年2月19日)a面　G137-001-0006

不遵照手續定即撤職不貸勿謂言之不預也除分令外合行令仰遵照辦理具報為要！

此令。

中華民國三十四年二月十九日

處長 鄧梅羹

附格式

級職	姓名	年齡	籍貫	出身	經歷	入黨年月日證字號	到差年月日	備考

注意 處冊四份每站兩份二站逕處共八份處蓋關防站蓋鈐記

第三战区福建省军民合作站指导处关于催令各处站依式造报官佐简历名册的训令
(1945 年 2 月 19 日)b 面　G137-001-0006

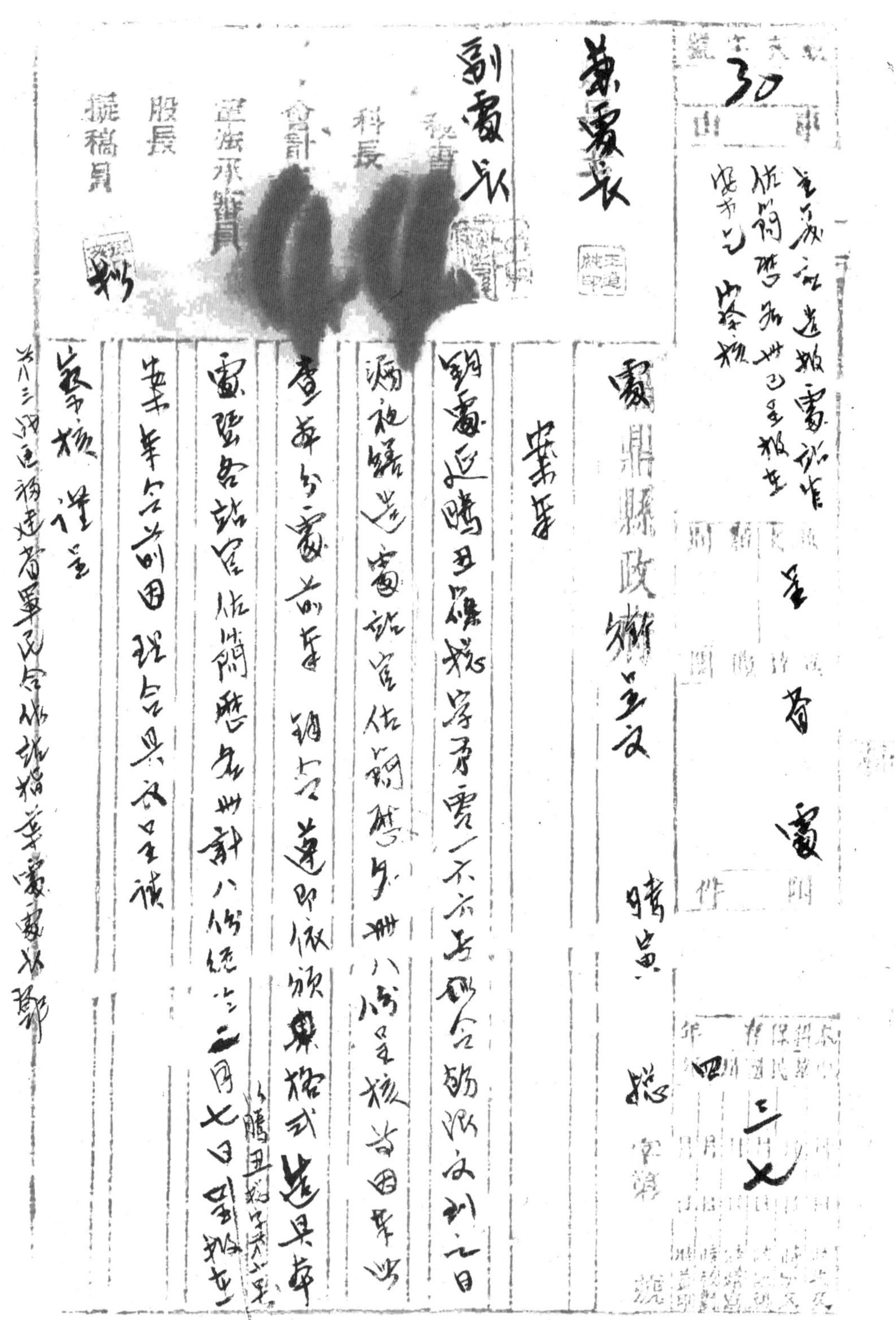

第三战区福建省福鼎县军民合作站指导分处关于应造报处站官佐简历名册已呈报在案的复呈

（1945 年 3 月 7 日）　G137-001-0006

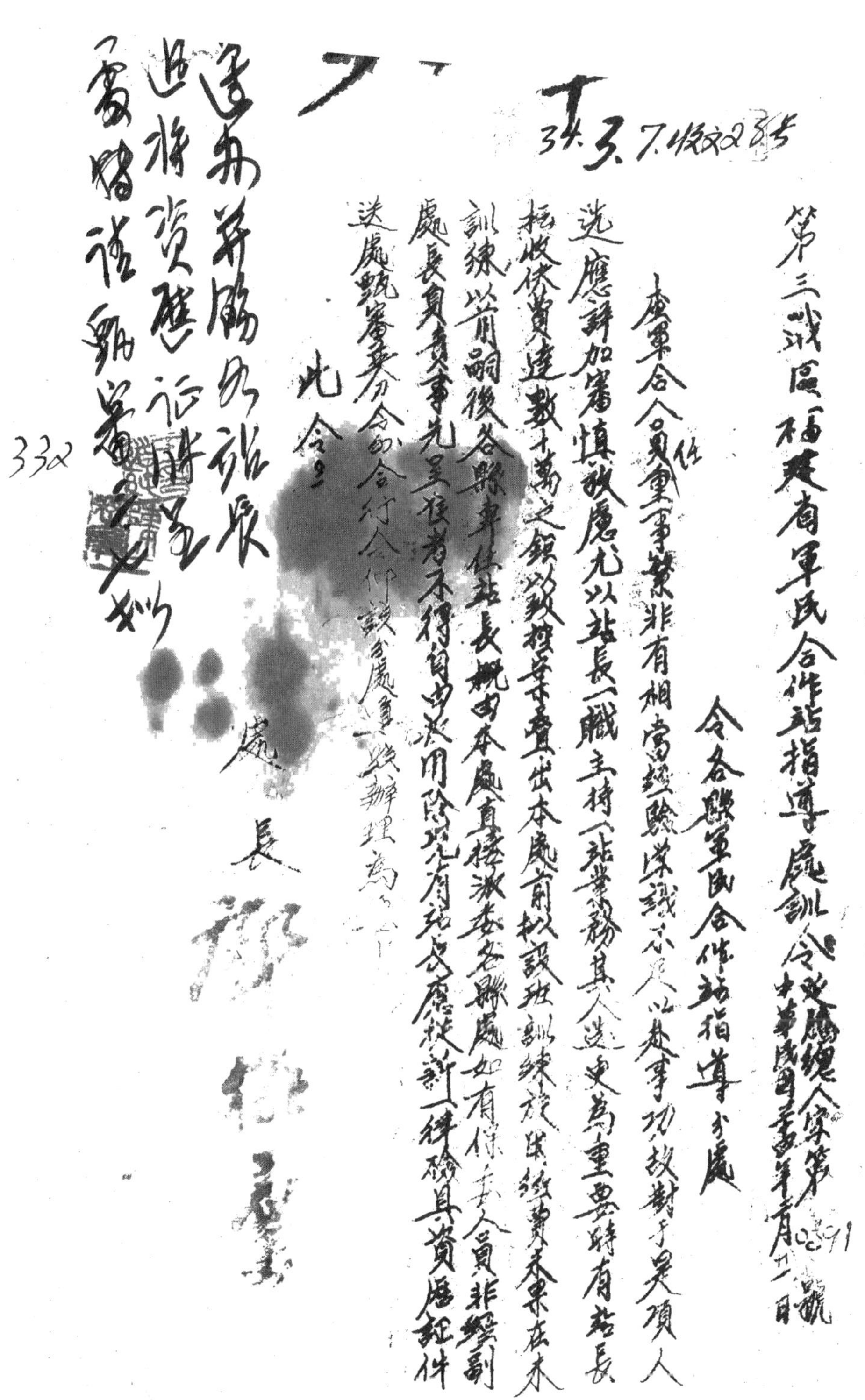

第三戰區福建省軍民合作站指導處訓令　戍總人字第　號　卅四年二月廿一日

令各縣軍民合作站指導處

查軍合人員重任事業非有相當經驗學識不足以赴事功故對于是項人選應詳加審慎該處尤以站長一職主持一站業務其人選更為重要時有站長接收伕費達數十萬之鉅以致被告發查出本處前擬設班訓練站長經費未集在未訓練以前嗣後各縣專任站長概由本處直接派委各縣處如有保委人員非經副處長負責事先呈核者不得自由派用除現已有站長應從新一律檢具資歷證件送處甄審另分令外合行令仰該各處遵照辦理為要

此令

處長

第三战区福建省军民合作站指导处关于嗣后各县专任站长概由本处直接派委的训令

（1945 年 2 月 21 日）　G137-001-0004

2.工作纪律与监督巡视

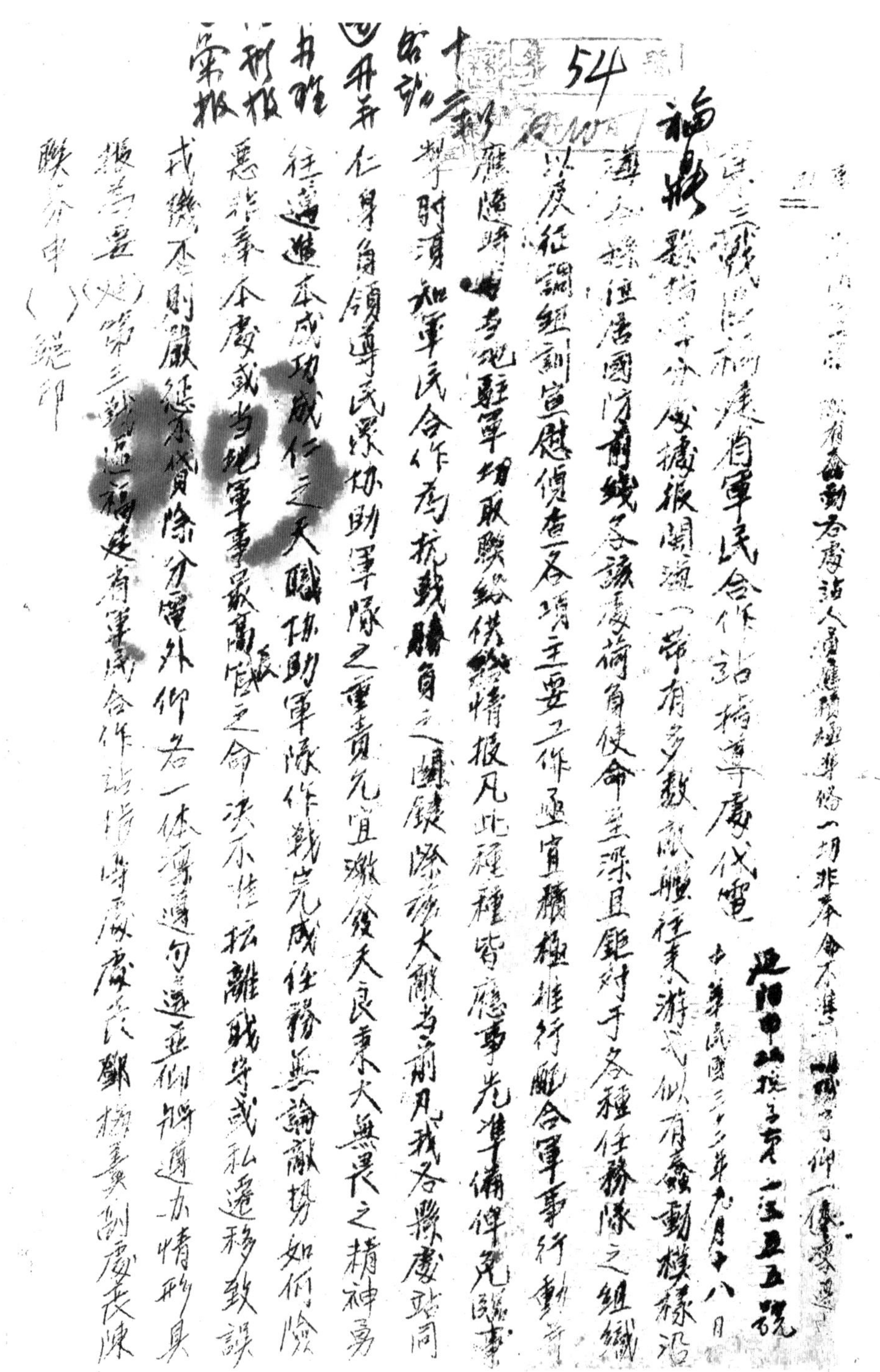

第三戰區福建省軍民合作站指導處代電

中華民國三十二年九月十八日 [illegible]字第一五五號

各縣指導分處主任[illegible]據報閩海一帶有多數敵艦往來游弋似有蠢動模樣沿海各縣[illegible]居國防前線各該處荷負使命至深且鉅對于各種任務隊之組織以及征調組訓宣慰優待各項主要工作亟宜積極推行配合軍事行動並應隨時與當地駐軍切取聯絡供給情報凡此種種皆應事先準備俾免臨事掣肘須知軍民合作為抗戰勝負之關鍵際茲大敵當前凡我各縣處站同人務本身負領導民眾協助軍隊之重責尤宜激發天良秉大無畏之精神勇往邁進本成功成仁之天職協助軍隊作戰完成任務無論敵勢如何險惡非奉本處或當地軍事最高長官之命決不准擅離職守或私遷移致誤戎機否則嚴懲不貸除分電外仰各一體凜遵並仰將遵辦情形具報為要第三戰區福建省軍民合作站指導處處長鄧樹英副處長陳聯芬申（ ）總印

第三战区福建省军民合作站指导处关于闽海一带敌舰似有蠢动,各处站人员应积极准备一切,非奉命不准擅离职守的代电(1943 年 9 月 18 日) G137-001-0002

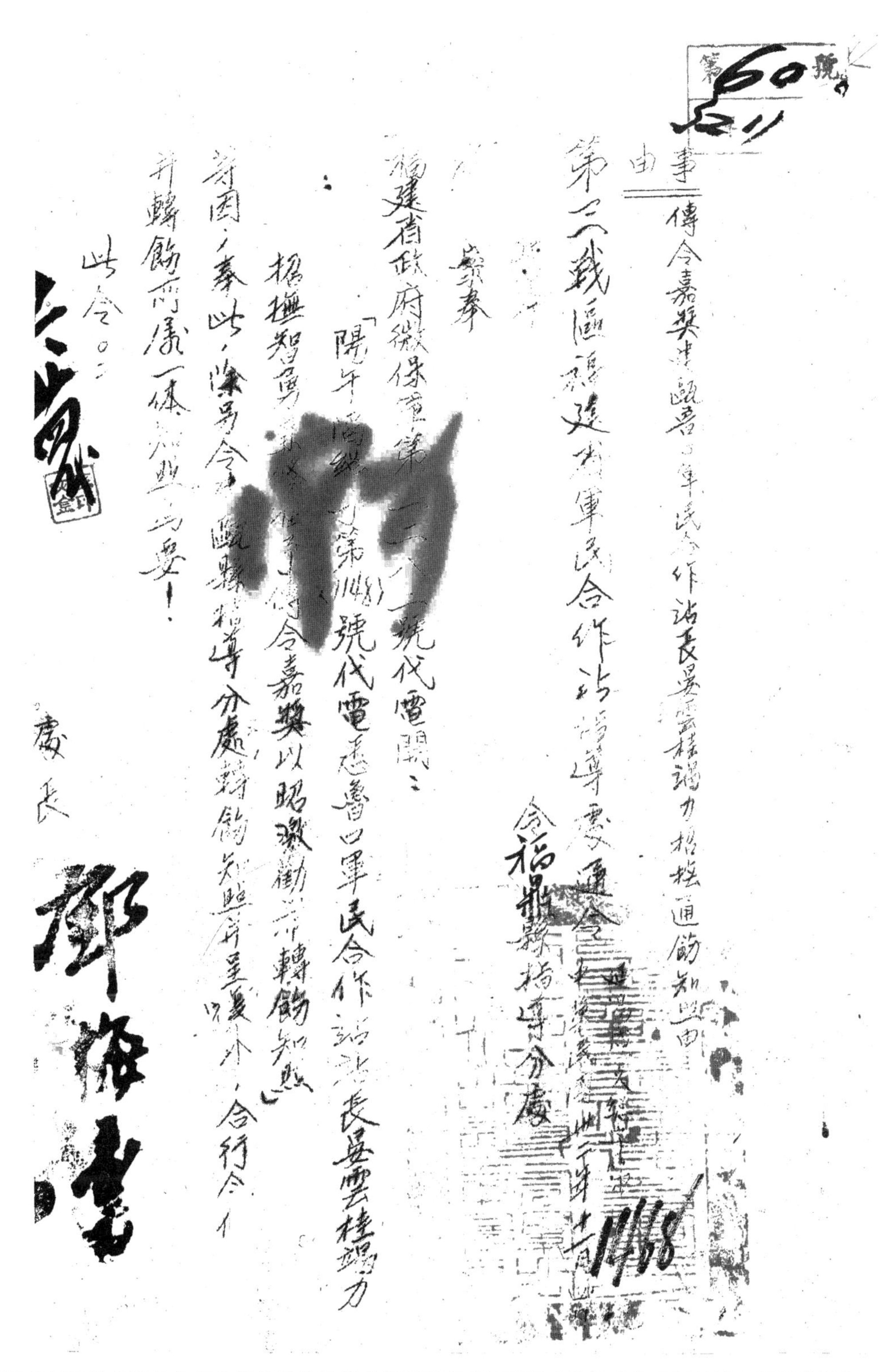

第60號

事由：傳令嘉奬建甌魯口軍民合作站長晏雲桂竭力招撫通飭知照由

第三戰區福建省軍民合作站指導處通令 卅二年十一月 字第1168號

令福鼎縣指導分處

案奉

福建省政府徵保電第二一八一號代電開：

「陽午電暨[illegible]第1148號代電悉。魯口軍民合作站站長晏雲桂竭力招撫，智勇[illegible]，[illegible]傳令嘉奬以昭激勸，并轉飭知照」

等因，奉此，除分令建甌縣指導分處轉飭知照并呈復外，合行令仰

該分處轉飭所屬一體知照為要！

此令。

處長 鄧[illegible]

第三战区福建省军民合作站指导处关于传令嘉奖建瓯鲁口军民合作站站长晏云桂竭力招抚的通令

（1943年11月4日） G137-001-0002

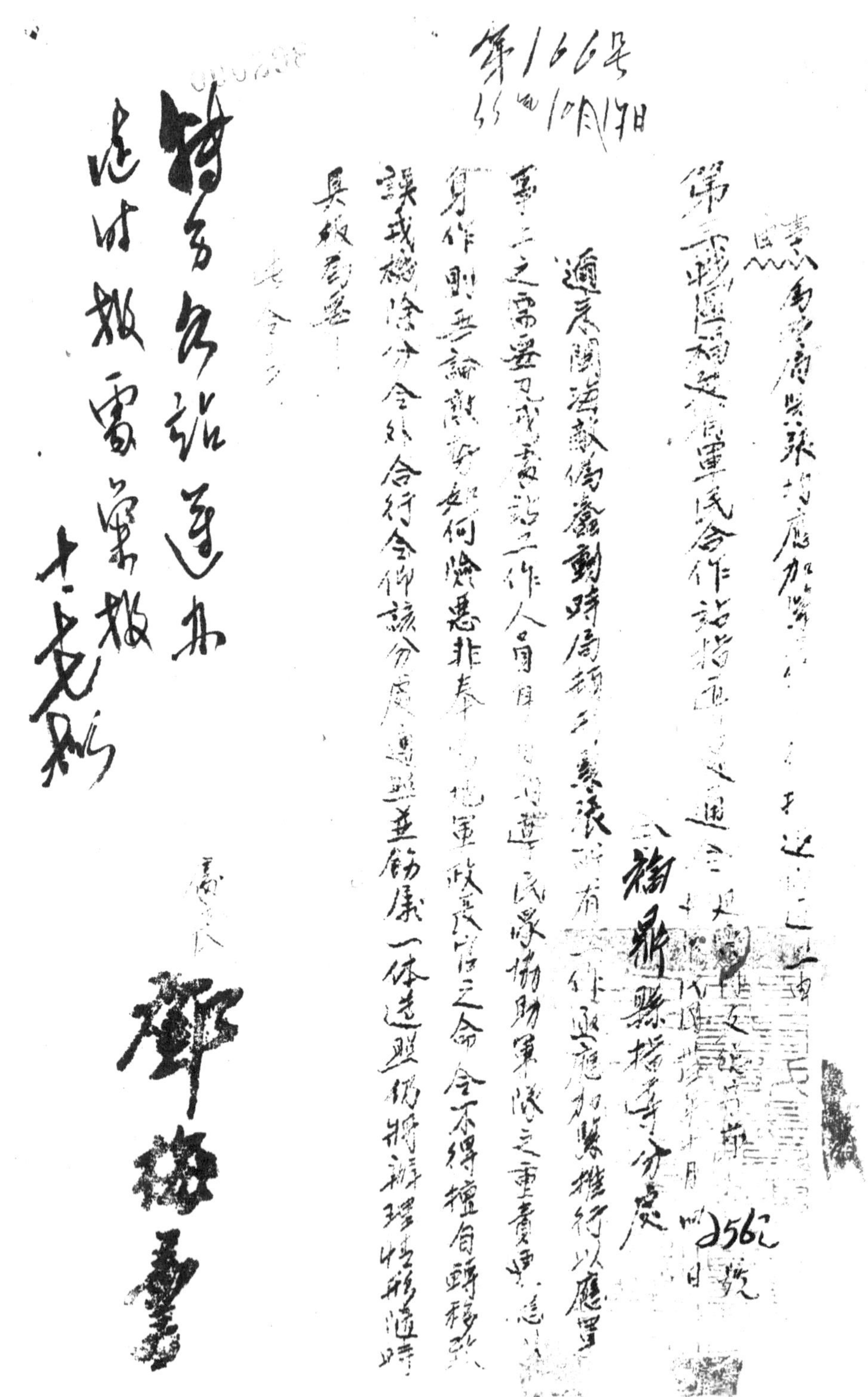
第三戰區福建省軍民合作站指導處
寧德縣指導分處
適在閩海敵偽蠢動時局頓呈緊張所有工作亟應加緊推行以應軍事上之需要凡我各站工作人員自應領導民眾協助軍隊之重責……身作則無論環境如何險惡非奉當地軍政長官之命令不得擅自轉移致誤戎機除分令外合行令仰該分處遵照並飭屬一體遵照仍將辦理情形隨時具報為要

第三战区福建省军民合作站指导处关于时局紧张，均应加紧工作，不得擅退的通令

（1944 年 10 月 4 日） G133-003-0123

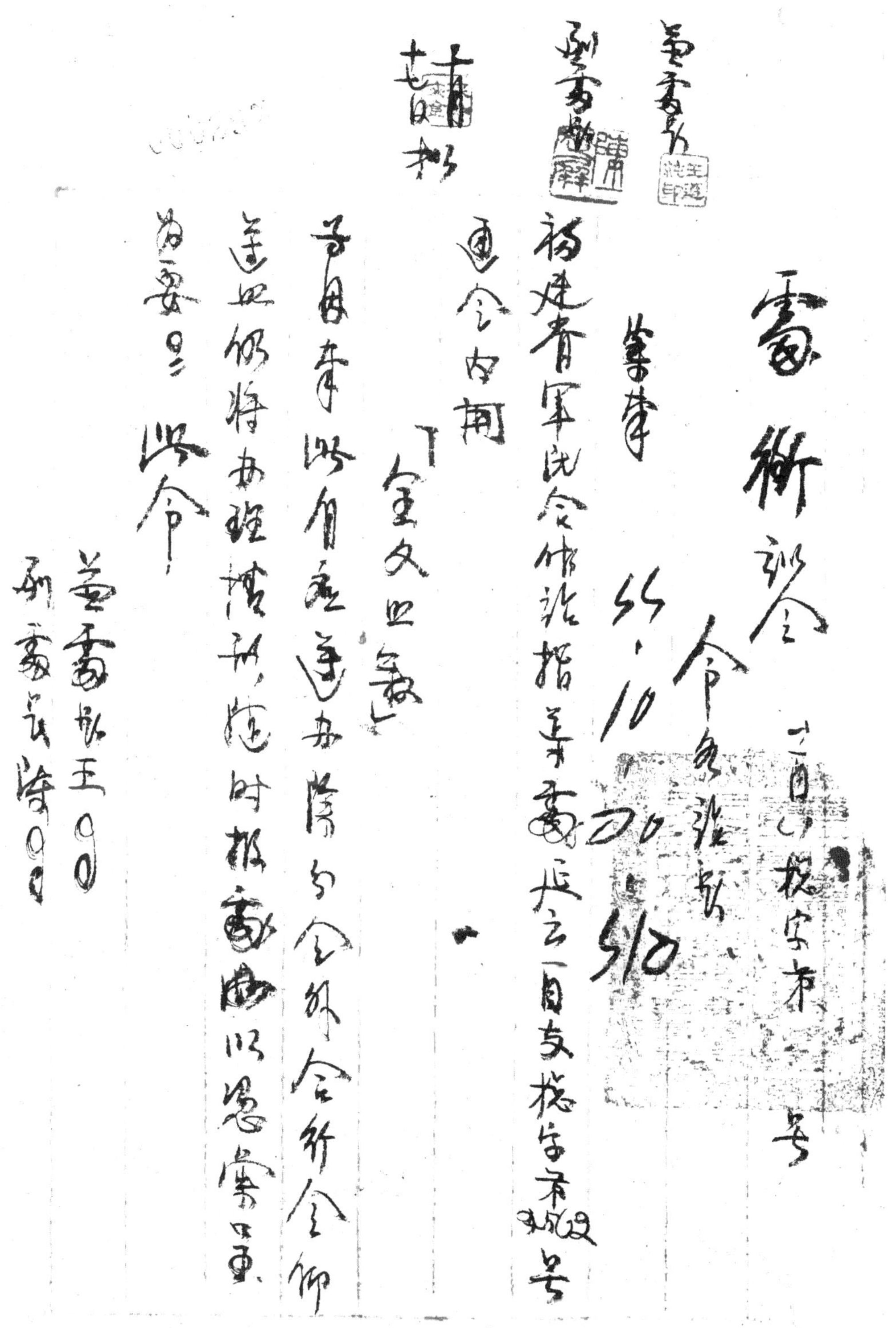

通令內開

「全文照錄」

等因奉此，自應遵辦，除分令外，合行令仰

遵照，仍將辦理情形隨時報處，以憑察核

為要。此令。

分處長 王

副處長 陳

第三战区福建省福鼎县军民合作站指导分处关于时局紧张，均应加紧工作，不得擅退的训令

（1944 年 10 月 20 日） G133-003-0123

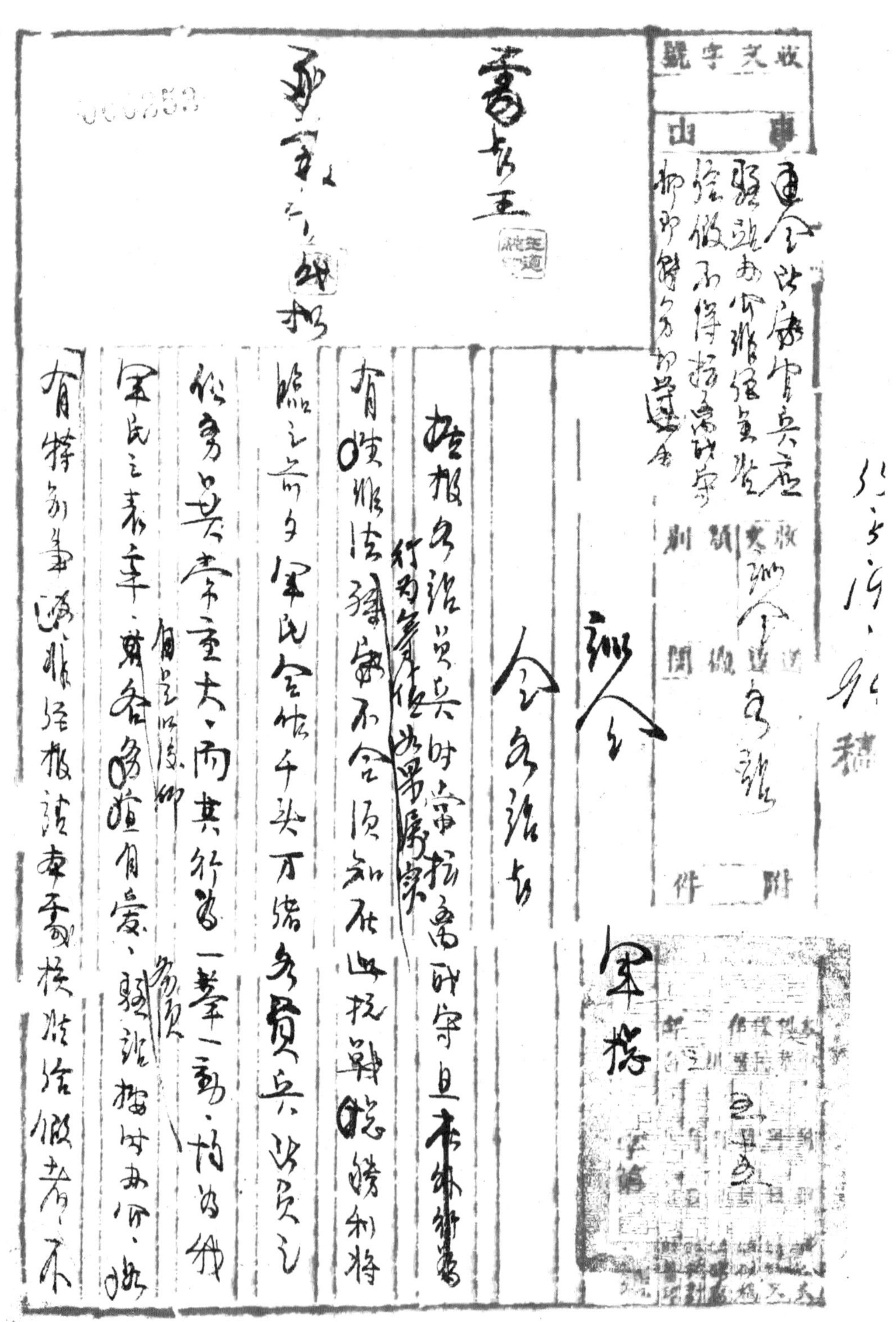

第三战区福建省福鼎县军民合作站指导分处关于各所属官兵应驻站办公，非经呈准给假不得擅离职守，并转饬一体切实遵照的训令(1944 年 5 月 19 日)　G133-003-0123

得擅离职守，违则一经查出，[illegible]不贷[illegible]
遵照，并转饬所属一体切实遵照为要。此令！
[illegible]
[illegible]

第三战区福建省福鼎县军民合作站指导分处关于各所属官兵应驻站办公，非经呈准给假不得擅离职守，并转饬一体切实遵照的训令(1944年5月19日)　G133-003-0123

341

133

第三战区福建省军民合作站指导处代电　卅三年七月六日

福鼎县县长兼[illegible]第一区保安司令部宣教处第0180号代电

准军政部三十三年二月役务字第一八六二号代电开：查军民合

作站编制内之职员应依兵役法施行条例第二款之规定视为辅助作战

勤务在服务期间不再征召除分电浙闽赣各省军管区遵照外相应

请查照并转饬所属[illegible]领之军民合作站[illegible]兵役法第十六条依法[illegible]以保[illegible]

分送浙闽赣各省军管区遵[illegible]将本部前颁军民合作站[illegible]

兵役法第十六条修正如次：「军民合作站编制内之职员依照兵役法第

八条第二款之规定视为辅助作战勤务在服务期间不再征召」电仰知照

并饬属知照为要[illegible]并饬属一体知照为

要[illegible]

[illegible]知照　七.十六

第三战区福建省军民合作站指导处关于军民合作站编制内之职员依照兵役法在服务期间不再征召的代电(1944年7月6日)　G137-001-0004

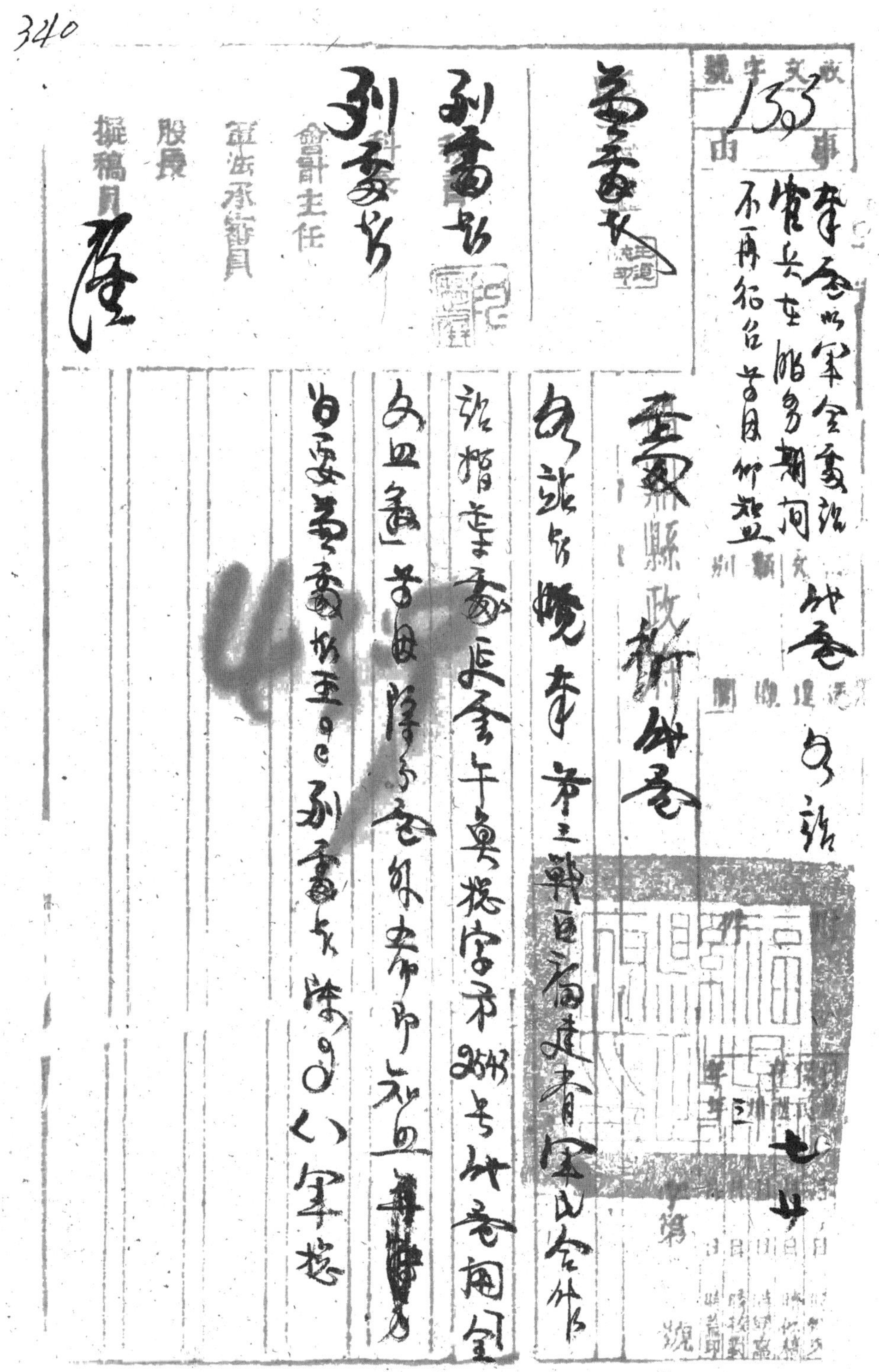

第三战区福建省福鼎县军民合作站指导分处关于军民合作站官兵在服务期间不再征召的代电

（1944 年 7 月 20 日） G137-001-0004

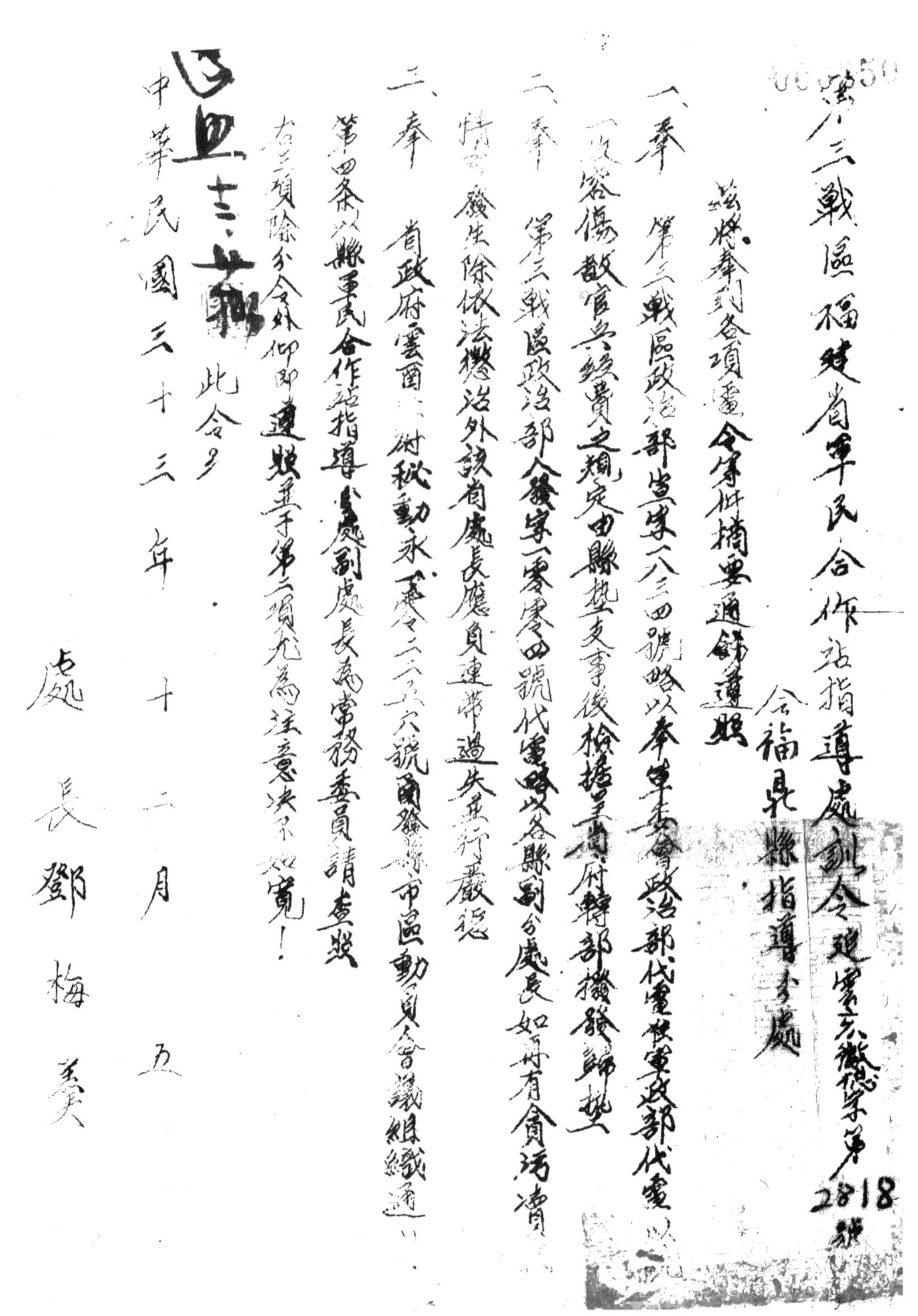

第三戰區福建省軍民合作站指導處訓令　建寅亥徵總字第2818號

令福鼎縣指導分處

茲將奉到各項電令等件摘要通飭遵照

一、奉第三戰區政治部寅字一八三四號略以奉軍委會政治部代電據軍政部代電以「以後各傷敵官兵饋費之規定由縣墊支事後檢據呈省府轉部撥發歸墊」

二、奉第三戰區政治部發字一零零四號代電略以各縣副分處長如有貪污瀆職情事發生除依法懲治外該省處長應負連帶過失並行嚴懲

三、奉省政府寅酉附秘動永字第〇二二五六號通飭「市區動員會議組織通則」第四条以縣軍民合作站指導分處副處長為常務委員請查照

右三項除分令外仰即遵照並于第二項尤為注意決不姑寬！

此令。

中華民國三十三年十二月五日

處長　鄧梅羹

第三战区福建省军民合作站指导处关于将奉到各项电令等件摘要通饬遵照的训令

（1944年12月5日）　G133-003-0123

147　34.6.8收文

第三戰區福建省軍民合作站指導處訓令　贛民寒字第0910號

事由：令仰該分處迅匯國幣壹仟元到處以憑遞寄軍合手冊由

令各縣軍合指導分處

查軍合人員對于所領各種法令均應瞭如指掌辦事方合乎規律本處有見及此特編印「軍民合作手冊」一種內容對于各種章則規程均搜集詳盡無遺凡各處站辦理軍合工作人員均應人手一冊以為典範但印刷費甚鉅茲規定每本價洋八十元每分處准購十冊連同郵費暫匯壹千元（多退少補）到處即將是項手冊遞寄除分令外合行令仰遵辦具報為要。

此令。

處長　鄧梅（印）

中華民國卅四年五月十四日

第三战区福建省军民合作站指导处关于各分处亟汇国币壹仟元到处，以便递寄军合手册的训令

（1945年5月14日）　G137-001-0007

34.6.30收

146

第三战区福建省军民合作站指导处训令　中华民国三十四年六月十三日　腾巳元指字第1162號

事由：令仰将购买军民合作手册款速汇处以便递寄应用由

令福鼎县军民合作站

查本处编订军民合作手册为军民合作人员所必需，业经本年五月十四日以渝指字第0510号令饬遵办价格在案，现距时已久，汇款订购者固多，而迄未报缴详情者亦不少，但此项手册不能视同普通书籍之性质，所有军民合作各种法令章则，莫不搜集汇载，以便各级人员推行业务有所依据，若迟延不购，则该员应负忽玩工作之咎。明除分令外，仰迅遵照前令办理具报为要！

此令。

处长　郑□□

第三战区福建省军民合作站指导处关于将购买军民合作手册款汇处，以便递寄应用的训令

（1945年6月13日）　G137-001-0007

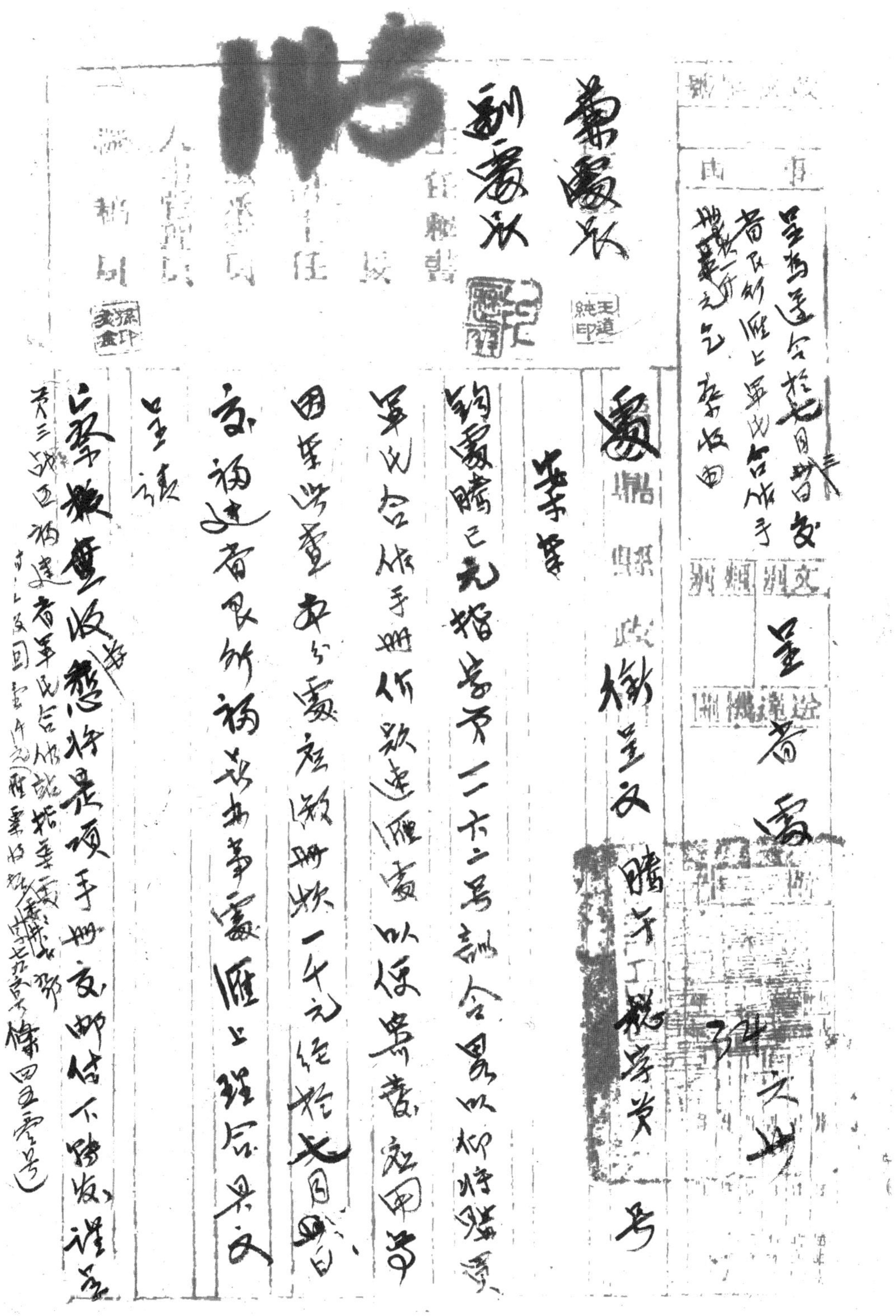

第三战区福建省军民合作站指导处关于遵令于七月三日交省民行福鼎办事处汇上军民合作手册款壹仟元的呈文(1945 年 7 月 3 日)　G137-001-0007

三战区福建省军民合作站指导处训令

令福鼎县指导分处

案奉

第三战区司令长官司令部军民合作指导室主任郑外东合字寅删：

「军委会党政视察团已由渝起程来本战区视察月内可

到该省各县处站统希尅日组成准备视察勿贻不良观瞻为

要」等因奉此查此次视察意义极为重大非同寻常可比亟应特别注意

迅起精神加速调整静候视察兹将应备视察各项表册逐一规定于

后（一）处站官佐人事册（二）处站经费表（内分来源现领数未发数应需

数困难备考各项）（三）处站本身受军米状况表（四）与当地驻军特别党部

政治部联系情形表（五）绘制全县处站分布图（六）凡已设民伕队铁肩

队担架队救护队均应造具名册（七）详叙本处站本年度中心工作

斟酌当地情形抄具详细实施计划（八）各分处自成立以来工作概况

报告（九）每月使用民伕次数人数统计表（十）每月使用船只数量表（十一）

供应物品统计表（十二）宣慰状况表（十三）为出征军人家属代写书信次数

表（十四）发刊壁报或旬刊表（十五）[illegible]茶水[illegible]次数表（十六）每月解决

军民纠纷次数表（十七）其他以上所列十七项限文到一星期内（以邮戳

为凭）漏夜各赶造四份以一份悬挂或张贴于处站内一份留存党政

视察团备查余两份装订成册以快邮呈送本处若有不能如期完成

上项工作或敷衍塞责除该县处长呈请省府[illegible]外各专任副处长

职示惩决不姑宽又于[illegible]沿行在地或交通路口设置指路牌另置

第三战区福建省军民合作站指导处关于军委会党政视察团视察各项表册十七项，各应准备齐全快邮呈本处的训令(1943年4月6日)a面　G133-003-0121

木牌[illegible]用楷書繕寫軍民合作公約與軍民合作站公約及[illegible]
縫民[illegible]法木牌一律油漆黑底白字并有上項經費仰建甌[illegible]
縣長設法籌措或由地方熱心人士集捐以應急需至各站之事
務負[illegible]負責不得有名無實須決視察為軍政[illegible]
合反攻[illegible]準備各副處長能負責當以準備總考成[illegible]
沿公路線之[illegible]武崇安浦城建陽建甌南平[illegible]之永安大田
光澤古田連城長汀沿江沿海線之閩清閩侯福州[illegible]田仙遊晉
江南安惠安德化永春安溪同安華安長泰南靖龍海澄漳浦
雲霄詔安東山平和等縣特別注意並于處站辦公[illegible]內整齊清
潔各項簿冊亦應準備齊全靜候視察除分令外合行令仰遵照
並飭站屬一併遵照如違干咎！

此令

中華民國三十二年四月六日

處長 鄭梅蓁

副處長 陳聯芬

第三战区福建省军民合作站指导处关于军委会党政视察团视察各项表册十七项，各应准备齐全快邮呈本处的训令（1943 年 4 月 6 日）b 面　G133-003-0121

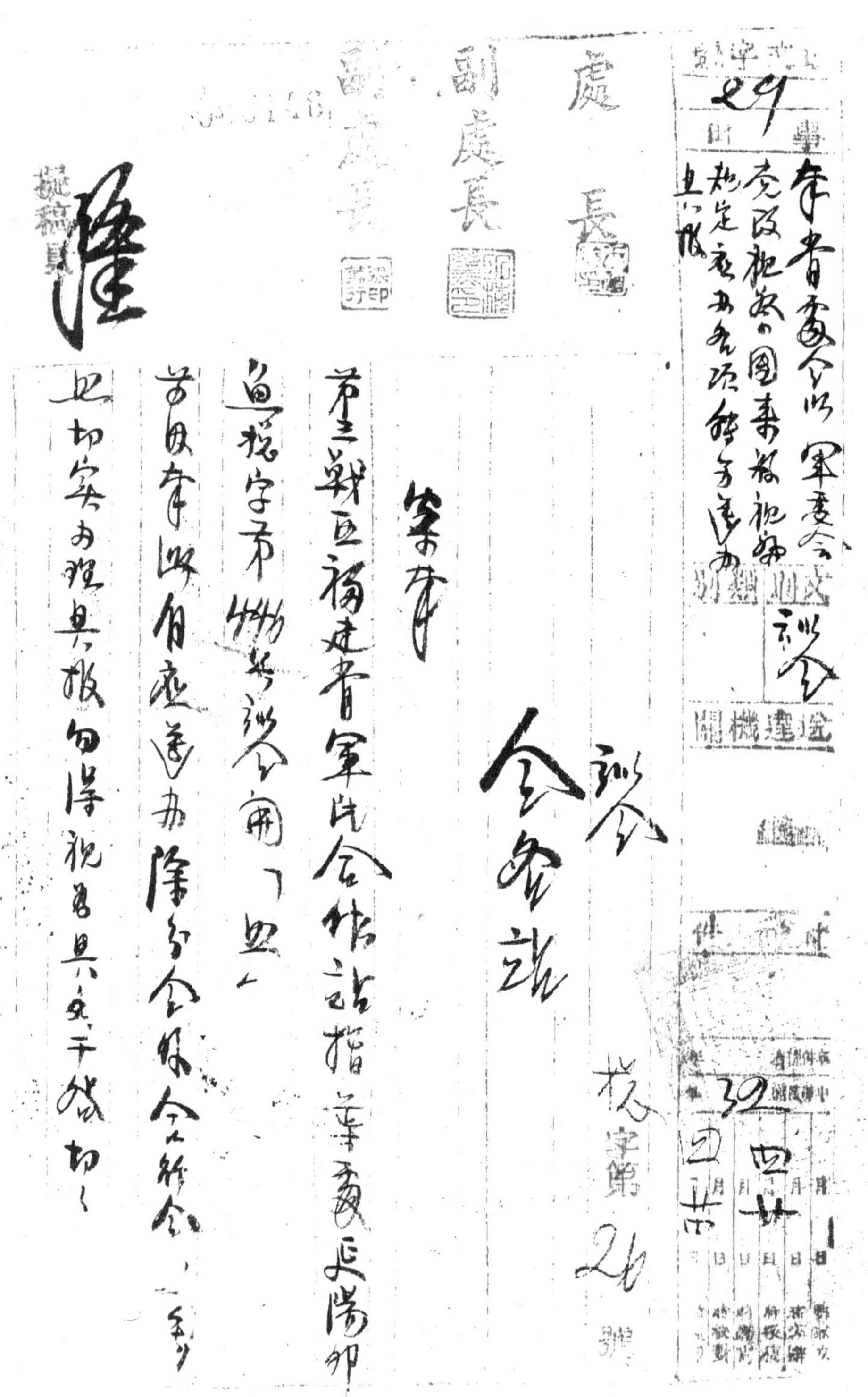

第三战区福建省福鼎县军民合作站指导分处关于奉省处令以军委会党政视察团来县视察，规定应办各项，转令遵办具报的训令(1943 年 4 月 24 日)　G133-003-0121

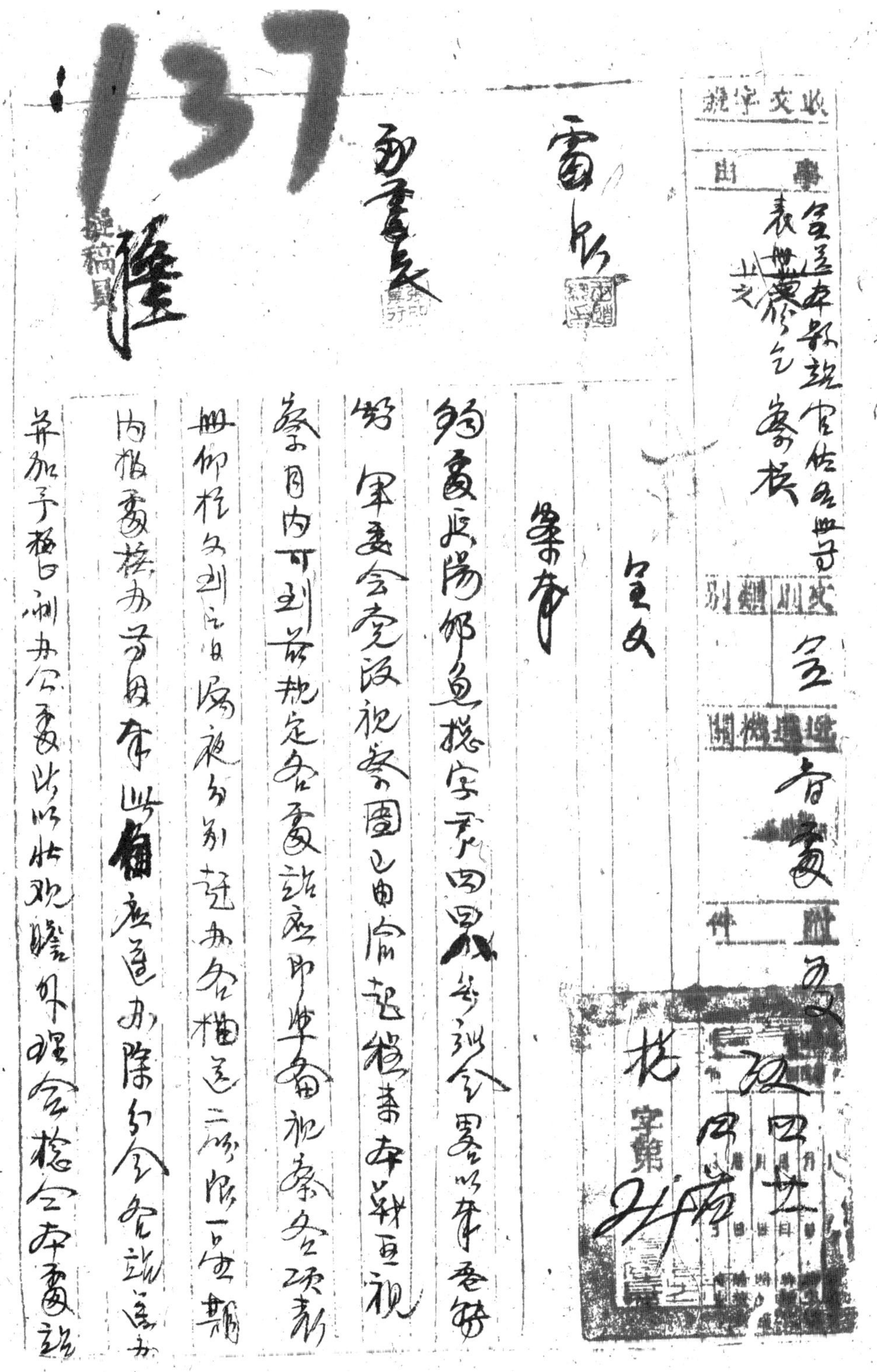

第三战区福建省福鼎县军民合作站指导分处关于报送本县处站官佐名册等表册的呈文

（1943 年 4 月 24 日） G137-001-0009

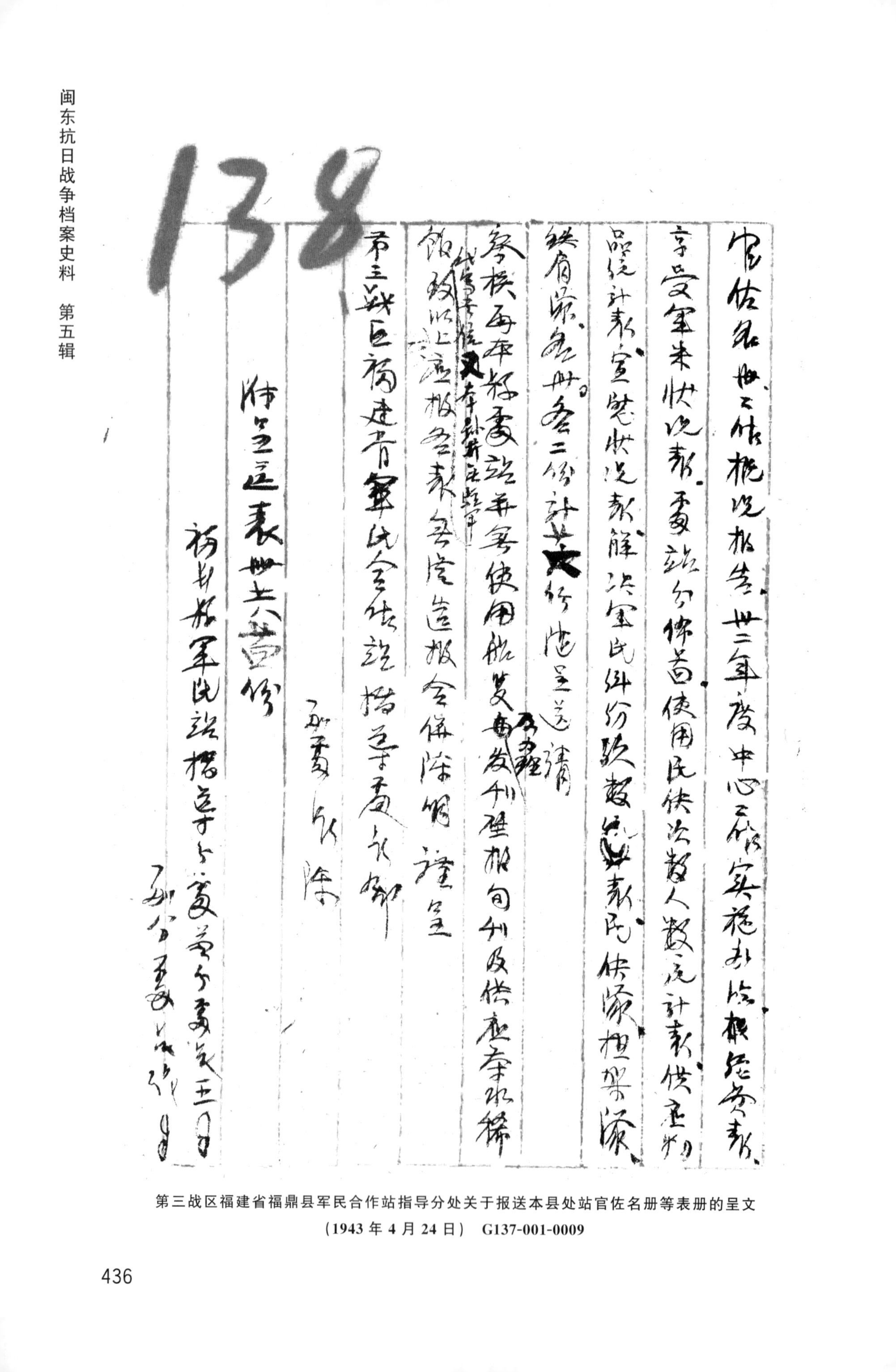

138

官佐名册、工作概况报告、卅二年度中心工作实施[illegible]各乙份、[illegible]

[illegible]

附呈表册共十八份

[illegible]

第三战区福建省福鼎县军民合作站指导分处关于报送本县处站官佐名册等表册的呈文

(1943年4月24日) G137-001-0009

148

第1145号
33年8月25日

福鼎县政府代电

軍民合作處鑒

省政府清查委員已離縣，必要查詢

暨督導各機關公有款產整理撥解等事宜，茲限本月廿六日

上午六時各該機關主管官、各鄉鎮長一律集中本府大禮堂

聽候指導。

幸勿違為要。縣長王道純（酉）

中華民國三十三年八月

6806

福鼎县政府关于本月二十六日上午六时各机关主管官、各乡镇长一律集中于本府大礼堂，听候省府清查委员指导的代电(1944年8月22日)　G137-001-0007

第三战区福建省军民合作站指导处关于各处站赶报各项书表的代电

（1944 年 8 月 29 日）　G133-003-0123

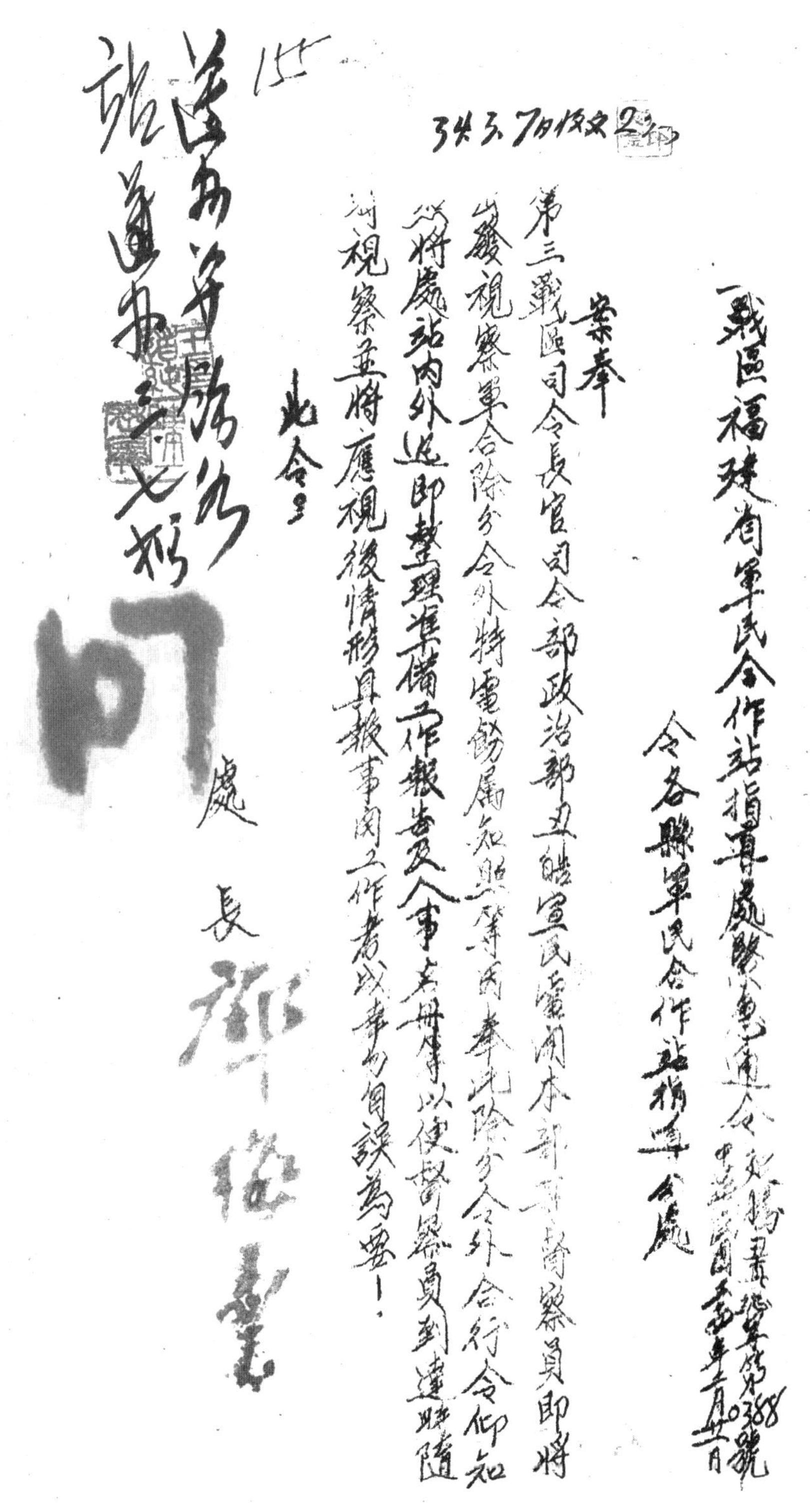

第三戰區福建省軍民合作站指導處緊急通令 秘督字第0388號
中華民國卅四年二月廿一日

令各縣軍民合作站指導分處

案奉

第三戰區司令長官司令部政治部丑皓宣民電開：本部第一督察員即將出發視察軍合隊分合外，特電飭屬知照等因；奉此，除分令外，合行令仰知照將處站內外迅即整理準備工作報告及人事名冊等，以便督察員到達時隨時視察，並將應視後情形具報，事關工作考成，毋得貽誤為要！

此令。

處長 鄭

第三战区福建省军民合作站指导处关于督察员即将出发，各处站迅即整理准备，并将视察情形具报的紧急通令（1945年2月21日） G137-001-0007

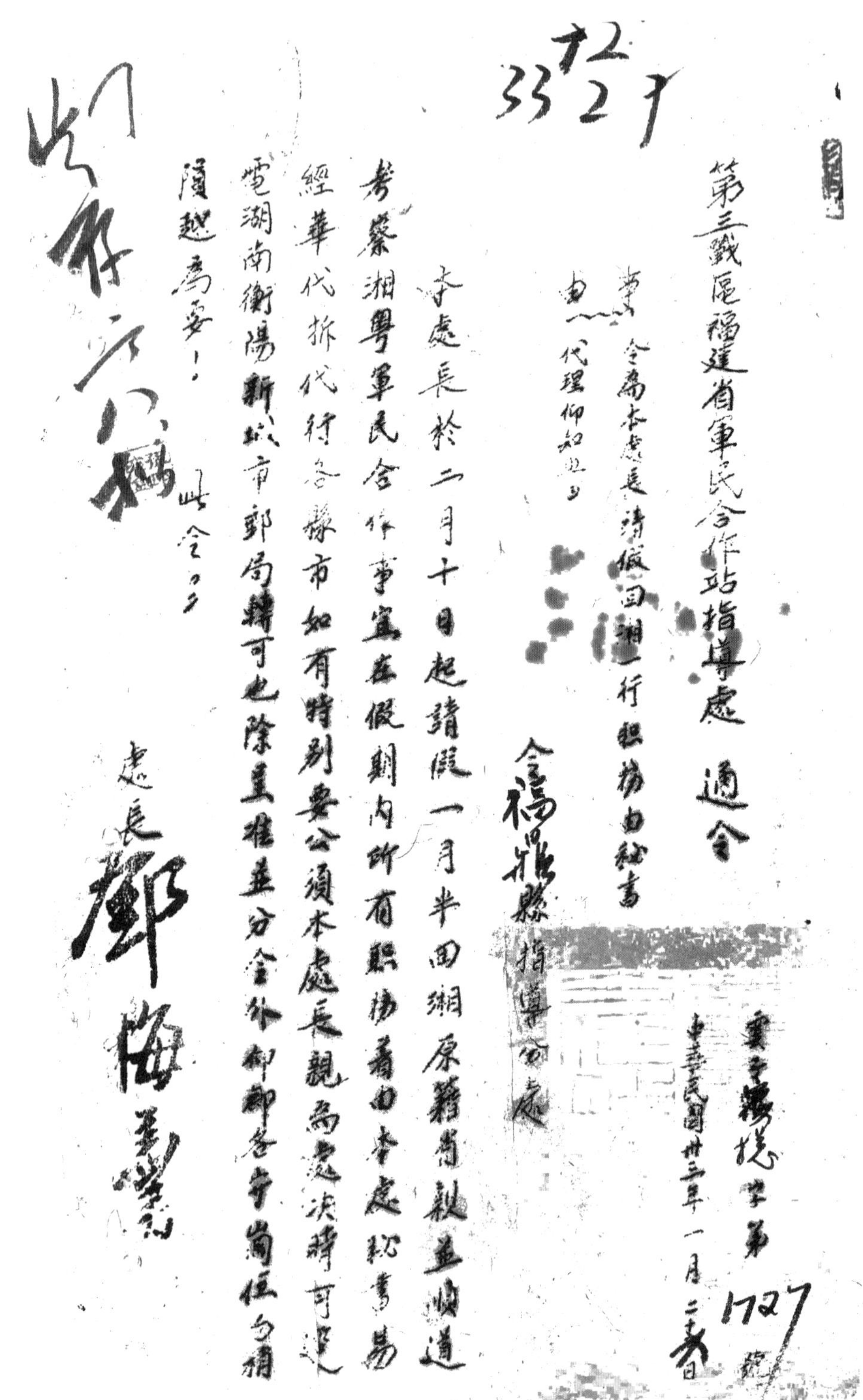

第三戰區福建省軍民合作站指導處　通令　字第1727號

事由：令為本處處長請假回湘一行職務由秘書代理仰知照由

令福鼎縣指導分處

本處長於二月十日起請假一月半回湘原籍省親並順道考察湘粵軍民合作事宜在假期內所有職務着由本處秘書易經華代拆代行各縣市如有特別要公須本處長親為處決時可逕電湖南衡陽新城市郵局轉可也除呈准並分令外仰即各守崗位勿稍逾越為要！

此令

處長　鄧梅

中華民國卅三年一月二十六日

第三战区福建省军民合作站指导处关于本处处长请假回湘，职务由秘书代理的通令

（1944 年 1 月 26 日）　G137-001-0002

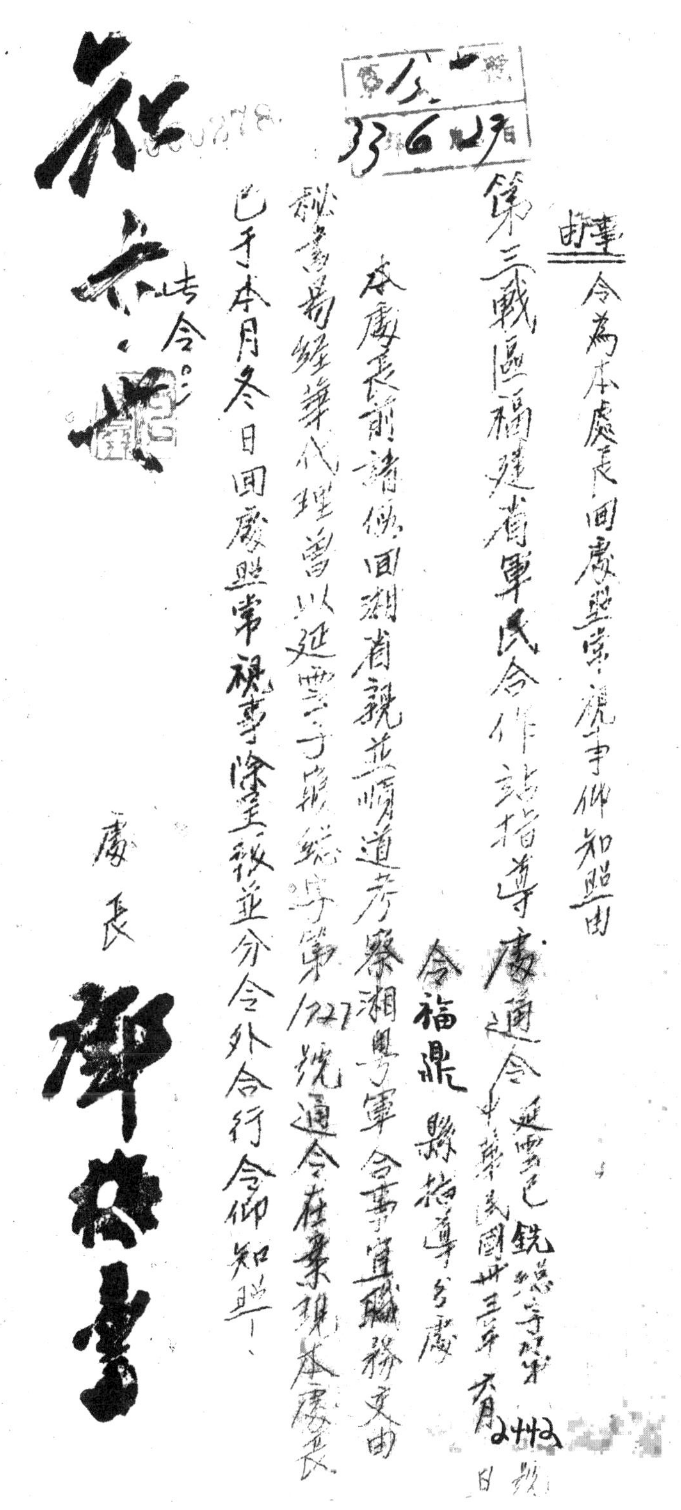

事由 令為本處長回處照常視事仰知照由

第三戰區福建省軍民合作站指導處通令 延電巳銑總字第 號 中華民國卅三年六月 日

令福鼎縣指導分處

本處長前請假回湘省親並順道考察湘粵軍合事宜職務交由秘書易經華代理曾以延電子歲總字第1227號通令在案現本處長已于本月冬日回處照常視事除呈報並分令外合行令仰知照

處長 鄭[illegible]書

第三战区福建省军民合作站指导处关于本处长回处，照常视事的通令

（1944 年 6 月 16 日） G133-003-0123

76

福鼎县政府公函

年度起各机关公库印鉴表拟予重新更换函请 查照由

查各机关公库印鉴自今年度起均应重新更换送由本府会计室于印鉴表背面加盖室钤再行转送省银行查核以昭慎重除分别函令外兹检同空白印鉴表二份函请

查照即希填具印鉴表二份送府以凭存转为荷

此致

军民合作指导处

附发空白印鉴表二份

县长王道纯

0131

福鼎县政府关于本年度起各机关公库印鉴表拟予重新更换，希填具印鉴表送府存转的公函

（1945年1月9日） G137-001-0006

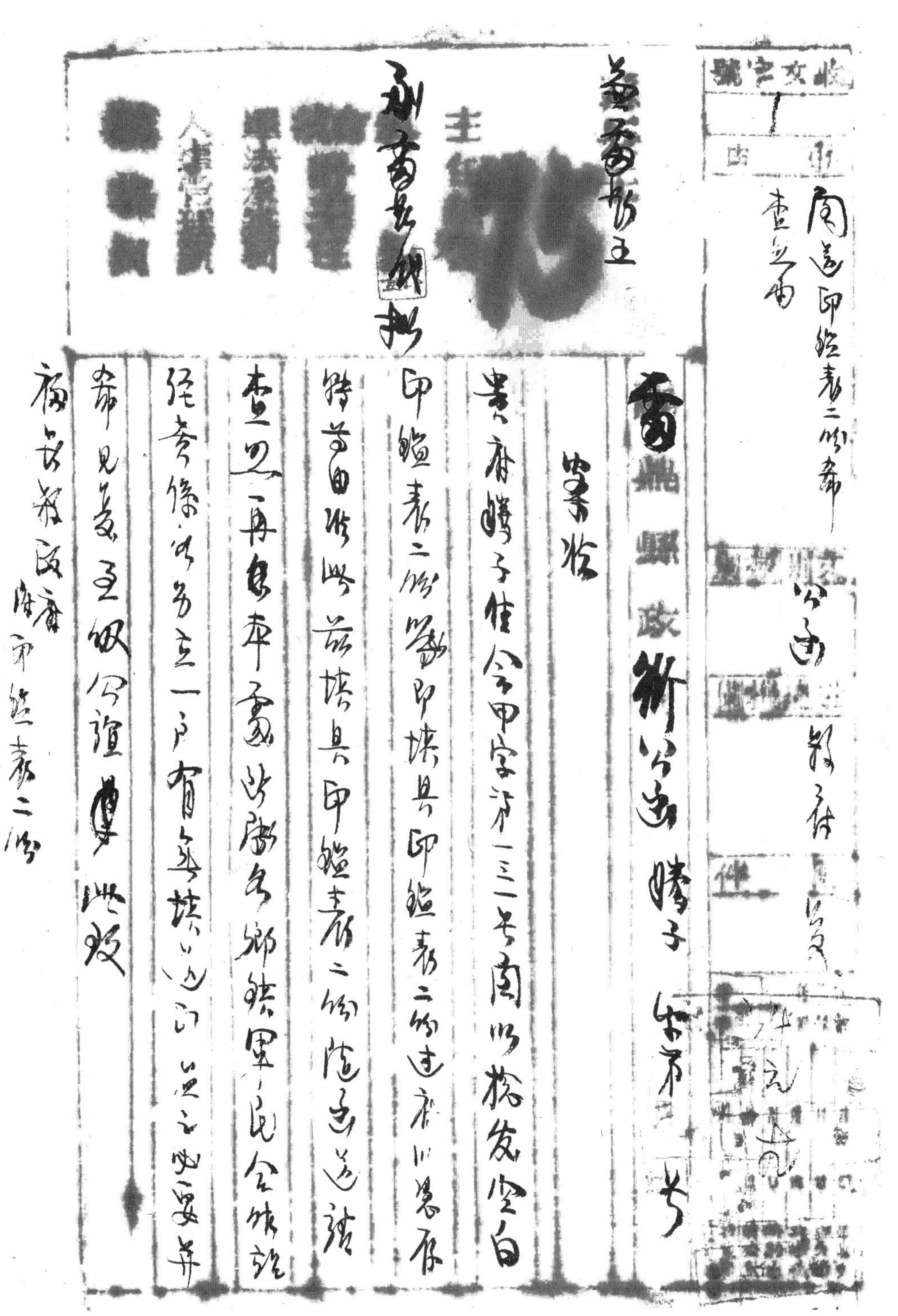

案准

贵府騰子佳字第一三二号函以检发空白印鉴表二份嘱即填具印鉴表二份送府以凭存转等由准此兹填具印鉴表二份随函送请

查照再本处所属各乡镇军民合作站经本处令饬分立一户有無填送以凭汇办並希見复至纫公谊

此致

福安縣政府

附印鉴表二份

第三战区福建省福鼎县军民合作站指导分处关于填送印鉴表的公函

（1945 年 1 月 19 日） G137-001-0006

3.部门间公文报备

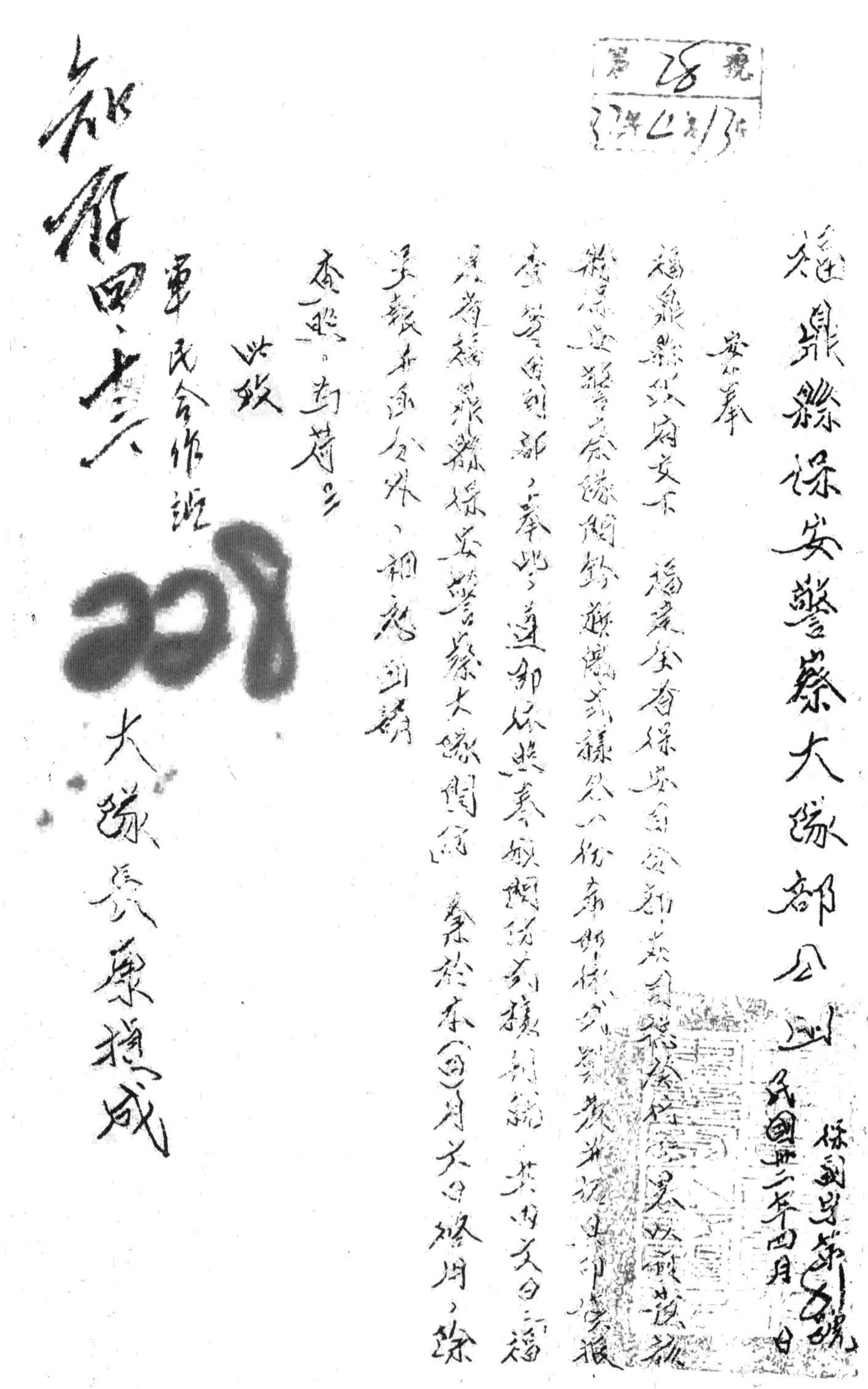

福鼎县保安警察大队部公函

保副字第 号 民国卅二年四月 日

此致

军民合作站

大队长

福建省福鼎县保安警察大队部关于依照奉颁关防式样刊就，并于本月六日启用的公函

（1943 年 4 月） G137-001-0003

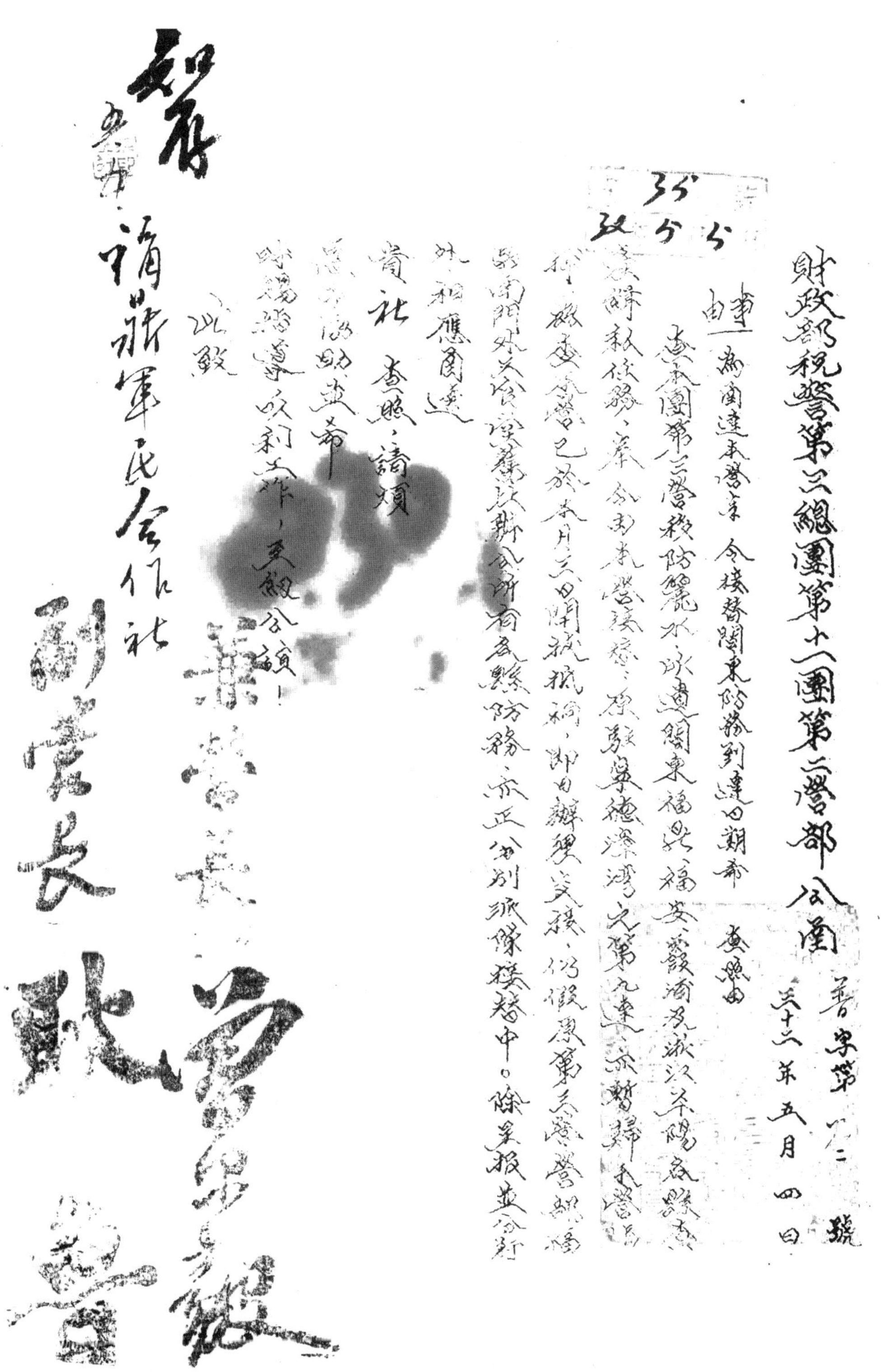

财政部税警第三总团第十一团第二营部关于本营奉令接替闽东防务到达日期的公函

（1943 年 5 月 4 日） G137-001-0003

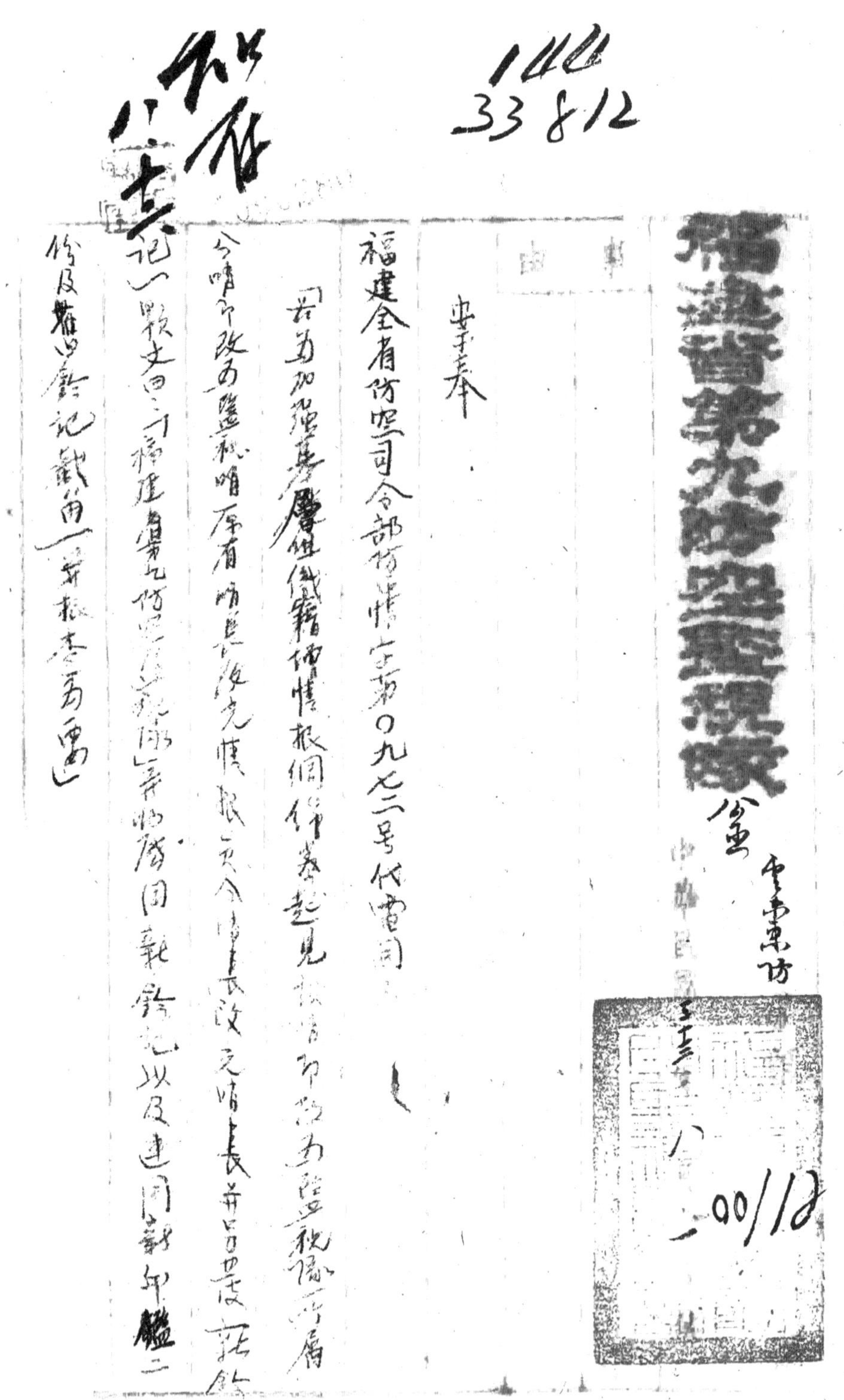

福建省第九防空監視隊公函

事由

福建全省防空司令部防情字第〇九七二号代電開：

「茲為加强基層組織精確情報[illegible]起見[illegible]即將[illegible]監視隊所哨

分哨改為監視哨，原有哨長改充哨長[illegible]

記」一顆，文曰「福建省第九防空監視隊」，并將啓用新鈐記以及送用新印鑑二

份及舊鈐記截角一并報查為要」

福建省第九防空监视队关于本队于八月一日改立并启用新钤记的公函

（1944 年 8 月 1 日）　G133-003-0123

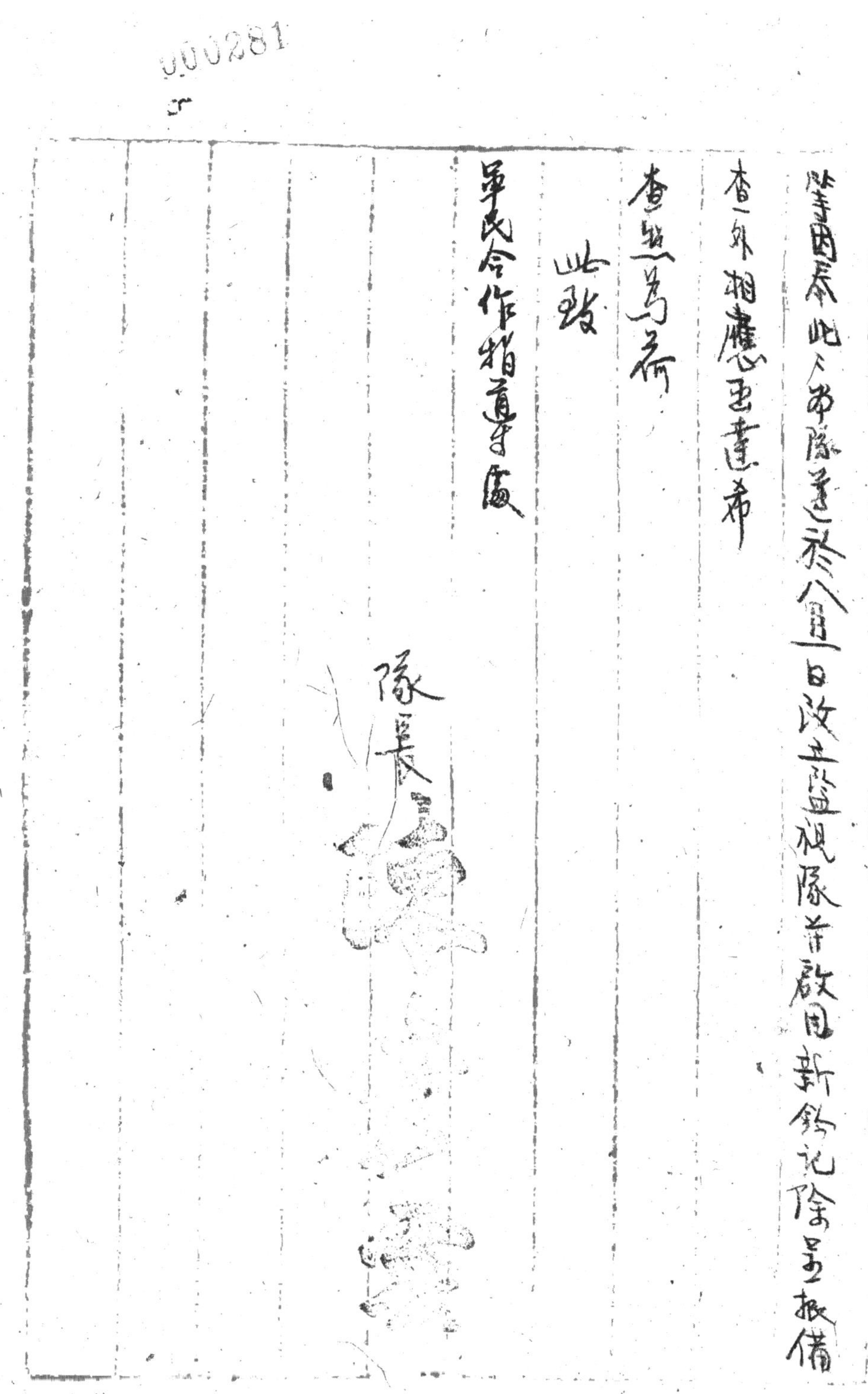
等因奉此，本队遵于八月一日改立监视队并启用新钤记，除呈报备查外，相应函达，希查照为荷。此致

军民合作指导处

队长 [illegible]

福建省第九防空监视队关于本队于八月一日改立并启用新钤记的公函

（1944年8月1日） G133-003-0123

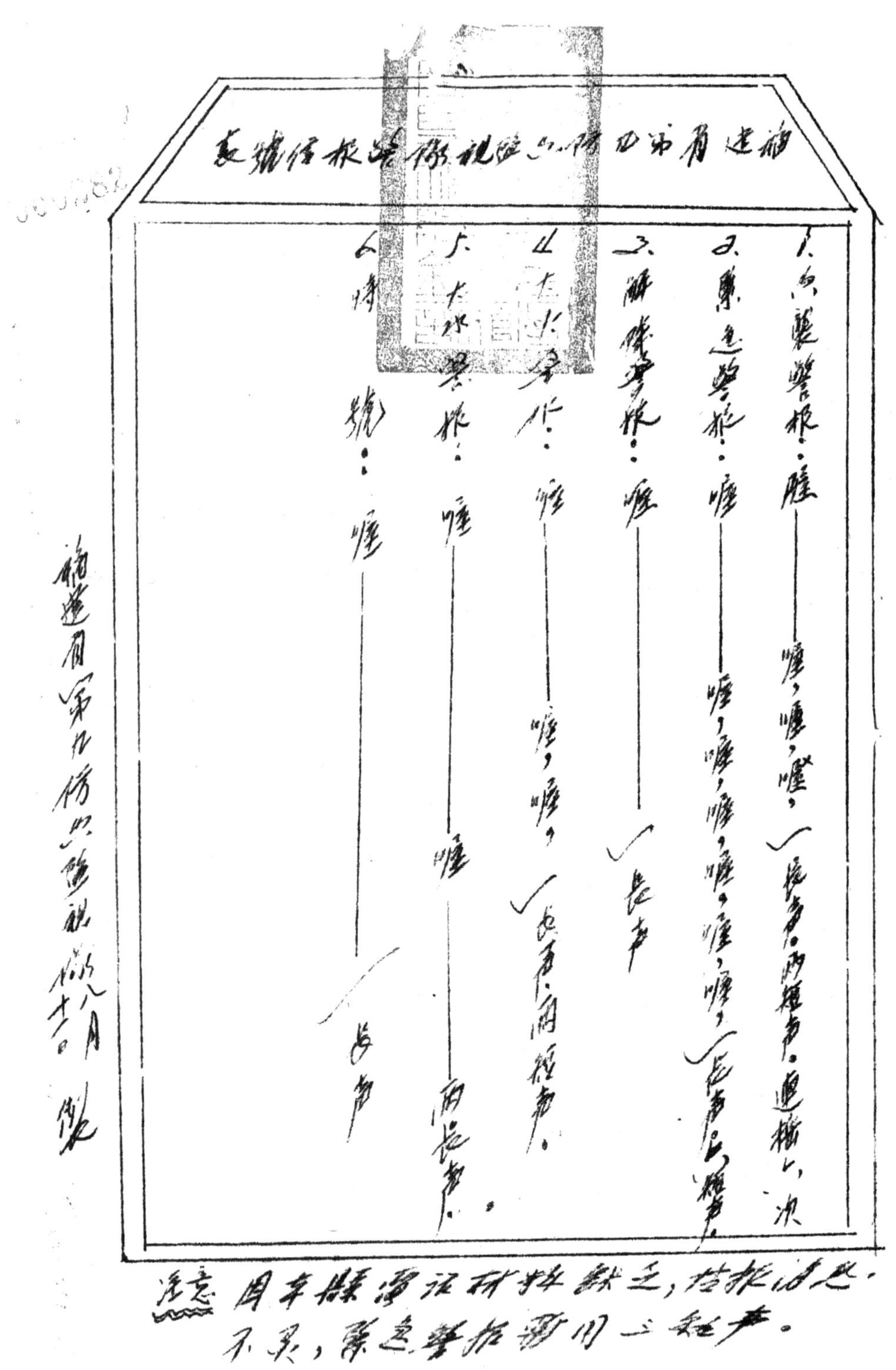
福建省第九防空监视队警报信号表

1. 空袭警报：嗚——嗚，嗚，嗚，（长声，两短声，連續六次
2. 緊急警報：嗚——嗚，嗚，嗚，嗚，嗚，嗚，（长声，六短声
3. 解除警報：嗚——（长声
4. 火警：嗚——嗚，嗚，（长声，两短声。
5. 大水警報：嗚——嗚——两长声。
6. 停號：嗚——（长声

福建省第九防空监视队 八月十日 制

注意：因本縣通訊材料缺乏，故報汽笛不靈，緊急警報須用之短声。

福建省第九防空监视队警报信号表（1944 年 8 月 11 日） G133-003-0123

財政部閩贛區菸類專賣局福安分局福鼎辦公處 公函

事由：為接收視事函請查照由

中華民國卅三年九月六日

案奉

閩贛區菸類專賣局福安分局雲韓總字第2351號訓令開

「茲派該員代理本局福鼎辦公處主辦業務員限九月六日前往福鼎辦公處接收繼續辦理菸類業務除報局核備並令福鼎辦事處遵照外仰即遵照」此令

等因奉此 慕韓遵於九月六日到差接收視事除呈報並分函外

相應函請

查照為荷 此致

第三戰區福鼎軍民合作站

主辦 劉慕韓

财政部闽赣区烟类专卖局福安分局福鼎办公处关于刘慕韩到差接收视事的公函

（1944 年 9 月 6 日） G133-003-0123

闽海关福鼎分所公函

事由：为奉委充福鼎分所主任，于本年十月二十五日到差任事函请查照由

案奉闽海关税务司训令内开：“兹委派林兆荣为本关福鼎分所主任，仰即克日到差，具报”等因，奉此，兹业于本年十月廿五日到差任事，除呈报并分函外，相应函达，请烦查照为荷。此致福鼎县军民合作指导处

主任 林兆荣

闽海关福鼎分所关于林兆荣奉委充福鼎分所主任，于本年十月二十五日到差任事的公函

（1944年10月25日） G133-003-0123

二 军民合作站中心工作

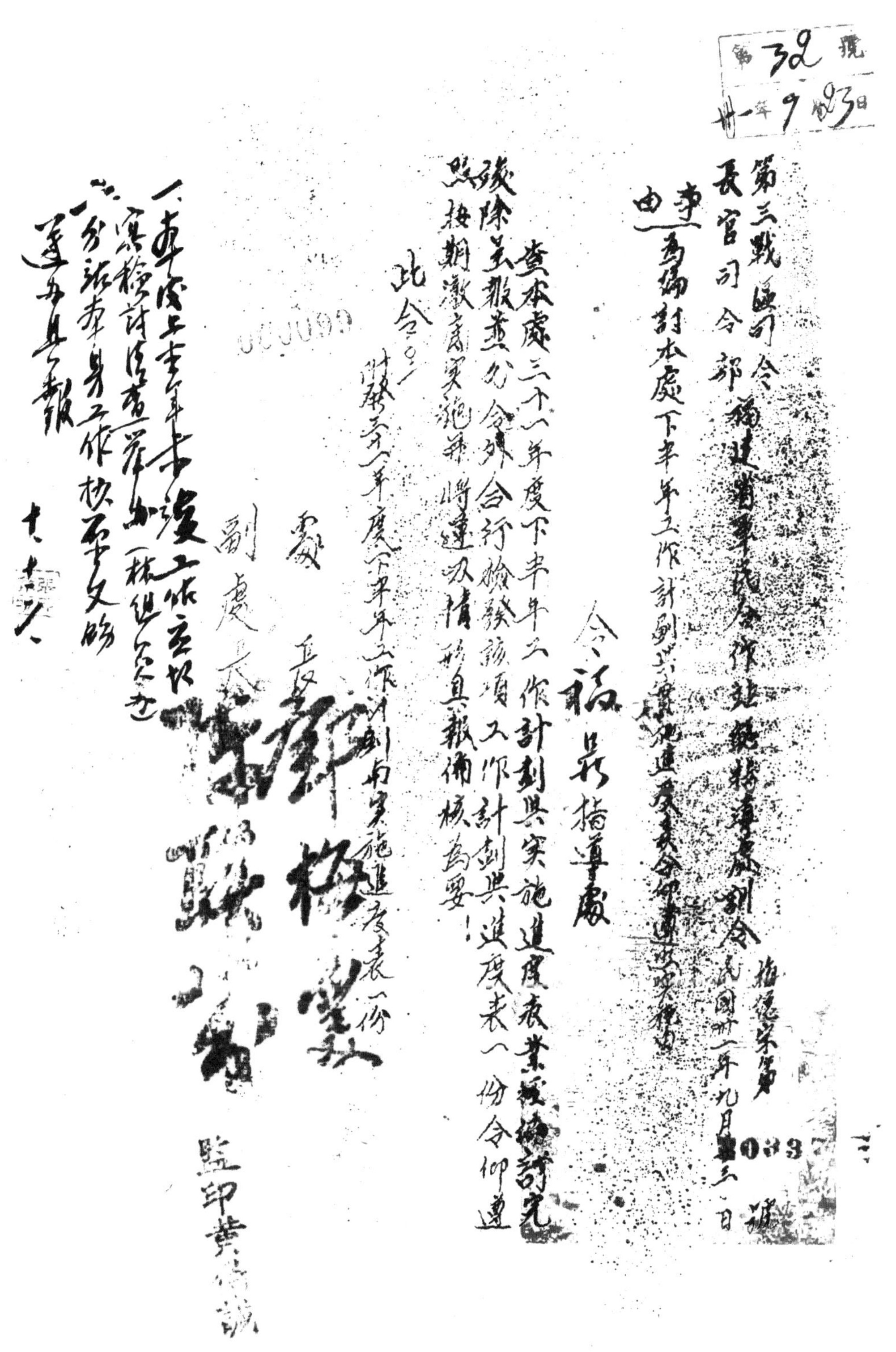
第32号
卅一年9月23日

第三战区司令长官司令部福建省军民合作站总指导处训令　民国卅一年九月二十三日　指总字第0337号

事由：为编订本处下半年工作计划与实施进度表令仰遵办具报由

令福州指导处

查本处三十一年度下半年工作计划与实施进度表业经编订完竣，除呈报暨分令外，合行检发该项工作计划与进度表一份，令仰遵照按期切实施行，并将遵办情形具报备核为要！

此令。

附发卅一年度下半年工作计划与实施进度表一份

处长 [illegible]

副处长 [illegible]

监印 黄[illegible]诚

一、本处上半年度工作应切实检讨[illegible]
二、分派本单位工作[illegible]
遵办具报
[illegible]

第三战区司令长官司令部福建省军民合作站总指导处关于编订本处三十一年下半年工作计划与实施进度表，并将遵办情形具报备核的训令(1942 年 9 月 23 日)　G133-003-0120

第三战区司令长官司令部
福建省军民合作站总指导处暨各县处站三十一年度下半年工作计划与实施进度表

单位	预计要目	实施办法	工作进度	备考
总指导处	工作	1. 检讨上半年度本处工作并积累材料 2. 充实各县站组织以[illegible]业务之开展[illegible] 3. 编造每月工作报告 4. 督饬各县处站每月二十日报告详细[illegible]实际化切戒虚浮 5. 督导农协所属各分会克尽职责[illegible]作 6. 督促各处站须尽扶持地方公正人士及优秀青年使其热心参加随时顺应军事工作之各项任务以作社会之领导 7. 督饬各县指导处工作报告 8. 调查所属机构工作是否遵照法令实施成绩 9. 严格办理本处人员之考绩以使能尽职 10. 绘制辖区道路线图表及全省处站分布图 11. 填制各种统计登记表册随时办理[illegible] 12. 健全人事机构整理属站工作人员履历表制定人事管理办法所有各县处站任用人员[illegible]履历并[illegible]证明文件方得委派	八月内完成 随时办理 按月办理 随时办理 仝右 仝右 仝右 随时进行 仝右 十月内完成 随时办理 限十月底完成	

附件：第三战区司令长官司令部福建省军民合作站总指导处及各县处站三十一年度下半年工作计划与实施进度表(1942 年 9 月 23 日)a 面　G133-003-0120

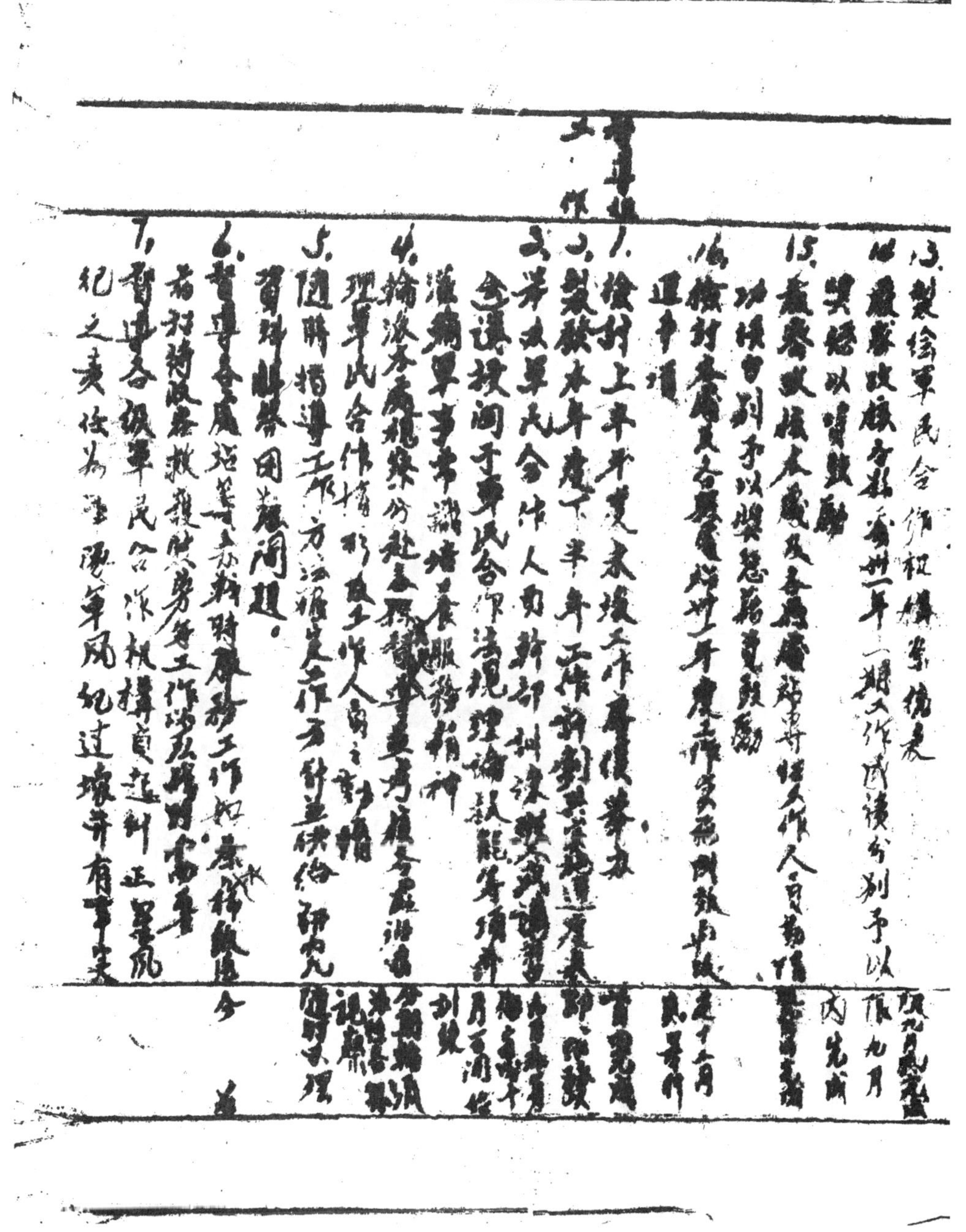

附件:第三战区司令长官司令部福建省军民合作站总指导处及各县处站三十一年度下半年工作计划与实施进度表(1942年9月23日)b面　G133-003-0120

000101

四 督导各级军民合作机构肃起纠正军风纪之责任如军队军风纪过坏并有事实证明者应专案呈由总处转呈长官部或函各该主管部队长官严加取缔。	随时办理
五 严密情报网之组织防范敌伪间谍及反动分子之活动并供给贪官污吏土豪劣绅之检举资料以便转报当局究办	仝右
六 各县处站负责人员应认识职务辜著诚精神热忱工作[illegible]负责努力实际领导视察当前敌事实以便分别奖惩	仝右
七 策动地方公正之士绅及爱国青年协助开展军民合作业务充实力量	仝右
八 策动军队树立良好军风纪切实爱护民众并帮助民众春耕秋割开垦荒地修补道路等使军民打成一片互助互爱	仝右
九 策动民众激发抗敌精神使能全民动员帮助军队协助抗战	仝右
十 划定区域使各团一定境内 人分县处站实行工作比赛以资鼓励	限[illegible]月底完成

附件:第三战区司令长官司令部福建省军民合作站总指导处及各县处站三十一年度下半年工作计划与实施进度表(1942 年 9 月 23 日)a 面 G133-003-0120

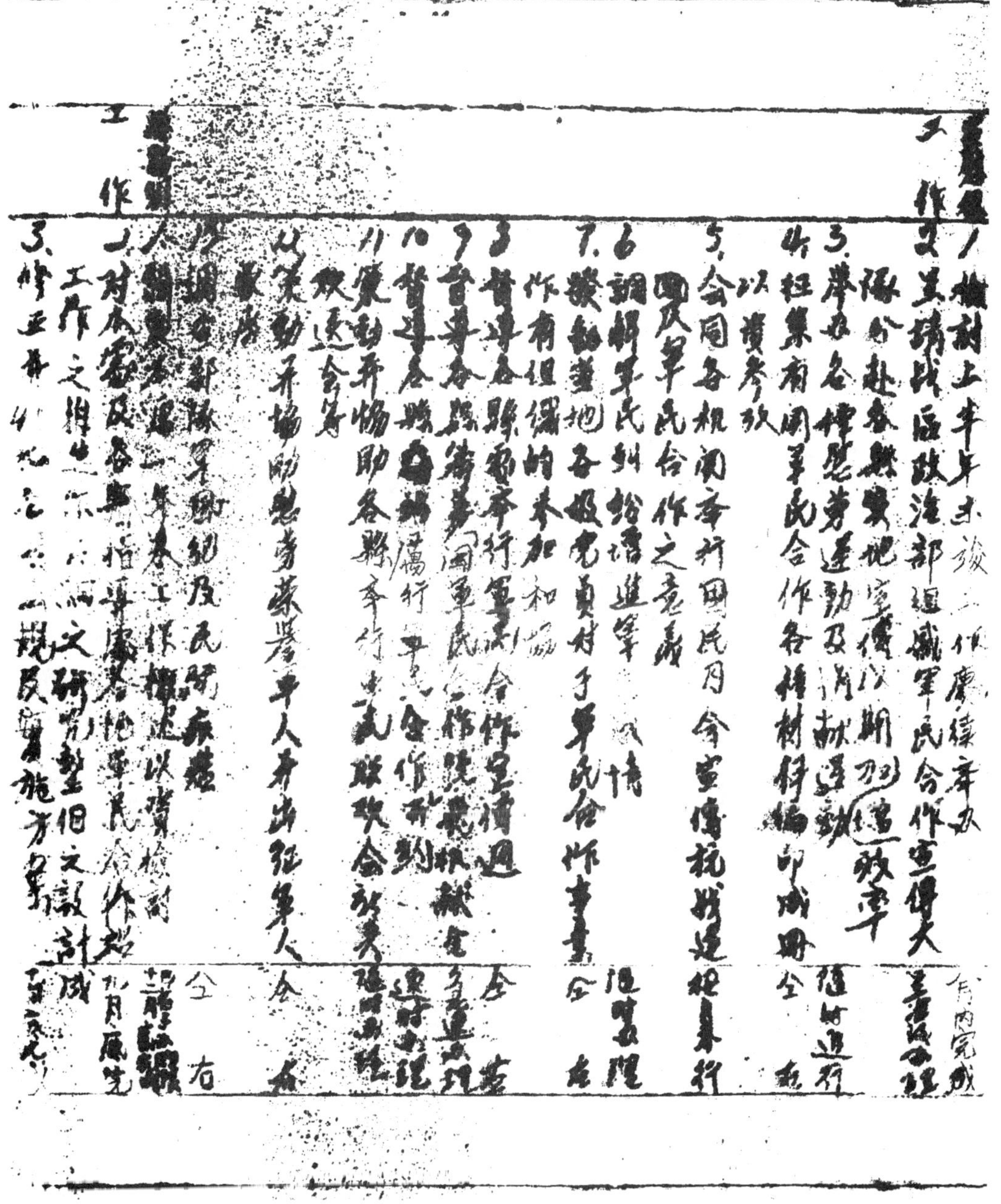

附件：第三战区司令长官司令部福建省军民合作站总指导处及各县处站三十一年度下半年工作计划与实施进度表（1942 年 9 月 23 日）b 面　G133-003-0120

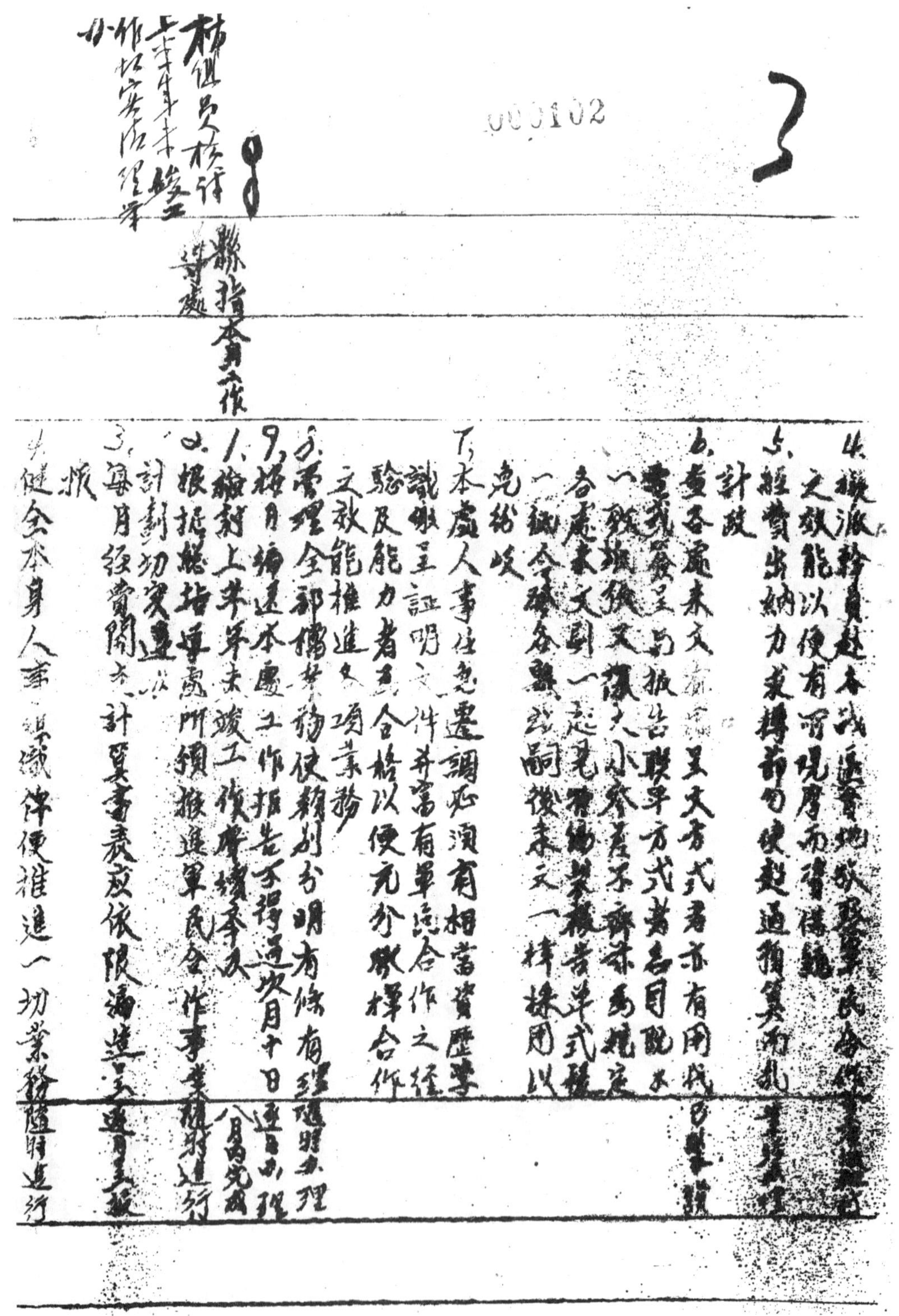
000102

附件：第三战区司令长官司令部福建省军民合作站总指导处及各县处站三十一年度下半年工作计划与实施进度表(1942年9月23日)a面 G133-003-0120

5. 發動地方黨團公正士紳及熱心愛國人士青年學生來站或協助辦理軍民合作事 | 本年

6. 編造工作每月報告 | 每月呈報

7. 處理日常應辦的飭辦事件 | 隨時進行

8. 檢討上半年各工作成敗以作今後之準繩 | 八月份完成

9. 對全縣政治經濟狀況社會情形以及全縣各界對于軍民合作之認識及分別調查呈報以資參考 | 隨時辦理

3. 在可能範圍內對於各站辦理軍民合作人員應舉行短期講習會 | 隨時進行

4. 督導各鄉區鎮對於軍事交通綫及鄰近之交通大道橋樑電綫加以保護 | 從速辦理

5. 本年將全縣軍民合作業務及專任工作人員成績考核呈報以資獎懲 | 十二月內完成

6. 為便利軍民合作業務之推進，調查地方正紳黨員各機關團體組織軍民合作協進會 | 十月內辦竣

7. 舉行密查私訪各工作人員有無舞弊情事 | 隨時進行

8. 協助地方團隊整飭軍風紀 | 仝右

附件：第三战区司令长官司令部福建省军民合作站总指导处及各县处站三十一年度下半年工作计划与实施进度表(1942年9月23日)b面　G133-003-0120

000103

10. 随党以[illegible]举办[illegible]兵加训练
督导徒会各站办理传递出哨守望肖情报报送办理
调查组织以作平时准备而应战时需要
11. 筹备过境军队必需品如茶水稀饭床铺 全 右
等以免临时缺乏
12. 协助当地军政机关保甲人员抽查户口 随时办理
以免敌伪及奸宄潜踪
13. 策动当地驻军及保安部队帮助老百姓 及时办理
春耕秋收以符军民合作之旨
14. 拟参照上半年工作计划实施 随时进行
15. 检讨工作并拟本期工作赓续举办 [illegible]
16. 组织军民合作宣传队赴各处巡回演讲 利用寒暑假办理
17. 编印关于军民合作刊物散发各处以资宣传 随时办理
已有成效之合作案件之宣传小册或
18. 调查全县党员及小学教员对于军民合 全 右
作之研究与探讨
19. 不时召集负责办理军民合作事业人员 全 右
商讨改善办法
20. 约定专家或地方耆绅作军民合作学术 全 右
演讲以资宣传
21. 协助地方厉行兵役宣传新生活运动社 全 右
会服务运动
22. 举行军民联欢大会以便慰劳军队联络 全 右
感情

附件：第三战区司令长官司令部福建省军民合作站总指导处及各县处站三十一年度下半年工作计划与实施进度表(1942 年 9 月 23 日)a 面　G133-003-0120

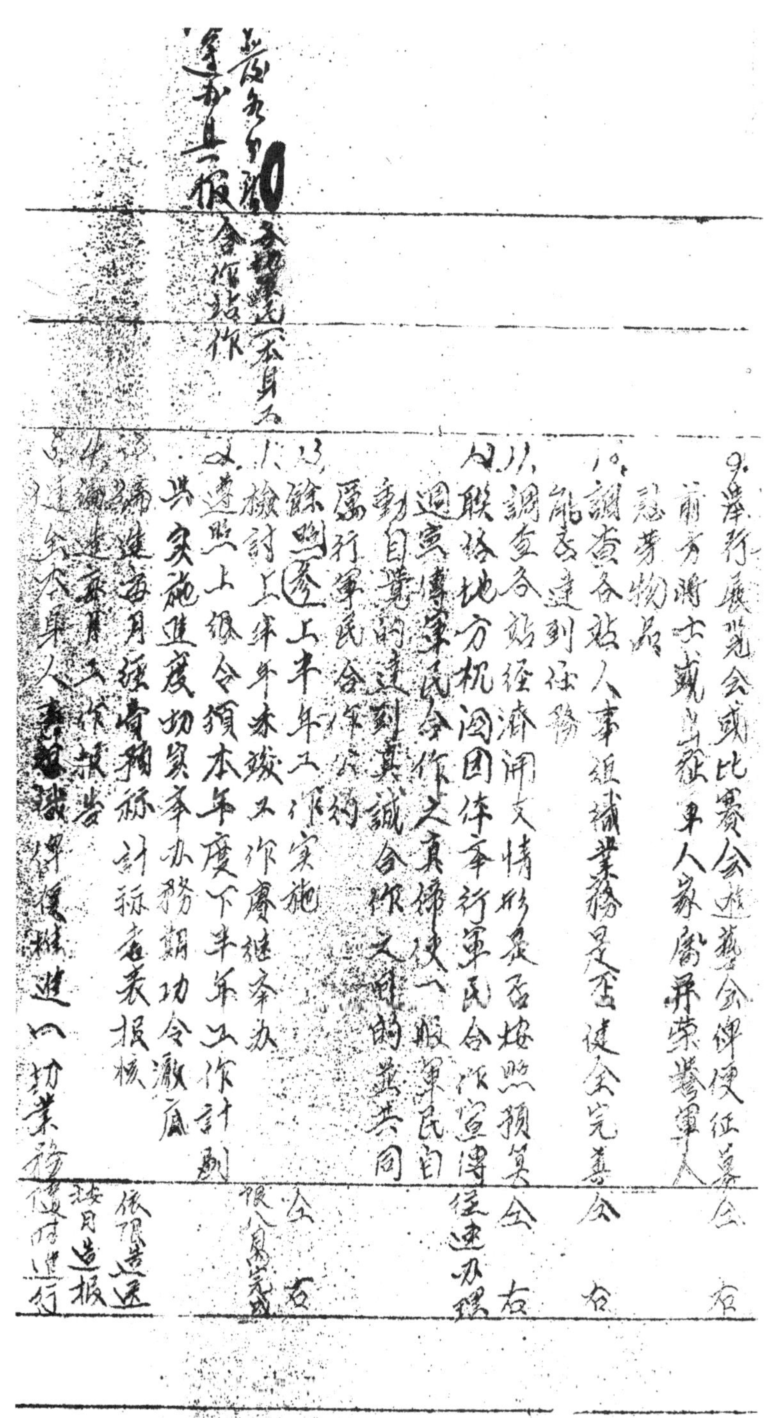
9.举行展览会或比赛会游艺会俾便征募会前方将士战绩，出征军人家属并荣誉军人慰劳物品　　右

10.调查各站人事组织业务是否健全完善，务能达到任务　　右

11.调查各站经济开支情形及否按照预算　　右

12.联络地方机关团体举行军民合作宣传，并迅办理通俗宣传使一般军民自动自觉的达到真诚合作之目的并共同厉行军民合作公约

13.检讨上年半年工作实施

14.遵照上级令颁本年度下半年工作计划

15.编造每月经费预算计算表报核

16.编造每月工作报告

附件：第三战区司令长官司令部福建省军民合作站总指导处及各县处站三十一年度下半年工作计划与实施进度表(1942年9月23日)b面　G133-003-0120

UU0104

6.管理日常事务及临时饬办事件	仝	右
二、组训工作		
1.检讨上半年来该站所属各队续举办	限八月完成	
2.按保甲机构分别将当地民众编组为民伕队(2)看护队(3)向导队(4)侦探队(1)担架队(6)特务队(7)劝募队(8)慰劳队(5)炊爨队(10)缝补及洗衣队(11)文化服务队(9)等加以训练以供战时过境军队之需要	随时遵办	
3.平时应调查当地祠庙寺院或较大空房若干所以便过境军队有所栖息以免临时张皇	随时筹备	
4.对于迷路军人及落伍军人应有所招待	随时办理	
5.对于当地固定机关与逐日来往部队驻地人数番号应详加登记以备询问	仝	右
6.过境军队须要征发民伕运送军用品或公物者应代为办理并求迅速	仝	右
7.发动民众协助过境军队不得逃避	仝	右
8.过境军队过境时应劝导民众平买平卖不得高抬市价	仝	右

附件：第三战区司令长官司令部福建省军民合作站总指导处及各县处站三十一年度下半年工作计划与实施进度表(1942年9月23日)a面　G133-003-0120

9. 遇有敌寇窜扰时，先督导民众疏散物资并作坚壁清野之准备　会　右

10. 站与站间应不分畛域互相联系以期灵活而收实效　会　右

11. 站与站间应实行工作比赛，有法以资进步　会　右

12. 过境军队借用民物，调拨时应归还原主，不得携行，否则交报该管主官惩办　会　右

13. 发动当地驻军或保安队帮助老百姓春耕秋收以符军民合作之旨　发动办理

三、宣慰侦查工作

1. 检讨以来外来线工作应继续办理　根据内容

2. 过境军队对于当地山川形势水陆交通或县物地点不甚明了者，该站应负向导之责　遇过境时进行

3. 帮助我军侦察敌情　会　右

4. 该地有无匪盗，治安有无问题，应切实呈报　随时办理

5. 每一乡镇应设密探一员，务将查明奸宄并负交通，应设通讯一员以负来日侦察交通讯之责　会　右

6. 调查民间私有枪支　会　查

7. 遇有过境军队或伤病官兵过境应招待茶水或稀饭　随时办理

8. 调解军民纠纷，严防间谍汉奸从中捣乱　会　右

9. 派驻地点及工作人员如有变动或更调即呈报以备查考　会　右

10. 各站工作人员服务成绩应随时呈报以凭考核　会　右

附件：第三战区司令长官司令部福建省军民合作站总指导处及各县处站三十一年度下半年工作计划与实施进度表（1942年9月23日）b面　G133-003-0120

6

11. 各通衢大道多張貼軍民合作公約或圖畫，俾使一般軍民觸目警心 | 公 | 右

12. 策動地方机関團体及党員正紳設法徵募慰勞品慰勞前方將士及榮譽軍人并出征軍人家属 | 公 | 右

附件：第三战区司令长官司令部福建省军民合作站总指导处及各县处站三十一年度下半年工作计划与实施进度表（1942年9月23日） G133-003-0120

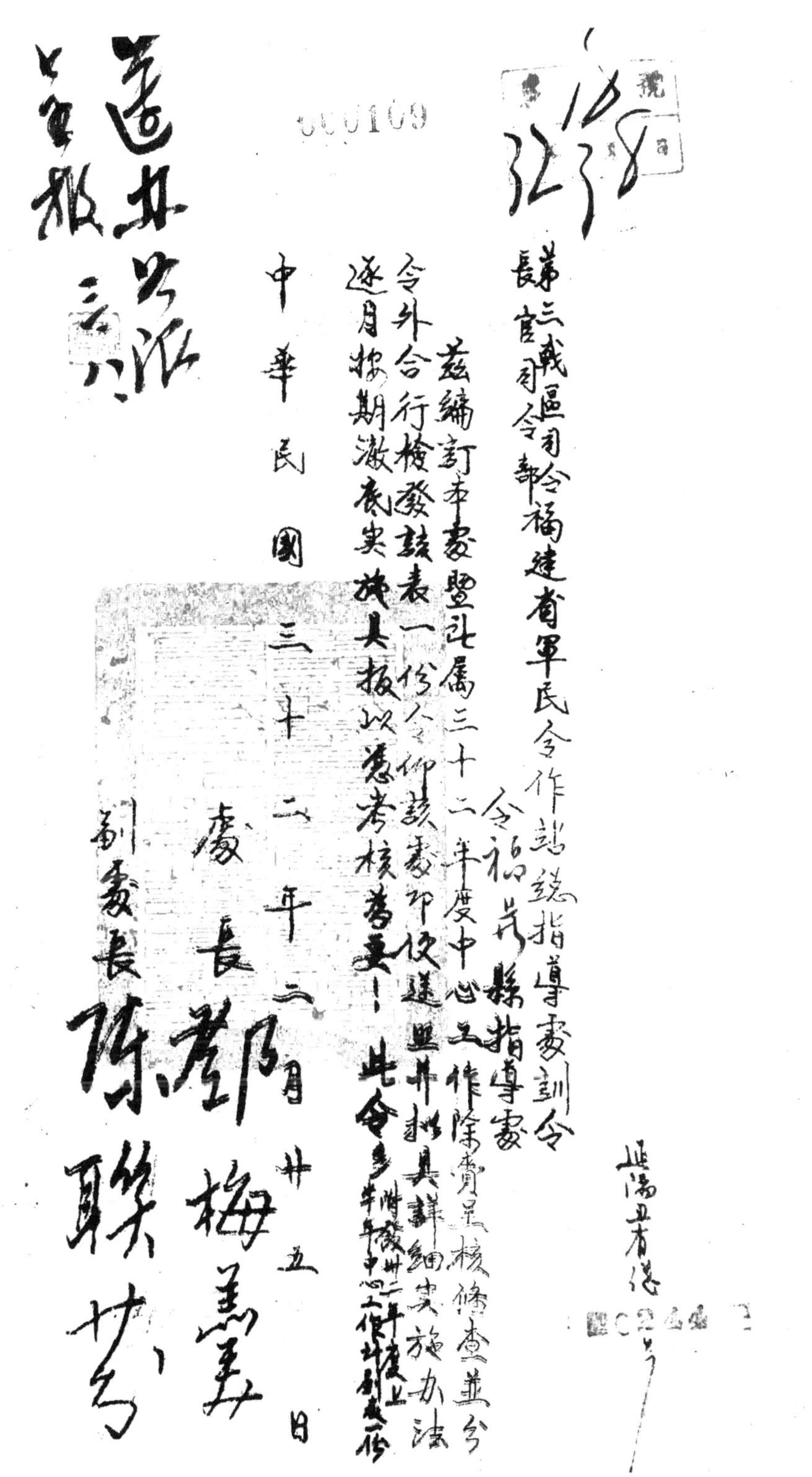

第三战区司令长官司令部福建省军民合作站总指导处训令

令福安县指导处

兹编订本处暨所属三十二年度中心工作，除分呈核备查并分令外，合行检发该表一份，令仰该处即便遵照并拟具详细实施办法，逐月按期彻底实施具报，以凭考核为要！此令

附发卅二年度中心工作计划表一份

中华民国三十二年二月廿五日

处长 郑梅嘉

副处长 陈联芬

第三战区司令长官司令部福建省军民合作站总指导处关于编订并检发三十二年度中心工作表，各县处遵照拟具详细实施办法，彻底实施具报的训令（1943 年 2 月 25 日） G133-003-0120

000110

第三戰區司令
長官司令部福建省軍民合作站總指導處卅二年度中心工作

一、協助各級政府限制物價

限價工作業經中央暨本省列為本年度重要工作之一，本處暨所屬各縣處站，自應對此政策，充分闡揚，並協助各級政府切實推行，俾各種物價澈底限制，軍民生活，咸趨安定。

方法：

1.隨時宣傳限價之意義與效用，使各界民眾熱誠擁護實施。

2.協助各級政府組織檢查隊，澈底消滅黑市暗盤有價無市等弊端。

3.發動民眾檢舉違反限價或囤積居奇之不良商人。

二、籌設各縣遞步哨

遞步哨為通訊簡便之通訊方法，各級政府以之傳遞政令公文，固為需要，而在軍情緊急之時，尤為各縣站必備。本處職司軍民合作，各縣處站對此重要工作，務宜未雨綢繆，早為籌設，在平時既可以傳達各級公文要件，戰時亦能補助部隊通訊所未逮，其意義與價值，至為廣大。

方法：

1.本處以南平為中心，計劃全省幹支線之籌設。

2.各縣處站因縣府通令各鄉鎮普遍設立，完成全省之遞步哨網，

3.縣與縣間遞步哨之聯絡，由各縣處詳為規劃。

4.各縣遞步哨組織完成後，即繪具要圖，報請本處備查。

附件：第三战区司令长官司令部福建省军民合作站总指导处三十二年度中心工作表

(1943年2月25日)a面　G133-003-0120

三、協助[illegible]

本省下級行政机構素[illegible]薄弱，自治基礎殊少建立，直接方面影响政治之推行，間接方面亦貽軍民合作業務上之困難，各縣處站人員應本以服務為目的之精神，各以餘力協助鄉保，小之各種政令之推行，大之自治基礎之建立，庶可達我為人人，人人為我之目的。

方法：

1，各站人員於承办本位工作之暇，應以餘力協助鄉保工作。

2，各縣鄉保舉行戶口普查，鄉保造產，建立國民學校等基層自治工作，本處所屬各級工作人員應不分畛域，儘量以宣傳或行動方法協助之。

3，各縣處站人員應以本身实地觀察所得，將地方應興應革事件以客觀的立場，貢獻於縣鄉鎮長，但切忌越俎代庖。

四，發動文化勞軍

全國文化勞軍運動委員會發動之文化勞軍，各省已先後響應，本處暨所屬各縣處站自應普遍發動，以赴事功。

方法：

1，純係勸募及自由樂捐方式，不攤派或攤募。

2，以收文化寔物為原則，但有計劃之文化寔物代金，亦所欢

附件：第三战区司令长官司令部福建省军民合作站总指导处三十二年度中心工作表

（1943年2月25日）b面　G133-003-0120

3.各縣處應自備二聯募捐簿，於結束後並將成績公布，以資徵信。

五、調整各縣處站組織經費

各縣處站組織，多隨時日之演進，未能切合實際，亟宜調整，以發揮組織之功效。而處站經費，亦以限於上令，不無呆板之處，亦應在各縣原有經費內將各縣處站經費酌予伸縮，以期合乎實際。

方法：

1.各縣處應將全縣交通情形，充分明瞭，重新規定設立站數之多寡，其不需要者，可分別裁撤，以節公帑。

2.各縣應予裁撤之合作站經費，可撥作業務較繁合作站之用。

3.各站事務員生活費，可列為八十元，餘作事業費與辦公費。

4.各站經費，由縣處統籌發給，並得視各站業務繁簡情形，酌予伸縮，專案報請本處備查。

六、調訓各縣副處長

副處長為推進各縣軍民合作業務之首腦，應設法調訓，以增進其能力，交換其經驗，於每一工作步驟，發揮工作效能，其關尤鉅。本年度擬全部調訓，兼寓甄別於訓練之中。

附件：第三战区司令长官司令部福建省军民合作站总指导处三十二年度中心工作表
(1943年2月25日)a面　G133-003-0120

方法：
1.战区政治部，设立军民合作干部人员训练班，将全省副处
长普遍调训，以增进其知能。
2.在训练期内，由本处直接与学员认识其能力及工作之经验
，然后加以甄别。
七、策动夏季学生入部队服务工作
学校暑假期间颇长，各校学生于放假以后，无可事事
，如能一一策动至社会或部队服务，彼此俱有裨益。各县处
应适时尽量策动，藉可充分表现军民合作之精神。
方法：
1.各县处站事先调查驻在地之在校大中学生，俟其暑假归家
时，可召集座谈会，讨论入部队服务问题。
2.与在地部队之政治部，应取得密切联系，届放暑假时，可
与其商议欢迎学生入部队服务之具体办法。
八、协助各级政府兵役宣传
现时各地办理兵役，多未按照三平原则，且有强拉充
数等弊端，按厥原因，良由人民尚未充分了解服行兵役之意
义，为增加抗战力量，保证军事胜利，亟宜协助各级政府，
向民众广为宣传，使适龄壮丁踊跃从军。
方法：
1.利用国民月会或其他集会，随时向民众宣传服行兵役之意
义，并讲解兵役法令，使其充分明了。
2.在各地壮丁入伍时，应召开欢送大会，以鼓舞其服行兵役

附件：第三战区司令长官司令部福建省军民合作站总指导处三十二年度中心工作表

(1943 年 2 月 25 日)b 面　G133-003-0120

之情緒。

3.尽时訪問出征軍人家屬，并協助各級政府實施優待出征軍人辦法。

九、策動軍隊幫助民衆耕種收割

春耕秋收時期，各地農民均勤勞異常，輒感人力缺乏之苦，屆時如能策動駐境部隊幫助民衆耕種收割，不僅於利用人力，增加生產有直接之關係，且可具体表現軍民合作之精神

方法：

1.與當地軍政二人員連絡，策動部隊士兵幫助農民春耕秋收，說明春耕秋收，可以充裕生産，在抗战中之重要性。

2.講解部隊官兵之衣食，俱取之於國，亦即取之於民，以激發其幫助農民春耕秋收之情緒。

十、發動部隊夏令衛生運動

夏令天候炎熱，病菌極易傳染，無論部隊官兵與一般民衆，俱易罹病患。[illegible]殺敵衛國之將士，一旦如為二豎所擾，小則當害其個人健康，大則削弱作战之力量。故應防患於未然，或籌劃於已發。

方法：

1.連絡駐境部隊政工軍醫人員，事先向部隊官兵說明注重夏令衛生之重要性，并特別着重於部隊之環境衛生。

2.策動當地公立或私立醫院幫助部隊軍醫事先作各種預防，如注射防疫針，[illegible]消毒等。

3.發動當地中西醫師義務為部隊[illegible]，

附件：第三战区司令长官司令部福建省军民合作站总指导处三十二年度中心工作表

（1943年2月25日）　G133-003-0120

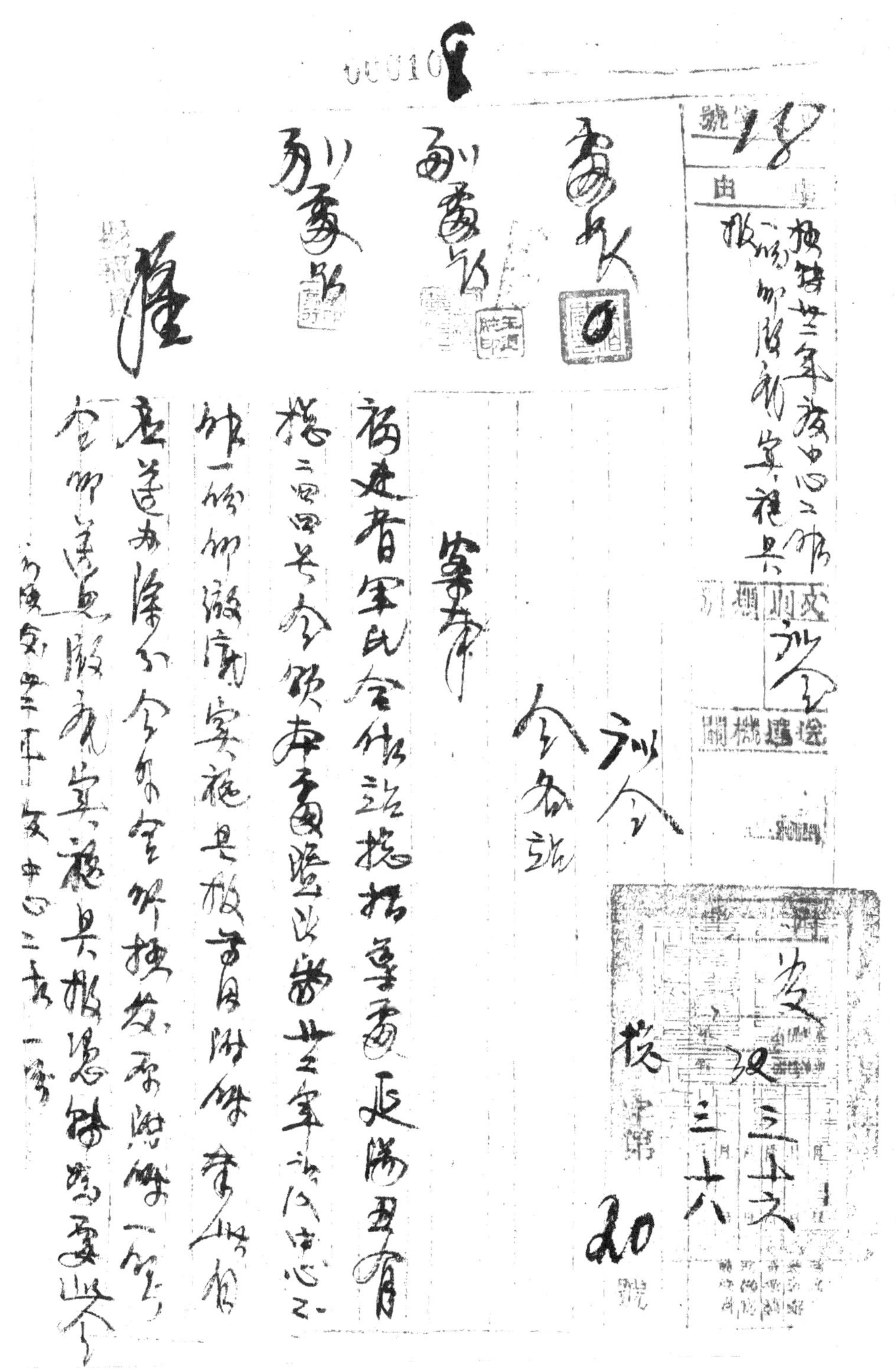

第三战区司令长官司令部福建省福鼎县军民合作站指导处关于抄转三十二年度中心工作表一份，令各站彻底实施具报的训令（1943 年 3 月 18 日） G133-003-0120

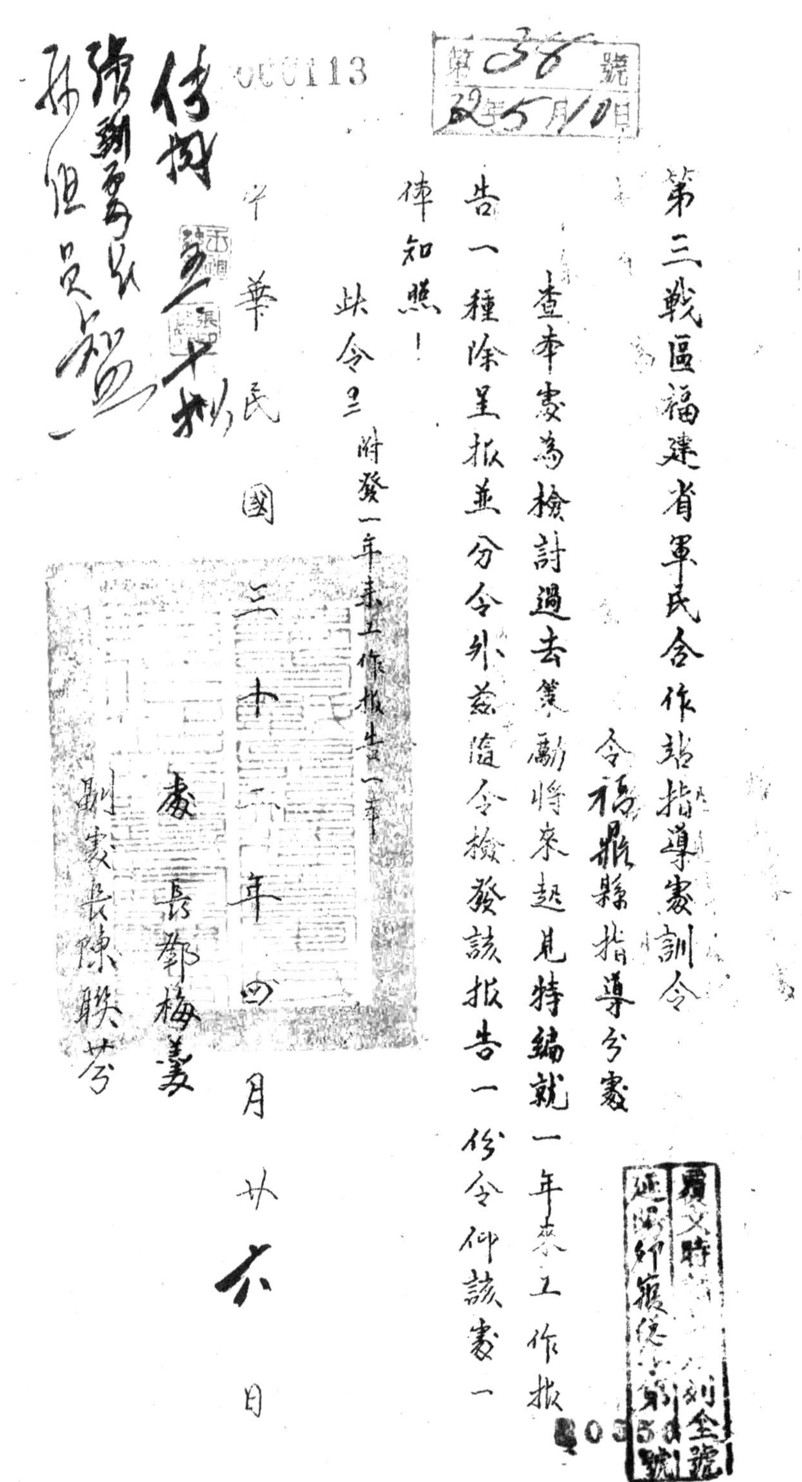

第三战区福建省军民合作站指导处训令

令福鼎县指导分处

查本处为检讨过去策励将来起见特编就一年来工作报告一种除呈报并分令外兹随令检发该报告一份令仰该处一体知照！

此令 附发一年来工作报告一本

处长 郑梅羹
副处长 陈联芬

中华民国三十二年四月廿六日

第三战区福建省军民合作站指导处关于本处编就并检发一年来工作报告的训令

（1943 年 4 月 26 日） G133-003-0120

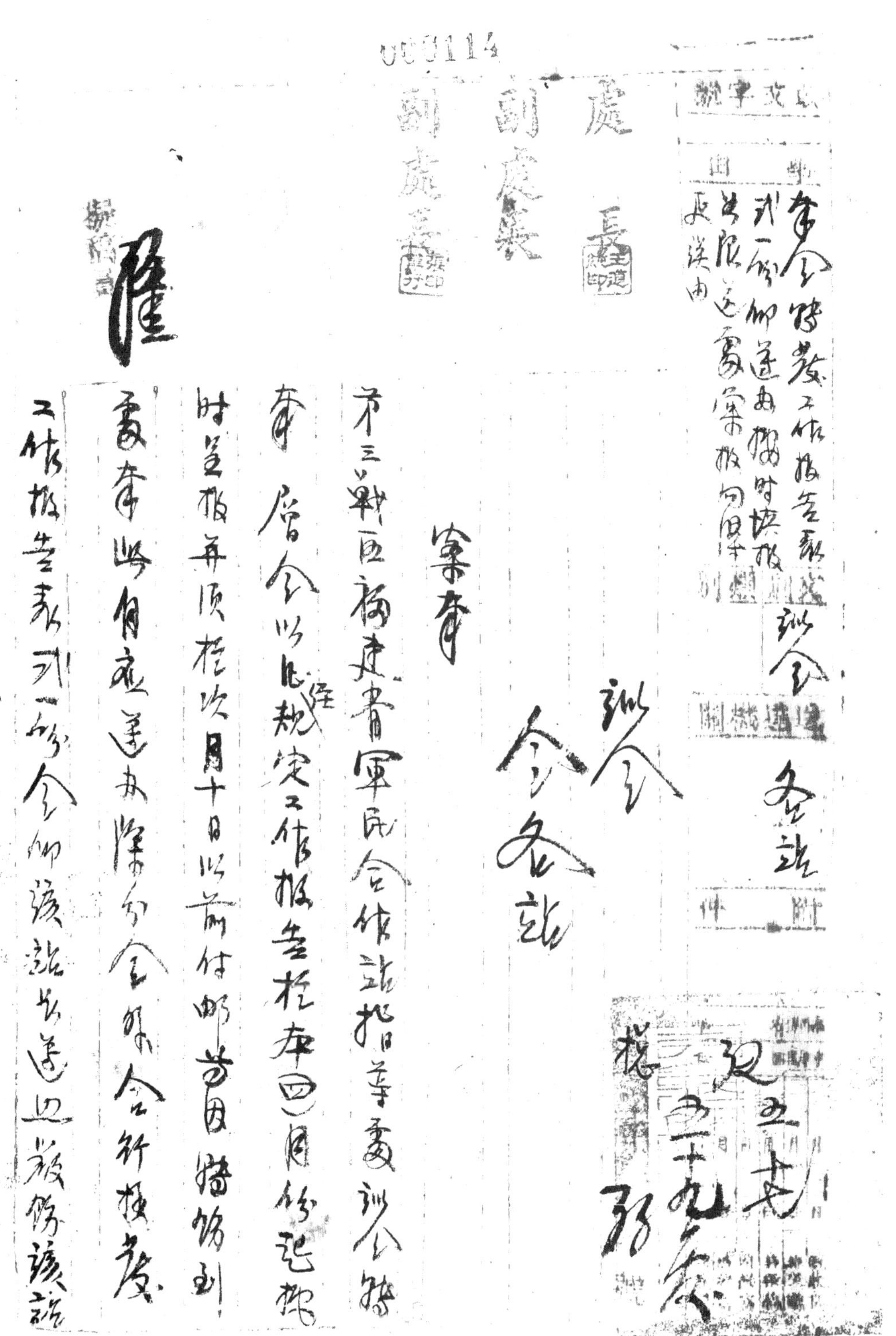

第三战区福建省军民合作站指导处福鼎县指导分处奉令转发工作报告表式一份，令遵办按时填报，如限送处汇报，勿得延误的训令（1943 年 5 月 19 日） G133-003-0120

饬事员切实遵照办理，务（自本年四月份起）每旬填报，并须于次旬二日寄前用联单以寄县所送本处汇案，如有逾期不报或捏冒不实者，即撤换该站办事员之职，如该站长亦应受连带处分，勿得视为具文干咎，切切。此令。

附报告表式一份

第三战区福建省军民合作站指导处福鼎县指导分处奉令转发工作报告表式一份，令遵办按时填报，如限送处汇报，勿得延误的训令（1943年5月19日）　G133-003-0120

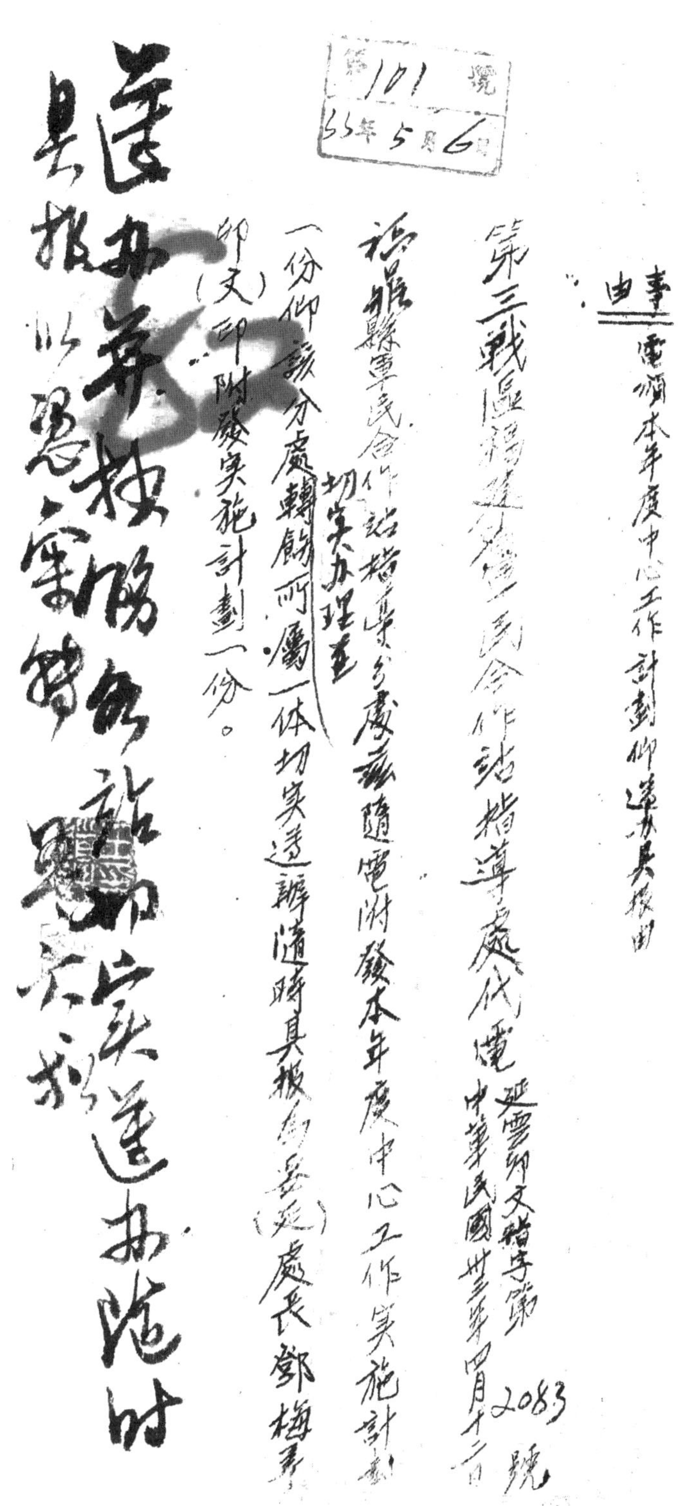
第101號
33年5月6日

事由：電頒本年度中心工作計劃仰遵辦具報由

第三戰區福建省軍民合作站指導處代電 延雲卯文指字第2083號 中華民國卅三年四月十二日

福鼎縣軍民合作站指導員分處：茲隨電附發本年度中心工作實施計劃一份，仰該分處轉飭所屬一体切实遵辦隨時具報為要。處長鄧梅

卯（文）印 附發实施計劃一份。

第三战区福建省军民合作站指导处关于颁发本年度中心工作计划，转饬所属切实办理的代电

（1944年4月12日） G137-001-0001

第三戰區福建省軍民合作站指導處三十三年度中心工作實施計劃　（第一頁）

甲、前言

本省軍民合作工作，推行以來，雖已收到相當效果，但距離預期的理想，尚須有待，軍民的隔閡，猶未盡彌，軍民的糾紛，尚復時見，究其原因，無非民眾組織欠健全，物資準備欠充分，而各級工作同志缺乏機動，不知適應環境，因勢利導，亦難辭咎，現在盟國在今年將加緊進攻，為求打通中國大陸，建立反攻基地的時候，與敵國距離密邇的福建，殊有成為軍事要點的可能，軍民若不能切實合作，互相幫助，打成一片，將何以負起今後重大的責任，本站負有軍民合作的使命，雖任務甚大，亦不能不亟圖補救，用在年度肇始，審酌過去，參酌本省情形，遵照本戰區三十三年度軍民合作中心工作實施綱要，訂定中心工作實施計劃，以健全幹部，組織民眾為入手，以加強宣傳，喚醒軍民為方法，適需求充實物資準備適應部隊需要，逐步進行，以期達到精神合作，行動合作，物質合作的三原則，斷望各級工作人員，一本過去苦幹精神，奮發淬勵，共同完成……

乙、工作原則

一、動員：……協助軍隊，充實兵源，適應軍需，藉以增強戰鬥力量，配合當前大規模……

附件：第三战区福建省军民合作站指导处三十三年度中心工作实施计划

（1944年4月12日）a面　G137-001-0001

反攻之一切準備，是為本年度工作的標的。

二、各項工作之進行，應以軍事第一、勝利第一為前提，極力促進軍民合作，達成軍民期望，以爭取最後勝利。

三、今日工作之精神與方法，應絕對遵照戰時軍令[illegible]實[illegible]幹。

四、針對過去弱點加以改正，即知即行，把握時機，改造環境，使軍民合作業務能在本年度之努力下，達到預期效果。

五、工作人員應知所負使命為代表軍隊、民眾、政府，應促使軍民合作，軍政聯繫，而能形成為軍民之橋樑，軍政之媒介。

六、工作人員應確切認識軍民合作之精神，以服務為第一要義，故其機構非為衙[illegible]之[illegible]，乃為服務之組織，而其所應具之德性為誠謹、廉潔、勤勞、篤實。

七、工作人員應隨時隨地注意估計人力、物力及時間，不尚空談，務求實效。

丙、工作項目及辦法進度

附件：第三战区福建省军民合作站指导处三十三年度中心工作实施计划（1944年4月12日）b面　G137-001-0001

（第六頁）

一、加強幹部訓練

（一）分期選送訓練

辦法：一、少校以上各級工作人員由本處分批選送戰區幹部訓練團受訓。二、省中尉至少校各級工作人員，由本處分期選送省政幹團受訓。

進度：本月選送少校以上二十人，上尉五十人，六月選送少校以上三十人，中尉以上六十人，十月選送少校以上十人，中尉以上一百人。

（二）自我訓練

辦法：一、各級本站，應召集工作人員於每週舉行會報一次，藉以交換意見，策劃工作。二、各級工作人員應常舉行讀書會、座談會等，藉以提高研究精神，達成工作學術化之目的。三、各級工作人員每日要寫日記一篇，每週週末，呈由主管批閱。

進度：隨時進行

二、加強民眾訓練

（一）促進各站轄鄉各站組訓民眾。

辦法：一、由縣分處會同各有關機關，就地理形勢及軍事需要，劃定各站應擔

附件：第三战区福建省军民合作站指导处三十三年度中心工作实施计划

(1944年4月12日)a面　G137-001-0001

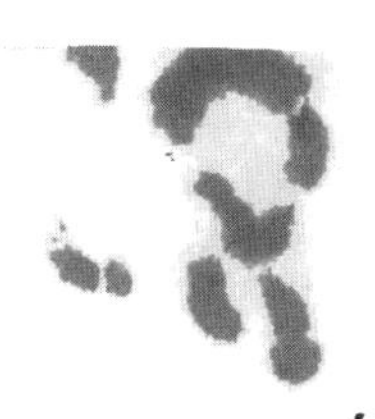

若干鄉鎮，繪圖呈報省核定後處察備。該站轄之各鄉鎮所有民眾，統歸該站負責編隊組訓。二、除偏僻無關重要之鄉鎮外，所有鄉鎮應儘量分別劃歸該站，

進度：三月開始調整，限四月底調整完竣。

（二）設立常備民伕隊

辦法：一、每站編組常備民伕總隊，總隊長以分處幹事兼任，並依程序下領之。常三或四……作為合作……該民伕隊組織辦法辦理之。二、各站應組織常備民伕分隊，由該站辦事處負責任分隊長，分隊人數暫定為二十名，由所轄各鄉鎮適齡壯丁分期輪流徵派擔任，每鄉鎮每期應徵派常備民伕之人數，則依該鄉鎮壯丁人數為比例，由縣分處會同縣參議會、縣商會、縣總工會、縣黨部、青團分團部等有關機關商定公允徵派之。三、常備民伕輪值期間暫定為一個月，期滿則依次徵派接補。四、各站應將所轄各鄉鎮適齡壯丁列冊呈由縣分處會同各有關機關商定擔任常備民伕輪值次序。五、各站原有常備民伕隊，應速撤除

附件：第三战区福建省军民合作站指导处三十三年度中心工作实施计划

（1944 年 4 月 12 日）b 面　G137-001-0001

（第三页）

警備隊部[illegible]行裁撤，如有環境特殊，必須保留者，可轉改為民伕分隊，但期滿一個後，應免再担任，仍由所轄適齡壯丁依次徵派接補，六、各站每期常備民伕徵派入隊後，應造送名册一份呈報分處，由縣分處彙列入常備民伕總隊名册呈省指導處核備。

進度：四月開始調整，限五月底完竣。

（五）組織預備民伕隊

辦法：一、站所轄各鄉站之[illegible]，除已參加其他任務隊外，一律編入預備民伕隊，計每保編成一分隊，由[illegible]，並任分隊長，各鄉鎮護衛[illegible]事兼任中隊長，副站長兼任大隊長，[illegible]與第三戰區各級軍民合作站[illegible]民伕隊組織辦法辦理之。二、各站應造具預備民伕大隊名册一份呈送縣分處[illegible]，以備戰時調度使用。三、預備民伕隊民伕遇編入担任常備民伕時，應即前往常備民伕隊報到。

進度：四月開始組織，限六月底完成。

（四）加強救護隊組織

附件：第三战区福建省军民合作站指导处三十三年度中心工作实施计划

（1944 年 4 月 12 日）a 面　G137-001-0001

辦法：一、各縣分處應集合城區公私醫師、護士等，組織救護總隊，由縣衛生院院長兼任總隊長，各站應組織救護隊一中隊，隸屬於縣分處救護總隊，並受站長副站長之監督。二、站所轄各鄉鎮之公私醫師護士均應參加為救護隊員，並互推一人為中隊長中隊附。三、救護隊隊員免予担任常備民伕及預備民伕。四、救護中隊所需藥品器材，由救護中隊統籌發給，歸中隊長保管，銷耗數量，應逐月呈報。

進度：四月開始組織，限六月底完竣。

（五）、加強担架隊組織

辦法：一、每保應挑選年在十八歲至四十五歲之壯丁五名，充担架隊員，兩保合組一班，並指定隊員一人為班長，每鄉鎮組成一分隊，由鄉鎮公所指定幹事兼任分隊長，隸屬於站救護中隊。二、每保應準備麻繩竹槓，以供紮就之担架床兩付，交担架分隊保管，以備戰時需用。三、担架隊員免予担任預備民伕，但遇輪及任常備民伕時，仍應依次輪值，如戰時担架工作緊張，則亦免予担任常備民伕。

附件：第三战区福建省军民合作站指导处三十三年度中心工作实施计划

(1944年4月12日)b面　G137-001-0001

86

（第四頁）

[illegible]應造具所轄各担架分隊名冊一份，附於該縣中隊名冊內呈送縣分處，彙列救護隊名冊。

進度：四月開始組織，限六月底完竣。

(六) 組織偵察隊

辦法：一、每站應組織偵察隊一隊，隊員人數以十名為限。二、隊員人選以就所[illegible]各鄉鎮中選擇行為端正，略事機警，曾受中等教育之愛國份子担任，并將其能力較強者一人為隊長。三、各站隊員人選擇定後，應先令其填具志願書[illegible]證書，呈送縣分處核[illegible]，[illegible]其為隊員。四、偵察隊須充分担任[illegible]備及預備民伕。五、各站應造具偵察隊員名冊二份，一份呈送縣分處，一份由縣分處彙呈省指導處察備。

進度：四月開始組織，限五月底完成。

(七) 加強嚮導隊組織

辦法：一、每站應設嚮導隊一隊，隊員人數視需要決定之。二、隊員以熟識附[illegible]

附件：第三战区福建省军民合作站指导处三十三年度中心工作实施计划

(1944 年 4 月 12 日)a 面　G137-001-0001

道路及交通情形之民眾担任，戰時應輪流駐站，以備臨時嚮導行軍。三、嚮導隊員[illegible]擔任預備民伕，但遇輸送担任常備民伕時，仍應依次輪流[illegible]工作者[illegible]亦不[illegible]担任常備民伕。四、各站應造具嚮導隊員名冊二份，一份呈送縣分處，一份由縣分處彙呈省指導處[illegible]備。

進度：四月開始組織，限五月底完竣。

(八)加強遞步哨隊組織

辦法：一、每站應就各鄉鎮組織遞步哨隊一隊，由該站[illegible]六、每鄉鎮應選身體健捷之壯丁十名為遞步哨隊員，並指定能力較強之一人為隊長。二、[illegible]遞步哨隊[illegible]受鄉鎮長之監督。三、遞步哨隊各班[illegible]時每日應輪一名駐縣分處所担任傳遞工作，戰時輪值人數則視需要酌予增加。四、遞步哨隊員免予担任常備及預備民伕。五、每站應造具各班遞步哨隊名冊二份，一份呈送縣分處，一份由縣分處彙呈省指導處案備。

進度：四月開始組織，限六月底完竣。

(九)組織掩埋隊

辦法：一、每站應組織掩埋隊一隊，每鄉鎮一分隊，[illegible]

附件：第三战区福建省军民合作站指导处三十三年度中心工作实施计划

(1944年4月12日)b面　G137-001-0001

（第五頁）

人為隊長，分隊長。二、各鄉鎮內，除平常所僱用担任搶埋工作之夫役及以抬棺柩為職業者外，凡有人力可供負擔之地主，均須參加為搶埋隊員，戰時為保甲隊員不敷用，得擴充挑夫擔任之。三、搶埋隊隊員免予担任預備民伕，但運輸及担任常備民伕時，依次輪值，如戰時搶埋工作緊張，則亦免予担任。四、民伕站應造具搶埋隊隊員名冊二份，一份呈送縣分處，一份由縣分處彙呈省指導處存備。

進度：四月開始組織，六月底完成。

（十）加強宣傳隊組織

辦法：一、每站應組織宣傳隊一隊，由該站所在地之鄉鎮中心學校校長担任之，其他所轄鄉鎮中心學校則組織分隊，隊長分隊長由中心學校校長兼任。二、該宣傳隊及分隊隊員人數均以二十名至三十名為限。三、每站應造具宣傳隊員名冊二份，一份呈送縣分處，一份由縣分處彙呈省指導處存備。

進度：六月開始組織，限六月底完竣。

附件：第三战区福建省军民合作站指导处三十三年度中心工作实施计划

（1944年4月12日）a面　G137-001-0001

(十)组织慰劳团队

办法：一、县分处应组织慰劳团一团，由当地机关团体负责人、绅士、妇女界领袖等担任团员，并指定资望较著者一人为团长。二、每站应组织慰劳队一队，隶属于县分处慰劳工作团，队员人选就所辖各乡镇中选定，其职责同团员。团员队员人数不加限制。三、各站应造具慰劳队员名册一份，呈送县分处，由县分处汇同团员名册呈报指导处备查。

进度：四月间开始组织，限五月底完成。

(十一)[illegible]

办法：一、常备民伕队、救护队、担架队、侦察队、别动队、运输队、消防队、宣传队、担架队、侦察队，应以精神训练为主，应加以短期技术训练。二、训练时间[illegible]由县分处聘请当地机关团体首长及富有经验学识之人士担任之。三、民伕队之教育训练事宜[illegible]会同后备队[illegible]

进度：[illegible]

附件：第三战区福建省军民合作站指导处三十三年度中心工作实施计划

(1944年4月12日)b面　G137-001-0001

八、改善民伕待遇

（一）增加民伕工資

辦法：按照本年度新頒之第三戰區徵僱民伕辦法第九條規定，伕工資為每日發給工資卅元，但徒手回程不另給。

進度：四月起開始實行。

（二）辦理民伕生產自給

辦法：一、各站應尋覓空地或荒地，由民伕自種菜蔬及什糧，以增營養。二、生產工具及菜種籽等，應由站籌撥，不得向民伕征收費用。

進度：限四月開始籌備，六月開始生產，七月起，蔬菜類應足敷以常備民伕佐食，十月起蔬菜應足供常備民伕佐食。

（三）設置民伕招待所

辦法：一、每站應設民伕招待所一所，就當地廟宇祠堂或公共場所加以修葺，其應用，或租借民房亦可。二、民伕招待所內應有茶水床鋪草蓆等設備。三、民伕招

（第六頁）

附件：第三战区福建省军民合作站指导处三十三年度中心工作实施计划

(1944年4月12日)a面 G137-001-0001

终所可能范围内，应有音乐娱乐设备，以调剂民伕生活。

进度：四月开始筹备，限六月底完竣。八月应有音乐娱乐设备，十月应有如[illegible]器备。

四、发展运输工具

（一）登记车辆船筏

办法：（一）站所属乡镇所有车辆船筏，均应加以登记，惟不得收取登记费。（二）车辆船筏离开站境时，应向站作动态登记，同时应[illegible]，以[illegible]限制其行动。（三）各站应造具车辆船筏登记册二份，一份呈送县分处，一份由县分处汇集[illegible]备[illegible]。

进度：车辆船筏四月开始登记，限五月底完竣，动态登记随时办理。

（二）编组车辆船筏

办法：（一）当地之车辆船筏，如有交通或军事机关加以编组者，应由[illegible]协助[illegible]，未行编组者，应由站加以编组。（二）由站编组之车辆船筏，其名称应标[illegible]车辆队第X号车辆，船筏队第X号船筏。

附件：第三战区福建省军民合作站指导处三十三年度中心工作实施计划

（1944年4月12日）b面　G137-001-0001

89

（第七頁）

進度：四月開始編組，限五月底完成。

五、協助辦理副食及馬料征購供應

（一）切實協辦副食征購供應

辦法：一、各分處站應遵照新頒副食征購供應補充辦法協同縣政府、縣黨部、軍差會及其他有關機關認真切實辦理之。二、各縣倘因民眾征購副食時，務求公平，凡按照民眾富力比配，全保由保民大會決定，全鄉鎮由鄉鎮民代表大會決定，凡非民在限定期間內，次第征足購備，不得藉詞稽延。三、各縣分處站在副食開始征購時，須設法指定倉儲地點，將所征實物入倉儲備，並將當時物價，並須負專責保管。四、各縣分處站務將駐軍實有官兵人數函准調查確實，補其每月需要如數撥付。

進度：隨時辦理之。

（二）切實協辦馬料征購供應

辦法：一、各分處站遵照新頒副食征購供應補充辦法協同縣政府、縣黨

附件：第三战区福建省军民合作站指导处三十三年度中心工作实施计划

（1944年4月12日）a面　G137-001-0001

軍委會、及其他有關机關設法切實辦理之。二、各縣向民眾征購馬料、應附于副食同時征購、力求公允合理。三、各縣分處務將駐軍軍用乘馬及馱馬數量每日約需食料若干、函准調查確實如數撥付。四、馬料食儲、必須與[illegible]食儲分開放置、不得淆混、保管辦法均須負責。

進度：隨時辦理之。

(三)監督辦理副食、馬料征購供應

辦法：一、各縣分處為便征購副食馬料監督起見、應會同當地黨政軍首長社責人及地方熱心有力公正人士為委員、(以下簡稱監委會)以監督辦理征購事宜。二、辦理副食及馬料征購、應澈底防止流弊、如有舞弊情事、即依軍法處[illegible]各縣分處站應調查供應品市價及產量逐月通知監委會、同時呈報有案備查。四、各縣分處站、應協助辦理征購及供應情形填表、每月呈報、以憑稽核。

進度：隨時辦理之。

附件：第三战区福建省军民合作站指导处三十三年度中心工作实施计划
(1944年4月12日)b面　G137-001-0001

附件：第三战区福建省军民合作站指导处三十三年度中心工作实施计划

(1944年4月12日)a面 G137-001-0001

縣該應行調[illegible]以上各由縣分處訪[illegible]縣政府[illegible]公所切實調[illegible]

具報告書附[illegible]送[illegible]表案呈省指導處備[illegible]。

該處二四月間開始調查，限六月底完竣。

（三）特種調查

特種調查[illegible]一、[illegible]鄰[illegible]情形；[illegible]

[illegible]情形；三、敵情[illegible]

[illegible]進行調查，按月[illegible]載於[illegible]

[illegible]處及省[illegible]特殊重要敵情，得隨時[illegible]

[illegible]事調查者[illegible]

送呈由處呈省指導處核備，[illegible]以[illegible]敵論。

[illegible]處[illegible]隨時進行

七、[illegible]工作

（一）擴大文字宣傳

縣[illegible]編[illegible]

附件：第三战区福建省军民合作站指导处三十三年度中心工作实施计划

（1944 年 4 月 12 日）b 面　G137-001-0001

（第九页）

参酌经济力，编行定期或不定期书刊。三、每站每週应编写军民合作街头週报一张，由站会同宣传队办理之。四、每乡每日应出壁报一张，由乡镇公所会同宣传分队办理之。五、每逢节日纪念日，每站应编写街头特刊一张，由站会同宣传队办理之。六、站所辖各乡镇街头墙壁应普遍写贴军民合作标语，尤其过境部队招待所、部队驻扎所、及码头、车站附近，更应广为写贴。以上各项工作由宣传队担任之。

进度：标语限七月底写竣，其他规定工作，随时举行。

（二）扩大艺术宣传

办法：一、酌按实际情形，县分处应参酌经济力创设戏剧工作团，于节日纪念日暨剧场招待官兵民众。二、每逢节日纪念日，县分处及站均应编绘画刊一张，张贴街头。三、站宣传队及分队应利用节日纪念日举行戏剧宣传，化装表演，及街头歌咏。四、站所辖各乡镇街头墙壁，应普遍绘画军民合作图画，尤其过境部队招待所，民伕招待所，部队驻扎所及码头、车站附近，更应广为绘

附件：第三战区福建省军民合作站指导处三十三年度中心工作实施计划

（1944年4月12日）a面　G137-001-0001

画，此项工作由宣传队[illegible]分队担任之。

进度：壁报图画限八月底绘竣，其他规定工作随时进行。

（三）扩大口头宣传

办法：一、每逢国民月会，县分处及站均应派员出席演讲军民合作要义。二、每逢节日纪念日，站宣传队及分队均应出动担任街头演讲。

进度：随时进行。

（四）发动慰劳驻军及征属

办法：一、利用春节、端节、秋节、双十、元旦等节日向当地殷实户及商铺劝募礼品或代金，交慰劳团队慰劳驻军及征属。二、县分处对慰劳工作应视[illegible]办理，将各站所募慰劳品集中，妥为分配。

进度：依照节日随时发动慰劳。

（五）发动中西医师及药房协助办理医疗救护

办法：一、照加强救护[illegible]办法办理。二、由县分处及站分别向各药房劝募救护所需[illegible]，县分处成立救护总队，并酌配于各站救护分队[illegible]。

附件：第三战区福建省军民合作站指导处三十三年度中心工作实施计划

（1944年4月12日）b面　G137-001-0001

（四十页）

品须掣付正式收据存入县分处[illegible]，并应由县分处并分处长及放[illegible]

者，除求合兰药房表示谢意，并[illegible]品数量以资[illegible]。

进度：五月间开始办理。

（六）建设过境部队招待所

办法：（一）每站应筹设过境部队招待所一所，至少须能容纳一连以上之兵力过境。招待所以庙宇祠堂修葺使用或借用为原则，必要时得兴築之。

进度：城区站四月间开始筹备，限六月底修建完竣，乡村站七月间开始筹备，限九月底修建完竣。

八、协助农民耕种收获

（一）发动保甲代征属耕种收获

办法：（一）凡属征属，如有田亩无力耕耘收获，可向站登记申请代耕，由站指令当地保甲发动附近壮丁实行代为耕种收获；（二）申请代耕手续及登记表式[illegible]

附件：第三战区福建省军民合作站指导处三十三年度中心工作实施计划（1944年4月12日）a面 G137-001-0001

縣分處擬定之。

進度：協助春耕及耘秋收為耕。

（二）發動駐軍協助農民耕種收穫

辦法：（1）凡屬自耕農因疾病荒發或其他原因困難自力作者，得向站登記申請協助耕作，由站呈縣分處，轉請駐軍協助耕耘收穫。（2）申請協助耕作之續及登記表式，由縣分處擬定之。

進度：按時發動駐軍協助耕耘收穫。

九、協助駐軍辦理生產自給

（一）勘劃荒山荒地撥供駐軍為生產之用

辦法：（1）凡駐軍需要荒山荒地為生產之用，得向站商洽，由站呈請縣分處視其人數，核定面積，轉函縣政府飭令鄉鎮公所會同站勘劃撥供。

進度：隨時進行。

（二）發動農民予駐軍以種植技術上協助及工具之借用

辦法：（1）駐軍自行生產時，如需要農民予以技術上之協助，得向站[illegible]

附件：第三战区福建省军民合作站指导处三十三年度中心工作实施计划

（1944年4月12日）b面　G137-001-0001

由該縣發動農民予以協助，但此項協助以種植為限。二、駐軍自行生產時，所需之農具種子，由駐軍政工人員向當地商借，由該縣轉飭農民商借，但須由駐軍在當地議劃長人員擔任正式收據加蓋印信，并保證一定期內交還，如有損壞，須由駐軍負責賠償，以免引起民眾反感。（十二頁）

進度：隨時辦理。

（三）設法代駐軍購買種籽

辦法：駐軍自行生產，如需要種籽，得向該縣府接洽，由該縣代為購買，但以本縣所產有者為限。

進度：隨時辦理。

（四）協助辦理部隊移植防時，生產事業之交接

辦法：一、凡部隊移換防時，其未能帶去之生產成品，該縣應代其出售，移轉該接防部隊，或其他方面其生產地場，亦應代為保管或轉與接防部隊使用。二、部隊移防時，所借民間農具，該應代為接收轉還物主。

附件：第三战区福建省军民合作站指导处三十三年度中心工作实施计划

（1944年4月12日）a面　G137-001-0001

進度：隨時辦理。

（五）調查統計部隊辦理生產事業情形

辦法：部隊自行生產之耕地畝數及生產量總價值等應詳為調查統計，逐月填載工作月報表送由分處彙轉省指導處察備。

進度：隨時調查每月呈報一次，每季彙報一次。

十、要辦軍中文化驛運

（一）設置軍中文化驛運站

辦法：一、凡屬軍中文化驛運所必經之站，必應設置軍中文化驛運站，在其辦法另定之。二、縣分處及站均應指定專任人員一人，負責辦理軍中文化驛運事宜。

進度：五月開始辦理。

（二）組織軍中文化遞送隊

辦法：由各站遞步哨隊專任軍中文化驛運工作，其組織辦法另定之。

進度：限五月底組織完成。

附件：第三战区福建省军民合作站指导处三十三年度中心工作实施计划

(1944年4月12日)b面　G137-001-0001

十、加強視察工作

(一)訂定視察辦法

辦法：由本處擬定視察辦法，其要點如下：(一)各分處站供應部隊副食品及[illegible]狀況，是否遵照法令規章辦理，有無舞弊情事發生。(二)對駐地[illegible]機關之聯繫如何，有無磨擦。(三)對上級之命令能否貫徹，規定之各種報表是否遵限呈送，其數字是否翔實。(四)各級工作人員本身能力是否健全，有無瀆職情形，生活是否嚴肅。(五)各站經費及粮鹽顧發情形。

進度：盡三月底根據各[illegible]擬訂視察辦法。

(二)分區定期視察各縣分處站

辦法：分全省為若干區，由處長、副處長、秘書、組長、各負責視察一區，定期出發視察。

進度：四、五、六三月視察閩中各縣，七、八、九三月視察閩北各縣，十、十一、十二三月視察閩南各縣。

(第一二頁)

附件：第三战区福建省军民合作站指导处三十三年度中心工作实施计划

(1944年4月12日)a面　G137-001-0001

十二、举行工作检討

（一）召開每月工作檢討會議

辦法：一、省指導處縣分處及站每月均應召開工作檢討會議一次，檢討上月工作得失，按月填載報告表內之工作檢討會議所有職員及參[illegible]

二、[illegible]

進度：按月舉行。

（二）召開年終工作總檢討會議

辦法：一、省指導處縣分處及站均應於年終召開工作總檢討會議，檢討一年來之工作得失，逐層呈報核[illegible]。[illegible]會議所有職員及各種團隊團隊長均應出席。

進度：十二月舉行。

十三、附則

一、各縣分處站，應遵照本計劃之規定，切實推行，按季呈報省指導處核備。

二、[illegible]工作中之[illegible]及表冊格式，其需由省指導處[illegible]

附件：第三战区福建省军民合作站指导处三十三年度中心工作实施计划（1944年4月12日）b面　G137-001-0001

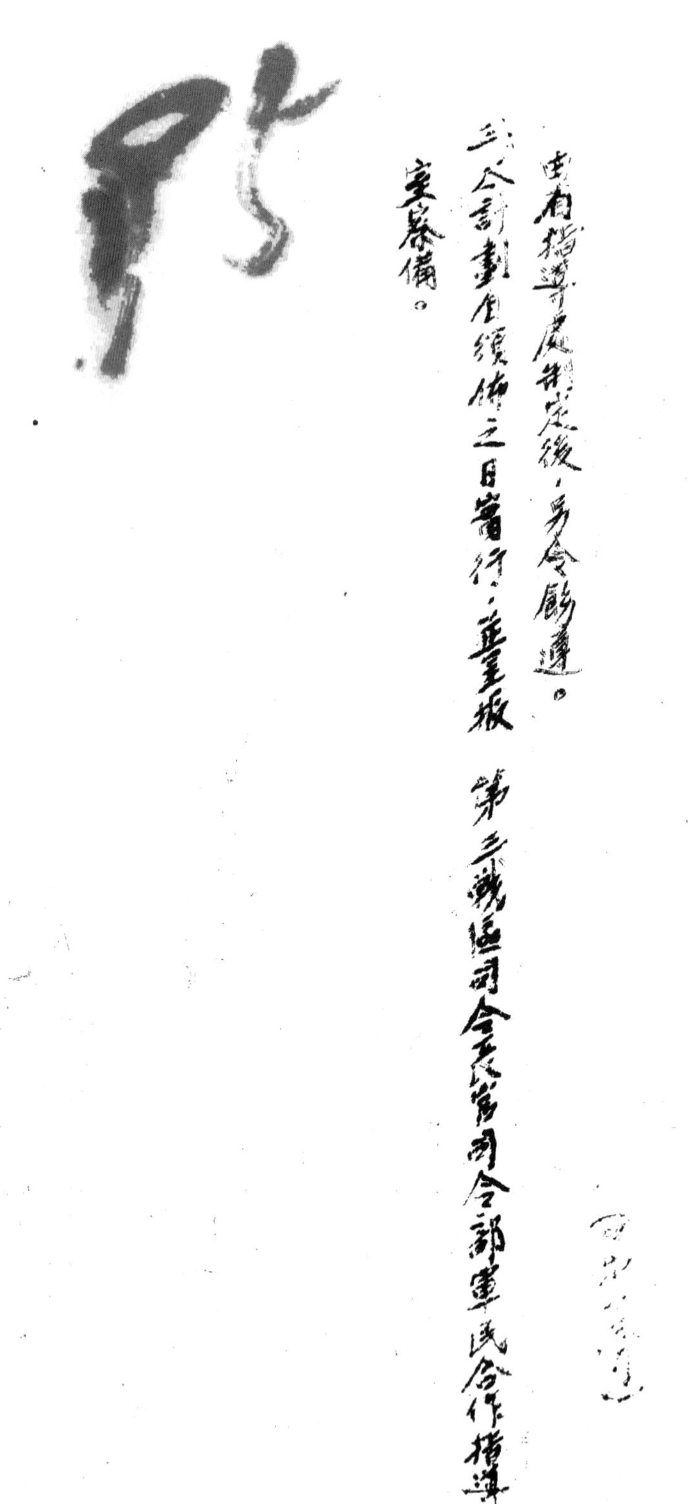

附件：第三战区福建省军民合作站指导处三十三年度中心工作实施计划

（1944 年 4 月 12 日） G137-001-0001

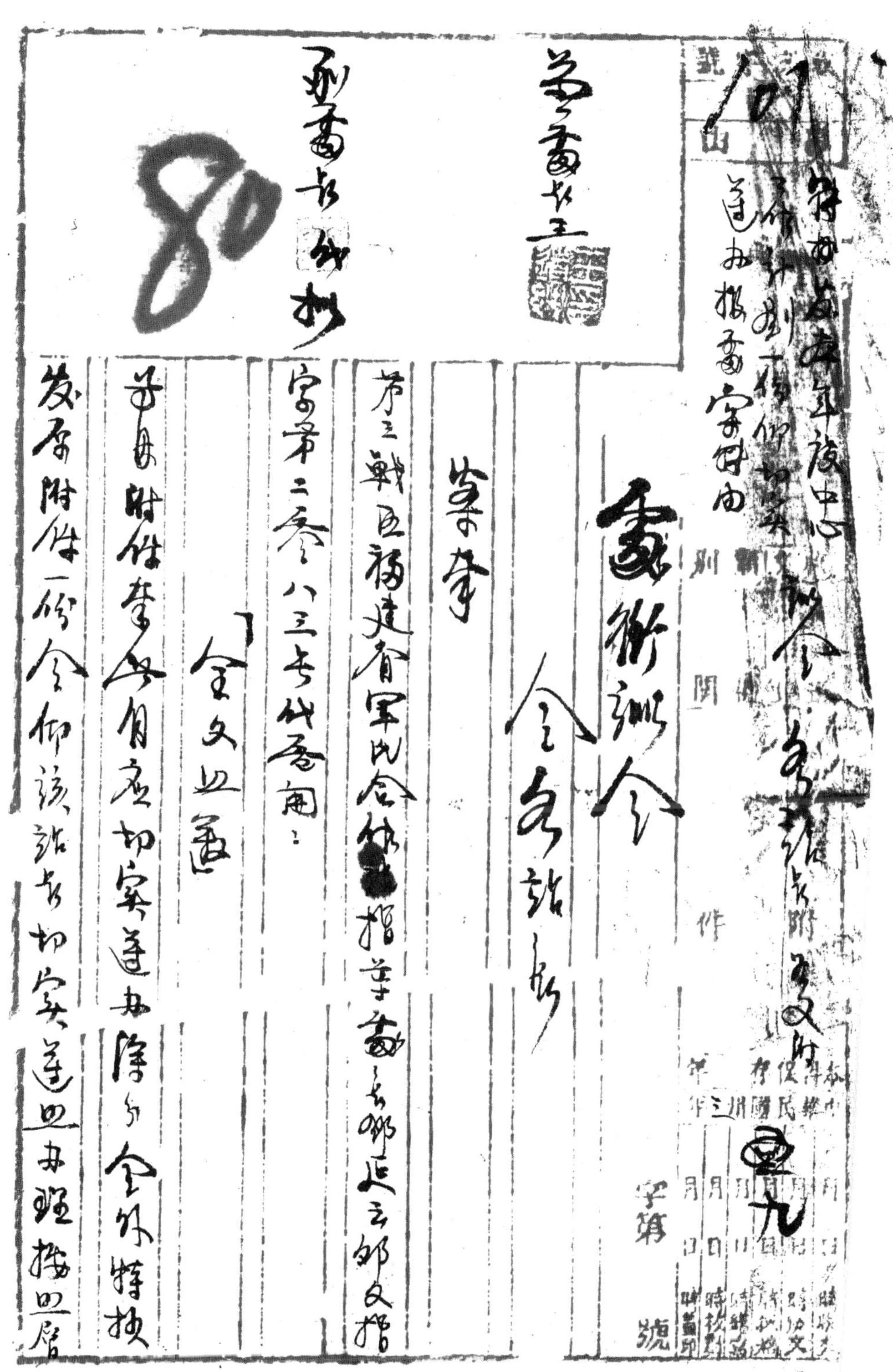

第三战区福建省福鼎县军民合作站指导分处关于抄发本年度中心工作计划切实遵办，
并各站长先将奉文日期报查的训令(1944 年 5 月 9 日)　G137-001-0001

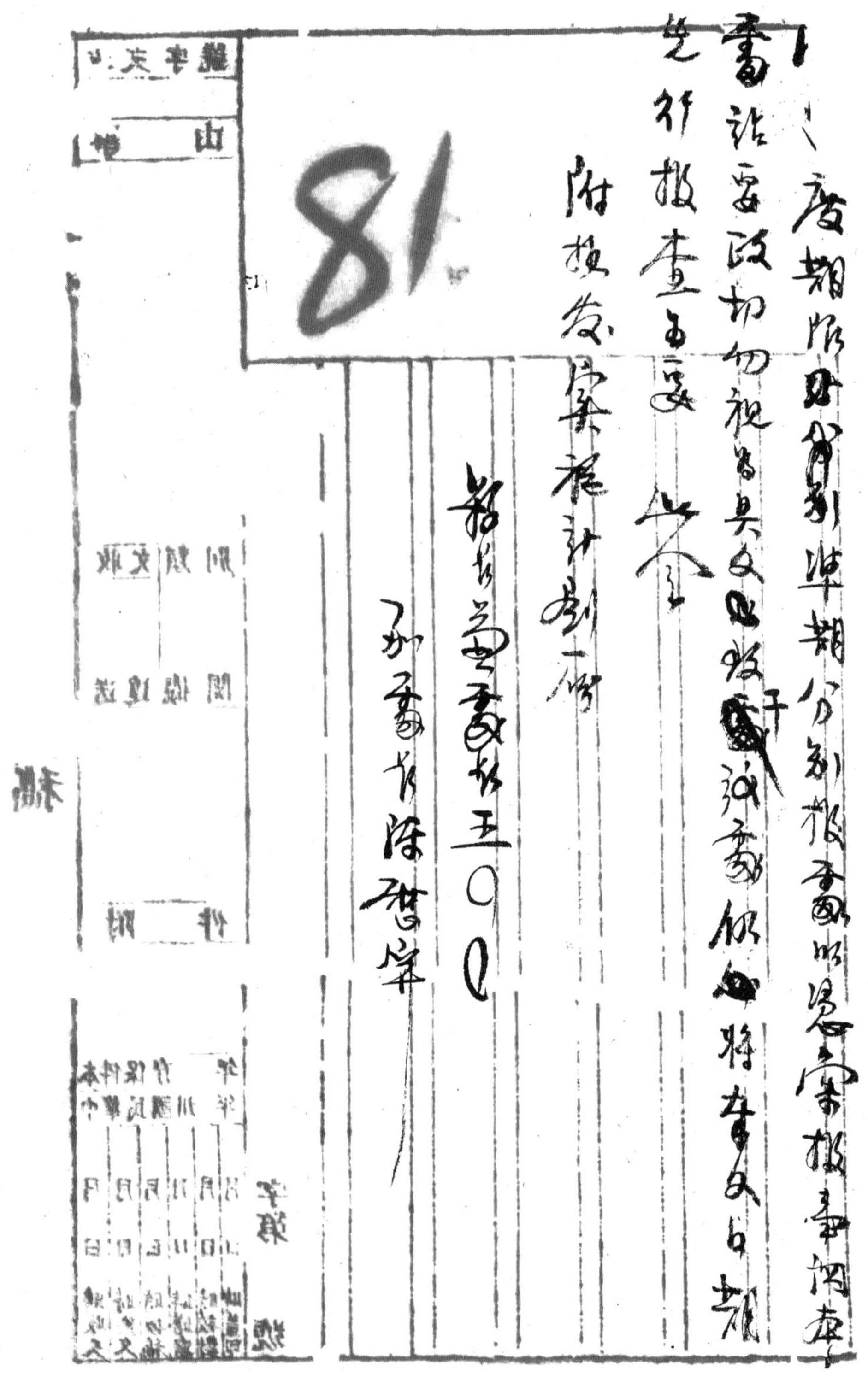

第三战区福建省福鼎县军民合作站指导分处关于抄发本年度中心工作计划切实遵办，并各站长先将奉文日期报查的训令(1944 年 5 月 9 日)　G137-001-0001

346.6.又收文4##

第三战区福建省军民合作站指导处代电

事由：电颁本年度中心工作实施计划仰遵办具报由

外军合分处览：兹随电附发本年度中心工作实施计划一份，仰即遵办，并转饬所属一体遵办，随时具报为要！处长邓炳美、副处长陈联芬刘腾印文楚 指导字第〇六九五号

中华民国三十四年四月十二日

附发中心工作实施计划一份

第三战区福建省军民合作站指导处关于颁发本年度中心工作实施计划的代电

（1945年4月12日） G137-001-0007

124

……指導處三十四年度中心工作實施計劃

甲、前言

去年本省軍民合作的工作，賴 戰區政治部的指導，與各級同志的努力，頗收相當效果，但若詳加檢討，則原定計劃，至少尚有十分之四，未能做到，無須諱言，揆其原因，無非各級同志尚未盡最大的努力，未能克服物質的困難，而本處督率無方，尤難辭咎，回思過往，瞻望前途，實感惶恐，現東南各省，已成沿海作戰局面，本年又屬反攻年，本省所處地位之重要，可勿待言，本處責任之重大、工作之艱苦，實將千百倍於往昔，茲特遵照 戰區政治部所頒之三十四年度軍民合作中心工作實施綱要，訂定本年度中心工作實施計劃，以動員民力改善運輸，招待部隊，收容傷病為輔助作戰之要舉，而以提高幹部素質，興利除弊嚴厲考核為推行工作之手段，所望各級同志，共下最大的決心，共同遵行，俾資篤實以完成使命。

乙、工作原則

一、所有工作措施，應本一切為前線，一切為勝利之原則，啟發民眾，協助軍隊克貫圖軍力量，完成決戰準備。

二、軍令機構為軍民之橋樑，一切工作，應以協助軍隊，便利民眾為目的。

三、地方人力物力，應斟酌需要，事先妥為準備支配，適時運用。

附件：第三战区福建省军民合作站指导处三十四年度中心工作实施计划

(1945 年 4 月 12 日)a 面　G137-001-0007

四、軍合辦部亦屬政工系統，應絕對服從命令，遵守紀律，為地方行政人員之楷模並與地方各界加緊聯繫，以利工作開展。

五、工作人員應節用民力，愛惜物力，不尚空談，務求實效。

六、各級處站對一切工作，應按照計劃實行，而後加以檢討考核，尤須着重於除弊興利。

丙、工作項目及辦法進度

一、動員民力配合作戰

(一)組訓各種任務班

辦法：一、各縣分處站應協助縣國民抗敵自衛團及鄉鎮國民抗敵自衛隊依照福建省國民抗敵自衛團組織及實施辦法第十条及十一条之規定組織警備，偵遞，交通，運護，慰勞等任務班。二、各縣分處站應協助縣國民抗敵自衛團及鄉鎮國民抗敵自衛隊依照福建省抗敵自衛團統一民眾訓練課程基準表之規定訓練各種任務班。

進度：隨時進行。

附件：第三战区福建省军民合作站指导处三十四年度中心工作实施计划

(1945年4月12日)b面　G137-001-0007

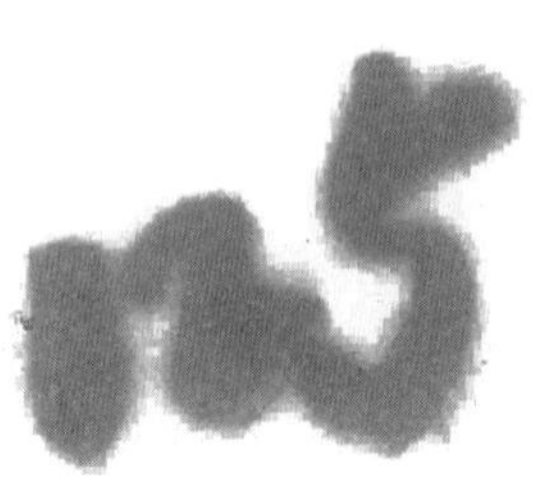

（二）組織[illegible]

辦法：一、各縣分處應會同城區中心站，應召集城區公私醫院、商同組織救護服務團，所有城區公私醫師、護士均應參加為團員。二、救護服務團團長、副團長由團員自行就現任院長之中推選擬任，並報縣分處報請省指導處聘任之。三、救護服務團團內職員由團長聘任之。四、各鄉鎮應召集所轄各鄉鎮之公私醫師、護士，商同組織救護服務隊，各公私醫師、護士均應參加為隊員。五、救護服務隊隊長、副隊長由隊員自行推選，報請縣分處聘任之。

進度：救護服務團限五月十五日以前組織完成，救護服務隊限五月底組織完成。

（三）登記戰時需要人才

辦法：一、各縣分處應調查全縣合於戰時需要之各種人才，並舉行公開登記。二、應行登記之人才分為軍事、交通、電機、電信、醫藥、機械、化學等類。三、登記表應分為姓名、年齡、籍貫、出身、經歷、現職、特長等欄。四、各工廠技師及工人均應加以登記。

進度：四月開始調查，限六月底登記完竣，將登記表彙呈本處。

二、改善輸力與交通工具之管理供應

（一）調整各站常備民伕隊

辦法：一、城區中心站常備民伕隊人數以三十名為限。二、鄉鎮站常備民伕隊人數以

附件：第三战区福建省军民合作站指导处三十四年度中心工作实施计划

（1945 年 4 月 12 日）a 面　G137-001-0007

二十名為限。三、義務站不得配置常備民伕，但因迫切需要呈經本處核准者則不在此限。四、常備民伕不得調作別用。五、各鄉鎮輪派常備民伕應力求公允，且須將應輪服役之姓名次序公佈。六、應輪服役者如因體力確屬不勝，確難服務，得自僱人代替，各處站不得向之收取代金。

進度：四月開始調整，限五月十五日調整完竣。

（二）調整鄉鎮預備民伕隊

辦法：一、各鄉鎮自十八歲至四十五歲未服兵役之壯丁，除已參加各部隊[illegible]班外，均應編入預備民伕隊。二、預備民伕隊之編制組織悉依二十二年度所頒辦法辦理。三、預備民伕遇輪及擔任常備民伕時，應即前往服役。四、預備民伕之徵調，應按各鄉鎮預備民伕人數，照比例公允徵調。

進度：四月開始調整，限五月底調整完竣。

（三）統制運輸工具

辦法：一、當地所有手車騾馬船舶等運輸工具，應會同其主管機關或團體加以登記，切實統制。二、如遇軍事緊張時，應將車輛船舶編隊參加軍運工作。

進度：登記情形應每月具報。

（四）限制征僱民伕

辦法：一、部隊徵僱民伕，應絕對遵照第三戰區徵僱民伕辦法所規定之名額代僱。二、凡非軍事需要，應拒絕征僱。三、部隊徵僱民伕，如發覺係用為挑運商品，應即專案報告，以憑轉請處分。四、非軍事機關如向站徵僱民伕，應請自行按時價尋僱，專業挑伕亦不得代為徵僱。

進度：即日開始，隨時遵辦。

附件：第三战区福建省军民合作站指导处三十四年度中心工作实施计划

（1945年4月12日）b面　G137-001-0007

三、招待過境部隊

(一)設置過境部隊招待所

辦法：一、城區及各區公所所在地及通過部隊招待所一所，並須按置容納一連以上軍隊之公共房屋若干幢。二、鄉鎮地區應設過境部隊招待所，並以能按置足容一連以上軍隊之公共房屋二三幢。三、過境部隊招待所以廟宇、祠堂修葺使用或借用為原則，必要時得募款建築之。四、過境部隊招待所內應酌備炊爨設備。

進度：即日開始籌備，限三個月內修建完竣。

(二)設置茶水站

辦法：一、各鄉鎮應於交通要道設置茶水站，經常預備茶水，以招待過境部隊。二、各站應發動當地慈善團體、熱心人士，普遍設置茶水站。三、茶水站之設備應注意清潔衛生，不得敷衍塞責。

進度：五月開始，限六月底普遍設置。

(三)設置軍人俱樂部

辦法：一、各分處應會同當地黨政工機構及民眾教育館籌設軍人俱樂部。二、軍人俱樂部應有樂器、書報、棋類、球類等設備，並應儘可能設置浴室。三、軍人俱樂部之籌備費得以演劇方式籌募之，如採取其他方式籌募，須呈經本處核准後進行。四、軍人俱樂部得附設於民眾教育館內。

進度：即日開始籌備，限六月底完成。

附件：第三战区福建省军民合作站指导处三十四年度中心工作实施计划

(1945年4月12日)a面　G137-001-0007

(四)設置路標

辦法：一、各站應於公路要衝，設置木標，標明里程。二、各分處應於城區十字路口交通中心、碼頭、車站等處豎立木標，誌明當地電報局、郵政局、軍合站、圖書館、浴室等所在之地點、距離、方向，以資引導。

進度：八月開始設置，限八月底完竣。

四、招待盟軍

(一)組織盟軍之友社

辦法：一、凡駐有盟軍或盟軍時常經過之縣份，分處應會同當地党政機關發動組織盟軍之友社，廣徵社員，為盟軍服務。二、盟軍之友社社長、副社長，應推地方最高党政機關首長擔任。三、盟軍之友社組織及服務範圍，應參酌增及實際需要擬具規程辦法，呈報本處核定。

進度：七月開始籌備，佳八月底組織成立。

(二)優待盟軍娛樂

辦法：一、各分處可會同當地政府通告各菜館、浴室應予盟軍九折或八折優待。二、各戲院、電影院應特設優等座位，招待盟軍，其票價不得提高。

進度：即日開始，隨時進行。

(三)徵求擅長英語人才為盟軍服務

辦法：一、各分處應調查當地擅長英語之民眾、教會會友及公教人員加以登記，準備為盟軍服務。二、盟軍到達之時，各分處應偕同擅長英語者為其服務，予以種種方便。

進度：五月開始調查，儘六月底登記完竣。

[illegible]

附件：第三战区福建省军民合作站指导处三十四年度中心工作实施计划

(1945 年 4 月 12 日)b 面　G137-001-0007

(一)設置傷病遣散官兵收容所

辦法：1、各分處應於城區設置傷病遣散官兵收容所，遵照第三戰區收容傷病遣散官兵暫行辦法辦理之。2、傷病遣散官兵收容所之設置，各分處應會同縣政府、縣黨部、縣衛生院、縣參議會、縣商會等機關組織籌備委員會，共同負責籌設，並以縣長任主任委員。

進度：五月開始籌備，限六月底籌設完竣。

(二)義務診療傷病遣散官兵

辦法：1、各分處應商納地方衛生院義務為傷病遣散官兵診療。2、各分處應商納參加救護服務團之公私醫院，輪流定期為傷病遣散官兵義務診療。

進度：五月開始遵照進行。

六、改善民伕生活

(一)改良民伕膳食管理

辦法：1、由本處訂定。2、民伕膳食應歸民伕自行管理，各分處站不得越俎代庖。

進度：管理辦法限二月內擬就頒發各分處，五月份起歸由民伕自行管理膳食。

(二)增加民伕營養

辦法：1、常備民伕所需給養，最低每月須有食米四斗五升，食油一斤，食鹽十二兩，蔬菜三十斤，不得缺少。2、各站應指導常備民伕於服役餘暇，自行栽種蔬菜，其收穫柴草除供自用外，剩餘者並得酌量變賣，換購黃豆、魚肉，以充實營養。3、常備民伕在担任運輸時間，各站應將每日應需給養(或折換代金)交其隨帶自給。4、各站應將僱伕部隊所發伕酬食米交服役民伕領取，以充實途中膳食

附件：第三战区福建省军民合作站指导处三十四年度中心工作实施计划

(1945年4月12日)a面　G137-001-0007

进度：三月起实行。

（三）设置民伕招待所

办法：一、本设民伕招待所之站，应即设置一所，就当地庙宇祠堂或公共场所，加以修葺使用。二、民伕招待所应有茶水、床几、草荐等设备。三、民伕招待所应尽可能设置书报、乐器、棋类，以调剂民伕生活。

进度：四月开始筹备，五月完成，六月充实设备。

七、加强人事管理

（一）严慎军合人员任用

办法：一、由本处订定本省军合人员任用暂行办法，凡非合于办法所规定之资格者，不得任用。二、拟委人员除须合于军合人员所规定之资格外，尚须酌加考试。

进度：三月订定军合人员任用暂行办法，三月起实行。

（二）甄审军合人员

办法：一、所有现任军合人员均须参加甄审，按军合人员任用暂行办法，核定其阶级。二、军合人员经甄审核定阶级后，即列入军合人员选用名册，予以保障。

进度：四月开始甄审，限五月底甄审完竣。

（三）登记备用人员

办法：一、公开举行备用人员登记，凡合于本省军合人员任用暂行办法所规定资格之一者，得经武官少校以上或文官荐任以上二人之介绍申请登记。二、经备用登记之人员，遇有出缺，即予派用。

进度：五月开始登记，五月底办理完竣。

附件：第三战区福建省军民合作站指导处三十四年度中心工作实施计划

（1945年4月12日）b面　G137-001-0007

八、加強幹部訓練

(一)訓練各級幹部

辦法：一、少校以上人員由本處分期選送戰區幹訓團受訓。二、上尉以下人員由本處設單合幹部訓練班，分期調訓。

進度：五月起呈請選送少校以上人員受訓，六月開始調訓上尉以下人員。

(二)實施自我訓練

辦法：一、各級工作人員應一律照戰工人員自我訓練辦法，實施自我訓練。二、各級工作人員應常舉行各種問題座談會，藉以提高工作精神。

進度：即日開始，隨時進行。

(三)實施黨團訓練

辦法：一、本處人員應於本年度五月前在本戰區特別黨部第六區黨部辦理入黨手續或在當地青年團辦理入團手續，暨受黨團訓練。二、各分處站工作人員應於本年度六月前，在當地黨部團部辦理入黨入團手續，接受黨團訓練。

附件：第三战区福建省军民合作站指导处三十四年度中心工作实施计划

(1945年4月12日)a面　G137-001-0007

進度：三月開始限五月底辦理完竣。

九、推廣軍合宣傳

(一)普遍組織宣傳團隊

辦法：一、各分處應會同城區中心站組織宣傳工作團，召集當地文化人、藝術家、業餘戲劇家等共同組成之。二、各鄉鎮站應組織宣傳隊一隊，由所在地中心國民學校負責担任之，受站長之指揮及宣傳工作團之指導。

進度：限五月底普遍組織成立。

(二)擴大勞軍宣傳

辦法：一、各分處站應採用文字口頭藝術等宣傳方式，配合本省已發動之募鞋勞軍運動，擴大勞軍宣傳。二、勞軍宣傳應以商店殷戶為對象，闡揚國家至上、民族至上的要義，激發其抗敵情緒，使其自動踴躍捐輸勞軍。

進度：五月開始至六月底止。

(三)發動通俗宣傳

附件：第三战区福建省军民合作站指导处三十四年度中心工作实施计划

(1945年4月12日)b面　G137-001-0007

129

辦法：一、各分處應採取抗敵英勇事蹟，用本地方言編成劇本，發交當地戲劇團體公演，或編成詞調曲本，即交書店售賣。二、當地以說書評話為事業之人，應加以管制，令其於每次說講時，應加講軍民合作題材與抗敵英勇事蹟。三、各站至少應於每星期繪製軍民合作畫刊一張，張貼通衢。

進度：隨時進行。

十、監督辦理補給

(一)嚴密監督副食馬料徵購

辦法：一、由本處製就徵購副食馬料收支報告表，頒發各分處按月填報憑核。二、用通訊抽查方法向各地調查副食馬料徵購情形，以資核對。

進度：一月製就報告表頒發各分處按月填報。

(二)嚴密監督副食馬料供應

辦法：一、由本處製就支付各部隊現有人馬所需副食馬乾數量報告表，頒發各分處按月填報憑核。二、用通訊抽查方法向各部調查副食馬料供應情形，以資

附件：第三战区福建省军民合作站指导处三十四年度中心工作实施计划（1945年4月12日）a面　G137-001-0007

核對。

進度：二月製就報告表頒發各分處按月填報。

十、防止侵蝕杜絕流弊

(一)嚴密規定轉發伕費手續

辦法：二、民伕工資應設法使部隊當面發交，並令各民伕于收領工資後在轉發民伕伕費報告表上印捺指模，各站應按月將報告表層呈本處憑核。

進度：隨時辦理。

(二)嚴密監督常伕給養收支

辦法：一、由本處製定常備民伕膳食收支報告表頒發各站按月填報縣分處核轉本處察核。二、常備民伕給養收支情形副處長應于次月五日以前向征集民伕編查委員會報告，並將民伕膳食收支報告表付諸審核。

進度：三月開始實行。

三)嚴禁吃空濫收

附件：第三战区福建省军民合作站指导处三十四年度中心工作实施计划
(1945年4月12日)b面　G137-001-0007

辦法：一、各站應將按月輪役之常備民伕造具精模册及花名册呈核。二、各站對常備民伕之徵集如有吃空浮報，除處分該站專任站長或副站長外，該縣副分處長應同受處分。三、各分處站如有濫收伕費、給養或民伕代金，除處分主管人員外，經辦人員應同受處分。

進度：即日開始實行。

十二、厲行督導考核

（一）巡迴視察各分處站

辦法：一、由本處處長、副處長、視察等分赴各分處站巡迴視察。二、視察人員應按照本處所訂定之視察辦法及本期之視察重點認真視察。三、視察人員於視察完畢之後，應即造報視察報告。

進度：一、二月視察閩海各縣，三、四月視察閩北各縣，五、六、七、八月視察閩西、閩南各縣，九、十月視察閩中各縣，十一、十二月視察閩東各縣。

（二）核評各分處站工作

附件：第三战区福建省军民合作站指导处三十四年度中心工作实施计划
(1945年4月12日)a面　G137-001-0007

辦法：一、按月根據各分處站工作報告及各項工作統計簡報，並參酌視察報告，加以核評。二、各分處站工作，經核評之後，特優者予以嘉獎，過劣者予以處分。

進度：按月辦理。

(三)考核工作人員能力操守

辦法：一、本處副處長秘書視察組長由處長加以考核，組員司書由組長加以考核，處長複核。二、縣分處站副分處長以下人員由分處長加以考核，本處複核。

進度：每季舉行考核一次，年終舉行總考核。

丁、附則

一、本處各組應按照本計劃辦理各有關事項。

二、縣指導分處應遵照本計劃，審度該縣環境，擬訂計劃進度，呈報本處核備，並飭屬實施。

三、縣分處應將本計劃實施情形，按月於工作概述與檢討中詳細報告。

四、本計劃自頒布日起施行，並呈報第三戰區司令長官司令部備案。

附件：第三战区福建省军民合作站指导处三十四年度中心工作实施计划

(1945年4月12日)b面　G137-001-0007

34.6.8.收文64

32

第三戰區福建省軍民合作站指導處訓令　延騰巳冬指字第1004號

卅四年六月二日

事由　奉令核示工作計劃各點仰知照由

令各縣軍民合作指導分處

查本年度中心工作實施計劃前經以延指字第1698號電

飭遵照並呈報各在案茲奉

第三戰區政治部卅四年四月廿七日寅寢第3990指令核示二

一、(略)

二、常備民伕隊非作戰地區及軍運不頻繁之處不必組設

以節民力

三、征僱常備伕及臨時伕人數及一切收支賬目應逐月分送縣

第三战区福建省军民合作站指导处关于奉令核示本年度中心工作计划各点的训令

(1945年6月2日)a面　G137-001-0006

参議會審核

四、必要時建築部隊过境臨時廁所應事先呈准

五、救護遺散傷患應督促鄉鎮保人員共同辦理以應戰役

六、(略)

七、征購副食馬料應逐月開列收支清冊分送縣參會審核,俾週知

令飭知照等因奉此除分令外合行令仰知照為要!

此令!

處長 鄭[illegible]

第三战区福建省军民合作站指导处关于奉令核示本年度中心工作计划各点的训令

(1945 年 6 月 2 日)b 面 G137-001-0006

军民合作站党团工作

212

中國國民黨福建省福鼎縣執行委員會密公函 調書13號

要事

中國國民黨福建省執行委員會建調統字第一五四四號密訓令摘錄

中央秘書處領發先鋒防奸力量肅清後方潛伏份子進行方法一份並將原

進行方案關於防奸肅奸之機構及定期清查清查項工作經過分別指示暨飭發縣市

特種會報及防奸小組組織簡則各一份奸黨組織武裝及份子清查表式三

種飭遵照辦理具報等因附件奉此遵照進行方案內關於防奸肅奸之機構

另案組織呈報外至舉行定期清查一節經提交本月十六日本縣黨政軍第

一次特種會報議決定自本月廿一日起至卅一日止為本縣清查期間應清查

期間內凡城鄉各機關學校團體（各鄉鎮公所應包括保長）應舉行各該機關

社團內潛伏奸偽總清查至清查時用表格式由縣黨部印發等語紀錄

在案除分函外相應檢案並印發奸黨組織奸黨武裝奸黨份子清查表

中国国民党福建省福鼎县执行委员会关于举行定期清查，务将清查结果依表填送的密公函

(1942年12月18日)a面　G137-001-0002

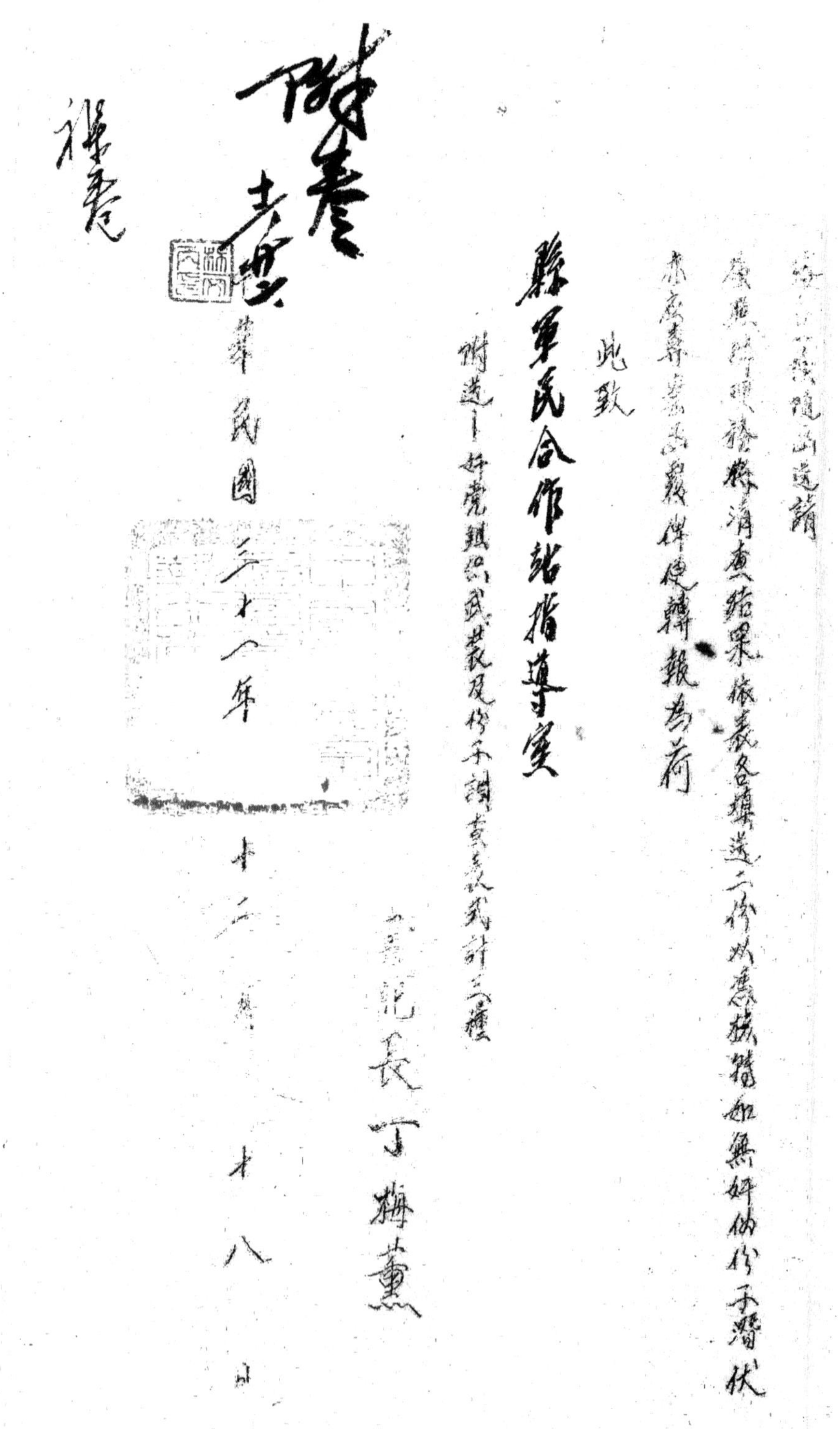

[illegible]表式隨函送請
貴站[illegible]務將清查結果依表各填送二份以憑核轉如無奸偽份子潛伏
亦應專案具報俾便轉報為荷
此致
縣軍民合作站指導員
附送：奸黨組織武裝及份子調查表式計二種
書記長　丁梅薰
中華民國三十一年十二月十八日
附卷
[illegible]

中国国民党福建省福鼎县执行委员会关于举行定期清查，务将清查结果依表填送的密公函

（1942年12月18日）b面　G137-001-0002

奸黨份子清查表

姓名	化名	性別	年齡	籍貫	容貌特徵	住址	出身	加入奸黨時間介紹人及現任奸黨職務	公開職務	現任治動事實	備考

奸黨武裝清查表

番號或名稱	統制	負責人或重要幹部		全部及各部匪卒人數		各種槍數及所配彈藥		偽裝何級奸黨節制	形成經過	經常潛藏地點	騷擾人民情形	備考
		職別	姓名	本部	各部	槍別數量	配彈情形					

附件：奸党分子清查表、奸党武装清查表（1942年12月18日）a面　G137-001-0002

奸黨組織清查表

項目		
名稱		
組織內容		
負責人 主要幹部	職別	
	姓名	
上級組織	名稱	
	地點	
所屬下級組織	名稱	
	地點	
成立日期		
設立詳細地址		
過去活動情形		
現在工作情況		
所有党員人數及槍數		
備攷		

附件:奸党组织清查表(1942 年 12 月 18 日)b 面　G137-001-0002

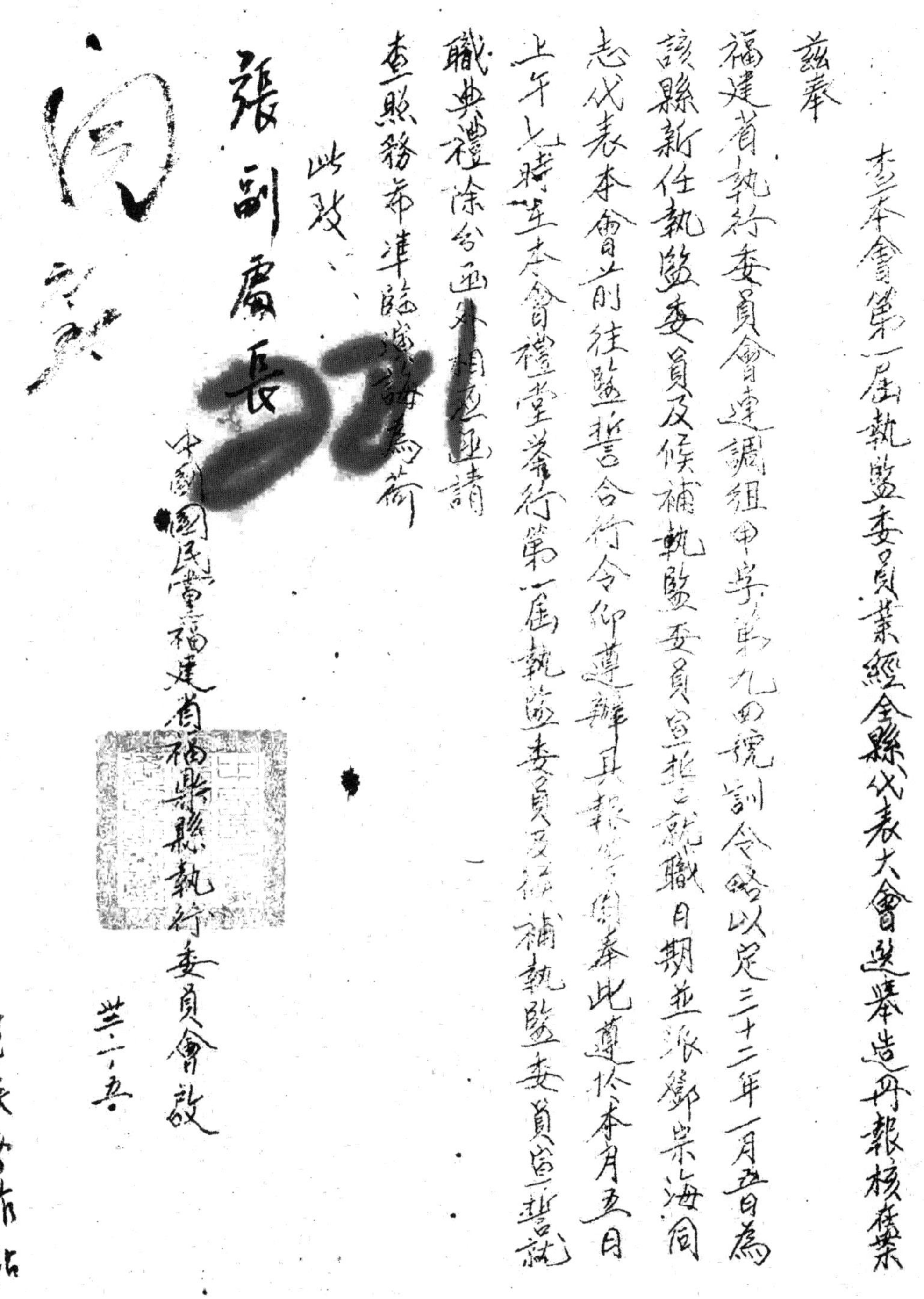

查本會第一屆執監委員業經全縣代表大會選舉造冊報核在案

茲奉

福建省執行委員會建甌組甲字第九四號訓令略以定三十二年一月五日為該縣新任執監委員及候補執監委員宣誓就職日期並派鄧崇海同志代表本會前往監誓合行令仰遵辦具報等因奉此遵於本月五日上午七時在本會禮堂舉行第一屆執監委員及候補執監委員宣誓就職典禮除分函外相應函請

查照務希準臨演誨為荷

此致

張副處長

中國國民黨福建省福鼎縣執行委員會啟

卅二.一.五

軍民合作站

中国国民党福建省福鼎县执行委员会关于本月五日举行第一届执监委员及候补委员宣誓就职典礼，务希准临演诲的公函(1943 年 1 月 5 日)　G137-001-0003

中国国民党福建省福鼎县执行委员会关于书记长丁梅熏接职视事日期的公函

(1943年1月24日)a面　G137-001-0003

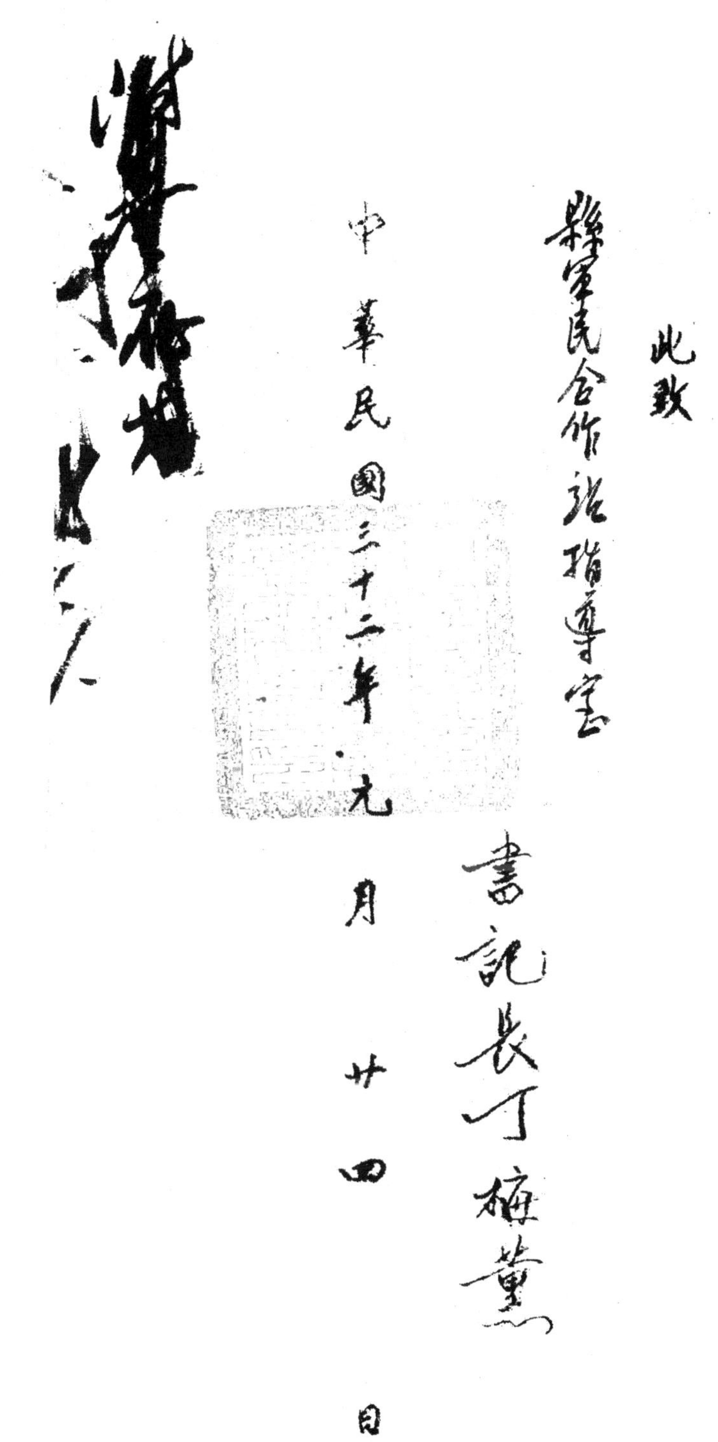
此致

縣軍民合作站指導室

書記長丁梅薰

中華民國三十二年元月廿四日

中国国民党福建省福鼎县执行委员会关于书记长丁梅熏接职视事日期的公函

(1943年1月24日)b面　G137-001-0003

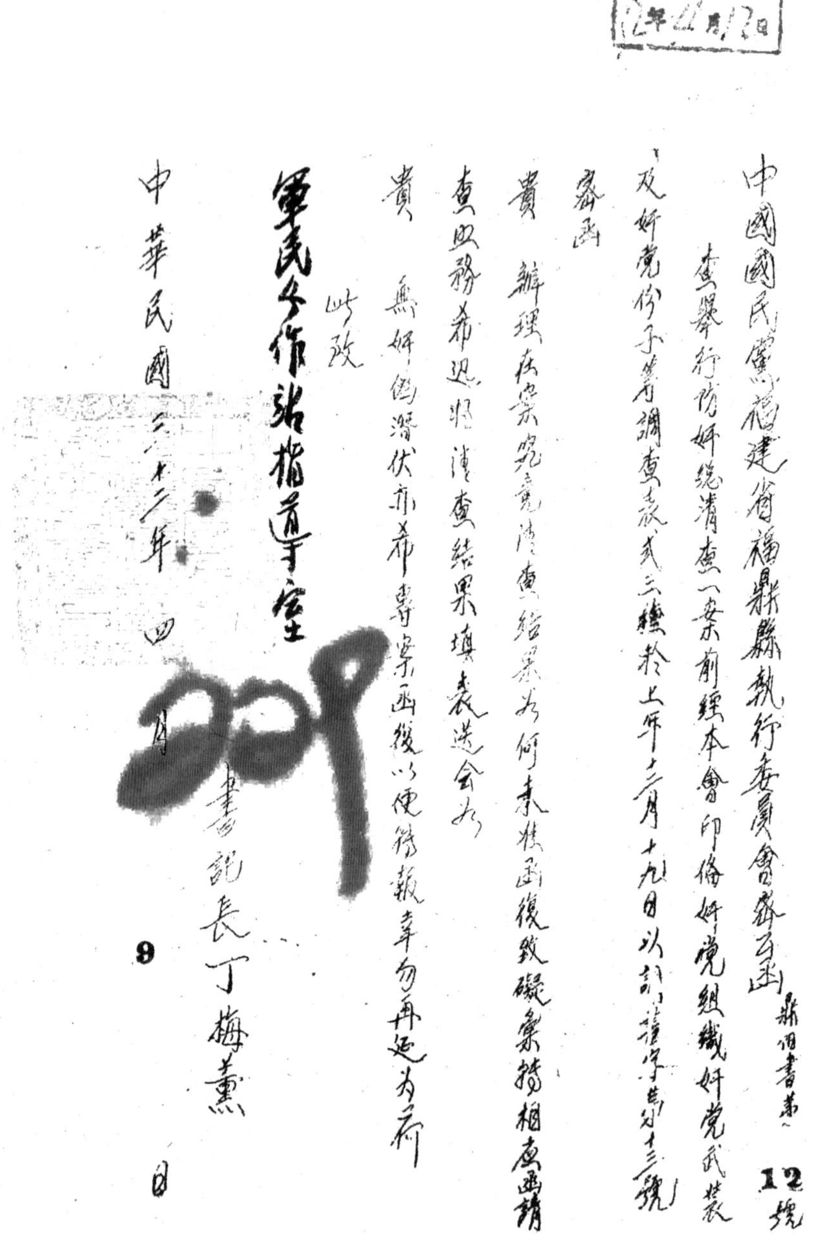
224號
年4月12日

中國國民黨福建省福鼎縣執行委員會密公函　鼎佣書第12號

查舉行防奸總清查一案前經本會印備奸黨組織奸黨武裝及奸黨份子等調查表式三種於上年十二月十九日以鼎佣字第八十三號密函
貴　辦理在案究竟清查結果如何未據函復致礙彙轉相應函請
查照務希迅將清查結果填表送會為荷
貴　無奸偽潛伏亦希專案函復以便彙報幸勿再延為荷

此致
軍民合作站指導室

書記長丁梅薰

中華民國三十二年四月 9 日

中国国民党福建省福鼎县执行委员会关于迅将防奸总清查结果填表送会，无奸伪潜伏亦希专案函复的密公函（1943 年 4 月 9 日）　G137-001-0003

福建省軍民合作站指導處代電

福鼎縣軍民合作站指導分處查本處奉令兼辦第三戰區特別黨部第六區黨部業已籌備成立呈報在案茲為調查各處站專任官佐黨籍調查表及官佐入黨申請冊合亟電仰於文到三日內切實遵辦具報以憑轉呈部核辦勿延為要(延)處長兼總幹事鄧橒叢(?)梧揖(?)叩(魚)附發官佐黨籍調查表入黨申請冊計二份

中華民國三十二年五月六日發

第三战区福建省军民合作站指导处关于切实遵办具报各处站专任官佐党籍调查表、入党申请册的代电

(1943 年 5 月 6 日)　G137-001-0003

第三战区福建省福鼎县军民合作站指导处关于报送本处站专任官佐党籍调查表、入党申请册的呈文的代电（1943 年 6 月 7 日）　G137-001-0003

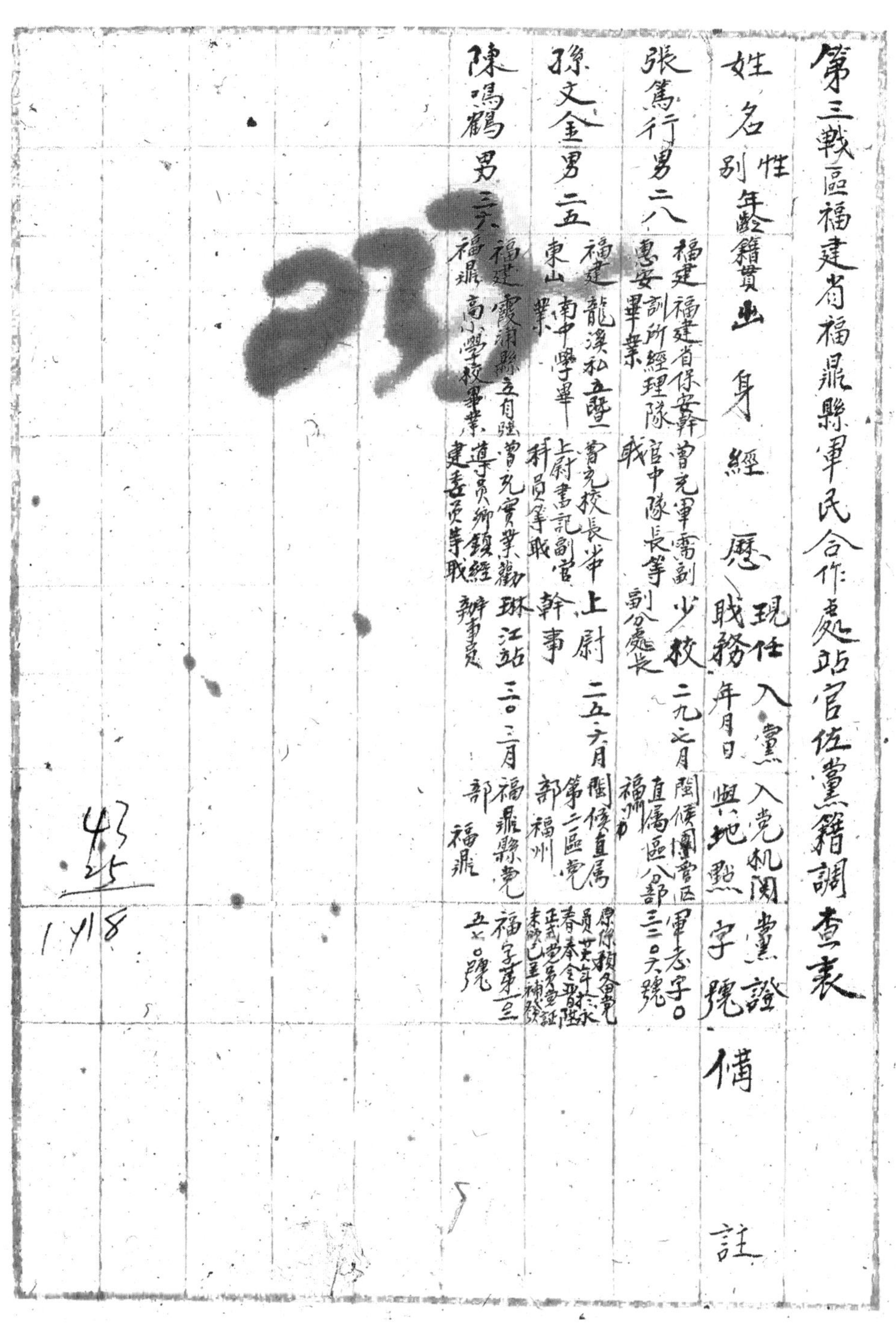

第三戰區福建省福鼎縣軍民合作處站官佐黨籍調查表

姓名	性別	年齡	籍貫	出身經歷	現任職務	入黨年月日	入黨機關與地點	黨證字號	備註
張篤行	男	二八	福建惠安	福建省保安幹訓所經理隊畢業 曾充軍需副官中隊長等職	少校副分處長	二九、七月	閩僑團區直屬區分部 福州	軍志字〇三二〇六號	
孫文金	男	二五	福建東山	龍溪私立晉一南中學畢業 曾充校長少上尉書記副官科員等職	上尉幹事	二五、六月	閩僑直屬第二區黨部 福州	原係預備黨員廿六年十二月春奉令登記正式黨員黨證未頒已呈補發	
陳鴻鶴	男	三六	福建福鼎	霞浦縣立自強高小學校畢業 曾充實業勸導員鄉鎮經建委員等職	琳江站辦事員	三〇、三月	福鼎縣黨部 福鼎	福字第一三五七〇號	

43
25
1118

附件：第三战区福建省福鼎县军民合作处站官佐党籍调查表

(1943 年 6 月 7 日)a 面　G137-001-0003

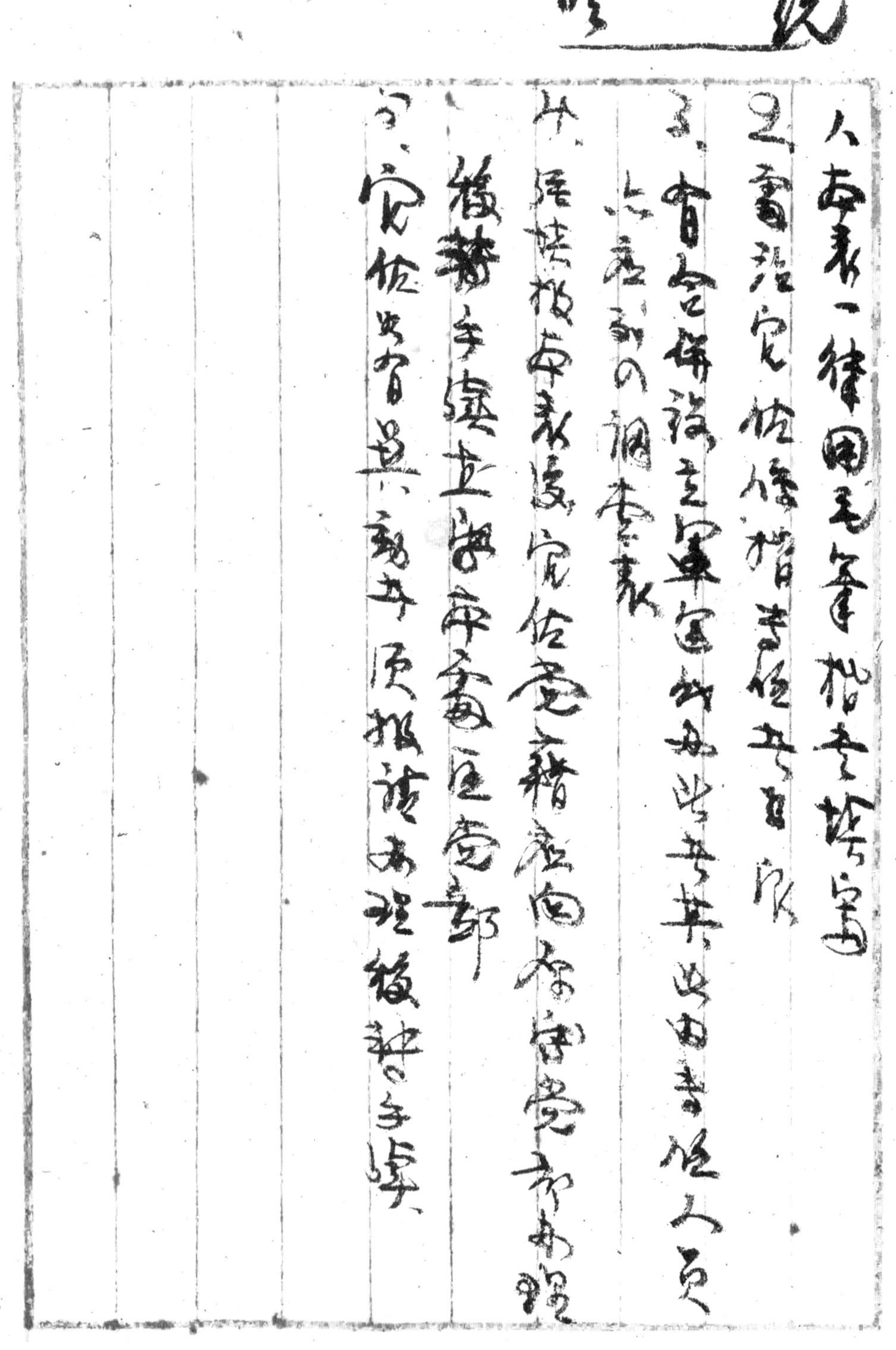

說明

一、本表一律用毛筆楷書填寫

二、黨籍官佐係指黨員而言

三、有合保證之軍官如加入其他黨派人員
亦應詳細調查報

四、經填報本表後官佐黨籍應向本會黨部辦理
移轉手續並與本會區黨部

五、官佐如有黨員新黨員須報請本會辦理移轉手續

附件:第三战区福建省福鼎县军民合作处站官佐党籍调查表

(1943年6月7日)b面　G137-001-0003

第三戰區福建省軍民合作處站官佐入黨申請册

姓名	性别	年龄	籍貫	出身經歷	現任職務	對黨之認識	備考
陳心雄	男	三七	福建福鼎	福鼎縣社訓幹訓班畢業 曾充社訓分隊長等職	桐山站辦事員	國民黨是領導全民抗戰建國救亡圖存的	
汪登雲	男	四〇	福建福鼎	福鼎縣立高小學校畢業 曾充副鄉長事務員等職	管滸站辦事員	仝右	
李學年	男	二四	〃	福建省立霞浦中學肄業 曾充[illegible]初級小學教員等職	桐山站辦事員	國民黨是領導全民抗戰建國救亡圖存的	
林長斯	男	二三	〃	省軍民戰[illegible] 曾充軍[illegible]	[illegible]事員	〃	第

茲

附件:第三战区福建省军民合作处站官佐入党申请册(1943 年 6 月 7 日)a 面　G137-001-0003

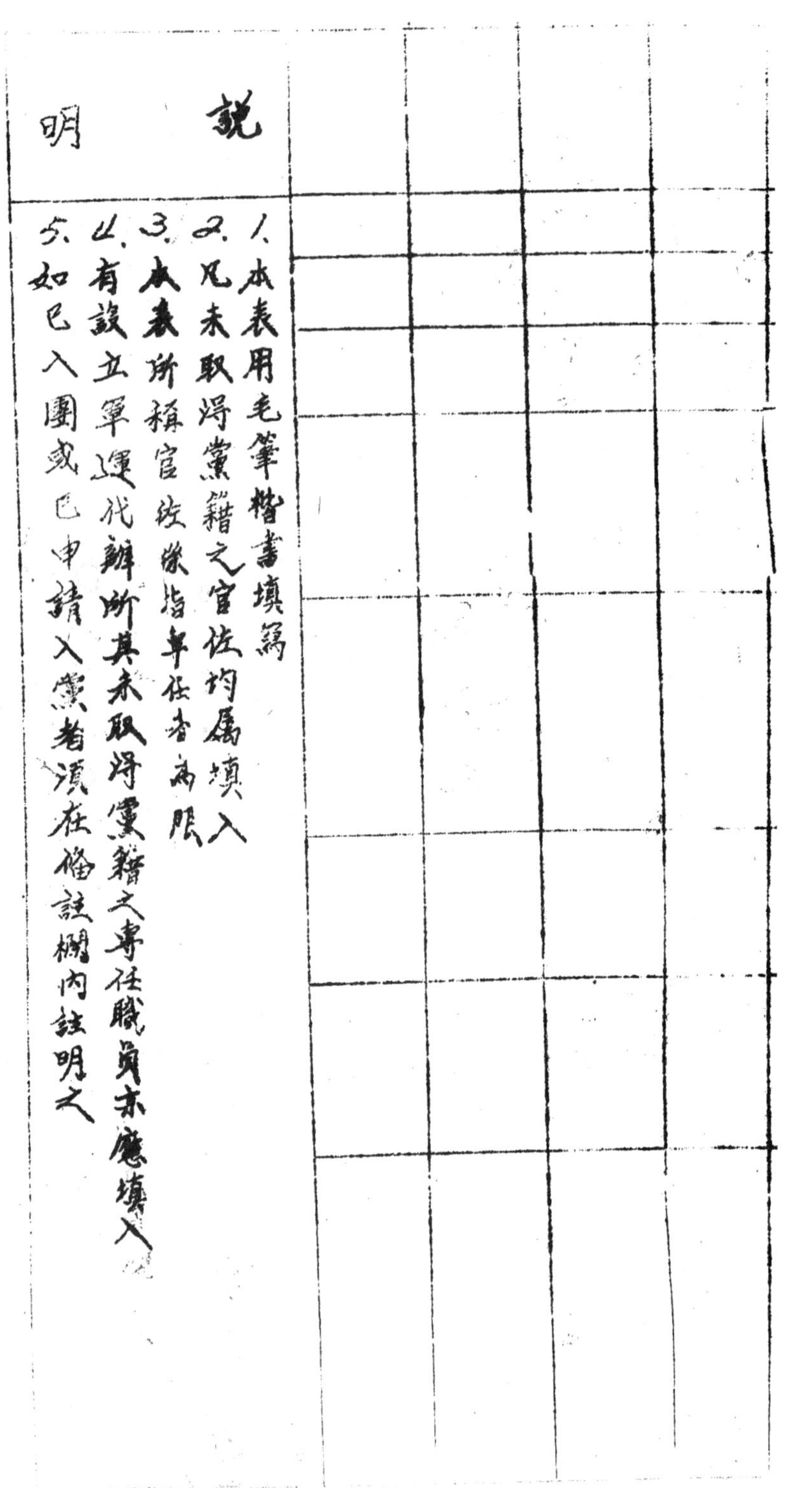
說明

1. 本表用毛筆楷書填寫
2. 凡未取得黨籍之官佐均屬填入
3. 本表所稱官佐係指早任者為限
4. 有設立軍運代辦所其未取得黨籍之專任職員亦應填入
5. 如已入團或已申請入黨者須在備註欄內註明之

附件：第三战区福建省军民合作处站官佐入党申请册（1943年6月7日）b面　G137-001-0003

108
55 5 19

中國國民黨福建省福鼎縣執行委員會密公函 鼎字書 81 號

事由 為舉行防奸總清查訂定辦法請查照辦理見復由

本會為杜絕奸偽之潛伏活動起見特於本月十五日起至二十五日止舉行防奸總清查茲規定清查辦法如下：

一、各機關團体學校負責人應於接到本函後即嚴密調查本機關團体學校内如有奸偽潛伏或所屬員工有奸偽嫌疑者應即密報本會一面派員監視其行動倘恐其逃亡而有緊急措置必要時可就近商請鄉鎮公所或軍警機關拘送縣府究辦

二、各機關團体學校負責人對所屬員工應負防止其加入奸黨之責責令其覓

中国国民党福建省福鼎县执行委员会关于举行防奸总清查订定办法请查照办理见复的密公函

(1944 年 5 月 15 日)a 面 G133-003-0123

保取(具)保証書辦理查表(格式縣府前已頒發)並隨時實施清查如發現有形跡可疑者應即通知本會倘有隱匿不報依法應受連帶處分。

3.總清查結果限本月廿日以前函復如無發現奸偽者應于復文中加具切實按語以示負責而便轉報

4.如能探知他機關內有奸偽潛伏活動時亦應秘密通知本會核辦

5.經本會設有防奸小組之[illegible]關團[illegible]由負責人應督飭該小組實施工作按期開會勿任懈弛[illegible]報並分函外相應函請

查照辦理如限見復為荷

此致

合作社

書記長丁梅薰

中国国民党福建省福鼎县执行委员会关于举行防奸总清查订定办法请查照办理见复的密公函

(1944年5月15日)b面　G133-003-0123

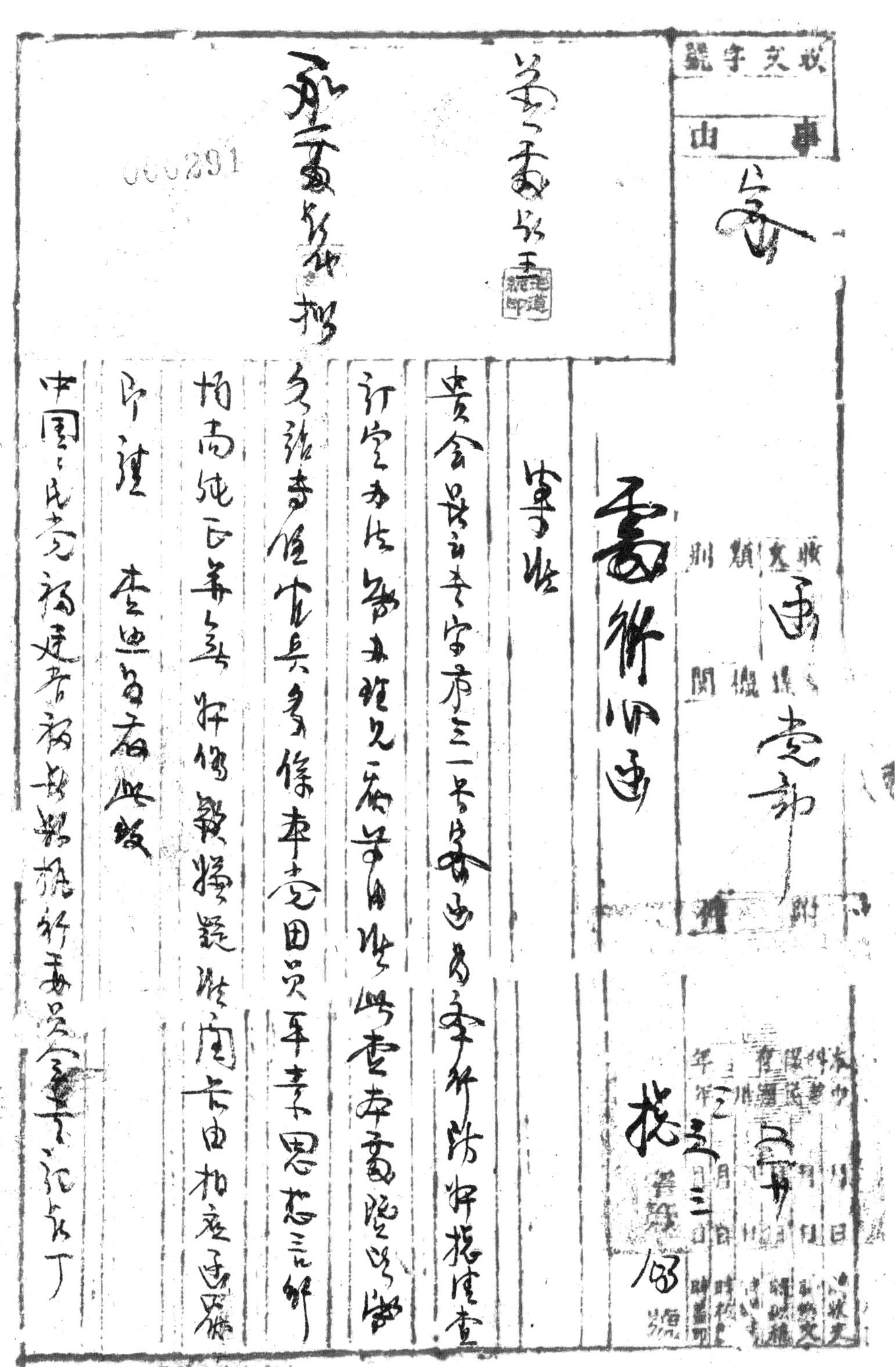

第三战区福建省福鼎县军民合作站指导分处关于本处及所属各站专任官佐无奸伪嫌疑的复函

（1944 年 5 月 20 日） G133-003-0123

中国国民党福建省福鼎县执行委员会
福鼎县政府 代电 戌

案奉省府会为杜绝奸伪潜伏活动起见特于本月十日起至廿日止举行防奸总清查并规定清查办法如下：

（一）本县各机关团体学校负责人应于接到本电后即严密调查本机关团体学校内如有奸伪潜伏或所属员工有奸伪嫌疑者立即密报本府会一面派员监视其行动务恐其逃亡如确系急切措置必要时可就近商请乡镇公所或军警机关拘送本府究办

（二）各机关团体学校负责人对所属员工要负责防止其加入奸党连责并遵照本府前令责令其觅保取填保

中国国民党福建省福鼎县执行委员会、福鼎县政府关于杜绝奸伪潜伏活动、举行防奸总清查及规定办法的代电(1944 年 11 月)a 面 G137-001-0006

话书调查表送行检查（如已派区长有不必送）一并
即时实施清查，如有发现形迹可疑者，立即通知本会封
伪将院落不欲依法受其送本部办
（3）从清查结果限本年廿日以前送复本会转呈
发现奸伪者应于复文中加具切实按语以示负责
（4）如能知其所辖以内有奸伪潜伏活动者应密报
通知本会转检办
（5）请由防奸小组之组员团体担任其责任并应督
民众小组实施并随时开会分任办理防奸
特报[illegible]电呈时办理为限白复及切迹为盼
一〇五 一〇（

中国国民党福建省福鼎县执行委员会、福鼎县政府关于杜绝奸伪潜伏活动、举行防奸总清查及规定办法的代电（1944年11月）b面　G137-001-0006

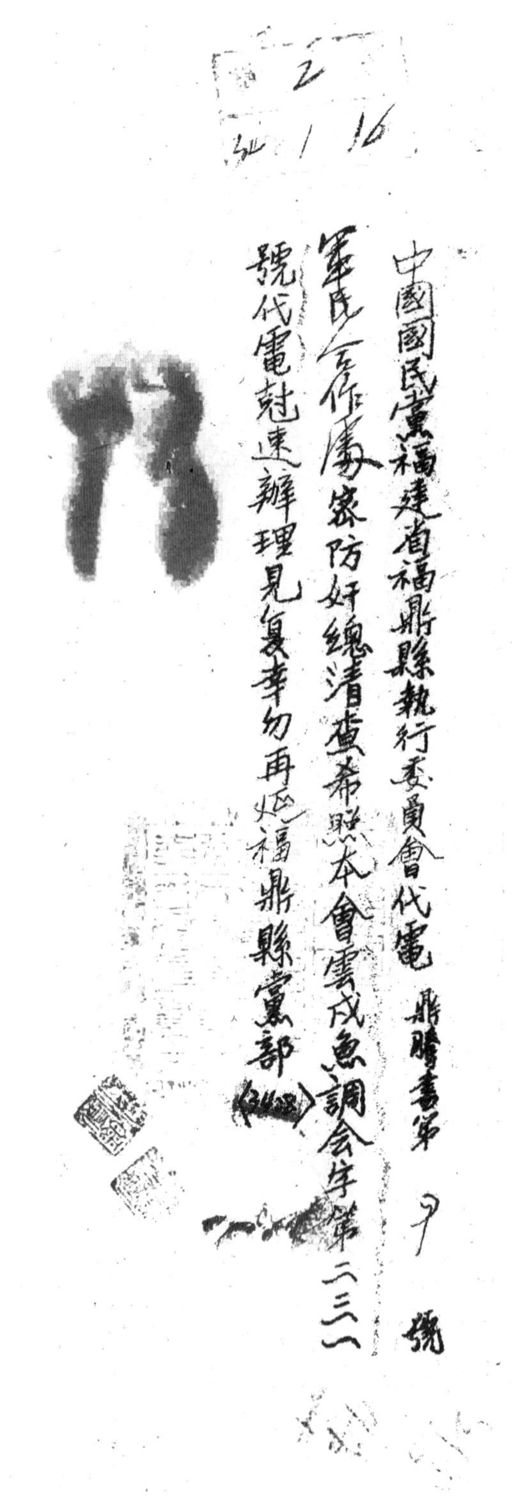

中國國民黨福建省福鼎縣執行委員會代電　鼎膺書第　　號

軍民合作處密防奸總清查希照本會寅戌急調会字第二三一號代電剋速辦理見復幸勿再延福鼎縣黨部

中国国民党福建省福鼎县执行委员会关于查照本会第 231 号电克速办理防奸总清查并见复的代电

（1945 年 1 月）　G137-001-0006

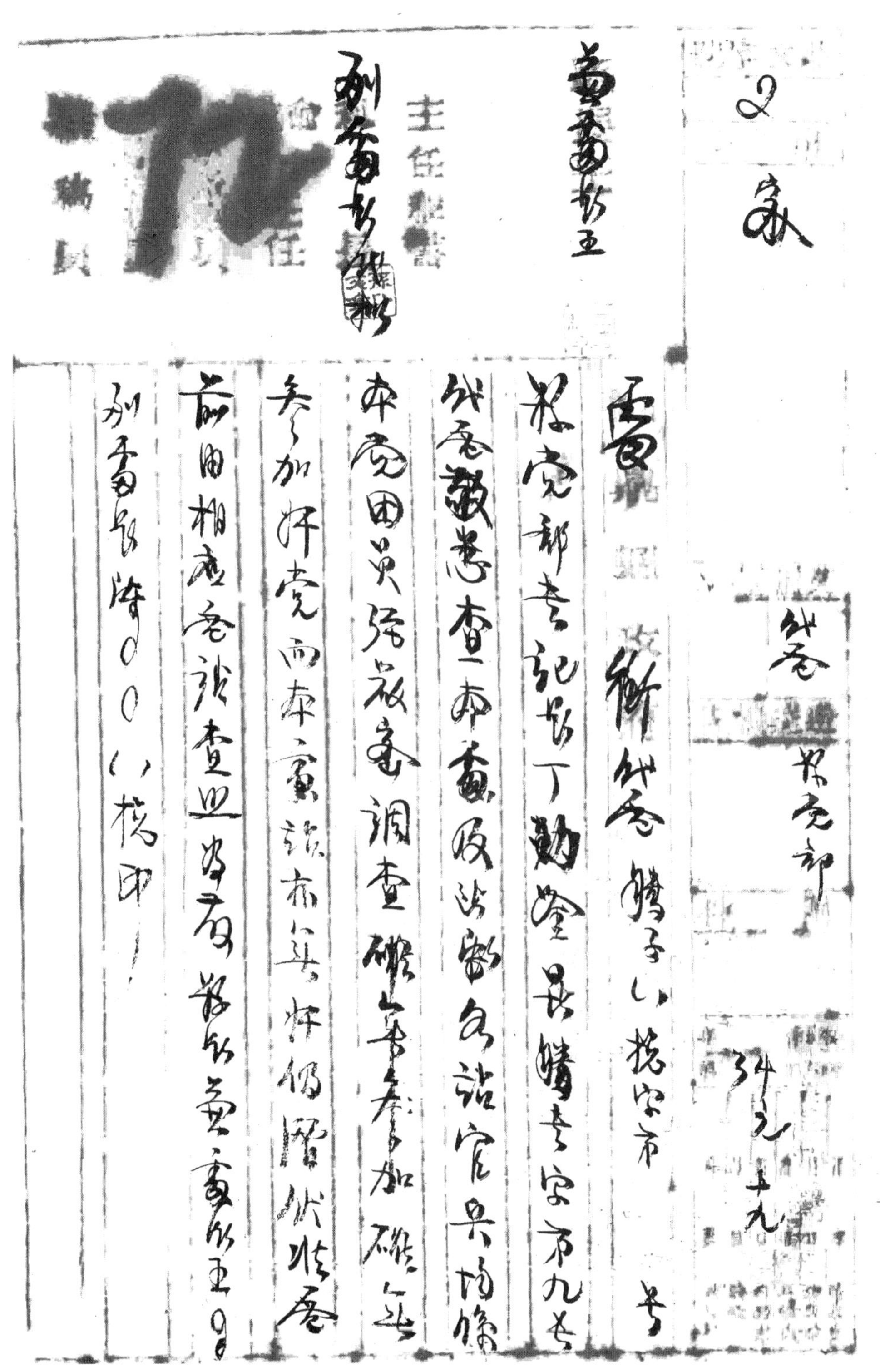

第三战区福建省福鼎县军民合作站指导分处关于本处站官兵确无参加奸党，亦无奸伪潜伏的代电

（1945 年 1 月 19 日） G137-001-0006

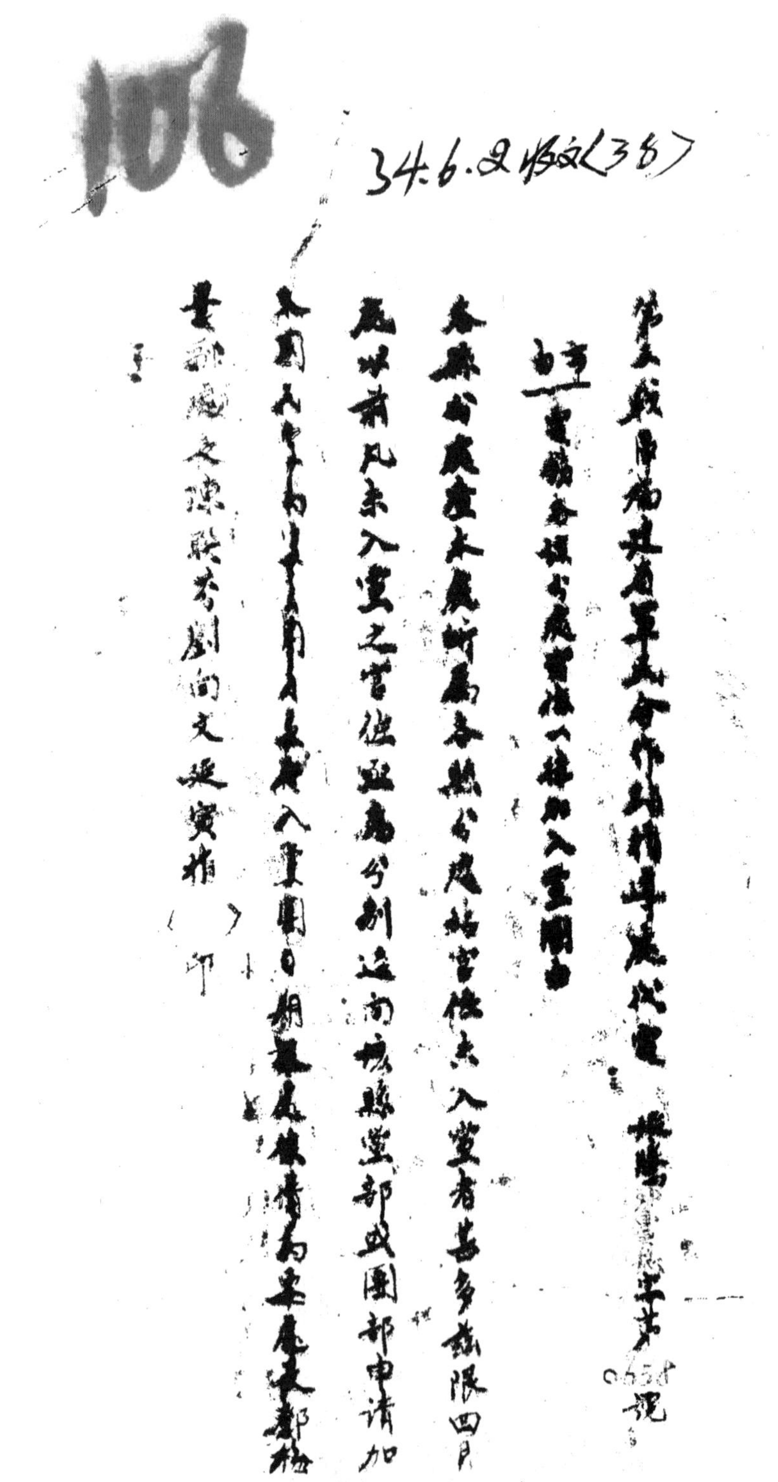
34.6.9 收文（38）

第三战区福建省军民合作站指导处代电　[illegible]字第0558号

由　饬各分处官佐一律加入党团由

各县分处主任：查本处所属各县分处职员官佐未入党者甚多，兹限四月底以前，凡未入党之官佐亟应分别迳向该县党部或团部申请加入国民党或三民主义青年团，入党团日期具报核备为要。[illegible]

（印）

第三战区福建省军民合作站指导处关于饬各分处官佐一律加入党团的代电

（1945年4月7日）　G137-001-0007